KB063731

韓國實學思想硏究 4

科學技術篇

Studies on the Thoughts of *Sirhak* in the late Chosŏn Dynasty

연세국학총서 61

韓國實學思想研究 4

科學技術篇

연세대학교 국학연구원 편

혜안

연세국학총서 61
韓國實學思想硏究 4 科學技術篇
연세대학교 국학연구원 편

2005년 9월 26일 초판 1쇄 인쇄
2005년 9월 30일 초판 1쇄 발행

펴낸이 · 오일주
펴낸곳 · 도서출판 혜안
등록번호 · 제22-471호
등록일자 · 1993년 7월 30일

㉾ 121-836 서울시 마포구 서교동 326-26번지 102호
전화 · 3141-3711~2 / 팩시밀리 · 3141-3710
E-Mail hyeanpub@hanmail.net

ISBN 89 - 8494 - 256-1 93910
값 33,000원

간행사

연세대학교는 세계적 수준의 교학 능력을 가진 대학으로 발돋움하기 위하여 2000년대 들어 '교책 특성화 사업'을 적극적으로 추진해 왔다. 국학연구원은 이러한 사업을 추진하기 위한 기구의 하나로서, 국학연구원을 중심으로 국학 관련 여러 단체를 결합하여 발족하였으며, 2002년부터 국학진흥을 위한 연구과제를 개발하여 연구해 왔다. 실학연구와 그를 압축한 '한국실학사상연구' 편찬작업은 연구원이 출범하면서 의욕적으로 내건 첫 사업이었다.

연세대학교에서의 실학 연구는 위당 정인보 선생 이래로 오랜 연원을 가지고 있으며, 학문 방법론과 이념적 지향과 관련하여 단단한 학문적 전통을 지니고 있다. 조선후기 양명학의 학문적 전통을 이어받은 정인보 선생은 민족주의를 바탕으로 우리 민족의 역사와 정신을 체계적으로 정리하였다. '조선학' 운동으로 상징되는 일제하 국학 연구의 핵심 주제는 실학이었다. 정인보 선생은 이익 정약용 등 실학자들의 저술을 정리하는 한편으로 그 내용을 천착, 실학이 가진 현재적 의미가 무엇인가를 식민지 현실과 연계하여 정열적으로 탐구하였다.

정인보 선생의 실학 연구는 해방을 전후한 시기에 홍이섭 선생의 실학 연구, 민영규 선생의 양명학 연구로 계승되었다. 또한 용재 백낙준 선생은 연세대학교의 실학 연구 학풍이 국학 연구의 핵심이 되어야 할 것으로 판단하여 정책적인 지원을 아끼지 않았다. 1967년부터 약 10년간 국학연구원에서 이루어진 '실학공개강좌'는 연세대학교가 내장하고 있던 실학에 대한 관심과 연구역량이 총결집된 대형 기획이었다. 이 강좌에는 사계의 실학 연구의 권위자들이 대거 참가하였으며, 실학과 관련된 주요한 문제들이 집중 논의되었다.

연구원에서는 이러한 연세대학교에서의 실학 연구의 전통과 성과를 되새김하여 실학의 현재적 의미를 재확인하는 한편, 앞으로 실학의 전망을 어떻게 세워나갈 것인가를 깊이 고민, 이를 '한국실학사상연구'의 편찬을 통해 확인하고자 하였다. 그동안 학계의 실학 연구는 방대한 양적 축적과 함께 괄목할 만한 질적 성장을 이룩했음에도 그 개념과 범주, 의의는 오히려 더 산만하고 모호해진 듯하여 재정리의 필요성이 커지고 있었다. 연구원은 '한국실학사상연구'의 편찬을 통해 "그동안의 실학 연구의 종합"과 "새로운 창조적인 연구"를 결합시킴으로써, 실학을 한국의 현대학문 속에서 되살리고자 하였다.

그리하여 연구원에서는 먼저 '한국실학사상연구'를 편찬하기 위하여 4명의 전임연구원을 두어 이들로 하여금 작업 실무를 담당하게 하였다. '한국실학사상연구'는 역사·철학·문학·예술·과학기술의 4분야로 나누어, 총 40개의 주제로 구성하고 이를 4권의 책으로 묶기로 하였다. 각 책별 주제는 다음과 같다.

1책인 철학·역사 분야에서는 실학의 학문관과 경학관, 세계와 인간에 대한 인식, 유교적 질서[禮]에 대한 인식과 그 지향, 역사학의 변화란 주제 등 모두 10개의 소주제를 설정하였다. 2책인 정치·경제학 분야에서는, 새로운 국가구상과 정치이념, 정치사회 개혁론, 경제 재정 개혁론의 대주제 하에 11개의 소주제를 설정하였다. 3책인 어문학 분야에서는 한시, 散文·評論, 어학, 예술의 네 가지 대주제 하에 10개의 주제를 설정하였다. 4책인 과학기술 분야에서는 실학적 자연인식의 전개, 전문과학 지식의 제 모습 등의 대주제를 9개의 소주제로 나누어 정리하였다.

'한국실학사상연구'는 실학에 대한 연구범위를 넘어 새로운 방법과 연구영역을 개척하기 위한 작업이라 할 수 있다. 우리 학문의 새로운 방법과 영역을 개척하기 위해서는 우리의 역사로부터 현실을 해석하고 전망하는 자원을 얻어내는 일이 우선되어야 할 것인데, 그 첫걸음은 당대의 시대적 과제에 대한 치열한 탐구를 통해 새로운 학문적 성취를 이루었던 '실학'의 연구로부터 시작하는 것이 적절하다고 판단된다.

앞으로 본 연구원은 이번에 간행되는 4책의 '한국실학사상연구'의 성과를 바탕으로, 실학과 실학자 연표 작성을 비롯, 실학의 전 범위를 아우르는 연구를 더 진행하고자 한다.

이 연구가 그간 우리학계에서 이루어진 실학 연구의 다양한 면모를 한눈에 보여주고, 또 앞으로의 연구방향이 어떠해야 할 것인가를 조감하는 데 기여할 수 있기를 기대한다. 이미 오래 전에 옥고를 보내주신 여러분들께는 미안하다는 말씀 전한다. 또 '한국실학사상연구'를 기획하고 책이 나올 수 있도록 지원해준 전임 원장과 부원장님, 그리고 국학연구원 교수들께도 감사의는 말씀을 함께 전한다.

2005년 9월

연세대학교 국학연구원장 설성경

차 례

CONTENTS

Yeom, Jeong-sup	Researches on Farming Method and Compilation of Agricultural Manuals from the 17th century to the 19th century
Shin, Dong-won	Medicine and Sirhak in the late Chosŏn Period
Bae, Woo-sung	A New Trend of Geographical Field in the Late Chosŏn Dynasty

총론 | 朝鮮後期 科學技術史 硏究와 '實學'

구 만 옥*

1. 머리말

1980년대 후반 이후 '實學' 내지 '實學思想'의 실체에 대한 의문이 다각도로 제기되었다. 이에 따라 실학과 관련하여 조선후기의 과학기술적 성과를 논했던 기존 연구에 대해서도 시각 교정이 요구되었다. 한국 사회가 근대로 접어든 이래 전통 과학기술에 대한 관심은 서양사의 역사적 전개과정과 그 속에서 차지하는 과학기술의 역할을 강하게 인식하면서 비롯되었다. 이는 부인할 수 없는 사실이다. 20세기 초 애국계몽운동의 활동가들이 그러했고, 1930년대 '조선학 운동'의 주역들이 그러하였으며, 1960년대 이후 '내재적 발전론'의 주창자들 역시 이러한 경향에서 완전히 자유롭지 못했다.

일본 제국주의의 강점에 의해 식민지 시기를 경험했던 20세기 한국의 역사가 실학에 대한 관심을 촉발시켰던 것이다. 남한에서는 1960년대 후반 이후 '근대주의'와 '민족주의'를 중심으로 실학을 이해하는 경향이 주류를 이루었고, 북한에서는 1970년대 이전까지 학문 내용에서 '實用之學'을 추구하고, 그 방법에서 '實事求是'라는 관점과 태도를 견지했던 애국적이고 진보적인 사회사상 조류로서 실학을 이해하였다.

이처럼 민족주의적, 근대적 성향으로 특징지워지는 실학에서 과학기

---

* 경희대학교 사학과 전임강사

술이 주목되었던 이유는 서양사의 역사적 전개 과정을 염두에 두었기 때문이다. 서양 과학기술에 대한 관심의 증대에서 실학의 근대지향적 요소를 찾고자 했던 것이다. 地轉說의 독창성을 둘러싼 한동안의 논쟁은 이러한 사실을 잘 보여주는 예이다. 유럽과 동아시아의 지적 풍토에서 地轉·地動의 의미가 현저히 달랐음에도 불구하고 서양사에서 지동설이 지니는 '코페르니쿠스적 轉回'라는 역사적 기능과 의미를 地轉說에 類比하고자 했던 것이다.

사실 실학 개념에 대한 명료성의 결여, 실학의 내포와 외연에 대한 학자들의 의견 불일치는 오래된 일이며, 그로 인해 실학이란 용어가 지나치게 모호하여 조선후기 지성사를 탐구하는 데 도움이 되지 않는다거나, 오히려 풍부하고 훌륭한 한국의 전통을 손상시킨다는 지적은 일찍부터 있어 왔다. 따라서 실학의 개념을 명확하고 정확하게 사용하기 위해서는 실학 개념에 대한 근본적인 재검토가 필요하며, 만약 그 용어가 조선후기의 새로운 사상 경향을 정확하게 서술할 수 없다면 폐기되어야 한다는 주장이 제기되었다.[1]

이에 따라 최근에는 기존의 근대적 편향을 비판하면서 '反省的 實學 읽기'가 시도되고 있다.[2] 기존의 실학 연구에 대한 비판과 대안의 모색은 학자들에 따라 다양한 방향으로 논의가 확산되고 있으며, 아직까지는 수렴의 가능성이 보이지 않는다. 근대적 편향에 대한 비판도 근대 자본주의사회의 역사적 역할을 긍정하느냐, 부정하느냐에 따라 다르게 전개되고 있으며, 그에 따라 근대에 대한 반성의 태도와 대안의 모색도 달리 나타나게 된다.

예컨대 근대사회에서 자본주의 발전을 긍정적으로 파악하는 논자는 기존의 조선후기 '자본주의 맹아론'을 비판하면서 '小農社會論'의 시각

---

1) 도날드 베이커, 金世潤 譯, 『朝鮮後期 儒教와 天主教의 대립』, 一潮閣, 1997, 214~288쪽('實學' 개념의 사용과 오용) 참조.

2) 林熒澤, 「21세기에 다시 읽는 실학」, 『大東文化研究』 42, 成均館大學校 大東文化研究院, 2003.

으로 역사발전을 설명하며 실학을 연계시키기도 한다. "實學이란 16세기에 토착화한 朝鮮性理學이 17~18세기 소농사회의 성숙이라는 커다란 사회경제적 변동을 맞아 그에 규정되거나 그에 작용하면서 새로운 형태의 이상적 社會關係와 國家形態를 모색한 일련의 性理學的 思惟"[3)]라는 규정이 그것이다.

한편 실학에서 근대주의적 요소를 찾고 그것을 근거로 하여 선진성을 평가하는 것은 실학을 근대주의에 매몰시키는 행위라고 비판하면서, 현실의 非理性을 근본적으로 부정하고 그것을 근원적으로 개혁하려 하였다는 점에서 실학의 現實性을 찾을 수 있으며, 이것이야말로 중세사회 해체기를 정리하면서 그것을 초극하려고 한 실학의 王政論이 가진 가장 선진적인 면모라고 주장하는 견해도 있다. 이 경우 실학은 유학의 해석에서 朱子 유일 기준을 거부하고 三代의 王政이라는 이상적인 국가체제를 조선후기 사회에 실현하려고 했던 우리나라 前近代 國家論(국가체제 개혁론)의 최후의 원형으로 평가된다.[4)] 이러한 주장은 대체로 "선진유학 내지 원초유학에 입각해 왕도정치론 혹은 왕정론에 기반을 두고 변법적 개혁을 추진하던 국가 再造사상"으로 요약되기도 한다.[5)]

이러한 일련의 논의들은 앞으로 실학 연구가 나가야 할 방향을 제시하고 있다. 먼저 기존에 논자들에 따라 다양하게 정의되었던 실학의 개념이 재정리될 필요가 있다. 이를 위해서는 실학의 형성 배경(실학 발생의 역사적 계기), 시간적 범위, 학문적 경향과 성격(사회적 기능), 유파 및 실학사상의 원류와 계승·발전 문제 등이 심도 있게 논의되어

3) 李榮薰, 「朝鮮後期 社會變動과 實學」, 『韓國 實學의 새로운 摸索』, 景仁文化社, 2001, 118쪽.

4) 金泰永, 「조선 후기 實學에서의 현실과 이상」, 『韓國思想史方法論』, 小花, 1997 ; 金泰永, 『실학의 국가 개혁론』, 서울대학교 출판부, 1998.

5) 조광, 「실학과 개화사상의 관계에 대한 재검토」, 『조선후기사 연구의 현황과 과제』, 창작과비평사, 2000, 507~508쪽.

야 한다.[6] 실학이 역사적으로 구성된 개념임에 틀림없고, 조선후기 당대의 학자들이 스스로를 '實學者'로 자처한 바도 없을뿐더러, 자신의 학문을 '實學'이라고 선언하지도 않았고, 그들이 서로 모여 '實學派'를 조직한 것도 아니다. 그럼에도 불구하고 朱子學이 주류를 이루고 있던 조선후기 사상계에 새로운 경향의 학문·사상운동이 존재했고, 이러한 중요한 흐름을 '실학'으로 규정하는 것은 일정한 근거가 있다고 할 수 있다.

이 글에서는 이상과 같은 최근의 반성적 실학 연구 경향을 염두에 두고 실학과 관련한 기존의 조선후기 과학기술사 연구 현황을 검토하고, 그에 입각하여 지금까지 출간된 각종 大系類의 과학기술사 서술 내용을 살펴본 다음, 본 『한국실학사상연구』 과학기술편의 구성과 내용을 개략적으로 소개함으로써 향후 이 분야 연구의 활성화와 새로운 방향 모색에 기여하고자 한다.

2. 조선후기 과학기술사 연구 경향과 문제점

1980년대 이후 최근에 이르기까지 한국과학기술사의 연구성과를 정리하고 향후 과제를 전망하는 연구사 정리가 몇 차례 있었다.[7] 사실

---

6) 趙誠乙, 「近代와 摸索과 實學思想－연구사와 과제－」, 『韓國思想史學』 19, 韓國思想史學會, 2002 참조.

7) Park Seong-Rae, "History of Science in Korea: An Appraisal of the Discipline," *Journal of the Korean History of Science Society*, Vol. 3, No. 1, 1981 ; 宋相庸, 「韓國科學史 硏究略史」, 『한국과학사학회지』 제3권 제1호, 한국과학사학회, 1981 ; 朴星來, 「韓國科學史－업적과 과제」, 『韓國科學史』, 韓國放送事業團, 1982, 33~42쪽 ; 宋相庸, 「科學史」, 『震檀學報』 57, 震檀學會, 1984 ; 任正爀, 「朝鮮民主主義人民共和國における科學史硏究」, 『科學史硏究』 185, 日本科學史學會, 1993(任正爀, 『朝鮮科學文化史へのアプローチ』, 明石書店, 1995, 83~102쪽에 재수록) ; 坂出祥伸, 「韓國における科學史硏究の現狀」, 『朝鮮史硏究會論文集』 32, 朝鮮史硏究會, 1994 ; 朴星來, 「科學史」, 『歷史學報』 152, 歷史學會, 1996 ; 李成奎, 「科學史」, 『歷史學報』 159, 歷史

현재까지 축적된 조선시기 과학기술사에 대한 연구 성과를 훑어보면 그 대부분은 세종대의 과학기술에 대한 논의와 조선후기 실학자들의 과학기술에 대한 논의에 집중되어 있음을 쉽게 알 수 있다. 세종대의 과학기술에 대한 연구는 최근에 새롭게 정리된 내용을 보더라도[8] 천문학, 지리학, 의학, 농업기술을 비롯한 산업기술, 인쇄·출판 기술 등등의 여러 분야에서 많은 성과가 축적되어 있다. 한편 조선후기의 과학기술사 연구는 지금까지 그 주요 대상이 李瀷, 洪大容, 丁若鏞, 崔漢綺 등이었다는 점에서 주로 實學과의 관련 속에서 진행되었음을 알 수 있다.[9] 이러한 과학기술사 연구경향은 교과서에도 그대로 반영되어 있다.

조선왕조의 과학기술적 성과는 고등학교 국사 교과서의 '근세의 문화'와 '문화의 새 기운'이라는 단원에 나뉘어 수록되어 있다. 앞부분에서는 조선전기를, 뒷부분에서는 조선후기를 다루고 있다. 그런데 조선전기의 과학기술적 성과는 조선초기, 특히 세종대를 전후한 15세기를 중심으로 언급되어 있다. "15세기에 발달한 과학 기술은 16세기에 이르러 과학 기술을 경시하는 풍조가 생기면서 점차 침체되고 말았다"[10]라는 서술을 통해 16세기를 다루지 않은 이유를 설명하고 있다.

조선후기에 대해서는 "전통적 과학 기술을 계승 발전시키면서 중국을 통하여 전래된 서양의 과학기술을 수용하여 과학 기술 면에서도 큰

學會, 1998 ; Yung Sik Kim, "Problems and Possibilities in the Study of the History of Korean Science," *Osiris*, Vol. 13, 1998 ; 임정혁, 「조선민주주의인민공화국에서의 과학사연구」, 『한국과학사학회지』 제21권 제1호, 한국과학사학회, 1999 ; 文重亮, 「科學史」, 『歷史學報』 163, 歷史學會, 1999 ; 文重亮, 「科學史」, 『歷史學報』 167, 歷史學會, 2000 ; 김호, 「해방 이후 '한국과학기술사' 연구의 종합적 검토」, 『韓國學報』 103, 一志社, 2001.

8) 『세종문화사대계』 2(과학), 세종대왕기념사업회, 2000.

9) 朴星來는 1990년대 후반에 韓國 實學과 科學의 관련성을 정리하면서 李瀷, 洪大容, 朴齊家, 丁若鏞, 崔漢綺 등 5명의 과학사상을 중심으로 다룬 바 있다. 朴星來, 「韓國 科學史와 實學」, 『韓中實學史硏究』, 민음사, 1998.

10) 국사편찬위원회 국정도서편찬위원회 편, 『고등학교 국사』, 교육인적자원부, 2002, 301쪽.

진전이 있었다"[11]라고 하여 조선후기 과학기술에 끼친 서학의 영향을 강조하고 있다. 이런 태도는 "서양 과학 기술의 수용은 18세기까지는 어느 정도 이루어졌으나 19세기에 이르러서는 더 이상 진전되지 못한 채 정체되고 말았다"[12]라는 서술에서 알 수 있듯이 19세기 이후 과학기술의 정체론으로 이어진다. 요컨대 조선왕조의 과학기술에 대한 언급은 15세기, 17~18세기에 집중되어 있는 실정이다.

사실 이러한 교과서 서술 체계의 문제점에 대해서는 일찍이 지적된 바 있었다.[13] 그럼에도 불구하고 이러한 상황이 적극적으로 개선되지 않는 데에는 한국과학기술사 연구의 문제점이 자리하고 있다. 이는 아직까지 조선시기 과학기술사의 전반적인 흐름을 체계화할 수 있는 연구 시각이나 틀이 확보되지 않았음을 반증하는 것이기도 하다. 이 문제를 해결하기 위해서는 16세기 주자학의 자연학 내지 자연지식, 19세기 이후 전통 과학기술의 변화와 근대과학의 수용 문제 등이 좀더 폭넓고 깊이 있게 다루어질 필요가 있다. 그리고 그러한 연구 결과들을 일반사의 흐름과 유기적으로 연결시키려는 시도가 있어야 한다. 그래야만 조선왕조 전 시기를 포괄할 수 있는 과학기술사의 종합적 서술이 가능해지게 될 것이다.

이처럼 한국과학기술사 연구가 부족한 현황 속에서도 조선후기 實學과 관련해서는 상대적으로 적잖은 연구 성과들이 축적되었다. 앞서 지적한 바와 같이 조선왕조의 과학·기술에 대한 연구는 世宗代와 조선후기에 집중되어 있다고 해도 과언이 아니다. 조선후기 實學思想과 관련한 과학기술사 연구는 다음과 같은 몇 가지 층위의 논의로 구분해 볼 수 있다.

첫째, 조선후기 사상계의 변동, 특히 세계관의 변화와 관련해서 실학

11) 국사편찬위원회 국정도서편찬위원회 편, 위의 책, 2002, 318쪽.
12) 국사편찬위원회 국정도서편찬위원회 편, 위의 책, 2002, 318쪽.
13) 朴星來, 「조선시대 科學史를 어떻게 볼 것인가」, 『韓國史 市民講座』 16, 一潮閣, 1995.

자 개개인의 과학적 담론이 주목되었다. 地轉說과 宇宙論, 그리고 그 것을 포괄하는 科學思想에 대한 탐구가 그 대표적인 예이다. 논의의 초점은 실학자들이 17세기 이후 조선사회에 전래된 서양의 과학기술, 이른바 西學을 어떻게 수용・소화했는가, 그것을 토대로 하여 어떠한 방식으로 전통적 자연관을 비판・극복하고 새로운 과학사상을 형성해 갔는가, 그리고 각자의 과학사상이 지니는 특징과 그것의 역사적・사상적 의미는 무엇인가에 모아졌다. 논의의 대상은 洪大容을 시작으로 하여[14] 金錫文[15]・李瀷[16]・丁若鏞[17]을 거쳐 崔漢綺로 확산되었다.[18]

---

14) 千寬宇, 「洪大容 地轉說의 再檢討」, 『曉城趙明基博士華甲紀念佛敎史學論叢』, 曉城趙明基博士華甲紀念佛敎史學論叢刊行委員會, 1965(『近世朝鮮史硏究』, 一潮閣, 1979에 재수록) ; 全相運, 「湛軒 洪大容의 科學思想－그의 地轉說 再論－」, 『實學論叢』, 全南大學校 出版部, 1975(전상운, 『한국과학사의 새로운 이해』, 연세대학교 출판부, 1998, 201~209쪽에 재수록) ; 小川晴久, 「洪大容の宇宙無限論」, 『東京女子大學 附屬 比較文化硏究所 紀要』 38, 東京女子大學附屬比較文化硏究所, 1977 ; 小川晴久, 「十八世紀의 哲學과 科學의 사이－洪大容과 三浦梅園－」, 『東方學志』 20, 延世大學校 國學硏究院, 1978 ; Park Seong-Rae, "Hong Tae-yong's Idea of the Rotating Earth," 『한국과학사학회지』 제1권 제1호, 한국과학사학회, 1979 ; 朴星來, 「洪大容의 科學思想」, 『韓國學報』 23, 一志社, 1981.

15) 閔泳珪, 「十七世紀 李朝學人의 地動說」, 『韓國史硏究彙報』 1, 國史編纂委員會, 1973 ; 閔泳珪, 「十七世紀 李朝學人의 地動說－金錫文의 易學二十四圖解－」, 『東方學志』 16, 延世大學校 國學硏究院, 1975 ; 李龍範, 「金錫文의 地轉論과 그 思想的 背景」, 『震檀學報』 41, 1976(李龍範, 『韓國科學思想史硏究』, 東國大學校 出版部, 1993의 제Ⅲ장 '西洋天文學과 朝鮮王國'에 재수록) ; 小川晴久, 「地轉(動)說에서 宇宙無限論으로－金錫文과 洪大容의 세계－」, 『東方學志』 21, 延世大學校 國學硏究院, 1979 ; 小川晴久, 「東アジアにおける地轉(動)說の成立」, 『東方學志』 23・24, 延世大學校 國學硏究院, 1980 ; 金容憲, 「金錫文의 宇宙說과 그 哲學的 性格」, 『東洋哲學硏究』 15, 東洋哲學硏究會, 1995(『실학의 철학』, 예문서원, 1996, 139~174쪽에 재수록) ; 전용훈, 「김석문의 우주론－易學二十四圖解를 중심으로－」, 『한국천문력 및 고천문학 ; 태양력 시행 백주년 기념 논문집』, 천문대, 1997 ; 김용헌, 「김석문의 과학사상」, 『계간 과학사상』 33, 범양사, 2000.

16) 李德鳳, 「實學派의 振興과 生物學－實學의 二祖 李瀷의 星湖僿說－」, 『理

둘째, 조선후기 실학 발생의 요인과 관련해서 서양 과학기술의 수용 문제를 다룬 연구들이 있다. 조선후기 서학 수용의 일환으로 서양의 과학기술이 당시 학계에 어떻게 수용되었는가, 그 사상적 영향은 어떠했는가가 논의의 초점을 이루고 있다. 일련의 西學史 관련 연구가 이에 해당한다.[19] 흔히 실학 발생의 배경으로 내재적 요인과 외래적 요

工學報』 3, 中央大學校 理工大學 學生會, 1967 ; 李龍範, 「李瀷의 地動論과 그 論據－附 : 洪大容의 宇宙觀－」, 『震檀學報』 34, 震檀學會, 1972(李龍範, 『韓國科學思想史硏究』, 東國大學校 出版部, 1993의 제Ⅲ장 '西洋天文學과 朝鮮王國'에 재수록) ; 朴星來, 「李瀷의 西洋科學 受容」, 『東園金興培博士古稀紀念論文集』, 韓國外國語大學校, 1984 ; 朴星來, 1985, 「星湖僿說속의 西洋科學」, 『震檀學報』 59, 震檀學會, 1985.

17) 리용태, 「다산 정 약용의 자연 과학 사상」, 『다산정약용탄생200주년기념논문집』, 과학원 철학연구소, 1962(과학원 철학연구소 편, 『정다산연구』, 한마당, 1989, 107~141쪽) ; 朴星來, 「丁若鏞의 科學思想」, 『茶山學報』 1, 茶山學報刊行委員會, 1978 ; Donald Baker, "Sirhak Medicine: Measles, Smallpox, and Chŏng Tasan," *Korean Studies*, 14, 1990(도날드 베이커, 金世潤 譯, 『朝鮮後期 儒敎와 天主敎의 대립』, 一潮閣, 1997에 재수록) ; 張會翼, 「丁若鏞의 科學思想－그의 理氣觀과 周易觀을 중심으로－」, 『韓國史 市民講座』 16, 一潮閣, 1995.

18) 李賢九, 『崔漢綺 氣學의 成立과 體系에 關한 硏究－西洋 近代科學의 流入과 朝鮮後期 儒學의 變容－』, 成均館大學校 大學院 東洋哲學科 博士學位論文, 1993(『崔漢綺의 氣哲學과 西洋 科學』, 成均館大學校 大東文化硏究院, 2000) ; 金容憲, 『崔漢綺의 西洋科學 受容과 哲學 形成』, 高麗大學校 大學院 哲學科 博士學位論文, 1995 ; 김용헌, 「최한기의 서양 우주설 수용과 기학적 변용」, 『실학의 철학』, 예문서원, 1996 ; 朴星來, 「19세기 서울 사람 崔漢綺의 세상 구경」, 『典農史論』 2, 서울市立大學校 國史學科, 1996 ; 楊普景, 「崔漢綺의 地理思想」, 『震檀學報』 81, 震檀學會, 1996 ; 尹晶惠, 「崔漢綺의 西歐科學思想受容에 對한 一考察」, 『韓國思想史學』 8, 韓國思想史學會, 1997 ; 金容憲, 「崔漢綺의 自然觀」, 『東洋哲學硏究』 18, 東洋哲學硏究會, 1998 ; 權五榮, 『崔漢綺의 學問과 思想 硏究』, 集文堂, 1999 ; 이현구 외, 「특집: '최한기의 과학' 읽기」, 『계간 과학사상』 30, 범양사, 1999.

19) 朴星來, 「마테오 릿치와 한국의 西洋科學 수용」, 『東亞硏究』 3, 西江大學校 東亞硏究所, 1983 ; 李元淳, 『朝鮮西學史硏究』, 一志社, 1986 ; 李龍範, 「李朝實學派의 西洋科學受容과 그 限界－金錫文과 李瀷의 경우－」, 『東方學

인이 거론된다. 조선후기 사회의 내부적 모순, 예컨대 兩亂 이후의 사회경제적 변동과 그에 조응한 사상계의 변화가 내재적 요인이었다면 明末淸初 학술사상, 淸代의 考證學, 西學의 전래는 외래적 요인이었다는 것이다.[20] 그런데 현재까지 실학의 과학기술 분야를 다룬 연구는 일부를 제외하고 대부분 서학의 절대적인 영향을 강조하는 경향이 지배적이다. 진보적 실학자들을 중심으로 서학이 수용되었고, 그것은 기존의 주자학적 질서를 비판하면서 새로운 학문·사상을 모색하는 밑거름이 되었다고 파악하는 것이다.

셋째, 실학자들의 사회·경제개혁론과 관련해서 과학기술에 대한 관심을 탐구한 연구들이 있다. 특히 '利用厚生'의 문제와 관련하여 실학자들이 제기한 技藝論, 기술혁신론, 기술도입론, 기술교육론 등이 주요한 탐구 대상이었다.[21] 이러한 연구들은 실학자들이 心性論과 禮論 위주의 학계 풍토를 비판하면서 利用厚生의 문제로 대변되는 實用學·實事學에 관심을 경주하였고, 그 결과 자연학 내지 과학기술의 중요성을 인식하게 되었다는 기본 시각을 견지하고 있다. 과학기술에 대한 새로운 인식은 결국 기술혁신과 신기술 도입을 주장하게 하였고,

---

志』 58, 延世大學校 國學硏究院, 1988 ; 李龍範, 『중세서양과학의 조선전래』, 동국대학교 출판부, 1988 ; 姜在彦, 『조선의 西學史』, 民音社, 1990.

20) 趙珖, 「朝鮮後期 實學思想의 硏究動向과 展望」, 『何石 金昌洙敎授 華甲紀念 史學論叢 歷史學의 諸問題』, 범우사, 1992, 424~431쪽 참조.

21) 高炳翊, 「茶山의 進步觀-그의 技藝論을 중심으로-」, 『曉城趙明基博士華甲紀念 佛敎史學論叢』, 曉城趙明基博士華甲紀念 佛敎史學論叢 刊行委員會, 1965 ; 金泳鎬, 「韓國의 傳統的 科學技術思想의 변모」, 『人文科學』 2, 成均館大學校 人文科學硏究所, 1972 ; 朴星來, 「朴齊家의 技術導入論」, 『震檀學報』 52, 震檀學會, 1981 ; 朴星來, 「朝鮮儒敎社會의 中人技術敎育」, 『大東文化硏究』 17, 成均館大學校 大東文化硏究院, 1983 ; 成大慶, 「茶山의 技術官吏 育成策」, 『茶山의 政治經濟思想』, 창작과비평사, 1990 ; 노태천, 「丁若鏞의 技術觀-『技藝論』을 중심으로-」, 『한국학대학원 논문집』 8, 韓國精神文化硏究院 韓國學大學院, 1993 ; 조성을, 「丁若鏞의 技術發展論」, 『科技考古硏究』 2, 아주대학교 박물관, 1997.

그를 뒷받침할 수 있는 기술교육의 강화, 과학기술 분야 제도의 개혁으로 연결된다고 보는 것이다.

이상의 논의들은 이른바 실학의 근대(지향)성과 관련하여 주목된 것이었다. 실학이 중세적 체제를 극복하고 근대사회를 지향하는 성격을 지니고 있다고 할 때 당연히 그 안에서는 근대사회의 지표라 할 수 있는 과학기술에 대한 강조, 그 밑받침이 되는 자연관의 변화가 기대되었기 때문이다. 따라서 실학 사상의 근대(지향)성에 대한 비판은 자연스럽게 실학의 자연관, 실학의 과학기술론에 대한 비판으로 이어지기 쉬운 구조를 지니고 있다. 실제로 최근의 연구 성과들은 이러한 경향을 보여주고 있다. 이른바 실학자들에게서 보이는 전통의 고수 경향, 서양 과학기술에 대한 융합적 사고에 대한 지적이 그것이다. 실학자들은 근대 과학기술을 수용한 것이 아니라 서양의 과학기술을 전통적인 사유체계 속에 용해시키려 하였고, 그것은 일종의 '변형'이지 새로운 창조가 아니라는 것이었다.

이러한 비판들이 전적으로 타당하다고 볼 수는 없으나 과학기술 분야에서 실학의 진보성을 별다른 고민 없이 주장했던 종래의 연구 경향에 깊은 반성을 촉구하고 있다는 점에서는 매우 중요하다. 실학의 근대(지향)성, 실학과 과학기술의 밀접한 관련성을 주장했던 기존의 연구자들에게 좀더 정치한 논리와 전거를 제시해야 하는 숙제가 주어진 것이다. 그것은 나아가 20세기 한국 역사학계가 이룩한 실학 연구의 성과를 21세기의 변화된 지적 환경 속에서 어떻게 계승·발전시킬 것인가 하는 학문적 고민과 맞닿아 있는 문제이기도 하다.

3. 각종 大系類의 조선후기 과학기술사 서술

지금까지 여러 종류의 大系類들이 출간되었다. 그 가운데 조선후기 과학기술사 내지 실학사상과 관련하여 우리의 주목을 끄는 것은 '文化史大系'나 '思想大系'들이다. 지금까지 간행된 문화사나 사상 관련 大系類로는 다음과 같은 것들이 있다.

◦『韓國文化史大系』 Ⅰ~Ⅶ, 高麗大學校 民族文化硏究所, 1964~1972.
◦『韓國思想大系』 Ⅰ~Ⅳ, 成均館大學敎 大東文化硏究院, 1973~1984.
◦『韓國思想史大系』 1~6, 韓國精神文化硏究院, 1990~1993.
◦『세종문화사대계』 1~5, 세종대왕기념사업회, 1998~2001.
◦『한국문화사상대계』 1~4, 영남대학교 민족문화연구소, 2000~2003.

大系란 본래 하나의 커다란 주제 아래 그와 관련된 여러 계통의 주요 논저를 모아서 엮게 된다. 위에 제시한 대계들을 살펴보면 '문화사대계'를 표방한 경우에는 과학기술 분야가 독립된 영역으로 자리잡고 있지만 '사상대계'의 경우에는 그렇지 못하다는 사실을 알 수 있다. 아마도 문화라고 하면 일반적으로 그 안에 언어·관념·신앙·관습·규범·제도·기술·예술·의례 등등의 요소가 포함되어야 한다고 생각하지만, 사상의 경우에는 그 안에 과학사상이 포함될 수 있느냐에 대해 異論이 있을 수 있고, 특히 전근대 사상의 경우 과연 과학사상을 독립된 영역으로 설정하는 것이 가능할까라는 의문이 존재하기 때문이 아닐까 한다. 이는 과학기술사 연구가 상대적으로 부진하고, 전근대 시기 과학사상에 대한 연구가 학문적으로 정착되지 못한 우리 학계의 현실을 반영하는 것이기도 하다.

기존의 大系 가운데 과학기술을 다룬 것으로는『韓國文化史大系』(高麗大學校 民族文化硏究所, 1968)가 일단 주목된다.[22] 여기에서는

「韓國農業技術史」(李春寧), 「韓國漁業技術史」(朴九秉), 「韓國生物學史」(李德鳳), 「韓國遞信史」(陳錤洪), 「韓國天文氣象學史」(全相運), 「韓國地理學史」(李燦), 「韓國醫學史」(盧正祐), 「李朝造船史」(姜萬吉), 「韓國印刷技術史」(孫寶基), 「韓國數學史」(金東基) 등이 다루어졌다. 해당 분야에 대한 통사적 서술이기 때문에 조선후기나 실학에 특별히 주목한 흔적은 보이지 않는다. 다만 "混亂 一路를 밟아가는 國內 事情에도 外來의 刺戟과 아울러 澎湃한 實學風潮가 擴大하면서, 近世的인 技術의 傳入과 國內 農業事情에의 關心과 批判이 보이기 시작한다."[23] "이러한 정세 하에서도 당시의 학자 중에 朱子學에 대하여 의문을 가지는 사람도 있었고, 또 倭亂과 胡亂을 겪은 이후 우리의 歷史·地理·言語 등, 말하자면 國學에 대한 自覺이 생겼으며, 思辨的인 性理學에서 實用·厚生에 필요한 農學·生物學·醫學·物理學 등에 눈을 돌리게 되었다. 이것이 이른바 實學風으로서, 그들의 學問의 傾向은 百科事典的 博物學에 置重한 것이 特色이라고 하겠다."[24] "淸나라의 考證學과 西洋의 科學的인 思考方式을 받아들인 英祖·正祖代에 시작하는 實學은 地理學에도 새로운 氣風을 일으켰다"[25] 등등의 언급에서 볼 수 있듯이 실학과 조선후기(특히 영·정조대) 과학기술의 발전을 연관시켜 서술하는 것이 일반적이었다. 이는 1960년대 후반의 활발했던 실학에 대한 연구 동향을 반영한 것이었다.

『韓國思想大系』(成均館大學校 大東文化硏究院, 1973~1984)는 文學·藝術, 社會·經濟, 政治·法制, 性理學 등으로 부문을 나눴다. 따

22) 『韓國文化史大系』 Ⅲ(科學·技術史), 高麗大學校 民族文化硏究所, 1968.

23) 李春寧, 「韓國農業技術史」, 『韓國文化史大系』 Ⅲ(科學·技術史), 高麗大學校 民族文化硏究所, 1968, 62쪽.

24) 李德鳳, 「韓國生物學史」, 『韓國文化史大系』 Ⅲ(科學·技術史), 高麗大學校 民族文化硏究所, 1968, 402쪽.

25) 李燦, 「韓國地理學史」, 『韓國文化史大系』 Ⅲ(科學·技術史), 高麗大學校 民族文化硏究所, 1968, 705쪽.

라서 과학·기술이 독자적인 영역으로 포함될 수 없었다. 그러나 부분적으로는 과학·기술과 관련된 내용을 일부 포함하고 있다. 먼저 文學思想篇에서 존재론으로 우주관·인생관·자연관·사회관을 다루고 있는데, 이 가운데 우주관·자연관은 일종의 과학사상과 관련을 가질 수 있다. 「宇宙論·世界像」(張德順), 「自然과 人間存在」(崔珍源)가 바로 그것이다.[26] 물론 이 글들은 과학사상의 관점에서 다루어진 것은 아니었다. 그러나 우주와 세계, 자연의 문제를 다루고 있다는 점에서 그 안에 녹아 있는 옛 사람들의 사고의 단면을 읽어낸다면 우주론·자연관을 구성하는 데 도움을 받을 수 있을 것이다.

실학과 과학기술의 관련성에 대한 언급은 주로 社會·經濟思想篇에 등장한다. 조선후기 실학의 전개와 관련해서 경제개혁론의 일부로서 '技術革新論'을 언급하였고,[27] 실학파의 사회경제사상의 일부로서 '利用厚生論'을 다루면서 技術革新論, 産業開發論, 技藝論, 技術導入論 등을 논하였다.[28] 政治·法制思想篇에서는 '經世致用學派'의 자연관과 '北學派'의 그것과의 차이에 주목하여 북학파가 기존의 자연관을 변용하면서 자연의 효용성에 주목하는 공리주의적 지향을 보인다고 하였고,[29] 실학파의 利用厚生論을 實利主義 法思想과 연관시켜 설명하기도 했다.[30] 徐敬德의 氣哲學을 다루면서 그의 자연과학적 관심과 그의 철학에서 차지하는 自然과 自然物의 의미를 분석한 性理學思想篇의 내용[31]도 전통적 자연관과 관련하여 주목된다.

---

26) 『韓國思想大系』 I (文學·藝術思想篇), 成均館大學校 大東文化硏究院, 1973.

27) 趙璣濬, 「實學의 展開와 社會經濟的 認識」, 『韓國思想大系』 II(社會·經濟思想篇), 成均館大學校 大東文化硏究院, 1976, 239~247쪽.

28) 金龍德, 「實學派의 社會經濟思想」, 『韓國思想大系』 II(社會·經濟思想篇), 成均館大學校 大東文化硏究院, 1976, 276~295쪽.

29) 朴忠錫, 「近世實學思想의 歷史的 展開」, 『韓國思想大系』 III(政治·法制思想篇), 成均館大學校 大東文化硏究院, 1979, 250~257쪽.

30) 張庚鶴, 「實學의 法思想」, 『韓國思想大系』 III(政治·法制思想篇), 成均館大學校 大東文化硏究院, 1979, 1072~1081쪽.

민족적 주체성과 세계적 보편성을 갖춘 건실한 한국사상의 정립을 목적으로 발간된 『韓國思想史大系』(韓國精神文化硏究院, 1990~1993)는 철학・종교・역사・어문・예술 등 여러 분야의 종합적 접근을 통해 한국사상의 특성을 조명하고자 하였다. 따라서 역사적, 종교적, 철학적, 어문적, 문학적, 예술적 접근이 중심이 되었고 과학기술적 접근은 적극적으로 시도되지 못하였다. 다만 「高麗時代의 科學文化」,[32] 「朝鮮前期의 科學文化」,[33] 「傳統科學과 新科學文物의 流入」[34]을 통해 고려시대, 조선전기, 조선후기의 과학기술 분야를 서술하였다.

여기서 金容雲은 "조선후기의 과학은 조선의 전통적인 과학에 주로 중국을 통해 입수되는 서양과학의 충격으로 새로운 양상을 나타낸 시기"[35]라고 정리했다. 그러면서도 서양과학이 조선후기의 과학에 끼친 영향은 제한적이라고 보았다. 경험적으로 검증 가능한 기술・실험적인 학문은 적극적으로 수용되었지만 논리성・체계성을 중시하는 이론적 분야에서는 전혀 성과가 없었다는 것이다. 서양과학의 수용이 기존의 학문・사상적 기반 위에서 시도됨으로써 본질적이지 못했고, 결국 조선전기 과학기술의 범주에서 크게 벗어나지 못했다고 파악했다. 이러한 그의 주장은 실학의 한계성으로 연결된다. 조선후기 실학은 '사변적인 경향'이 강했으므로 과학기술 분야에서 한계를 드러낼 수밖에 없었다는 것이다.[36]

---

31) 宋恒龍, 「花潭의 氣哲學과 性理學」, 『韓國思想大系』 Ⅳ(性理學思想篇), 成均館大學校 大東文化硏究院, 1984, 474~493쪽.

32) 朴星來, 「高麗時代의 科學文化」, 『韓國思想史大系』 3(中世篇), 韓國精神文化硏究院, 1991.

33) 金容雲, 「朝鮮前期의 科學文化」, 『韓國思想史大系』 4(近世前期篇), 韓國精神文化硏究院, 1991.

34) 金容雲, 「傳統科學과 新科學文物의 流入」, 『韓國思想史大系』 5(近世後期篇), 韓國精神文化硏究院, 1992.

35) 金容雲, 위의 글, 1992, 673~674쪽.

36) 이러한 金容雲의 견해에 대해 문중양은 "잘못된 과학관에 빠진 저널리즘적인 글로 조선시대 전통과학에 대한 오류와 왜곡으로 점철되어" 있다고 비판

『세종문화사대계』(세종대왕기념사업회, 1998~2001)는 과학을 독립된 분야로 다루고 있다.[37] 세종시대라고 하는 제한된 시기를 다루고 있지만 천문기상학(전상운), 인쇄 출판(손보기), 의학(안덕균), 농업 기술(김용섭), 산업 기술(전상운), 지리학(이찬) 등을 해당 분야의 전문가들이 깊이 있게 서술하였다.

최근에 발간된 대계류로는 『한국문화사상대계』(영남대학교 민족문화연구소, 2000~2003)를 들 수 있다. 그 가운데 한 권이 서지학・과학・농업・경제학 분야를 다루고 있다.[38] 과학 분야에 수록된 논문은 모두 4편이다. 「한국 천문역산학사」(박성래), 「한국 종두법의 역사」(신동원), 「18세기 조선 수리학사」(문중양), 「한국 근대 과학기술사 : 과학기술교육을 중심으로」(김근배)가 그것이다. 박성래의 논문을 제외하면 당시 박사학위를 취득한 신진 학자들의 글을 중심으로 엮었다는 데서 그 의미를 찾을 수 있다.

이 가운데 박성래의 논문은 실학과 과학기술의 관련성을 간접적으로 다루고 있다. 이 논문은 한국 천문역산학의 역사를 통시대적으로 정리한 것이므로 실학 문제를 전론하지는 않았다. 조선후기 부분은 천문관측, 역법개정(時憲曆 도입), 천문기구 제작, 천문관련 서적 등으로 구성되어 있으며, 실학자의 자연관은 부수적으로 다루어지고 있다. 그런데 "조선 후기는 천문역산학에서 서양의 영향이 미치기 시작한 것을 가장 중요한 특징으로 꼽을 수 있다"[39]라는 지적에서 볼 수 있듯이 서양과학의 수용과 그에 따른 천문역산학의 변화를 중심으로 논의를 전

하였다. 문중양, 「『한국유학사상대계』 과학기술 분야 서술을 위한 제언」, 『『한국유학사상대계』 집필의 과제와 전망(2003년도 한국국학진흥원 한국학술대회 발표 논문집)』, 한국국학진흥원, 2003, 206쪽 참조.

37) 『세종문화사대계』 2(과학), 세종대왕기념사업회, 2000.

38) 영남대학교 민족문화연구소 편, 『한국문화사상대계』 3(서지학・과학・농업・경제학 분야), 영남대학교 출판부, 2003.

39) 박성래, 「한국 천문역산학사」, 『한국문화사상대계』 3(서지학・과학・농업・경제학 분야), 영남대학교 출판부, 2003, 250쪽.

개하고 있다. 특히 실학의 과학담론에 대해서 "서양 천문학의 영향으로 이 시기부터 실학자들의 글 가운데에는 상당한 서양 천문학 지식이 스며들기 시작했다"[40]고 하여 서양과학의 영향을 강조하고 있다.

이처럼 지금까지 출간된 大系類에서는 조선후기 과학기술 문제를 주로 실학과 관련해서 언급하고 있으며, 실학의 과학기술에 미친 西學의 영향은 절대적이었다는 시각을 견지하고 있다. 이는 앞서 살펴본 바와 같이 현재 우리 학계의 조선후기 과학기술사 연구 경향을 반영하는 것이라 하겠다.

4.『한국실학사상연구 4-과학기술편』의 구성과 내용

이 책은『한국실학사상연구』 가운데 '實學思想'의 제4편으로 구상되었다. 과학기술 분야를 다룬 이 책은 모두 9개의 세부 주제로 편성되었는데, 그것은 다시 '실학적 자연인식의 전개'를 다룬 4편의 논문과 역법·천문기구·농업기술·의학·지리학 등 '전문과학 지식의 여러 모습'을 다룬 5편의 논문으로 나눌 수 있다. 각 논문의 주요 내용을 살펴보면 다음과 같다.

문중양은「전통적 자연인식 체계의 사적 변화－상수학적·기론적 우주론의 심화·전개」에서 전통과학의 역사적 전개과정에 대한 이해를 재고할 것을 요구하고 있다. 그는 종래 조선후기 전통과학의 변동에 대한 이해가 많은 오류를 범하고 있다고 진단한다. 그것은 일차적으로 실학의 과학사상에서 근대적인 요소를 추출하려고 했던 연구방법의 문제점에 기인하고 있다고 파악한다. 한국에서 근대과학의 형성은 서양 근대과학의 수용 및 정착으로 이해되어 왔으며, 그러한 관점에서 실학자들은 근대과학 수용의 주체로서, 그들의 자연지식은 전통

---

40) 박성래, 위의 글, 2003, 254쪽.

적 자연지식을 극복했거나, 그럴 충분한 가능성을 지닌 것으로 기대되었다는 것이다.

이러한 비판적 관점에서 문중양은 실학의 자연인식을 '전통적 자연인식 체계의 사적 변화'라는 관점에서 다음과 같이 서술하고 있다. 宋代 性理學의 자연이해는 張載의 氣一元的 우주론, 周敦頤의 太極說, 邵雍의 象數易學을 기본틀로 하고 있으며, 朱熹의 우주론 역시 이러한 범주에서 벗어나지 않는다. 이와 같은 송대 성리학의 자연인식 체계와 우주론 논의는 성리학의 유입과 함께 조선에 수용되었고, 조선시기 우주론은 氣論的 우주론과 象數學的 우주론을 양대 축으로 하여 발전되었다.

조선후기 실학적 우주론 역시 이와 같은 기론적 우주론과 상수학적 우주론의 전통을 계승·발전시킨 것으로 파악된다. 이는 실학적 자연이해의 성장 과정이 전통적인 자연관을 부정하고, 서양과학적인 자연이해를 추구하는 식의 불연속적 변혁적인 과정으로 전개되지 않았다는 사실을 말해준다. 조선후기의 실학자들은 17세기 이후 전래된 서양의 과학지식을 전통적인 성리학적 자연이해의 틀로 재해석하면서, 두 가지 전통의 자연인식 체계로 그것을 회통하려고 시도했다. 金錫文-鄭齊斗-徐命膺의 상수역학적 우주론 논의가 그 하나였다면, 李瀷-洪大容-崔漢綺의 기론적 우주론 논의가 다른 하나였다.

문중양은 이를 통해 17세기 서양과학의 전래 이후 조선의 유학자들이 서양과학이 소개하는 새로운 사실들을 이해하는 방식에서 서양의 과학자들과는 매우 달랐음을 확인할 수 있다고 주장한다. 象數學이나 氣論은 이러한 과정에서 중요한 역할을 담당하였다고 한다. 요컨대 조선 지식인들의 전통적 자연이해 방식은 서양과학을 수용하면서 사라진 것이 아니라 19세기 후반까지 지속되었다는 것이다.

구만옥은 「朝鮮後期 實學的 自然認識의 擡頭와 展開」라는 문제를 天體運行論·日月蝕論·潮汐說을 중심으로 추적하였다. 그는 먼저 주자학적 자연관의 특징을 다음과 같이 정리하였다. 첫째, 주자학적 자연학은 '中世的 合理主義'로서 이전 시기의 그것에 비해 진전된 모습을 보인다. 둘째, '有機體的 自然觀'으로서 人間·社會·自然을 동일한 구조 속에서 파악하는 논리 체계였는데, 그 안에서 物理와 자연법칙은 道理와 도덕규범에 종속되어 있었다. 셋째, '格物致知'로 대표되는 주자학의 인식론은 그 최종 목적이 윤리·도덕·수양 원칙을 확인하는 것이었다는 점에서 엄밀한 의미의 과학적 인식론과 차이가 있다.

다음으로 그는 조선후기 사상계의 변동이 당시의 사회경제적 변동을 사상의 차원에서 수렴하고자 한 노력의 소산이었다는 관점에서, 조선후기 자연인식이 변화하게 된 요인을 '實學의 대두'와 '西學의 전래·수용'이라는 사상사적 맥락에서 살펴보았다. 그에 따르면 實學은 현실의 정치·경제·사회적 현안을 實事·實務의 차원에서 직시하고 國家·公·民生 위주의 개혁적인 타개방안을 모색한 조선후기의 새로운 학풍이었다. 그것은 학문 활동에서 實證에 바탕을 둔 實理의 탐구로 이어졌고, 實事學의 일환으로 自然學에 주목하게 되는 계기를 제공하였다. 物理의 가치에 대한 새로운 이해, 自然學의 자립화, 서양과학의 적극적인 수용은 이러한 학문·사상적 변화에 따라 가능했다는 것이다.

구만옥은 이어서 조선후기 사상계의 조류를 正統 朱子學派의 '朱子學 絶對主義'와 實學派를 중심으로 한 '朱子學 相對主義'의 대립, 보수와 진보의 대립 구조로 이해하고, 자연학 분야에서 양자의 대립 양상을 천체운행론, 일월식론, 조석설을 중심으로 살펴보았다. 그 결과 주자학적 자연학의 기본틀을 유지·강화하려는 입장과 새로운 자연인식을 모색하는 입장의 분기가 있었다고 주장하였다. 그리고 그 과정에서 새롭게 대두된 實學的 自然認識의 특징을 다음과 같이 정리하였다. 첫째, 理氣論의 변화에 따라 자연·자연법칙을 이해하는 태도에 근본적인 변화가 나타났다. 둘째, 理氣論의 변화는 인식론의 변화를 추동하여 전통적 格物致知論을 비판하고 새로운 인식론에 대한 모색이 시도되었다. 셋째, 주자학에 대한 비판의 연장선상에서 여타 학문에 대한 개방성을 보여주었다. 요컨대 조선후기 실학적 자연인식의 전개와 세계관의 변화, 그와 연동되어 있는 인간·사회관의 변화는 주자학으로 대표되는 중세적 합리주의를 넘어 새로운 사유체계를 지향하는 주체적 노력의 산물이었다는 것이다.

임종태는 「지구, 상식, 중화주의―李瀷과 洪大容의 사유를 통해서 본 서양 지리학설과 조선후기 實學의 세계관―」에서 예수회 선교사들의 지리학설―地球說과 五大州說―이 조선후기 학자들의 세계관 전환에 영향을 미쳤다는 기존 인식의 타당성에 의문을 제기하였다. 그것은 조선후기 실학을 근대적·민족적이라고 보는 한국사학계의 연구경향에 대한 문제 제기였다. 그는 이익과 홍대용의 지구설·지전설에서 중화주의에 대한 비판과 근대적 지향을 찾으려는 기존의 시도를 이익과 홍대용에 대한 '근대적 誤讀'의 산물이라고 주장하였다.

임종태는 17·18세기 중국과 조선의 지식인들에게 지구설이 광범위하게 수용되었다는 사실과 중화주의적 정서의 유행이라는 서로 모순되어 보이는 듯한 두 현상에 착안하였다. 그는 이익의 지구설이 중화주의를 비판하고 서양 기독교 문명의 고상함을 선전하려 했던 서양 선교사들의 불온한 의도에 대해 지구설과 중화주의를 재조정하기 위한 것이었으며, 유교 문명의 보편적 가치를 우주론적으로 옹호하려는 것이었다고 보았다. 그것은 달리 말한다면 기존의 중화주의적 상식을 지구라는 새롭고 넓은 무대로 확장시키려는 의도라고 볼 수 있었다.

그는 기존에 '과학적' 학설이 담긴 것으로 평가되었던 홍대용의 「毉山問答」에 대해서도, 그것은 기존의 中華와 夷狄이라는 범주 구분의 모호함을 드러내기 위한 일종의 '우화'라고 주장하였다. 요컨대 홍대용은 華夷論에 대한 논의가 활발하게 전개되었던 18세기 조선의 현실 속에서 華·夷의 범주 구분이 갖는 긴장을 증폭시킴으로써 華夷 구분의 상대성을 드러내려 하였다는 것이다. 이와 같은 홍대용의 자세는 서양 선교사들의 학설을 그대로 수용한 것이 아니었다.

임종태는 이익과 홍대용에게서 볼 수 있는 근대적 지평에서 벗어나 있는 타자성, 쉽게 방향 지을 수 없는 다양성과 긴장이야말로 조선후기 사상계가 지닌 매력이라고 주장한다. 바로 이러한 이질적 매력을 근대적 프리즘으로 재단하는 것은 18세기의 정신에 '전근대/근대'의 앙상한 구도를 덧씌우려는 오늘날 연구자들의 잘못이라는 것이다.

노대환의 「조선후기 서양 과학기술의 수용과 그 논리」는 성리학의 기본적인 틀을 그대로 유지하면서 이질적인 서양 과학기술을 수용했던 점을 조선후기의 새로운 사상 경향이라고 간주하는 기본 관점에서 조선 성리학계가 서양 과학기술을 어떤 방식으로 포용했으며, 어느 선까지 자신의 틀을 유지하면서 포용해 낼 수 있었는가를 검토해 보고자 한 것이었다.

그에 따르면 서학 도입 초기인 17세기에는 수용을 둘러싼 갈등이 당장 표면화되지 않았다고 한다. 18세기에 들어 조선과 청의 긴장관계가 해소되고 국제 관계가 안정되면서 본격적인 서학 수용의 길이 열리게 되었다. 그런데 성리학적 입장에서 보면 서양 과학의 정확성보다 더 중요하고 의미있는 절대적 기준은 '理'에 합당한가의 여부였다. 이처럼 서양 과학기술의 유용성이 인정됨에도 불구하고 華夷觀의 벽에 막혀 수용이 저지될 때 돌파구는 두 가지였다. 근본적인 방법은 화이관 자체에 수정을 가하는 것이었고, 그것이 어렵다면 화이관의 틀을 유지하면서 서양 과학기술을 용인할 수 있는 논리를 만들어 내는 것이었다. '西器中國源流說'이 바로 그것이었다.

노대환은 서학 수용의 논리를 18세기 '서기중국원류설'의 형성과 전개, 19세기 초반 斥邪論과 西器受容論의 대립적 구도, 19세기 중반(1840~1860년대) 대외 위기인식과 서기수용론, 개항 전후(1860~1880년대) 東道西器論, 그리고 1880년대 이후 동도서기론의 전개로 나누어 살펴보았다. 그는 조선의 동도서기론은 西敎와 西器의 분리에 입각한 경세론이 그 포용 범위를 넓혀 가는 과정에서 도출된 사상적 조류였다고 평가한다.

이처럼 노대환은 조선후기 성리학의 변화에서 서학 수용의 논리를 찾고자 하였다. 그것이 바로 '氣'적인 부분에 대한 관심의 제고였다. 氣가 理에 일방적으로 종속되었다고 보는 것이 아니라 氣의 토대 위에 理가 비로소 발현될 수 있다는 인식으로의 변화였고, 이것이 北學論으로 표출되었으며 서양 과학기술에 대한 '중국원류설'로 나타났다고 보았다. 氣的인 것의 가치가 적극적으로 평가되면서 점차 理와의 관계가 문제되었는데, 그 해결방안으로 제시된 것이 東道西器的 사고였다. 이는 道와 器를 분리하여 각기 가치를 부여하는 방식으로 북학적 사고를 계승한 것이며, 성리학적 변통론이 도달할 수 있는 최고의 경지였다는 것이다.

전용훈은 「17·18세기 서양 천문역산학의 도입과 전개－時憲曆의 수입과 시행을 중심으로－」에서 17~18세기 시헌력의 수입과 시행 과정을 통해 조선후기 서양 천문역산학의 도입과 전개 과정을 구명하였다. 이를 통해 그는 조선후기 시헌력의 수용과 시행이 서양 천문역산학의 단순한 수용이 아니었으며, 조선후기 사람들이 부단히 외래 문물에 반응해 만들어 낸 매우 섬세하고 역동적인 역사적 과정이었다는 점을 드러내고자 하였다.

구체적으로 인조대 이후 시헌력의 습득과정, 효종~숙종대에 걸친 역법 지식의 확대와 시헌력 체제의 안정, 영조대 『曆象考成』 체제로의 전환에 따른 혼란, 그리고 『曆象考成』과 『曆象考成後編』의 역산법에 의한 수습 과정 등을 실증적으로 해명하였다. 그리하여 조선은 1760년대에 이르러 중국의 역서와 비슷한 수준의 역서를 만들어내게 되었고, 천문역산학의 운용에 어느 정도 자신감을 갖게 되었다고 파악했다. 이후 조선에서는 자국의 경위도에 맞는 실질적인 本國曆을 지향하였으나 宗主國과 藩屬國이라는 형식적인 朝・淸 관계로부터 자유로울 수 없었다고 한다.

요컨대 조선후기 時憲曆書는 기본적으로 朝・淸 관계의 표상으로 기능했다. 淸은 曆書를 藩屬國에 내려주는 시혜로서 지배권의 상징으로 삼고자 했으며, 조선 또한 曆書에 부여된 이러한 표상적 의미를 공유했다. 그러나 조선은 時憲曆의 단순한 수용과 사용에 만족하지 않았다. 조선은 時憲曆法 지식을 배워와 자체적으로 역서를 만들고자 했으며, 이를 위해 부단히 노력하였다. 이는 『七政算』 이래 200여 년 동안 자국의 역서를 자체적으로 생산해 온 전통의 계승을 의미한다. 조선은 역서와 관련하여 형식적으로는 藩屬國이었지만, 내용적으로는 獨立國이었던 것이다. 그것은 조선이 유교적 정치이념을 표방하는 하나의 독립적 국가로서 觀象授時의 이념을 실천하고자 하였기 때문이다.

한영호는 「서양과학의 수용과 조선의 신법 천문의기」에서 18세기 조선에서 제작된 서양식 천문의기를 제작 시기에 따라 그 특징을 추적함으로써 조선후기 서양과학의 수용 과정을 입체적으로 구성하려 하였다. 그 내용을 요약하면 다음과 같다.

조선에서 서양식 천문도를 작성한 것은 숙종 34년(1708)의 일이었다. 그것은 湯若望의 「적도남북총성도」를 모사한 것으로 추정되는데, 적도를 경계로 북반구와 남반구의 별들을 두 개의 원 안에 표현하는 방식이었다. 영조대에는 戴進賢의 「황도총성도」를 모사한 「황도남북양총성도」가 제작되었다. 황도식 천문도는 일・월・오행성의 정확한 위치를 파악하는 데 황도좌표가 유리하다는 사실에 착안한 천문도로서, 당시 서양 천문학 수용의 실상을 엿볼 수 있는 자료이다. 이와 함께 전통 천문도와 황도식 천문도를 혼합한 이른바 '신구복합천문도'가 만들어졌는데 이는 전통 천문학과 서양 신법 천문학의 공존이라는 점에서 주목된다. 한편 국내에 10여 점 이상 남아 있는 「渾天全圖」는 서양 천문학에 대한 깊은 이해가 부족했던 민간 학자의 손으로 제작한 것으로 판단된다. 서양식 천문도를 모방하고자 하였으나 세부적인 부분에서 적잖은 오류가 발견되기 때문이다.

서양 천문학의 유입에 따라 소개된 대표적인 서양식 천문의기가 渾蓋通憲儀, 簡平儀 등인데, 이는 종래의 구형 혼천의를 대신하여 이를 평면에 투영시킨 것이었다. 혼개통헌의는 천구의 남극에서 바라본 동지선 이북의 천구를 적도면에 평사투영한 의기이고, 간평의는 천구 바깥의 무한원점에서 바라본 천상을 양극을 지나는 면 위에 정사투영한 것이다. 그런데 그것이 중국과 조선에 정착하는 과정에서 일정한 변형을 겪게 되었다. 平渾儀가 바로 그것이었다.

조선 최초의 서구식 평면 해시계는 新法地平日晷로서, 이는 지평면 위에서 시각과 절기를 동시에 읽을 수 있도록 고안된 것이었다. 이와 함께 渾蓋通憲儀와 簡平儀의 원리를 이용한 해시계도 제작되었는데 渾蓋日晷와 簡平日晷가 그것이다. 渾蓋日晷는 천구상의 천정점에서 바라본 황도를 지평면 위에 평사투영하여 절기선과 시각선을 그린 것이고, 簡平日晷는 천정에서 천구 바깥으로 무한히 뻗어나간 위치에서 지평면에 정사투영한 황도의 궤적을 절기와 시각에 맞추어 그린 것이다.

한편 이 시기에 洪大容은『數理精蘊』에 실린 기하학적 원리를 실용의 관점에서 나름대로 정리하여 자신의 저서『籌解需用』에 포함시키는 등 서양 수학을 체계적으로 받아들이면서, 동시에 입체 의기인 혼천의를 평면에 투영한 測管儀라는 서양식 평면의기를 설계·제작하였다. 측관의는 熊三拔의『簡平儀說』과 밀접한 관련을 갖고 있는 것으로 독창적인 천문의기로 볼 수는 없으나, 전통 의기의 제도를 바탕으로 삼아 서법을 적극적으로 수용하고 기하학의 지식을 활용하여 사용하기에 편리한 새로운 의기를 만들어냈다는 점에서 그 의미를 평가할 수 있다.

이상과 같은 조선후기 천문의기 제작에 대한 한영호의 평가는 부정적이다. 그는 조선후기에 신법 천문의기를 제작하였던 주체는 이른바 실학자들이 아니라 대부분 생존 차원에서 서양과학에 매달렸던 관상감원과 몇몇 관련 학자들이었다고 주장한다. 조선 성리학의 철학적 방법이 새로운 과학 지식을 받아들이는 데 거의 도움이 되지 않았고, 실학이 남긴 과학적 성취는 그 폭과 깊이에서 매우 제한적이었으며, 후대로 계승되지 못해 결국 불모의 과학이 되고 말았다고 평가한다.

염정섭은 「17~19세기 農法 연구와 農書 편찬의 추이」에서 17세기를 전후한 시기로부터 19세기까지 農書 편찬의 추이와 그에 따른 農法 연구의 상황을 개괄하였다. 17세기를 전후한 시점에는 이전에 편찬된 『農事直說』과 『衿陽雜錄』이 갖는 아쉬움과 한계를 뛰어넘는 새로운 단계의 농서 편찬이 진행되었다. 이 시기 편찬된 농서의 특색은 첫째, 老農의 경험과 지혜를 본격적으로 정리하여 문자로 정리된 농서의 내용이 실제의 농사를 보다 충실하게 반영하게 되었다는 점, 둘째, 『農家說』(柳彭老)·『農家月令』(高尙顔) 등에서 볼 수 있듯이 지역농법이 보다 적극적으로 농서 편찬에 반영되었다는 점, 셋째, 곡물 중심의 경작법 서술에서 벗어나 채소와 과수 등 농민의 자급자족을 달성하기 위해 절대적으로 필요한 여러 생산물에 대한 기술적인 측면을 포괄한 종합적 농서의 편찬이 이루어졌다는 점이다.

18세기에는 洪萬選(1642~1715)이 편찬한 『山林經濟』라는 방대한 綜合農書에서 볼 수 있듯이, 채소와 과수, 가축 사육을 비롯한 농업생산의 각 방면에 대하여 정리된 생활지침서의 성격을 포괄한 농서가 편찬되었다. 18세기 중반 이후 『산림경제』를 증보한 이른바 '山林經濟增補書'가 연이어 편찬되었는데, 이는 16세기 중반 이후 농서 편찬에서 주요한 비중을 차지하게 된 지역농서의 편찬이라는 흐름과 17세기 중반 『農家集成』에서 볼 수 있는 종합적인 농서를 지향하는 두 가지 흐름이 하나로 모아진 것이었다.

18세기 후반 농서의 편찬은 국왕 正祖가 추진한 '農書大全'의 편찬을 중심으로 이루어졌다. 정조는 1798년 11월 「勸農政求農書綸音」을 내려 조선의 농정을 혁신하고, 국가적인 차원에서 새로운 농서를 편찬하려는 사업을 추진하였다. 이는 당시의 시급한 과제인 종합농서의 편찬을 목표로 한 것이었다. 이와 같은 사업의 추진은 비록 결실을 맺지는 못했지만 조선후기 국가적인 농서 편찬 사업으로, 지역적인 농서를 종합하는 한편 조선후기 농업기술의 발달을 총괄하여 집대성하려는 것이었다는 점에서 그 의의를 찾을 수 있다.

19세기에 이르면 농서 편찬은 다양성 그 자체의 성격을 띠고 전개되었다. 韓錫斅의 『竹僑便覽』 「治農篇」과 같이 지역적인 농법을 충실하게 정리한 농서가 편찬되는가 하면, 徐有榘(1764~1845)의 『林園經濟志』와 같이 조선 농서를 집대성한 책이 편찬되기도 하였다.

신동원은 「조선후기의 의학과 실학」에서 의학 분야를 사례로 조선후기 실학을 재검토하였다. 그는 조선후기 의학의 새로운 경향으로 의학의 대중화, 경험을 중시하는 의학 기풍의 확산, 역병에 대한 새로운 접근, 그리고 서양의학 지식의 도입과 그에 근거한 의학 이론의 비판을 거론하였다. 그는 먼저 조선후기에 한의약이 민간에 뿌리내린 일은 이 시기 의학사의 가장 두드러진 특징이라 전제하고, 이러한 현상은 의약시장의 확대와 의약이용이라는 합리적 사고방식의 확산과 관련되어 있다고 보았다. 동시에 민간의 의약 확산은 커다란 한계를 지니고 있다고 지적하였는데, 의약인의 자질 관리, 약재의 검사, 효과적인 의학 교육을 위한 체계적인 노력이 없었다는 점을 그 이유로 꼽았다.

신동원은 조선후기 의학의 키워드로 '驗'을 제시했다. 17세기 중반 이후의 의서에서는 자신의 경험과 주변의 징험을 가치 있게 여겼고, 경전과 선배의 전통을 의심했으며, 의학자와 의사로서 자신의 목소리를 또렷하게 발언했다는 것이다. 조선후기 의학자들은 기존 전통을 경험으로 확인하고, 새롭게 자신의 경험을 통한 처방이 덧붙여지면서 더욱 신뢰할 만한 의학이 생겨날 수 있다고 믿었다고 한다.

다음으로 그는 조선후기 역병 가운데 실학과 관련하여 주목되었던 痘瘡과 그 치료법으로서의 종두법에 대해서도 비판의 화살을 돌렸다. 그는 종두법 실시의 역사적 성격을 재검토하고, 인두법과 우두법의 기술적 측면을 논하면서 종두법의 도입, 실시에 대한 기존 연구자들의 근대주의적 시각을 비판하였다. 아울러 기존의 많은 학자들이 丁若鏞의 대표적 의서인 『麻科會通』의 저술 동기와 체계적인 구성에서 '실학정신'을 읽어내려고 하였던 것에 대해서도 비판했다. 그는 『마과회통』에서 실학과의 관련성을 찾으려는 논의나 그것을 반박하는 논의 모두를 지양하면서 그것보다 먼저 의서로서의 가치를 탐구해야 한다고 주장한다. 『마과회통』이 동아시아 마진학의 결정판임에도 불구하고 이후 연구 전통으로 확립되지 못하고, 실용적인 측면에서 널리 효과를 거두지 못한 조선후기 의학계의 한계 내지 실학의 한계에 주목하자는 것이다.

이러한 그의 태도는 기존에 의학과 실학의 관련성이라는 측면에서 주목되었던 서양의학의 수용 문제에 대해서도 마찬가지였다. 실학자들이 서양의학을 수용하고 그에 근거하여 한의학을 비판한 데서 실학정신 내지 근대성을 읽으려 하였던 것은 그에 대한 논의 수준이 넓지도 깊지도 않았고, 이후 뚜렷한 연구 전통으로 확립되지도 못했으며, 사회적으로 의료의 변화와 개혁을 이끌어내는 데에도 별로 기여하지 못했다는 점에서 비판되었다.

신동원은 실학자들의 의학에 대해 그들이 신뢰할 만한 의학을 얻기 위해 적지않은 노력을 했지만, 그것이 조선후기 의학의 흐름을 주도했다고 보기 힘들며, 그들의 노력이 커다란 성공을 거두었다고 말할 수 없다고 주장한다. 아울러 이른바 실학자들 사이에 연결된 연구적 전통이 희박하다는 사실을 지적하면서, 이는 기존의 연구에서 대단한 실체가 있는 것처럼 간주하는 실학적 의학, 또는 실학자의 의학이 범주상 적잖은 문제점을 안고 있는 것이라고 주장한다. 이는 실학에 대한 선험적 정의를 부정하고 역사적 실체의 구성물로서 새롭게 정의된 실학의 필요성을 언급한 것이다.

배우성은 「지리학의 발달과 지지, 지도의 편찬」에서 18세기 이후 지리서·지리지와 지도 편찬의 현황을 개략적으로 정리한 다음, 현재 학계의 지리서와 지도에 대한 연구 경향을 소개하고 그 문제점을 지적하였다. 그는 먼저 18세기 이후 지리서·지리지의 편찬 현황을 道里表의 유행이나 『산경표』·『대동수경』 등의 저술에서 찾아볼 수 있는 지리지식의 체계화, 實學的 可居地論의 분화, 그리고 관찬읍지와 사찬읍지에 나타난 지리지 편찬의 새로운 경향을 중심으로 정리하였다. 다음으로 지도 편찬의 새로운 경향에 대해서는 회화식 군현지도의 제작, 회화식 지도의 문제점을 극복하려고 한 기호식 지도의 출현, 정상기와 김정호의 조선전도 제작, 서양식 세계지도의 제작과 그에 따른 지리적 시야의 확대, 그리고 「천하도」라는 독특한 세계지도의 유행을 중심으로 서술하였다.

배우성은 이와 함께 현재 학계의 지리서와 지도에 대한 연구 방향을 정리하고 그 문제점을 지적하였다. 특히 고지도에 대한 '실학적' 관심의 문제점을 다음과 같이 지적하였다. 첫째, 조선후기에 달성된 과학기술적 성과가 지도제작에 응용되기는 하였지만, 그렇다고 해서 과학기술적 정서가 확산되어 가던 시대였다고 일반화할 수 없다. 둘째, 특정 지역, 특정 목적을 위한 지도가 만들어진 것은 사실이지만, 그것을 통해 지도 제작의 의도를 파악하는 것은 무리가 있다. 셋째, 목판본 지도의 제작과 함께 지도가 널리 보급되었지만 그럼에도 불구하고 지도가 거의 상업화되지 않았다는 사실에 주목해야 한다. 넷째, 서구식 세계지도의 보급을 성리학적 자연관, 중국 중심의 세계관으로부터의 탈피와 직결시키는 것 역시 지도의 의미를 당대의 맥락에서 읽지 못한 결과이다.

그는 내재적 발전론으로 수렴되었던 조선후기사 연구가 최근에 거센 비판을 받고 있다고 진단한다. 정치사, 사상사 등 여러 영역에서 내재적 발전의 맥락을 사회구성과 변혁주체의 문제로 일관되게 설명하는 것이 쉽지 않다는 지적이다. 이 문제를 해결할 수 있는 방안으로 그는 당대적 맥락에서 역사를 읽어야 한다고 주문한다. 조선후기 지리학의 발달 역시 그 시대적 조건 속에서 검증되어야 하기 때문에 당대적 맥락 속에서 읽어내는 것이 앞으로의 과제라고 보았다.

5. 맺음말

최근 기존의 '實學' 연구 경향에 비판적인 연구자들은 종래의 연구성과를 재검토하는 작업을 벌이고 있다. 그들은 이전까지 '진보적'·'근대적'이라고 평가되었던 많은 자료들을 당대의 시대적 맥락 속에서 재해석함으로써 기존의 해석이나 평가가 반드시 옳은 것이 아니었음을 증명해 보이는 전략을 택하고 있다. 그 과정에서 그들은 실학자들의 '보수성'을 보여줌으로써 종래의 연구 결과들이 자료에 대한 '誤讀'이나 선입견에 기인한 것이었고, 이는 대부분 연구자들이 자신의 연구대상에 근대주의적 관점을 투영하려고 했기 때문이라고 주장하였다.

이러한 작업은 일견 매우 효과적인 것으로 보인다. 그럼에도 불구하고 여전히 의문은 남는다. 왜 '실학자'들은 심성론과 예론이 지배적인 위치를 점하고 있던 당대의 지적 환경 속에서 자연관·자연인식·자연지식의 문제에 관심을 기울였던 것일까? 조선후기의 변화된 사상 환경 속에서 주자학의 유기체적 사유구조를 재정립하기 위해서, 또는 기존의 사상체계를 정당화하기 위해서? 당대의 대다수 지식인들이 그랬던 것처럼 서학을 오랑캐의 학문으로 置之度外하는 것이 훨씬 쉬운 대처 방식임에도 불구하고, '실학자'들은 어째서 그런 쉽지 않은 길을 선택했던 것일까? 그들이 양심적인 지식인이었기 때문에?

비판자들의 논의를 통해 일부분 증명되었다고 보이는 '실학자'들의 '보수성'이 명실상부하게 입증되기 위해서는 이른바 正統 朱子學者들과의 비교·검토 작업이 반드시 필요하다. 과학기술의 측면에서 비교할 수 있는 대상이 존재하지 않는다면, 다시 말해 조선후기에 과학기술 문제에 관심을 갖고 있던 사람들이 '실학자'로 명명되는 극소수에 불과하였다면, 그 이유가 무엇이었는지 규명해야 한다. 이러한 문제는 지금까지 '실학자'였기 때문에 西學에 관심을 가졌고, 그 결과 과학기술 문제에 주목하게 되었다는 논증 방식과는 다른 것이 될 터이다.

이와 같은 문제를 해결하기 위해서 다음과 같은 과제들이 우선적으로 해결되어야 할 것이다. 첫째, 조선후기 과학기술사에 대한 실증적인 연구가 강화되어야 한다. 기존의 '실학' 연구에 대한 많은 비판은 그것이 선입견에 기초하여 浮彫的인 수법으로 연구를 진행하였다는 연구 시각 내지 연구방법론에 대한 문제 제기였다. 그리고 그것은 소기의 목적을 이루었다. 앞으로 논의가 한 단계 더 진전되기 위해서는 비판자들 역시 '부조적'인 방식의 문제 제기에서 그치지 말고 조선후기 과학기술에 대한 전면적이고 실증적인 연구로 나가야 한다. 이는 그들의 문제 제기 그대로 전통적인 과학기술 담론들을 그 시대의 맥락에서 읽는 작업이다. 그것은 동시에 연구의 폭과 깊이를 더하는 작업이 되어야 한다. 연구 대상의 확대는 당대의 시대적 분위기를 보다 폭넓게 이해할 수 있는 지평을 열어줄 것이며, 심도 있는 연구는 해당 시기와 인물의 종합적 이해에 기여할 것이다.

둘째, 주자학과 실학의 비교 연구가 필요하며, 그를 위해 엄밀한 비교의 준거(지표)를 마련할 필요가 있다. 사실 조선후기 사상계의 대다수를 점하는 주자학자들의 논의를 배제한 채 실학의 진보성과 보수성을 논하는 것은 무의미하다. 지금까지 자료의 부재 내지 부족을 이유로 주자학자들의 자연관·자연인식·자연지식에 대한 논의가 지지부진하였다. 주자학과 실학의 비교 역시 정확한 기준에 근거하지 않고 임의로 행해지는 경우가 적지 않았다. 정확한 비교를 위해서는 무엇보다 먼저 당대의 현실적 과제를 염두에 두고 비교의 지표를 설정한 다음 그에 대한 각 논자들의 대응 양상을 살펴보아야 한다. 다시 말해 조선후기의 사상적·문화적 당면 과제는 무엇이었는가—예컨대 朱子道統主義를 중심으로 사상계를 재편할 것인가, 아니면 당대의 사회변동을 포괄할 수 있는 새로운 사유체계의 수립을 모색할 것인가, 朝鮮中華主義를 바탕으로 조선 고유의 배타적 문화를 육성할 것인가, 아니면 문화상대주의의 입장에서 다양한 문화를 수용할 것인가 등등—, 그것을 인식하고 해결하고자 한 학자·지식인들의 대응 논리와 방법은 무엇이었는가 하는 점들을 중심으로 논의의 수준과 내용을 정리해야만 보수논리에서부터 진보논리에 이르기까지의 계보가 명료하게 정리될 수 있지 않을까 한다. 그 토대가 확립된 다음에야 비로소 '실학사상'의 범주를 좀더 명료하게 설정할 수 있을 것이고, '실학자'들의 보수성과 진보성을 설득력 있게 논할 수 있을 것이며, 조선후기 사상사·문화사의 구조적·계통적·계기적 발전과정을 파악할 수 있게 될 것이다.

셋째, 조선후기 과학기술에 대한 일반적 인식과 과학기술정책의 실상을 확인하는 작업이 이루어져야 한다. 兩亂 이후 급격한 사회경제적 변화가 발생했다는 사실은 기존의 역사 연구를 통해 이미 밝혀졌다. 그렇다면 당시 조선정부는 이러한 변화를 정책상에 어떻게 수렴하고 반영하려 하였는가? 그리고 그 과정에서 '과학기술'에 대한 官人·儒者들의 인식은 어떻게 변화하고 있었는가? 기존에 '실학자'들의 技術觀·技藝論·北學論(선진 과학기술 도입론)에 주목한 연구들이 있었다. 그러나 대부분 단편적인 논의에 그쳤고 발전적으로 계승되지 못했다. 이를 좀더 확장시켜 국가정책과의 상호 관련 속에서 논의할 필요가 있다고 생각한다.

국가적 차원의 과학기술정책과 관련하여서 中人層의 과학기술 문제도 구명되어야 할 과제이다. 그들이 조선왕조 과학기술의 실무를 담당했던 사람들이라는 점에서 각종 과학기술 분야에 대한 중인 기술관들의 지적 수준과 업무 능력은 당대의 과학기술 수준을 가늠하는 척도가 된다. 따라서 기술관들의 교육 내용, 관리 선발 과정, 실무적 역할 등의 문제가 해명되어야 하며, 나아가 그들과 양반 사대부와의 학문적 교류 상황의 실제가 밝혀질 필요가 있다. 이를 통해 조선후기 사회의 구체적 사회상 속에서 과학기술에 대한 인식이 어떻게 변화했는가를 살필 수 있을 것이다.

이상의 문제 제기에 비추어 볼 때 이 책이 『한국실학사상연구』라는 제목에 걸맞게 조선후기 과학기술사의 문제를 계통적으로 종합·정리했는가에 대해서는 장담하기 어렵다. 연구자 개개인이 조선후기와 실학을 바라보는 시각이 다양하기 때문에 현재로선 관점의 통일을 기대하기 어렵다. 따라서 이 책은 실학사상에 대한 반성적 논의가 다양하게 분출하는 시점에 조선후기 과학기술사에 대한 최근의 연구성과를 종합하였다는 데 그 일차적 의미가 있다. 세부적인 내용에서 드러나는 견해 차이는 연구자 개개인이 향후 연구의 진척을 위한 토대로 삼아야 할 것이다. 보다 심화된 연구와 진지한 토론을 통해 이 책에서 제기된 많은 문제들이 새로운 차원으로 발전하기를 기대해 본다.

전통적 자연인식 체계의 사적 변화
상수학적·기론적 우주론의 심화·전개

문 중 양*

1. 문제의 제기

조선시대 전통과학의 역사적 전개과정에 대한 종래 학계의 이해는 재고해 볼 것들이 많다. 예컨대 한국 전통과학의 황금기인 15세기 세종대 이후에 전통과학이 계승되지 못하고 쇠퇴했다는 인식, 쇠퇴했던 전통과학이 실학을 배경으로 부활의 날개를 펼쳤다는 인식, 그러나 이러한 부활이 이어지지 못하고 19세기에 전통과학은 급격하게 쇠퇴했으며, 급기야 백지상태에서 20세기 이후 서양의 근대과학이 정착하기 시작했다는 이해 등이 바로 그러한 예가 될 것이다.[1)]

조선후기 전통과학의 변동에 대한 이해는 사실 성급한 판단과 잘못된 시각으로 그동안 각색되어진 측면이 컸다. 특히 실학의 과학사상에 대한 종래 학계의 해석과 지나친 기대는 더욱 그러하다. 일찍이 조선사회가 전통에서 탈피해 근대로 전환되는 과정에 전통적 자연인식 체계와는 다른 서양의 근대과학적 자연인식 체계의 싹이 실학에서 보여

* 서울대학교 국사학과 조교수

1) 필자는 「조선후기 지식인들의 과학담론-전통과학의 변동에 대한 최근의 연구가 보여주는 것들-」, 『2001년 과학문화연구센터 연구발표회 발표논문집』(2001. 12. 14, 과학문화연구센터)에서 개략적으로 이러한 문제점을 지적함과 동시에 새로운 해석의 가능성을 시론적으로 규명해 본 바가 있다.

진다고 이해되었던 것을 대표적으로 들 수 있다. 실제로 17세기 이후 실학자들은 근대과학 수용의 주체로서 그들의 자연지식은 전통적 자연인식 체계를 극복했거나, 그럴 충분한 가능성이 있는 것으로 기대되었다. 조선후기 전통과학의 변동이 서양과학이라는 외적인 충격에 의해서 시작되었든, 아니면 내재적 변화의 전개과정에서 비롯되었든, 어느 경우에나 한국에서 근대과학의 형성은 서양에서 자란 근대과학의 수용 및 정착과 밀접하게 관련되어 이해되었다. 그렇기에 한국에서 근대과학이 형성되는 문제는 서양의 근대과학이 어떻게 수용되었으며, 그 결과 전통과학이 얼마나 '극복'되었는가에 초점이 맞추어질 수밖에 없었다.

이와 같이 조선후기의 전통과학이 얼마나 근대적인 과학에 의해서 극복되었는가에 대한 학계의 평가는 엇갈린다. 즉 洪大容(1731~1783)의 지전설에 대한 관심에서 비롯된 매우 긍정적인 입장이 일반적이었지만 한편으로 회의적인 입장도 만만치 않게 제기되었다.[2] 조선후기 근대과학의 형성에 대한 회의적인 입장은 근현대과학사의 연구성과에

---

2) 긍정적인 입장은 홍이섭으로부터 시작해 천관우, 박종홍, 이우성, 小川晴久 등 수많은 예를 거론할 수 있다. 이에 비해 비판적인 입장을 보이는 학자들은 비교적 소수로 박성래와 이용범 등에 불과하다. 박성래는 18, 19세기 홍대용, 丁若鏞(1762~1836), 崔漢綺(1803~1877) 등과 같은 실학자들의 창의적인 자연지식은 동양의 전통적인 과학을 대체할 정도로 체계적이지 못했으며, 그나마 서양의 근대과학에 대한 관심을 지닌 지식인들은 극소수에 불과했다는 회의적인 태도를 드러내면서 실학사상에 대한 지나친 기대에 제동을 걸었다. 이용범은 金錫文(1658~1735)의 지전설 논의가 근대과학적인 사유체계와는 거리가 먼 易學的 사유체계에 근거했고, 홍대용의 지전설 논의가 그러한 김석문 논의의 연장에 불과했음에 주목하면서 김석문과 홍대용의 독창적인 지전설 논의를 과학사적으로 평가할 가치조차 없다는 부정적 태도를 드러내기도 했다. 그들의 입장을 보여주는 대표적인 논저로는 朴星來, 「韓國近世의 西歐科學 收容」, 『東方學志』 20, 서울 : 연세대학교 국학연구원, 1978, 257~292쪽 ; 李龍範, 「李朝實學派의 西洋科學收容과 그 限界-金錫文과 李瀷의 경우-」, 『東方學志』 58, 1988, 39~73쪽을 들 수 있다.

의하면 더욱 분명해진다. 즉 적어도 한반도에서 19세기가 끝날 때까지는 근대과학의 정착된 모습을 찾아볼 수 없으며, 심지어 한국의 근대과학은 20세기 중반 이후에 비로소 시작된다고 이해될 정도이다.[3)]

그런데 이러한 논쟁의 이면에 깔려 있는 역사적 시각에 주목해 볼 필요가 있다. 그것은 조선후기의 전통과학이 얼마나 근대적인 과학에 의해서 극복되었는지 살펴보려는 제 시도가 바로 실학 이전의 주자학적 세계관과 자연관, 그리고 사유체계가 중세적 한계를 드러냈다는 전제하에 이루어졌다는 점이다. 즉 실학의 과학사상이 등장하기 이전 조선 지식인들의 자연을 이해했던 방식은 '과학적'이지 않았으며, 실학자들의 주체적인 사상적 변혁을 통해서든, 또는 유입된 서양 자연지식의 확산에 의해서든, '비과학적=전통적'이었던 전통 유학자들의 자연이해는 점진적으로 사라져 간다는 것이다. 이러한 시각은 '전통과학=비과학적' 對 '근대과학=과학적=객관적'의 대립구도를 역사발전 과정에 상정한 것으로, 결국 서양의 근대과학을 적극 수용했던 노력은 '역사의 발전'으로, 반대로 전통적인 사유체계를 고집했던 부분은 '역사의 회귀'로 해석하게 될 것이다.

우리는 종래의 몇몇 연구 성과에서 그러한 역사의 대립적인 구도가 실제와 다를 수 있음을 살펴볼 수 있다. 필자 자신의 연구를 포함한 최근의 象數學的 우주론 연구는 조선후기 실학자들의 우주론 논의가 전통적인 자연인식 체계를 부정하면서 동시에 서양의 과학적인 우주론을 수용하는 차원으로 전개되지 않았음을 잘 보여주고 있다.[4)] 또한 서양 地球說 전래 이후에 중국의 지식인들이 펼쳤던 땅의 형체에 대한

3) 한국 현대과학사의 연구성과로는 김영식·김근배 편저, 『근현대 한국사회의 과학』, 창작과비평사, 1998을 대표적으로 참고할 수 있다.

4) 대표적인 논문으로 박권수, 「徐命膺의 易學的 天文觀」, 『한국과학사학회지』 20-1, 1998, 57~101쪽 ; 문중양, 「18세기 조선 실학자의 자연지식의 성격-象數學的 宇宙論을 중심으로-」, 『한국과학사학회지』 21-1, 1999, 27~57쪽을 들 수 있다.

논의를 고찰한 최근의 연구 성과는 “언뜻 보기에 지구설을 둘러싼 논쟁은 ‘전통적인’ 지평 관념 對 ‘새로운’ 지구 관념의 대립 구도로 전개된 듯이 보인다. 하지만 실제 논의를 살펴보게 되면 이러한 단순 구도는 유효하지 않으며, 오히려 지구설 옹호자들의 ‘보수성’과 지평론자들의 ‘새로움’이 두드러”진다고 서술하고 있다.[5]

실학 시기와는 거리가 있지만 19세기 말 개항 이후 지석영의 우두법 정착이 지니는 역사적인 의미를 묻는 최근의 연구성과는[6] 비과학적/과학적, 전통/근대의 대립구도로 전통과학과 서구과학의 만남을 고찰하는 시각이 전면적으로 재고되어야 함을 보다 명확하게 말해주고 있다. 이 연구 성과에 의하면 종래 한국에서 우두법의 정착에 대한 역사적 해석은 전통적이고 구습에 불과하다고 인식되던 인두법에 대해서 우두법이라는 근대적이고 과학적인 서양 과학기술의 승리였다라는 것인데, 이는 분명 공정하지 못한 역사해석이라는 것이다. 인두법의 고집과 우두법의 반대가 그저 무지하고 몽매한 것만은 아니며, 우두법의 정착은 과학적 승리 이면에 조선 정부의 무단적인 경찰력에 힘입은 바가 크다는 것이다. 이 논문은 이와 같은 공정하지 못한 역사해석은 서양 근대 과학기술의 상징인 우두법과 전통적인 인두법이라는 상이한 두 가지의 관계설정이 동/서, 전근대/근대, 악습/이성, 구식기술/첨단과학, 사회적 측면/과학기술적 측면이라는 대립 구도로 그려졌던 데에 기인한다고 보면서, 우두법의 정착 과정에 대한 대칭적인 고찰을 통해서 개항 이후 우리의 역사에서 근대는 그야말로 끔찍한 괴물일 수 있다고 결론지었다.

전통과학의 변동과 근대과학의 성장에 대한 이와 같은 최근의 새로

---

5) 林宗台, 『17・18세기 서양 지리학에 대한 朝鮮・中國 學人들의 해석』, 서울대학교 대학원 협동과정 과학사 및 과학철학 전공 박사학위논문, 2003, 149쪽.

6) 신동원, 「한국 우두법의 정치학 ; 계몽된 근대인가. ‘근대’의 ‘계몽’인가」, 『한국과학사학회지』 22-2, 2000, 149~169쪽.

운 시각은 조선후기 한국과학사의 흐름에 대한 역사 서술과 해석에서 '근대성(modernity)'이 갖는 의미에 대한 성찰을 요구한다. 진정 19세기 후반 서양의 근대과학이 본격적으로 수용되기 직전에 조선의 과학은 백지상태였고, 조선의 지식인들은 서양의 '근대과학식' 자연이해의 방식과 태도로 계몽되었는가? 그렇다면 19세기 말의 조선사회에서 근대과학이란 조선 지식인들을 자연에 대한 무지로부터 해방시켜주는 횃불이었는가? 아니면 제국주의와 함께 밀려들어온 '근대과학'이 조선 식자층들로 하여금 나름대로 합리적이었던 전통적인 자연이해의 방식과 태도를 버리도록 강요했던 것은 아니었는지 생각해 볼일이다.

이러한 반성적 성찰은 세종대에 절정을 이루었던 우리의 전통과학이 그 이후에 쇠퇴했다는 종래의 서술에 가려있어 보이지 않았던 모습을 볼 수 있게 한다. 실제로 조선전기 세종대 이후 조선 유학자들의 자연에 대한 이해는 오히려 지속적으로 깊어지고 체계화되었다. 그래서 우리의 침체되어 있던 전통과학이 서양과학 수용의 충격으로 비로소 꿈틀거리기 시작한 것이 아니라, 서양의 근대과학이 유입되어 들어오기 이전에 우리의 전통과학, 특히 자연이해의 방식과 태도는 발전적으로 전개되고 있었으며, 그러한 변동은 유입되어 들어온 서양의 과학-오히려 근대적이지 않은 중세적인 과학이 대부분이었다-을 나름대로 훌륭하게 감싸안아 소화해 갔다고 볼 수 있는 것이다. 따라서 이러한 전통과학의 변화는 19세기에도 지속되었을 것이며, 거의 공백상태였다는 서술은 '근대'라는 화려한 외피를 입은 채 급격하게 유입되어 들어온 서구식 과학은 19세기 말의 조선에는 없었다고 바뀌어야 할지도 모른다.

그러나 현재로서는 한국 전통과학의 변동과 근대과학의 성장에 대한 오래된 학계의 서술들을 전면적으로 극복할 정도로 충분한 실증적인 과학사적 연구 성과가 나오지 못한 것이 현실이다. 이 글도 한국 전통과학의 전개과정에 대한 종래의 한국 과학사 서술들을 교정하기에 충분할 만큼 다양한 분야의 새로운 사실들을 제시하기에는 역부족이다. 다만 조선후기 전통과학의 변동과 관련해서 실학 속의 과학에 대한 종래의 해석을 반성하면서, 대표적인 조선 유학자 즉 소위 실학자들의 자연인식 체계인 우주론의 역사적 전개과정에 대해서 살펴봄으로써 시론적 대안을 제시하는 것으로 만족하고자 한다

2장에서는 조선후기 내부적 또는 외부적 요인에 의해서 변동하기 이전 조선 유학자들이 지니고 있었던 전통적인 자연인식 체계에 대해 정리해 본다. 그 주된 내용은 성리학적 자연인식 체계가 될 것인데, 조선후기 유학자들이 자연을 이해하고 서술하는 데 주요한 틀이었던 두 가지, 즉 상수학적 논의와 기론적 논의를 살펴보겠다. 3장에서는 조선후기 유학자들의 우주론과 같은 자연학 논의에서 상수학적 자연인식 체계와 기론적 자연인식 체계가 각각 어떻게 전개되었는지 살펴본다. 이러한 고찰을 통해서 결국 전통적인 성리학적 자연인식 체계인 상수학적 틀과 기론적 메카니즘은 서양과학이 수용되는 조선후기의 시기에도 유학자들이 자연을 이해하는 주된 인식체계였음을 알 수 있을 것이다. 이는 실학의 성격을 규정하는 데에도 큰 도움이 되리라 본다.

2. 송대 성리학적 우주론 전통과 조선 성리학

조선 유학자들의 우주론 또는 자연인식 체계의 역사적 전개과정은 단적으로 말해서 조선전기의 도교적이고 불교적인, 그리고 한편으로는 선진 유학적인 자연관에서 탈피해[7] 중국 宋代에 형성된 성리학적 자

---

7) 조선 유학자들이 성리학적으로 자연이해를 하기 이전에 어떠한 도교적, 불교적, 선진 유학적 자연이해를 하고 있었는지에 대해서는 현재로서는 체계적이고 깊이 있는 연구 성과가 부족한 형편이다. 최근의 한 논의는 '理法的 天'의 개념을 성리학적 자연이해의 핵심적인 본질로 파악하면서, 도교적 및 불교적 자연이해를 '人格的 天'의 개념으로, 그리고 선진 유학적 자연이해를 '上帝的

연인식 체계의 수용과 이해, 그리고 그것의 심화과정이었다고 할 수 있다. 또한 성리학적 자연인식 체계는 우리가 이 책에서 주목하는 실학시대 실학자들이 자연을 이해하고 설명하는 방식에 있어서도 여전히 지배적이었음은 물론이고 오히려 그것을 더욱 세련되게 정교화·심화시켰으며, 그렇게 고도로 전개된 성리학적 자연인식 체계에 바탕해서 서양의 새로운 과학지식을 해석했던 것이다. 이 절에서는 조선후기 실학시대 이전 조선 유학자들의 성리학적 자연이해가 어떠했는지 살펴보기로 한다.

1) 송대 성리학적 우주론 전통

중국 송대 성리학자들의 자연이해의 전통은 크게 세 가지로 나누어 볼 수 있을 듯하다. 그 중에 종래 과학사학자들로부터 가장 큰 주목을 받은 것은 張載(1020~1077)의 氣一元論的 자연관과 우주론 전통이었다.[8] 장재는『正蒙』太和편에서 우주론 논의의 출발점으로 원초적 氣로 충만된 우주공간인 太虛를 제시했다. 이 태허는 우주 만물이 생겨나기 이전 태초의 상태를 말하는데, 無에서 생겨난 것이 아니며[9] 처음부터 형체를 이루지 않은 분화되기 이전의 원초적인 氣로 가득 차 있었다. 그런데 단지 존재할 뿐 形을 갖추지 않은, 말 그대로 '混沌未分'의 상태인 이 기는 그것으로부터 우주 내 모든 유형의 만물이 생겨나게 될, 그야말로 우주 만물의 물질적 근원이었다.[10]

天'의 개념으로 파악하기도 했다. 具萬玉,『朝鮮後期 朱子學的 宇宙論의 變動』, 연세대학교 사학과 박사학위 논문, 2001, 12~19쪽 참조.

8) 대표적인 연구성과로 山田慶兒,『朱子の自然學』, 東京 : 岩波書店, 1978을 들 수 있다. 이 책은 국내에서 김석근 번역,『朱子의 自然學』, 통나무, 1991으로 번역되었으며, 이 글에서의 인용은 번역본을 따른다.

9) 기로 충만된 태허가 흔히 道家에서 말하듯이 無에서 생겨나지 않았음을 장재는『정몽』의 태허편과 삼량편에서 유난히 강조해서 주장하고 있다.

10) 이에 대한 더욱 구체적인 논의는 山田慶兒, 앞의 책, 1991, 57쪽을 참조.

그런데 장재에 의하면 이 태초의 원초적 기가 운동을 그 본질적인 속성으로 갖추고 있음이 주목할 만하다. 『正蒙』에 나오는 다음의 구절이 그러한 사실을 말해준다. "넓고 아득하여 끝이 없는 태허의 기는 오르내리고 날아 퍼지는 것을 어느 한 순간도 쉬어본 적이 없다. 이것이 『周易』에서 말하는 이른바 '絪縕'(만물을 생성하는 기운이 왕성한 모양)이요, 『莊子』에서 말하는 '생물이 숨기운을 서로 불어대는 아지랑이(野馬)'이다."[11] 이것을 보면 태초의 상태인 태허에 가득 차 있던 기는 처음부터 운동을 본질적인 속성으로 지니고 있으며, 이러한 기의 운동성이 바로 우주 만물이 생겨나는 출발점임을 말한다고 할 수 있다. 결국 이와 같이 태허 속의 원초적 기는 그 자체내의 운동성의 원리에 의해서 만물 생성의 시초를 이루는데, 일차적으로 陽氣와 陰氣의 분리가 이루어진다. 이것을 장재는 "떠서 올라가는 것은 양의 맑음이요, 가라앉아 내려가는 것은 음의 흐림이다"[12]라고 하면서, 상승 운동하는 맑은 양기와 하강 운동하는 탁한 음기로의 분리가 이루어지는 메카니즘을 제시하고 있다. 이렇게 양기와 음기의 분리가 일단 이루어지고 난 이후, 다시 기의 운동성의 원리에 의해 기의 聚散과 感應의 작용이 일어나게 될 것이었다. 이리하여 우주 만물이 생겨나고, 風・雲・雨・雷와 같은 자연 현상과 변화들이 일어나는 것이다.

장재는 『정몽』 태화편에서 우주의 생성과 변화의 원리를 태초의 상태인 태허와 원초적인 기의 운동성의 원리에 의해서 설명한 다음 參兩편에서는 天地의 구조와 운동에 대한 논의로 확장시켰다. 즉 "땅은 순수한 음(기)가 가운데 엉기어 모인 것이요, 하늘은 떠오른 양(기)가 바깥에서 운전하며 도는 것이다"[13]라는 구절에서 말해 주듯이, 떠오른 양기가 우주의 바깥쪽에서 회전운동을 하는 것이 하늘이며, 우주의 중

11) 『性理大全 (1)』, 「正蒙」 太和篇第一(明 胡廣 책임찬수, 山東友誼書社出版), 391쪽.
12) 주 11)과 같은 책, 같은 쪽.
13) 『性理大全 (1)』, 「正蒙」 參兩篇第二, 401쪽.

심에서 순수한 음기가 응집하여 굳어진 것이 땅이라고 했다. 이 천지의 생성과 운동에 대한 장재의 논의는 중국의 우주론사에서 중요한 의미를 지닌다. 즉 장재의 논의는 우주의 중심(또는 안쪽)에 무겁고 딱딱한 땅이 정지해 있으며, 이 고체의 땅을 기의 상태인 하늘이 우주의 바깥에서 회전운동을 하면서 둘러싸고 있다는 것으로 氣論的 우주론 논의를 전통적인 우주구조론인 渾天說의 우주론 논의와 부합시키는 내용을 담아낸 것이다.

송대 장재에 의해서 구체화된 기론적 우주론, 즉 우주 생성의 기원을 氣에서 찾는 우주론 전통은 사실 중국 우주론에서는 오래된 전통이었다. 그것은 약간의 차이는 있지만 대체적으로는 다음과 같았다고 한다. 즉 우주 만물이 생성되기 이전에 혼돈 상태의 미분화된 원초적 기를 상정한 후, 이 미분화된 기로부터 맑고 가벼운(淸輕) 기와 탁하고 무거운(濁重) 기의 분화가 일어나는데, 맑고 가벼운 기는 위로 올라가 하늘(天)을 이루고, 탁하고 무거운 기는 아래로 가라앉아 땅(地)이 되었다.[14] 이러한 기론적 우주론은 『淮南子』의 天文訓에서 처음으로 명확한 형태로 서술되었다.[15] 그런데 이렇게 『회남자』에서 정형화된 전통적인 기론적 우주론은 고체의 하늘(天)과 고체의 땅(地)이 각각 위와 아래의 위치에 존재한다는 내용이었고, 구조론적으로는 蓋天說과 부합하는 우주론이었다. 결국 장재의 기론적 우주론은 종래의 기론적 우주론에서 상·하 위치의 天地를 내·외의 천지로 바꿈으로써, 적어도 천지의 위치 설정에 있어서 개천설 대신에 전통적으로 曆算家들이 『晉書』「천문지」 이래로 천문 계산의 우월함을 들어 선호하던 혼천설과 부합하는 우주론을 담아냈던 것이다.[16] 뿐만 아니라 무겁고 딱딱한

14) 山田慶兒, 앞의 책, 1991, 34쪽 참조. 야마다는 이러한 우주론 논의의 대표적인 예로 『易緯乾鑿度』와 『列子』 천서편을 들고 있다.

15) 『회남자』 천문훈에 서술된 구체적인 우주론 내용은 山田慶兒, 앞의 책, 1991, 44쪽을 참조할 것.

16) 그러나 장재의 기론적 우주론이 혼천설과 완전히 부합하는 것은 아니었다.

고체의 하늘이 우주 공간에 떠있을 수 있는 원인을 水라는 물질에서 찾았던 혼천설의 한계를 기의 상태인 하늘을 상정함으로써 해결할 수 있게 되었던 것이다.

장재에 의해서 기본적 틀이 갖추어진 송대의 기론적 우주론은 성리학의 집대성자 朱熹(1130~1200)에 의해 계승되어 더욱 구체화되었다. 주희에 의하면 태초의 미분화된 혼돈미분의 원초적 기가 처음부터 회전운동을 하고 있었으며, 시간이 지남에 따라 점점 회전 속도를 늘려나갔다고 한다. 이러한 기의 회전운동은 바깥쪽일수록 엷어지고 빨라져서 마치 회오리바람과 같이 剛硬해서 천체를 실을 수 있을 정도이다. 또한 반대로 안쪽일수록 속도는 느려지고 짙어져서 기가 응집하고 응결해서 유형의 존재인 찌끼(渣滓)가 되며, 결국 우주의 중심에서 고체인 땅이 생겨나게 되었다는 것이다.[17] 이와 같이 주희의 우주론 논의에서는 기의 회전운동이라는 개념이 중요하게 부각되었는데, 그는 무거운 고체의 땅이 우주 공간에 떠 있을 수 있는 것을 바로 기의 회전력에서 구했다.[18]

이와 같이 다소 물질적 생성의 과정을 논한 기론적 우주론 논의에 비해서 형이상학적인 우주의 근원적 원리의 측면을 제시한 것으로 周敦頤(1017~1073)의 太極說을 들 수 있다. 주돈이의 「태극도설」은 송대 성리학자들의 대표적 저술들의 모음집인 『性理大全』에 첫 번째로 등장할 정도로 이후 성리학자들의 자연인식 체계에서 절대적인 위치를 차지했으며, 太極=理의 개념은 송대 성리학을 理學으로 일컫게 된

예를 들어 혼천설이 고체의 하늘을 상정하는 데 비해서 장재의 우주론에서 하늘은 단지 氣에 불과한 차이를 들 수 있다.

17) 주희의 우주 생성 과정에 대한 논의는 Yung Sik Kim, *The Natural Philosophy of Chu Hsi 1130-1200*, Philadelphia : American Philosophical Society, 2000, 135~138쪽을 참조할 것. 또한 山田慶兒, 앞의 책, 1991, 193~196쪽의 논의도 유용하다. 하지만 야마다의 논의는 주희의 우주론을 지나치게 정합적으로 재구성한 측면이 크다.

18) 이에 대한 자세한 논의는 山田慶兒, 앞의 책, 1991, 174~176쪽 참조.

배경이었다. 장재의 기론적 우주론이 오래된 고대 『회남자』의 우주론이 지닌 한계를 극복하면서 구체화되었듯이, 주돈이의 태극은 기본적으로는 "易에 태극이 있다(易有太極)"는 『周易』 「계사전」의 문구에서 비롯되었지만, 직접적으로는 도가 사상가들의 태극도와 태극 개념에서 영향받은 바가 컸다. 특히 송대 초기의 유명한 도가 사상가였던 陳摶(호는 希夷)이 제작하여 전파시킨 무극도와 태극도는 바로 주돈이의 「태극도설」의 기원이었다.[19]

주돈이는 「태극도설」에서 "비물질적 형이상학적인 우주의 궁극적 근원"으로 太極을 제시했다. 즉 태극은 우주내 모든 만물의 생성과 다양한 변화들을 가능하게 해주는, 그것보다 더 이상의 근본적 원인이 필요 없는 우주 생성의 궁극적 원인으로서 본체론적 의미를 지닌 것이었다. 그런데 주돈이는 이러한 본체론적인 의미의 태극에 陰陽·動靜의 원리와 그것이 운용되는 메카니즘을 부여함으로써 우주의 생성과 변화를 구체적으로 설명하고 있다. 즉 "태극이 動하여 陽을 낳고, 동이 지극해지면 靜이 되는데, 정하면 陰을 낳는다. 정이 지극해지면 다시 동이 된다. 한번 동하고 한번 정해서 서로 그 근본이 되는데, 이렇게 음으로 갈리고 양으로 갈려서 兩儀가 선다"[20]는 것이 바로 그것이다. 이것은 태극에서 음양 二氣가 분화되어 나오는 우주 최초의 생성과정을 말하는 것인데, 그 발단이 바로 태극의 動이라는 것이다. 즉 동의 본성을 내포하고 있는 태극이 동하여 양기가 나오고, 양기의 움직임이 절정에 도달하면 靜한 성질의 음기가 나온다는 것이다. 이렇게 동과 정, 그리고 양과 음이 상호작용하면서 兩儀(陰陽 二氣)가 생성된다. 음양의 二氣가 태극에서 비롯된 이후에는 나아가 五行이 나오고, 음양이기와 오행의 변화작용에 의해서 우주 만물이 생성 변화하게 되는 것

19) 진단의 무극도와 태극도, 그리고 그의 사상에 대한 구체적인 논의는 廖名春·康學偉·梁韋弦(심경호 번역), 『주역철학사』, 예문서원, 1994, 377~387쪽을 참조할 것.

20) 『性理大全 (1)』, 「태극도설」, 93쪽.

이었다.

이와 같이 다소 도교적 전통인 태극과 태극도에 바탕을 두었던 주돈이의 형이상학적인 태극 개념과 우주론을 성리학의 중요한 논의로 재해석한 이는 주희였다. 사실 주돈이의 태극 개념은 태극 이전에 無極을 상정하는, 즉 「태극도설」의 첫 말인 "無極而太極"에서 주돈이가 의도한 뜻은 "무극으로부터 태극이 나온다" 였다. 이 말은 무에서 유의 태극이 나온다는 것으로 전형적인 도가적 사색이라 할 수 있고, 무에서 유의 창조를 인정하지 않는 유가 사상과는 부합할 수 없는 개념이었다. 이것을 주희는 "무극이면서도 태극이다"로 재해석하면서 태극 이외에 또 다른 무극이 있는 것이 아니라고 재해석했다.[21] 그럼으로써 결국 주희는 도가적인 색채가 짙었던 주돈이의 태극 개념을 성리학의 원리를 구성하는 데 가장 중요한 개념으로 승화시킨 셈이었다. 즉 우주 생성의 물질적 근원으로서의 氣 이외에 그보다 더욱 근원적, 비물질적인 우주의 궁극적인 근원으로서 태극을 제시한 것이다.

세 번째 성리학적 우주론 논의는 邵雍(1011~1077)의 象數易學的 논의로, 그 풍부한 우주론적 내용에 비해서 종래 과학사학자들로부터 주목을 받지 못했던 것이다.[22] 소옹의 상수학적 우주론은 『皇極經世書』에서 체계적으로 정리되었는데,[23] 핵심적인 내용을 정리하면 다음

21) 이에 대한 구체적인 논의는 廖名春・康學偉・梁韋弦, 앞의 책, 1994, 396~399쪽을 참조할 것.

22) 예컨대 주희의 우주론을 분석한 山田慶兒의 『주자의 자연학』을 보면, 장재의 기일원론적 우주론을 중심으로 주희의 우주론을 재구성했을 뿐 소옹의 상수학적 우주론 논의에 대해서는 거의 다루지 않은 것을 들 수 있다. 그러나 주희는 『易學啓蒙』을 저술하는 것에서 볼 수 있듯이 소옹의 상수학적 우주론 논의를 중요하게 다루고 계승했다.

23) 『皇極經世書』는 소옹의 저작으로 통한다. 그러나 소옹이 저술했던 원본은 일찍 사라졌으며 현존하는 『황극경세서』는 그의 아들 邵伯溫을 비롯해서 소옹의 문인들이 소옹의 말을 기록하고 또는 주석을 붙이면서 덧붙여진 저서이다. 따라서 현존의 『황극경세서』에 제시되어 있는 대부분의 圖象들은 소백온이나 채원정, 그리고 주희, 더 나아가서 명청의 학자들이 보충해 넣은 것들이

과 같다. 먼저 文王의 後天易에 대해서, 전설적인 그림인 河圖에서 비롯되었다고 믿어지는 伏羲의 先天易을 대비시켜, 후천은 천지의 작용과 변화를 설명하는 즉 현상을 설명하는 것으로서, 그리고 선천은 그 변화의 근원적 원리를 설명하는 본체로서의 역할을 부여한 점을 들 수 있다. 이 때문에 소옹과 그 학파의 상수역학은 선천역으로 불리었는데, 그들이 제시했던 先天方圓圖[24]와 같은 圖象들은 그 자체가 우주의 생성과 변화의 원리를 담고 있다고 믿어졌다. 또한 그들의 도상과 그것이 담고 있는 원리들이 실제의 천문학 데이터 및 이론과 연결되었다. 즉 선천방원도는 주로 8괘 및 64괘의 방위를 논하면서 당시의 曆法 지식을 적용하여 1년 중 계절 변화나 음양소장의 과정을 설명하였던 것이다. 이러한 측면은 유학자들이 선천역을 천문역법의 기원으로 믿는 인식이 생기게 된 배경이었다.

또한 소옹의 상수역학은 '數'에 우주의 원리가 담겨 있다는 믿음에도 바탕을 두고 있다. 예를 들어 태극으로부터 兩儀, 四象, 八卦, 나아가 64괘가 얻어지는 과정에 대한 도상인 八卦次序圖와 64괘차서도, 그리고 그에 대한 설명인 '加一倍法' 또는 '一分爲二法'에서 그러한 측면을 잘 살펴볼 수 있다. 태극을 의미하는 1에서부터 2가 생기고, 2에서 다시 4, 그리고 8 등이 얻어지는 과정은 바로 팔괘와 64괘가 얻어지는 과정을 담고 있는데, 이것이 천지 만물이 형성되는 과정을 함축한다고 믿었던 것이다. 이러한 믿음은 결국 후대의 유학자들이 수학의 기원을 상수역학에서 구하는 큰 배경이었다.

數에 우주의 원리가 담겨있다는 소옹의 우주론은 元會運世說에 이르러 절정에 달했다. 이것은 우주의 생성과 변화, 그리고 소멸을 단위 시간의 주기로 묘사한 것인데, 1元 주기로 우주는 생성되고 소멸된다

라는 견해가 지배적이다.

24) 전설적인 聖人 복희가 河圖에 담긴 우주의 원리를 보고 그렸다고 믿어지는 선천팔괘도와 선천64괘방원도가 바로 그것이다. 그 중에 선천64괘방원도는 『性理大全 (1)』, 561~562쪽에 담겨있다.

고 한다. 우주 주기인 1원은 12와 30이라는 특별한 숫자에 담긴 원리에 따라서 짧은 시간 단위의 주기로 세분되는데, 1원은 12會, 1회는 30運, 1운은 12世, 1세는 30年으로 나뉘었다. 따라서 1운은 360년, 1회는 1,0800년, 1원은 12,9600년이 되며, 이것이 바로 현재의 우주를 포함해 모든 우주들이 생성되어 소멸하기까지의 시간적 단위인 것이다. 소옹은 현재의 세상이 1원 내에서 어떠한 시간적 위치에 있는지도 설명하고 있는데, 1회와 2회 때 하늘과 땅이 각각 開闢하고, 3회 때 인간을 포함한 우주 내의 사물들이 생겨났으며, 11회 때 사물이 소멸하고 12회 때 천지가 소멸한다는 것이었다. 소옹 자신이 살고 있는 宋代의 시기는 8회에 속했다. 소옹은 이러한 우주주기론을 "經世天地始終之數圖"라는 도식으로 정리했고, 그의 아들 소백온은 "經世一元消長之數圖"를 작성하여 설명하였다.[25] 이러한 수의 원리에 입각한 우주 주기론에 따르면 현재 우리가 살고 있는 우주는 1원의 주기가 다하면 소멸할 것이고, 다시 또 다른 1원의 주기를 갖는 우주가 무한히 반복적으로 생성될 것이었다.[26]

그런데 소옹학파의 이러한 상수학적 우주론은 현대인이 수긍하기 어려울 정도로 수비학적으로 형이상학적인 우주론이라고 할 수 있다. 실제로 그들이 제시한 선천의 도상들과 원회운세설로 일컬어지는 우주주기론은 우주의 생성과 변화의 원리를 상징적으로 표현한 모델을 넘어서서, 그것 자체가 우주의 원리 자체를 의미했다는 점에서 수비학적이고 신비적인 측면이 강했다. 그러나 소옹학파의 이러한 상수학적 우주론은 역시 주희에 의해 계승되면서 성리학적 자연인식 체계를 구성하는 중요한 내용이 되었다. 실제로 주희는 程頤(1033~1108)의 義理 역학의 태도를 正宗으로 삼으면서도 하도·낙서에 易의 원리가 담

25) 소옹과 소백온이 작성한 도식과 그에 관한 구체적인 서술 내용은『性理大全(1)』권7,「皇極經世書」, 579~602쪽에 나와 있다.

26) 이러한 소옹의 원회운세설에 대한 자세한 논의는 山田慶兒, 앞의 책, 1991, 184~192쪽을 참조할 것.

겨있다고 믿는 소옹의 象數易學의 태도를 중요하고 가치 있는 것으로 파악했으며, 이러한 주희의 태도는 주역의 주석서인 『周易本義』와 상수역학의 해설서인 『易學啓蒙』에 잘 드러난다.[27)]

이상에서 송대 성리학적 자연이해의 세 가지 전통은 주돈이의 태극설, 장재의 기일원론적 우주론, 그리고 소옹의 상수역학적 자연이해의 틀로 요약된다. 흥미로운 것은 이 세 가지 전통 모두 중국의 오래된 우주론적 사색, 특히 유가 사상과는 다소 거리가 있었던 전통에서 비롯된 측면이 크다는 점이다. 장재의 기론적 우주론은 『회남자』의 우주론과 그 이후 도가 계열 사상가들의 氣論에 바탕을 두어 그것이 발전적으로 극복·계승된 우주론이었으며, 주돈이의 태극설과 소옹의 상수학적 우주론은 陳摶의 무극도, 태극도, 그리고 선천도에서 직접적인 영향을 받은 것에서 알 수 있듯이 당대와 송 초기의 도가 사상에서 큰 영향을 받은 것이다. 그럼에도 불구하고 송대 이후 유학자들의 성리학적 자연이해의 틀이 확고한 위치를 차지하게 된 것은 주희의 역할이 컸다고 할 수 있다. 후대의 성리학 또는 주자학자들은 주희의 권위를 빌어 기와 태극, 그리고 선천도가 지닌 자연이해의 틀을 수용하고 적용하게 되었다.

그런데 주목해야 할 것은 세 가지 전통이 주희에 의해서 성공적으로 종합되었다고 보기 어렵다는 사실이다. 우주의 생성과정에 대한 이해와 설명에서 氣와 태극(즉 理)이 가지는 상이한 개념과 역할에 대한 논란은 이미 야마다 게이지에 의해서 지적되었듯이 주희 자신에 의해서도 해결되지 못했으며[28)] 후대의 성리학자들에게서도 마찬가지였다.

---

27) 주희의 상수역학에 대한 논의는 廖名春·康學偉·梁韋弦, 앞의 책, 1994, 510~530쪽을 참조할 것. 이 책의 저자들은 주희가 정이에서 장재에 이르는 易學을 계승·발전시켰으면서도 아울러 소옹의 상수역학을 종합하여 宋易의 발전에 새로운 국면을 열었다고 파악했다.

28) 山田慶兒는 그러한 사정을 "張載의 자연학적 우주론과 周敦頤의 존재론 사이의 균열"이라고 지적했다. 山田慶兒, 앞의 책, 1991, 131쪽을 참조할 것.

우리는 그러한 사정을 조선의 주자학자들 사이에서 벌어진 主理·主氣 논쟁에서도 잘 살펴볼 수 있다. 그럼에도 불구하고 기와 태극의 관계, 그리고 태극과 선천역의 관계는 성공적이지는 못했지만 많은 성리학자들의 자연이해에서 비교적 연관되어 이해되곤 했다. 이에 비하면 기론적 자연이해와 상수학적 자연이해는 거의 별개의 전통으로 이해되고, 밀접한 연관 없이 전개되어 갔다고 볼 수 있다. 따라서 보기에 따라서는 태극설의 전통은 기론적 전통과 상수학적 전통에 각각 흡수·적용되어 이후 성리학자들의 자연이해는 기론적 우주론과 상수학적 우주론의 두 가지 흐름으로 전개된 듯이 보이기도 한다.

2) 조선의 성리학적 우주론 논의

앞서 살펴본 송대 성리학적 자연인식 체계와 우주론 논의는 성리학의 유입과 함께 조선에 수용되었다. 그런데 조선의 유학자들이 언제부터 '본격적'으로 성리학적 자연이해를 따르게 되었는지는 학자에 따라서 약간 의견의 편차를 보인다. 그러나 적어도 15세기에는 조선에서의 성리학적 자연이해가 아직은 초보적인 수준이었다고 공통적으로 이해되는 듯하다.

그것은 세종대의 대표적인 우주론 논의를 담은 저서인 李純之(1406~1465)의 『諸家曆象集』(1445년 완성)과 『天文類抄』를 통해서 파악할 수 있다. 이 책들에는 천문학 지식에 관한 역대 중국의 사료들이 정리되어 있는데 그 중에는 『성리대전』에 수록된 송대 성리학자들의 우주론 논의도 소개되어 있었다. 이로 보아 조선전기 세종대에도 송대 성리학적 우주론 내용을 알고는 있었다고 할 수 있다. 그러나 그에 대한 태도와 해석을 세밀히 고찰해 보면 사정이 달라진다. 예컨대 이 책들에 서술된 북두칠성에 대한 이해를 보면 그것은 전적으로 『史記』「天官書」에 수록된 점성술적 이해를 그대로 따르고 있다.[29] 또한 전통적인 曆算家들의 천문학 이론과 송대 성리학자들의 우주론 논의가 차이가 날 경우에는 역산가들의 입장을 견지하면서 송대 성리학적 우주론을 따르지 않았던 것도 주목할 만한 예이다. 즉 하늘의 고체성을 부정하면서 단지 氣에 불과하다고 주장했던 성리학자들의 주장, 그리고 역산가들의 日月 右行이론에 반해서 기의 회전성의 운동원리에서 비롯된 우주의 생성과정과 부합하는 천체의 左旋이론 등을 이순지는 따르지 않았던 것이다.30) 결국 유가 사대부이면서 세종대 대표적인 천문학 서적을 편찬한 이순지가 중국 역대의 우주론과 천문학 이론을 수용 정리하면서도 성리학적 우주론을 따르지 않은 것으로 보아, 세종대 유학자들이 송대 성리학적 우주론을 수용했다고는 보기 어려울 것이다.

이와 같이 성리학적 우주론을 따르지 않았던 이순지가 보여주었던 것과 같은 태도는 15세기 후반과 16세기 전반에 이르면 약간 달라지는 듯하다. 우리는 그러한 모습을 일부 유학자들에게서 살펴볼 수 있다. 예컨대 金時習(1435~1494)은 송대 성리학자들의 좌선설을 이순지와 달리 옳은 이론으로 수용하고 있다. 김시습의 좌선설 수용은 단지 역산 계산의 차원에서 수용한 것이 아니라 우주의 생성과정에 대한 성리학적 이해에 근거하고 있었다. 즉 김시습은 현상세계의 생성과 변화 전과정을 一氣의 운동, 즉 氣化로 설명했다. 우주를 가득 채우고 있는 것은 모두 기일 따름인데, 인간도, 일월성신도 형체가 있는 모든 것들은 기로 이루어져 있으며, 기화에 의해서 생성 변화한다는 것이었다. 김시습은 이에서 더 나아가 이와 같은 모든 자연의 현상과 존재를 가능하게 하는 근본적이고 지극한 이치로서 太極을 상정하고 있다.31) 한

---

29) 이러한 논의는 具萬玉, 앞의 논문, 2001, 16~17쪽을 참조.

30) 이에 대한 자세한 논의는 전용훈, 「朝鮮中期 儒學者의 天體와 宇宙에 대한 이해-旅軒 張顯光의 '易學圖說'과 '宇宙說'」, 『한국과학사학회지』 18-2, 1996, 131~132쪽을 참조할 것.

31) 김시습의 이와 같은 우주론 논의에 관한 자세한 논의는 구만옥, 「15세기 후반 理學的 宇宙論의 擡頭」, 『朝鮮時代史學報』 7집, 1998, 39~97쪽을 참조할 것.

편 기일원론적 우주론 논의는 金正國(1485~1541)의 우주 생성과정에 대한 서술에서 더욱 확실하게 드러난다. 그의 우주론 논의는 기본적으로 성리학적 우주론에 기초하고 있다고 한다. 즉 그는 하늘을 하나의 元氣로 파악했고, 하늘 위를 운행하는 모든 천체는 이러한 원기의 英華로 간주했다. 또한 천지만물은 모두 음양오행에서 파생된다고 보았다.[32)]

김시습과 김정국의 우주론 논의는 16세기 중반 무렵 徐敬德(1489~1546)의 『花潭集』[33)]에 이르면 또 다른 양상을 띠게 된다. 서경덕의 우주생성에 관한 논의는 기본적으로 장재의 기일원론적 우주론에 근거하고 있다. 즉 서경덕은 맑고 단일한 氣가 충만하여 털 하나가 끼여들 정도의 빈 공간도 없는 상태인 太虛를 물질적 생성의 근원으로 상정했다. 이러한 태허로부터 기의 聚散 작용에 의해서 우주만물이 생겨나는데, 기의 취산이란 바로 음양, 動靜, 坎離 등의 작용을 말하며 이러한 작용에 의해 一氣가 처음으로 둘로 나눠어진다는 것이다. 일기는 음기와 양기로 나눠어지는데, 양기의 지극한 것이 고동치며 天이 되고, 음기의 지극한 것이 凝聚하여 地가 되었다. 이렇게 천지가 생성된 이후에는 다시 양기의 고동침이 더 지극하면서 그 정수가 응결해 해(日)가 되며, 음기의 모임이 더 지극해 그 정수가 응결하여 달(月)이 되었다. 천지와 일월이 되고 남은 나머지 것들은 흩어져 별(星辰)이 되며, 그 땅위에 있던 것들은 水와 火가 되었다.[34)] 우주 만물의 이와 같은 생성과정은 장재와 마찬가지로 천지의 공간구조적 위치와 그 운동상태와

32) 김정국의 우주론에 대한 자세한 논의는 具萬玉, 앞의 논문, 2001, 25~27쪽을 참조할 것.

33) 『화담집』에서 서경덕의 우주론은 『화담집』 권2, 잡저 중의 原理氣, 理氣說, 太虛說, 鬼神死生論에서 논의되었는데, 이 저술들은 서경덕의 말년인 1545년경 병석에서 씌어졌다고 한다.

34) 우주의 생성과정에 대한 서경덕의 이와 같은 논의는 徐敬德, 『花潭集』 卷二, 雜著 原理氣, 12.b쪽에서 제시되었다.

연결되어 이해되었다. 즉 하늘의 기의 운동과정에서 생겨난 것이기 때문에 한결같이 움직임(動)을 위주로 하여 한시라도 쉼 없이 원운동을 하며 회전하고, 땅은 응취해서 形을 이룬 것이기 때문에 한결같이 고요함(靜)을 위주로 하여 가운데를 독차지하고 정지해 있다는 것이다.[35)]

서경덕의 우주 생성에 대한 논의는 이와 같이 장재의 우주론을 기본적으로 수용하면서도 태허를 太極과 동일시하고 있다.[36)] 주지하는 바와 같이 태극은 그것보다 더 궁극의 원인이 필요 없는 우주 생성의 형이상학적인 궁극의 원리로 우주 생성의 물질적 토대로서의 태허와는 본질적으로 다른 것이었고 각각 다른 역할을 지닌 것이었다. 서경덕은 주희와 같은 송대의 성리학자들에 의해서도 통합되기 어려웠던 태허와 태극을 동일시했을 뿐 아니라 "태허는 맑고 형이 없는데 이것을 일러 선천이라 한다"[37)]는 문구에서 단적으로 드러나듯이 소옹의 先天과도 동일하게 파악했다. 소옹에게 선천이란 우주의 생성과 변화가 일어나기 이전의 우주의 무형의 단계를 가리키는 것으로서 우주 생성 이후의 변화하는 현상들이 있게 한 근거로서의 원리와 질서의 의미를 지닌 본체 개념이었다. 서경덕은 이러한 본체적인 의미의 선천을 태허에 부여한 것이다.[38)]

---

35) 徐敬德, 『花潭集』 卷二, 雜著 原理氣, 12.b쪽. 이 내용은 張載의 『性理大全(1)』 「正蒙」 參兩篇第二, 401쪽의 내용을 그대로 풀이한 것이라고 할 수 있다.

36) 徐敬德, 『花潭集』 卷二, 雜著 原理氣, 12.a쪽. 서경덕 철학에서의 태극과 태허의 결합에 대한 구체적인 논의는 정병석, 「花潭 徐敬德의 易學思想」, 『周易과 韓國易學』, 서울, 한국주역학회 편, 범양사출판부, 1996, 254쪽을 참고할 수 있다.

37) 徐敬德, 『花潭集』 卷二, 雜著 原理氣, 11.b쪽.

38) 서경덕의 철학이 장재의 기철학, 주돈이의 본체론, 그리고 소옹의 선천역의 종합적 측면을 모두 갖추었다는 사실을 지적한 것으로 丁垣在, 「徐敬德과 그 학파의 先天학설」, 서울대학교 철학과 석사학위논문, 1990, 특히 6~62쪽이 참고된다.

이와 같이 태허와 태극을 선천과 통합한 것은 소옹의 상수역학에 대한 서경덕의 깊이 있는 관심과 이해에서 비롯되었다. 그는 조선 유학자로 소옹과 그 문인들의 저서인『皇極經世書』를 최초로 소화했고 그것을 전적으로 수용한 학자였다.[39] 서경덕에게 數는 소옹과 마찬가지로 우주의 생성과 변화의 원리 그 자체였다. 그에게 숫자 1은 태허, 태극, 그리고 선천과도 같은 존재로 단지 정량적인 의미의 수가 아니라 다른 모든 수들의 본체였다.[40] 그의 문집『화담집』에 실려있는「聲音解」는『황극경세서』의「경세사상체용지수도」를 소화해서 재정리한 것이며,[41] 그의「皇極經世數解」는 주로「관물외편」의 산술계산을 연구해 정리해 놓은 것이었다.[42] 이렇게 서경덕은 소옹과 그의 문인들이 복잡한 산술적 기법을 통해서 화성학과 역산에 적용하여 계산해 놓은 것을 소화·이해해서 재정리하고 있다. 이러한『황극경세서』에 대한 서경덕의 연구는 그를 조선 상수역학의 鼻祖로 부르기에 충분했다.

물론 서경덕의 우주론 논의가 물질적 생성의 토대인 태허와 기의 작용을 설명해 주는 법칙성의 의미를 지닌 태극, 그리고 우주 생성 이전의 현상의 근거로서의 본체인 선천을 성공적으로 통합한 논의라고 보기는 어렵다. 그러나 중요한 사실은 16세기 초반까지 김시습과 김정국 등의 조선 유학자들이 기와 태극의 전통에 입각해서 우주의 생성과 변화에 대한 성리학적 사색을 펼치던 것에서 상수역학적 우주론의 사색을 비로소 하게 되었던 것이다. 이것은 조선 유학자들이『성리대전』에 담겨있는 깊이 있는 성리학 이론들을 16세기 초반 중종대에 이르러 비

---

39) 具萬玉, 앞의 논문, 1999, 191~195쪽 참조.

40) 서경덕의 數에 대한 이러한 이해는 문중양,「16·17세기 조선 우주론의 상수학적 성격」,『역사와 현실』34, 1999, 106~107쪽을 참조.

41) 徐敬德,『花潭集』卷二, 雜著 聲音解, 20.a~24.a쪽 ;『性理大全 (1)』, 皇極經世書, 603~644쪽.

42) 徐敬德,『花潭集』卷二, 雜著 皇極經世數解, 25.a~30.b쪽 ;『性理大全 (1)』皇極經世書 觀物外篇上, 815~848쪽.

로소 이해하기 시작했으며, 16세기 말·17세기 초 선조대에 이르러서야 비로소 본격적으로 이해하기 시작한 사실과 무관하지 않다.[43] 특히 『성리대전』의 내용 중에서도 소옹의 상수역학은 조선 유학자들이 가장 이해하기 어려운 내용이었기 때문에 16세기 이전에 소옹의 상수역학적 우주론 논의를 조선 유학자들이 펼치는 것은 사실 힘들었던 것이다. 서경덕의 우주론 논의가 주목을 받는 것은 바로 이러한 상수역학적 우주론 사색을 펼침으로써 송대의 세 가지 전통의 성리학적 우주론 논의를 모두 소화하는 모습을 보여주었다는 데 있는 것이다.

조선에서의 성리학적 우주론 논의는 17세기 전반 張顯光(1554~1637)에 이르면 송대 성리학적 우주론을 이해하고 소화하는 데 머물렀던 종래의 논의를 훌쩍 넘어 그것을 더욱 발전시키는 내용을 담아낼 정도로 성숙해진다. 장현광의 우주론 논의는 그의 「宇宙說」(1631년)에서 정합적이고 체계적으로 이루어졌다. 「우주설」에서 펼친 장현광의 우주의 생성과 구조에 대한 논의는 기본적으로 장재의 기철학과 주돈이의 태극(理) 개념의 결합으로 이루어진 논의였으나 구체적인 내용에 있어서는 상당히 달랐다.[44] 장현광에게 우주의 시작과 그 근원은 태극이었다. 존재하는 모든 것들은 기의 변화에서 비롯되었지만 그 기의 변화를 있게 한 것은 바로 "無極太極의 理"였다. 바로 이 태극의 리에서 최초의 원기인 천지 바깥의 大元氣가 나오고, 이 천지 바깥의 대원기는 천지의 元氣를 만들며, 다시 이 천지의 원기는 만물의 원기를 만들었다. 천지의 원기와 만물의 원기는 각각 천지와 만물을 만들고 변

43) 조선 지식인들의 『性理大全』 이해에 대한 논의는 金恒洙, 「16세기 士林의 性理學 理解-書籍의 刊行·編纂을 중심으로-」, 『韓國史論』 7, 1981, 121~177쪽을 참조할 것.

44) 장현광이 제시한 주돈이의 태극과 장재의 기 개념에 입각한 우주의 생성과정과 우주구조에 대한 구체적인 논의는 張會翼, 「조선후기 초 지식계층의 자연관-張顯光의 「宇宙說」을 중심으로-」, 『韓國文化』 11, 1990, 589~595쪽과 전용훈, 앞의 논문, 1996, 145~148쪽을 볼 것.

화하며 결국 소멸할 것이다. 또한 이렇게 생성된 우주의 구조는 우주 중심의 거대한 땅(地)과 이 무거운 땅을 중심에서 떨어지지 않게 지탱해 줄 大氣의 회전, 그리고 그 바깥에 천지의 끝이라고도 할 수 있는 大殼子, 또 천지의 끝인 대각자 바깥에 천지와 만물을 있게 한 '천지 바깥의 대원기'가 존재하는 모습이었다.

이러한 장현광의 우주론은 기본적으로는 송대 성리학적 우주론에 근거했으면서도 상당히 다른, 발전적인 측면을 볼 수 있다. 먼저 '천지 바깥의 대원기'라는 것을 들 수 있다. 이것은 흡사 장재 우주론에서의 태허와 유사한 성격의 최초의 원기이면서도, 천지와 만물의 생성과 소멸에 영향받지 않고 없어지지 않으며 항상 존재했다. 즉 생성된 우주는 이 '천지 바깥의 대원기' 안에서 생성과 변화, 소멸을 반복하는 것이다. 또한 송대 성리학자들의 우주는 가장 회전이 빨라 軀殼과도 같은 상태의 剛硬한 하늘인 대각자에 의해서 한계가 그어졌으나, 장현광의 우주는 그 대각자 바깥에 인간의 인식이 미칠 수 없이 무한한 천지 바깥의 대원기가 펼쳐졌던 것이다.

또한 장현광의 우주론에서 우리가 주목해야 할 점은 우주의 생성과 변화, 그리고 소멸에 대한 사색이 소옹의 상수학적 논의의 틀 속에서 이루어진 사실이다. 장현광은 「우주설」 이전에 그의 『易學圖說』(1609년경)에서 중국 고대부터 송대에 이르기까지의 역학에 관한 제 학설들을 자신의 견해를 덧붙이면서 종합적으로 정리한 바가 있다. 「우주설」에서 펼친 그의 사색은 이러한 역학 연구의 결론이라고 볼 수도 있다.[45] 장현광은 1元 12,9600년을 주기로 해서 천지가 생기고 소멸하며 그 주기 안에서 이루어지는 생성의 과정과 변화들에 대한 모든 시간 단위들을 12와 30의 數를 교대로 적용해 원회운세의 단위로 구분하여 복잡하게 계산해 내는 소옹의 수와 우주 사이클 개념에 전적으로 의존

45) 장현광 우주론의 상수역학적 성격과 그 구체적인 내용에 대해서는 문중양, 앞의 논문, 1999, 111~117쪽을 참조할 것.

해서 우주에 대한 여러 가지 의문을 던지고 그 해답을 찾고 있다. 천지 바깥의 대원기로부터 우주 만물이 만들어진다는 논의도 바로 이러한 1원을 주기로 하는 생성과 소멸의 우주 주기 안에서 이루어지는 것에 불과했다. 장현광에게 자연의 이치는 수의 원리로 이루어져 있으며, 수의 원리로 자연에서 이해하지 못할 것은 없었던 것이다.

이와 같이 장현광은 소옹의 상수역학적 자연이해의 틀에 전적으로 의존했지만 거기에 매몰되지는 않았으며, 오히려 자유로운 사색을 펼쳤다. 천지 바깥의 대원기에서 살펴볼 수 있었던 우주의 무한함, 그리고 또 다른 우주의 가능성 등과 같은 문제에 관한 철학적인 사색에서 그러한 장현광의 비판적이고 진취적인 모습을 살펴볼 수 있다. 중국 송대의 성리학자들은 현 우주와 다른 세계가 공간적으로 존재할 것인지에 대해서는 물론이고, 현재 인간이 살고있는 우주가 과연 소옹의 원회운세설에 따라 소멸할 것인지에 대해서도 매우 회의적인 태도를 지니고 있었다. 예컨대 "하늘에는 바깥이 없다"[46]고 말하는 장재, "혹자가 현 천지의 바깥에 또 다른 천지 만물이 있고, 현 천지 만물과는 판이하게 다르다고 하는데 나는 모르겠다"[47]고 말하는 소옹, 현재의 우주가 과연 소멸하는가라고 묻는 제자들의 질문에 명확한 답변을 회피하면서 결국엔 인간사회가 극도로 타락하면 소멸할지도 모른다고 답변하는 주희[48] 등에서 그러한 사실을 잘 알 수 있다. 그러나 장현광은 현재의 천지 이전에 수많은 천지가 생겼다가 소멸했을 뿐 아니라 현재의 천지가 소멸한 이후에도 또 다른 천지의 생성과 소멸이 무한히 이어질 것이라고 주장했다. 시간적인 선·후천지의 생성과 소멸의 연속뿐 아니라 공간적으로도 또 다른 천지의 가능성을 주장했다. 그것은 천지 바깥의 대원기 너머 무한히 펼쳐진 우주 공간 저편에 아무도 모

46) 『性理大全 (1)』 正蒙 太和篇第一, 399쪽.
47) 『性理大全 (1)』 皇極經世書 觀物內篇之二, 687쪽.
48) 주희의 이러한 논의는 山田慶兒, 앞의 책, 1991, 184~192쪽을 참조.

르는 또 다른 천지의 일이었다. 따라서 장현광은 존재한다고 명확하게 주장하지는 않았지만, 부정할 수도 없다는 우회적인 방식을 통해 그 존재의 가능성을 열어놓았던 것이다.[49)]

그런데 「우주설」이 서술되던 1631년경이면 중국을 통해 시헌력과 지구설, 그리고 세계지도 등으로 상징되는 서양과학 지식이 유입되기 시작하는 시기인데, 장현광의 우주론 논의에서는 그러한 서양과학을 접한 흔적을 전혀 찾아볼 수 없다는 사실을 주목할 필요가 있다. 따라서 우리는 장현광의 우주론을 서양과학이 유입되기 이전의, 즉 서양과학이 알려준 새로운 확대된 자연지식의 영향을 받지 않은 마지막의 전통 우주론이라고 할 수 있을 것이다. 그러한 장현광의 우주론이 송대 성리학적 자연이해의 세 가지 전통 모두를 완벽하게 소화하는 단계를 넘어 그것을 더욱 발전시켜 정합적이고 자기완결적인 우주론을 펼치는 성숙한 모습을 보여주었다. 더구나 장현광의 우주론은 성리학적 자연이해의 틀에 결코 매이지 않는 자유롭고 진취적인 사색을 보여주었던 것이다.

3. 조선후기 실학적 우주론의 전개

한국의 과학사에서 17세기는 전통적인 자연지식과는 판이하게 다른 서양과학 지식이 유입되어 들어오기 시작했다는 점에서 하나의 전환점이랄 수 있는 시기로 이해되었다. 특히 조선후기 실학의 과학사상에서 서양과학이 차지하는 부분이 컸다는 사실은, 17세기 이후 실학자들의 자연지식을 그 이전 시기의 자연지식과는 질적으로 다른 것으로, 또는 실학적 자연이해의 성장과정을 전통적인 자연관을 부정하고 서

49) 장현광의 또 다른 우주에 대한 자세한 논증은 문중양, 앞의 논문, 1999, 117~121쪽을 참조.

양과학적인 자연이해를 추구했던 불연속적인 비약의 과정으로 이해하게 하는 주 요인이었다. 그러나 이 장에서는 실학적 자연이해의 성장을 전통적인 성리학적 자연인식 체계의 전개과정이라는 연속적인 역사의 흐름 속에서 찾으려 한다. 실제로 조선후기 우주론의 전개과정은 서양과학 지식을 일방적으로 수용하거나 전통적인 자연관을 일방적으로 부정하는 식으로 일어나지 않았던 것이다.

17세기 초엽 조선 유학자의 자연이해는 장현광의 「우주설」(1631년)에서 단적으로 살펴보았듯이 송대 성리학적 자연인식 체계에 대한 완벽한 이해에 근거해서 그것을 비판적으로 극복하는 매우 세련되고 정합적인 우주론 논의와 자유로운 사색의 모습을 드러낼 정도로 성숙했음을 알 수 있다. 이러한 토대 하에서 조선 유학자들은 전통적인 자연지식과는 판이하게 다른 서양과학을 접하게 되었던 것이다. 주지하는 바와 같이 1603년 李光庭이 利瑪竇(서양명은 Matteo Ricci)의 「곤여만국전도」를 들여오고, 1631년 鄭斗源이 아담샬의 천문도인 「적도남북총성도」를 비롯해 서양과학 기구와 과학 서적들을 들여온 이후에 서양의 과학은 비교적 빠른 시간 동안 조선에 유입되었다. 특히 1644년 관상감제조였던 金堉의 주장으로 이루어지기 시작한 時憲曆의 도입 노력은 서양의 수학과 천문학, 그리고 관측기구의 도입 노력으로 나타났고, 결국 줄기찬 노력 끝에 조선 정부는 1653년 시헌력을 자체적으로 계산해 편찬할 수 있게 되었다. 이후에도 중국에서 더욱 우수하고 정밀한 서양식 역법이 개선될 때마다 조선 정부는 역산가들을 파견해 배우도록 했는데, 1725년에는 『曆象考成』[50]을, 1744년에는 『曆象考成後編』[51]을 도입했다. 또한 이와 함께 1708년에는 지구설을 담은 서양

50) 『역상고성』은 梅瑴成이 주도해 1721년에 편찬된 것으로 티코 브라헤의 천문학에 근거한 것이었다.

51) 『역상고성후편』은 戴進賢(서양 이름은 Kögler)이 1742년에 편찬한 천문학서로 케플러(Kepler)의 타원궤도설과 카시니(Cassini)의 최신의 관측치와 관측법에 주로 근거한 책이었다.

식 세계지도가 탕약망의 천문도와 함께 『乾象坤輿圖』라는 이름으로 관상감에서 제작되기도 했다.

이와 같이 서양과학이 적극적으로 도입되고, 그것도 정부차원에서 주도되는 양상을 띠면서 서양과학이 담아내는 구체적인 새로운 자연지식들은 정설로 수용되기에 이르렀다. 특히 정부에서 공식적으로 편찬한 『東國文獻備考』 「象緯考」(1770년)에 그 동안 유입되었던 서양 천문학의 새로운 지식 정보들이 채택되면서 그러한 사정은 더욱 확고해졌다. 결국 서양과학의 정밀하고 실증적인 자연지식은 조선 유학자들에게는 부정할 수 없는 타당한 지식 정보로 다가왔던 것이다. 그것을 어떻게 수용하는가, 또는 전통적인 성리학적 자연이해의 틀 속에서 그것들을 어떻게 이해할 것인가의 문제는 이제 조선 유학자들의 몫이었다.

우리는 정밀하고 실증적인, 그리고 타당한 서양과학의 지식 정보들을 조선 유학자들이 수용하면서 취한 선택을 두 가지로 나누어 볼 수 있다. 그것은 金錫文(1658~1735), 鄭齊斗(1649~1736), 徐命膺(1716~1787)에서 대표적으로 잘 드러나는 상수역학적 자연인식 체계를 통한 서양과학의 이해와 수용이 하나이고, 李瀷(1681~1763), 洪大容(1731~1783), 그리고 崔漢綺(1803~1877)에서 잘 나타나는 기일원론적 우주론을 통한 것이 다른 하나였다. 조선후기 실학자들이 취한 이 각각의 논의에 대해서 살펴보자.

1) 상수학적 우주론의 전개

조선의 우주론 논의 중에서 가장 세련되고 자기완결성을 갖춘 체계적인 우주론을 들라면 김석문의 상수역학적 우주론을 들 수 있을 것이다. 특히 김석문의 상수학은 노론계의 金元行(1702~1772) 문하에서는 상당히 중요하게 부각되었던 듯하다. 金昌翕(1653~1722)의 격려를 받으며 『주역』과 『성리대전』에 담긴 상수학의 연구로 일가를 이룬 김석문의 상수학을 김원행은 크게 인정했으며, 홍대용과 黃胤錫(1729~1791) 등 그 문인들에게도 상수학 연구를 장려했던 것이다.[52] 따라서 김석문의 지전설 논의는 홍대용 등에게 영향을 미쳤을 것으로 생각되며, 실제로 황윤석은 김석문의 우주론에 대해서 서양의 천문학 지식과 소옹의 상수학을 결합한 것으로 분석하면서, 송대 이래 일찍이 없던 매우 독창적인 견해로 유학자가 반드시 읽어보아야 할 것이라고 격찬하고 있다.[53] 김석문 우주론의 조선 학계에 대한 이러한 영향은 북학파의 주도적 인물인 朴趾源에게서도 찾아볼 수 있다. 그는 중국 방문시 중국의 선비들에게 김석문의 소위 '三大丸浮空說'을 독창적이고 탁월한 지전설 논의로 자랑스럽게 소개했던 것이다.[54]

이와 같이 노론 낙론계 북학파 학자들에게 인정을 받았던 김석문의 우주론은 그의 「易學二十四圖解」[55]에서 펼쳐졌는데, 이 저서는 그 자체로 우주의 생성과 소멸, 그리고 우주의 구조와 천체의 운동에 대해서 논리적이고 체계적으로 설파해 놓은 완결된 논문이었다. 이 논문에서 김석문은 전적으로 주돈이의 태극으로부터 출발하는 형이상학적인

---

52) 이러한 사실은 유봉학, 『燕巖一派 北學思想 硏究』, 일지사, 1995, 82쪽을 참조.

53) 황윤석의 김석문 우주론 논의에 대한 이러한 분석과 격찬에 대해서는 具萬玉, 앞의 논문, 2001, 135쪽을 참조.

54) 홍대용이 김석문의 지전설을 수용해 부연했음을 박지원이 언급한 바에 의해서 밝히고 있는 구체적인 논증은 小川晴久, 「地轉說에서 宇宙無限論으로-金錫文과 洪大容의 世界-」, 『東方學志』 21, 1979, 55~56, 85~88쪽을 참조할 것.

55) 김석문은 원래 1697년경에 「易學圖解」를 저술했는데 그것이 세상에 널리 알려지게 된 것은 1726년경에 「易學二十四圖解」라는 이름으로 간행하면서였다. 두 저서가 거의 내용이 동일하나 「易學二十四圖解」가 간행을 목적으로 재정리한 것이었으므로 약간의 보충설명이 부가되었다. 「역학도해」는 『韓國經學資料集成』(성균관대학교 대동문화연구원) 易經篇 제10책 所收의 「大谷易學圖解」를 참조할 수 있고, 「역학이십사도해」는 閔泳珪, 「十七世紀 李朝學人의 地動說 - 金錫文의 易學二十四圖解 - 」, 『東方學志』 16, 1975, 1~44쪽에서 소개된 영인본을 각각 참조할 수 있다.

생성의 원리, 그리고 소옹학파의 數가 지니는 본질적 속성으로서의 우주의 구성원리에 의존해서 우주론 논의를 펼쳤다. 오히려 그에게는 서경덕과 장현광에서 그들 우주론 논의의 한 축을 차지했던 장재 전통의 태허 안에 충만한 氣로부터 출발한 물질적 생성의 과정은 중요하지 않았다.

김석문에게 우주 만물은 천지가 생성되기 이전의 본체인 寂然不動의 太極(理)에서 비롯되었다. 이 태극에서 微動의 태허가 생겨나고 태허에서 그보다 약간 빠른 恒星天, 항성천에서 鎭星天, 이렇게 순차적으로 점점 움직임이 빠른 천체들이 그 내부 쪽에서 생겨나는데 최후로 가장 빠른 地輪天 즉 인간이 살고 있는 지구가 우주의 중심부에서 생겨났다. 그런데 부동의 태극에서 생성의 시초인 미동의 태허가 어떻게 생기는가? 그 원리는 먼저 태극이 지니는 體用의 원리에서 찾을 수 있다. 즉 태극의 부동은 체이고 動은 용이다. 또한 靜이란 동의 機微로서 이미 부동 안에 동을 배태하고 있다. 따라서 체인 부동의 태극에서 용인 미동의 태허가 생겨날 수 있다. 이것이 바로 주돈이가 「太極圖說」에서 말한 바의 "태극이 動해서 陽을 낳는다(太極動而生陽)"의 의미라는 것이다.[56] 또한 생성의 원리는 數의 본질적 속성에서도 찾을 수 있다. 즉 靜한 것(즉 태극)에는 수가 없다. 수의 시작은 아주 미세한 움직임에서부터 시작하는데 바로 1이 그것으로 미동이다. 따라서 부동의 태극에는 수가 없고 미동의 태허가 바로 수의 시작인 1이다. 결국 1은 태허의 미동이고 미동하는 곳을 일러 一虛라고 한다. 바로 이 일허가 수의 시작으로 이로부터 모든 수가 생겨나고 만물이 생겨난다.[57]

김석문은 우주 만물의 생성과정뿐 아니라 천체의 운행주기와 운행궤도의 거리 등을 구체적으로 계산해 내고 있다. 그 원리는 물론 상수

56) 김석문의 이러한 논증은 金錫文, 「易學二十四圖解」 36.a~37.b쪽을 참조할 것(쪽수는 閔泳珪(1975)의 논문에 제시된 영인본의 쪽수이다.).

57) 金錫文, 「易學二十四圖解」, 35.b쪽.

역학적인 원리로서 물리적으로 실재하는 천지의 구조와 운행을 수의 본질적 속성에 근거해서 고도의 산술적 계산을 했다.[58] 그의 상수역학적인 고도의 기교는 소옹의 원회운세의 우주 주기 도식을 확대 적용해 우주 大開闢의 주기를 계산해 내는 것에서 한층 더 드러난다. 김석문이 생각한 우주의 주기는 기본적으로 소옹의 틀에 기반했지만, 소옹의 1元=12,9600년과 元會運世의 단위에 집착하지 않고 歲差운동이라는 천문학 지식을 활용해 새로운 우주 주기를 제시했다. 그 주기가 一大開闢으로 76,3200년이었고, 더 나아가 김석문은 76,3200년의 8제곱의 기간[59]이라는 엄청난 우주 싸이클을 계산해 냈다.[60]

이와 같이 고도의 상수역학적 우주론을 펼칠 수 있었던 것은 물론 17세기 말·18세기 초 조선 학계의 상수역학에 대한 완벽한 이해에 일차적으로 기인했다. 그렇지만 그뿐 아니라 서양과학이 전해 준 천체의 구조와 운행에 대한 보다 정밀하고 실증적인 천문학 지식 정보에 기인한 바도 크다는 사실을 주목해야 한다. 즉 김석문의 상수역학적 우주론은 서양 천문학 지식을 활용해서 한 차원 높은 고도의 논의를 펼쳤던 것이다. 그는 땅의 모양이 球形이라는 것을 포함해서[61] 천체들의 배치와 궤도를 서양 천문학 지식에 근거해 설명했다.[62] 그것은 약간의 전통적 색채로 변화된 것을 감안하면 전적으로 티코 브라헤(Tycho Brache)의 우주구조에 근거했다고 할 수 있다. 티코의 우주체계는 湯

---

58) 김석문이 천체의 운행주기와 궤도반경을 구한 구체적인 고도의 계산 내용은 문중양, 「18세기 조선 실학자의 자연지식의 성격-象數學的 우주론을 중심으로-」, 『한국과학사학회지』 21-1, 1999, 36~37쪽을 참조할 것.

59) 약 1.1151×10^{48}년이 된다. 「大谷易學圖解」, 521~523쪽을 볼 것.

60) 김석문의 소옹 원회운세설을 확대·적용한 고도의 상수역학적 계산에 대한 구체적인 내용은 문중양, 앞의 논문, 1999, 38~39쪽을 참조할 것.

61) 땅이 원형이라는 김석문의 주장은 「易學二十四圖解」 32.a쪽을 참조.

62) 김석문은 천체의 배치와 궤도에 대해서 구체적으로 그림으로 그려서 설명하고 있는데 대표적으로 '第二赤極九天附圖'를 보면 김석문의 우주구조를 단적으로 파악할 수 있다. 문중양, 앞의 논문, 1999, 34쪽의 그림을 참조할 것.

若望(Adam Schall von Bell : 1591~1666)의 『遠鏡說』(1626년)에서 처음으로 다루어진 이후 『五緯曆志』(1634년)에서 본격적으로 소개되면서 중국과 조선의 역산가들에게 가장 믿을만한 것으로 알려졌던 우주체계였다.[63] 결국 김석문은 17세기 말 당시로서는 가장 수준 높은 서양의 천문학 지식을 수용해 그의 상수역학적 자연인식 체계와 결합해 고도의 우주론 논의를 펼칠 수 있었던 것이다.

노론 학계에 큰 영향을 주었던 김석문의 상수학적 우주론 논의와 거의 동시대에 이루어진 흥미로운 우주론으로 소론계 양명학파의 거두 정제두의 우주론을 들 수 있다. 정제두의 우주론 논의는 「璇元經學通攷」와 「天地方位里度說」에서 가장 잘 서술되었는데,[64] 기본적인 내용은 서양의 천문·지리학 지식 정보를 상수역학의 체계로 각각 재해석해 내는 논의였다. 「선원경학통고」는 서양식 천문역법이 수용된 이후 지구설이나 주천도수 360도 등에 의해서 전통 역법의 이론과 상수들이 대체되는 상황에서 그에 대한 전통적인 인식체계에 의한 재해석의 글이었다. 이에 비해서 「천지방위이도설」은 「곤여만국전도」라는 서양식 세계지도에 담긴 확대된 세계의 지식 정보들을 상수역학의 체계로 재정리하면서 투박하지만 매우 독특한 세계지도를 제시해놓고 있기까지

---

63) 티코의 우주체계가 보급되어 알려지게 되는 과정에 대한 상세한 논의는 Keizo Hashimoto, *Hsu Kuang-Chi and Astronomical Reform - The Process of the Chinese Acceptance of Western Astronomy 1629-1635*, Osaka, Japan : Kansai Uni. Press, 1988, 74~163쪽 ; Nathan Sivin, "Copernicus in China," *Studia Copernicana*, vol. 6, 1973, 63~122쪽 ; 王萍, 『西方曆算學之輸入』, 臺北 : 中央硏究院 近代史硏究所, 1966, 6~45쪽을 참조할 수 있다.

64) 정제두의 우주론 논의는 이외에도 「河洛易象」, 「先後天說」, 「朞三百說」 등을 거론할 수 있다. 그런데 이 우주론 내용을 담은 기록들은 정제두 만년의 글들로 주로 1730년대에 씌어졌다고 할 수 있다. 대표적으로 「선원경학통고」는 1730년에 저술되었다고 한다. 이에 대한 자세한 논의는 구만옥, 「朝鮮後期 '地球'說 受容의 思想史的 의의」, 『韓國史의 構造와 展開 : 河炫綱敎授停年紀念論叢』, 2000, 732쪽을 참조할 것.

했다.[65)]

그런데 지구설을 해석하고 세계지도를 재해석하는 정제두의 논증은 매우 독특했다. 그것은 "수학적 대칭성을 상수학적으로 활용하는" 방식이었다고 한다.[66)] 예컨대 서양의 地球說을 수용하면서 땅이 둥근 것은 세계가 지닌 수학적 대칭성의 자연스러운 발현이자, 나아가 천지음양이 조화를 이루는 기본적인 방식이라는 것이다. 이와 같은 수학적 대칭성이라는 기준은 그가 새로이 제시한 세계지도의 재구성과 해석에서 절정에 달했다. 이 지도는 서양 선교사들의 양반구형 세계지도의 형태를 띠고 있는데, 대륙의 윤곽과 다양한 지명들은 완전히 생략된 채 주요 대륙의 위치만을 표시하면서, 중국 주변의 몇몇 나라들과 세계의 대표적인 지명을 양반구형의 여러 곳에 배치시켰을 뿐이었다. 따라서 사실 이 지도는 실제의 세계지도라기보다는 세계가 상수학적 대칭성을 띠고 있다는 것을 표현하기 위해 그린 간략한 설명도와 같았다. 중국을 포함한 주요 대륙의 배치는 각각 저마다의 상수역학적인 의미가 부여되었다.

시헌력의 시행으로 대표되는 서양 천문학 지식의 수용 이후 그것이 전해 준 새로운 천문학 이론과 상수들에 대한 정제두의 상수역학적 해석 시도는 그보다 반세기 후의 徐命膺(1716~1787)의 논의에 비하면 매우 투박하고 덜 세련된 것에 불과했다. 서명응은 소론계 학자이면서도 정제두의 양명학파와는 그 학맥을 달리하는 학자로서, 오히려 경화학계의 중심적 위치에서 북학파의 학자들과 교류가 가까웠던 인물이었다.[67)] 그는 대다수의 실학자들이 중앙 정계에서 어느 정도 벗어나

65) 정제두가 제시하고 있는 세계지도는 『霞谷全集(하)』 권21, 天地方位里度說, 309~310쪽에 제시되어 있다.

66) 정제두의 독특한 이러한 논증은 林宗台, 『17·18세기 서양 지리학에 대한 朝鮮·中國 學人들의 해석』, 서울대학교 박사학위 논문, 2003, 202~204쪽에 자세하게 나와 있다.

67) 실제로 서명응은 박제가의 『북학의』에 서문을 써 주는 등 북학파 학자들에게

있었던 재야학자들이었던 데 비해서, 그의 생애 내내 중앙 정계에서 안정적 위치를 확보하면서도 정계와 관료 학계에서 명성을 날린 인물이었다. 특히 정조대에 그의 동생 徐命善은 영의정으로, 서명응은 대제학으로 정계와 관료 학계를 형제가 대표할 정도였다. 또한 그는 아들 徐浩修와 함께 영정조대 최고의 천문역산의 전문가적 위치를 확보하고 있었다. 당시 정부가 공식적으로 인정하는 천문학 이론과 상수들을 정리해 놓은 『동국문헌비고』「상위고」를, 서명응은 편집당상으로 편찬을 주도했고, 서호수가 직접 집필했다. 따라서 서호수와 서명응 부자는 18세기 말 당시로는 조선에 유입된 서양과학 지식에 대해서 누구보다도 해박하고 깊이 있는 지식을 지닌 전문가였다고 할 수 있다.[68]

서명응의 천문역산가로서의 면모는 그의 저술을 통해서 잘 드러난다. 천체의 구조와 운동, 그리고 천체의 형상에 대해 서양 천문학이 전해 준 구체적인 지식 정보를 활용해 체계적으로 정리해 놓은 『髀禮準』과 『先句齊』가 그것이다.[69] 이 책들에서 정리된 천문학 지식들은 『건곤체의』(1609년)와 『역상고성』(1723년)에 이르기까지 비교적 최신의 서양 천문학서에 담긴 내용들에 근거했다.[70] 그런데 흥미로운 것은 지구설은 물론이고 지반경차나 청몽기차 등 서양 천문학의 최신 이론을 수용하면서도 우주의 전체 구조에 대해서는 티코 브라헤의 新圖를 따르지 않고 구중천설의 古圖를 따른 점이다.[71] 또한 김석문에게서 독창

사상적 영향을 준 바가 컸다.

68) 서명응과 서호수의 이러한 면모는 문중양, 앞의 논문, 1999, 40쪽을 참조할 수 있다.

69) 이 책들은 서명응 사상의 결산이라고 할 수 있는 『保晩齋叢書』(奎章閣 古0270-11)에 실려 있는데, 19·20책이 「髀禮準」, 21·22책이 「先句齊」이다.

70) 서명응이 정리하고 있는 천문학 지식의 내용과 그 출처에 대한 자세한 내용은 박권수, 「徐命膺의 易學的 天文觀」, 『한국과학사학회지』 20-1, 1998, 63~74쪽을 참고할 것.

71) 티코 브라헤의 新圖는 우주 중심에 지구가 정지해 있고 그 주위를 일·월이 돌고, 기타의 모든 천체들은 해의 둘레를 회전하는 형태를 띤 우주 구조이다.

적으로 제기되고 북학파 학자들에게 알려져 큰 주목을 받았던 地轉의 논의도 없다. 그러나 우리에게 흥미로운 것은 18세기 말 조선 최고의 천문역산 전문가였던 서명응이 서양 천문학의 최신 지식 정보들을 고도의 세련된 상수역학적 기교를 이용해 해석해 놓고 있는 모습이다.

이러한 서명응의 서양 천문학의 지식 정보에 대한 상수학적 재해석은 그의 저서 『先天四演』[72]에서 이루어졌다. 그는 이 책에서 오로지 '先天易'이라는 소옹이 부활시켜 놓은 상수역학적 자연인식 체계만을 적용해 철저하게 천문역산 지식을 해석하고 있다. 장현광과 김석문에게서 찾아볼 수 있었던 장재의 기일원론적 우주생성론의 전통은 전혀 찾아 볼 수 없다. 서명응의 자연 이해, 즉 천문역산 이해의 기본적인 틀은 先天圖였다. 선천도란 하늘이 우주의 원리를 담은 河圖를 내리고, 聖人인 伏羲가 그것으로부터 얻어냈다고 믿어지는 도상들인 선천팔괘차서도, 선천팔괘방위도, 선천64괘차서도, 선천64괘방원도를 말하는 것이다.[73] 바로 이러한 선천도들에서 복희가 천문의 관측 의기를 제작하고, 句股法이라는 수학을 창시하여 역법을 세웠다는 것이 서명응의 기본적인 믿음이었다. 결국 "천하만사의 신묘한 움직임과 변화들, 그리고 智行은 큰 것도 선천방원도, 작은 것도 역시 선천방원도, 정밀한 것도 역시 선천방원도, 조박한 것도 역시 선천방원도이다. 하물며

9중천설이란 12중천에서 다소 종교적인 색채의 천들이 제외된 것으로 고대 그리스의 지구 중심의 천동설을 말한다.

72) 역시 서명응의 『保晩齋叢書』의 첫 번째 1~2책이 바로 『선천사연』이다. 이는 그의 총서에서 가장 주요한 근본이 되는 내용을 담았다는 것을 말한다고 할 수 있다.

73) 이것들은 원래 邵雍에 의해서 개념화된 것이었다. 그렇지만 그림의 형태로 처음 제시한 것은 朱熹의 『周易本義』에서였다. 『周易傳義大全』(明 胡廣 편찬, 1415년) 卷首 易本義圖, 24, 27, 32, 37쪽에 제시되어 있다. 이러한 선천도들을 포함 수많은 도상들을 서명응은 『先天四演』 卷下에서 제시하고 있다. 그 중에 선천64괘방원도는 가장 중요한 것으로 선천방원도라면 으레 이것을 말했다.

曆度를 세우는 大事에서야 어떻겠는가"[74]라는 표현에서 단적으로 알 수 있듯이 서명응의 자연에 대한 이해는 선천방원도라는 도상으로 모든 것이 귀결되었고, 따라서 천체의 운행 원리와 법칙은 모두 이 선천방원도에 의해서 설명되지 못할 것이 없었다.

이러한 선천방원도의 원리에 입각해서 서명응은 가능한 모든 천문역산의 지식들을 해석했다. 땅의 형체가 球形인 것, 하늘이 九重天인 것, 지구의 축이 23.5도 기운 것, 하늘은 좌선하고 일월오성은 우행하는 것, 同升之差와 같은 매우 세부적인 천문학적 현상,[75] 지구 상의 緯度에 따른 기후의 차이 등과 같은 현상과 이론들이 모두 선천방원도의 원리로 해석되었다.[76] 그 중에 조선 유학자들의 우주관·세계관에 큰 충격을 주었던 지구설을 주장한 서명응의 선천방원도를 이용한 논증을 살펴보자. 서명응에게 일단 지구설은 땅위에서 250리 떨어지면 북극고도가 1도 차이가 나는 것으로 보아 명백한 사실이었다.[77] 그런데 그러한 地球의 근거를 복희가 그것으로부터 선천도를 얻어냈다고 믿어지는 도상인 河圖에서 찾았다. 즉 하도의 가운데 있는 열 십자 모양의 中宮 5점이 바로 땅이 구형임을 보여주는 원리라는 것이다.[78] 그런데 사람들은 선천방원도의 안쪽 그림인 方圖의 모난 형태 때문에 地方으로 잘못 알게 되었고, 유가들마저도 그로 인해 지구설을 수용하지 않게 되었다고 보았다.[79] 이러한 잘못된 상황을 바로잡기 위해서 서명

---

74) 『先句齊』 先句齊序, 1쪽.

75) 이것은 천구상의 적도의 1도와 황도의 1도가 차이가 나는 것을 말한다. 이 현상은 천구의 모양이 구형이고, 그러한 球面 상에서 황도와 적도가 비스듬히 교차하기 때문에 나타나는 자연스런 현상이다.

76) 서명응의 이러한 논의에 대한 구체적인 내용은 박권수, 앞의 논문, 1998, 75~89쪽을 참조할 것.

77) 『先天四演』 方圓象箋七(地圓眞傳), 50쪽 ; 『先句齊』 象限齊, 9쪽.

78) 하도 중궁의 5점이 圓의 형상으로 그려지는 것은 孟天述 譯, 『易理의 새로운 解釋(先天四演)』, 중앙대출판부, 1987, 100~101쪽을 참고할 것.

79) 『先天四演』 方圓象箋七(地圓眞傳), 50쪽.

응은 결국 선천방원도의 안쪽 그림인 방도를 수정해 45도 기울여 놓았다. 그러면 방도가 정방형에서 마름모꼴이 되어 하도의 중궁 5점의 모양과 부합하게 되어 地球의 원리를 담아낼 수 있다고 보았던 것이다.

이렇게 송대 성리학적 자연인식 체계의 한 축을 구성하던 소옹학파의 상수역학적 자연인식 체계는 서양과학을 접하기 이전의 17세기 초 장현광의 우주론에서와는 다소 다른 양상을 드러냈다고 할 수 있다. 즉 장현광의 우주론 논의에서 상수역학적 자연인식 체계가 중심적 역할을 했었지만 장재의 기일원론적 우주론 및 주돈이의 형이상학적 태극론과 융합되어 우주의 생성과 변화 그리고 소멸에 대한 자유로운 사색을 펼쳤던 것에 비해서, 정교하고 세련된 상수역학적 우주론 논의를 펼친 김석문, 정제두, 서명응의 논의를 보면 장재의 기일원론적 우주론 전통과의 거리가 멀어졌다는 것이다. 특히 극단적으로 전개된 고도의 상수역학적 기교를 부려가며 최신의 천문역산의 지식 정보들을 해석했던 서명응의 우주론 논의에서는 氣에 대한 논의는 전혀 찾아볼 수 없을 정도였다.

그런데 이와 같은 서명응의 상수역학적 천문학 이해가 조선 유학자들에게는 오히려 자연스러웠던 듯하다. 물론 서호수나 홍대용, 그리고 정약전 같은 일부 지식인들이 易에 그 원리적 근거를 둔 천문역산을 비판하고는 있지만[80) 대부분의 유학자들은 인식을 같이하는 편이었다고 보아야 할 것이다. 우리는 그러한 사실을 소위 실학을 집대성한 학자로 이해되는 丁若鏞의 周易觀에서 가늠해 볼 수 있다. 즉 정약용은 자연 법칙으로서의 理 개념을 무력화시키면서 氣 개념을 강조했다. 그것은 현상으로서의 자연에 한층 가까이 접근하는 긍정적인 자세라고 할 수 있다. 그렇지만 理를 무력화시키는 대신에 주역이 지니는 자연의 보편법칙적 효용을 인정하여 사물이해의 기본으로 삼았다고 한

80) 서호수와 홍대용의 이러한 비판은 문중양, 앞의 논문, 1999, 50~55쪽을 참조할 것.

다.[81] 실제로 정약용은 그의 주역 연구를 통해서 깨달은 바를 그의 형 정약전과 토론했던 편지글에서 수학이 주역의 상수학적 체계에서 비롯되었음을 알았다고 술회할 정도였다.[82] 정약용을 비롯한 조선의 대다수 유학자들은 천문역산에 전문적인 지식을 지닌 사람을 의례 '象數學'이나 '易學'에 정통한 사람이라고 평가할 정도로 그들에게 있어서 천문역산과 역학은 그 원리가 통하는 것이라고 인식했던 것이다. 이러한 인식은 전통사회 동안에는 일반적이었다.

2) 기론적 우주론의 전개

서양의 천문·지리학 지식이 유입된 이후에 그것이 담고 있는 자연에 대한 지식 정보들을 상수역학적 자연이해의 틀 속에서 체계화하려는 시도가 김석문과 서명응에게서 살펴볼 수 있듯이 고도로 세련되고 체계적으로 이루어졌던 것에 비하면, 장재의 기론적 자연이해의 틀로 이해하려는 시도는 비교적 덜 체계적이었던 듯하다. 실제로 김석문이나 서명응의 우주론과 같이 방대한 천문학 이론과 현상들을 설명해 주는 기론적 우주론 논의는 찾아볼 수 없다. 특히 송대 성리학의 세 가지 전통이 종합적으로 어우러진 장현광의 우주론 이후, 상수학적 자연이해와 기론적 자연이해가 다소 분리되어 전개되는 모습도 주목할 만하다. 그러한 대표적인 기론적 우주론 논의로 18세기의 실학자 이익과 홍대용, 그리고 19세기의 재야 사상가 최한기의 우주론을 살펴보도록 하자.

---

81) 정약용의 이러한 주역관에 대한 자세한 논의는 張會翼, 「丁若鏞의 科學思想」, 『한국사시민강좌』 16, 1995, 131~138쪽을 참조할 것.

82) 정약용의 이러한 생각을 정약전은 부정했다. 이러한 논의는 『與猶堂集』(奎11894) 24책, 續集4, 巽菴書牘 13쪽(쪽수는 巽菴書牘의 첫 쪽부터 센 것이다), 또는 徐鍾泰, 「巽菴 丁若銓의 實學思想」, 『東亞硏究』 24, 1992, 289~291쪽을 참고할 수 있다.

李瀷(1681~1763)은 백과전서적인 에세이집인 그의 『星湖僿說』에서 서양과학이 전해 준 광범위한 영역의 새로운 자연 지식의 정보들을 동시대의 김석문에서와 같이 자기완결적이고 전문적이지는 않지만 나름대로 많은 관심 속에 해석해 놓고 있다. 이익의 서양과학에 대한 이러한 관심은 일찍부터 학계의 주목을 받았고, 『성호사설』에 기록된 서양과학의 지식 정보들에 대한 이익의 단상들은 18세기 중반에 이르기까지 조선의 유학자들이 어느 정도의 서양과학을 수용하고 인식하고 있었는지를 보여주는 좋은 예가 되었다. 실제로 『성호사설』에서 서술하고 있는 천문역산과 지리학 분야의 논의들을 보면 『건곤체의』와 『천문략』, 그리고 『직방외기』 등 서양 선교사들이 편찬한 서양과학서들의 대부분을 이익이 읽고 소화했음을 알 수 있다. 또한 이익은 그러한 서양과학에 대해서 매우 긍정적인 시각, 즉 시헌력으로 대표되는 서양의 천문역산이 최고로 우수하다는 인식을 하고 있었다.[83] 그렇다고 해서 서양과학의 토대인 자연인식 체계마저 따르지는 않았다. 그러한 사실을 우리는 우주론 논의에서 중요한 관건이 되고 있는 지구설 및 지동설과 관련된 이익의 사색에서 잘 살펴볼 수 있다.

주지하는 바와 같이 이익은 서양의 지구설을 인정했으며, 지동설에 대해서는 地動을 주장하는 자들이 있는데 그럴 가능성은 충분히 있으나 면밀히 따져보면 地靜이 맞을 것이라고 결론지었다.[84] 특히 지구설에 대해서는 그것이 서양과학이 전해 준 것으로 타당할 뿐 아니라, "지구의 上下로 사람이 살고 있다는 說"이라고 소개하는 것에서 알 수 있듯이 그것이 불러온 논쟁점을 명확히 인지하고 있었다.[85] 즉 인간이

83) 실제로 이익은 서양의 역법을 '曆道之極'이라고 극찬하면서 성인이 다시 태어나도 따를 정도로 우수한 역법이라고 평가했다. 이에 대한 자세한 논의는 朴星來, 「李瀷의 西洋科學 受容」, 『동원김흥배박사고희기념논문집』, 1984, 370~371쪽을 참조할 것.

84) 이익의 지구설과 지전설에 대한 논의는 朴星來, 「韓國近世의 西歐科學 收容」, 『東方學志』 20, 1978, 266~268쪽을 참조할 것.

살고 있는 이 땅의 형태가 둥글 경우에 上下의 관념이 부정될 뿐 아니라 중심에서 정반대의 위치, 즉 對蹠地에 사람이 살게 되어 결국 우리가 살고 있는 이 땅의 밑에 거꾸로 서 있는 사람들이 있는 문제가 발생하는 것이었다. 사실 상하가 사라지게 되는 문제는 상하의 명분과 질서를 부정하는 것으로 종래의 성리학적 세계관에서는 심각한 위협이었고, 이에 楊光先을 비롯한 동아시아의 많은 학자들은 그러한 지구설이 지닌 無上下의 관념을 반박했으며, 대척지 문제는 지구 밑에 반대로 서 있는 사람들이 어떻게 밑으로 떨어지지 않을 수 있는가의 문제로 핵심적인 논쟁거리였다.[86]

이익은 김시진과 남극관의 논쟁을 거론하면서 계란 밑에 붙어있는 개미가 떨어지지 않음을 들어 지구설을 주장하는 조선 유학자 南克寬의 주장을 근거 없는 주장이라면서 반박하고, 地心論이라는 원리를 제시했다.[87] 지심론이란 지구와 같이 둥근 물체는 상하사방에서 그 중심인 지심을 향하는 그 무언가가 있다는 것인데, 이보다 구체적인 설명을 이익은 「跋職方外紀」에서 적어놓고 있다. 그 내용은 다음과 같다. 땅은 둥근 하늘의 가운데에 있다, 하늘은 하루에 한 바퀴씩 돌고, 그 둘레가 엄청나니 그 운동력도 매우 굳셀 것이다, 그런데 이렇게 굳세게 회전하는 하늘의 안쪽에 있는 것은 그 세력이 안쪽을 향해서 모이지 않는 것이 없다, 이것은 둥근 주발의 안에 어떤 물체를 놓고 기틀을 사용하여 회전시키면 그 물체는 떠밀리고 쏠리다가 주발의 정 중앙에 도달해서야 움직임을 그만 두는 것과 같은 이치이다.[88]

「발직방외기」의 이러한 서술이 담고 있는 중요한 내용은 물론 지구 둘레의 모든 물체는 하늘의 굳건한 회전력에 의해서 '지구 중심으로

85) 李瀷, 『星湖僿說』 天地門 권2 地球, 57쪽을 참조.

86) 지구설이 지니는 대척지의 문제 또는 無上下의 문제에 대한 자세한 논의는 林宗台, 앞의 논문, 2003, 162~184쪽을 참조할 것.

87) 李瀷, 『星湖僿說』 天地問 권2 地球, 57쪽.

88) 李瀷, 『星湖全集』 권55 「跋職方外紀」, 514~515쪽.

향하는 세력'을 지닌다는 지심론을 구체적으로 설명하는 것이지만, 그 근거가 되는 우주론은 장재의 기론적 우주론임을 알 수 있다. 즉 그것은 지구를 제외한 모든 물체는 회전운동을 하고 있는데, 하늘의 회전운동이 가장 굳건하고 안쪽으로 들어갈수록 회전력은 약해져 결국 가장 안쪽에 위치한 땅은 정지해 있다는 것이다. 또한 지구를 둘러싼 채 하늘의 회전력에 의해서 이루어지는 대기의 회전이 지구를 우주 공간 속에 버티게 해준다는 것이다. 이러한 내용은 이미 2절에서 살펴 본 바와 같이 장재에 의해서 제시되고 주희에 의해서 더욱 구체화된 우주의 생성과 구조에 대한 논의의 요약이라고 할 수 있다. 그런데 장재와 주희의 논의와 다른 것이라면 대기의 회전력이 지구를 우주 공간에 버티게 해줄 뿐 아니라, 대기의 회전은 지심으로 향하는 세력을 형성하며, 이러한 세력은 지구 위의 물체들이 지구 밑으로 떨어지지 않고 지구면에 부착해 있을 수 있는 所以然이라는 사실을 사색해 낸 것이다. 이렇게 이익은 장재의 우주론에 근거해 그것을 더욱 발전시켜 지구설이 지닌 대척지의 문제를 풀고 있는 것이다.

그러나 중심으로 향하는 세력의 소이연을 하늘의 굳건한 회전력에서 구하고, 우주의 중심인 지심을 동역학적으로 가장 안정적인 곳으로 생각한 이익의 사색은,[89] 땅이 그렇게 안정적인 위치에서 정지해 있어야 하는 결과를 낳았다. 이는 그가 지동의 가능성에 대한 논의를 펼쳤지만 결국 그러한 가능성을 부정하고 地靜으로 결론지었던 배경으로, 이러한 논리적 귀결은 장재의 기론적 우주론에의 의존도가 컸음을 보여주는 아쉬운 대목이기도 하다. 이러한 우주론 논의는 사실 이익과 거의 동시대의 유학자 김석문의 우주론과는 정반대의 사색이었다. 즉 김석문은 우주의 가장 바깥에 위치해 있는 태극천과 태허천이 가장 안정적이어서 不動하고 微動하며 우주의 중심에 가까이 있을수록 회전

89) 이익의 지심론에 대한 이와 같은 흥미로운 해석은 林宗台, 앞의 논문, 2003, 180~182쪽을 참조할 것.

운동이 빨라져 결국 지구 面에서 가장 빠르다는 내용의 원리를 제시했고, 이것이 바로 김석문의 지동설이었던 것이다.

이와 같은 아쉬움은 홍대용의 기론적 우주론에서는 과감하게 사라지고 만다. 홍대용은 주지하는 바와 같이 낙론계의 거두 김원행의 문하에서 수학했던 인물로 黃胤錫, 鄭喆祚 등과 함께 상수학과 천문역산의 전문가로 통했다. 황윤석이 술회하는 것에서 잘 나타나듯이[90] 김석문의 지구설과 지동설의 내용을 담은 정합적이고 독창적인 상수학적 우주론 논의는 홍대용을 비롯한 김원행의 석실서원의 학인들에게 매우 큰 영향을 미쳤다. 그런데 김석문 우주론에 영향을 받았을 홍대용의 우주론 논의가 김석문과는 상당히 다른 모습을 보여주고 있다는 사실이 더욱 흥미롭기도 하다.

홍대용의 우주론 논의가 기본적으로 장재의 기론적 우주론에 기초하고 있음은 「毉山問答」에 적혀있는 다음의 서술에서 단적으로 드러난다. "광막한 太虛에 가득찬 것은 오직 氣로서 안(內)도 없고 바깥(外)도 없으며, 시작(始)도 없고 끝(終)도 없다. 이러한 기가 끝없이 넓게 쌓여 결국은 凝聚하여 質을 이루는데, 허공을 둘러싸고 돌거나 가운데 머물면서 旋轉하니, 그것들이 바로 地·月·日·星의 무리들이다."[91] 그야말로 원초적 기로 가득 찬 태허에서부터 물질적 생성의 과정이 도출되고, 생성과정에서의 회전운동에 의해서 우주의 둘레에 천체가 생기고 가운데에 땅이 형성되었다는 장재의 기론적 우주론이 그대로 반영된 내용이라고 할 수 있다. 그러나 "가운데에 머물면서 旋轉한다"는 대목에서 홍대용의 우주론은 이익과 달리 장재의 우주론을 넘어서 버렸다. 즉 구형인 지구가 태양계의 중심에서 정지해 있지 않고, 허공 중에 떠서 하루에 한 바퀴 도는 自轉 운동을 하고 만물이 그 地面에 붙어있다고 주장을 한 것이다.[92]

---

90) 주 53)을 참조할 것.

91) 『湛軒書』 內集補遺 卷4, 「毉山問答」, 19.a쪽.

홍대용은 땅의 형체가 둥근 것과 그러한 형체의 땅이 회전운동하는 것을 연결지어 통일적으로 설명하고 있는데, 그것이 유명한 "지면 위의 上下之勢"에 의한 다음과 같은 설명이었다.

> 무릇 땅덩어리는 회전운동하길 하루에 한 바퀴 돈다. 땅의 둘레는 9만리이고 하루는 12시이다. 9만리나 되는 너비를 12시간 내에 도니, 그 운행의 급함은 번개만큼 빠르고 포탄보다도 빠르다. 땅이 이처럼 급하게 돈다면 虛氣가 물살이 솟구치듯이 움직여 허공 중에서 돌면서 땅으로 모여들고 만다. 이리하여 上下之勢가 있게 되니, 이것이 지면 위의 형세이고 지면에서 멀어질수록 이러한 형세는 없어진다.[93]

이것을 보면 상하지세란 지면 위의 허공 중의 氣가 물살이 솟구치듯이 요동치며 땅으로 모여드는 세력을 말함을 알 수 있다. 그런데 왜 지면 위의 기가 요동치며 땅으로 모여드는가? 홍대용은 이러한 현상을 강물의 흐름에서 그 유사한 예를 들고 있다. 즉 흐르는 강물의 강가에서 일어나는 현상을 세밀히 살펴보면 강물의 흐름과 강가의 땅의 부딪힘에 의해서 물살이 강가에서 생기게 된다. 그런데 그 물살이 솟구쳐 향하는 방향을 보면 강가의 땅으로 향하는 것이다.[94] 이는 바다의 파도가 어느 곳에서든 모두 해안선에 수직으로 와서 부딪히는 현상과 동일한 것이라고 할 수 있다. 이와 같이 땅을 둘러싼 기와 허공 중의 기, 두 기가 부딪혀 격렬하게 요동치면서, 땅 위의 氣가 모두 地面으로 향하는 세력이 홍대용의 상하지세였던 것이다. 이러한 상하지세의 정도가 땅에서 멀어질수록 작아지는 것은 자연스런 귀결이었다.

---

92) 위의 주 91)의 책, 같은 쪽.

93) 『湛軒書』 內集補遺 卷4, 「毉山問答」, 20.a~b쪽.

94) 『湛軒書』 內集補遺 卷4, 「毉山問答」, 21.b쪽, "두 氣가 서로 부딪혀 안쪽 땅으로 모여드는데, 이는 마치 강가에서 물살이 솟구쳐 '匯洑'를 이루는 것과 같다. 上下之勢가 이렇게 이루어지는 것이다(兩氣相薄 內湊於地 如江河之涯 激作匯洑 上下之勢 所由成也).".

그런데 이러한 홍대용의 상하지세는 땅이 둥글기 때문에 결국 지구의 중심으로 향하는 세력이 되는 셈인데, 그렇다면 이익이 말한 바의 지심으로 향하는 세력과 동일한 현상이 된다고 할 수 있다. 그러나 그러한 세력이 일어나는 소이연은 전혀 달라졌다. 즉 이익에게서 지심으로 향하는 세력은 하늘의 매우 빠른 회전운동에서 비롯되어 동역학적으로 안정적으로 정지해 있는 지심으로 그 방향이 주어졌지만, 홍대용의 지심으로 향하는 상하지세는 이익과는 정 반대로 지구의 급속한 회전운동, 그리고 그로 인한 땅과 허공 중의 기의 부딪힘에 의해서, 파도가 해안선에 수직으로 몰아치듯이 요동치는 기가 지면에 수직으로 모여드는 세력이었던 것이다. 그럼으로써 홍대용은 지구설과 지동설을 동시에 통일적으로 설명할 수 있었다.

홍대용은 이러한 지심을 향하는 상하지세로 지구설과 지동설이 지녔던 문제점들을 해결했다. 즉 지구설로 인한 無上下와 대척지의 문제, 그리고 지동에 따른 움직이는 지구 위에서 사람이 쓰러지지 않고 똑바로 서 있을 수 있는 문제 등이 그것이다. 이러한 문제들에 앞서 홍대용은 먼저 무거운 땅덩어리가 아래로 떨어지지 않고 허공 중에 떠 있을 수 있는 고전적인 문제부터 거론했다. 전통적으로 이 문제는 기론적인 측면에서 땅을 둘러싼 회전하는 大氣가 들어준다는 방식으로 해결되곤 했다. 그런데 홍대용은 "솜털처럼 가볍고 힘이 없는 기가 어찌 무거운 땅덩어리를 들어줄 수 있는가"라며 전통적인 문제의 해결을 아주 어리석은 것으로 부정했다.[95] 홍대용의 근본적인 문제 해결은 상하 관념의 새로운 정립에 의한 것이었다. 즉 "넓고 넓은 태허에는 六合의 구분조차 없는데 어찌 上下之勢가 있을 수 있느냐"[96]는 언급에서 드러나듯이, 우주 공간에서 보면 본디 上下의 구분이 무의미하다는 관점을 홍대용은 견지했다. 우주 공간에 상하가 없다면 결국 올라갈 위

95) 이러한 논의는 『湛軒書』 內集補遺 卷4, 「毉山問答」, 20.a쪽을 볼 것.
96) 『湛軒書』 內集補遺 卷4, 「毉山問答」, 20.a쪽.

가 없고 떨어질 아래가 없으니 무거운 땅덩어리가 아래로 떨어질 것을 걱정할 근거가 없는 것이다. 홍대용에게 '上下之勢'라는 것은 앞서 살폈듯이 어느 정도의 두께로 氣가 땅을 둘러싸고 있는 지면 위에서나 적용되는 것이었다. 즉 지구 위의 어느 곳이든 땅을 밟고 서 있는 방향이 아래이고 하늘을 이고 있는 방향이 위가 되는 것이다. 결국 지구 전체를 두고 보면 상하가 없으나, 일정한 곳의 지면 위에서 보면 이와 같이 상하가 정해지니 지구 어느 곳에서든 사람들이 똑바로 서 있을 수 있는 것은 자연스런 현상이 되는 것이다. 이렇게 무상하와 대척지의 문제를 상하의 개념의 재정의, 그리고 지면 위의 상하지세로써 해결해 버렸다.

또한 지구가 회전한다면 엄청나게 빠른 속도로 움직일텐데, 그 위에 있는 사람들이 쓰러지지 않고 서 있을 수 있는 문제를 다음과 같이 풀어 나갔다. 땅덩어리가 매우 크니 둘러싼 氣도 매우 두터워, 대나무 바구니처럼 엉키고 뭉쳐서 하나의 공 모양을 이루어 허공 중에서 旋轉한다. 이것이 빠른 속도로 움직이면서 외부의 기와 마찰을 일으키는데 그 만나는 부분은 폭풍과도 같이 요동치니 術士들이 이해하던 罡風이 바로 이것이다. 이것을 지나 벗어나면 순수하고 고요하다.[97] 이와 같이 땅을 둘러싼 기는 매우 두터운데, 외부의 虛氣와 접촉하는 부분에서는 폭풍과도 같이 요동치나 그 안쪽은 매우 고요한 상태가 된다는 것이다. 따라서 그 안에 서 있는 사람들은 지구가 아무리 빠르게 회전운동을 하더라도 아무런 동요를 느끼지 않고 서 있을 수 있는 것이다.[98]

이상과 같은 홍대용의 우주론 논의에서 상수학적 측면을 전혀 찾아볼 수 없다는 사실은 동시대의 우주론 논의인 서명응의 우주론이 앞

97) 『湛軒書』 內集補遺 卷4, 「毉山問答」, 21.b쪽.

98) 이러한 홍대용의 설명은 얼핏 보기에 지구를 둘러싼 대기권을 설명하는 듯한 내용으로 보이기도 한다. 그러나 그러한 유사성은 단지 피상적일 뿐이다.

절에서 살펴본 바와 같이 고도로 극단적인 상수학적 기교를 부렸다는 것과 비교해서 주목할 만하다. 홍대용은 「의산문답」에서 "내가 세상에 나아가 一元을 계산해 보니 몇 천만억년이 될지 도저히 알 수 없다"[99]며 소옹의 일원 12,9600년이 천지개벽의 주기가 되는 것을 믿지 못하겠다는 입장을 밝히고 있다. 상수학에 대한 홍대용의 부정적인 시각은 그의 「啓蒙記疑」에서 더욱 잘 드러난다. 이 저서는 소옹의 상수학 체계를 발전적으로 계승해서 송대의 상수학을 정리해 놓은 주희의 『易學啓蒙』을 읽으면서 의문이 나는 사항을 정리해 놓은 글이었다. 그런데 홍대용은 河圖의 형상에서 역법의 원리를, 洛書에서 地理의 원리를 추적하려는 소옹과 주희의 시도를 전혀 근거 없이 단지 추측함이 지나치게 심할 뿐이라는 혹평을 던지고 있다.[100] 뿐만 아니라 「역학계몽」에서의 복잡한 산술적 계산을 통한 주역체계의 모든 설명들을 "이해할 수 없다(不可解)", "명확하지 않다(未明)", "그렇지 않다(不然)" 등으로 일관되게 부정했다.[101] 상수학적 인식 체계에 대한 부정뿐 아니라 홍대용은 전통적인 우주론의 여러 가지 측면들, 즉 음양오행에 입각한 생성과 변화의 설명 방식들, 하늘과 땅의 인간세계 사이의 感應의 관념에 근거한 천문관과 분야설 등을 철저하게 부정했다.[102]

이와 같이 홍대용이 상수학적 자연인식 체계에 대해서 전면적으로 부정적인 시각을 지녔다는 점은 김원행의 문인들에게 큰 영향을 주었던 김석문의 지동설에 대해서 홍대용이 한마디의 언급도 하지 않은 배경이 아닐까 싶다. 홍대용은 조선 유학자로서 김석문에 이어서 지동설

99) 『湛軒書』 內集補遺 卷4, 「毉山問答」, 23.a쪽.

100) 이러한 홍대용의 논의는 『湛軒書』 內集 卷1, 「啓蒙記疑」, 52.a~b쪽에 잘 나와 있다.

101) 앞의 문헌, 53.a~55.a쪽을 참조할 것.

102) 더욱 구체적인 논의는 문중양, 「18세기 조선 실학자의 자연지식의 성격-象數學的 우주론을 중심으로-」, 『한국과학사학회지』 21-1, 1999, 53~54쪽을 참조할 것.

을 그의 우주론에서 담아내었다. 그렇지만 그 원리적 근거는 김석문과는 판이하게 달랐으며, 오히려 홍대용은 이익의 기론적 논의를 발전적으로 계승했던 것이다. 즉 "지심으로 향하는 세력"이 있다는 이익의 주장을 더욱 발전시켜, 마찰을 일으키는 두 氣 사이의 요동침에 의해서 발생되는 "지면, 즉 지심으로 향하는 상하지세"의 메카니즘을 구체화시킴으로써 지구설과 지동설 모두를 설득력 있게 설명해 낸 것이다.

거의 한 세기가 지난 19세기 중·후반 崔漢綺(1803~1877)의 우주론에서 우리는 지구설과 지동설이 지닌 문제점들을 독창적으로 해결했던 홍대용 우주론 사색의 또 다른 모습을 보게 된다. 그런데 19세기 중엽의 시기에 최한기가 절실하게 해결해야 할 문제는 18세기 사상가들인 이익과 홍대용이 풀어야 할 문제와는 달랐음을 주목할 필요가 있다. 먼저 동아시아의 과학지형은 1850년대를 전환점으로 해서 상당히 달라진다. 사실 17세기 초 『곤여만국전도』와 『건곤체의』, 그리고 『직방외기』 등 지구설이나 확대된 세계에 대한 정보를 담은 세계지도 등 중국 지식인들에게 지적 충격을 주었던 과학서들이 출간된 이후로 19세기 초에 이르기까지 우주론적으로 새로운 의미 있는 내용을 담은 과학서들은 출현하지 않았다고 할 수 있다. 비록 18세기 전반기에 『역상고성』(1721년)과 『역상고성후편』(1742년) 등의 전문적인 천문학서들이 편찬되었지만 그 책들에 수록된 내용은 케플러의 타원궤도설을 역 계산에 적용하는 정도였지 우주론적으로 예전의 서적들에 비해서 크게 다른 의미를 지닌 것은 거의 없었다고 할 수 있다.[103] 유일하게 주목할 만한 것이라면 코페르니쿠스의 태양중심의 지구 공전설을 비교적 상세하게 담은 부노아(Michel Benoist, 蔣友仁, 1715~1774)의 『地球圖說』이 1767년에 간행된 것이었다. 그러나 부노아의 관점은 여전히 코

103) 예컨대 Copernicus 천문학이 전제로 하고 있는 태양중심의 우주 구조와 지구의 自轉 및 公轉과 같은 근대 천문학의 우주론과 이론을 말한다. 이러한 주장은 Nathan Sivin, "Copernicus in China," *Studia Copernicana*, vol. 6, 1973, 89~90쪽에서 잘 보인다.

페르니쿠스 천문학의 수학적 우월성을 거론한 것이지 물리적인 실재(physical exitence)로 파악한 것은 아니었다.104) 또한『疇人傳』증보판이 1849년 간행될 때까지도 王錫闡과 梅文鼎에서부터 비롯된 전통적인 천문역산의 체계로 서양의 천문역산을 회통하려는 수리천문학적 패러다임은 지속되었으며, 그에 따라 중국의 지식인들은 서양의 새로운 천문지리학에 대한 관심보다는 전통적인 천문역산 지식의 재발견을 통한 재해석에 더 큰 관심을 보냈다. 결국 17세기 동안 계속해서 진행된 과학혁명의 과정과 18세기 뉴튼 이후의 근대과학에서 얻어졌던 최신의 이론과 계산법들은 19세기 중반까지도 중국에서 제시되지 않았던 것이다.

그런데 이러한 종래의 상황은 고증학적 문헌학 연구의 주 무대였던 강남 지역이 태평천국의 난(1851~1864)으로 초토화되고, 유일하게 폐허에서 벗어난 上海 지역에서 개신교 선교사들의 활동이 두드러지면서 달라지게 된다. 무엇보다도 밀른(米憐, William Milne)과 와일리(偉烈亞力, Alexander Wylie) 등의 개신교 선교사들의 활동, 그리고 그들의 협력자 李善蘭(1810~?)의 활동은 눈부셨다. 그들은 과거 마테오 리치와 서광계가 일부에 그쳤던『기하원본』을 15년의 기간 동안(185

---

104) Copernicus의 이론은 단편적이기는 하지만 예전부터 제시된 바가 있었다. 예컨대 로의『五緯曆志』(1634년)에서는 지구의 회전에 관한 논의가 운동의 상대성을 설명하면서 거론되었고, 아담샬의『曆法西傳』(1640)에서는 Copernicus가 '新圖'를 만들었다고 소개하면서 태양중심의 구조나 지동설은 거론조차 하지 않았다. 심지어 Copernicus주의자였던 스모글렌스키(穆尼閣 : Nicolaus Smogolenski, 1611~1656)는 그의『天步眞原』(1653년)에서 태양중심적인 구조도 아니고 그렇다고 Tycho Brache의 구조도 아닌 어중간한 Copernicus 구조에 대해 논의하고 있다. 이와 같이 선교사들이 Copernicus 천문학을 제한된 정보로, 그리고 불명확하게 소개했기 때문에 중국의 지식인들이 Copernicus를 제대로 이해한다는 것은 기대할 수 없었다. 이러한 종래의 책들과 달리 부노아의『지구도설』은 비교적 명확하게 코페르니쿠스의 태양중심 우주구조를 소개했었다. 이에 대한 자세한 논의는 Nathan Sivin, 앞의 논문, 1973, 93~100쪽을 참조할 것.

2~1876) 완역하고, 원서가 1850년에 나온 최신의 미적분학 서적을 번역해 1859년 『代微積拾級』으로 간행했으며, 윌리암 휴얼(William Whewell)의 역학서를 번역해 『重學』(1859년 초판 간행)으로 간행했다. 또한 최한기의 『星氣運化』의 저본이 되었던 허셸(J.F.W. Herschell, 중국명은 侯失勒)의 천문학 개론서(원서가 1849년에 간행)를 번역해 『談天』(1859년)으로 간행했다. 이외에도 의학 분야에서 홉슨(合信 ; Benjamin Hobson, 1816~1873)의 활동을 지적할 수 있다. 그는 최한기의 『신기천험』의 저본이 되는 서양 의학서들을 1850년대에 대거 편찬 간행했다.[105] 이러한 개신교 선교사들의 19세기 중반 무렵의 서양과학 소개는 17세기 전반 예수회 선교사들이 과학혁명기 초기의 혼돈스러운 유럽과학을 전래한 이후에 비교적 가장 새로운 과학 지식의 소개였다.

이와 같은 변화와 더불어 19세기 중반 무렵부터 중국 지식인들의 과학 담론도 큰 변화를 겪었다. 중국 지식인들의 서양과학에 대한 태도가 달라져, 중국의 고법보다 서양의 신법이 우수하다는 시각을 가지게 되었던 것이다. 李鴻章(1823~1901)의 양무운동, 그리고 魏源(1794~1856)의 『海國圖誌』(1842년 간행)와 徐繼畬(1795~1873)의 『瀛環志略』(1850년 간행) 편찬 등은 그러한 변화를 대표하는 것이었다.[106] 이러한 시각은 서구열강의 무력으로 청 제국이 위협을 당하던 19세기 말과 20세기 초의 시기에는 더욱 강하게 전개되었다. 그야말로 과학주의적 계몽주의가 팽배해지면서 전통과학에 바탕을 두고 서양과학의 장

105) 인간 신체의 각 부위 설명 및 193개의 그림이 붙어 있는 해부학과 생리학 전문서인 『全體新論』(1851년), 『전체신론』의 속편으로 진찰과 치료법을 서술한 『西醫略論』(1857년), 내과 분야의 『內科新說』(1858년), 부인과와 소아과 분야의 『婦嬰新說』(1858년)을 저술 간행했을 뿐 아니라, 광학, 전자기학, 화학 분야의 과학 지식을 소개하는 『博物新編』(1855년)을 저술 간행하기도 했다.

106) 중국인들의 서양 천문역산에 대한 새로운 인식의 변화에 대한 자세한 논의는 王萍, 『西方曆算學之輸入』, 臺北, 1966, 185~207쪽에 잘 나타나 있다.

점을 수용해 회통하려는 시도는 잘못되었다고 치부해 버릴 정도였다.

결국 18세기의 실학자 이익과 홍대용이 접했던 서양과학의 지식 정보는 중세의 과학이거나 또는 과학혁명기의 혼란스럽고 정리되지 않은 과학 내용이었던 데 비해, 19세기의 실학자 최한기는 비로소 과학혁명 이후 완성된 형태의 뉴튼 역학, 그리고 19세기 유럽에서 행해지던 최신의 과학 내용을 접했던 것이다. 이제 최한기가 플어야 할 과제는 지구설이나 지동설이 왜 타당한가를 논하는 문제가 아니라, 뉴튼 역학의 문제, 즉 만유인력을 어떻게 이해할 것인가의 문제였던 것이다. 유명한 氣輪說은 조선의 실학자 최한기가 기론적 우주론 체계를 이용해서 만유인력에 기초한 뉴튼 역학을 해석해 낸 사색의 결과물이었던 것이다.

기륜설은 보통 1867년의 『성기운화』에서 완성된 것으로 이해된다.[107] 그런데 기륜설의 단초는 이미 1836년경의 『推測錄』에서부터 찾아볼 수 있다. 그것은 지구 둘레를 地中의 遊氣가 위로 솟아올라서 이루어진 蒙氣가 감싸고 있으며,[108] 이렇게 몽기와 같은 기로 지구를 포함한 천체들이 둘러싸여 있기 때문에 潮汐과 같은 현상이 이루어진다는, 다음과 같은 서술에서였다.

> 뭇 별들의 運轉에는 둘러싼 기가 따라 돌면서 被輪을 이룬다. 달은 지구에서 가장 가깝기 때문에 지구의 피륜과 달의 피륜은 서로 부딪히면서 돈다. 두 피륜이 부딪혀 돌아가는 곳에서는 기가 수렴되어 당겨지고, 물이 그 당겨짐에 應해서 動하는데, 이것이 일러 밀물(潮)이라

---

107) 기륜설의 형성과정에 대한 구체적인 논의는 김용헌, 「최한기의 서양 우주설 수용과 기학적 변용」, 『실학의 철학』, 예문서원, 1996, 498~522쪽 ; 박권수, 「최한기의 천문학 저술과 기륜설」, 『과학사상』 30, 1999 가을, 89~115쪽을 참조할 것.

108) 이 蒙氣의 개념은 티코 브라헤가 처음 발견해 제시한 것으로 『역상고성』(1721년)에서 처음으로 "淸蒙氣"로 소개되었던 것이다. 『御製曆象考成上篇』(문연각사고전서 790책) 권4, 25.a쪽을 참조할 것.

한다. 두 피륜이 부딪혀 나오는 것에서는 기가 방출되어 놓아지고, 물이 그 놓아짐에 응해서 동하는데, 이것을 일러 썰물(汐)이라 부른다."[109]

이를 보면 모든 천체들이 일정한 두께의 기로 둘러싸인 모양이 마치 수레바퀴로 덮여있는 모양을 한 것과 같아 '被輪'이라 부른 듯하다. 이와 같이 모든 천체는 수레바퀴로 덮인 모양과 같이 일정한 두께의 기로 둘러싸여 도는데, 지구와 달처럼 비교적 가까운 거리에 있는 천체의 경우에 지구의 피륜과 달의 피륜이 부딪히게 될 것이다. 그러면 두 기가 부딪히는 부분에서 기의 요동침이 일어나고, 요동치는 기에 응해서 지구 위 바닷물의 움직임이 영향을 받으니 그것이 바로 조석이라는 설명이었다.

이와 같은 피륜의 개념은 『地球典要』(1857년)에서는 『추측록』에서와 마찬가지로 동일한 조석 현상을 설명하면서 氣輪이라는 용어로 전개되었다.[110] 이러한 기륜은 최한기의 마지막 과학저서인 1867년의 『星氣運化』에서는 더욱 체계화 되었다. 주지하는 바와 같이 『지구전요』는 뉴튼 역학 이전의 천문학 내용을 담고 있는 부노아의 『지구도설』(1767년)에 근거해서 저술되었던 데 비해, 『성기운화』는 유럽에서 원래 1847년에 간행되었던 허셸의 천문학 개설서 번역본인 『談天』(1859년)에 기초해 저술되었던 책이었다. 따라서 최한기 저술의 연대는 비록 10년 차이밖에 나지 않지만 그것이 담고 있는 천문학 및 역학적 내용은 엄청나게 달랐다. 결국 최한기는 뉴튼 역학 이전의 천문·力學 지식을 이해하고 설명하던 틀을 더욱 정교화해 뉴튼 역학을 설명했던 것이었다.

氣輪이란 『추측록』의 피륜에서 보듯이 지구를 포함한 모든 천체들이 氣로 겹겹이 에워싸인 모습을 마치 수레바퀴에 비유해서 표현한 개

---

109) 『明南樓全集』 1책, 「推測錄」 권2, 7a쪽.
110) 『明南樓全集』 3책, 「地球典要」 권1, 24.a쪽.

념이었다. 최한기는 천체를 겹겹이 둘러싸고 있는 이 기륜은 천체의 표면에서부터 무한한 거리에 이르기까지 널리 펼쳐져 있다고 보았다. 그렇지만 그 기는 천체에 가까울수록 두텁고 탁하게 쌓여 있고, 표면에서 멀어질수록 엷고 맑게 쌓여 있기 때문에 그 영향력의 정도가 遠近에 따라서 다를 것이다.[111] 그런데 우리는 기가 겹겹이 에워싸고 있는 형체인 기륜의 범위가 이와 같이 무한하다는 점에서 홍대용의 사색과 다른 차이를 발견할 수 있다. 홍대용에게 있어서 천체를 둘러싼 채로 회전운동을 하는 천체 주위에 쌓여 있는 기의 범위는 천체의 크기에 따라서 다르지만 한정된 범위였다. 바로 이 한정된 범위 내에서 천체의 중심으로 향하는 상하지세가 천체 둘레의 기와 우주 공간 속의 기와의 마찰에 의해서 생기는 것이다. 그런데 최한기의 기륜의 범위는 무한히 펼쳐지면서 아주 멀리 떨어져 있는 천체와 천체 사이에서 일어나는 작용을 설명하는 틀로 적용되었다. 그것이 바로 만유인력이었다.

뉴튼의 만유인력을 지칭하는 것은 『담천』에서 攝力으로, 그리고 만유인력에 의한 천체 사이의 중력 작용은 攝動 현상으로 불렸다. 최한기는 이러한 섭동 현상을 무한히 펼쳐지는 천체들의 기륜과 기륜 사이의 중첩으로 인해 생겨나는 현상으로 파악했다. 결국 천체를 둘러싼 기륜이 뉴튼 만유인력의 원인으로 이해되고 있는 것이다. 최한기는 기륜에 의해 생겨나는 다양한 섭동 작용들, 즉 두 천체뿐 아니라 세 개의 천체 사이의 섭동 작업을 아주 구체적으로 설명하면서, 나아가 네 개 또는 그 이상의 천체 사이와 같이 복잡한 섭동 작용도 기륜설에 의하면 얼마든지 설명할 수 있다고 주장했다.[112] 나아가 최한기는 『담천』에서 설명하고 있는 모든 천체 현상들을 기륜설을 이용하면 설명하지 못할 것이 없다고 자신했다.

---

111) 『明南樓全集』 3책, 「星氣運化」 권1 地氣數, 96쪽(이 쪽수는 『명남루전집』의 쪽수).

112) 이에 대한 자세한 논의는 박권수, 앞의 논문, 1999, 98~99쪽을 참조할 것.

최한기의 이와 같은 기륜설에 대한 자신은 『담천』의 저자가 밝혀내지 못한 천체 현상의 궁극적 원인을 밝혀냈다는 믿음으로 굳어졌다. 사실 뉴튼은 만유인력의 원인이 무엇인지 밝힌 바가 전혀 없다. 단지 만유인력이 존재한다고 보고, 그것을 통해서 천체의 현상들을 수학적으로 명쾌하게 설명해 주었을 뿐이며, 그러한 명쾌한 설명은 다시 만유인력의 존재를 증명해 주는 것이었다. 그러나 우주 만물의 생성과 모든 자연 현상의 궁극적 원인을 규명해야 하는 전통적인 우주론의 패러다임에 익숙한 최한기에게는 뉴튼, 또는 『담천』의 저자는 문제 해결을 하지 못한 것으로 인식되는 것이 당연했다. 결국 최한기는 서양의 천문학이 자연 현상에 대한 수학적인 계산에 있어서는 탁월하지만 그러한 현상이 일어나는 궁극적 원인의 규명에 대해서는 한계를 가지며, 자신의 기학이 바로 그러한 원리를 풀어내는 학문이라고 파악했다.[113]

종래 최한기의 이와 같은 기륜설은 뉴튼 역학을 제대로 이해하지 못했거나, 또는 성공적으로 설명해 내지 못했다는 평가를 받기도 했다.[114] 그러나 우리에게 중요한 것은 기륜설이 뉴튼 역학을 얼마나 효과적으로 해석해 내는 탁월한 이론인가의 문제가 아니다. 주목해야 할 것은 기론적 자연인식 체계에 근거해 이익과 홍대용이 지심으로 향하는 상하지세의 존재를 통해 동시대인들이 의구심을 가졌던 지구설과 지동설이 지녔던 문제점들을 설득력 있게 설명해 주었던 것과 마찬가지로, 최한기는 이익과 홍대용의 사색을 계승해 뉴튼 역학이라는 전혀 별개의 새로운 천문학 지식을 설득력 있게 설명해 주었다는 사실이다.

113) 이러한 최한기의 인식에 대한 구체적인 논의는 박권수, 앞의 논문, 1999, 101~102쪽을 참조할 것.

114) 대표적인 예로 박권수, 앞의 논문, 1999, 108~109쪽의 논의를 들수 있다.

4. 결론적 고찰

이상 조선후기 실학자들의 자연인식 체계의 사적 변화를 상수학적 우주론 전통과 기론적 우주론 전통의 두 측면에서 각각 살펴보았다. 이러한 고찰을 통해서 다음과 같은 사실들을 결론으로 요약해 본다.

먼저 17세기 초 이후 전통적인 우주론과 자연인식 체계에 큰 충격과 영향을 주었던 서양의 천문지리학 지식이 전해지기 이전의 조선 유학자들의 자연인식 체계와 우주론 논의는 상당히 성숙한 단계에 도달해 있었다는 사실이다. 우리는 그러한 단적인 모습을 장현광의 정합적이고 자기완결적인 우주론 논의에서 살펴볼 수 있는데, 장현광의 우주론은 송대 성리학적 우주론의 세 가지 전통, 즉 장재의 기론, 주돈이의 태극, 그리고 소옹의 상수역학을 완벽하게 소화했을 뿐 아니라 그것을 극복하는 독창적인 우주론을 사색해 낼 정도였다.

서양과학이 전해진 17세기 이후 실학자들의 자연지식은 그 이전 시기의 자연지식과 질적으로 다르지 않았다. 그것은 실학적 자연이해의 성장 과정이 전통적인 자연관을 부정하고 서양과학적인 자연이해를 추구하는 식의 불연속적인 변혁적인 과정으로 전개되지 않았기 때문이라고 할 수 있다. 비록 서양의 천문지리학이 지구설이나 중화세계를 벗어나는 확대된 세계에 대한 정보 등으로 조선 유학자들에게 지적인 충격을 준 것은 사실이지만, 조선의 실학자들은 그러한 충격적인 서양의 과학 지식을 전통적인 성리학적 자연이해의 틀로 재해석하면서, 두 가지 전통의 자연인식 체계로 그것을 회통하려고 했던 것이다. 우리는 그러한 모습을 첫째로 김석문과 정제두, 그리고 서명응의 상수역학적 우주론 논의에서 살펴볼 수 있고, 두 번째로 이익과 홍대용, 그리고 최한기의 기론적 우주론 논의에서 각각 살펴볼 수 있는 것이다.

조선후기 실학자들의 이러한 우주론 논의를 통해서 우리는 17세기 서양과학이 들어온 이후에 조선의 유학자들이 서양과학이 전하는 새로운 사실들을 이해하는 방식이 서양의 과학자들과는 매우 달랐음을 확인할 수 있다. 지구의 圓形과 움직임이라는 동일한 자연 현상(phenomena) 또는 사실(facts)을 서양의 과학자들은 공간(space), 질량(matter), 그리고 속도와 가속도 등의 개념을 이용해서 이해하고 설명했던 데 비해서, 조선의 실학자들은 河圖와 先天圖, 그리고 氣의 개념과 작동 메카니즘을 이용해서 이해하고 설명을 했던 것이다. 이러한 조선 지식인들의 자연 이해방식은 서양과학을 수용하면서 사라진 것이 아니라 최한기에서 볼 수 있는 바와 같이 19세기 후반까지도 지속되었다. 더 나아가 21세기의 현재 시점에서도 그 위력을 떨치고 있는 四象醫學이 李濟馬의 『東醫壽世保元』(1894년)에서 정립된 사실을 통해 전통적인 자연인식 체계를 통한 자연 이해는 개항 이후 19세기 최말기까지도 지속되었다고 할 수 있다.

그런데 흥미로운 것은 개항 이후 언제부턴가 최한기의 기륜설과 같은 자연 이해방식이 科學(science)[115]과는 다른 것으로 인식되기 시작했다는 사실이다. 사실 과학이라는 용어가 우리에게 소개되고 입에 오르내린 것은 개항 이후였다. 그 전에는 자연을 이해하고 설명하는 지식체계를 '格物學'이라 일컬었던 것이 보다 일반적이었다. 홍대용이 기의 기제를 이용해 땅의 움직임을 주장하고, 서명응이 선천도를 이용해 천체의 운행원리를 설명하고, 최한기가 기륜설로 중력을 설명했던 것은 전통시대의 격물학으로 자연을 이해하고 설명하는 체계로서 당시의 시대적 배경(contexts) 하에서는 훌륭했던 것이다. 이것이 실학적 자연이해의 모습이고 성격이 아닌가 생각한다.

115) 서구사회에서도 과학(science)이 현재의 과학 개념으로 쓰이게 된 것은 19세기 말에 이르러서 였다. 그 전에 자연을 이해하고 설명하는 지식체계를 일컫는 용어는 'physics' 또는 'natural philosophy'였다.

朝鮮後期 實學的 自然認識의 擡頭와 展開

구 만 옥*

1. 머리말

兩亂 이후 조선후기 사상계는 사회경제적 변화에 조응하여 동요하고 있었다. 그 변화의 핵심은 朱子學的 思惟體系의 변동으로 요약할 수 있다. 변동의 내용은 편차를 달리하는 다양한 방향으로 전개되고 있었다. 예컨대 '非朱子'·'脫朱子'·'反朱子'라는 용어가 내포하고 있듯이 주자학적 사유체계에 대한 반발은 어느 정도의 편차를 가지고 있었다고 볼 수 있다. 그럼에도 불구하고 이들을 하나의 공통점으로 묶어본다면 그것은 주자학적 사유체계에 대한 비판적 반성과 그것을 보완·대체·극복할 수 있는 새로운 사유체계의 모색이라고 할 수 있을 것이다.

주자학적 사유체계가 변동하는 구체적인 모습은 세계관·인식론·학문관·사회관·역사관 등 다양한 영역에서 확인할 수 있다. 그 가운데 하나가 자연관·자연인식의 영역이다. 이 분야에서는 주자학적 사유체계에 대한 반성과 회의라는 조선사회 내부의 시대적 흐름 위에 서양과학의 전래와 수용이라는 외부적 요소가 가미되어 그야말로 획기적인 전환의 계기가 마련되고 있었다. 따라서 조선후기 자연관·자연인식의 변화는 사상계의 변동을 분명하게 확인할 수 있는 분야 가운데

* 경희대학교 사학과 전임강사

하나로 주목된다.

조선왕조의 지배 이데올로기였던 주자학의 자연인식은 '有機體的 自然觀'으로 규정할 수 있다. 그것은 자연을 유기적인 생명체로 간주하는 한편, 그러한 자연을 인간·사회와의 통일적인 구조 속에서 파악하려는 논리체계였다. 따라서 조선후기에 주자학적 자연관·자연인식이 변화하였다는 것은 이와 같은 유기체적 자연관의 기본 구조가 변질되었음을 뜻한다. 유기체적 자연관의 동요·해체는 인간과 사회와 자연을 동일한 구조 속에서 파악하고자 한 논리의 변형·해체를 의미하며, 거기에는 반드시 세계관과 인식론의 변화가 수반되기 마련이다. 조선후기 자연관·자연인식의 변화가 지니는 사상사적 의미가 바로 여기에 있는 것이다.

이 글에서는 이상과 같은 의미를 지니는 조선후기 자연인식의 변화과정을 朱子學的 自然認識에 대한 비판과 實學的 自然認識의 대두·전개라는 관점에서 살펴보고자 한다. 조선후기 자연인식의 변화과정을 해명하기 위해서는 먼저 주자학적 자연인식의 논리 구조에 대한 검토가 선행되어야 한다. 여기에서는 우선 기존의 연구 성과를 토대로 주자학적 자연인식의 특징을 개괄적으로 정리하고자 한다. 다음으로 조선후기 사상계의 변동이 당시의 사회경제적 변동을 사상의 차원에서 수렴하고자 한 노력의 소산이었다는 관점에서, 조선후기 자연인식이 변화하게 된 요인을 '實學의 대두'와 '西學의 전래·수용'이라는 사상사적 맥락에서 살펴보고자 한다. 조선후기 자연인식이 변화하는 실상은 宇宙論·天文曆算學·地理學·醫學 등의 여러 분야에서 다양하게 확인할 수 있다. 여기에서는 그 가운데 우주론·천문역산학과 직·간접적으로 관련된 天體運行論, 日月蝕論, 潮汐說을 중심으로 그 변화의 양상을 추적해 보고자 한다.

이를 통해 주자학적 자연관의 특징적 모습을 확인하고, 그 바탕 위에서 조선후기 주자학적 자연관이 변화하는 구체적인 양상을 확인할 수 있을 것이며, 아울러 주자학적 자연관을 비판·극복하면서 대두하게 되는 실학적 자연인식의 특징도 정리할 수 있을 것이다. 나아가 자연관의 변화가 갖는 사상사적 함의를 조선후기 사상계의 변동과 연관시켜 이해하는 연구 시각을 확보하는 데 기여할 수 있을 것으로 기대한다.

2. 朱子學的 自然認識의 특징

조선후기 사회 변화의 특징을 사상사의 측면에서 추출해 보면 주자학적 사유체계의 변동으로 요약할 수 있을 것이다. 일부의 진보적 학자들에 의해 조선왕조의 지배 이데올로기였던 주자학에 대한 전면적인 재검토가 시도되었다. 그것은 정치사회 운영론, 학문관, 역사관 등 다양한 분야에서 시도되었으며, 주자학적 자연관·자연인식에 대한 비판적 검토 역시 그 가운데 하나였다. 따라서 조선후기 주자학적 사유체계의 변동을 자연관·자연인식의 측면에서 해명하기 위해서는 먼저 그 전제가 되는 주자학적 자연관의 기본 골격이 어떤 것인지 살펴볼 필요가 있다.

일반적으로 朱熹(1130~1200)의 자연학에 대해서는 높은 평가가 이루어지고 있다. 주희의 자연학에 대한 선구적 연구에서는 주희를 '잊혀진 자연학자'로 평가하면서, 그의 자연학은 한편으로는 『莊子』에서 시작되어 『易』과 『淮南子』를 거쳐 『正蒙』에 이르러 결정된 氣의 철학을 토대로 하고, 다른 한편으로는 宋·元시대에 그 발전이 극에 달한 과학과 기술을 토대로 하여 성립된 것이라고 파악하였다.[1)]

이러한 선구적 업적을 기초로 하여 최근의 연구에서는 주희의 자연학을 그의 공부방법론인 '道問學'과 관련하여 설명하고 있다. 그에 따

---

1) 야마다 케이지·김석근 옮김, 『朱子의 自然學』, 통나무, 1991, 25~32쪽 참조.

르면 주희의 자연 탐구는 實理·實學을 중시하고 虛理·虛學을 배격하며, 실제적인 조사와 관측을 추구하고 구래의 인습과 주관적 臆見에 반대하며, 사물의 객관적 법칙을 인식하고자 하며 신비주의에 반대한다는 것이다. 따라서 근대 이후 중국의 과학이 서양에 비해 낙후한 원인을 주자학에 귀결시키는 것은 단편적이고 천박한 견해라고 비판하였다.[2)]

이러한 견해에 따른다면 주희의 자연학은 근대과학과 상당히 유사한 성격을 갖는 것으로, 주자학의 인식론인 格物致知論은 적극적인 자연탐구를 가능케 할 수 있는 과학적 방법론으로 이해될 수 있다. 따라서 중국을 비롯한 동아시아 자연학의 발달을 사상사의 맥락에서 살펴보면, 오히려 주자학으로부터 근대적 자연과학이 출현할 수 있는 가능성이 있다고 전망할 수도 있다. 현재까지의 연구에서는 물론 이와 같은 성급한 결론을 경계하면서 주자학적 자연학의 근대적 성격에 대해 유보적 조항을 달아놓고 있기는 하다. 그것이 바로 理本體論의 문제였다. 주희의 사유체계에서 理는 최고의 철학적 범주로서 천지만물의 본체이다. 바로 이 理가 만물이 생성될 때 개개 사물의 理로 내재화하여 一理와 萬理의 관계, 이른바 '理一分殊'의 관계를 형성하게 된다. 이때 개개 사물의 理(萬里)는 본체의 理(一理)의 표현으로서, 一理가 개개 사물에 선험적으로 부여된 것이지 사물 그 자체로부터 귀납적으로 얻어진 것이 아니라는 데 근본적인 한계가 있다는 것이다.[3)]

주자학을 전체적인 체계로 파악할 때 氣의 자연학이 理의 인간학의 기초로서 위치하고 있다는 평가[4)]는 바로 이와 같은 관점에서 나온 것이었다. 그에 따르면 주희의 理의 개념은 (자연학 그 자체의) 존재론적인 요청에 의해 도입된 개념이 아니라, (인간학 내지 윤리학의) 가치론

---

2) 張立文, 『朱熹評傳』, 南京大學出版社, 1998, 147~150쪽 참조.
3) 張立文, 위의 책, 1998, 150쪽.
4) 야마다 케이지, 앞의 책, 1991, 346쪽.

적 입장으로부터 요청된 개념이라는 것이다. 예컨대 인간과 동·식물 간의 지각·언어·정신적 능력의 차이를 설명하기 위해서, 또는 각 개체들 사이의 차이[種差]를 설명하기 위해서는 氣·陰陽·五行 이외에 다른 개념이 필요했다고 보는 것이다. 그것이 바로 性이었는데, 그 속성이 仁義禮智라는 점에서 알 수 있듯이 이것은 일종의 가치개념이었다. 주희는 '性卽理'라는 명제를 수용하여 가치개념으로서의 性을 존재개념으로서의 理와 등치시켰다. 사실의 세계와 가치의 세계를 통일시키고자 하였던 것이다. 그리고 이것은 결국 가치의 세계 안에 사실의 세계를 포섭하는 형태로 전개되었다.[5] 가치중립적인 자연계가 도덕적 성격을 띠게 되는 것은[6] 바로 이러한 이유 때문이었다.

이상과 같은 주자학적 자연학의 특징은 다음과 같은 몇 가지로 정리할 수 있다. 첫째, 주자학적 자연학은 이전 시기의 그것, 예컨대 佛敎·道敎·漢唐儒學의 자연학에 비해서 '合理的' 성격을 갖는다. 여기서 말하는 합리성은 고대사회의 '신비성'에 대비되는 의미로서의 '합리성'이다. 따라서 그것은 '中世的 合理主義'라고 말할 수 있다. 이것은 이전 시기의 그것에 비해 한결 '과학적' 인식을 전개하고 있다는 점에서 역사적 의의를 갖는다. 동시에 그것은 '중세적' 특성을 강하게 지니고 있는 바, 이것이 주자학적 자연학의 두 번째 특징이 된다.

주자학의 자연인식은 '有機體的 自然觀'이라고 특징지을 수 있다. 그것은 자연을 유기적인 생명체로 간주하는 한편, 인간과 사회와 자연을 동일한 구조 속에서 파악하는 논리였다. 주자학의 자연학 체계는 두 개의 축으로 구성되어 있었으니 하나는 張載의 氣一元論이었고, 다른 하나는 程頤의 理本體論이었다. 자연학의 체계에서만 본다면 자연현상에 대한 설명은 氣一元論的 설명으로 충분히 감당할 수 있는 문

5) 야마다 케이지, 앞의 책, 1991, 343~387쪽 참조.
6) Yung Sik Kim, *The Natural Philosophy of Chu Hsi 1130-1200*, American Philosophical Society, 2000, 315~316쪽.

제였다. 현상세계의 사물을 설명하는 데서 理는 필수불가결한 개념은 아니었던 것이다. 자연학의 영역에서는 氣라는 개념만으로도 사물의 생성과 진화를 비롯한 일련의 현상을 설명할 수 있었다. 그럼에도 불구하고 理라는 개념이 필요했던 것은 자연학의 측면 때문이 아니라 주자학적 사유체계의 내적 요구 때문이었다.[7]

자연학이 자연학 그 자체로서 독립되지 않고 인간학 내지 윤리학의 철학적 기초가 된다고 할 때, 자연학의 모든 개념들은 윤리학의 여러 개념들과 유기적인 관련성을 지녀야 한다. 그래야만 자연질서와 인간질서의 유기적인 통일이 논리적으로 가능하기 때문이다. 인간학의 측면에서 주희는 인간의 도덕적 당위성[性善]을 전제하고 있었다. 인간의 도덕적 행위의 철학적 근거가 바로 형이상학적인 理(天理)였다. 동시에 이 理는 모든 인간과 사물에 두루 갖추어져 있는 것으로 간주되었다. 즉 理는 모든 존재의 근거임과 동시에 자연과 인간이 지향해야 할 본연의 상태였다. 한편 理는 모든 존재의 근거라는 의미에서 총체적 원리로서 '理一'이면서 동시에 구체적인 만물 속에 내재하는 개별적 원리로서 '萬殊'가 되었다. 이것이 바로 '理一分殊論'이었다. 주자학은 이 '理一分殊論'에 의거해서 자연과 인간・사회를 관통하는 통일적인 질서를 구축하였다. 그리고 그 안에서 구체적 인간과 사물은 이 같은 통일적 질서, 즉 天理에 합당한 행동을 수행해야 했다.

주자학의 理에는 '존재의 理'와 '당위의 理'라는 양면이 있었다. 존재의 理란 자연세계의 生生之理요, 당위의 理란 인간세계의 도덕적 원리였다. 그것이 이른바 '所以然之故'와 '所當然之則'이었다.[8] 그런데 주희는 당위의 理를 가지고 자연의 존재까지도 보려고 했다. '所以然之故'가 '所當然之則'의 근원이 되는 까닭이었다.[9] 요컨대 주희에게 理

---

7) 야마다 케이지, 앞의 책, 1991, 349~350쪽 참조.

8) 『大學或問』 11ㄱ(8쪽 - 영인본 『四書或問』, 保景文化社, 1986의 쪽수), "至於天下之物 則必各有所以然之故與所當然之則 所謂理也".

9) 『朱子語類』 卷17, 大學4 或問上, 經一章, 沈僴錄, 383쪽(點校本 『朱子語類』,

는 所以然과 所當然의 양면을 兼有한 것이며, 소이연은 존재의 理로서 天理였고, 소당연은 당위의 理로서 人道였다. 이처럼 주희의 理는 天道와 人道를 일관하는 것이었다.[10)]

자연학의 측면에서 理는 사물의 법칙, 또는 질서의 원리로서의 의미만을 갖는다. 그러나 자연학과 인간학이 유기적인 체계로 결합될 때 자연학의 理는 윤리학의 도덕적 理(三綱五倫)의 개념과 관련을 갖게 되고, 자연학의 理와 윤리학의 理는 동일한 것으로 간주된다. 요컨대 주자학의 理는 物理임과 동시에 道理이고 自然임과 동시에 當然이었다. 物理와 자연법칙은 道理와 도덕규범에 완전히 포섭되어 있었다.[11)] 주자학의 특징은 바로 이와 같은 윤리성에 있으며, 주자학적 합리주의는 자연을 도덕에, 나아가서는 역사마저 도덕에 종속시키는 名分論을 만들어내기에 이르렀다. 바로 여기에 주자학의 중세적·계급적 성격이 있는 것이다. 이것은 주자학적 사유체계가 자연과 인간을 통일적인 관점에서, 유기체적으로 파악하려고 하였기 때문에 나타난 결과였다. 따라서 주희가 아무리 자연을 氣의 이론에 의해 구성했다고 할지라도 그 배후에 도덕적 성격을 갖는 理의 법칙성을 전제하고 있다고 할 때, 그의 자연학은 일정한 한계를 가질 수밖에 없다. 주희의 자연학이 중세적인 틀을 벗어나 근대과학으로 이행하기 위해서는 인간(학)과 자연(학)의 분리라는 질적 변화 과정을 거쳐야만 했던 것이다.

셋째, 이와 같은 본체론적 특성으로 말미암아 주자학의 인식론은 엄밀한 의미의 과학적 인식론과 일정한 거리를 갖게 된다. 왜냐하면 格物致知를 통해 파악하고자 한 것은 자연세계의 원리·법칙이라기보다

中華書局, 1994의 쪽수. 이하 같음), "郭兄問 莫不有以知夫所以然之故 與其所當然之則 曰 所以然之故 卽是更上面一層".

10) 裵宗鎬, 『韓國儒學史』, 延世大學校 出版部, 1974, 27~29쪽.

11) 야마다 케이지, 앞의 책, 1991, 343~387쪽 ; 張東宇, 「朱子學的 패러다임의 반성과 해체 과정으로서의 實學-自然學과 人間學의 分離를 中心으로-」, 『泰東古典硏究』 12, 1995, 146~152쪽 참조.

는 인간사회의 윤리·도덕·수양의 원칙이었기 때문이다.[12] 주자학의 '格物致知論'은 중세적 합리주의를 뒷받침하는 인식론으로서 중요한 기능을 담당하고 있었으며, 事事物物에 대한 탐구를 중시한다는 점에서 종종 과학적인 방법론으로 평가되기도 한다. 그런데 이미 선행 연구에서 지적한 바와 같이 格物의 物은 자연 그 자체만이 아니라 관념적인 天의 의지이기도 했으며, 致知의 知는 과학적인 지식만이 아니라 윤리적인 규범을 의미하기도 하였다. 『大學』의 8條目이 의미하는 바가 바로 이것이었다. 요컨대 자연법칙과 도덕규범을 연속시켜 자연의 物理와 인간의 道理를 통일적으로 파악하였던 것이며, 이에 따라 天地上下의 자연질서는 인간세상의 상하관계적 신분질서로 나타났던 것이다.[13]

이처럼 도리와 물리를 통합적으로 이해하는 주자학에서는 기본적으로 도리는 물론 물리 역시 聖賢에 의해 이미 해명된 것으로 보았다. 이럴 경우 학자들의 공부는 聖經賢傳에 대한 탐구만으로 충분하다고 여겨졌다. 다음과 같은 주희의 발언은 주자학적 공부론의 핵심을 보여주는 것이라 할 수 있다.

> 무릇 천하의 사물은 이치를 가지고 있지 않음이 없으니, 그 핵심은 聖賢의 글에 이미 갖추어져 있다. 그러므로 반드시 이에 말미암아 그것[이치]을 구해야 한다.[14]
>
> 聖人이 經을 지어 후세에 가르침을 전한 것은 장차 독자들로 하여금 그 글을 암송하고 그 의미를 생각하게 함으로써 事理의 당연함을 알게

---

12) 『大學或問』 28ㄱ(16쪽), "然而格物 亦非一端 如或讀書講明道義 或論古今人物而別其是非 或應接事物而處其當否 皆窮理也"; 陳來, 『朱熹哲學研究』, 中國社會科學出版社, 1987, 218~228쪽 참조.

13) 金泳鎬, 「韓國의 傳統的 科學技術思想의 변모」, 『人文科學』 2, 成均館大學校 人文科學研究所, 1972, 122~124쪽 참조.

14) 「答曹元可」, 『朱熹集』 卷59, 3012쪽(點校本 『朱熹集』, 四川教育出版社, 1996의 쪽수. 이하 같음), "夫天下之物 莫不有理 而其精蘊則已具於聖賢之書 故必由是以求之".

> 하고 道義의 전체를 깨닫게 하려는 것이었다. 그리고 스스로 그것을 힘써 실천하여 聖賢의 테두리에 들어가게 하려는 것이었다. 그 말이 비록 간략하지만 천하의 어둡고 밝고 크고 작은[幽明巨細] 모든 이치가 갖추어지지 않음이 없다. 求道를 통해 入德하고자 하는 사람이 이것[經]을 버린다면 그 마음을 쓸 곳이 없게 될 것이다.[15]
>
> 대개 聖賢의 말씀에는 道理가 모두 그 안에 갖추어져 있으니, 반드시 그것[성현의 말씀]을 공부한 뒤에야 (도리를) 얻을 수 있을 것이다.[16]

경전에 대한 축조적인 분석 작업은 이와 같은 인식하에서 수행된 것이었다. 현실에서 나타나는 인간의 잘못된 행위와 자연법칙에 대한 이해 부족은 모두 경전에 대한 오해 내지 인식 부족에서 연유하는 것으로 간주되었다. 주자학의 격물치지론이 자연탐구의 방법으로 적극적으로 활용되지 못하고 心性修養論에 국한되었던 것은 바로 이러한 이유 때문이었다. 요컨대 주자학의 격물치지론은 경전상의 心性論에 대한 支離한 해석으로 전락할 위험성을 안고 있었던 것이다. 아울러 그것은 '豁然貫通'이라는 방법론상의 비약을 허용한다는 점에서[17] 엄밀한 의미의 과학적 인식론과 차이를 갖고 있었다.

이렇게 볼 때 주자학에서 자연을 어떻게 인식하고 있었는가, 주자학자들은 무엇 때문에 자연을 탐구하였는가 하는 점들이 궁금하게 된다.

---

15) 「書臨漳所刊四子後」, 『朱熹集』 卷82, 4255쪽, "聖人作經 以詔後世 將使讀者誦其文 思其義 有以知事理之當然 見道義之全體 而身力行之 以入聖賢之域也 其言雖約 而天下之故 幽明巨細 靡不該焉 欲求道以入德者 舍此爲無所用其心矣".

16) 『朱子語類』 卷9, 學3, 論知行, 林夔孫錄, 153쪽, "蓋聖賢說出 道理都在裏 必學乎此 而後可以有得".

17) 『大學章句』, 傳5章, 補亡章, "盖人心之靈 莫不有知 而天下之物 莫不有理 惟於理有未窮 故其知有不盡也 是以大學始敎 必使學者 卽凡天下之物 莫不因其已知之理而益窮之 以求至乎其極 至於用力之久而一旦豁然貫通焉 則衆物之表裏精粗 無不到 而吾心之全體大用 無不明矣 此謂物格 此謂知之至也".

주자학에서 '自然'이라는 단어가 오늘날과 같은 객관적 대상물로서의 실체적 자연을 의미하는 것은 물론 아니었다. 대부분의 경우 '자연'이라는 용어는 사물의 본연의 상태를 형용하는 부사로 사용되었다. 특히 주자학에서 '자연'이라는 용어는 독립적인 개념으로 사용되는 것이 아니라, 대부분 理=天理라는 말에 부수되어 그 존재양태를 나타내는 말로 사용되었다.[18] 인간과 사회와 자연을 통일적으로 이해하고자 하는 주자학에서 인간사회의 운영원리인 도리와 자연법칙인 물리는 일관되는 것이었으며, 그것은 天=理라는 개념으로 형상화되었다. 바로 이와 같은 '天=理'觀에서 '자연'이란 용어는 인간의 도덕적 선천성을 가리키는 것이었다. 인간의 도덕성을 본성의 '자연'으로 이해하고, 그 안에 자연법칙까지를 포섭하고자 한 데 주자학적 자연학의 특징이 있었다고 할 수 있다. 다음과 같은 주희의 언급은 그러한 특징을 잘 보여준다.

> 무릇 하늘이 여러 백성을 내시니 사물이 있음에 법칙이 있다. 君臣의 義理는 性情[情性]의 자연스러움에 근거하는 것으로 사람이 인위적으로 할 수 있는 바가 아니다. 그러므로 군주라고 하면 반드시 그 백성들을 어루만질 줄 알고, 백성이라고 하면 반드시 그 군주를 섬길 줄 안다. 부부가 서로 합하고, 벗들이 서로 구하는 것과 같은 것은 이미 연결되어 엮어진 것인즉, 그 위치와 名號가 저절로 서로 느끼어 보존하기에 충분하니, 그 친하지 않음을 염려할 필요가 없다.[19]

---

18) 『河南程氏遺書』卷11, 明道先生語 1, 師訓, 劉絢質夫錄, 125쪽(『二程集』, 漢京文化事業有限公司, 1983의 쪽수. 이하 같음), "言天之自然者 謂之天道 言天之付與萬物者 謂之天命";『河南程氏遺書』卷24, 伊川先生語 10, 鄒德久本, 313쪽, "曰天者 自然之理也";『河南程氏遺書』卷25, 伊川先生語 11, 暢潛道錄, 318쪽, "性之本謂之命 性之自然者謂之天 自性之有形者謂之心 自性之有動者謂之情 凡此數者皆一也";「張無垢中庸解」,『朱熹集』卷72, 雜著, 3784쪽, "愚謂明乎善則身自誠 乃理之自然";溝口雄三・丸山松幸・池田知久 編,『中國思想文化事典』, 東京大學出版會, 2001, 43쪽 참조.

19) 「古史餘論」,『朱熹集』卷72, 雜著, 3804쪽, "夫天生蒸民 有物有則 君臣之義根於情性之自然 非人之所能爲也 故謂之君則必知撫其民 謂之民則必知戴

여기서 우리는 君臣의 의리를 비롯한 三綱五倫, 즉 인간사회의 운영원리를 '자연'적인 것으로 이해하는 태도를 엿볼 수 있다. 이러한 입장에서 전개되는 자연에 대한 탐구는 일정한 한계를 지닐 수밖에 없었다.

물론 주자학의 자연학은 이전 시기의 그것에 비해 일보 진전된 모습을 보이는 것이 사실이다. 그럼에도 불구하고 그 한계를 말하는 것은 자연학과 인간학의 통일, 인간학에 의한 자연학의 포섭이 주자학적 자연학의 본질적 성격을 규정한다고 보기 때문이다. 格物致知論이 본질적으로 사물에 대한 탐구가 아니라 인간의 도리에 대한 탐구를 의미하며, 그 대상 역시 객관적 자연물이 아니라 聖經賢傳이었다는 사실이 그것을 증명해 준다. 따라서 이와 같은 주자학적 자연학의 한계를 뛰어넘기 위해서는 道理로부터 物理의 해방, 인간학으로부터 자연학의 자립화가 선행되어야만 했다. 조선후기 실학적 자연인식의 등장은 바로 이 점에서 그 역사적 의미를 지니고 있다.

3. 朝鮮後期 自然認識 변화의 요인 : 實學의 대두와 西學의 전래

1) 朝鮮後期 思想界의 분화와 實學의 대두

조선왕조의 집권체제, 이른바 '經國大典 體制'는 16세기 말부터 동요하고 있었다. 地主制의 확대에 따른 토지문제가 절실히 대두되었고,[20] 貢納制의 폐단으로 대표되는 賦稅制度의 모순 또한 심각하였다.[21] 이와 같은 내부적 모순을 주체적으로 해결하지 못한 상태에서

其君 如夫婦之相合 朋友之相求 旣已聯而比之 則其位置名號自足以相感而相持 不慮其不親也".

20) 李景植, 『朝鮮前期土地制度硏究』[II], 지식산업사, 1998.

21) 高錫珪, 「16·17세기 貢納制 개혁의 방향」, 『韓國史論』 12, 1985 ; 이지원, 「16·17세기 전반 貢物防納의 構造와 流通經濟的 性格」, 『李載龒博士還曆紀

왜란과 호란이라는 미증유의 전란을 경험하면서 조선왕조는 해체의 위기에 직면하게 되었다. 17세기는 이러한 대내외적 모순으로 파생된 사회문제를 수습하기 위한 노력이 국가적 차원에서 경주된 시기였다. 그것은 단순히 전후 수습의 차원에 국한된 것이 아니라 국가체제의 전면적인 개조와 향후의 국가상을 염두에 둔, 이른바 '國家再造'[22]의 차원에서 진행되었다.

당시의 정부와 官人·儒者들은 공통적으로 현실의 상황을 위기로 인식하면서도 각자가 처한 계급적·정치적·사상적 처지에 따라 각기 다른 방향에서 다양한 타개책을 제시하고 있었다. 國家再造를 둘러싸고 전개된 조선후기 정계·사상계의 대립은 단순한 정책상의 차이를 넘어 국가운영과 관련한 정치적 주도권의 장악, 사회경제적 이권의 획득, 나아가 학문적 정통성의 확보와 관련되어 있었기 때문에 매우 치열한 형태로 전개되었다. 反正·換局·處分으로 점철된 조선후기의 '黨爭'은 國家再造를 둘러싼 정치·사상적 대립이 현실 정치 속에 투영되어 나타난 결과였다.[23]

17세기에 제기된 국가재조 방략은 크게 두 가지 흐름으로 정리할 수

念 韓國史學論叢』, 한울, 1990 ; 박현순, 「16~17세기 貢納制 운영의 변화」, 『韓國史論』 38, 1997.

22) '國家再造'의 개념과 범주에 대해서는 金駿錫, 「兩亂期의 國家再造 문제」, 『韓國史硏究』 101, 1998 참조.

23) 朝鮮後期 政治史의 개괄적인 흐름에 대해서는 다음의 論著를 참조. 陸軍士官學校 韓國軍事硏究室, 『韓國軍制史(近世朝鮮後期篇)』, 陸軍本部, 1977 ; 鄭奭鍾, 『朝鮮後期 社會變動 硏究』, 一潮閣, 1983 ; 李泰鎭 編, 『朝鮮時代 政治史의 再照明』, 汎潮社, 1985 ; 李銀順, 『朝鮮後期 黨爭史硏究』, 一潮閣, 1988 ; 李成茂 외, 『朝鮮後期 黨爭의 綜合的 檢討』, 韓國精神文化硏究院, 1992 ; 정석종, 『조선후기의 정치와 사상』, 한길사, 1994 ; 이이화, 『조선후기의 정치사상과 사회변동』, 한길사, 1994 ; 李熙煥, 『朝鮮後期 黨爭硏究』, 國學資料院, 1995 ; 金成潤, 『朝鮮後期 蕩平政治 硏究』, 지식산업사, 1997 ; 李迎春, 『朝鮮後期 王位繼承 硏究』, 集文堂, 1998 ; 禹仁秀, 『朝鮮後期 山林勢力硏究』, 一潮閣, 1999 ; 吳甲均, 『朝鮮後期黨爭硏究』, 三英社, 1999.

있다.[24] 하나는 주자학을 이념적 기반으로 구래의 '經國大典 體制'를 복구하려는 保守·改良 노선이었고, 다른 하나는 주자학 이외의 다양한 사상 조류와 연결되는 가운데 조선왕조 국가체제의 전면적 변혁을 주장하는 進步·改革 노선이었다. 전자가 중세사회의 신분제와 지주제를 그대로 유지하면서 賦稅制度의 개혁을 통해 당시의 사회문제를 수습함으로써 兩班士大夫·地主層의 기득권을 保持하려고 하였다면, 후자는 신분제와 지주제를 전면적으로 개혁하여 小農經濟의 안정을 이룩하고, 國家 公權의 강화를 통해 私的 지배를 배제함으로써 봉건질서의 해체를 지향하였다.

보수·개량적 노선의 국가재조 방략은 西人-老論系가 주축이 되어 추진되었다. 이들은 주자와 주자학의 절대화, 이른바 '朱子道統主義'를 기치로 自派의 학문적·정치적 입지를 확보하는 한편, 주자학의 정치사회운영론을 근간으로 당시의 국가적 위기를 극복할 수 있다고 신념하였다.[25] 한편 이들 서인-노론계와 정치적 주도권, 학문적 정통성을 둘러싸고 對立·拮抗하였던 嶺南-南人系 역시 또 다른 형태의 주자도통주의를 표방하였다.[26] 비록 朱子道統主義의 기치를 표방하는 데

---

24) 조선후기의 사회변동에 대한 官人·儒者들의 國家再造方略에 대해서는 다음을 참조. 金容燮, 「朱子의 土地論과 朝鮮後期 儒者－地主制와 小農經濟의 問題－」, 『延世論叢』 21, 1985(『增補版 朝鮮後期農業史研究』 II, 一潮閣, 1990, 388~423쪽에 재수록) ; 白承哲, 『朝鮮後期 商業史研究－商業論·商業政策－』, 혜안, 2000 ; 오영교, 『朝鮮後期 鄕村支配政策 研究』, 혜안, 2001 ; 金駿錫, 『朝鮮後期 政治思想史 研究－國家再造論의 擡頭와 展開－』, 지식산업사, 2003.

25) 조선후기 西人-老論系의 朱子道統主義 확립 과정에 대해서는 金駿錫, 「조선후기 畿湖士林의 朱子인식－朱子文集·語錄연구의 전개과정－」, 『百濟研究』 18, 1987 ; 金駿錫, 「17세기 畿湖朱子學의 동향－宋時烈의 「道統」계승운동－」, 『孫寶基博士停年紀念 韓國史學論叢』, 知識産業社, 1988을 참조. 서인-노론계의 정치사회운영론에 대해서는 金駿錫, 앞의 책, 2003, 제3장 「老論 正統朱子學派의 社會·政治運營改善論」을 참조.

26) 嶺南南人의 형성과 그 학문적 특성에 대해서는 李樹健, 『嶺南學派의 形成과

서 西人-老論系에게 선수를 빼앗기고, 중앙 정계에서의 失勢로 말미암아 학문적 정통성을 국가적 차원에서 공인받는 데 많은 어려움을 겪었지만, 그들 스스로는 自派의 학문을 주자의 도통을 계승한 정통으로 자처하고 있었다.

이와 같은 두 계열의 학문・사상적 입장은 이들의 政治社會運營論뿐만 아니라 자연관・자연인식에도 막대한 영향을 미치게 되었다. 주자와 주자학을 통해서만 학문적 진리에 도달할 수 있다고 보는 이들의 기본 자세가 자연학에서도 주자학적 자연관의 옹호・고수라는 형태로 나타나게 되었던 것이다.[27)]

이와 같이 西人-老論系와 嶺南-南人系가 朱子道統主義에 입각하여 주자・주자학을 절대화하는 입장이었다면, 이들과 달리 인식태도와 방법론의 전향을 통해 새로운 사상적 지평을 개척하고자 하는 非朱子學・脫朱子學・反朱子學의 입장에 섰던 일군의 학자들이 있었다. 17세기 후반 이후의 近畿南人系와 少論系, 18세기 이후의 老論-洛論系 일각의 학자들이 바로 이 범주에 속하는 부류였다.

진보・개혁적인 국가재조 방략을 주창했던 이들은 正統 朱子學을 강조하는 朱子道統主義者들과는 여러 가지 면에서 근본적인 차이를 보이고 있었다. 먼저 그들은 정치사상・정치운영론에서 주자도통주의자들과 달랐다. 주자도통주의자들이 朱子 朋黨論에 입각해서 君子小人論・是非明辨論을 강조하며 실질적으로 君主 주도의 蕩平論에 반대했던 반면, 이들은 군주를 중심으로 한 蕩平論=皇極蕩平論을 적극적으로 개진하였다.[28)] 이는 양반사대부들의 사적 지배를 제도적으로

展開』, 一潮閣, 1995 ; 琴章泰, 『退溪學派의 思想』 1, 集文堂, 1996 ; 琴章泰, 『退溪學派와 理철학의 전개』, 서울대학교 출판부, 2000 ; 琴章泰, 『退溪學派의 思想』 2, 集文堂, 2001 등을 참조.

27) 具萬玉, 『朝鮮後期 朱子學的 宇宙論의 變動』, 延世大學校 大學院 史學科 博士學位論文, 2002, 제5장 「朱子學의 道統主義와 宇宙論의 黨論化」 참조.

28) 朴光用, 『朝鮮後期 「蕩平」 硏究』, 서울大學校 大學院 國史學科 博士學位論

배제하고, 군주로 대표되는 국가 공권의 강화를 통해 중세 봉건사회의 모순을 타개하고자 한 것이었다.

社會經濟運營論에서도 이들은 정통 주자학과 차이를 보였다. 예컨대 중세사회 운영의 근간이 되는 신분제와 지주제를 유지·옹호하고자 했던 주자도통주의자들과 달리 이들은 井田制를 위시한 일련의 토지개혁론을 주장하였고,[29] 노비제 폐지를 비롯한 신분제 개혁안을 제시하기도 하였다.[30] 주자도통주의자들이 주자학을 절대화하고, 주자의 교시에 따라 舊질서·舊체제를 복구하는 방향으로 사회 모순의 타개책을 마련했다면, 이들은 정통 주자학의 획일적 사상 경향에 반대하면서 당시의 사회변동을 시대의 추세로 받아들여 시대 상황에 맞는 變通의 방법을 모색했다.

이들의 학문·사상 운동은 이른바 '實學'의 태동으로 이어지게 되었다. 양란을 거치면서 조선왕조의 집권체제가 파탄에 직면하게 되자 일단의 관인·유자들은 조선왕조의 지배 이데올로기였던 주자학의 문제점에 주목하게 되었고, 그에 대한 반성의 일환으로 새로운 사유체계를 모색하게 되었다. 그 와중에서 주자학적 사유체계와 그것을 구성하는 각론들은 비판적 검토의 대상이 되었는데, 자연학 분야 역시 그 가운데 하나였다. 요컨대 17세기 이후 조선 사상계 내부에서는 주자학에 대한 반성과 비판의 흐름이 조성되고 있었으며, 주자학적 자연관의 변

文, 1994 ; 金成潤, 『朝鮮後期 蕩平政治 硏究』, 지식산업사, 1997.

29) 金容燮, 「朱子의 土地論과 朝鮮後期 儒者」, 『延世論叢』 21, 1985 ; 金容燮, 「朝鮮後期 土地改革論의 推移」, 『東方學志』 62, 延世大學校 國學硏究院, 1989(이상 『增補版 朝鮮後期農業史硏究』 Ⅱ, 一潮閣, 1990에 재수록).

30) 韓永愚, 「柳壽垣의 身分改革思想」, 『韓國史硏究』 8, 韓國史硏究會, 1972 ; 趙誠乙, 「丁若鏞의 身分制改革論」, 『東方學志』 51, 延世大學校 國學硏究院, 1986 ; 金泳鎬, 「茶山의 身分制改革論」, 『韓國史學』 10, 韓國精神文化硏究院, 1989 ; 愼鏞廈, 「湛軒 洪大容의 社會身分觀과 身分制度 改革思想」, 『韓國文化』 22, 서울大學校 韓國文化硏究所, 1991 ; 愼鏞廈, 『朝鮮後期 實學派의 社會思想硏究』, 지식산업사, 1997.

화는 바로 이와 같은 조선 사상계 내부의 변동을 근본 요인으로 하여 이루어지고 있었다.

이렇게 볼 때 실학은 조선후기 사회경제적 변동을 배경으로, 기존 지배체제의 모순을 극복하고 새로운 사회체제를 지향한 학문·사상 운동이었다고 정리할 수 있다. 그것은 학문적으로 보자면 주자학으로부터 분리되어 나와 주자학의 대항이념으로 성립된 학문·사상이었다. 따라서 당시 절대화되어 가고 있던 주자학에 대해 상대적·비판적 태도를 견지하였고, 같은 유학의 범주 안에서 原始儒學(先秦儒學)과 漢唐儒學의 의미를 부각시키는 한편 荀子學·陽明學·佛敎·老莊學·西學 등 異端으로 간주되던 여타의 학문·사상에 대해서 비교적 유연한 자세를 취하게 되었다.

이와 같은 實學의 대두가 조선후기 자연인식의 변화에 끼친 영향은 크게 다음과 같은 몇 가지로 정리할 수 있을 것이다. 먼저 주자학에 대한 비판이 행해짐으로써 기존의 理氣論과 格物致知論에 대한 재해석이 이루어졌고, 그 연장선상에서 자연학 탐구의 의미와 내용이 달라지게 되었다. 李瀷(1681~1763)은 그러한 경향을 보여주는 대표적인 학자였다.

이익이 주자학적 자연학의 틀을 분해하고 새로운 자연인식의 틀을 확보하는 과정은 크게 세 가지 측면에서 이야기될 수 있다. 첫째는 주자학적 이기론 체계의 변화였다. 그것은 유기체적 자연관의 철학적 근간이 되는 '理一分殊論'의 해체를 의미한다. 이익은 경험 세계의 근거로서 본체 세계를 설정하지 않았다. 그는 '統體太極'과 '萬殊太極'을 통일적으로 파악하는 대신 범위를 기준으로 구별하였다.[31] 즉 統體太極이 관계하는 세계와 萬殊太極이 관계하는 세계가 각각의 독자적 경

31) 『星湖僿說』 卷3, 天地門, 物各太極, 12ㄴ(Ⅰ, 77쪽-『국역 성호사설』, 민족문화추진회, 1977의 책수와 原文 쪽수. 이하 같음), "然統體太極 非分爲萬殊 萬殊太極 非合爲統體 於理爲差……".

계를 가지고 존재한다는 것이었다. 결국 세계 안에 존재하는 모든 사물은 각각 하나의 경계를 갖고 있으며, 모든 존재는 독자적인 근거를 가지고 개별성·개체성을 유지하고 있다는 것이다. 여기서 주목되는 것은 하나의 사물에 일관되게 적용되는 理가 다른 사물에는 관통되지 않는다는 점이다.[32] 이것은 理一의 부정이라고 할 수 있다.

둘째는 理의 내용을 변화시킨 것이었다. 이익은 理의 형이상학적이고 도덕적인 의미를 탈색시키고 근대적인 의미의 理法·원칙으로서의 理를 강조하였다. 그것은 '理一'의 부정으로부터 예견되는 것이었다. 주자학적 자연관에서 '理一'의 강조는 자연과 인간·사회를 하나의 이법으로 총괄하려는 것이었다. 이제 그 연결고리를 끊어버림으로써 理의 성격 역시 도덕적인 차원에서 벗어날 수 있게 되었다. 이익은 氣와 분리되어 존재하는 理를 인정하지 않았다. 그것은 경험세계와 분리된 본체의 세계를 염두에 두지 않았다는 것이며, 이럴 경우 理는 각각의 사물에 일대 일로 작용하는 개별 條理(=分殊理)로서의 성격을 띠게 된다.[33]

셋째는 격물치지론의 변화였다. 그것은 理氣論 체계의 변화에 수반되었다. 理一의 통일성을 부정하고 개별 사물의 고유한 이치만을 인정하는 이익에게 격물이란 당연히 각각의 사물이 지니고 있는 개별적인 이치를 분별하는 것이었을 뿐이다. 그가 '格'자의 '各'의 의미를 강조하여 개별 사물의 이치를 강조한 것은 바로 그러한 이유에서였다.[34] 격물의 의미를 이렇게 본다면 격물의 범위는 이 세상에 존재하는 사물의 다양함만큼 풍부해지게 된다. 따라서 사물의 이치를 탐구하기 위해서

---

32) 金容傑, 『星湖 李瀷의 哲學思想硏究』, 成均館大學校 大東文化硏究院, 1989, 39~45쪽 참조.

33) 『星湖全書』 第7冊, 四七新編, 四端有不中節第三, 6쪽(영인본 『星湖全書』, 驪江出版社, 1984의 쪽수. 이하 같음), "氣有淸濁偏全之殊 故理之顯不顯不同".

34) 『星湖僿說』 卷22, 經史門, 格致誠正, 17ㄴ(Ⅷ, 84쪽), "格從各 各有辨別之義"; 『星湖僿說類選』 卷7上, 經史篇 3, 經書門 3, 格致誠正(下, 109쪽-『星湖僿說類選』, 朝鮮古書刊行會, 1915의 책수와 쪽수. 이하 같음).

는 광범위한 공부가 필요하였다. 『星湖僿說』에 나타난 博學的 학풍은 바로 이러한 이치 탐구의 결과물이었다고 판단된다. 그가 일찍이 궁리 공부를 통한 '大心'을 강조했던 이유도 바로 이것이었다.[35]

이렇게 얻어진 자연인식은 기존의 자연인식과는 분명하게 차별성을 보일 수밖에 없었다. 기존의 자연 탐구가 유기체적 자연관의 틀 속에서 天人合一의 관점에 연계되어 수행된 측면이 강했다면, 이제 이익은 그런 부담과 질곡으로부터 해방되어 자유롭게 자연세계의 문제를 논할 수 있게 되었다.[36] '天人分二'의 관점에 입각하여 전개되는 이익의 자연 탐구는 철저한 窮理공부였다. 그것은 개개의 이치를 탐구하는 작업이었고, 때문에 '博學'이 될 수밖에 없었다. 『星湖僿說』의 전편에 흐르는 다양한 문제에 대한 관심과 실증적 연구는 바로 개개 사물의 각각의 이치(=分殊理)를 탐구해 가는 博學의 산물이었다. 자연학의 측면에서만 이야기한다면 이는 전통적인 자연학의 바탕 위에서 새롭게 도입된 서양과학을 비교・대조하여 그 동이점을 분별하고, 실증적인 차원에서 개별 사물의 이치를 考究하는 것이었다.

다음으로 실학의 대두는 心性論・禮論 위주의 학풍에서 벗어나 자연학에 대한 관심을 증대시킬 수 있는 계기가 되었다. 양란 이후 조선의 正統朱子學派는 내적으로 綱常倫理에 기초한 사회질서의 재편과 외적으로 華夷的 세계질서의 재건을 모색하였으며, 그를 위해 인간 심성에 대한 철학적 해명과 그 실천으로서의 禮學의 문제에 학문적 관심을 집중하게 되었다. 이 같은 心性論・禮論 위주의 학문 풍토는 명분을 강조하고 禮學的 실천을 중시하는 사회 풍조를 조성함으로써 정

35) 『星湖僿說』 卷10, 人事門, 心大心小, 7ㄱ(Ⅳ, 42쪽), "然則學者須大其心 心大則萬物皆通 必有窮理功夫 心纔會大……".

36) 물론 여기서 자유롭다는 것은 당시 자연과학의 수준과 그에 대한 이익 개인의 인식에 규정되는 것이기는 하다. 그럼에도 불구하고 이것이 의미를 가질 수 있는 것은 건전한 비판정신의 확립이라는 점에서 커다란 역할을 하였기 때문이다.

치·경제·사회 문제에 대한 실질적인 해결을 어렵게 하였다. 이에 心性論·禮論 위주의 학문 경향에 반발하면서 일용 사무에 적용할 수 있는 실용적인 학문, 예컨대 農學·醫學·天文學·地理學·言語學 등 실무·실용적인 학문 분야에 관심을 기울이는 일군의 학자들이 등장하게 되었다. 洪大容(1731~1783)은 그러한 경향성의 일단을 보여주는 학자였다.

홍대용은 당시의 禮論 위주의 학문 풍토에 불만을 가지고 있었다. 그는 禮書를 공부하라는 金鍾厚(1721~1780)의 충고에 대해 다음과 같이 완곡하게 거부의 뜻을 표명하였다.

> 『易』에서는 時義를 귀하게 여겼고, 聖人(孔子)은 周나라를 따른다 하였으며, 옛날과 지금은 時宜가 다르기 때문에 三王(夏·殷·周)의 禮가 같지 않았던 것이다. 지금 세상에 살면서 옛 道를 돌이키고자 한다면 또한 어렵지 않겠는가?[37]

그는 禮를 포함한 모든 제도는 각 시대의 편의에 따라 제정된 것이므로 시대와 풍속이 달라지면 그에 상응하여 변화할 수 있는 것이라고 여겼다. 시대와 풍속이 변했음에도 불구하고 옛 것을 고집하여 '不易의 大典'으로 만들려는 행위는 융통성 없는 짓이라고 생각하였던 것이다.[38] 따라서 禮論을 공부하고 거기에 煩瑣하게 註疏를 붙이는 학문 활동을 자기 자신과 국가에 도움이 되지 않는다고 비판하면서 실제 日用事務에 적용할 수 있는 실용적인 학문에 힘쓸 것을 주장하였다.[39]

---

37) 「與人書二首」, 『湛軒書』 內集, 書, 卷3, 19ㄱ(248책, 69쪽-標點影印 『韓國文集叢刊』, 民族文化推進會의 책수와 쪽수. 文集의 경우 이하 같음), "竊意易貴時義 聖稱從周 古今異宜 三王不同禮 居今之世 欲反古之道 不亦難乎".

38) 「與人書二首」, 『湛軒書』 內集, 書, 卷3, 20ㄴ(248책, 69쪽), "周公之制 因周之宜也 朱子之禮 因宋之俗也 因宜因俗 損益無定法 是以行之無甚是 不行無甚非者 十居二三 今就其二三之輕且小者 幷作不易之大典 齗齗焉 無或少違 則以此爲禮 吾恐其纏繞拘泥 或不免見笑於林放矣".

바로 이와 같은 관점에서 홍대용은 당시 '小道'로 폄하되었던 律曆·筭數·錢穀·甲兵과 같은 실무에 관련되는 학문을 예학에 버금가는 '開物成務의 大端'이라고 당당하게 주장할 수 있었던 것이다.[40]

마지막으로 實學은 西學의 수용을 통해 자연인식을 질적으로 비약시킬 수 있는 학문적 기반을 조성하였다. 실학은 주자학의 절대주의화에 반대하면서 여타의 학문·사상에 대해 비교적 개방적인 자세를 취하고 있었는데, 이것이 기존에 이단으로 취급되었던 학문·사상의 가치를 새롭게 인식하고 수용함으로써 자체의 논리체계를 강화시킬 수 있는 계기가 되었다. 자연학 분야에서 서양과학의 성과를 적극적으로 수용하여 주자학적 자연인식의 틀을 뛰어넘을 수 있었던 것은 이러한 학문적 태도 위에서 가능한 일이었다. 이익과 홍대용의 서학에 대한 인식은 그러한 사실을 잘 말해주고 있다.

이익은 '器數之法'은 후대로 내려갈수록 더욱 정밀해지며, 비록 聖人의 지혜라 할지라도 다하지 못하는 바가 있다는 역사적 인식과[41] 당시 중국의 학문적 능력[志業力量]이 서양보다 뒤떨어져 있다는 현실인식[42]을 바탕으로 서학수용론을 전개하였다. 특히 서양의 천문역법에 대해서는 그것이 매우 정확하여 중국역법이 미치지 못하니[43] 마땅히 따라야 한다고 주장하였으며,[44] 時憲曆의 경우 "聖人이 다시 태어난

---

39) 「與人書二首」, 『湛軒書』 內集, 書, 卷3, 19ㄱ(248책, 69쪽), "窮年累世 縷析毫分 而實無關於身心之治亂 家國之興衰而適足以來聚訟之譏 則殆不若律曆筭數錢穀甲兵之可以適用而需世 猶不失爲稊稗之熟也".

40) 「與人書二首」, 『湛軒書』 內集, 書, 卷3, 22ㄴ(248책, 70쪽), "正心誠意 固學與行之體也 開物成務 非學與行之用乎 揖讓升降 固開物成務之急務 律曆筭數錢穀甲兵 豈非開物成務之大端乎".

41) 『星湖僿說』 卷2, 天地門, 曆象, 43ㄱ~ㄴ(Ⅰ, 52쪽), "凡器數之法 後出者工 雖聖智有所未盡 而後人因以增修 宜其愈久而愈精也".

42) 「跋職方外紀」, 『星湖全集』 卷55, 26ㄴ(199책, 515쪽), "中國之士 比諸洋外列邦 固宜大有秀異者 而今於西士之志業力量 反有望洋向若之歎 何如其愧哉".

43) 『星湖僿說』 卷1, 天地門, 中西曆三元, 49ㄱ(Ⅰ, 26쪽).

다 해도 이것을 따를 것이다"[45]라고 하여 그 정확성을 인정하였다. 홍대용 역시 서양의 算術·儀象·天文·曆法에 대해서 '前人未發'의 것이라고 매우 높이 평가하면서,[46] 西法이 算術로써 근본을 삼고 儀器로써 참작하여 모든 형상을 관측하므로 천하의 遠近·高深·巨細·輕重을 모두 눈앞에 모아 마치 손바닥을 보는 것처럼 하니 漢唐 이후 없었던 것이라 해도 망령된 말이 아니라고 격찬하였다.[47] 이와 같은 실학자들의 서학에 대한 높은 평가가 적극적인 서학 수용으로 이어졌음은 두말할 필요가 없다.

요컨대 實學은 현실의 정치·경제·사회적 현안을 實事·實務의 차원에서 직시하고 國家·公·民生 위주의 개혁적인 타개방안을 모색하는 조선후기의 새로운 학풍이었다. 그리고 그것은 학문 활동에서 실증에 바탕을 둔 實理의 탐구로 이어졌고, 實事學의 일환으로 自然學에 주목하는 계기가 되었다. 物理의 가치에 대한 새로운 이해와 자연학의 자립화, 서양과학의 적극적인 수용은 이와 같은 학문·사상적 변화에 따라 가능했던 것이다.

2) 西學의 전래와 수용

조선후기 자연인식의 변화를 추동한 또 다른 요인으로 17세기 중반 이후 본격적으로 도입된 西學의 영향을 들 수 있다. 서양의 자연과학

---

44) 『星湖僿說』 卷2, 天地門, 日天之行, 48ㄱ~ㄴ(Ⅰ, 54쪽) ; 『星湖僿說類選』, 卷1上, 天地篇上, 天文門, 談天(上, 8쪽).

45) 『星湖僿說』 卷2, 天地門, 曆象, 43ㄴ(Ⅰ, 52쪽).

46) 「與孫蓉洲書」, 『湛軒書』 外集, 杭傳尺牘, 卷1, 47ㄴ(248책, 126쪽), "若其算術儀象之巧 實是中國之所未發" ; 「乾淨衕筆談」, 『湛軒書』 外集, 杭傳尺牘, 卷2, 41ㄱ(248책, 149쪽), "余曰 論天及曆法 西法甚高 可謂發前未發".

47) 「劉鮑問答」, 『湛軒書』 外集, 燕記, 卷7, 9ㄴ(248책, 247쪽), "今泰西之法 本之以算術 叅之以儀器 度萬形窺萬象 凡天下之遠近高深巨細輕重 擧集目前 如指諸掌 則謂漢唐所未有者非妄也".

은 전통적 자연학과 여러 가지 면에서 근본적인 차이점을 지니고 있었는데, 時憲曆의 도입으로 대표되는 서양 천문역법의 유입, 세계지도로 표상되는 서양 지리학의 전파 등으로 서양과학은 조선의 사상계에 본격적으로 전래되었다. 이에 따라 전통적인 자연학의 논리들은 과학적인 비판에 직면하게 되었다. 과학적 논의에 바탕을 둔 서학의 자연인식은 주자학적 자연관의 기저를 흔드는 강력한 무기였다.

조선후기 西學의 도입 경로와 그 학문·사상적 의의에 대해서는 축적된 선행 연구업적이 있으므로,[48] 여기서는 일반적인 상황에 대한 서술은 생략하고 17세기 이후 전래된 서학서 가운데 天體運行論, 日月蝕論, 潮汐說과 관련된 논의를 담고 있는 천문역법서와 지리학 관련 서적을 중심으로 논의를 전개하고자 한다.

서양 천문학은 1631년(仁祖 9) 7월에 鄭斗源 일행이 明에서 陸若漢(Johanes Rodriquez : 1561~1634)에게 서양천문학의 추산법을 배우면서 가지고 온 陽瑪諾(Emmanuel Diaz : 1574~1659)의 『天問略』에 의해 처음으로 조선에 전해졌다.[49] 『天問略』은 陽瑪諾의 저서로 1615년 간행되었다.[50] 이 책은 20여 개의 그림과 圖說을 사용하여 서양 중세 천

---

48) 조선후기 서양과학의 수용과 그 역사적 의의에 대한 기존의 연구로는 다음의 論著를 참조. 金良善, 『梅山國學散稿』, 崇田大學校 博物館, 1972 ; 朴星來, 「韓國近世의 西歐科學受容」, 『東方學志』 20, 1978 ; 朴星來, 「洪大容의 科學思想」, 『韓國學報』 23, 1981 ; 朴星來, 「마테오 릿치와 한국의 西洋과학 수용」, 『東亞研究』 3, 1983 ; 朴星來, 「星湖僿說 속의 西洋科學」, 『震檀學報』 59, 1985 ; 李元淳, 『朝鮮西學史研究』, 一志社, 1986 ; 崔韶子, 『東西文化交流史研究』, 三英社, 1987 ; 이용범, 『중세서양과학의 조선전래』, 동국대학교 출판부, 1988 ; 李龍範, 『韓國科學思想史研究』, 東國大學校出版部, 1993 ; 姜在彦, 『조선의 西學史』, 民音社, 1990 ; 강재언 저·이규수 옮김, 『서양과 조선-그 이문화 격투의 역사』, 학고재, 1998 ; 崔奭祐, 「朝鮮後期의 西學思想」, 『國史館論叢』 22, 國史編纂委員會, 1991 ; 盧禎埴, 『韓國의 古世界地圖』(成哉 盧禎埴博士 退任紀念論文集), 大邱教育大學校 在職同門會, 1998.

49) 『國朝寶鑑』 卷35, 仁祖朝 2, 17ㄴ~18ㄱ(上, 494쪽-『國朝寶鑑』, 세종대왕기념사업회, 1976의 책수와 쪽수).

문학인 프톨레마이오스(Ptolemaios) 천문학의 개요를 설명한 것이었다.

한편 明은 17세기 초까지 발행된 천문서를 기초로 서양천문학의 번역사업을 실시하였는데, 이것이 1629~1634년에 걸쳐 이루어진 『崇禎曆書』 135권이었다.[51] 이 작업을 주관한 사람은 徐光啓(1562~1633)였고, 李之藻를 비롯하여 鄧玉函(Joannes Terrenz : 1576~1630), 羅雅谷(Jacobus Rho : 1593~1638), 湯若望(Adam Schall von Bell : 1591~1666) 등의 선교사들이 실무를 담당하였다. 이 책은 明의 멸망으로 그 사용이 좌절되었으나 淸에 의해 그 성과가 흡수됨으로써 1645년 時憲曆이 채택되는 결과를 낳았다. 湯若望에 의해서 『崇禎曆書』가 개편되어 『西洋新法曆書』(또는 『新法算書』) 100권으로 간행된 것은 1645년이었다.[52] 『서양신법역서』는 昭顯世子와 金堉 등을 통해 단계적으로 조선에 도입되었다. 1645년(인조 23) 소현세자가 청에서 가져온 천문서와[53] 김육이 가지고 온 湯若望의 천문역학서는 明의 『숭정역서』를 개편한 『서양신법역서』였을 것이고,[54] 이들을 통해 조선은 시헌력 도입의 발판을 마련하게 되었다.

『天問略』에서는 지구를 중심으로 한 12중천의 운행이 "天左旋 日月五星右行"의 右旋說로 설명되어 있다. 천체들이 지구를 중심으로 하

---

50) 『四庫全書總目提要』 子部, 天文算法類, 卷106, 20ㄱ(3책, 287쪽).

51) 『崇禎曆書』 작성의 계기가 된 사건은 崇禎 2년 5월 乙酉朔(1629년 6월 21일)의 日食이었다. 중국에서 종래 사용하던 大統曆과 回回曆에 의한 추산은 오차가 발생하였지만 徐光啓의 西法에 의한 추산은 적중하였다. 이를 계기로 禮部는 改曆을 건의하였고, 徐光啓에게 改曆의 책임을 맡기게 되었다. 이 역서의 1차 進呈은 1631년에 이루어졌다.

52) 陳遵嬀, 『中國天文學史』 1, 明文書局, 1984, 238쪽 ; 『四庫全書總目提要』 子部, 天文算法類, 卷106, 21ㄱ~22ㄱ(3책, 288~289쪽).

53) 山口正之, 『朝鮮西教史』, 雄山閣, 1967, 37~43쪽.

54) 『增補文獻備考』 「象緯考」의 撰者(徐浩修)는 당시 金堉이 사온 책을 『日月五星曆指』와 『渾天儀說』로 추정하고 있는데[『增補文獻備考』 卷1, 象緯考, 曆象沿革, 6ㄱ~ㄴ(上, 19쪽-영인본 『增補文獻備考』, 明文堂, 1985(3版)의 책수와 쪽수. 이하 같음)], 이것들은 『西洋新法曆書』에 포함되어 있다.

루에 한 바퀴씩 동쪽에서 서쪽으로 도는 일주운동은 宗動天의 운동으로, 각각의 천체들이 천구상에서 저마다의 속도로 서쪽에서 동쪽으로 이동하는 현상은 日·月·諸星天의 운동으로 설명되었다.[55] 이것은 기존의 左旋說·右旋說 논쟁에서 우선설의 입장을 지지하는 설명 방식이었다. 즉 하늘은 좌선하고 일·월·오성은 우행하는데[本動], 일·월·오성이 우행하는 속도보다 하늘이 좌선하는 속도가 매우 빠르므로, 실제로는 우행하는 일·월·오성이 하늘의 움직임에 끌려 좌선하는 것처럼 보이게 된다는 것이다[帶動].

한편 『서양신법역서』에 수록된 『五緯曆指』에서는 천체운행론과 관련하여 중요한 한 가지 사실을 소개하고 있었다. 그것은 宗動天의 운행에 대한 두 가지 학설 가운데 하나였다.

> 지금 地面에서 보면 여러 천체가 左行하는 것처럼 보이는데, 이것은 천체의 본래 운동이 아니다. 대개 천체는 하루에 한 바퀴 회전하는 일주운동을 하지 않으며, 땅과 氣火가 하나의 球를 형성하여 서쪽에서 동쪽으로 매일 한 바퀴씩 회전할 따름이다.……이것은 땅의 하나의 운행으로 하늘 위의 여러 운행을 면하게 하는 것이며, 땅의 작은 一周로 하늘 위의 커다란 一周를 면하게 하는 것이다.[56]

이것은 비록 '正解'가 아니라는 전제를 달기는 했지만[57] 분명히 '地轉說'을 설명한 것이었다. 전통 천문학의 천체운행론, 이른바 左旋說-右

---

55) 『天問畧』, 天有幾重及七政本位, 2ㄴ(787책, 853쪽), "天左旋 日月五星右行 貴國先儒亦已晰之矣……故自東而西者 宗動天也 自西而東者 日月諸星之天也 自西而東者 日月諸星之本動也 自東而西者 日月諸星之帶動也".

56) 『新法算書』 卷36, 五緯曆指 卷1, 周天各曜序次, 7ㄴ~8ㄱ(788책, 635~636쪽), "今在地面以上見諸星左行 亦非星之本行 蓋星無晝夜一周之行 而地及氣火通爲一球 自西徂東 日一周耳……是則以地之一行 免天上之多行 以地之小周 免天上之大周也".

57) 『新法算書』 卷36, 五緯曆指 卷1, 周天各曜序次, 8ㄱ(788책, 636쪽), "然古今諸士 又以爲實非正解".

旋說 논쟁을 질적으로 뛰어넘을 수 있는 획기적인 논리가 거기에 숨어 있었던 것이다.

이렇듯 『천문략』에는 우선설을 지지하는 설명 방식이 기재되어 있었고, 나아가 『五緯曆指』에는 전통적인 천체운행론을 질적으로 변화시킬 수 있는 논리적 근거(地轉說)가 수록되어 있었다. 이러한 내용을 담고 있는 서양의 천문역법서들이 17세기 중반 이후 조선사회에 유입됨으로써 기존의 자연학 논의에 변화를 야기하는 외적인 요인으로 작용하게 되었다.

서양 선교사들이 각종 西學書를 통해 소개한 日蝕論은 전통적인 일식론과 큰 틀에서 차이가 없었다. 초하루에 달이 황도에 이르러 태양빛을 가림으로써 일식이 일어난다는 사실을 동서양 모두 일찍부터 알고 있었기 때문이다. 일찍이 利瑪竇(Matteo Ricci : 1552~1610)가 초보적인 형태의 일식론을 제시한 이후,[58) 『天問略』에서는 일식의 발생 여부를 '經緯同度'를 기준으로 판별해야 한다는 사실을 설명하는 등 보다 구체적인 일식론을 전개하였다.[59) 서양 선교사들의 일식론과 전통적인 일식론의 차이점은 일식을 순수한 자연현상으로 보았는가, 아니면 재이로 보았는가 하는 점을 기준으로 구분해 보아야 할 것이다.

이러한 일식론과는 달리 월식론에는 커다란 변화가 있었다. 地球說에 입각한 '地影說'이 월식을 설명하는 새로운 논리로 제시되었던 것이다. 利瑪竇는 일찍이 월식의 발생이 지구의 그림자로 인한 것이라는 점을 설파하였다. 『乾坤體義』에 수록되어 있는 「月蝕圖」[60)가 그것을 잘 보여주고 있는데, 利瑪竇는 그 원리를 다음과 같이 설명하였다.

---

58) 『乾坤體義』 卷中, 日球大於地球地球大於月球, 第六題, 13ㄴ~14ㄱ(787책, 773~774쪽), "日蝕非他 惟朔時 月或至黃道 日所恒在也 則旣在日之下 便掩其光 而吾不能見日 謂日蝕也".

59) 『天問畧』, 日蝕, 14ㄱ~16ㄴ(787책, 860~861쪽).

60) 『乾坤體義』 卷中, 日球大於地球地球大於月球, 月蝕圖, 15ㄱ(787책, 774쪽).

> 대개 달과 뭇 별들의 본체는 빛이 없는 것으로 모두 태양의 빛을 빌린다. 지구는 九重天의 한가운데 매달려 있는데 마치 계란의 노른자가 흰자 가운데 있는 것과 같다. 보름 때에 달이 黃道에 이르러 태양과 정면으로 마주 대하게 되면 지구가 (태양의) 빛을 가로막아 (달을) 비추지 못하게 한다. 그러므로 달이 빛을 잃게 된다. 월식은 곧 지구의 그림자가 어둡게 하는 것이다.[61]

여기에서 利瑪竇는 월식이 지구의 그림자로 인해 발생하는 현상이라는 점을 분명히 하였다. 이와 같은 利瑪竇의 월식론은 전통적인 그것과는 질적으로 다른 것이었고, 이후 전개되는 서양 선교사들의 월식론은 모두 이러한 논의의 연장선상에 있었다.

『天問略』에서는 월식을 12중천설의 우주구조론에 입각하여 기하학적으로 설명하였다. 그것이 이른바 '地影之說'이었다.

> 태양은 항상 황도 위에 있는데, 보름에 달이 또한 황도 위에 있어서 태양과 정면에서 마주보게 되면 지구가 태양과 달 사이에서 막아서게 되어 달이 반드시 지구의 그림자[地景] 안에 들어가 태양이 그것을 비추지 못하게 된다. 그러므로 빛을 잃어 월식이 일어난다.[62]

이와 같이 우주구조론에 입각하여 기하학적으로 월식을 설명할 때 상식적으로 제기될 수 있는 의문점은 크게 두 가지이다. 하나는 지구가 햇빛을 가려 월식이 발생하는 것이라면 기하학적으로 태양과 지구, 달이 일직선상에 위치하는 보름에 매번 월식이 일어나지 않는 이유는

---

61) 『乾坤體義』 卷中, 日球大於地球地球大於月球, 第六題, 14ㄱ(787책, 774쪽), "蓋月球並諸辰星之體 本無光 皆借太陽之光也 地球懸九重之當中 如鷄子黃在靑中 然惟望時 月或至黃道 于太陽正相對 則地球障隔其光 而不得照之 故月失光矣 且月蝕乃地影朦之也".

62) 『天問畧』, 月食, 44ㄴ(787책, 878쪽), "夫日輪恒在黃道上 若遇望日 而月輪亦在黃道上 與日正對望 則地球障隔日月之間 月輪必入地景之內 太陽不能照之 故失光而食矣".

무엇인가 하는 점이다.63) 다른 하나는 기하학적으로 태양과 지구, 달이 일직선상에 위치한다는 것은 지구를 중심으로 볼 때 태양과 달이 맞은편에 위치한다는 것이며, 따라서 지평선 위에 달이 보일 경우 태양은 지평선 아래에 위치하게 되는데, 실제로 월식이 발생하였을 때 태양과 달이 모두 지평선 위에 보이는 경우는 어떻게 설명할 수 있는가 하는 점이다.64) 이에 대해 『천문략』의 찬자는 전자를 달의 운행 궤도가 황도를 남북으로 출입함으로써 발생하는 문제로, 후자는 대기의 작용으로 인해 일어나는 현상으로 설명하였다.65)

이상과 같이 일월식을 우주구조론(重天說)에 바탕하여 기하학적으로 설명하는 방식은 결국 일월식을 일정한 법칙을 지닌 자연현상으로 이해하는 인식론상의 변화를 가져오게 된다. 그것은 전통적인 日月蝕災異觀의 변화였다. 『西洋新法曆書』 단계에서 이 문제는 본격적으로 거론되기에 이르렀다.

『서양신법역서』 가운데 일월식 문제를 집중적으로 다룬 『交食曆指』 부분은 湯若望이 저술한 것으로 알려져 있다.66) 그는 이 저술의 첫머리에서 일월식이 災變인가 아닌가 하는 문제를 다루고 있다.67) 여기에는 일월식을 재변이 아니라고 할 경우 전통적인 '戒懼修省'의 문제, 즉 儒教的 災異論을 어떻게 설명할 것인가 하는 고민이 묻어 있다. 湯若

---

63) 『天問畧』, 月食, 45ㄱ~ㄴ(787책, 878쪽), "問 日輪値望 必與月正相對 相對月必過地影 過影 必當每望食矣 今月之遇食 不過什一焉 地影之說 毋乃碍乎".

64) 『天問畧』, 月食, 45ㄴ~46ㄱ(787책, 878~879쪽), "問 日月正對 則相遠必百八十度 半周天也 故月在地平上 日必居其下 日在地平上 月必居其下 然有月食而日月皆在地平上 則月食非由地影矣 何也".

65) 『天問畧』, 月食, 45ㄴ~46ㄴ(787책, 878~879쪽).

66) 徐宗澤, 『明淸間耶穌會士譯著提要』, 中華書局, 1949, 373쪽.

67) 『新法算書』 卷64, 交食曆指 卷1, 1ㄱ(789책, 157쪽), "或問 日月薄蝕 是災變乎 非災變乎 若言是者 則躔度有常 上下百千萬年 如視掌耳 豈人世之吉凶亦可以籌算窮也 若言否者 則古聖賢戒懼脩省 又復何說".

望은 일단 일월식이 일정한 법칙이 있기 때문에 예보가 가능하다는 사실을 전제로 하면서도 그것을 '常中之變'으로 규정하고 전통적인 '修省'의 가치를 용인함으로써 기존의 재이관과의 직접적인 마찰을 피해갔다.[68] 그러나 그는 분명한 어조로 '天譴事應說'에 대해서 부정적인 입장을 표명하였으며, 역대로 曆家는 '事應'을 말하지 않았다고 하여 '事應'을 이야기하는 天文家와 구별하였다. 여기서 그가 말하는 천문학은 전통적인 天變占星術을 의미하는 것으로 보이는데, 그는 이러한 천문학은 무익할 뿐만 아니라 그 폐해가 크다고 보았다.[69] 요컨대 일월식은 천변점성술의 입장에서 논할 수 있는 것이 아니며, 정확한 계산법을 구비하게 되면 일월식은 災害의 범주에서 제외될 수 있다는 주장이었다.[70]

그렇다면 曆家[星曆之家]들이 일월식의 문제를 중요하게 다루며 그 정밀한 계산법을 얻고자 노력하는 이유는 무엇인가?[71] 湯若望은 그것을 순수한 자연과학적인 목적으로 설명하였다. 예컨대 월식을 통해 달의 實行度數와 本行을 비롯한 각종 行度를 추산할 수 있으며, 달이 지구 그림자를 통과하는 거리의 淺深을 통해 태양과 지구의 不同心의 문제를 추론할 수 있고, 일식을 통해 지구와 태양의 거리가 '時時不等'하다는 사실을 알 수 있다는 것이다. 또 일월식을 통해 태양과 지구와

68) 『新法算書』 卷64, 交食曆指 卷1, 1ㄴ(789책, 157쪽), "交食 雖躔度有常 推步可致 然光明下濟 忽焉掩抑 如月食入景深者 乃至倍于月體 日食既者 乃至晝晦星見 嘻 其甚矣 是則常中之變 不可謂非變也 既屬災變 卽宜視爲譴告 側身脩省 是以有脩德正事之訓 有無敢馳驅之戒 兢業日愼 猶懼不壁矣".

69) 『新法算書』 卷64, 交食曆指 卷1, 1ㄴ~2ㄱ(789책, 157쪽), "曰 既稱災變 凡厥事應 可豫占乎 可豫備乎 曰 從古曆家 不言事應 言事應者 天文也 天文之學 牽合傅會 儻過信其說 非惟無益 害乃滋大".

70) 『新法算書』 卷64, 交食曆指 卷1, 2ㄱ(789책, 157쪽), "……惟豫備一法 則所謂災害者 不過水旱蟲蝗疾癘兵戎數事而已".

71) 『新法算書』 卷64, 交食曆指 卷1, 2ㄴ(789책, 157쪽), "然則星曆之家 概求精密 尤勤于交食者 何也".

달의 상대적인 크기, 지구로부터 태양과 달까지의 거리 등을 계산할 수 있고, 월식을 통해 지구의 크기를 측정하고 지구가 둥글다는 사실을 입증할 수 있으며, 각 지역의 경도를 측정할 수 있다고 하였다.[72) 따라서 일월식의 문제에 밝지 못하면 역법을 만들 수 없기 때문에 曆家는 정밀한 曆算法[密術]을 얻기 위해 交食의 문제에 전심전력하는 것이었다.[73)

이상과 같은 湯若望의 입장은 전통적인 일월식 재이관에 대한 전면적인 부정으로 보기는 어려울지 몰라도 전통적인 재이관으로부터 이탈할 수 있는 가능성을 담고 있는 것이라고 말할 수는 있다. 그것은 과학적인 일월식론으로 전개해 가는 디딤돌로 기능할 수 있는 가능성을 내포하고 있었다.

潮汐현상에 대한 구체적인 논의는 熊三拔(Sabbathinus de Ursis : 1575~1620)의 『泰西水法』(1612년 刊)에서부터 비롯된 것으로 보인다. 그런데 이 당시 熊三拔이 소개한 조석설은 전통적인 '應月之說'의 범주를 크게 벗어나는 것이 아니었다.[74) 즉 달은 陰精으로 물(水)과 同物로서 물을 주재하기 때문에 달이 있는 곳으로 모든 물이 상승하게 되는 것이며, 海潮가 달에 응하는 것은 바로 이와 같은 원리라는 설명이었다.[75)

조석현상에 대한 보다 구체적인 설명이 등장하는 것은 南懷仁

---

72) 『新法算書』 卷64, 交食曆指 卷1, 2ㄴ~3ㄱ(789책, 157~158쪽).

73) 『新法算書』 卷64, 交食曆指 卷1, 3ㄱ(789책, 158쪽), "若泯薄蝕於二曜 卽造曆者 雖神明默成 無所措其意矣 是則交食者 密術之所繇生 故作者述者 咸于此盡心焉".

74) 『泰西水法』 卷5, 水法或問, 5ㄱ(1645쪽-영인본 『天學初函』, 亞細亞文化社, 1976의 쪽수(臺灣學生書局 刊行 中國史學叢書本). 이하 같음), "問海水潮汐者 何也 曰 察物審時 窮理極數 卽應月之說 無可疑焉".

75) 『泰西水法』 卷5, 水法或問, 5ㄱ~6ㄱ(1645~1647쪽), "月爲陰精 與水同物 凡寰宇之內 濕潤陰寒 皆月主之 旣其同物 勢當相就……由此而言 月爲水主 月輪所在 諸水上升 海潮應月 斯著明矣".

(Ferdinandus Verbiest : 1623~1688)의 『坤輿圖說』(1674년 刊)에서였다.[76] 이 책은 艾儒略(Julius Aleni : 1582~1649)의 『職方外紀』와 함께 조선후기 지식인들에게 가장 커다란 영향을 끼친 서양 지리서로서 1721년(景宗 원년) 兪拓基에 의해 도입된 것으로 추정되고 있다.[77] 南懷仁은 먼저 세계 각지의 조석현상에 차이가 있음을 실례를 들어 설명하였다. 각 지방의 조석에 차이가 발생하는 원인으로는 먼저 지리적인 요소가 거론되었는데, 해안선 지역의 지세 차이와 해저 지형의 차이가 그것이었다.[78] 그러나 조석현상의 근본적 원인은 역시 달의 운동과 관련해서 생각해 보아야 할 문제였다. 南懷仁은 고금의 여러 논의 가운데 海潮의 발생을 月輪이 宗動天을 따라 운행하는 데서 비롯되는 것으로 설명하는 방식을 정론으로 제시하고,[79] 그 구체적 증거로 다음의 다섯 가지를 거론하였다. ①만조와 간조의 발생은 달이 뜨고 지고 차고 기우는 형세[顯隱盈虧之勢]와 관련이 있다, ②조석의 세기는 달의 위상 변화와 관련이 있다(달과 태양의 상대적 위치의 변화가 조석의 세기를 다르게 한다), ③조석의 발생이 매일 조금씩 늦어지는 것은 달의 운행이 늦어지는 것과 관련이 있다, ④겨울의 조석이 여름의 조석보다 강렬한 것은 겨울철의 달이 여름철의 달보다 강하기 때문이다, ⑤陰에 속하는 모든 사물은 달을 위주로 하는데 海潮는 濕氣에 연유하는 것이므로 달에 의해 主持된다. 또 달은 빛으로 뿐만 아니라 갖추어진 隱德으로도 조석을 발생시키기 때문에 無光인 朔의 위치에서도

76) 「海之潮汐」, 『坤輿圖說』 卷上, 17ㄱ~20ㄴ(594책, 739~740쪽).

77) 兪拓基, 『燕行錄』 卷2(서울 基督教博物館 소장) ; 盧禎埴, 「西洋地理學의 東漸-特히 韓國에의 世界地圖 傳來와 그 影響을 中心으로-」, 『大邱教育大學 論文集』 5, 1969, 243쪽.

78) 「海之潮汐」, 『坤輿圖說』 卷上, 17ㄱ~ㄴ(594책, 739쪽), "潮汐各方不同…… 此各方海潮不同之故 由海濱地有崇卑直曲之勢 海底海內之洞有多寡大小故也".

79) 「海之潮汐」, 『坤輿圖說』 卷上, 18ㄱ(594책, 739쪽), "嘗推其故而有得于古昔之所論者 則以海潮由月輪隨宗動天之運也 古今多宗之".

조석을 일으킨다.[80]

이상의 내용을 통해서 알 수 있는 것은 서양 지리학과 천문학의 전파를 통해서 17세기 초부터 조선의 학자들은 서양의 자연학 이론에 접하게 되었다는 사실이다. 따라서 전통적인 논의와 질적으로 다른 천체운행론, 일월식론, 조석설에 대한 논의를 17세기의 학자들을 통해서 비로소 확인할 수 있게 된다. 17세기 초에는 「坤輿萬國全圖」나 「兩儀玄覽圖」와 같은 세계지도의 전래를 통해서 새로운 세계에 대한 지식을 넓혀가고 있었다. 이러한 지식을 토대로 17세기 중반 이후 「萬國全圖」나 『職方外紀』와 같은 지도・지리서, 『天問略』・『西洋新法曆書』 등의 천문역법서가 전래됨으로써 각종 자연학 논의에 색다른 활력을 불어넣게 되었다.

4. 朱子學的 자연학에 대한 비판과 實學的 자연인식의 전개

1) 天體運行論의 轉變 : '天動地靜'에서 '天靜地動'으로

지구의 자전과 공전으로 인해 나타나는 천체의 겉보기 운동을 설명하기 위해 제시되었던 것이 이른바 '천체운행론'으로서의 '左旋說'과 '右旋說'이었다.[81] 예로부터 天球는 左旋하고 日月五星은 右行한다는

---

80) 「海之潮汐」, 『坤輿圖說』 卷上, 18ㄱ~19ㄱ(594책, 739~740쪽), "其正驗有多端 一曰 潮長與退之異勢 多隨月顯隱盈虧之勢……二曰 月與日相會相對 有近遠之異勢 亦使潮之勢或殊……三曰 潮之發長 每日遲四刻 必由于月每日多用四刻 以成一週而返原所……四曰 冬時之月 多强于夏時之月 故冬潮槩烈于夏潮……五曰 凡物屬陰者 槪以月爲主 則海潮旣由濕氣之甚 無不聽月所主持矣……所謂隱德者 乃可通遠而成功矣 是月以所借之光 或所具之德 致使潮長也……".

81) 左旋說과 右旋說에 대한 개념 정리는 陳遵嬀, 『中國天文學史』 6, 明文書局, 1990, 1822~1826쪽 ; 薄樹人 主編, 『中國天文學史』, 文津出版社, 1996, 13

우선설이 계산상의 편의 때문에 曆家들에 의해 채용되었다. 반면 천구와 일월오성이 모두 좌선한다고 주장하는 좌선설은 漢代에 이미 출현하였으나, 그것이 지배적인 위치를 점하게 된 것은 宋代에 이르러서였다. 朱熹는 좌선설과 우선설, 지동설의 논리까지 혼재되어 있는 張載(1020~1077)의 천체운행론[82] 가운데 좌선설을 추출하여 그것을 적극적으로 옹호하였다.[83] 주희는 역가의 우행설을 계산상의 편의를 위해 進數를 사용하지 않고 退數를 사용한 '截法'이라고 비판하고[84] 좌선설을 정론으로 확립하였다. 『書經』「堯典」의 주석에 채용된 것이 바로 이것이었고, 이후 좌선설은 일반 儒者들에 의해 전폭적인 지지를 받게 되었다.

주희의 우주론과 천문학이 만나는 지점에 위치하는 것이 바로 이 좌선설이었다. 이것을 통해 주희는 우주생성론과 구조론, 나아가서는 수학적인 이론의 통일을 꾀하였다.[85] 주희가 좌선설을 주창하게 되었던 논리적인 이유로는 다음 몇 가지를 지적할 수 있다. 먼저 구조론과 생성론의 통일이라는 관점에서 볼 때, 하늘과 같은 氣로 구성되어 있는 천체는 마땅히 하늘과 같은 방향으로 회전해야만 한다는 것이다. 다음으로 陰陽論에 입각한 자연이해 방식을 들 수 있다. 음양론에 입각해 볼 때 태양은 '陽精'이고 달은 '陰精'이었다. 그런데 우선설에 따르게 되면 양정인 태양의 운행 속도가 음정인 달의 운행 속도보다 더디게 된다. 이것은 '陽動陰靜'의 기본 원칙에 어긋나는 것이었다.[86]

1~132쪽 참조.

82) 『性理大全』 卷5, 正蒙1, 參兩篇 第2, 9ㄱ~ㄴ(401~402쪽-영인본 『性理大全』, 山東友誼書社, 1989의 쪽수. 이하 같음).

83) 『朱子語類』, 卷99, 張子書 2, 李閎祖錄, 2534쪽, "橫渠云 天左旋 處其中者順之 少遲則反牛矣 此說好".

84) 『朱子語類』 卷2, 理氣 下, 天地 下, 李閎祖錄, 13쪽 ; 『性理大全』 卷5, 正蒙 1, 參兩篇 第二, 10ㄱ(403쪽).

85) 야마다 케이지, 앞의 책, 1991, 219~220쪽.

86) 이것은 左旋說의 입장에서 曆家의 右旋說을 비판한 張世南의 다음과 같은

또 하나 지적할 수 있는 것은 좌선설이 주자학의 인간중심적 사유체계의 논리적 귀결이라는 점이다. 좌선설은 기본적으로 常用曆에 天體曆을 종속시키는, 다시 말해 인간학에 자연학을 종속시키는 이론의 일종이었다.[87] 상용력의 기준은 태양의 일주운동과 그것이 쌓여서 만들어지는 1년이라는 시간 단위, 그리고 그것의 영구적인 순환·반복이었다. 때문에 주희의 좌선설에서 태양은 정확하게 하루에 천구를 한 바퀴 회전하는 것으로 간주되었다. 만약 우선설처럼 태양이 하루에 동쪽으로 1도씩 움직이는 것이라면 사계절의 순차가 어그러지게 된다고 주희는 생각했던 것이다.

이상과 같은 주희의 천체운행론은 중세적 자연학의 한계를 고스란히 안고 있는 것이었다. 따라서 좌선설을 극복하고 근대적인 의미의 우선설(右行說)로 전진해 간다는 것은 자연학 분야에서 뿐만 아니라 사상사적인 차원에서도 의미 있는 일이라고 할 수 있다.

주자학을 國定教學으로 삼았던 조선의 지식인들 역시 주자학적 우주론의 논리에 따라 좌선설을 정론으로 수용하였다. 그러나 좌선설의 이론적 근거가 되었던 張載의 주장은 물론, 주희의 주장 역시 통일되어 있지 않았으므로[88] 논쟁의 소지를 안고 있었다. 조선후기 천체운행론을 둘러싼 논란—左旋說·右旋說 논쟁—은 그러한 주자학 내의 논쟁점을 전면적으로 부각시킨 것이었다.

朱子道統主義의 기치를 내세웠던 서인-노론계 학자들과, 그와는 다른 정치적 입장에서 朱子主義를 고수했던 영남-남인계 학자들은 자연

발언에서 분명하게 확인할 수 있다. 『游宦記聞』 卷8, 4ㄱ(864책, 627쪽), "天左旋 日月五星右轉 此古今曆家之說皆然也 天左旋之說信然矣 日一日行一度 月一日行十三度有零 日者陽之精而行遲 月者陰之精而行反速 大抵陽健而陰順 陽剛而陰柔 健而剛者 運行當速 順而柔者 運行當遲 今不特反是 月之行乃過於日十有二倍 其理不通".

87) 야마다 케이지, 앞의 책, 1991, 225~227쪽.

88) 朱熹는 『書經』 「堯典」의 주석에서는 좌선설을 채용한 반면, 『詩經』 「十月之交」의 주석과 『論語或問』에서는 우선설을 채택하였다.

학의 측면에서도 철저하게 朱子主義의 입장을 밀고 나갔다. 그것은 천체운행론의 측면에서는 左旋說의 고수와 右旋說에 대한 비판으로 나타났다. 宋時烈(1607~1689)은 日月五星의 운행에 대해서 先儒들과 曆家의 학설이 같지 않다는 점을 분명히 하고, 그것이 順數와 逆數의 차이라고 주장하였다.[89] 이것은 역가의 우행설을 계산상의 편의를 위해 進數를 사용하지 않고 退數를 사용한 '截法'이라고 평가한 주희의 주장을 그대로 받아들인 결과였다. 이러한 송시열의 견해에 따라 韓元震(1688~1751)은 『朱子言論同異攷』에서 『朱子語類』의 한 구절을 인용하여[90] 『詩集傳』의 견해는 사람들의 이해를 돕기 위하여 曆家說을 수록한 것으로, 주희의 견해가 좌선설과 우행설로 차이가 있는 것이 아니었음을 주장하였다.[91] 이는 천체운행론에서 주희의 초년설과 만년설에 차이가 있다는 주장을 부정하는 것이었다.

조선후기 우선설에 대한 논의는 『詩經』, 小雅, 「祈父之什」의 '十月之交'에 수록된 劉瑾(安城劉氏)의 小註에 대한 논란으로부터 본격화되었다. '十月之交'의 주석은 『서경』 「요전」의 그것과는 달리 우선설을 채용했는데, 유근은 이에 근거하여 좌선설을 비판하고 우선설을 적극적으로 주장하였다.[92] 영남계의 李徽逸(1619~1672)·李嵩逸(1631~

89) 「答朴景初癸丑二月十七日」, 『宋子大全』 卷113, 3ㄱ(112책, 64쪽) ; 「尤菴先生答書癸丑二月」, 『寓軒集』 卷2, 5ㄱ(134책, 462쪽), "日月五星之運 先儒及曆家說互相不同 盖以順數逆數之有異也".

90) 『朱子語類』 卷2, 理氣 下, 天地 下, 沈僩錄, 16쪽, "問 經星左旋 緯星與日月右旋 是否 曰 今諸家是如此說 橫渠說天左旋 日月亦左旋 看來橫渠之說極是 只恐人不曉 所以詩傳只載舊說".

91) 『朱子言論同異攷』 卷1, 天地, 10ㄴ(1147쪽-영인본 『南塘集』, 蔡仁植 發行, 1976의 쪽수. 이하 같음), "僩錄曰 橫渠說天左旋 日月亦左旋 看來橫渠說極是 只恐人不曉 所以詩傳只載舊說 據此則詩傳所載 只爲人易曉 姑存曆家之說 非有初晩之異見耳".

92) 『詩經』, 小雅, 「祈父之什」, '十月之交' 小註, "安城劉氏曰 十九分度之七者以月行第十四度分爲十九分 而月又行及其七分也 每分四十九分四厘七毫三絲六忽八微四塵有奇 七分共計三百四十六分三厘一毫五絲七忽八微九塵有

1698) 형제는 이와 같은 유근의 주장을 비판하였는데,[93] 비판의 전제는 '天動地靜'의 사고방식이었다. '天動地靜'을 전제로 할 때 유근의 주장은 분명 잘못된 것이었다. 유근은 하늘은 움직이지 않고 태양만 움직이는 것으로 생각했으며, 그의 좌선설에 대한 비판은 좌선설의 논리적 구조를 제대로 이해하지 못한 데서 연유한 것이었기 때문이다. 유근의 우선설에 대한 비판은 서인-노론계의 林泳(1649~1696)[94]이나 姜碩慶(1666~1731),[95] 남인계의 柳正源(1702~1761)[96]에게서도 동일한 구조로 나타나고 있다.

요컨대 유근의 주장은 하늘과 태양·달 사이의 운동의 상대성에 대한 이해를 결여하고 있었고, 유근의 우선설을 비판했던 조선후기 학자들은 이 점을 정확하게 지적하였던 것이다. 따라서 유근의 논리처럼 우선설을 주장해서는 주자학적 천체운행론을 근본적으로 극복할 수 없었다. 우선설이 보다 설득력을 갖기 위해서는, 다시 말해 우선설이 과학적인 천체운행론으로 발전하기 위해서는 무엇보다 먼저 '天動地靜'이라는 전통적인 우주구조를 깨뜨리는 인식론적 전환이 요구되었다.

이처럼 초기의 좌선설·우선설 논쟁은 본질적인 문제에까지 접근하

奇 但先儒以爲日月皆左行於天 今以昏旦之中星驗之 則知日實右行 以每夜月躔之宿度驗之 則知月實右行 若據左行之說推之 日行一日一周天 則一時當行三十度有奇 假如堯時冬至 日在天之虛 計其日 自子時 天與日並行起至申時 日沒 則天之虛 淪於申位 日之行當躔畢宿 而張宿昏中矣 安得堯典以爲星昴乎 今曰星昴 則是昏時日仍躔虛 其爲右行而一日一度者 可知矣 又以今冬至 日在箕八度 而昏中壁驗之 亦是右行無疑 至於月之左行 一日不及天十三度十九分度之七 則是一日行及三百五十一度有奇 一時當行二十九度有奇 假令某日酉時 月初出躔某宿 計其行 至子時 當踰本宿之西一百一十六度之外矣 嘗試驗之 而月躔仍在本宿之傍不遠 則是右行而一日止行十三度有餘者 又可知矣".

93) 「安成劉氏右旋說辨」,『存齋集』 卷4, 8ㄱ~10ㄱ(124책, 51~52쪽) ; 「書存齋兄安城劉氏右旋說辨後」,『恒齋集』 卷4, 6ㄴ~8ㄴ(137책, 527~528쪽).

94) 「讀書箚錄(詩傳)」,『滄溪集』 卷19, 23ㄴ~26ㄱ(159책, 436~437쪽).

95) 「論詩經劉註主右旋之非」,『喫眠公集』(奎 15653) 下簾雜說 上, 58ㄴ~61ㄱ.

96) 「安城劉氏右旋說辨」,『三山集』 卷5, 2ㄱ~6ㄴ(219책, 436~438쪽).

지 못하였고, 대부분 좌선설의 입장에서 우선설의 문제점을 비판하는 방식으로 전개되었다. 그것은 좌선설이나 우선설이 운동의 상대성이라는 관점에서 볼 때 큰 차이가 없었기 때문이다. 양자는 모두 '天動地靜'이라는 기본적인 관점에 입각해 있었던 것이다. 따라서 이러한 전제를 부정하고 새로운 방식의 천체운행론을 모색하지 않는 한, 어느 쪽을 선택할 것인가 하는 문제는 강조점의 차이에 불과할 뿐이었다. 대부분의 유자들이 좌선설로 경도될 수밖에 없는 본질적인 한계가 여기에 있었다. 따라서 전근대적인 천체운행론이 획기적인 전환을 맞이하기 위해서는 무엇보다 천체운행론의 전제가 되는 우주구조론의 변화가 선행되어야만 했다.

주희의 좌선설을 근거로 우선설을 비판하는 것이 주류를 이루던 천체운행론에 대한 논의는 西學의 도입에 따라 서양 천문학의 행성운동론이 소개됨으로써 전환의 계기를 맞이하게 되었다. 그것은 전통적인 좌선설에 대한 새로운 해석을 촉발시켰다. 金萬重(1637~1692)은 주희에 의해 좌선설의 근거로 제시되었던 장재의 세 번째 주장을 우선설로 재해석하였다. 즉 하늘은 좌선하지만 그 안의 일·월·오성은 우선하며, 하늘이 좌선하는 속도가 매우 빠르기 때문에 七政(七緯)은 어쩔 수 없이 좌선하는 것처럼 보인다는 것이었다.[97] 요컨대 칠정의 운행도수를 세밀히 관찰해 보면 좌선으로 볼 수 없다는 것이며, 우선설은 黃帝·顓頊이래로 바꿀 수 없는 것이라는 주장이었다.[98]

좌선설에 대한 비판과 우선설의 주창은 金錫文(1658~1735)에 의해서도 이루어졌다. 김석문의 우주구조론에 따르면 太虛天 안쪽에 있는 經星天으로부터 중심의 지구에 이르기까지 각각의 속도로 서쪽에서

97) 『西浦漫筆』 下, 579쪽(영인본 『西浦集·西浦漫筆』, 通文館, 1971의 쪽수. 이하 같음), "然橫渠所謂天左旋在其中者順之云者 似謂七緯本行雖右旋 而天之左旋甚疾 故七緯不得不隨而左旋 此正蟻旋磨之說".

98) 『西浦漫筆』 下, 579쪽, "細究七緯行度 則決有不可作左旋觀者 盖七緯右旋之說 自黃帝顓頊以來 皆如此不可易也".

동쪽으로 회전하고 있다.[99] 이것은 분명하게 우선설을 지지한 것이었다. 김석문은 이러한 자신의 우주구조론을 설명하는 근거로 장재의 『正蒙』과 『五緯曆指』를 제시하였다.[100] 먼저 김석문은 장재의 두 번째 주장을 地轉과 右旋을 설명하는 것으로 보았다. 그것은 左旋說을 '至粗之論'이라고 비판하고, 땅의 회전 가능성을 말한 것이었다. 장재의 원문에는 이것이 "恒星所以爲晝夜者, 直以地氣乘機, 左旋於中"이라고 표현되어 있다.[101] 여기서 '左旋'이란 표현은 장재의 정확한 의도에 대해 혼란을 일으킬 수 있는 빌미가 되는 것이었다. 김석문은 이것을 과감하게 '右旋'으로 수정하였다. 지구의 자전을 통해 천체의 일주운동을 설명하기 위해서는 당연히 지구가 우선해야만 했기 때문이다.

이것은 그가 자신의 우주구조론의 또 다른 근거로 제시한 『五緯曆指』의 논의에서 분명하게 나타난다.

> 지금 地面에서 보면 여러 천체가 左行하는 것처럼 보이는데, 이것은 천체의 본래 운동이 아니다. 대개 천체는 하루에 한 바퀴 회전하는 일주운동을 하지 않으며, 땅과 氣火가 하나의 球를 형성하여 서쪽에서 동쪽으로 매일 한 바퀴씩 회전할 따름이다.……이것은 땅의 한 바퀴 회전으로 하늘 위의 여러 운행을 대신하는 것……[102]

---

99) 「易學二十四圖總解」, 『易學二十四圖解』, 31~32쪽(『東方學志』 16, 1975에 게재된 『易學二十四圖解』 원문의 쪽수. 이하 같음).

100) 「易學二十四圖總解」, 『易學二十四圖解』, 32쪽.

101) 『性理大全』 卷5, 正蒙1, 參兩篇 第2, 9ㄴ(402쪽), "凡圜轉之物, 動必有機. 旣謂之機, 則動非自外也. 古今謂天左旋, 此直至粗之論爾. 不考日月出沒恒星昏曉之變. 愚謂在天而運者, 惟七曜而已. 恒星所以爲晝夜者, 直以地氣乘機, 左旋於中, 故使恒星河漢因(一作回)北爲南. 日月因天隱見. 太虛無體, 則無以驗其遷動於外也".

102) 「易學二十四圖總解」, 『易學二十四圖解』, 32쪽, "曆指五緯論曰, 今在地面(以上), 見諸星左行, (亦)非星之本行. 蓋星無晝夜一周之行, 而地及氣火通爲一球, 自西徂東, 每日一周耳. 如人行舟[船], 見岸樹等, 不覺已行而覺岸行. 地以上人, 見諸星之(西)行, (理)亦如此. 是則以地之一行, 免天上之多行. 以地

이렇게 지구의 자전을 설정하게 되면, 지금까지 좌선설의 주요 근거가 되었던 천체의 일주운동이 간단하게 설명된다. 따라서 좌선설은 그 논리적 기반을 상실하게 되는 것이다. 주목할 것은 『오위역지』에는 위의 설명이 천체 운행을 설명하는 두 가지 이론 가운데 하나인데, 잘못된 견해라고 소개되어 있다는 점이다.[103] 김석문은 이것을 창조적으로 해석하고 적극적으로 수용하였다. 그는 地轉을 부정하는 서양의 학설을 장재의 어법을 빌려 '至粗之論'이라고 비판하였다.[104] 여기에서 우리는 김석문이 서양 우주론의 수용을 통해 전통적인 우주론을 재해석하고 그 위에서 독창적인 우주론을 전개하고 있는 모습을 확인할 수 있다. 전통적인 우선설은 김석문이 '地靜說'을 타파하고 '地轉說'로 나감으로써 과학적 기반을 확보하게 되었던 것이다.

1770년 『東國文獻備考』「象緯考」가 徐浩修(1736~1799)의 주도로 편찬되었다. 서호수는 「상위고」를 편찬하면서 당시 전래된 서양 천문학의 각종 지식을 적극적으로 활용하였다. 주로 『曆象考成』과 『曆象考成後編』이 참고되었다. 이 책자에서 소개하고 있는 행성운행론은 서양의 전통적인 周轉圓-離心圓 모델이었다. 예컨대 태양의 운동은 지구를 중심으로 회전하는 本天과 本天의 둘레를 회전하는 本輪의 복합적인 운동으로 설명된다. 이른바 '本輪說'이었다. 본륜의 중심은 본천의 둘레를 따라 동쪽으로 움직이고(右旋), 태양은 본륜의 둘레를 서쪽으로 움직인다는 것이다(左旋).[105] 여기서 행성 운행의 기본적인 궤도인 본천은 우선설을 따르고 있었다. 요컨대 12중천설로 설명되는 서

之小周, 免天上之大周也". ( )안의 내용은 생략된 『五緯曆指』의 원문임. 『五緯曆指』의 원문은 주 56)을 참조.

103) 주 57)과 같음.

104) 「易學二十四圖總解」, 『易學二十四圖解』, 33쪽, "西洋之說曰 地體恒不動 不去本所 亦不旋轉……可謂至粗之論也".

105) 『增補文獻備考』 卷1, 象緯考1, 18ㄴ(上, 25쪽), "本輪之說 則蓋以本天與地同心 而本天之周 又有一本輪 本輪心循本天周 向東而行 日在本輪之周 向西而行 兩行之度相等".

호수의 우주는 가장 바깥의 종동천이 매우 빠른 속도로 그 이하의 여러 하늘을 거느리고 좌선하는데, 그 안에서 종동천에 가까운 하늘은 느린 속도로, 종동천과 멀리 떨어진 하늘을 빠른 속도로 '右移'하고 있었다.106) 이것은 바로 항성천구 안쪽의 행성천구들은 지구를 중심으로 회전하고(右旋), 항성천구는 이들 행성천구와 반대 방향으로 하루에 1회전 한다(左旋)는 프톨레마이오스의 우주구조론이었다.

서양의 근대 천문학을 수용하였던 崔漢綺(1803~1877)의 경우에는 명백하게 우선설의 입장을 취하고 있었다. 우리는 최한기의 주장을 통해 우선설이 과학적인 이론으로 발전하기 위한 전제가 무엇인지 분명하게 확인할 수 있다. 그것은 바로 태양중심설과 지동설이었다.

최한기는 1836년 작인 『推測錄』에서 분명하게 과학적인 우선설을 전개하였다. 그에 따르면 지구를 중심으로 볼 때 하늘에서 운행하는 여러 천체들은 그 속도에 빠르고 느림이 있는데, 대개 지구로부터 높은 것은 그 운행 속도가 느리고, 낮은 것은 그 운행 속도가 빠르다고 하였다. 따라서 경성이 가장 높고, 東行(右旋)의 속도가 가장 느리며(70년에 1도), 그 다음으로 토성(매일 약 2분), 목성(매일 5분), 화성(매일 31분), 태양과 금성·수성, 달의 순서로 속도가 빨라진다는 것이다. 태양의 우선 속도는 매일 59분으로, 달의 우선 속도는 대략 13도로 계산되었다.107) 그러나 이것은 어디까지나 지구를 중심으로 보았을 때의 계산법이었다. 보다 중요한 것은 지구설과 지동설이었다.

최한기는 지구설과 그 연장으로서의 地運說에 근거하여 좌선설을 비판하고 우선설을 이론적으로 확립하였다. 그는 다음과 같이 말하였다.

---

106) 『增補文獻備考』 卷1, 象緯考1, 天地, 13ㄴ(上, 23쪽), "又宗動天以渾灝之氣挈諸天左旋 其行甚速 故近宗動天者 左旋速而右移之度遲 漸遠宗動天 則左旋較遲 而右移之度轉速".

107) 「諸曜遲疾可測所以然難知」, 『推測錄』 卷2, 2ㄱ~ㄴ(一, 101쪽-영인본 『明南樓全集』, 驪江出版社, 1986의 책수와 쪽수. 이하 같음).

지극하도다! 地球論이여. 天地의 바른 본체를 밝혀 千古의 긴 밤을 밝혔구나. 曆家들이 비록 하늘이 좌선한다고 말했지만, 다만 계산의 간편함만을 위한 것이었다. 학자는 모름지기 地球가 右旋한다는 사실을 알아야만 이에 천체운행이 연이어져 있음[斡運之連綴]을 볼 수 있을 것이다.[108)]

최한기는 서양의 지구설이 도입된 이후 점차로 그 학설이 정확함을 알게 되었으나 역산에 구애되어 '地運의 이치(地運之理)'를 깨닫지 못하는 당시의 현실을 비판하면서, 지구가 하루에 한 바퀴 회전한다는 이론이 '理勝'한 것이라고 주장하였다.[109)] 이후 최한기의 주장은 태양중심설·지구공전설로 발전되었고, 이러한 지구설과 지동설에 대한 확신은 『地毬典要』(1857년 作),[110)] 『運化測驗』(1860년 作),[111)] 『星氣運化』(1867년 作)[112)]로 이어지면서 과학적인 우선설의 이론적인 전제로서 기능하였다.

2) 日月蝕論의 進展과 災異論의 변화

朱熹의 日月蝕論은 그 논의가 다단하여 여러 가지 해석이 가능하다.[113)] 주희의 일월식론이 이전 시기의 그것에 비해 질적으로 우수하

108) 「地球右旋」, 『推測錄』 卷2, 5ㄱ~ㄴ(一, 103쪽), "至哉 地球之論 明天地之正體 晳千古之長夜 曆家雖謂天體左旋 特爲入算之簡便 學者須知地球右旋 乃見斡運之連綴".

109) 「地球右旋」, 『推測錄』 卷2, 5ㄴ~6ㄱ(一, 103쪽).

110) 「七曜次序」, 『地毬典要』 卷1, 12ㄱ~16ㄱ(三, 230~232쪽).

111) 「地體自轉」, 『運化測驗』 卷1, 31ㄴ~33ㄱ(一, 266~267쪽) ; 「地體輪轉」, 『運化測驗』 卷1, 33ㄱ~34ㄴ(一, 267~268쪽).

112) 「地氣數」, 『星氣運化』 卷1(三, 96~105쪽) ; 「天氣數」, 『星氣運化』 卷2(三, 106~109쪽) ; 「諸行星氣數」, 『星氣運化』 卷5(三, 119~129쪽).

113) 朱熹의 日月蝕論에 관한 기존의 연구로는 다음을 참조. 友枝龍太郎, 『朱子の思想形成』, 春秋社, 1979(改訂版), 313~315쪽 ; 야마다 케이지, 앞의 책, 1991, 233~246쪽 ; Yung Sik Kim, ibid, 2000, 152~154쪽.

다는 점은 여러 연구자에 의해 지적되었다. 그러나 그것은 동시에 중세적인 성격과 한계를 지니고 있었다. 오늘날의 일월식론과 대비해 볼 때 주희의 일월식론이 지니고 있는 문제점은 크게 두 가지이다. 하나는 일월식에 대해 여전히 災異論的 관점을 견지하고 있었다는 점이다. 주희는 일월식에는 규칙성(常度)이 존재하지만 인간사회의 治亂 여부에 따라서 "當食而不食", "當食而必食"(또는 不當食而食)의 경우가 발생한다고 보았다.[114]

다른 하나는 월식에 대한 설명이 부정확하다는 점이다. 주희는 월식을 설명하는 논리로 이른바 '暗虛(闇虛)說'을 원용하였다. 闇虛라는 명칭은 이미 漢儒들에 의해서 사용되었다.[115] 이때의 암허는 땅의 그림자라는 생각을 어느 정도 반영하고 있었다. 그러나 후대로 내려오면서 암허설의 내용은 변화를 겪게 된다. 암허란 땅을 사이에 두고 태양과 반대쪽에 위치한 태양과 같은 크기의 어두운 氣(闇氣)로 구성된 공간이라고 여겨졌다. 따라서 월식은 달이 이 공간(暗虛) 속에 들어갈 때 발생하는 현상으로 설명되었다.[116] 그런데 주희의 암허설은 이것과도 달랐다. 그것은 이른바 '太陽暗虛說'이라 지칭할 수 있는 것이었다.

---

114) 『詩傳』 卷11, 小雅, 祈父之什, 十月之交, 38ㄱ~39ㄱ(243~244쪽 : 영인본 『詩經』, 成均館大學教出版部, 1984의 쪽수), "晦朔而日月之合 東西同度 南北同道 則月揜日而日爲之食 望而日月之對 同度同道 則月亢日而月爲之食 是皆有常度矣 然王者修德行政 用賢去奸 能使陽盛足以勝陰 陰衰不能侵陽 則日月之行 雖或當食 而月常避日 故其遲速高下 必有參差而不正相合 不正相對者 所以當食而不食也 若國無政 不用善 使臣子背君父 妻婦乘其夫 小人陵君子 夷狄侵中國 則陰盛陽微 當食必食 雖曰行有常度 而實爲非常之變矣".

115) '闇虛'라는 용어는 張衡(78~139)의 저서 『靈憲』에 등장한다. 『後漢書』 志 10, 天文 上, 3216쪽(校點本 『後漢書』, 中華書局, 1965의 쪽수), "(靈憲曰……)當日之衝 光常不合者 蔽於他[地]也 是謂闇虛 在星星微 月過則食".

116) 『宋史』 卷52, 志 5, 天文 5, 七曜, 1071쪽(點校本 『宋史』, 中華書局, 1985의 쪽수. 이하 같음), "所謂闇虛 蓋日火外明 其對必有闇氣 大小與日體同".

> 매우 밝은 것 속에 어두운 부분(暗虛)이 있는데, 그 어두움은 매우 미약하다. 보름 때 달은 그것과 정면으로 마주보아 조금도 어긋나지 않게 된다. 달이 그 어두운 곳(暗虛)에 쏘이게 되면 월식이 일어난다.117)

요컨대 태양 안에는 어두운 부분이 있으며, 달이 보름 때 태양과 정면으로 마주 대하게 되면 바로 이 부분의 영향을 받아서 월식이 일어나게 된다는 주장이었다.

주희 역시 월식의 결정적 요인인 '땅의 그림자[地影]'라는 문제에 주의를 기울이고 있었다.118) 그러나 주희의 '地影'에 대한 설명은 보름달의 어두운 부분을 설명하는 논리에 그치고 있다. 달의 위상 변화는 태양과 지구와 달의 상호 위치와 관련이 있는데, 보름달일 경우 일직선상의 태양과 달 사이에 지구가 위치하게 된다. 바로 이때 땅의 그림자가 달의 표면에 투영되어 어두운 부분이 생기게 된다는 것이 '地影'에 대한 주희의 일관된 주장이었다. 이처럼 그의 '地影'說은 월식을 설명하는 논리로 적극적으로 활용되지는 못하였다.

요컨대 주희는 일월식의 법칙성을 일정하게 인식하였고 이전의 논의에 비해 향상된 수준을 보여주고 있었지만, 본질적인 측면에서 여전히 日月蝕 災異觀을 고수하였고, 특히 월식에 대한 설명에서는 분명한 한계를 드러내고 있었다고 평가할 수 있을 것이다.

이상과 같은 주희의 일월식론은 麗末鮮初 주자학의 수용 과정을 통해 우리나라에 소개되었다. 특히 『性理大全』, 『朱子大全』, 『朱子語類』 등 주자학의 핵심적인 이론서들이 본격적으로 소개·보급되고, 그에

---

117) 『朱子語類』 卷79, 尙書 2, 康誥, 黃義剛錄, 2056쪽, "至明中有暗處(他本作暗虛 下同) 其暗至微 望之時 月與之正對 無分毫相差 月爲暗處所射 故蝕".

118) 『朱子語類』 卷2, 理氣 下, 天地 下, 陳淳錄, 17쪽 ; 『朱子語類』 卷2, 理氣 下, 天地 下, 包揚錄, 19쪽 ; 『朱子語類』 卷2, 理氣 下, 天地 下, 20~21쪽 ; 『朱子語類』 卷79, 尙書 2, 康誥, 黃義剛錄, 2056쪽.

대한 연구가 진척된 조선전기에 이르러 주자학적 일월식론에 대한 이해도 심화되었다. 조선전기에 편찬된 『天文類抄』와 같은 천문학 관련 서적, 『朝鮮王朝實錄』을 비롯한 연대기 자료, 그리고 각종 문집 자료에서 단편적으로 확인되는 官人·儒者들의 일월식론은 주자학적 일월식론의 전형을 보여주는 것이었다.[119] 일식의 경우 분명하게 그것이 발생하는 원인을 천문학적으로 알고 있었음에도 불구하고, 당시 천문학의 한계로 인해 "當食而不食", "當食而必食"의 경우를 설정함으로써 그것을 군주의 정치 행위와 관련한 중요한 재이로 간주하였다. 월식의 경우에는 그것이 발생하는 원인을 과학적으로 설명하는 단계에까지 이르지 못하고 있었다. 그 주된 원인은 '地球'와 '지구의 그림자'에 대한 명확한 개념이 없었기 때문이다. 조선전기의 지식인들은 대체로 주희의 '暗虛(闇虛)說'을 수용하여 달이 태양과 마주설 때 태양 안의 어두운 부분에 비치게 되어 월식이 발생한다고 생각하였다.

조선후기 주자학적 일월식론이 질적으로 변화하는 양상은 18세기 이후의 일부 학자들에게서 확인할 수 있다. 그것은 주자학에 대한 비판적 반성이라는 사상계 내부의 변화 위에 西學의 수용이라는 외적 요소가 가미되어 이루어졌다. 변화의 중심에는 近畿南人系와 少論系, 老論-洛論系의 일부 학자들이 포진해 있었다. 이들은 서양의 일월식론을 적극적으로 수용하여 새로운 방식으로 일월식의 문제에 접근하였다. 李瀷은 그런 면에서 선구적인 학자였다. 그는 당시 정론화되어 있던 주희의 일월식론이 가진 모순점을 날카롭게 지적함으로써 새로운 논의의 토대를 마련하였다. 그는 먼저 "해가 달의 바깥쪽을 지나가서 달의 안쪽을 가릴 때 월식이 일어난다(日掩月內則爲月蝕)"는 주희의 주장[120]에 대해, 월식은 보름에 일어나는 것이고, 보름은 해와 달이 마주

119) 조선전기 주자학적 일월식론의 정착과정에 대해서는 구만옥, 「朝鮮後期 日月蝕論의 變化」, 『韓國思想史學』 19, 韓國思想史學會, 2002, 196~203쪽 참조.

120) 『朱子語類』 卷2, 理氣 下, 天地 下, 周謨錄, 18쪽, "日月薄蝕 只是二者交會

보고 있는 때인데 어떻게 태양이 달을 가릴 수 있느냐고 비판하였다.[121)]

다음으로 주희가 "合朔 때 해와 달의 東西가 비록 같은 도수에 있어도 月道의 南北이 태양으로부터 멀면 일식은 일어나지 않는다. 또 南北의 도수가 비록 서로 가까워도 해가 안에 있고 달이 바깥에 있다면 일식은 일어나지 않는다"는 자신의 주장을 등불과 부채의 비유를 들어 설명한 것[122)]에 대해서도 비유의 상황 설정 가운데 잘못된 부분이 있다고 지적하였다. 이것은 일식이 일어나는 경우와 일어나지 않는 경우, 즉 '當蝕'과 '不蝕'을 설명한 것인데, 지구를 중심으로 볼 때 본래 태양의 궤도는 높은 곳에, 달의 궤도는 낮은 곳에 위치하기 때문에 주희가 설정한 "日在內 月在外"라는 경우는 본래부터 존재하지 않는다는 지적이었다.[123)]

이익의 비판 가운데 가장 눈에 띄는 부분은 '暗虛'說에 대한 비판이라 할 수 있다. 암허설은 漢代의 張衡이 제창한 이후로 曆家들이 월식을 설명하는 논리로 이용되었다. 그것은 지구설과 그에 입각한 월식이론이 도입되기 이전의 일반적인 상황이었다. 때문에 주희 역시 이것을

處 二者緊合 所以其光掩沒 在朔則爲日食 在望則爲月蝕 所謂紓前縮後 近一遠三 如自東而西 漸次相近 或日行月之旁 月行日之旁 不相掩者皆不蝕 唯月行日外而掩日於內 則爲日蝕 日行月外而掩月於內 則爲月蝕 所蝕分數亦推其所掩之多少而已".

121) 「日月蝕辨」, 『星湖全集』 卷43, 18ㄱ~ㄴ(199책, 279쪽), "朱子曰 月掩日內則爲日蝕 日掩月內則爲月蝕 夫日蝕於朔 月蝕於望 望者相對也 豈有日掩月而蝕哉".

122) 「答廖子晦」, 『朱熹集』 卷45, 2192쪽, "故合朔之時 日月之東西雖同在一度 而月道之南北或差遠於日則不蝕 或南北雖亦相近 而日在內 月在外 則不蝕 此正如一人秉燭 一人執扇 相交而過 一人自內觀之 其兩人相去差遠 則雖扇在內 燭在外 而扇不能掩燭 或秉燭者在內 而執扇在外 則雖近而扇亦不能掩燭 以此推之 大略可見".

123) 「日月蝕辨」, 『星湖全集』 卷43, 18ㄴ(199책, 279쪽), "又曰 日在內 月在外 則不蝕 如秉燭者在內 執扇者在外 扇不能掩燭 此指日之當蝕不蝕 而日輪本高月輪本下 豈有月在外時節耶".

인용하여 "火와 日은 바깥은 빛나지만, 그 속은 사실 어두워서 보름이 되면 그 속의 어두운 곳이 정면으로 보이기 때문에 월식이 일어난다"고 하였던 것이다.[124] 이익은 이에 대해 먼저 불의 내부가 비록 어둡기는 하지만 그것이 사물을 비출 때 사물에 어두운 구석이 나타나게 되는 것을 보지 못했다는 경험적인 사실을 들어 이러한 논리의 허구성을 지적하였다.[125] 불빛이 사물을 비출 때 어두운 구석이 나타나지 않는다면, 태양빛을 받는 달이 태양의 '암허' 때문에 어둡게 되는 일은 없을 것이었다.

이와 같은 암허설에 대한 비판은 이익이 서양의 우주구조론과 월식이론을 수용함으로써 가능하게 된 것이었다. 그것이 바로 '地影之說'로 달은 태양빛을 받아 빛을 내는데 지구가 그 가운데서 태양빛을 차단하기 때문에 월식이 발생하게 된다고 하였다.[126] 『天問略』의 우주구조론과 湯若望의 『日月蝕推步』는 이런 논의의 참고서였다.[127] 이익은 湯若望의 계산법이 정밀하여 그에 따른 일월식의 추보가 정확하다는 사실을 인정하였고,[128] 그 연장선상에서 종래 '當食不食', '不當食亦食'의 문제를 陰陽盛衰의 논리로 해석하려 하였던 일체의 논의들이 계산법의 부정확함에서 연유하는 것이었다고 비판하였다.[129] 朱子學的 日月

---

124) 『朱子語類』 卷2, 理氣 下, 天地 下, 沈僩錄, 12~13쪽, "日所以蝕於朔者 月常在下 日常在上 旣是相會 被月在下面遮了日 故日蝕 望時月蝕 固是陰敢與陽敵 然曆家又謂之暗虛 蓋火日外影 其中實暗 到望時恰當着其中暗虛 故月蝕".

125) 「日月蝕辨」, 『星湖全集』 卷43, 18ㄴ(199책, 279쪽), "又曰 火日外影 其中實暗 到望時恰撞著其中暗處 故月蝕也 此古來曆家所遵用 而謂之暗虛者 是也 火雖內暗 光之被物 未見有撞著暗虛處 則何獨月之受日爲然哉".

126) 「日月蝕辨」, 『星湖全集』 卷43, 19ㄱ(199책, 280쪽), "月受日之光而始明 故地遮於中 影之所射者爲月蝕".

127) 「日月蝕辨」, 『星湖全集』 卷43, 18ㄴ~19ㄴ(199책, 279~280쪽).

128) 「日月蝕辨」, 『星湖全集』 卷43, 19ㄴ(199책, 280쪽), "往在十數年前 譯官某赴京回 買西洋人湯若望所著日月蝕推步一書以獻 其人死骨朽已久矣 而推之於前 無不驗 引之於後 又從 今四十餘年 已有定籌 莫不昭晰 其精微至此".

蝕 災異觀의 중요한 논거 가운데 하나였던 '當食不食'의 논리가 해체되고 있었던 것이다.

老論-洛論系의 洪大容과 朴趾源(1737~1805)은 地球說의 토대 위에서 월식의 원리를 설명하였다. 홍대용은 월식에 대한 과학적인 설명을 통해 지구설을 입증하였다. 그는 일식을 달이 해를 가림으로써 나타나는 현상으로, 월식을 땅이 햇빛을 가려서 나타나는 현상으로 파악하였다. 따라서 달의 가려진 모양은 곧 땅의 형태이며, 그 모양이 둥근 것은 땅의 모양이 둥글다는 것을 말해주는 것이었다. 요컨대 월식은 땅의 거울이므로 월식을 보고도 땅이 원형임을 모른다면 이는 어리석은 것이라는 지적이었다.130) 박지원이 지구설의 근거로 제시한 것 역시 홍대용과 마찬가지로 월식이었다. 월식 때 검게 보이는 부분(闇虛)은 지구의 그림자로서 그것이 둥글다는 것은 곧 땅이 둥글다는 증거가 된다는 것이었다.131) 종래의 闇虛라는 개념을 지구의 그림자로 이해하고 있었음을 간접적으로 확인할 수 있다.

少論系의 徐命膺(1716~1787)은 일식을 달이 黃道와 白道의 교점에 위치하여 햇빛을 차단함으로써 일어나는 현상으로 정의하였다. 일식을 다른 말로 '交食'이라고 부르는 이유는 交點에서 薄蝕이 일어나기 때문이었다.132) 그렇다면 달이 한 달에 두 번 교점을 통과함에도 불

---

129) 「日月蝕辨」, 『星湖全集』 卷43, 19ㄴ(199책, 280쪽), "古今史策所載 或當蝕不蝕 或不當蝕亦蝕 或晦而先蝕 皆以陰陽盛衰爲占 到今思之 莫非疇人之失職 使知者見之 豈非大可笑耶" ; 『星湖僿說』 卷2, 天地門, 日蝕, 13ㄱ(Ⅰ, 37쪽), "意者 古時曆術猶有未精 人疑其有當蝕不蝕 不當蝕亦蝕之例 於是有此說 似非聖人之政也" ; 『星湖僿說』 卷2, 天地門, 衛朴, 24ㄴ(Ⅰ, 42쪽), "前史所載當食不食 不當食亦食 何也 不過術猶未精也".

130) 『湛軒書』 內集 補遺 卷4, 「毉山問答」, 19ㄴ(248책, 91쪽), "月掩日而蝕於日 蝕體必圜 月體之圜也 地掩日而蝕於月 蝕體亦圜 地體之圜也 然則月蝕者 地之鑑也 見月蝕而不識地圜 是猶引鑑自照而不辨其面目也 不亦愚乎".

131) 「熱河日記」, 太學留館錄, 『燕巖集』 卷12, 86ㄴ(252책, 218쪽), "地膚所傳種種 萬物 形皆團圓 無一方者……求物之方 果無一焉 何獨於地 議其方乎 若謂 地方 彼月蝕時 闇虛邊影 胡成弧乎".

구하고 매번 일식이 일어나지 않는 이유는 무엇인가? 서명응은 그것을 '經緯同度'라는 조건으로 설명하였다. 일식이 일어나기 위해서는 교점에서 해와 달의 경도와 위도가 일치해야 하는데, 실제로는 달이 교점에 위치할 때가 朔·望이 아닌 경우도 있고, 朔·望인데 달이 교점에 위치하지 않는 경우도 있다. 전자의 경우에는 위도는 같지만 경도가 다르기 때문에(同緯而不同經), 후자의 경우에는 경도는 같지만 위도가 같지 않기 때문에(同經而不同緯) 일식이 일어나지 않는다는 것이다.[133]

중요한 사실은 서명응이 일식에는 정해진 수치가 있으며, 계산만 정밀하다면 예보가 가능하다고 보고 있었다는 점이다.[134] 서명응의 이러한 견해는 전통적 日蝕災異觀과 비교할 때 표현상으로는 유사하지만 내용적으로는 전혀 다른 것이었다. 서명응은 전통적으로 시행되어 오던 救蝕행사의 의미와 일식재이관을 새롭게 해석하였다. 그는 전통적인 구식행사의 의미를 상징적인 것으로 축소시켰다.[135] 아울러 孔子가 『春秋』에서 일식을 기록한 이유도 그것이 재이로서 의미가 있기 때문이 아니라 당시 천문담당관들의 일식 예보에 착오가 많아서 그 잘못을 지적하기 위함이었다고 해석하였다.[136]

서명응은 일식의 계산을 역법에서 핵심적인 문제로 파악하였다. 전통적으로 일식 계산은 매우 어려운 문제였고, 때문에 이론적으로 계산

---

132) 「日食眞象」, 『先句齊』(奎章閣 藏本 『保晩齋叢書』 卷37~38, 古0270) 卷上, 日躔齊, 36ㄴ, "日食者 月行黃白二道之交 則遮隔日光 因生薄蝕 故謂之交食 言其遇交而食也" ; 「九服見食」, 『先句齊』 卷上, 日躔齊, 38ㄴ, "日食者 蓋由月體遮隔日光與人目之間".

133) 「日食眞象」, 『先句齊』 卷上, 日躔齊, 36ㄴ~37ㄱ.

134) 「日食眞象」, 『先句齊』 卷上, 日躔齊, 37ㄱ, "是皆有常數 若推步精密 自可預得 無差失也".

135) 「日食眞象」, 『先句齊』 卷上, 日躔齊, 37ㄴ.

136) 「日食眞象」, 『先句齊』 卷上, 日躔齊, 37ㄴ, "而至於春秋之書日食 當時疇人分散 羲和失官 日食推數 類多錯誤 故聖人傷乎此 或書或不書 以著其失也".

한 것과 실제 관측한 것이 일치하지 않는 경우가 많았다. 그것을 보정하기 위한 방법으로 北齊의 張子信은 '入氣差之說'을 주장하였고, 宣明曆에서는 氣差・刻差・時差의 三差法을 사용하기도 하였다.[137] 그러나 일식 예측에 획기적인 전기가 마련된 계기는 서학의 유입이었다. 서명응은 서양의 지구설과 삼각함수의 도입으로 인해 일식을 예측하는 방법이 획기적으로 개선되었다고 평가하였다.[138] 그는 '중국원류설'에 근거하여 서양의 천문역산학을 높이 평가하였고, 그 연장선상에서 서양의 일식 예측법이 중국의 그것보다 월등히 우수하다고 보았다. 그의 관점에서 보면 서양의 구고법은 바로 '上古 聖人의 遺法'이었기 때문이다.[139]

일식이 合朔 때 달이 태양과 지구 사이에 위치하여 햇빛을 가리는 현상이라면 월식은 무엇일까? 서명응은 월식이란 보름(望)에 지구가 태양과 달 사이에 위치하여 달이 햇빛을 받는 것을 방해하는 현상이라고 정의하였다.[140] 그는 이러한 기본 입장에서 종래의 '闇虛'說을 비판적으로 검토하였다. 주희와 鮑雲龍이 말하는 암허란 태양 흑점을 가리키는 것이고,[141] 張衡의 암허는 지구 그림자를 가리킨 것이며, 宋濂(1310~1381) 역시 월식이 地影으로 인해 나타나는 현상으로 파악하였는데, 魏文魁는 그것이 서양의 학설이라 하여 의심하였다는 것이

---

137) 「日食三差」, 『先句齊』 卷上, 日躔齊, 39ㄱ, "大抵日食推步 乃曆法之至要 而其爲推步至難 所推與所測 常相不合 是以北齊張子信有入氣差之說 唐長慶中宣明曆有氣刻時三差之法".

138) 「日食三差」, 『先句齊』 卷上, 日躔齊, 39ㄱ, "自夫西曆入中國 始以地圓之象句股之數 修明推測之法……".

139) 「日食方位」, 『先句齊』 卷上, 日躔齊, 40ㄴ, "要之 西法直捷徑約 勝中曆舊法遠甚 以其所用句股之數 卽上古聖人之遺法故也".

140) 「月食眞象」, 『先句齊』 卷下, 月離齊, 48ㄴ, "日食者 合朔之時 月在日與地之間 掩蔽日光於人目 而不能上侵日體 月食者 對望之時 地在日與月之間 遮隔日光於月體 而使不得受日光爲明".

141) 원문은 鮑雲龍의 『天原發微』 卷2下, 太陰, 40ㄱ~41ㄱ(806책, 123쪽-영인본 『文淵閣四庫全書』, 臺灣商務印書館, 1983의 책수와 쪽수) 참조.

다.[142] 결국 서명응의 월식론은 이른바 '地影闇虛'說로 정리되는 것이라 할 수 있다.[143] 그의 월식론은 1782년(正祖 6) 가을 월식에 즈음하여 작성한 「月蝕詩」를 통해서도 다시금 확인할 수 있다.[144]

徐浩修(1736~1799)의 일월식론은 아버지 서명응의 그것을 충실히 계승한 것이었다. 우선 '交食'에 대한 설명부터 동일하다. 달이 黃道와 白道의 교점에 이르러 薄蝕이 발생하기 때문에 '交食'이라고 한다는 것이다.[145] 백도는 황도를 남북으로 출입하기 때문에 달은 매달 두 차례씩 황도와 백도의 교점을 지나게 된다. 그럼에도 불구하고 매번 교식이 일어나지 않는 이유는 무엇인가? 서호수는 서명응과 마찬가지로 '經緯同度'의 조건으로 그것을 설명하였다.[146]

서호수는 일식을 合朔 때 달이 태양과 지구 사이에 위치하여 햇빛을 가리는 현상으로, 월식을 보름 때 지구가 태양과 달 사이에 위치하여 햇빛을 차단함으로써 만들어지는 지구의 그림자(闇虛) 속으로 달이 들어가는 현상으로 설명하였다.[147] 아울러 일식은 지구상의 동서남북의 지역차에 따라 일식의 형태(食分)와 발생 시각(時刻)에 커다란 차이가 있지만, 월식은 비록 발생 시각의 선후는 있지만 지구상의 모든 지역에서 다 같이 볼 수 있다는 사실을 지적하였다.[148] 이것은 일월식

---

142) 「闇虛蝕限」, 『先句齊』 卷下, 月離齊, 49ㄴ.

143) 「闇虛蝕限」, 『先句齊』 卷下, 月離齊, 50ㄱ, "及至近世 又合地影闇虛而一之 地影半徑之外 又設闇虛食限……".

144) 「月蝕詩」, 『保晩齋集』 卷2, 4ㄱ~5ㄱ(233책, 96~97쪽).

145) 『增補文獻備考』 卷1, 象緯考 1, 七政, 21ㄴ(上, 27쪽), "太陰及於黃白二道之交 因生薄蝕 故名交食".

146) 『增補文獻備考』 卷1, 象緯考 1, 七政, 21ㄴ~22ㄱ(上, 27쪽), "……雖入交而非朔望 則同緯而不同經 當朔望而不入交 則同經而不同緯 皆無食 必經緯同度而後有食也".

147) 『增補文獻備考』 卷1, 象緯考 1, 七政, 22ㄱ(上, 27쪽), "盖合朔時 月在日與地之間 人目仰觀 與日月一線參直 則月掩蔽日光 卽爲日食 望時 地在日與月之間 亦一線參直 地蔽日光而生闇影 其體尖圓 是爲闇虛 月入其中 則爲月食".

의 계산에서 월식의 경우 발생 시각을 중심으로, 일식은 발생 시각과 함께 발생 지역을 논해야 한다는 주장으로 연결된다.149)

이익의 학문적 전통을 계승한 近畿南人系의 丁若鏞(1762~1836)은 단연코 일식이 재이[灾變]가 아니라는 점을 강조하였다. 그 발생 시각을 미리 예측할 수 있는 것은 재변이 아니라는 입장이었다.150) 이와 같은 정약용의 생각은 『牧民心書』에서 보다 분명한 모습으로 나타난다. 일식과 월식은 본래 躔度가 있어서 미리 그 발생 시각을 알 수 있으므로 災變이 아니라는 것이다.151) 그럼에도 불구하고 정약용은 救食의 의식만은 장엄하게 해야 한다고 강조하였다.152) 그것은 '畏天'·'事天'의 일종이었기 때문이다.

그가 『經世遺表』에서 觀象監의 직무를 정리하면서 풍수지리와 관련하여 전통적으로 중시되었던 地理學·命課學을 폐지해야 한다고 주장하고,153) 曆書에 그와 관련된 내용 대신에 절기 시각, 일월식 시각, 일출·일몰 시각 등을 기재해야 한다고 주장하였던 것은154) 과학적인 자연인식으로의 진전을 지향한 것이라 할 수 있다. 당시 역서에는 날

---

148) 『增補文獻備考』 卷1, 象緯考 1, 七政, 22ㄱ(上, 27쪽), "然日爲陽精 星月皆借光焉 月去日遠 去人近 合朔之頃 特能下蔽人目 而不能上侵日體 故食分時刻 南北迥殊 東西異視也 若夫月食 則月入闇虛 純爲晦魄 故九有同觀 但時刻有先後耳".

149) 『增補文獻備考』 卷4, 象緯考 4, 日食, 1ㄱ(上, 57쪽), "且交食之災 宜論其時論其地……然月食 天下皆同 宜專計時 日食 九服各異 宜幷記地矣".

150) 「楊惲死於日食」, 『與猶堂集』, 餛飩錄(120쪽-『與猶堂全書補遺』 二, 景仁文化社, 1974의 쪽수), "日食本非灾變 豈有灾變可豫定時刻而布告中外者".

151) 『與猶堂全書』 第5集, 牧民心書 卷7, 禮典六條, 祭祀, 26ㄴ(285책, 457쪽), "日月交食 本有躔度 預知時刻 本非災變".

152) 『與猶堂全書』 第5集, 牧民心書 卷7, 禮典六條, 祭祀, 26ㄴ(285책, 457쪽), "日食月食 其救食之禮 亦宜莊嚴 無敢戱慢".

153) 『與猶堂全書』 第5集, 經世遺表 卷1, 天官吏曹 第一, 觀象監, 6ㄴ(285책, 8쪽), "臣謂地理學命課學 自今停罷 不復還取".

154) 『與猶堂全書』 第5集, 經世遺表 卷1, 天官吏曹 第一, 觀象監, 7ㄱ(285책, 9쪽).

짜에 따라 祭祀·婚姻·出行·針刺 등 일상생활의 길흉을 점치는 내용이 기재되어 있었다. 정약용은 이런 일체의 내용을 삭제하고 그 대신 「夏小正」과 「月令」에서 王政의 좋은 내용을 뽑아 절기에 따라 편입하고, 아울러 고금의 각종 농서와 의서를 참조하여 九穀·百果·諸藥의 파종·모종·채취에 대한 내용을 절기와 지역의 차이를 고려하여 기재하는 것이 '代天理物', '敬授人時'의 가장 중요한 내용이라고 강조하였다.[155]

정약용은 일식과 월식을 재이로 생각하는, 이른바 '陰陽拘忌之說'에 입각한 전통적 재이론에 대해서는 부정적인 태도를 취하였다.[156] 그는 天人分二의 철학적 기초 위에서 과학적 인식과는 별개로 정치사상적 의미에서만 일월식의 가치를 논의하고자 하였던 것이다. 이러한 그의 입장은 李睟光(1563~1682)→許穆(1595~1682)·尹鑴(1617~1680)→李瀷으로 이어지는 近畿南人系의 학문적 전통과 깊은 관련이 있다. 道理와 物理의 분리, 人格天[上帝天]과 自然天의 분리,[157] 나아가 人間學과 自然學의 분리라는 사상적 함의가 내포되어 있는 것이다.

少論系 陽明學派의 柳僖(1773~1837)는 『性理大全』으로 대표되는 전통 천문학의 기반 위에서 『曆象考成』과 『曆象考成後編』으로 대표

---

155) 『與猶堂全書』 第5集, 經世遺表 卷1, 天官吏曹 第一, 觀象監, 6ㄴ(285책, 8쪽), "其曆書之內 凡所謂宜祭祀·宜婚姻·不宜出行·不宜針刺 諸文並行汰削 乃取夏小正·月令 選其王政之善者 按節編入 又取古今農書·本草 凡九穀·百果·諸藥 宜種·宜蒔·宜採之說 考其節氣 別其南北 詳注於本日之下 如今之宜忌諸文 則代天理物·敬授人時 無以踰於是矣".

156) 『與猶堂全書』 第5集, 經世遺表 卷1, 天官吏曹 第一, 觀象監, 7ㄱ(285책, 9쪽).

157) '蒼蒼有形之天'과 '靈明主宰之天'의 구분이 바로 그것이다. 丁若鏞은 自然·自然法則을 道德의 준칙으로 이해하는 性理學的 天人觀에서 벗어나 上帝天의 복원을 통해 도덕 수립의 인위성을 지적하고, 性理學的 道理의 自然性을 부정함으로써 自然[天]과 人間[人]의 연결을 단절시켰다. 박학래, 2002, 「天人之際-인간 삶의 지표와 이상」, 『조선유학의 개념들』, 예문서원, 161~164쪽 참조.

되는 당대 최고의 서양 천문학을 주체적으로 수용하여 자기 나름의 天文曆算學을 수립하였다.[158] 유희의 일월식론은 한층 과학적인 수준으로 전개되고 있었다. 그는 일식과 월식의 근본 원리를 충분히 숙지하고 있었으며, 그에 바탕하여 '日食限界'와 '月食限界'[ecliptic limits]를 계산하였다. 특히 월식론에서는 종래의 '闇虛說'을 서양 천문학의 '地影說'과 결합시켜 '地影闇虛'의 개념을 통해 월식의 원리를 설명하였다.[159] 이와 같은 일식한계·월식한계의 계산과 그 법칙성에 대한 인식은 중세적 재이론을 극복해 나갈 수 있는 중요한 기반이 되었다. 비록 유희는 일월식에 대한 재이론적 관점을 완전히 청산하지는 못했지만,[160] 재이론 못지않게 천문역산학에 기초한 법칙성의 파악(巧曆)을 중요시하였다.[161] 이러한 유희의 태도는 천문역산학의 정밀화가 진전됨으로써 재이론을 극복할 수 있는 객관적 조건들이 마련되고 있었던 저간의 사정을 반영하는 것이라 볼 수 있다.

'日蝕限界'와 '月蝕限界'의 계산은 단순히 천문학상의 정확성 여부에 국한되는 것은 아니었다. 그것은 종래 일식으로 대표되는 災異論에 영향을 미칠 수 있는 중요한 문제였다. 李獻慶(1719~1791)이 증언하고 있듯이 서양의 일월식론이 유행하게 되면서 일월식을 천문학상의 '常度'로 간주하는 경향이 증대하고 있었다.[162] 그것은 종래의 天人感

---

158) 柳僖 天文曆算學의 대략적인 내용은 具萬玉, 「方便子 柳僖(1773~1837)의 天文曆法論－조선후기 少論系 陽明學派 自然學의 一端－」, 『韓國史硏究』 113, 韓國史硏究會, 2001 참조.

159) 자세한 내용은 具萬玉, 위의 논문, 2001, 102~106쪽 참조.

160) 「觀象志」 下, 日蝕, 『方便子遺稿』(연세대학교 귀중본 도서, 522.19/유희/방) 53ㄱ, "陳潛室曰 日月交會 本不足爲變異 但天文才遇此際 亦爲陰陽厄會 於人事上必有灾戾 故聖人畏之 側身修行 此論極精".

161) 「觀象志」 上, 七政圈, 『方便子遺稿』 19ㄱ, "故巧歷雖術士之所究 而萬代之常道也 災異縱君子之所講 而一時之變理也".

162) 「日食辨」, 『艮翁集』 卷21, 23ㄱ(234책, 446쪽), "惟西洋國利瑪竇之說 以爲食有常度 雖堯舜在上 不能使當食不食 所謂當食不食云者 蓋推步者誤 不知其本不當食耳 其書余未之見 而今世之士 誦其說如此 靡然信嚮之 而先儒之論

應論·天譴說에 대한 중대한 도전이었다. "오늘날에는 經典의 가르침을 믿지 않고 邪說을 신봉한다"[163]는 이헌경의 탄식은 이러한 상황에서 제기된 것이었다. 요컨대 일식한계·월식한계의 계산과 그 법칙성에 대한 인식은 중세적 자연학의 중요한 축인 재이론을 극복해 나갈 수 있는 중요한 기반이었던 것이다.

3) 潮汐說의 分岐

潮汐현상은 民生·海運·軍事활동과 관련된 문제로 일찍부터 생산활동에 종사하는 사람들뿐만 아니라 정부와 관료들이 지속적으로 관심을 기울였던 분야이다.[164] 특히 성리학의 도입 이후 格物致知論이 학문론으로 정착됨에 따라 事事物物에 대한 탐구를 통한 理法의 해명이 중요시되었고, 조석현상은 자연 탐구의 일환으로서 학자들의 지속적인 관심의 대상이 되었다. 특히『性理大全』가운데 조석설이 한 부분을 차지하게 됨에 따라[165] 이른바 '聖經賢傳'에 대한 격물치지를 중시했던 조선의 유자들은 어떤 형태로든 조석설에 관심을 갖지 않을 수 없게 되었다.

성리학의 조석설은 달에 의해 조석이 발생한다고 보는 '應月說'이 중심이었다. 그것은 이전 시기의 조석설을 비판적으로 계승하는 가운데 北宋代까지 축적된 천문학적 지식에 '陰陽五行說'을 가미하여 완성된 것이었다. 주희의 조석설 역시 '응월설'의 기초 위에서 제기되었고, 그것은 음양오행설을 통해 주자학적 자연학의 전체계와 유기적인 연

廢 余甚痛焉".

163) 「日食辨」,『艮翁集』卷21, 23ㄴ(234책, 446쪽), "今也不信經訓而信邪說".

164) 조석현상에 대한 전통적인 관심의 다양한 측면에 대해서는 구만옥, 「朝鮮後期 潮汐說과 '東海無潮汐論'」,『東方學志』111, 延世大學校 國學硏究院, 2001, 5~13쪽 참조.

165)『性理大全』卷27, 理氣2, 地理潮汐附, 27ㄴ~35ㄴ(1880~1896쪽).

관 관계를 맺게 되었다.

兩亂 이후 본격적으로 도입된 서학은 자연인식의 변화에 적잖은 영향을 끼쳤으며, 조석설 역시 일정하게 그 영향을 받지 않을 수 없었다. 서학 수용이 조석설에 미친 영향은 다음과 같은 몇 가지 측면에서 살펴볼 수 있다. 먼저 세계지도와 지리서의 전파를 통해 세계 각국의 자연지리에 대한 다양한 정보를 접하게 됨으로써 종래의 조석설을 세계 여러 나라의 조석현상과 비교・검토할 수 있는 기회를 갖게 되었다. 특히 '地球說'을 바탕으로 제작된 세계지도의 도입은 종래의 天地觀에서 탈피하여 세계의 구조를 새롭게 이해할 수 있는 계기를 제공하였다. 지구 위에 분포된 대륙과 대양의 모습을 일목요연하게 정리한 위에서 조석의 문제를 생각할 수 있게 되었던 것이다. 다음으로 우주구조론의 변화를 지적할 수 있다. 渾天說에 입각했던 종래의 우주관이 地球說을 중심으로 한 새로운 우주관으로 대체되었으며, 그에 따라 종래 땅을 싣고 있는 것으로 간주되었던 바다[水]가 이제는 대지에 부속된 것으로, 다시 말해 바다를 비롯한 일체의 물이 대지[지구] 위에 실려있는 것으로 새롭게 인식되었다. 마지막으로 중요한 것은 새로운 천문학 지식의 전파였다. 태양계 행성의 구조와 각 행성의 운행에 대한 정밀한 자료들은 조석에 미치는 천체의 영향을 (제한적이기는 하지만) 천체역학적 관점에서 생각할 수 있는 계기를 마련해 주었던 것이다.

서학의 수용을 통해 새로운 조석설을 제기한 것은 近畿南人 계열의 실학자들이었다. 李瀷의 조석설은 서학의 수용과 그에 따른 지구설을 전제로 하여 작성된 것이었다. 그가 「潮汐辨」의 첫머리에서 지구설을 설명한 것은 이러한 우주구조론을 기초로 하지 않고는 정확한 조석설의 수립이 불가능하다는 생각 때문이었다.[166] 그의 조석설은 "潮隨天而轉 進退隨月 盛衰隨日"[167]로 요약할 수 있다. 그것은 조수의 진행

166) 「潮汐辨」, 『星湖全集』 卷43, 24ㄱ(199책, 282쪽), "論潮汐而不詳渾蓋則未矣".

방향은 하늘의 운행을 통해, 만조와 간조의 발생은 달과 관련하여, 大潮(사리, spring tide)와 小潮(조금, neap tide)의 발생은 해와 관련하여 설명하려는 것이었다. 즉 천체역학적인 원리에 입각하여 조석현상을 설명하고자 한 것이었다.

이익은 기본적으로 조석현상을 달과의 관련 속에서 해명하고자 하였다. 그는 조석의 운행은 지구상의 어느 곳을 막론하고 달을 따라 진행한다고 보았다.[168] 그런데 일월성신의 운행은 그 자체가 저절로 움직이는 것이 아니었다. 그것은 氣의 운행으로 파악되었다. 따라서 조석의 운행 역시 달의 氣가 다다르면 만조가 되고, 氣가 물러가면 간조가 되는 것이었다.[169] 그렇다면 조석현상이 하루에 두 차례씩 발생하는 이유는 무엇인가? 이 질문은 종래의 '응월설'이 해명하지 못하는 난제였다. 이익은 이것을 '氣의 관통력(氣之貫過)'이라는 개념을 통해 설명하고자 하였다. 천지의 내부에서 氣가 한쪽에서 성하게 되면 반대쪽으로 관통하기 때문에 달이 뜰 때도 만조가 되고, 달이 질 때도 만조가 된다는 것이었다. 이익은 이것을 자석의 자기력을 예로 들어 설명하였다.[170]

그렇다면 조석이 지구상의 위치에 따라, 특히 남북의 지역차에 따라 다르게 나타나는 이유는 무엇인가? 조석에 대한 천체의 영향, 특히 달

167) 『星湖僿說』 卷3, 天地門, 潮汐, 10ㄴ(Ⅰ, 76쪽), "夫潮隨天而轉 進退隨月 盛衰隨日 此不易之論也".

168) 「潮汐辨」, 『星湖全集』 卷43, 24ㄴ(199책, 282쪽), "然而環地上下 潮之運行莫不隨月".

169) 「潮汐辨」, 『星湖全集』 卷43, 24ㄴ(199책, 282쪽), "日月星辰非自運也 乃氣行如此 而與氣同運 故潮之東西 亦不過氣至則涌 氣退則息 息而復涌 無一刻之停也".

170) 「潮汐辨」, 『星湖全集』 卷43, 25ㄴ~26ㄱ(199책, 283쪽), "其一日兩潮何也 氣之貫過也 天地之內 氣盛于東則貫過于西 氣盛于南則貫過于北 故月臨而潮滿 月對而汐漲 彼感而此應 氣之所至 地不能隔 今以指南針驗之 置磁石於鐵套之下 氣未嘗礙也".

의 영향을 중요하게 생각하는 이익에게 이 문제는 천체의 운행 궤도와 밀접한 관련을 갖고 있는 것이었다. 日月星辰의 운행은 하늘의 운행 방향과 마찬가지로 '左旋'이었고, 달을 따라 운행하는 조수의 진행방향 역시 '左轉'이었다.[171] 그런데 일월성신의 궤도는 지구의 赤道에 가깝다. 따라서 적도는 '天腹'으로 파악되었다. 요컨대 천체의 운행은 적도 부근에서 가장 빠르고 남쪽과 북쪽으로 갈수록 점차로 완화되어 극지방에 이르면 '常靜不動'하게 되는 것이었다. 이러한 천체운행론에 입각할 때 물 역시 적도 부근에서 가장 빠르고 극지방에 이르면 움직이지 않는 것으로 간주되었다.[172] 위도에 따른 조석 시각의 차이는 바로 이러한 물의 움직임과 관련하여 설명되었다. 지구상의 물은 적도 아래의 물을 '水宗'[173]으로 하여 남북으로 퍼져나가는 것이었다.[174] 북해나 남해의 조석은 적도 부근의 조수가 좌우로 퍼져나간 것에 불과할 뿐이었다.[175] 따라서 적도 지방에서 가까운 지역은 조석 시각이 빠르고, 적도 지방에서 먼 지역은 조석 시각이 느린데, 우리나라는 적도로부터 북쪽으로 멀리 떨어져 있는 지역이므로 적도 지역의 조석 시각과 많은 차이를 보인다는 것이었다.[176]

---

171) 「潮汐辨」, 『星湖全集』 卷43, 24ㄴ(199책, 282쪽), "然而環地上下 潮之運行 莫不隨月 則其麗地左轉 亦如日月星辰之與天左旋也".

172) 「潮汐辨」, 『星湖全集』 卷43, 24ㄴ(199책, 282쪽), "日月之行 常近赤道 赤道者 天腹也 其行最疾 漸北漸緩 以至於極則有常靜不動者矣 水亦當赤道下者最疾 北至於戴極之地 則水亦必不動矣 從赤道南至於南極 則其勢同然也".

173) 「水宗」, 『星湖僿說』 卷3, 天地門, 15ㄴ(Ⅰ, 79쪽), "赤道之下 有潮高數十丈 此水因氣涌爲海之大宗".

174) 「潮汐」, 『星湖僿說』 卷3, 天地門, 10ㄴ(Ⅰ, 76쪽), "天腹者 赤道也 天腹其勢最疾 故水在赤道之下者爲水宗 而從赤道左右者 皆其迆及者也".

175) 「潮汐辨」, 『星湖全集』 卷43, 25ㄴ(199책, 283쪽), "……可見水隨氣涌 與月左轉 而北海之潮不過其左右激蕩者也".

176) 「潮汐辨」, 『星湖全集』 卷43, 25ㄱ(199책, 283쪽), "水自洋中左右布散 激蕩之勢 迆及遠近 故近者先而遠者後也 我國之海 去洋中最遠 故月在卯而潮滿 至午而退 至酉而復滿 正與洋中之候相反也".

한편 조석이 盛衰하는 이유, 즉 大潮와 小潮의 차이가 발생하는 이유에 대해서 이익은 태양을 그 주요 원인으로 설명하였다.177) 삭망의 경우 태양과 달의 힘이 동시에 미치기 때문에 대조가 된다는 것이었다. 요컨대 이익의 조석설은 조석의 발생을 달의 운행에 따른 氣의 영향 때문으로 보고, 그 왕래는 달의 운행에 따라, 그 성쇠는 태양에 따라 일어나는 것으로 파악하는 것이었다. 이상과 같은 이익의 조석설은 앞서 살펴본 南懷仁의 『坤輿圖說』에 영향 받은 것으로,178) 서학의 천문학적 지식을 수용하여 천체역학적 관점에서 조석의 문제를 해명하려고 하였다.

이익의 조석설을 계승한 이가 丁若鏞이었다. 정약용의 조석설 역시 지구설을 바탕으로 하여 전개되고 있다는 점에서 이전의 조석설과 차별성을 지닌다. 그는 18세기 말에서 19세기 초에 걸친 시기에 살면서 당대에 전래된 다양한 서양의 과학기술 서적을 토대로 자기 나름의 자연인식을 구축하여 갔다. 조석설 역시 전통적인 조석설의 바탕 위에서 서양과학의 내용을 소화하여 체계화한 것이었다. 정약용의 조석설은 기존의 '응월설'에 의문을 품고 있었던 仲兄 丁若銓(1758~1816)과의 논의를 통해 완성된 것으로,179) 천문학 지식을 바탕으로 한 천체역학적 설명을 통해 '응월설'의 문제점을 지양하고자 하였다.

丁若銓이 '應月說'의 문제로 지적한 것은 두 가지였다. 첫째, 조석이 달과 관련된 것이라면 달이 뜨면 조수가 일어나고 달이 지면 조수가

177) 「潮汐辨」, 『星湖全集』 卷43, 26ㄱ(199책, 283쪽), "去來由月而盛衰則由日也".

178) 『星湖僿說』 卷1, 天地門, 一日七潮, 49ㄴ(Ⅰ, 27쪽), "南懷仁坤輿圖說 亦可證……".

179) 「寄茶山」, 『與猶堂集』(奎 11894) 24책, 巽菴書牘, "居海旣久 而潮汐之往來盛衰 終有解不透者 君或有測知耶 月上地面則潮始至 月午則始退 月入地底則又至 旣以月出而至 復以月沒而至者 是何故也 月初生極盛 至上弦極縮 月旣望極盛 至下弦極縮 月晦復盛 旣以月盈而盛 復以月晦而盛者 又何故也……".

물러가야 하는데, 실제로는 달이 뜰 때와 질 때 조수가 일어나고 달이 중천에 있을 때 조수가 물러가는 이유는 무엇인가 하는 점이다. 정약용은 이 문제를 지구설에 기초하여 설명하였다. 그는 달을 '물의 元精'으로 파악하였다. 따라서 元精이 비추면 물은 감발하여 위로 솟구치게 된다는 것이다. 그런데 물의 깊이가 깊지 않으면 그 감응 역시 깊지 못하게 된다. 달이 뜰 때나 질 때는 달의 위치가 지평선상에 위치하므로 횡으로 바다 수천 리를 비추게 된다. 따라서 물이 깊어 조수가 일어나게 되는 것이다. 반면 달이 중천에 떠서 바다를 비출 때는 비추는 물의 깊이가 수 리에 불과하므로 조수가 물러가게 된다는 설명이었다.[180] 이것은 구형의 지구 위를 동일한 깊이의 물이 덮고 있다고 가정할 때 관측자의 위치를 기준으로 지평선상에서 투과하는 길이와 수직선상에서 투과하는 길이를 비교해 보면 쉽게 이해할 수 있다.

둘째, 조석이 달과 관련된 것이라면 보름달일 때 大潮가 되고 그믐일 때 小潮가 되는 것이 이치일텐데, 사실은 보름과 그믐에 대조가 일어나고 상현과 하현일 때 소조가 발생하는 이유는 무엇인가 하는 점이다. 정약용은 이것을 태양의 운동 때문이라고 설명한다. 태양은 '불의 元精'이다. 물이 불과 만나면 끓어올라 솟구치게 된다. 초하루에는 태양이 동쪽에, 달은 중앙에, 지구는 서쪽에 위치하며, 보름에는 달이 동쪽에 지구가 중앙에 태양이 서쪽에 위치하게 된다. 이처럼 태양과 달과 지구가 일직선상에 위치하게 되면 起潮力[映射之力]이 커져서 대조가 발생하게 되는 것이다. 반면에 상현과 하현일 때에는 태양과 달과 지구가 삼각형을 이루게 되어 기조력이 작아져서 소조가 되는 것이다.[181] 이것이 바로 정약전이 바꿀 수 없는 논의라고 평가한 茶山의

---

180) 「海潮論」 1, 『與猶堂全書』 第1集 第11卷, 25ㄱ(281책, 244쪽), "月者 水之元精也 其元精之所照 映水則感之 渤然上興 然水之積也不厚 則其感不深 故月之方出 旣到地平之界 橫照海數千里 則水之積也極厚 而潮興焉 月旣高下燭于海 則水之積也不厚 而潮衰焉 海之深不能爲數里也 月之將沒 又到地平之界 橫照海數千里 則水之積也極厚 而潮興焉".

'日月地貫珠鼎足之說'[182]이었다.

한편 같은 삭망에서도 조석에 대소의 차이가 발생하는 이유를 정약용은 달의 궤도 변화로 설명하였다. 달의 궤도는 천구상에서 북으로는 하지선[북회귀선 : tropic of cancer]에 남으로는 동지선[남회귀선 : tropic of capricorn]에 다다른다. 달의 궤도가 남북으로 이동하면 조석이 운행하는 길도 남북으로 이동하게 된다. 우리나라처럼 북반구에 위치한 경우에는 조석이 운행하는 길이 남쪽으로 이동하면 그것이 미치는 여파가 멀어지게 되어 그 힘이 약해지고, 그 반대의 경우에는 그 여파가 가까워져서 그 힘이 강해지게 된다. 이것이 바로 같은 삭망에서 조석의 대소 차이가 발생하는 이유이다.[183]

이익과 정약용의 조석설은 각론에서 약간의 차이를 보이고 있지만 핵심적인 내용에서는 일치하고 있다. 먼저 양자는 조석을 발생시키는 근본 원인으로 달을 설정하고 있다는 점에서 일치한다. 大潮와 小潮의 차이가 발생하는 이유를 태양·달·지구의 상호 위상관계를 통해 해명하려고 하였다는 점에서도 같다. 또한 조수의 크기가 적도 지역에서 가장 크고, 이것이 남북으로 영향을 미친다고 본 점에서도 일치하며, 만유인력이라는 개념은 보이지 않지만 '氣之貫過'·'映射之力'이란 개념을 통해 기조력의 원인을 규명하려 하였다는 점에서도 동일하다. 무엇보다 양자는 전통적인 음양오행설로부터 벗어나 천체역학적 구조 속에서 조석을 해명하려 하였다는 점에서 이전의 그것과 질적인 차별성을 갖는다. 물론 이익과 정약용도 달과 태양의 영향을 언급하면서 '水'·'火'·'水之元精'·'火之元精'이라는 개념을 사용하고 있었으며, 그것은 전통적인 음양오행설의 차용이라고 볼 수 있다. 그러나 이익이나 정약용에게서 음양의 개념은 이전과는 다른 의미로 사용되고 있었

---

181) 「海潮論」 2, 『與猶堂全書』 第1集 第11卷, 25ㄴ~26ㄱ(281책, 244쪽).

182) 「寄茶山」, 『與猶堂集』 24책, 巽菴書牘, "海潮之理 茶山日月地貫珠鼎足之說 不可易也".

183) 「海潮論」 4, 『與猶堂全書』 第1集 第11卷, 26ㄴ(281책, 244쪽).

다. 음양이란 만물을 만들어내는 근원적 존재로서의 원기를 의미하는 것이 아니라 햇빛이 비치는가 비치지 않는가에 따른 음지와 양지의 의미였다.[184] 조석설에서 사용하고 있는 오행의 개념 역시 달과 태양의 차이를 설명하기 위한 수사적 차원이었다고 여겨진다.

일찍이 이익과 정약용은 理氣論의 전환을 통해 인간과 사물의 보편적 통일성(一理)을 부정하였다. 그들은 절대적 가치 이념으로서의 理를 부정하고, 자연법칙을 인간 사회의 운영원리와 분리함으로써 과학적 자연인식의 기반을 조성하였다.[185] 이제 그들에게 중요한 것은 개개의 차별성이었고, 이러한 차별성의 탐구를 위해서는 개별 사물에 대한 경험적 탐구방식이 중요시되었다. 조석에 대한 탐구 역시 그 일환으로서 행해진 것이었다.

한편 朱子道統主義者들은 주자의 조석설을 재해석하면서 당시의 사상계 변화에 대응하였다. 그것은 '陰陽說'의 강력한 천명이었고, 韓元震(1682~1751)은 그 대표적 인물이었다. 그런데 이러한 방식은 이미 이전부터 시도되고 있었다. 姜碩慶(1666~1731)[186]은 음양설을 철저하게 밀고 나감으로써 '응월설'의 문제를 돌파하고자 하였다. 그는 조석이 하루에 두 차례 발생하는 이유를 다음과 같이 설명하였다.

달이란 太陰의 정수(精)로 물의 어머니(母)가 된다. 그러므로 달이

184) 朴星來, 「丁若鏞의 科學思想」, 『茶山學報』 1, 1978, 155~158쪽.

185) 이러한 관점에 대한 최근의 연구로는 김홍경, 「이익의 자연 인식」, 『실학의 철학』, 예문서원, 1996 ; 金容傑, 「星湖의 自然 認識과 理氣論 體系 變化」, 『韓國實學硏究』 創刊號, 솔, 1999를 참조.

186) 姜碩慶의 학문적 성취는 독학을 통해 이룩한 것이었지만, 일찍이 그가 朴昌彦과의 논쟁에서 宋時烈의 저술을 옹호하는 입장을 견지하였던 사실이나, 老論系에 속하는 金榦(1646~1732)·朴弼周(1680~1748)·尹鳳九(1683~1767)·申暻(1696~1766) 등이 그의 학문을 긍정적으로 평가하였던 사실에서 그의 학문적 지향을 읽을 수 있다. 申暻, 「進士姜碩慶傳」, 『喫眠公集』(奎 15653) 貞, 總斷瞽說, 88ㄱ~ㄴ ; 「進士姜碩慶傳」, 『直菴集』 卷20, 34ㄱ~35ㄱ(216책, 520~521쪽).

> 바다에서 나오면 바닷물이 이것을 따라서 潮水가 되고, 달이 바다로 들어가면 바닷물이 이것을 맞아들여 汐水가 된다. 어머니가 출입함에 자식이 이를 따르고 맞아들이는 것은 이치의 당연한 것이다.[187)]

월별·계절별 조석 크기의 변화도 음양설에 입각하여 설명하였다. 조석은 朔望과 春·秋分에서 왕성한데, 그것은 이때가 음양이 조화를 이룬 시기이기 때문이었다. 반면에 兩弦과 夏至·冬至는 음양이 극한 시기이므로 조석이 움츠러드는 것이었다. 陰陽이 조화를 이루면 왕성하게 되고, 극하면 움츠러드는 것이 이치에 맞는 것이라고 강석경은 설명하였다.[188)]

음양설에 입각한 강석경의 주장은 조석에 대한 태양의 영향을 부정하기에 이르렀다. 왜냐하면 태양은 陽氣에 속하는데, 陽氣를 따라 발산하는 것은 바람이지 물이 아니기 때문이었다. 즉 사물이 서로 감응하는 것은 같은 종류일 경우에 한하기 때문에, 조석은 달에 감응하고 바람은 태양에 감응한다는 것이었다.[189)]

韓元震의 조석설은 『朱子言論同異攷』를 통해 처음 제기되었다.[190)] 여기에서 한원진은 주자가 余靖(1000~1064)의 조석설을 정설로 여겼다는 종래의 일반적인 이해를 부정하고 여정의 조석설과 주자의 그것을 분리하였다. 그는 주자의 견해는 긍정적으로 인정하고, 여정의 조석

---

187) 「論海水潮汐之理」, 『喫眠公集』 利, 下簾雜說 下, 42ㄱ~ㄴ, "盖月者 太陰之精而爲水之母也 故月出於海 則海水隨之而爲潮 月入於海 則海水迎之而爲汐 以母之出入而有子之隨迎 理之所當然也".

188) 「論海水潮汐之理」, 『喫眠公集』 利, 下簾雜說 下, 43ㄱ~ㄴ.

189) 「論海水潮汐之理」, 『喫眠公集』 利, 下簾雜說 下, 44ㄱ, "豈非潮以類而應於月 風以類而從於日哉".

190) 年譜에 따르면 『朱子言論同異攷』가 최초로 완성된 때는 韓元震의 나이 43세 때인 1724년(경종 4)이었다(『南塘先生年譜』 卷1, 41ㄴ(1059쪽), "(甲辰先生四十三歲)十月 朱書同異攷成"). 이것이 출판된 것은 1741년(영조 17)으로 추정된다(「朱子言論同異攷序」, 『朱子言論同異攷』 序, 2ㄱ~ㄴ(1141쪽), "辛酉季冬日 後學韓元震謹書").

설은 정면으로 비판하면서 조석은 스스로의 기틀[機緘]에 의해서 발생하는 것이라고 주장하였다. 그가 여정의 조석설, 즉 '응월설'에 반대하는 이유는 다음과 같은 의문점들 때문이었다. 첫째, 물이 달에 응하는 것이라면 어째서 달이 이지러졌을 때에도 조수가 밀려오는가 하는 점이다. 둘째, 음양설에 입각하면 子午는 음양의 극치인데 오히려 조수가 줄어들고, 卯酉는 음양의 중간인데 오히려 조수가 늘어나는가 하는 점이다. 셋째는 1년에 두 번의 여름과 겨울이 없고, 한달에는 두 번의 보름과 그믐이 없으며, 하루에는 두 번의 밤과 낮이 없는데 왜 조수의 진퇴는 하루에 두 번 발생하는가 하는 점이다. 넷째로 천지가 생성하는 순서를 볼 때 물이 달보다 빠르기 때문에 달이 물을 따른다고 하면 가능하지만 물이 달을 따른다고 하는 것은 불가능하다는 점이다.[191] 결국 이러한 의문들을 해결할 수 없는 한 여정의 응월설은 성립할 수 없다는 것이 한원진의 생각이었다. 그는 그것에 대한 대안으로 '陰陽說'을 제시하였다.

한원진의 조석설은 이후 문집에서 정리된 형태로 나타났다.[192] 그는 종래의 각종 조석설을 모두 비판하였다. 특히 전통적으로 인정받아 오던 盧肇나 여정의 조석설 역시 '蠡測'일 뿐이라고 주장하였다. 한원진의 조석설은 조석을 '陰陽屈伸之機', '天地呼吸之候'[193]라고 규정하면서 "음양조화는 자연의 기틀이고, 천지만물은 같은 이치"[194]라는 논리

---

191) 『朱子言論同異攷』 卷1, 天地, 11ㄴ~12ㄴ(1148쪽).

192) 「海潮說」, 『南塘集』 卷30, 19ㄴ~21ㄴ(202책, 152~153쪽). 이것은 1743년(영조 19)에 작성된 것이다. 작성의 계기는 祝穆의 『事文類聚』에 기록된 각종 해조설이 모두 잘못되어 있음과 많은 의혹들이 풀리지 않고 있음을 안타깝게 여겨 작성한 것이라고 한다. 「海潮說」, 『南塘集』 卷30, 21ㄴ(202책, 153쪽), "余於閒中 偶閱祝氏事物類聚(事文類聚의 잘못－필자)書 見其論海潮 憫衆說之同迷 歎羣疑之莫決 略爲之辨如右".

193) 「海潮說」, 『南塘集』 卷30, 19ㄱ(202책, 152쪽), "海潮者 陰陽屈伸之機 天地呼吸之候也".

194) 「海潮說」, 『南塘集』 卷30, 21ㄴ(202책, 153쪽), "陰陽造化 自然之機 天地萬

를 기본 전제로 하고 있다. 이것은 종래 조석을 日月이라는 천체와 관련지어 설명하는 방식에 대한 반론이었다. 조석이 日月에 따르는 것은 물과 달이 동류이거나 물이 日月에 근본하기 때문이라고 설명되어 왔다. 한원진이 비판하는 것은 바로 이 부분이었다. 그가 생각하기에 천지자연의 생성은 水→天地→日月의 순서로 이루어졌다.[195] 물의 생성은 天地보다 앞서고, 당연히 日月보다 앞서는 것이었으며, 때문에 물이 日月에 근본한다는 것은 말이 되지 않았다. 한원진이 생각하기에 동일한 이치의 규제를 받는, 다시 말해 陰陽의 기운을 품부받아 천지 사이에 생겨난 천지만물에는 盈虛消息의 변화가 있기 마련이었다.[196] 조석은 그러한 盈虛消息의 하나였으며, 따라서 조석이 進退消長하는 변화는 모두 '天地之氣'의 屈伸·호흡에 따라 이루어지는 것일 따름이었다.

한원진이 이렇게 음양설에 기초하여 자연현상을 설명하고자 한 것에는 그 나름의 이유가 있었다. 陰陽은 그 활동상에서 보면 시작이 없는 것이라고 할 수 있지만, 그 근원을 추구하여 올라가면 음양이 생기기 전에 이미 음양의 이치가 존재한다고 간주되었다.[197] 결국 음양설에 기초한 자연현상의 탐구는 천지만물을 동일한 이치라는 구조 속에서 파악하고자 한 주자학적 자연학의 강화라고 규정할 수 있다. 자연학의 영역에 국한시켜 볼 때 한원진의 조석설은 특별한 이데올로기적 지향을 지니지 않은 것처럼 보인다. 그러나 자연과 인간·사회를 동일한 원리로 파악하고자 하는 주자학적 사유의 특성상 음양설에 입각한 세계 이해는 자연학의 영역에 국한되지 않으며, 그것이 자연학의 영역

物 同然之理".

195) 韓元震이 설정한 정확한 생성의 순서는 一元之氣→天→水→地→日月→人物이라고 할 수 있다. 「雜識」 外篇上, 『南塘集』 卷37, 1ㄱ~2ㄱ(202책, 299쪽).

196) 「海潮說」, 『南塘集』 卷30, 21ㄱ(202책, 153쪽), "凡物之稟陰陽之氣而生天地之間者 莫不有盈虛消息之變".

197) 『朱子言論同異攷』 卷1, 陰陽, 8ㄱ~ㄴ(1146쪽).

을 벗어나 인간관·사회관으로 확장될 때 그 이데올로기적 특성을 분명히 드러내게 된다. 한원진의 음양설에 입각한 자연 이해 역시 당시 그가 강력하게 주장하고 있던 華夷論과 小中華論의 자연학적 기초였던 것이다. 다음과 같은 한원진의 언급은 주자학적 자연학의 특성을 단적으로 보여주고 있다.

> 하늘의 四時에서 봄과 여름은 陽이고 가을과 겨울은 陰이다. 땅의 四方에서 東南은 陽이고 西北은 陰이다. 그러므로 中國 文明의 운세는 항상 서북쪽에서 축소되고 동남쪽에서 전개된다. 이런 까닭으로 東南에 있는 閩·越과 朝鮮은 모두 변화해서 禮樂文物의 나라가 되었고, 西北에 있는 지역에서는 夷狄들이 변화해서 중국을 따르지 않았을 뿐만 아니라 중국의 땅 역시 점점 夷狄에 빠져들어 갔다. 대개 東南은 發生의 지역[發生之方]으로 기질[風氣]이 아름답고 밝기 때문에 그 지역의 사람들은 모두 더불어 변화해서 道로 나갈 수 있다. 西北은 肅殺의 지역[肅殺之方]으로 기질이 굳세고 사납기 때문에 그 지역의 사람들은 더불어 도로 들어갈 수 없다. 이러한 陰陽의 좋고 나쁜 구분[陰陽淑慝之分]은 天地의 運氣와 관계된 것으로 인력으로 어떻게 할 수 있는 것이 아니다.[198]

주자학적 자연학에서는 음양오행설이 모든 사물현상을 설명하는 기본틀로 제시되었다. 본래 음양이나 오행이라는 개념은 현상 사물에 대한 경험적 관찰을 통해 형성된 개념이었다. 그런데 그것이 몇 번의 과정을 거쳐 학문적 '권위'를 획득하게 되자 그로부터 모든 사물현상이 그것으로 환원되어 설명되었다. 다시 말해 음양과 오행이라는 관념이

198) 「拙修齋說辨」, 『南塘集』 拾遺, 卷6, 38ㄴ(202책, 453쪽), "天之四時 春夏爲陽 秋冬爲陰 地之四方 東南爲陽 西北爲陰 故中國文明之運 常縮於西北而展於東南 是以在東南則閩越朝鮮 盖變而爲禮樂文物之邦 在西北則不但夷狄之不能變而從夏也 中國之地 亦漸淪入於夷狄 盖東南發生之方也 風氣休明 故其地之人 可與變而之道 西北肅殺之方也 風氣勁悍 故其地之人 不可與入於道矣 此其陰陽淑慝之分 自有天地運氣之所關 而非人力之所可容也".

실재화되고 근원적 존재로 치부되면서 모든 사물현상은 그것으로 환원 해석되었던 것이다. 그러한 태도의 배후에는 일체의 현상세계가 단일한 원리에 의해 구성되어 있는 것으로 간주하는 주자학적 세계관, 理一分殊論이 자리하고 있었다. 즉 음양으로 설명되는 자연현상의 배후에는 그 음양을 음양이게 하는 원리=陰陽之理가 존재하는 것이며, 이 이치에 의해서 세계의 모든 사물은 일원적으로 통일되어 있다(理一)는 관념의 표상이었다.

이러한 한원진의 입장을 계승한 것이 李恒老(1792~1868)였다. 그는 송시열 이래의 朱子道統主義를 계승하여 19세기의 사회변동에 사상적으로 대응하고자 하였다. 宋時烈-韓元震으로 이어지는 주자연구는 이항로 단계에 이르러 『朱子大全箚疑輯補』라는 학문적 성과로 나타났다. 그것은 송시열의 『朱子大全箚疑』 이래의 『朱子大全』에 대한 주석작업의 집대성이었다.[199] 여기에서 이항로는 여정의 조석설에 대한 한원진의 비판적인 견해를 수록함으로써,[200] 주자의 조석설을 새롭게 해석한 한원진의 입장을 계승하였다.

이항로는 서학의 도입에 따라 조석에 대한 과학적 이해가 확산되는 가운데서도 의연히 구래의 음양오행설에 입각해 조석현상을 설명하였다. 그는 천지만물의 盈縮盛衰를 陰陽의 盛衰를 기준으로 陽盛·陰盛·陽中·陰中의 4단계로 구분하였다. 예컨대 한해의 경우 夏至는 陽盛, 冬至는 陰盛, 春分은 陽中, 秋分은 陰中에 해당하고, 한달의 경우에는 보름(望)이 陽極, 그믐(晦)이 陰極, 上弦이 陽中, 下弦이 陰中에 해당하며, 하루의 경우에는 卯時가 陽生, 午時가 陽盛, 酉時가 陰

199) 宋時烈이래의 朱子道統主義의 형성과 그들의 朱子書 연구에 대해서는 金駿錫, 「조선후기 畿湖士林의 朱子인식-朱子文集·語錄연구의 전개과정-」, 『百濟硏究』 18, 1987 ; 金駿錫, 「17세기 畿湖朱子學의 동향-宋時烈의 「道統」계승운동-」, 『孫寶基博士停年紀念韓國史學論叢』, 1988 참조.

200) 『朱子大全箚疑輯補』 卷58, 書, 「答張敬之一」, 64ㄴ~66ㄴ(영인본 『朱子大全箚疑輯補』 9, 韓國學資料院, 1985, 494~498쪽).

生, 子時가 陽極에 해당한다는 것이다.[201] 조석현상의 성쇠 역시 이러한 4단계에 따라 진행된다. 음양오행설에 근거해서 보면 물과 달은 같은 종류에 속하기 때문에 상응하게 되는데, 달이 卯上에 위치하면 潮水가 발생하고, 酉上에 다다르면 汐水가 발생하게 된다고 하였다.[202]

음양오행설에 입각한 이항로의 자연인식은 주자학적 자연관을 고수하는 것으로, 서양의 종교는 물론 과학기술의 가치조차 추호도 인정하지 않는 그의 서학인식으로 연결되었다.[203] 서양과학의 가치를 전면적으로 부정했던 이항로의 논리적 근거가 바로 理氣論·陰陽說이었던 것이다.[204]

조선후기 조석설의 흐름은 이상과 같은 두 가지 계열, 즉 천체역학적 원리에 입각하여 조석의 원인을 과학적으로 해명하고자 한 견해와 주자도통주의의 입장에서 음양설에 입각하여 조석을 설명하려는 견해로 分岐하였다. 그것은 새로운 자연인식을 모색하는 입장과 주자학적 자연학의 기본틀을 강화하려는 입장의 갈림길이었다.

5. 맺음말

이상의 논의를 통해 우리는 조선후기의 사회변동 속에서 새로운 사상적 조류가 싹트기 시작하였으며, 그 가운데 가장 특징적인 양상이 이른바 '實學'의 대두라는 사실을 확인하였다. 그것은 조선후기의 내재적 발전과정에서 자생적으로 형성된 진보적 사회개혁론이었다. 이와

201) 「潮汐解」, 『華西集』 卷18, 6ㄴ(304책, 453쪽), "陰陽之盛衰 一周之間 有四段界分……天地萬物之盈縮盛衰 莫不隨此四段界分而與之消息也".

202) 「潮汐解」, 『華西集』 卷18, 6ㄴ~7ㄱ(304책, 453~454쪽).

203) 『雅言』 卷12, 「洋禍」 참조.

204) 임종태, 「'道理'의 형이상학과 '形氣'의 기술－19세기 중반 한 주자학자의 눈에 비친 서양과학 기술과 세계 : 李恒老(1792~1868)－」, 『한국과학사학회지』 제21권 제1호, 1999.

같은 성격을 갖는 실학은 전통적 사유구조를 장악하고 있던 주자학과 충돌을 일으켰으며, 그에 대한 반성·비판의 일환으로 여타 학문에 대한 개방성, 상대주의적 인식을 보여주었다. 西學을 비롯한 다양한 학문에 대한 관심은 이러한 바탕 위에서 가능했다. 그것은 주자학 절대주의 체제에 대한 본질적인 문제 제기였던 바, 이러한 새로운 사상적 조류에 대해 정통 학계는 철저한 '朱子學 絶對主義'로 대응하게 되었다. 때문에 조선후기 사상계의 흐름은 크게 보수와 진보, 朱子學 絶對主義와 朱子學 相對主義의 대립 구조로 도식화시켜 이해할 수 있다.

자연학의 측면에서 본다면 조선후기 사상계의 변동은 주자학적 자연학의 동요와 해체, 새로운 자연학 질서의 수립으로 특징지워진다. 실학의 대두와 함께 한편에서는 주자학의 자연학 논의들에 대한 비판이 제기되었고, 다른 한편에서는 그것과 질적으로 다른 새로운 자연학 논의들을 창출하기 위한 노력이 시도되었다. 천체운행론, 일월식론, 조석설에서 나타나는 변화의 구체적 양상들을 정리하면 다음과 같다. 먼저 천체운행론에서 실학자들은 주자학에서 定論化하였던 左旋說에 대해 의심하였고, '截法'으로 폄하되었던 右旋說의 타당성을 재검토하는 일련의 작업을 시도하였다. 그러나 전통적인 左旋說·右旋說이 모두 '天動地靜'의 우주론적 관점에 입각해 있었기 때문에 종래 논쟁의 테두리 안에서는 획기적인 논의의 변화가 일어날 수 없었다. 천체운행론의 질적인 전환을 위해서는 '天動地靜'이라는 우주론 차원의 변화가 선행되어야만 했다. 그 작업은 서양 천문학의 여러 지식을 수용하여 전통 학문체계 속에 용해시킨 金錫文에 의해 확실하게 이루어졌다. 그는 地轉說을 제창함으로써 '天動地靜'을 부정하고 '天靜地動'의 새로운 우주론을 개척하였다. 지구가 우주의 중심에서 1년에 366회 右旋한다는 김석문의 주장에 따라 종래의 朱子學的 左旋說은 논리적으로 결정적인 타격을 입게 되었다.

朱子學的 日月蝕論 역시 17세기 이후 사상계의 변동 속에서 일련의

변화 과정을 겪게 되었다. 먼저 주자학적 일월식론이 지니고 있던 내부적 모순점들이 실학자들에 의해 구체적으로 지적되었고, 그것을 보완할 수 있는 새로운 설명틀로서 西學의 일월식론이 적극적으로 주목되었다. 17세기 이후 주자학적 일월식론에 대한 비판의 연장선상에서 18세기에 접어들면 서학을 적극적으로 수용한 과학적 일월식론이 전개되기에 이르렀다. 地球說의 수용과 천체구조론에 입각한 일식과 월식의 설명, 삼각함수를 응용한 일월식의 정밀한 예측이 이 과정을 통해 이루어졌다. 이러한 일월식론은 이전 시기의 그것과 질적인 차이점을 보여준다. 일월식에 대한 災異論的 해석이 관습적으로 유지되고는 있었지만 일월식 그 자체는 순수한 자연현상으로 이해되었다. 요컨대 18세기 이후의 일월식론은 이전 시기의 그것과 질적인 차이를 갖는다고 볼 수 있으며, 전통적 災異論 역시 과학적 일월식론의 전개에 따라 일정한 변화를 겪게 되었던 것이다.

주자학의 潮汐說은 달에 의해 조석이 발생한다고 보는 余靖 이래의 '應月說'이 중심이었다. 그것은 陰陽五行說을 매개로 주자학적 자연학의 전체계와 유기적인 연관관계를 맺고 있었다. 이와 같은 주자학의 조석설에 반기를 든 것은 李瀷・丁若鏞과 같은 近畿南人系 실학자들이었다. 이들은 서양의 새로운 과학지식에 입각하여 천체역학적 원리에 따라 조석의 원인을 해명하고자 하였다. 그것은 기존의 '應月說'이 갖고 있는 논리적 한계를 비판적으로 극복하는 한편, 주자학적 자연학의 기본틀인 음양오행설의 굴레를 벗어나 자연현상을 있는 그대로 분석하고자 한 노력의 일환이었다. 음양오행설의 부정은 형이상학적이고 신비주의적인 자연인식 태도에 대한 비판이었고, 나아가 자연과 인간・사회를 통일적으로 파악하고자 한 유기체적 자연관으로부터 이탈해 가는 단초를 여는 것이었다. 이에 대해 韓元震・李恒老와 같은 朱子道統主義者들은 종래의 '應月說'이 갖는 한계를 '陰陽說'의 강화를 통해 해결하고자 하였다. 음양설에 기초한 자연현상의 탐구는 천지만

물을 동일한 이치라는 구조 속에서 파악하고자 한 주자학적 자연학의 강화라고 규정할 수 있다. 조선후기 조석설의 흐름은 이상과 같은 두 가지 계열로 分岐하였다. 그것은 새로운 자연인식을 모색하는 입장과 주자학적 자연학의 기본틀을 유지·강화하려는 입장의 갈림길로서, 조선후기 사상계의 대립·갈등 구조를 반영하는 것이었다.

주자학적 자연인식과 비교할 때 실학적 자연인식의 특징은 다음과 같은 몇 가지로 정리할 수 있다. 첫째, 理氣論의 변화에 따라 자연·자연법칙을 이해하는 태도에 근본적인 변화가 나타나게 된다. 조선후기에는 다양한 경로를 통해 기존의 이기론에 대한 문제 제기가 시도되었다. 理本體論에 대한 문제 제기는 궁극적으로 우주만물의 근원자로 추상되는 理의 성격에 대한 논란을 야기하였다. 일부 논자들은 理의 主宰性을 부정하였고, 일부 논자들은 氣一元論的 철학을 전개하기도 하였다. 자연학의 측면에서 보자면 理의 성격에 대한 논란은 道理와 物理의 상호 관계를 어떻게 설정할 것인가, 物理의 독자성을 인정할 것인가 하는 문제로 요약된다. 조선후기 이기론의 변화는 理의 성격 변화와 함께 物理의 독자적 가치를 인정하는 여러 논의들이 출현할 수 있는 토대를 만들어 내게 되었다.

둘째, 이기론 변화는 인식론의 변화를 추동하였고, 그에 따라 전통적 格物致知論에 대한 비판과 새로운 인식론의 모색이 시도되었다. 자연학의 측면에서 그것은 實測的·實證的 방법론에 대한 탐구로 이어졌다. 종래의 경전적 권위에 압도당하지 않으며, 독자적으로 실측과 실증을 통해 자연법칙을 탐구해 가는 새로운 방법론적 모색이 여러 학자들에 의해 다양하게 시도되었다. 이러한 시도들에 의해 전통적으로 자연세계를 이해하는 기본틀로 기능하였던 陰陽五行說에 대한 비판과 부정이 이루어졌다. 陰陽과 五行이라는 개념 자체에 대한 재해석이 이루어지는 한편, 그 범주를 벗어나 새로운 개념에 입각해 자연현상을 이해하고자 하는 일련의 노력들이 경주되었다. 그러한 노력이 당시 전래되고 있던 西學과 결합되어 새로운 자연학을 창출해 가게 되었다.

셋째, 실학의 자연인식은 주자학에 대한 비판의 연장선상에서 여타 학문에 대한 개방성을 보여주었다. 漢唐儒學的 자연인식에 대한 재해석, 道敎的 자연철학에 대한 관심, 西學의 적극적 수용은 그러한 변화의 모습을 확인할 수 있는 지표들이다. 특히 서양의 과학·기술을 수용함으로써 실학의 자연인식은 이전의 그것에 비해 질적인 비약을 이룩하게 되었다. 전통적 자연학의 내용에 비해 질적으로 우수한 서양과학의 이론과 방법은 주자학적 자연학을 대체할 수 있는 유용한 수단으로 인식되었고, 그를 토대로 인식론·세계관의 전환을 이루어가게 되었다. 중국 중심의 세계질서로부터의 이탈, 인간 중심적 사고의 전환은 결국 絶對主義的 관점으로부터 相對主義的 관점으로의 전환을 의미하는 것이며, 그 연장선상에서 자국의 역사·문화·언어에 대한 새로운 이해가 가능하게 되었던 것이다. 조선후기 세계관의 변화, 그것과 연동되어 있는 인간·사회관의 변화는 주자학으로 대표되는 중세적 합리주의를 넘어서 새로운 사유체계를 지향하는 주체적 노력의 산물이었다고 할 수 있을 것이다.

지구, 상식, 중화주의

李瀷과 洪大容의 사유를 통해서 본 서양 지리학설과 조선후기 實學의 세계관

林宗台*

거대한 지성사적 변화의 원인을 설명해야 하는 역사가들은 해당 사회의 지적 전통 외부에서 유입된 새로운 지식의 역할에 주목하는 경우가 많다. 이 경우 외래의 지식은 자체적으로는 변화하기 어려워 보이는 둔중한 지적 전통에 침투하여 다양한 작용·반작용을 일으킴으로써 거대한 변화를 야기하거나 또는 그로 이어질 단초를 마련한다고 간주된다. 17세기 在中國 예수회 선교사들에 의해 유럽의 학문이 동아시아 지식 사회에 소개된 일도 비슷한 맥락에서 역사가들의 관심을 끌었다. 특히 선교사들이 소개한 지식 가운데 수학, 천문학, 지리학 등 유럽의 과학이 상당한 비중을 점했고 이를 받아들인 동아시아 나라들이 19세기 후반 이후 결국에는 서구적 근대화의 길을 채택했다는 점에서 17, 18세기 선교사들에 의한 지적 충격은 자연스레 동아시아의 '근대적 전환'이라는 주제와 연관지어졌다.

예를 들어 우리나라 사학계는 서양과학의 확산과 그에 따른 계몽적 영향을 조선후기 실학의 근대성을 알려주는 중요한 지표로 일찌감치 인정했다. 지난 세기 중반 千寬宇가 조선후기 실학의 핵심을 "前近代

* 한국과학기술원 인문사회과학부 초빙교수(과학기술사)

精神에 대립하는 近代精神, 沒民族精神에 대립하는 民族精神"으로 정의했듯,[1] 실학 연구자들은 조선후기 실학자들이 제기한 다양한 經世論의 바탕에 중세 성리학적 세계상에서 근대 민족주의로의 세계관적 전환, 또는 그 맹아가 전제되어 있다고 보았다. 이러한 변화를 촉발한 원인으로 다양한 견해가 제시되었으나, 중국을 통해 들어온 서양과학이 한 가지 외적 요인이었다는 점에 대해서는 별다른 이견이 없었다. 조선후기 서양과학 수용의 주요 루트였던 燕行使의 행로를 "朝鮮近代科學史上에 있어 동트는 새벽녘의 하얀 모래 길"이라며 시적으로 표현한 洪以燮 이후로, 서양과학은 조선후기 실학자들이 갖게 된 근대적 정신의 주요 원천으로 널리 받아들여졌다.[2] 당시 소개된 서양과학 중에서도 근대적 세계상의 형성과 관련하여 주목받은 것이 바로 地球와 五大州의 새로운 지리 지식이었다. '지리상의 발견'의 성과를 담고 있는 르네상스 세계지리 지식은, 중국이 지구의 중심이 아니라 아시아의 동남쪽에 치우친 한 나라에 불과하다는 점을 보여줌으로써 일군의 학자들이 중화주의적 세계상에서 벗어나 민족주의적 사유로 나아가게끔 했다는 것이다.

이 글의 목적은 예수회 선교사들의 지리학설이 조선후기 학자들의 세계관 전환에 영향을 미쳤다는 인식의 타당성을 검토해 보는 데 있다. 조선후기 일부 학자들에게서 중화주의적 세계상에 대한 근본적 비판과 근대 민족주의로의 분명한 지향을 찾을 수 있을까? 당시에 세계관의 변화가 있었다면 어느 정도로 근본적이었으며, 그 변화에 선교사들의 지리학은 어떤 영향을 미쳤는가?

---

1) 千寬宇, 「朝鮮後期 實學의 槪念 再檢討」, 연세대학교 제1회 실학 공개강좌 발표요지, 1967(千寬宇, 『近世朝鮮史硏究』, 一潮閣, 1979, 388쪽 재수록).

2) 洪以燮, 『朝鮮科學史』, 1946(『洪以燮全集』 제1권, 延世大學校 出版部, 1994, 259쪽 재수록). 조선후기 실학을 서양과학 수용의 측면에서 조망한 가장 종합적인 연구로는 朴星來, 「한국근세의 서구과학수용」, 『동방학지』 20, 1978, 257~292쪽을 들 수 있다.

1. 서양 지리학설과 '근대적 전회' : 李瀷과 洪大容에 대한 '근대적 誤讀'

19세기 개화사상의 기원을 다룬 연구에서 姜在彦은 서양의 과학과 지리학설이 조선후기 실학자들에 미친 영향을 다음과 같이 표현함으로써 조선후기 실학 연구의 표준적 견해를 공식화했다.

> 李瀷에서 시작되는 地圓說은 洪大容에 이르러서 다시 地轉說로까지 발전하였다. 이러한 지원설 및 지전설은 세계를 '中華'와 '四夷'로 준별하는 儒者類의 명분사상을 타파하는 세계관상의 '코페르니쿠스적 전회'이며, '자주적 개국・개화에의 길을 개척하는 사상적 대전제'가 되는 것이다.[3)]

실학자들이 감행한 세계관적 '轉回'의 내용을 두 단계로 표현한 위의 선언은 실학 연구 전반의 경향을 잘 대변한다. '地球・地轉說→중화주의 비판→자주적 근대화'라는 단계는 각각 중세적 세계상의 극복과 근대 민족국가 건설의 지향을 뜻한다는 점에서 천관우가 실학의 특징으로 규정한 '근대정신' 및 '민족정신'에 상응한다. 이러한 주장은 구체적 표현이나 강도를 달리하며 여러 논자들에 의해 반복되었다. 예를 들어 신용하는 한국 근대 민족주의의 기원을 地圓說・地轉說 등 "자연과학에 기초"하여 "華夷사상을 깨뜨리고 조선의 독자성, 독립성, 중심성 등 자주의식을 자각하여 이론화한" 李瀷, 洪大容 등에게서 찾았다.[4)]

이상의 예에서도 드러나듯, 조선후기 실학자들의 세계관적 전환을 보여주는 연구는 이익(1681~1763)과 홍대용(1731~1783)이라는 두 인물에 집중되었다. 당시 학자 중 누구보다도 서양과학에 깊은 관심을

3) 姜在彦(鄭昌烈 譯), 『韓國의 開化思想』, 比峰出版社, 1981, 148쪽.

4) 愼鏞廈, 「韓國近代民族主義의 起源」, 『韓國近代社會思想史研究』, 一志社, 1987, 11~12, 14쪽.

보인 두 사람은 공교롭게도 조선 실학의 양대 산맥이라고 일컬어지는 星湖學派와 北學派의 대표적 인물이기도 했다. 그래서인지 연구자들은 그들에게서 세계관적 변화를 확인하고는 이를 근거로 조선후기 실학 전반의 사상적 추세를 재구성하곤 했다.[5] 이익과 홍대용의 사상이 18세기 실학의 근대성을 뒷받침하는 두 기둥으로 간주되었으므로, 이 글의 논의 초점도 자연스레 두 인물로 모아질 수 있을 것이다. 과연 그들의 사상에서 근대적 전환 또는 그 싹을 확인할 수 있을까?

적어도 이익에게서 근대성의 흔적을 찾으려한 시도는 쉽게 정당화되기 어려워 보인다. 왜냐하면 이전 연구에 의해 구축된 이익의 근대성은 대개 핵심 전거에 대한 오해에 기반하고 있기 때문이다. 이익이 서양 지리학설을 받아들여 중화주의를 극복했다는 주장은 예외 없이 『星湖僿說』「分野」에 등장하는 "중국은 大地 중의 한 조각 땅에 불과하다(今中國者不過大地中一片土)"는 선언을 증거로 삼고 있다.[6] 이 구절로 이익의 脫중화주의를 입증한 논자들은 조선사 연구의 필요성을 강조한 이익의 史論을 근거로 그의 민족주의적 경향까지 확인했다. 한우근에 따르면, 서양 세계지도를 통해 중국이 一片土에 지나지 않음을 알게 된 이익은 "지리상으로는 물론 문화의식에서까지도 종래의 중국 중심의 세계관이나 문화관(華夷觀)에서 탈피할 수 있었으며" 결국에는 "세계 속의 조선의 위치에 대한……새로운 인식"을 가지게 되었다.[7]

5) 물론 이익과 홍대용 이외에도 정약용, 박지원 등의 인물이 보조적인 사례로서 언급되기도 하며, 최근에는 강화학파의 李匡師(1705~1777) 같은 다른 학맥의 인물에게서 세계관 전환의 모습을 찾는 시도도 나타났다(具萬玉, 「朝鮮後期 '地球'說 受容의 思想史的 의의」, 『河炫綱教授定年紀念論叢 - 韓國史의 構造와 展開』, 혜안, 2000, 742~743쪽). 그러나 조선후기 실학에서 이익과 홍대용이 차지하는 위치는 여전히 핵심적이다.

6) 李瀷, 『星湖僿說』 卷2, 「分野」, 7ㄱ.

7) 韓沽劤, 『星湖李瀷硏究』, 서울대학교 출판부, 1980, 51~52쪽. 비슷한 주장이 안외순, 「西學 수용에 따른 朝鮮實學思想의 전개 양상」, 『東方學』 제5집, 한

그러나 「분야」의 해당 구절은 글 전체의 맥락에서 살펴보면 전혀 다른-심지어 연구자들의 해석과는 정반대의 의미를 띤다. 이익이 「분야」를 집필한 동기는 중국 점성술의 分野說과 서양 지구설 사이의 모순을 조정하려는 데 있었다. 분야설이란 하늘의 별자리를 적당히 구획하여 이를 중국의 郡國에 대응시킨 뒤, 하늘의 특정 구역에서 나타나는 기이한 현상을 그에 상응하는 지방에서 발생할 재변의 조짐으로 해석하는 이론 체계를 말한다. 17세기 이래 지구설을 받아들인 중국·조선의 지식인들은 지상 세계의 '한 조각 땅'에 지나지 않는 중국이 어떻게 하늘 전체를 독점할 수 있는지 의문을 갖게 되었다. 하지만 그렇다고 해서 지구설을 받아들인 사람들이 모두 분야설을 버렸다고 보아서는 안 된다. 이익에 따르면 "분야설에는 비록 납득할 수 없는 부분이 많지만" 하늘과 땅을 적당히 구획하여 서로 대응시킨다는 발상 자체에는 "근본적으로 條理가 있었다."[8] 분야설과 지구설 사이의 모순을 조정하려 한 이익의 시도는 제자 안정복에게 보낸 다음의 편지에서 잘 나타난다.

> 거대한 땅에서 보자면 중국은 한 조각 땅에 지나지 않으며, 우리나라는 또한 그 동북의 검은 사마귀와 같은 땅에 불과하니, 드넓은 하늘의 상이 그와 더불어 상응하지 않는 것 같다. 그러나……그 이치가 없지는 않다. 비유컨대 뜰에 놓인 한 그릇의 물에도 드넓은 하늘의 象이 사방에서 이르러 그 가운데 비치지 않음이 없는 까닭과 같다.[9]

서대학교 동양고전 연구소, 1999, 397쪽에 훨씬 강화되어 나타난다. 안외순은 이익이 "조선의 자주성/자주적 역사관을 자각"하는 데까지 이르렀다고 주장했다.

8) 李瀷, 『星湖僿說』 卷2, 「分野」, 8ㄱ, "分野之說, 多所未解, 天分四位, 地列四方, 龍虎鳥武, 排序符應, 元有條理".

9) 李瀷, 『星湖全集』 卷24, 「答安百順(戊辰)-別紙」(『韓國文集叢刊』 제198책, 民族文化推進會, 1997, 487쪽), "以大地言, 中國不過一片土, 我邦又不過其東北黑痣之地, 疑若渾象之不與相應. 然以理推之, 不無其理在, 比如一盆水

하늘이 한 그릇 대야의 물에도 모두 비칠 수 있는 것처럼, 하늘과 “한 조각 땅에 불과한” 중국의 대응도 정당하다는 것이다. 주목해야 할 것은, “중국이 한 조각의 땅”이라는 이익의 발언이 중화주의를 확정적으로 비판하는 것이 아니라 지구설이 초래한 이론적 문제를 제시하려는 맥락에서 이루어졌다는 점이다. 그는 지구설과 분야설의 충돌을, 땅이 둥긂에도 ‘불구하고’ 중국과 하늘의 대응이 여전히 정당함을 보여줌으로써 해소하고자 했다.[10] 분야설의 중화주의적 가정을 옹호하는 「분야」의 논지는, 그렇다면 도리어 이익의 세계관적 보수성을 드러내 주는 사례라고 볼 수 있다. 그렇다면 중화주의에서 벗어난 듯한 이익의 다른 단편들은 어떻게 해석할 수 있을까? 「분야」에 나타난 중화주의적 시도와, “華夏를 귀하게 여기고 夷狄을 천하게 생각하는 것은 옳지 않다”[11]거나 “東國自東國” 등과 같은 ‘탈중화주의적’, ‘민족주의적’ 언명 사이에 존재하는 간극은 어떻게 설명할 수 있을까?

「毉山問答」이라는 저서를 통해 중화주의적 세계상을 분명한 논조로 비판한 홍대용의 경우는 이익에 비해 별다른 오해의 소지가 없는 듯하다. 홍대용의 사상이 성리학적 세계상과는 다른 특징을 보인다는 점이나 그의 사상에 서양과학이 영향을 미쳤다는 사실 자체를 부인하기는 어렵다. 그러나 홍대용이 구체적으로 어떤 사상적 지향을 가지고 있었는지, 그에 영향을 미친 여러 요인들의 상대적 비중은 어떠했는지 등의 측면에서, 홍대용의 사상은 표면적인 단순함을 무색케 할 복잡한 쟁점을 안고 있다. 예를 들어 학계에서는 홍대용의 사상적 도약이 서양과학의 영향으로 이루어진 것인지 아니면 그것을 조선후기 성리학의 - 특히 老論-洛論系의 人物性同論 - 내재적 발전으로 보아야 하는

在庭, 渾象四到, 莫不照在其中故也”.

10) 분야설과 예수회 지리학설 사이의 충돌 및 그를 해결하려 한 李瀷 등의 시도에 대해서는 林宗台, 『17·18세기 서양 지리학에 대한 朝鮮·中國 學人들의 해석』, 서울대학교 박사학위논문, 2003, 186~199쪽을 참조할 것.

11) 李瀷, 『星湖全集』 권25, 「答安百順問目」(『韓國文集叢刊』 제198책, 511쪽).

지에 대해 다른 입장이 제기되기도 했다.[12] 홍대용의 사유에서 『莊子』「秋水」편의 주제가 두드러진다는 점을 지적한 연구도 있었다.[13] 이들 세 가지 요소-서양과학, 老論 洛論의 人物性同論, 『莊子』의 상대주의-가 모두 「의산문답」에 흔적을 남기고 있음은 분명하지만, 그들의 상대적 비중을 어떻게 파악하느냐에 따라 홍대용과 조선후기 사상사에 대한 관점은 크게 달라질 수 있다. 가령 홍대용이 주장한 "人物均"을 人物性同論의 연장에서 이해한다면 홍대용의 사상을 주자학으로부터의 세계관적 단절로 본 강재언 등의 견해는 수정되지 않을 수 없으며, 나아가 홍대용의 사상을 기둥으로 하는 한국 근대사상사의 전개 구도 또한 흔들리지 않을 수 없을 것이다.

홍대용과 관련하여 두 번째로 문제 삼을 수 있는 것은 그의 중화주의 비판이 많은 연구자들의 생각처럼 실제로 '근대적'이었는지 또는 최소한 '근대를 지향'하고 있었는지의 문제이다. 주자학적 사유와 화이론에 대한 비판이 그 자체로 근대 민족국가를 '지향'한다고 볼 수 있을까? 혹자는 "탈중화주의 자체가 유교권에서는 제일차적인 '근대 지향적' 가치에 속한다"고 한다.[14] 물론 19세기 후반 개화파의 사상에 이르러 탈중화주의와 근대 사회로의 지향이 결합되었음은 분명해 보인다. 그러나 이를 18세기 후반의 홍대용에까지 소급할 수 있을까? 홍대용의 중화주의 비판에서 '근대 지향적' 성격을 찾는 것은, 19세기 후반 이래의 상식에 사로잡힌 연구자들의 시대착오적 誤讀이 아닐까?

---

12) 홍대용 사상과 洛論의 연결을 강조한 글로는 유봉학, 『燕巖一派 北學思想研究』, 一志社, 1995, 86~100쪽이 대표적이다. 이에 대해 許南進은 서양과학의 영향을 세계관적 전환의 계기로서 더 강조했다. 許南進, 「홍대용(1731~1783)의 과학사상과 이기론」, 『아시아문화』 9, 한림대학교, 1993, 127~153쪽.

13) 송영배, 「홍대용의 상대주의적 思惟와 변혁의 논리-특히 '莊子'의 상대주의적 문제의식과의 비교를 중심으로」, 『한국학보』 74, 1994, 112~134쪽.

14) 안외순, 앞의 글, 380쪽. 강재언도 그와 같은 입장이다.

2. 선교사들의 서양 지리학 소개와 중화주의 비판

재중국 예수회 선교사들이 소개한 서양의 과학과 지리학은 애초부터 근대적 세계상과는 거리가 멀었다. 선교사들은 비록 갈릴레오의 망원경 발견과 같은 당시의 최신 성과들을 일부 소개하기도 했으나, 그들이 전해 준 과학의 핵심은 여전히 중세 아리스토텔레스주의 자연철학이었다.[15] 상황은 지리학 분야에서도 크게 다르지 않았다. 지구설은 이미 기원전 그리스 이래로 서양 지식계의 상식이었다. 콜럼버스 이후 진행된 '지리상의 발견'의 성과가 여러 폭의 세계지도, 『職方外紀』 등의 세계지지를 통해 소개되기는 했지만, 그 속에는 성서의 奇事나 고대로부터의 황당한 傳聞 등이 포함되어 있었다. 이렇듯 근대적 세계상을 담고 있다고는 보기 어려운 선교사들의 지리학설이 중국과 조선의 지식 사회에 충격을 주었으며, 현대 연구자들에 의해 동아시아 근대적 사유의 출현에 영향을 미쳤다고까지 평가받은 이유가 있다면, 이는 그 속에 동아시아의 '중세적' 세계상이라고 할 수 있는 중화주의에 대한 비판이 담겨 있었기 때문이다.

중국의 사대부들이 지닌 중화주의적 세계상은 중국에서의 기독교 선교를 위해서라면 넘어야할 세계관적 장벽이었다. 유교 지식인들은 중국이 세계의 지리적 중심일 뿐 아니라 유일한 문명으로서 그 주위를 문화적, 지적으로 열등한 뭇 야만족들이 둘러싸고 있다고 믿었다. 이러한 세계상에 젖은 사대부들이 서양 '야만족'의 가르침인 기독교에 우호적 관심을 가질 가능성은 낮았다. 마테오 리치 이래 선교사들이 중국 사대부 계층에 서양과학의 탁월함을 선전한 것은 바로 유럽이 고상한 학문 전통을 지닌 문명세계임을 보여주기 위함이었다. 물론 중화주의를 직접 비판하는 일은 위험했다. 자칫 사대부들 사이에 선교사들에

15) 예를 들어 Willard J. Peterson, "Western Natural Philosophy Published in Late Ming China," *Proceedings of the American Philosophical Society* 117(4), 1973, 295~322쪽 참조.

대한 반감만 증폭시킬 수도 있었다. 중국사회에 안정적으로 정착하려면 조상에 대한 제사 등 유교 典禮를 인정한 것처럼 중화주의적 정서와도 어느 정도의 타협은 불가피했다. 리치는 세계지도를 제작할 때, 보통 유럽을 중심에 놓은 르네상스 세계지도의 대륙 배치를 바꾸어 중국을 중심에 오도록 배려했다. 리치의 일지는 그 이유를 다음과 같이 기록했다.

> 중국인들에게……땅은 평평하고 모난 것이었다. 그리고 그들은 자신들의 제국이 그 정중앙에 있다고 확신했다. 그들은 중국을 동양(orient)의 한 구석에 밀어 넣어 버리는 우리 지리문헌의 견해를 좋아하지 않았다. 그들은 땅이 육지와 바다로 이루어진 球이며, 球는 본성상 처음과 끝이 없다는 점을 증명하는 우리의 설명을 이해할 수 없었다. 따라서 그 지리학자(즉, 리치)는 원래의 도안을 바꾸지 않을 수 없었다. 그는……지도의 양편에 여백을 만들어 중국이 중앙에 위치한 것처럼 보이게 했다. 이는 그들의 관념에 훨씬 더 부합되었고, 그들은 이에 대해 아주 즐거워하고 만족스러워 했다.[16]

그러나 선교사들이 중화주의적 정서에 대해 양보로만 일관하지는 않았다. 그들은 세계지도에 나타난 자신들의 타협에 어떠한 우주론적·문명론적 의미도 부여할 수 없음을 자주 밝혔다. 선교사 로드리게스로부터 증정 받은『職方外紀』에서 중국을 중심에 놓은 세계지도를 접한 조선인 역관 이영후가 중화주의적 사색을 담은 편지를 보내오자, 선교사는 "萬國圖에 大明國을 중심에 놓은 것은 관람하기에 편리하도록 하기 위함일 뿐이며, 만약 땅이 둥글다는 점에서 논한다면 각각의 나라가 모두 중심일 것"이라고 반박했다.[17]

---

16) Matteo Ricci, ed. by Nicholas Trigault, *China in the Sixteenth Century : The Journal of Matthew Ricci : 1583~1610,* New York : Random House, 1953, Tr. by Louis J. Gallagher, 166~167쪽.

17) 安鼎福,『雜同散異』제22책,「西洋國陸若漢答李榮後書」(서울대학교 규장각

중화주의에 대한 단호하면서도 세련된 비판은 알레니(艾儒略, 1582~1649)의 『西方答問』(1637)에서 찾을 수 있다. 중국인 질문자와 자신의 문답 형태로 서양 문명의 여러 측면을 소개한 이 책의 서두에서, 알레니는 중국인 화자의 입을 빌어 책의 주제와는 동떨어진 듯이 보이는 쟁점으로 접어들었다. "어떤 이들이 이르기를 중국이 천하의 正中이라고 하는데, 그런지 아닌지를 모르겠습니다." 이에 대해 알레니는 '球의 표면에는 중심이 없다'는 기하학적 반론을 제시했다. "가장자리가 있는 물체여야 비로소 중앙이 있습니다. 가장자리가 없다면 무엇에 근거하여 중앙을 정하겠습니까. 大地는 원래 둥근 물체에 속하므로 가는 곳마다 중앙이 아닌 곳이 없습니다."[18] 중국이 세계의 지리적 중심이 아님을 수긍한 중국인 화자는 그렇다면 중국을 어떤 근거로 '中華'라 부를 수 있는지 질문했다. 이에 대한 알레니의 답변은 중화란 지리적 위치가 아니라 문화적 수준으로 정의된다는 것이었다.

> 중화의 說은 천하의 다양하고 많은 小國들이 예악문물의 찬란함에 있어서 貴邦과 비견될 수 없음을 이르는 것입니다.[19]

알레니는 한편에서 지구설을 이용하여 중국이 세계의 지리적 중심이 아니라고 주장하면서도, 그 禮樂文物의 탁월함을 인정하는 양면 전술을 택했던 것이다.

그러나 중국 문명에 대한 알레니의 찬양을 앞서 리치의 세계지도에서와 같은 타협으로만 이해해서는 안 된다. 중화를 오직 문화적으로만

古0160-12), "萬國圖, 以大明爲中, 便觀覽也, 如以地球論之, 國國可以爲中".

18) 알레니, 『西方答問』 (원문영인) John L. Mish, "Creating an Image of Europe for China : Aleni's *Hsi-fang ta-wen* 西方答問-Introduction, Translation, and Notes," *Monumenta Serica 23* (1964), 6쪽, "凡物有邊, 始有其中, 無邊則從何取中耶. 大地原屬圓體, 無往非中".

19) 위의 책, 6쪽, "問. 敝邦舊謂中華, 其說何居. 曰. 中華之說, 謂寰區錯雜, 多是小國, 禮樂文物, 誠不能如貴邦之盛".

정의하자는 알레니의 메시지는 사대부들의 관념 속에 결합되어 존재하던 두 관념, 즉 '지리적 중심으로서의 중국'과 '문화적 중심으로서의 중국'을 분리하는 효과를 노리고 있었다. 이러한 주문은 겉보기와는 달리 중화주의적 세계상의 근저를 뒤흔드는 힘이 있다. 왜냐하면 지리적 중화 관념이란 중국 문명의 보편성을 우주론적으로 뒷받침하는 핵심 기둥이었기 때문이다. 유교 지식인들에게 있어서 중국은 단지 세계 여러 문명 세계 중의 하나가 아니라 天道를 구현한 유일의 보편 문명이었으며, 이러한 중국의 독특성이 세계의 중심이라는 지리적 입지에 의해 뒷받침되었다. 중화의 지리적·문화적 기준 사이의 긴밀한 관계는, 중화주의의 경전적 근거로서 고대 周나라의 도읍지인 洛邑을 세계의 중심이라고 선언한 『周禮』「大司徒」편에서 잘 나타난다.

> 土圭의 법으로 土深을 측정하고, 해 그림자를 정함으로써 地中을 구한다.……하지 때 해 그림자의 길이가 一尺 五寸인 곳을 地中이라 이른다. 天地가 합하는 곳이요, 사계절이 교차하는 곳이요, 비와 바람이 모이는 곳이요, 음과 양이 화합하는 곳이다. 그러므로 百物이 번성하고 편안하니, 이곳에 왕국을 세우고 사방 천리에 王畿를 정하여 그 경계에 나무를 세운다.[20]

孔子 이래 儒家들이 회귀하려 했던 이상적인 周나라 문명이 낙읍에 건설될 수 있었던 것은 바로 그곳이 세계의 지리적 중심으로서 "하늘과 땅이 합하는" 지상 세계의 우주론적 특이 지역이어서 였다. 따라서 알레니의 주장을 받아들여 중국을 더 이상 지리적 중심이라고 말할 수 없게 된다면, 그것이 지상 세계의 유일한 문명이어야 할 핵심 근거 하

---

20) 『周禮注疏』 卷10, 「大司徒」, 北京 : 北京大學出版社, 1999, 251~254쪽, "以土圭之法, 測土深, 正日景, 以求地中.……日至之景尺有五寸, 謂之地中, 天地之所合也, 四時之所交也, 風雨之所會也, 陰陽之所和也, 然則百物阜安, 乃建王國焉, 制其畿方千里而封樹之".

나가 사라지는 셈이 된다. 지리적 입지에 기초한 중화 관념이 설 자리가 없어진다면, 남는 것은 각 나라의 문물에 대한 경험적 비교일 것이다. 알레니의 주장에 따르면, 중국을 中華라고 부를 수 있는 것은 주위 '조그만 나라들'과의 '비교'를 통해서일 뿐이다. 그러나 오대주의 넓은 세계에는 중국과 비견될 만한 大國이 많이 있으며, 기독교의 나라인 歐羅巴도 그 중 하나이다. 그런 점에서 중화주의에 대한 비판이 유럽을 소개하기 위한 책의 초두에 실려 있다는 점은 시사하는 바가 크다. 그는 유럽에 대해 말하기에 앞서 華·夷의 구분을 상대화시킴으로써 독자들에게 열린 눈으로 또 다른 고상한 문명의 세계를 바라볼 마음의 준비를 시키고 있었던 셈이다.

마테오 리치 이래로 선교사들은 중국 사대부들에게 자신의 고향인 기독교 유럽에 대한 긍정적인 이미지를 심어주기 위해 노력했다. 알레니는 중화주의를 근본적으로 비판했던 만큼 서양 문명의 이상화에도 적극적이어서, 그의 『직방외기』는 사실상 유럽 중심적 세계상에 토대하고 있었다. 우선 그는 유럽을 지상 세계의 '영적 중심지'인 유대아의 계승자로 묘사했다. 『직방외기』에서 유대아는 인류 구원을 위한 신의 섭리가 직접 현시된 지역으로, 무엇보다도 이 땅에 강림한 天主 예수의 활동 무대였다. 알레니는 『직방외기』 아시아 條를 다음과 같은 선언으로 시작했다.

> 아시아는 천하의 첫 번째 대륙으로서 인류가 처음 태어난 곳이며, 성현이 먼저 나타난 지역이다.[21)]

훗날 조선의 李瀷과 같은 이는 위의 선언을 중국에 대한 찬양으로 오해하기도 했으나, 사실 알레니가 염두에 두고 있던 지역은 유대아였다.

---

21) 『職方外紀』 卷1, 「亞細亞總說」(『文淵閣四庫全書』 제594책, 292쪽), "亞細亞者, 天下一大州也. 人類肇生之地, 聖人首出之鄉".

그곳은 인류가 처음 창조된 지역일 뿐 아니라 아브라함, 모세, 솔로몬과 같은 '聖人'들이 나타나 신의 섭리를 인간 세계에 계시한 곳이었다. 이러한 유대아의 성스러운 전통은 유럽으로 이어졌다. 예수의 승천 이후 제자들에 의해 그의 가르침은 유럽의 나라들에 전해졌으며, 그 후 1600년이 흐르는 동안 그 지역은 "오랫동안 편안히 다스려졌고, 그 나라 사람들은 모두 忠孝貞廉하여 성자와 현인이 된 남녀의 수를 헤아릴 수가 없다."[22]

『직방외기』에 기록된 유럽은 종교, 학문, 정치, 경제, 사회제도 등의 모든 면에서 "지상 세계의 낙원 에덴"을 연상시킬 완벽하고 이상적인 세계였다.[23] 이단을 배척하고 기독교만을 숭상하는 종교적 순수성 이외에도 유럽은 훌륭한 국왕들과 공정한 관리들에 의해 통치되는 정치적 이상 국가였다. "국왕들은 서로 혼인하여, 세대를 거듭하여 서로 평화롭게 지내" 서로 간에 전쟁이 한번도 일어난 적이 없다. 성직자, 법률가 등의 관리들은 녹봉을 후하게 받으므로 남는 것으로 빈민을 구제할지언정, 뇌물 수수와 같은 타락 행위를 하지는 않는다. 세금은 10분의 1에 불과하며 백성들은 모두 자발적으로 이를 납부할 뿐, 정부가 억지로 징수하는 일은 없다.[24] 물론 이와 같은 유토피아적 서술에서 종교개혁 이후 유럽이 겪고 있던 정치·종교적 분열과 참혹한 전쟁, 나

---

22) 『職方外紀』 卷1, 「如德亞」, 298쪽.

23) Albert Chan, "The Scientific Writings of Giulio Aleni and Their Context," in Tiziana Lippiello and Roman Malek eds., *"Scholar from the West" : Giulio Aleni S.J. (1582~1649) and the Dialogue between Christianity and China* (Nettetal : Steyler Verlag, 1997), 474쪽.

24) 『직방외기』 卷2, 「歐羅巴總說」, 301~305쪽. 알레니를 비롯한 예수회 선교사들이 서양을 극도로 미화시켜 소개한 점에 대해서는 이미 여러 연구자가 지적한 바 있다. Bernard Hung-Kay Luk, "A Study of Giulio Aleni's Chih-fang wai chi 職方外紀," *Bulletin of the School of Oriental and African Studies* XL(1), London, 1977, 58~84쪽 ; Albert Chan, 앞의 글, 472~476쪽 등의 연구를 참조할 것.

아가 유럽인들이 세계 곳곳에서 저지르고 있던 비행 등 선교사들 스스로가 잘 알고 있었을 유럽의 부정적 모습이 은폐되고 있었음은 분명하다.

유럽에 대한 왜곡된 이상화는 유럽 바깥 '우상 숭배자들'의 나라에 대한 공정하지 못한 서술과 대비된다. 아메리카의 '식인종'들과 같은 명백한 '야만지역'에 대한 서술에서는 물론, 알레니는 아랍과 힌두 문명권에 대해서도 부정적으로 서술했다. 회교에 대한 그의 서술은 오늘날까지도 서방 세계에 이어지고 있는 회교권에 대한 이미지를 그대로 보여준다. "(回回의 여러 나라들은) 본디 마호메트의 가르침을 조종으로 삼아 여러 나라들이 상당히 동일했으나, 후에는 각각 종파를 세워 서로 배격했다. 그들의 계율에는 여러 가지가 있으나, 그 가장 큰 것은 가르침에 대해서 변론해서는 안 된다는 것이다……한번 확립된 이후에는 마땅히 명심하여 순순히 받아들일 뿐 이치에 미심쩍은 것이 있어도 이를 돌아보아 생각하지 않는다."[25]

그러나 알레니의 글을 읽은 明末 중국의 독자들에게는 회교 국가들의 '비이성적' 종교보다는 그들이 주위에서 목도하고 있던 중국의 혼란스런 상황이 더 절실히 느껴졌을지도 모른다. 특히 환관에 의한 조정의 농단, 지방 정치의 타락과 그로 인한 백성들의 고통, 그리고 곧이어 닥친 대규모 반란과 전쟁으로 얼룩진 明末 중국의 상황을 잘 알고 있던 사대부 지식인들에게, 알레니에 의해 묘사된 유럽은 그들이 꿈꾸고 있던 고대 이상사회의 재현으로 비춰질 수도 있었다. 그리고 이와 같은 중국의 현실과 이상화된 서양의 대비야말로 『직방외기』와 『서방답문』을 집필하던 알레니의 숨겨진 의도였을 수 있다.[26] 그보다 훨씬 전

---

25) 『직방외기』 卷1, 「回回」, 293쪽. 유럽 외부의 문명권에 대한 선교사들의 '불공정한' 기술에 대해서는 Luk, 앞의 글, 65~69쪽 참조. 특히 Luk는 회교 지역에 대한 알레니의 부정적 서술과 宋明代 중국 지리서의 우호적 서술을 흥미롭게 비교하고 있다.

26) 이에 대해서는 Albert Chan, 앞의 글, 473~474쪽.

마테오 리치는 어느 사대부에게 보낸 편지에서 이를 다음과 같이, 조심스럽지만 분명하게 표현했다.

> 上國(중국)의 人心과 世道는 堯舜 임금과 夏·殷·周 시기를 능가했던 적이 없었습니다.……(그러나) 우리나라로 말한다면, (기독교의) 가르침을 받든 이래로 1600년간의 習俗은, 비록 교만에 빠질까 저어하여 감히 상세히 표현하지는 못하지만, 대략 두드러진 것(만 말하자면) 萬里의 땅 안에 삼십여 국이 섞여 살면서 단 한번의 왕조교체(易姓), 전쟁, 상호비난도 없었다는 것입니다.[27]

3. 지구설과 중화주의의 조정 : 李瀷

선교사들이 지구설과 오대주설을 소개한 기본 동기가 중화주의를 비판하고 서양 기독교 문명의 고상함을 부각시키려는 것이었으므로, 서양 지리학설에 대해 논의하던 중국과 조선의 지식인들도 중화주의적 쟁점을 비껴 갈 수 없었다. 대다수의 지식인들은 '둥근 땅 위에는 중심이 없다'거나 '중국은 다섯 대륙의 하나인 아세아주의 동남쪽에 있다'는 등의 주장에 담긴 불온한 메시지를 어렵지 않게 알아챌 수 있었다.

선교사들의 중화주의 비판은 17세기 중엽이래 중국·조선 지식계의 분위기로 판단할 때 그리 적절한 행위였다고 보기 어렵다. 明淸 왕조교체를 기점으로 중화주의적 정서가 중국과 조선의 지식 사회에서 급격히 고양되었기 때문이다. 17세기 중반 漢族의 明나라가 오랑캐 만주

27) 『辨學遺牘』, 「利先生復虞銓部書」 天學初函 第2冊, 臺北 : 臺灣學生書局, 1965, 647쪽, "上國之人心世道, 未見其勝於唐虞三代也……若蔽方, 自奉教以來, 千六百年, 中間習俗, 恐涉於誇詡, 未敢備著, 其粗易見者, 則萬里之內, 三十餘國, 錯壤而居, 不一易姓, 不一○兵, 不一責讓".

족에게 멸망당한 사변을 겪은 중국은 그와 비슷한 상황에 처했던 宋·元代에 이어 역사상 또 한번 중화주의의 고조기를 맞이하고 있었고, 이는 중국의 왕조 교체와 연동되어 청나라에게 수모를 당한 뒤 '對明義理'를 표방하며 '復讐雪恥'를 도모하던 조선의 경우도 마찬가지였다.[28] 중화주의에 대한 비판을 담은 선교사들의 지리학은 이렇듯 그와는 다른 맥락에서 전개되고 있던 중화주의적 정서의 고양과 결부되어 들어감으로써 당시 지식 사회의 중요한 쟁점으로 부각되었다. 게다가 선교사들 자신이 이방인이었고 또한 淸朝의 천문관서에 중용된 사실은 그들의 지식이 지닌 문제성을 더욱 증폭시킬 수 있는 요인이었다. 실제로 청나라 강희 초년 楊光先(1597~1669)이라는 反西學論者는 선교사들의 세계지도와 천문학에 담긴 '반역 음모'를 고발하여, 한때나마 황실 천문관서 欽天監을 장악하고 있던 선교사들의 세력을 몰아낼 수 있었다.[29]

하지만 지식 사회에 팽배한 중화주의적 정서에도 불구하고 지구설과 오대주설은 그에 포함된 메시지의 불온함을 무색케 할 정도로 중국과 조선의 지식 사회에 널리 수용되었다. 지구설을 강력히 비판한 인물들이 존재했던 것은 사실이나 대세를 이루지는 못했다. 이는 무엇보다도 서양 천문학의 정밀함에 대한 인식이 지식 사회에 널리 공유되었고, 급기야는 17세기 중반 중국과 조선의 조정이 선교사들의 時憲曆을

28) 淸朝 치하 漢族 지식인들의 중화주의와 그 굴절에 대해서는, John D. Langlois, Jr., "Chinese Culturalism and the Yuan Analogy : Seventeenth-Century Perspectives," *Harvard Journal of Asiatic Studies* 40(2), 1980, 355~398쪽을, 17세기 조선에서 중화주의의 고양 및 18세기에 나타난 변화에 대해서는 정옥자, 『조선후기역사의 이해』, 一志社, 1993 ; 정옥자, 『조선후기 조선중화주의 연구』, 일지사, 1998 ; 유봉학, 『燕巖一派 北學思想 硏究』, 一志社, 1995 등을 참고할 것.

29) 양광선이 주도한 이른바 '康熙 曆獄'에 대해서는 Chu Pingyi, "Scientific Dispute in the Imperial Court : The 1664 Calendar Case," *Chinese Science* 14, 1997, 7~34쪽을 참조할 것.

공식 역법으로 채택했기 때문이었다. 지구설은 시헌력의 기본 모델이었으므로 그에 대한 부정은 곧 제국의 생활 리듬을 규정하는 공식 曆法에 대한 거부를 뜻하게 되었다. 그렇다면 예수회의 지리학설을 받아들인 사람들은 그와 모순 되는 중화주의적 세계상에 대해 어떤 태도를 취했을까? 물론 17·18세기 중국과 조선의 지식인들에게서 지구설 수용의 광범위함에 비견될 만큼 중화주의적 세계상에 대한 비판의 흐름을 찾아보기란 어렵다. 그렇다면 이렇듯 모순되어 보이는 두 현상, 즉 외래 지리학설의 광범위한 수용과 중화주의적 정서의 유행이 공존하고 있는 일을 어떻게 설명할 수 있을까?

선교사들의 지리학설에 접한 지식인들은 대개 그것과 중화주의적 세계상 사이의 모순을 느낄 수 있었지만, 사려 깊은 사람이라면 그 둘 중 어느 하나를 버리기는 어려웠다. 청나라 康熙 연간의 성리학자 李光地(1642~1718)의 경우는 지구설과 중화주의 사이에서 느낀 당시 사람들의 긴장을 잘 드러내 준다. 그는 1672년 欽天監正이었던 선교사 페르비스트(南懷仁, 1623~1688)가 지구설을 근거로 중화주의를 강력히 비난했을 때에도 그에 직접 반대할 수 없었다.[30] 그는 선교사들의 지구설과 천문학을 "믿을 만하고 경험과도 부합한다"고 높이 평가하는 한편, 중화주의의 경전적 근거인 『주례』「대사도」의 낙읍 지중론에 문제가 많다는 점을 인정했다.[31] 그렇다고 정통 성리학자였던 그가 성인 周公의 제도를 담고 있는 『주례』의 권위를 부정할 수도 없는 일이었다. 그에 따르면, 낙읍 지중론의 문제는 「대사도」의 구절 자체가 아니라 그에 대해 혼란스럽게 해석한 후대의 학자들에게서 비롯되었다. 그렇다면 「대사도」의 '土圭之法'에 담긴 周公의 본 뜻은 무엇일까? 낙읍 지중론은 지상 세계의 지리적 중심을 인정하지 않는 지구설과 어떤 방

30) 李光地, 『榕村集』 卷20, 「記南懷仁問答」(文淵閣四庫全書 제1324책, 809~810쪽).

31) 낙읍 지중론에 대한 그의 불만은 위의 책, 809~810쪽을 참조. 지구설에 대한 그의 신뢰감은 『용촌집』 卷5, 「周官筆記」, 591쪽에 잘 나타나있다.

식으로 조정될 수 있을까?

이광지의 예에서 볼 수 있듯, 당시의 많은 지식인들이 선교사들의 지리학설과 중화주의적 세계상 사이의 모순을 양자택일의 문제로는 파악하지 않으려 했다. 둘 사이에는 절충의 여지가 있는 듯이 보였다. 마치 정의상 중심이 존재할 수 없는 구면 위에서 중심을 찾는 일을 연상케 하는 이상의 부조리한 시도에는 두 가지 해법이 있었다. 첫 번째는 중화를 오직 문화적 기준으로만 정의하는 것이었다. 어차피 지구설을 받아들여 지상 세계의 지리적 중심을 정할 수 없게 되었다면, 알레니의 제안처럼 문명의 고아함만을 중화의 기준으로 삼으면 되지 않을까? 고대로부터 중국 문명의 탁월함은 누구도 부인할 수 없었기 때문에, 중국이 지리적 중심이 아니라고 해서 상황이 달라질 것은 없지 않을까? 실제로 당시 중국과 조선 지식인의 일반적인 태도는 중화 개념의 문화적 차원을 중시하는 것이었다. 중화의 적통인 明朝가 멸망하고 중원을 오랑캐가 장악한 이후로, 이제 지리적 의미에서 중화를 논하는 것은 그리 타당하지 않아 보였다. 그리하여 淸 치하의 漢族 지식인들과 조선의 성리학자들은, 중화를 무엇보다도 간헐적인 이적의 중원 지배에도 불구하고 면면히 이어져 온 上古 이래의 문화적 유산으로 이해했다. '문화적 중화주의'는 논자 각각의 맥락에 따라 다양한 함의를 띠고 전개되었다. 예를 들어 18세기 이래 청조의 문화가 융성하자, 문화적 중화주의는 중국과 조선 모두에서 청조에 대한 긍정적 평가의 논리로도 이용되었다. 그들은 비록 인종적으로는 오랑캐이지만 요순 이래의 예악문물을 훌륭히 계승하고 발전시켰다는 점에서 문화적으로는 중화의 후계자라고 볼 수 있다는 것이다. 다른 한편 조선의 주자학자들은 중원이 이적의 지배에 들어간 이후, 이제는 유교적 예악문물을 보존하고 있는 유일한 나라인 조선이 중화가 되었다는 이른바 '조선중화주의'를 주장하기도 했다.[32)]

---

32) 夷狄의 중원 지배 하에서 유행한 문화적 華夷觀의 다양한 함의와 기능에 대

하지만 문화적 중화주의가 유행했다고 해서 중국이 지리적 중심의 지위에서 밀려나게 된 상황을 당시 사람들이 순순히 용납했던 것은 아니다. 그렇다면 땅의 중심도 아닌 고대 중국에서 뭇 聖人이 나타나 문명을 창시한 일은 역사적 '우연'에 불과한가? 하늘의 도리를 지상 세계에 구현한 聖人들의 '開物成務'가 중국 이외의 다른 지역에서도 일어날 수 있었을까? 그러나 당시 사람들에게 문명의 발흥이란 순전히 人爲와 우연의 영역에만 속한 사건이 아니었다. 문명의 기원과 전개에는 만물의 생성·소멸을 관통하는 天道가 작용하고 있었다. 비록 상고시대의 낙읍이 地中은 아니라고 해도, 그곳에는 분명히 범상치 않은 형이상학적 상서로움이 깃들어 있었다. 문화적 중화주의 담론의 범람에도 불구하고, 중화주의에 대한 논의가 선교사들의 지리학이 제기한 문제와 결부될 때에는 이와 같은 사유가 작동하게 마련이었다. 이익은 알레니의 『職方外紀』에 붙인 발문에서 지구 위에 지리적 중심이 없음을 인정하면서도 곧 다음과 같은 문제를 제기했다.

> (중국과 서양이 지구상 대칭이 되는 위치에 있으면서도) 이쪽은 반드시 '中'이라 말하고 저쪽은 반드시 '西'라고 말하는 것은 왜인가? 그(알레니를 말함) 학설에 따르자면, "아시아는 실로 천하의 첫 번째 대륙이며, 인류가 처음 생겨나고 성현이 먼저 배출된 곳으로서" 중국은 또 그 正心에 해당한다.……이를 어떻게 밝힐 것인가?[33]

해서는 이성규, 「중화사상과 민족주의」, 『동아시아, 문제와 시각』(정문길 외 엮음), 문학과 지성사, 1995, 135~142쪽을 참조할 것. 조선후기 조선 중화주의의 발흥에 대해서는, 정옥자, 『조선후기 조선중화사상 연구』(일지사, 1998)의 「서론」, 9~25쪽을 비롯한 여러 논문을 참고할 것.

33) 李瀷, 『星湖全集』 卷55, 「跋職方外紀」(『韓國文集叢刊』 제199책, 民族文化推進會, 1997, 515쪽), "然而此必謂之中, 彼必謂之西者, 何也. 據其說, 亞細亞實爲天下第一大州, 人類肇生之地, 聖人首出之鄕, 而中國又當其正心,……何以明之".

『직방외기』「아세아총설」의 첫 문장을 중국에 대한 찬양이라고 오해한 이익은, 지리적 중심이 아닌 중국 지역에서 어떤 이유로 서양 사람들도 인정할 만큼 고상한 문명이 개화할 수 있었는지 질문하고 있다.

중국이 지리적 중심이라고 할 수 없게 된 상황에서 그렇다고 중화 문명의 탁월함을 강변하는 데에만 만족할 수는 없었던 이들이 선택한 길은 중국 지역이 지닌 우주적 상서로움을 입증할 다른 논리를 찾는 것이었다. 『주례』「대사도」의 地中이라는 규정은 “하늘과 땅이 만나고 陰陽·風雨가 조화로운” 고대 中州의 우주론적 특이성을 뒷받침하는 장치였으므로, 다른 방식으로 그것을 설명할 수 있다면 굳이 지구설에 反하면서까지 지리적 기준을 고집할 이유는 없었던 것이다.

그러한 시도 중에서 이후 중국과 조선 모두에 널리 유행한 논리를 제안한 사람은 바로 페르비스트와 논쟁했던 李光地였다. 1672년의 논쟁 당시 선교사의 비판에 대해 이광지는 ‘심장과 배꼽’의 비유로 응수했다. 그에 따르면, 겉모양으로 보면 배꼽이 신체의 중심이지만 사람의 생리적, 정신적, 윤리적 활동은 몸의 위쪽에 치우쳐 있는 심장에 의해 주재되는 것처럼, 중국은 비록 지구의 지리적 중심은 아니지만 天理를 구현한 문물을 일구어 낸 세계의 심장이다.[34] 이는 기하학적 논증을 이용한 페르비스트의 중화주의 비판을 ‘외양’의 논리로 치부하는 전략이었다. 중국의 중화됨을 뒷받침하는 것은 지리적 위치가 아니라 겉으로는 잘 드러나지 않는 天理의 형이상학적 작용이다. 따라서 이광지에게는 고대 중국의 낙읍이 비록 地中은 아니라고 하더라도 『주례』에서 묘사한 것처럼 “陰陽이 조화로운” 형이상학적 중심임에는 틀림없었다. 그것이 낙읍의 지리적 입지 때문이 아니라면 그 진짜 이유는 무엇일까?

---

34) 李光地, 「記南懷仁問答」, 809쪽, “且所謂中國者, 謂其禮樂政敎, 得天地之正理, 豈必以形而中乎. 譬心之在人中也, 不如臍之中也, 而卒必以心爲中, 豈以形哉”.

이광지는 이를 선교사들의 기후대 학설에서 찾았다. 그는 지구를 열대・한대・온대의 기후대로 나눈 선교사들의 학설에 근거하여, 각 지역의 기후, 해 그림자의 양상 등을 비교했다. 적도 지방은 해와 직접 대면하고 있어 기후는 뜨겁고, 해 그림자의 길이는 일년 내내 그리 큰 변화를 보이지 않는다. 극지방은 해에서 멀어 기후는 추우며, 해 그림자는 짧을 때 아주 짧고 길 때 아주 길다. 오직 온대 지방만이 춥지도 덥지도 않아 사람이 거주하기에 적당하고, 해 그림자의 변화폭 또한 적절한 양상을 보인다. 이광지는 이를 근거로 온대에 위치한 중국 지역이 "氣가 고르고, 數가 중용을 얻었다"거나 "風氣가 조화롭고 시각이 고르다"고 주장했다.[35)]

> 오직 중국 땅이 해 그림자 도수의 嬴縮, 사계절의 진퇴, 동지・하지의 相除가 조금도 남거나 모자라지 않은데, 게다가 낙읍은 그 중앙의 중앙이어서 中土라고 부르니, 이치가 마땅하여 속임이 없다. 이로 보건대 경전에서 말한바 "천지・사계절이 交合하는 곳이요, 음양・풍우가 和會하는 곳"임을 알 수 있으니, 믿을 만하도다! 그것이 지극한 이치이며 허황된 학설이 아님을.[36)]

사실 선교사들의 기후대 학설에서 이러한 발상을 얻기란 그리 어려운 일이 아니었다. 왜냐하면 이미 마테오 리치가 다섯 기후대(五帶)를 설명하고 이름 지은 방식에서 그와 같은 사유의 싹이 발견되기 때문이다. 리치는 지구상에서 태양으로부터 '멀지도 않고 가깝지도 않은' 중위도 지역에 '正帶'라는 다분히 우호적인 이름을 붙여주어, 기후가 극히 좋지 않은 열대 및 한대와 구분했다.[37)] 리치 자신이 이러한 용어 사

35) 이광지, 『榕村集』 卷5, 「周官筆記」, 591쪽.

36) 이광지, 「기남회인문답」, 810쪽, "惟中國之地, 晷刻嬴縮, 與四時進退, 二至相除, 豪無餘欠, 而洛又其中之中, 謂之中土, 理宜不誣. 以是知經所言, 天地四時之所交合, 陰陽風雨之所和會. 信乎! 其爲至理而非虛說也".

37) 기후대에 대한 마테오 리치의 설명은 『乾坤體義』(『中國科學技術典籍通彙』

용에 대해 더 이상 논의하지는 않았지만, 그가 서로 '보완관계'에 있는 세계의 양대 문명, 기독교 유럽과 유교 중국이 나란히 正帶에 위치한다는 점을 의식하지 않았을 가능성은 없어 보인다. 正帶라는 표현을 통해 리치는 고상한 문명이 태어날 수 있는 좋은 환경에 처한 나라는 중국과 유럽밖에 없다는 점을 강조함으로써 유럽을 다른 '外夷'들과 구분 지으려 했는지도 모른다. 하지만 리치의 五帶說을 채용한 李光地의 논의에는 중국과 같은 기후대에 속하여, 계절의 교차와 해 그림자의 변화가 동일한 패턴을 띨 유럽에 대한 언급을 찾아볼 수 없다. 왜 그 두 지역 중 한 곳은 지상 세계의 '심장'일 수 있는데 다른 곳은 그렇지 않은가?

기후대 학설과 문명 흥기의 관계를 논한 사람은 이광지 외에도 여럿이 있었고, 그 중에는 중국과 같은 기후대에 속한 다른 문명권을 고려한 사람도 있었다. 명말의 학자로서 李之藻, 徐光啓 등과 함께 선교사들의 학설을 적극 수용했던 熊明遇(1579~1649)는 중국과 유럽의 양대 문명 구도를 제안한 경우였다.[38]

> 중국으로 말하자면, 적도 북쪽 20도로부터 44도에 이르는 지역에 처해 있어……禀氣가 中和하여, 車書, 禮樂, 聖賢, 豪傑로써 四裔의 祖宗이 되었다. 만약 더 남쪽으로 가면 태양과 가까워져 아주 더워지므로, 단지 海外의 뭇 야만인들이 생겨날 수밖에 없다. 더 북쪽으로 가면

제8책), 288쪽 참조.

38) 熊明遇는 예수회 선교사들의 학문을 적극적으로 받아들여 이를 중국의 전통 자연철학과 종합하려 한 인물이다. 그의 사상적 영향 아래 方孔炤, 方以智, 游藝, 揭暄 등 明末 일단의 학자들이 中西 우주론의 會通을 추구했다. 웅명우를 비롯한 이들 학자들의 경향에 대해서는 林宗台, 『17·18세기 서양 지리학에 대한 朝鮮·中國 學人들의 해석』, 서울대학교 박사학위논문, 2003, 119~120쪽 ; 馮錦榮, 「明末熊明遇父子與西學」, 『明末淸初華南地區歷史人物功業硏討會論文集』, 香港 : 中文大學歷史係, 1993, 117~135쪽 ; 馮錦榮, 「明末熊明遇『格致草』內容探析」, 『自然科學史硏究』 1997年 第4期, 304~328쪽 등을 참고할 것.

> 태양에서 멀어져 아주 추워지므로, 단지 塞外의 沙漠人들이 생겨날 수 밖에 없다. 西方 사람들이 처한 곳으로 말하자면, 北極出地가 중국과 같은 위도이므로, 그 사람들 또한 책읽기를 좋아하지 않음이 없으며 역법의 이치를 안다. 그와 위도가 같지 않은 곳이 곧 回回 諸國인데 아주 사납고 살육을 잘 한다.[39]

비록 중국을 '사예의 조종'이라고 하여 유럽보다 높게 보았음은 분명하지만, 그는 유럽이 중국과 동일한 기후대에 처하여 고아한 문명을 일으켰고 아랍 제국 등 주변 '야만족'과 나름의 문명-야만 구도를 형성하고 있음을 인정했다.

하지만 이렇듯 개방적인 사유는 예외적인 경우에 속했다. 대부분의 학자들이 중국과 서양의 위계를 더 부각시키거나, 중국만이 지닌 독특성을 뒷받침할 논리를 찾으려 했다. 웅명우의 동료이자 周易 象數學에 조예가 깊었던 方孔炤(1591~1655)가 대표적인 예이다. 그는 중국이 지구의 '심장'임을 보여주기 위해, 지구 적도 둘레를 동·서·남·북으로 사등분하여 중국이 속한 경도 구역을 南方에 대응시켰다. 南方은 오행의 火, 오장의 心과 상응하므로, 이는 중국이 지상에서 가장 상서로운 지역, 즉 '세계의 심장'임을 뜻했다.

> 중국에서는 卦策으로 예악을 정하고 性命을 드러내어, 治教가 크게 이루어짐이 홀로 明備中正하다. 그것이 어찌 우연이겠는가! 북극 아래의 땅은 쓸모없는 땅이다. 黃道의 아래는 사람이 신령하고 사물이 번성한데, 게다가 중국은 적도(를 둘러 구분된 네 경도 구역 중)의 南方에 위치하니, 天·地·人이 서로 응한다.[40]

---

39) 熊明遇, 『格致草』, 「原理演說」(『中國科學技術典籍通彙』 제6책, 63쪽), "如中國處于赤道北二十度起, 至四十四度止,……禀氣中和, 所以車書禮樂聖賢豪傑, 爲四裔祖宗. 若過南逼日太暑, 只應生海外諸蠻人. 過北遠日太寒, 只應生塞外沙漠人. 若西方人所處, 北極出地, 與中國同緯度者, 其人亦無不喜讀書, 知曆理. 不同緯度, 便爲回回諸國, 忿鷙好殺".

18세기 이후 李瀷을 비롯한 일군의 조선 학자들도 明末清初 중국 학자들처럼 우주론적 논의를 통해 중국 지역의 형이상학적 특이성을 입증하려 했다.41) 둘 사이에는 직접적인 영향 관계가 확인되기도 하는데, 李光地의 중화주의 구도가 조선 지식인들 사이에서 호응을 얻은 일이 한 가지 예이다. 徐有本(1762~1822)은 「대사도」 "土圭之法"에 대해 논의하는 과정에서, "기후대의 학설에 근거해서 보자면, 냉대의 남쪽, 열대의 북쪽에 위치한 洛陽이 사계절이 교차하고 음양이 조화로운 天地의 중심"이라고 주장했다.42) 李圭景(1788~1860)은 자신의 백과전서 『五洲衍文長箋散稿』에서 이광지의 낙읍지중론을 극찬하며, "중국을 地中이라고 말할 수는 없지만, 天地의 中氣를 얻었다고 말할 수는 있다"고 그의 논지를 정확히 요약했다.43)

하지만 조선 학자들이 17세기 중국의 논의를 그대로 답습했던 것은

---

40) 方孔炤, 『周易時論合編』(『續修四庫全書』 제15책, 60쪽), "中土以卦策定禮樂, 表性命, 治敎之大成, 獨爲明備中正, 豈偶然乎. 當北極之下者, 无用之地也. 黃道之下, 人靈物盛, 而中國在腰輪之南, 天地人相應".

41) 예를 들어, 鄭齊斗가 그린 세계지도를 보면 방공소와 마찬가지로 지구를 동서남북으로 분할하여 중국 지역을 남방에 배당하고 있음을 알 수 있다. 정제두, 『霞谷全集』 卷21, 「天地方位里度說」(『전집』하, 여강출판사, 1988, 307~308쪽). 전반적인 지적 흐름의 면에서도 金錫文을 필두로, 鄭齊斗, 李瀷, 徐命膺, 黃胤錫 등 18세기 조선 우주론자들의 작업은 선교사들의 천문·지리학과 성리학적 자연철학을 회통하려 했다는 점에서, 熊明遇, 方孔炤, 方以智 등 17세기 중국 우주론자들과 비슷한 경향을 보였다. 이에 대해서는, 임종태, 앞의 글, 114~148쪽을 참조.

42) 徐有本, 『左蘇山人文集』 卷4, 「與柳繼仲儆書」(아세아문화사, 1992, 250쪽).

43) 李圭景, 『五洲衍文長箋散稿』 卷7, 「洛邑地中辨證說」(上卷, 東國文化史, 1959, 206~207쪽), "大抵中國不可言地中, 可言得天地之中氣". 비슷한 세대에 속한 위정척사론자 李恒老(1792~1868)도, 자신의 장대한 동서 문명구도를 李光地의 「記南懷仁問答」에 담긴 아이디어에서 발전시켰다. 임종태, 「'道理'의 형이상학과 '形氣'의 기술-19세기 중반 한 주자학자의 눈에 비친 서양 과학 기술과 세계 : 李恒老(1792~1868)」, 『한국과학사학회지』 21(1), 1999, 81~89쪽을 참조.

아니다. 이규경은 이광지에 비견될 만한 독창성을 지닌 조선 학자의 논의를 부각시키기도 했는데, 이익이 제창한 이른바 '指南針·分野의 학설'이 바로 그것이었다. 그는 이익의 학설에 대해 "중국 학인들의 原論과 아주 다르며, 지남침 변화의 이치를 남김없이 연구한" 독창적인 내용이라고 칭송했다.[44] 물론 이규경의 평가는 어느 정도 과장된 감이 있다. 왜냐하면 이익이 '지남침'의 변화에 주목한 것은 바로 방공소가 제안한 것과 같은 '중국-南方-심장'의 대응을 정당화하기 위해서였기 때문이다.[45] 지구 적도 둘레를 4등분하여 중국을 남방에, 유럽을 서방에 배당할 수 있는 기준은 무엇인가? 지구설에 따르면 각각의 나라는 저마다 "해가 뜨는 곳을 동쪽으로 삼고 해가 지는 곳을 서쪽으로 삼을 뿐인데", 네 방위를 어떤 근거로 확정할 수 있을까?[46]

이익이 주목한 '지남침' 현상은 지구상에서 자석이 가리키는 북쪽, 즉 磁北이 지역마다 달라지는 현상을 말한다. 그가 이에 대한 정보를 얻은 것은 예수회 선교사 우르시스(熊三拔, Sabbatino de Ursis)의 『簡平儀說』에서 였다. 우르시스는 유럽에서 중국으로 항해하는 동안 관측한 나침반의 흥미로운 변화에 대해 기록했다. 그에 따르면, 지남침은 대서양에서는 조금 서쪽으로 기울어졌으나 아프리카 남단의 희망봉(大浪山)에 이르러서는 정남을 가리켰다. 희망봉을 통과하여 중국을 향해 동쪽으로 항해하자 이번에는 남침이 동쪽으로 점차 기울기 시작하여 중국에 도달했을 때에는 "午와 丙의 사이"를 가리키게 되었다.[47]

---

44) 李圭景, 『五洲衍文長箋散稿』 卷27, 「塞說南針分野辨證說」(上卷, 東國文化史, 1959, 782쪽).

45) 그렇다고 李瀷이 방공소의 문헌을 직접 읽었다는 증거는 없다. 주41)에서 언급한 대로 비슷한 아이디어는 이익보다 한 세대 앞선 鄭齊斗에게서도 나타난다.

46) 李瀷, 『星湖僿說』 卷2 「分野」, 7ㄱ, "北極爲中, 東洋爲龍, 西洋爲虎, 從此鋪排, 則中國爲鳥, 地底爲武也. 然各方所住, 必以日出爲東, 日入爲西, 疑若四方之不定".

47) 李瀷, 『星湖僿說』 卷4, 「指南針」, 16ㄱ~ㄴ. 午는 정남, 丙은 남쪽에서 동쪽

이익은 자침의 변화가 지구의 내면에 존재하는 氣의 차이를 반영한다고 이해했다. 하늘이 회전함에 따라 氣는 땅 속에 마치 '둥근 외'의 씨앗들처럼 배열되는데, 이는 지역에 따라 조금씩 편차를 띤다. 이러한 배열이 바로 "땅의 正氣를 얻은" 물질인 자침의 편이를 통해 드러난다는 것이다.[48] 이익은, 우르시스의 보고에 따를 경우 희망봉을 기준으로 동서 대칭의 양상으로 나타났던 자침의 변화 패턴을 지구적 규모로 확대할 수 있으리라고 추측했다. 공교롭게도 중국은 희망봉에서 동서 직선거리로 2만여 리, 즉 지구 둘레의 1/4만큼 떨어져 있어 희망봉으로부터 시작된 남침의 동쪽 편이가 극점에 도달한 지역일 가능성이 높았다.[49] 만약 중국에서 다시 동쪽으로 계속 항해한다면 자침은 남쪽을 향해 되돌아오기 시작할 것이며, 지구상에서 희망봉과 정반대 지역인 태평양의 어느 지점에 도달하게 되어 다시 정확히 남쪽을 가리키게 될 것이다. 이익은 희망봉과 태평양의 어느 지점을 잇는 경도선이야말로 지구를 陰과 陽의 두 구역으로 나누는 솔기(縫)라고 이해했다. 그는 희망봉을 서쪽 솔기(西縫), 반대 지점을 동쪽 솔기(東縫)라고 불렀다.

> 나의 臆見으로는, 지구가 비록 둥글지만 반드시 음과 양을 구분하여 경계지우는 봉합처가 있을 것이다.……자침은 땅의 氣를 얻은 것으로서, 반드시 곳에 따라 같지 않을 것이다. 大浪山(희망봉)은 생각건대 땅의 서쪽 솔기이다.[50]

이러한 구획에 따르자면, 중국은 남침이 동쪽으로 편이하는 반구의 중

으로 7.5° 치우친 방위를 말한다. 우르시스의 원문은 『簡平儀說』(天學初函 第5冊), 臺北 : 臺灣學生書局, 1965, 2755쪽 참조.

48) 이익, 앞의 글, 16ㄱ.

49) 선교사들이 제시한 값에 따르면 지구의 둘레는 9만 리였다. 이익은 이 수치를 근거로 논의를 전개했다.

50) 같은 글, 17ㄱ, "以意臆之, 地毬雖圓, 必有陰陽判界之縫合處……磁針者, 得地之氣者也, 必將隨處不同. 大浪山, 意者, 地之西縫也".

심에 위치하게 된다. 이익은 중국이 위치한 반구를 양, 그 반대편을 음이라고 규정했다.

> 중국은 적도의 북쪽, 곧 東·西 두 솔기의 사이에 있으니, 윗조각의 정 중앙이다. 그(알레니)가 말한 바, "人物이 처음 생겨난 땅이요 성현이 먼저 나타난 곳"임을 이로써 證驗할 수 있다. 그 아랫조각의 정 중앙은 구라파이다. 성스러운 지식이 이어서 나타난 나라이다. 이쪽은 陽이고, 저쪽은 陰이다.[51]

중국이 지구 상 陽의 세계의 정 중앙이라면, 이를 오행의 火, 오장의 心, 사방의 南에 배당하는 일은 훨씬 자연스러워진다.

이익의 학설은 17세기 이래 중국과 조선에서 제안된 여러 우주론적 중화주의 구도들 가운데 가장 참신하고 정교한 편에 속한다. 방공소와 이광지 등 중국의 논자들은 선교사들의 기후대 학설을 토대로 중국 지역의 독특함을 입증해보려 했지만, 인도, 유럽 등 같은 기후대에 속하는 지역이 중국과 유사한 기후 패턴을 보여준다는 사실을 만족스럽게 해결하지 못했다. 이익은 자침의 편이를 근거로 지구 위에 음양의 형이상학적 구획선을 그음으로써 중화주의와 충돌하는 지구설의 명제, '동서 방위의 상대성'을 우회할 수 있었다. 이제껏 대개 당위적으로 선언되었던 중국과 유럽의 위계는 이익의 구도에서 陽과 陰의 형이상학

---

51) 같은 글, 17ㄱ, "中國在赤道之北, 而卽東西二縫之間, 乃上片之最中也. 彼云, 人物肇生之地, 聖賢首出之鄕, 可以驗矣. 其下片最中, 又是歐羅也, 聖知繼出之國, 此爲陽而彼爲陰也". 인용문 중 밑줄 부분은 『성호사설』에는 나타나지 않고, 안정복이 편찬한 『星湖僿說類選』에 삽입되어 있다. [『星湖僿說類選』 卷一上 (景文社, 1976), 35쪽] 이익이 선교사들의 세계 지도를 보았다면 구라파가 "陰의 정중앙"이 아님을 알 수 있었을 것이다. 구라파는 경도 상으로 땅의 '서쪽 솔기'인 희망봉에서 서쪽으로 멀리 떨어져 있지 않기 때문이다. 이런 점에서 『성호사설유선』보다는 『성호사설』의 구절이 좀 더 지리적 실재와 부합한다고 볼 수 있을 것이다.

적 위계에 의해 설명되었다. 이익은 서양 문물의 탁월함을 그것이 음의 중심에 위치하기 때문이라고 설명하여, 서양 문명의 고상함과 함께 그것이 중국보다는 한 수 아래라는 점도 설명할 수 있었다.

19세기 초 이규경이 조선 학자의 독창성을 보여준다며 자랑스러워한 이익의 「지남침」과 「분야」는 이익에게서 탈중화주의 및 근대 민족주의의 기원을 찾으려한 오늘날의 연구자들에게는 당혹스러운 사료가 아닐 수 없다. 서양 학문의 장점에 대한 스스럼없는 인정, 自國의 역사에 대한 깊은 관심, 명분론적 화이 구분에서 벗어난 유연한 역사관 등 주로 이익의 史論에서 표출된 '진보적' 경향과 「指南針」, 「分野」 등의 글에 담긴 '보수적' 우주론의 공존에 접한 일부 연구자들은 후자를 이익의 '한계'로 파악했다.[52] 이익의 사유에는 '근대적 史論'와 '전근대적 우주론' 사이의 분열이 존재하며, 후자가 전자의 발목을 잡고 있었다는 것이다. 이러한 해석은 이익에게서 전적으로 근대적인 요소만을 찾은 것에 비한다면 좀더 균형 잡힌 관점인 듯하지만, '전근대/근대'라는 외재적 구도로 이익의 사유를 판단했다는 점에서 그 둘은 크게 다르지 않다. 게다가 이익 사상 내부의 '분열'에 주목하는 일은, 외래의 지식과 주자학적 세계상을 조정하려 한 이익 자신의 통합적 지향과도 모순된다.

이러한 모순을 해결하기 위해서는 탈중화주의적 색채를 보인다고 간주된 그의 史論을 검토할 필요가 있다. 나는 "중국이 대지 중의 한 조각 땅"이라는 「분야」의 구절이 잘못 해석 되었듯 이익의 史論에 등장하는 여러 언급들 또한 지나치게 '근대적'으로 이해되었다고 생각한다. 이익이 한국 고대사에서 檀君朝鮮-箕子朝鮮-馬韓으로 이어지는 정통을 제시한 일을 "강한 민족주의 의식의 발로"라고 해석한 것이 좋은 예이다.[53] 唐虞・三代 이후로는 중국사에서 정통 왕조의 존재를 인

52) 李元淳, 「성호이익의 서학세계」, 『朝鮮西學史硏究』(일지사, 1986), 145쪽. 李龍範의 경우도 이익의 우주론적 보수성에 실망한 경우이다. 이용범, 「李朝實學派의 西洋科學受容과 그 限界 - 金錫文과 李瀷의 경우」, 『東方學志』 58 (1988), 60~63쪽.

정하지 않았다거나 반면 夷狄의 나라인 조선의 역사에 정통론을 적용하려한 이익의 시도는 역사서술에서 華夷의 차별을 부정했다는 점에서 '민족주의적'이라고 이해될 소지가 없지는 않다. 하지만 그가 한국 고대사의 왕국들을 정통으로 세운 기준은 堯舜·三代의 문물이었다. 이익에 따르면, 단군이 정통이 될 수 있는 것은 순임금의 교화를 입었기 때문이며, 箕子가 그 뒤를 이을 수 있었던 것도 그가 요순임금의 道와 殷나라의 제도를 동방에 이식했기 때문이었다.[54] 이익의 개방적이며 유연한 사유의 근저에는 여전히 고대 중국 聖人들의 가르침과 제도가 보편적이라는 믿음이 굳건히 자리하고 있었던 것이다. 조선을 포함한 夷狄들이 중국을 무색케 할 문명국이 될 수 있었지만, 문명과 야만을 가르는 척도는 의연히 고대 中州에서 발원한 가르침이었다. 「지남침」을 비롯한 이익의 여러 우주론적 작업은 바로 그 유교 문명의 보편적 가치를 —지구설의 공격에 맞서— 우주론적으로 옹호하려는 것이었다.[55]

이익의 시도는 지구설과 중화주의적 세계상의 갈등을 인식했던 17·18세기 지식인 주류의 보수적인 반응을 대변한다고 생각된다. 서양 지리학설을 이용한 선교사들의 중화주의 비판에 접한 사람들은 대부분 이를 논리적 비약으로 받아들였다. 비록 지구 위에 지리적 중심을 정할 수는 없지만, 그것이 곧 중국이 중화됨의 필연성을 부정하는 충분

---

53) 河宇鳳, 「李瀷」, 조동걸·한영우·박찬승 엮음, 『한국의 역사가와 역사학』 上, 창작과 비평사, 1994, 243쪽.

54) 이익의 한국사론과 정통론에 대해서는 韓永愚, 「18세기 전반 南人 李瀷의 史論과 韓國史 理解」, 『朝鮮後期史學史硏究』, 일지사, 1989, 203~207쪽을 참조할 것.

55) 이익은 한국에서 단군이래로 小中華라 불릴 만큼 성대한 문물을 이룩할 수 있었던 것 또한 우연이 아니라 중국과 우리나라의 '우주적 氣數'가 일치하여 두 나라의 역사가 유사한 패턴을 띠고 전개되기 때문이라고 보았다. 진보적인 듯 보이는 그의 史論 이면에 '보수적' 우주론이 전제되어 있었던 것이다. 같은 글, 204~5쪽.

한 논거가 될 수는 없었다. 明末의 熊明遇로부터 18세기 조선의 李瀷에 이르는 인물들은 지구의 이면에 숨어있는 형이상학적 구획을 찾아내어 중국 지역의 상서로움을 보여주려 했다. 그 과정에서 그들은 기후대 학설이나 지남침의 편각 현상 등 선교사들이 소개한 지식을 오히려 적극적으로 활용했고, 그 결과 중화주의적 세계상은 전지구적 규모에서 적용될 수 있도록 변모되었다. 중화주의적 정서의 고양과 예수회 천문・지리학의 수용이라는 일견 모순되는 현상이 공존할 수 있었던 바탕에는 둘 사이의 긴장을 조정하여 이론적 완충지대를 만들어낸 이들 우주론자들의 작업이 있었던 것이다.

4. 지구와 상식

외래의 지리학과 중화주의적 세계상 사이의 조정이 이루어질 수 있었던 것은 무엇보다도 陰陽과 氣의 자연철학적 범주가 지닌 탄력 때문이었다. 『周禮』「大司徒」에서 낙읍의 상서로움을 보여주는 데 이용된 陰陽의 세계상은 2000여 년 뒤에도 서양 천문・지리학이라는 새로운 소재를 자기 속에 포괄해내는 유연함을 보여주었다. 하지만 이러한 유연함과 탄력에는 당시 논자들 대다수가 알아채지 못한 약점도 있었다. 그들은 중국이 중화가 되는 '필연성'을 보여주기 위해 실로 '다양한' 구도를 고안해 내었다. 그들이 중국의 우주론적 특이성을 보여주는 방식은, 인체와의 유비를 이용한 비교적 소박한 것으로부터 기후대나 지남침의 편각 현상을 동원한 비교적 정교한 논의에 이르기까지 한결같지 않았다. 이러한 구도들이 보여주는 세계상도 서양 문명에 대한 논자들의 태도에 따라 明末 웅명우와 같이 개방적 세계상을 담은 것으로부터, 중국(陽)과 서양(陰)을 인간과 禽獸의 대립으로 극단화시킨 19세기 조선 이항로의 폐쇄적인 구도에 이르기까지 넓은 스펙트럼을 띠고 있었다.[56] 이들 각각은 당시 사람들에게 설득력 있게 다가갈 수 있었겠지만, 전체적으로 모아놓고 보면 일관되지 않은 그럴듯한 이야기들의 집합에 불과했다. 요컨대, 17・18세기 우주론자들은 중국에서 문명이 발생한 일의 '필연성'을, 여러 '개연적' 논의들을 통해 보여주고 있었다. 사유가 지향하는 '필연성'과 사유의 형식에 내재한 '융통성'이 서로 모순되고 있었던 셈이다.

당시 맥락에서 '개연'이 '필연'으로 행세할 수 있었던 데는 그 둘 사이의 논리적 간극을 메워준 무엇인가가 있었기 때문이다. 그것은 근본적으로 보아 그때까지도 여전히 힘을 잃지 않고 있던 현실의 중화주의적 세계질서였을 것이다. 중국 문명의 비할 바 없는 성대함이란 당시로서는 누구도 부인할 수 없는 사실이었다. 실로 세상은 중국을 중심으로 회전하고 있었다. 따라서 중국의 중화됨을 보이려는 이익 등의 논의는 당시 모두가 자명하다고 간주하던 상식적 명제를 증명하려는 노력에 불과했다. 결론의 옳음이 전제된 증명이었던 셈이다.

그 때문에 당시 중화주의에 대한 논의는 순환 논법의 양상을 띠는 경우가 많았다. 대표적인 예를 이익의 「跋職方外紀」에서 찾을 수 있다. 이익은 중국의 모든 강물이 하늘의 회전과는 반대 방향인 동쪽으로 흐르며, 이를 64괘중의 하나인 訟卦가 상징한다는 점에 주목했다. 그는 송괘가 의미하는 "하늘과 물의 거스름(天水違行)"이라는 현상이 단지 중국의 특수한 상황을 넘어 물과 하늘의 정상적인 관계라고 이해했다. 왜냐하면 易이란 단지 중국만이 아니라 온 우주에 적용되는 보편성을 지니고 있었기 때문이다. 이익에 따르자면, 나라마다 강물의 방향은 제각각이지만 오직 중국의 경우만이 송괘와 부합하므로 중국이 세계의 (형이상학적) 중심임을 알 수 있었다.[57] 송괘가 중국이라는 특

56) 이항로의 동서 문명구도에 대해서는 임종태, 앞의 글('道理'의 형이상학과 '形氣'의 기술), 81~89쪽을 참조.

57) 李瀷, 『星湖全集』 卷55, 「跋職方外紀」, 515쪽.

정 지역의 현상을 반영하여 만들어졌지만 이익은 이를 보편화시켜 다른 나라의 경우를 비정상적인 것으로 만들어 버렸다.

이러한 논증 방식은 우주론에서 뿐 아니라 문화적 중화주의 담론에서도 자주 확인된다. 알레니는 『서방답문』에서 중화를 문화적 기준에 의해서만 정의하자고 제안하며 중국인들을 비교 문명론의 場으로 이끌려 했지만, 당시 지식인 중 유교 문명의 절대적・보편적 가치에 회의하는 사람은 거의 없었다. 유교 문명은 아무런 반성 없이 다른 나라의 문명됨을 판가름할 기준으로 이용되었다. 淸代 천문학의 권위자 梅文鼎(1633~1721)은 중국이 지구의 얼굴(面)이라고 주장하며, 그 근거로 중국의 문화적 탁월함을 제시했다. 그에는 유교적 綱常이 중국에서만 계승되어 왔다거나 중국의 衣冠文物이 다른 나라에 비할 바 없이 盛大하다는 판에 박은 주장과 함께, 세계의 여러 언어 중에서 중국어만이 '정상적'이라는 기묘한 비교 언어론도 포함되었다. 모든 언어 중에서 '동사-목적어'의 어순을 지니는 중국어만이 정상적이며, 어순이 그와 반대인 일본어, 범어, 라틴어 등은 '뒤집어진' 언어라는 것이다. 왜 '동사-목적어'의 어순이 정상인지에 대한 해명은 물론 없었다.[58)]

요컨대 17・18세기의 우주론적・문화적 중화주의에는 논리적으로 정당화되기 어려운 임의적 전제들이 깔려 있었다. 그것을 한마디로 표현한다면 그들의 '상식'이라고 부를 수 있을 것이다. 당시의 논자들도 그러한 전제들을 자주 '常'이라는 용어로 표현했다. 강물이 하늘과 역행하는 현상, 중국어의 어순, 유교의 禮樂과 綱常은 天地의 '常道'를 체현한 것이다. 그 나머지는 모두 '變' 또는 '異'로서, '常'으로부터의 일탈이었다. '常'은 보편화되고 절대화된 상식으로서 그들이 지닌 중화주의의 바탕에 전제되어 있었다.

선교사들의 중화주의 비판은 달리 보자면 중국적 '常'의 질서에 대

---

58) 梅文鼎, 『歷學疑問補』 卷1, 「論地實圓而有背面」(『叢書集成初編』 제1325책), 上海 : 商務印書館, 1939, 10쪽.

한 도전을 뜻했다. 사실 선교사들이 지구설을 통해 보여주려 한 것은, 중국인들이 자기가 사는 곳을 기준으로 정의한 상하사방의 구분을 절대화・보편화시키고 있다는 점이었다. 리치에 따르면, 중국인들은 상식적인 上下 관념에 얽매여 지구 반대편에도 사람이 사는 세계, 즉 對蹠地가 존재한다는 사실을 인정하지 않았다.

> 무릇 땅은 그 두께가 2,8636里 36丈으로 상하 사방이 모두 사람이 사는 곳이며 크게 하나의 球를 이루니, 본래 上下가 없다. 무릇 하늘의 안에서 우러러보아 하늘이 아닌 곳이 어디인가. 六合의 안을 통틀어서 발이 딛고 있는 곳이 아래이며 머리가 향하는 곳이 위이니, 오로지 자신이 사는 곳을 기준으로 상하를 나누는 것은 옳지 않다.[59]

상하의 관념은 관찰자에 따라 달라지는 상대적이며 국지적인 구분에 불과하며, 지구설에 따르자면 그것은 지구의 중심으로부터 바깥을 향해 방사상으로 뻗어 가는 '내외'의 관념으로 다시 정의되어야 한다. 무거운 것은 '아래'로 떨어지는 것이 아니라 우주의 중심으로 모인다. 리치의 '無上下' 명제는 곧 상하의 기준으로서 중국인 관측자들이 암묵적으로 누려온 특권을 박탈하는 의미를 지니고 있었다. 중국인들뿐 아니라 지구 위를 둘러 살고 있는 모든 사람들이 각자 자신을 기준으로 상하를 구분한다. 그리하여 중국에서 '위'라고 정의한 방향은, 그 대척지인 남아메리카 사람들에게는 '아래'가 된다. 곧 지상 세계의 어느 지역도 상하의 절대적 기준이 될 수 없다.

선교사들이 지구설을 통해 중국인들의 상식을 문제시했으므로, 지구설과 오대주설에 관한 논란 또한 빈번히 상식을 둘러싼 좀 더 근본적인 쟁점으로 비화되었다. 대체로 지구설 옹호자들이 상식에 의문을 제기했다면, 비판자들은 상식의 옹호자로 자처하였다.

---

59) 리치, 『乾坤體義』, 288쪽.

비판자들은 지구설이 지닌 부조리함의 근원을 무엇보다도 그 反상식적 성격에서 찾았다. 땅의 반대편에 거꾸로 서 있는 사람들의 세계가 있다는 서양인들의 학설은 상식적으로 용납할 수 없는 황당한 주장이었다. 17세기 중반 중국의 전투적인 反서학론자 楊光先에 따르면, 선교사들은 의도적으로 황당한 학설을 조작했는데, 왜냐하면 그들이 내세우는 천주교가 "평범하고 조야하여 기이한 것이 없으므로" 그것만으로는 중국인들의 매력을 끌 수가 없음을 알아챘기 때문이었다. 그리하여 그들은 "희망봉에서 남극고도 36도를 목격했다"는 리치의 주장처럼 "高遠하고 奇異하며 근거 없는 학설을 창안함으로써" 중국인들의 관심을 사려했다.[60] 지구설을 둘러싼 논쟁을 '상식'과 '허황'의 대립 구도로 몰고 가는 일은 비판자들의 공통된 전략이었다. 18세기 초 조선의 주자학자 李柬은 자신과 申愈 등의 동문들 사이에서 벌어진 '육면세계설 논쟁'을 '常情과 虛眩'의 대립으로 이해했다. 이간에 따르면 그의 동료들은 리치의 無上下說에 현혹 당하여 땅의 '여섯 면' 모두에 사람이 산다는 "허황되고 고원한 학설을 거침없이" 담론했다.[61]

정통 주자학자였던 이간에 따르면 心身日用에서 벗어난 허황된 주제를 담론하는 것은 격물치지의 올바른 방법이 아니었는데, 왜냐하면 세계란 존재론적으로 상식과 부합하기 때문이었다. 지구설이 제시한 無上下의 세계상은 단조로운 일상을 넘어서는 신기한 매력을 지니고 있었지만, 아쉽게도 세계는 그렇듯 기이한 모습을 띠지 않았다. 이간에 따르면, "천지의 이치는 비록 심오하지만 드러난 法象은 아주 분명하며, 그 범위는 비록 광대하지만 (그에 접근할 수 있는) 저울과 저울추

60) 楊光先, 『不得已』, 臺灣 : 大通書局, 1968, 496쪽, "西洋之學, 庸鄙無奇, 而欲以行於中夏, 如持布鼓過雷門, 其不聞於世也, 必矣. 故設高奇不近之論, 以聳中夏人之聽, 如南極出地三十六度之說".

61) 李柬, 『巍巖遺稿』 卷12, 「天地辨後說」(『韓國文集叢刊』 제190책, 民族文化推進會, 1997, 447쪽), "嚮者, 東人之燕行者, 得其說而來. 吾黨中申伯謙, 首喜其虛遠無礙".

는 아주 간단하다." 따라서 일상의 경험에 토대를 둔 "常情으로" 사색한다면 天地에 대한 올바른 지식을 얻을 수 있을 것이었다.62) 이간이 천지의 진리로 인도해주는 저울추로서 제시한 것은 "위에서 아래로 흐르는" 물이었다. 지구설 비판자들은 중국과 조선의 관찰자가 물의 흐름을 통해 경험하는 상하의 세력을 온 우주에 보편화시켰다. 사람이 사는 세계는 땅덩이 '위쪽'에만 펼쳐져 있으며 그 아래는 천지의 균형추 물이 떠받치고 있어 땅이 아래로 떨어지는 것을 막아주었다. 이때 중국은 평평한 지상 세계의 '중앙'에 위치한다고 전제되었다.

반면 지평론자들에 대항하여 지구설을 옹호했던 이익은 얼마간 '反상식적'인 태도를 취하지 않을 수 없었다. 예를 들어 18세기 초 南克寬이 지구설을 '계란 위의 개미'라는 일상의 비유 소재를 통해 옹호하자 이익은 그에 반대했다. 개미가 계란의 아랫면을 자유롭게 돌아다닐 수 있듯이 사람도 땅의 아랫면에 거꾸로 살아갈 수 있다는 남극관의 주장은 지구의 진리가 일상 경험과는 다른 차원에 속해 있음을 모르는 소치였다. 이익에 따르면, 계란은 이미 지구의 '上下之勢'에 속박되어 있는 사물이기 때문에, 이를 예로 들어서는 지구적 규모의 진리를 보여줄 수 없었다. 그렇다면 "어떻게 사람들을 깨우칠 것인가?"63) 지구의 진리는 상식을 통해서가 아니라 오히려 국소적 경험에 얽매인 사람들의 상식을 교정해 줌으로써만 납득시킬 수 있었다. 이익은 지구 반대편에 사람이 거꾸로 서 있을 수 있는 이유를 氣의 회전이라는 기제를 동원하여 설명하려 했다. 그의 추론에 따르면 하루에 한번씩 지구 주위를 도는 天氣의 회전은 지구로부터 멀어질수록 더욱 거세진다. 따라서 사물은 天氣의 회전이 더 느린 안쪽으로 이동하고 급기야는 우주에서 동역학적으로 가장 안정된 장소인 地心에 이르러 정지한다.64)

---

62) 위의 글, 445쪽, "大家天地之爲物也, 其理雖奧, 而其法象則甚顯, 其範圍雖大, 而權衡則甚約矣"; 위의 글, 446쪽, "若以常情而觀之, 則天地可知".

63) 李瀷, 『星湖僿說』 卷2, 「地毬」, 53ㄴ. 남극관의 비유는 南克寬, 『夢囈集』 乾, 「金參判曆法辨辨」, 23ㄱ을 참조할 것.

겉보기에 天氣의 우주적 소용돌이를 이용한 이익의 설명은 지평론자나 남극관의 논의와는 달리 일상 경험과는 다른 차원의 상상력에 호소하고 있는 듯하지만, 그 이면에는 여전히 상식과 연결된 끈이 끊어지지 않고 있었다. 우선 天氣의 회전이라는 관념 자체가 그리 초상식적 개념이 아니었다. 그것은 『淮南子』 등 고대의 문헌에서 비롯되어 張載, 朱熹 등 宋代 성리학자에 이르러 우주의 생성, 천체의 회전 등 삼라만상을 설명하는 기제로 널리 이용됨으로써, 18세기 조선 성리학자들에게는 평평한 땅의 관념만큼이나 '우주론적 상식'에 속했다. 게다가 주희는 天氣의 회전을 종종 맷돌이나 회전하는 그릇과 같은 일상적 비유 소재를 통해 예시했고,[65] 이러한 수법은 지구 주위에 형성된 구대칭의 인력장을 설명하기 위해 회전하는 그릇을 이용한 이익에 의해 답습되었다. 더욱 흥미로운 것은 이익이 제시한 인력 기제의 바탕에 李柬이 말한 것과 같은 절대적 上下之勢가 여전히 잠복해 있었다는 점이다. 그는 지구의 자전 가능성을 탐색하다가 결국은 天動・地靜의 관념으로 회귀하며 다음과 같이 말했다.

> 땅이 하늘의 중심에 거하여 아래로 떨어지지 않는 것은 하늘의 운행 때문이다. 그러므로 (『周易』에) 하늘이 굳건히 운행한다고 한 것이다.[66]

---

64) 이익은 天氣의 회전 속도 차이를 회전하는 그릇의 비유로 설명했다. 그릇의 바깥에서 안쪽으로 점점 회전속도가 줄어드는 것처럼 天氣의 회전도 지구로 접근할수록 느려진다는 것이다. 李瀷, 「跋職方外紀」, 514~515쪽.

65) 야마다 케이지・김석근 옮김, 『朱子의 自然學』, 통나무, 1991, 131~9, 175~6쪽.

66) 李瀷, 『星湖僿說』 卷3, 「天隨地轉」, 48ㄱ. 이익의 지전 가능성 탐색에 대해서는 이미 많은 연구가 이루어졌다. 예를 들어 이용범, 「李瀷의 地動說과 그 근거」, 『震檀學報』 34, 1972, 37~59쪽과 朴星來, 「星湖僿說속의 西洋科學」, 『震檀學報』 59, 1985, 177~197쪽 등을 참고할 것.

이 말은 하늘의 회전이 없다면 땅이 '아래로' 떨어질 수밖에 없음을 뜻한다. 대척지의 사람들이나 땅 자체가 '아래로' 떨어지지 않는 이유는 天氣의 회전에 의한 동역학적 효과 때문일 뿐, 그 바탕에는 물의 흐름을 통해 드러나는 보편적 상하지세가 의연히 작동하고 있었다.[67] 따라서 이익이 시도한 상식의 교정은 근본적이지 않았다. 이익은 上下之勢에 대한 동아시아적 상식을 폐기했다기보다는 오히려 이를 '地球'라는 새로운 상황에 맞도록 보정하려 했고, 그것이 곧 구대칭의 인력장과 고전적 上下之勢가 중첩된 기묘한 세계상으로 귀결되었다. 이는 지구설과 중화주의를 조정하려 한, 앞서 살펴본 시도와 같은 궤에 있는 작업이었다. 요컨대 이익은 중화주의적 상식을 '地球'라는 새롭고 넓은 무대로 확장시키려 했던 것이다.

5. 무한 우주의 寓話 : 洪大容

조선후기 실학은 물론 18세기 동아시아 사상사 전반에서 洪大容이 차지하는 독특성은, 그가 다른 무엇보다도 동시대 儒者들이 벗어나지 못했던 순환논증에서 탈피하여 상식의 보편적 유효성에 회의한 데에서 찾을 수 있다.

물론 인력과 대척지의 문제를 해결하는 홍대용의 수법은 여전히 과거 자연철학의 유산에서 벗어나지 못한 것처럼 보이기도 한다. 지구의 자전으로 인해 발생하는 氣의 소용돌이로 지구 주변의 인력을 설명한 홍대용의 지전설은 수천 년 동안 氣의 회전 관념이 유지해 온 유연한 생명력을 보여주는 사례에 속한다. 그러나 인력의 문제를 氣의 회전으로 해결했다는 공통점에도 불구하고, 홍대용과 동시대 학자들 사이에

67) 이익이 「分野」에서 아메리카 대륙을 "地底"라고 부른 것이나(『星湖僿說』 卷2, 「分野」, 7ㄱ) 「指南針」에서 중국을 지구 "윗조각"의 중심이라고 말한 것 보면, 동아시아 지역이 지구의 '위쪽'에 있다고 생각했음을 알 수 있다.

는 중요한 차이가 있다. 이익 등이 氣의 회전을 우주 전체에 관철되는 보편 기제로 보았다면, 홍대용은 그것이 지구 주변의 국소적 현상에 불과하다고 주장했다. 이러한 차이가 나타난 이유는 홍대용이 우주의 외연을 동시대 누구와도 비교할 수 없을 정도로 무한히 확대했기 때문이다. 그에 따르면, 우주는 무한하고 균질했으며, 인류가 살아가는 지구란 더 이상 독특한 장소가 아니라 무한히 펼쳐진 별들 중의 하나에 불과했다. 중심이 없는 무한 우주에서 사방, 상하를 정해줄 기준은 존재하지 않았다. 그가 「毉山問答」에서 "太虛에 上下가 없음은 자취가 매우 분명한데도 세상 사람들은 상식적 소견(常見)에 젖어 그 연유를 살피지 않는다"고 말했을 때,[68] 그는 지구에 국한된 상식적 구분이 무한한 우주(太虛)에는 적용될 수 없음을 주장한 셈이었다.

오늘날 홍대용의 「의산문답」은 지전설 등 그에 담긴 '과학적' 학설 때문에 유명해졌으나, '地轉→무한우주→상식에 대한 비판'으로 이어지는 논지 전개를 보면 「의산문답」의 초점이 단지 홍대용 자신의 우주론을 체계화하는 데 있지 않았음을 알 수 있다. 그의 주된 저술 목적은 바로 당대 유교 지식인들이 지닌 상식의 국소성과 임의성을 드러내려는 데 있었고, 무한우주론과 지전설 등은 외계의 존재들, 지구, 티코 브라헤의 우주구조 등에 관한 논의와 함께 자신의 상대주의적 메시지에 탄탄한 '과학적' 설득력을 부여하게끔 배치된 장치들이었다.

「의산문답」에 등장하는 여러 '과학적' 장치들 중 가장 핵심적인 것은 무한우주론이었다. 홍대용은 무한히 펼쳐진 우주를 준거점으로 하여 유교 성리학의 여러 상식적 구분－인간과 사물, 문명과 야만－을 와해시키려 했다. 「의산문답」의 초두에서 홍대용의 作中 분신인 實翁은 무한히 펼쳐진 하늘의 관점에서 사람과 사물의 차이를 상대화시켰는데, 이는 유교의 윤리를 性과 理라는 우주적 원리로 보편화시키는 주자성

68) 洪大容, 『湛軒書』 內集 補遺 卷4, 「毉山問答」, 20ㄴ, "太虛之無上下, 其跡甚著, 世人習於常見, 不求其故".

리학의 핵심을 겨냥한 것이다. 성리학자를 상징하는 虛子가 유교적 禮義를 기준으로 사람과 사물의 차별을 논하자, 실옹은 이를 사람의 입장에서 세계를 보기 때문에 생긴 근거 없는 자만심에 불과하다고 논박했다.

> 너는 진실로 사람이로다. 五倫과 五事는 사람의 禮義이고, 떼를 지어 다니며 서로 불러 먹이는 것은 禽獸의 禮義이고, 덤불을 지어 무성하게 뻗어 가는 것은 草木의 禮義이다. 사람의 관점에서 만물을 보면 사람이 귀하고 만물이 천하지만, 만물의 관점에서 사람을 보면 만물이 귀하고 사람이 천할 것이다. 그러나 하늘에서 보면 사람이나 만물이 다 마찬가지이다(自天而視之, 人與物均也).[69]

근래의 많은 연구자들이, 홍대용이 주장한 "사람과 사물의 동등성(人物均)" 명제를 18세기 老論 학계에서 전개된 '人物性同異' 논쟁의 연장선에서 파악했다. 仁·義·禮·智·信의 五常이 사람이 아닌 금수와 초목 등에도 갖추어져 있는지의 문제를 둘러싸고 진행된 이 논쟁에서, 홍대용이 속한 학통은 인성과 물성의 근본적 차별성을 부정하고 五常이 사람과 사물 모두에 구비되어 있다고 주장한 '洛論'계열이었다.[70] 하지만 '人物性同'과 '人物均' 사이의 유사성에도 불구하고, 낙론계 주자학자들과 홍대용 사이에는 중요한 차이점이 있다. 전자가 유교적 綱常을 사물의 세계로 확장시킴으로써 인간 세계의 상식을 사물의 세계에 덧씌우려 했다면, 홍대용은 동식물이 인간의 윤리로 환원되지 않는 '나름의' 덕성을 지닌다고 주장함으로써 인간 윤리의 우주적 보편성에 대해 회의했기 때문이다.[71]

---

69) 위의 글, 18ㄴ.

70) 유봉학, 『燕巖一派 北學思想 硏究』, 一志社, 1995, 86~100쪽.

71) 따라서 홍대용이 사람과 사물의 본성을 같게 본 낙론계의 입장을 계승하여, 사물의 세계에 대한 탐구를 중시하게 됨으로써 "物의 과학적 이해를 위해 한 걸음 나아간 인식"을 전개했다고 본 유봉학의 논의에는 논리적 비약이 담겨

무한한 외연의 우주는 그 속에 숨어 있는 여러 이질적 존재들을 통해서도 지구적 삶의 보편성을 위협한다.

> 해의 세계에서 태어난 자는 순수한 불을 받아 몸은 밝게 빛나고, 본성은 剛熱하며, 앎은 투철하고 氣는 드날린다. (해의 세계는) 낮과 밤의 구분도 없고 겨울과 여름의 기후도 없으며, (그 세계에서 난 자는) 예로부터 불의 세계에서 살아 왔기 때문에 그 뜨거움을 알지 못한다.……달의 세계에서 태어난 자는 순수한 얼음을 받아, 몸은 맑고, 본성은 정결하며, 앎은 明澄하고, 氣는 가볍게 떠오른다. 낮과 밤의 구분, 겨울과 여름의 기후는 땅의 세계와 마찬가지이다. 예로부터 얼음의 세계에 살아왔기 때문에 그 추위를 깨닫지 못한다.[72]

외계의 인물에 대한 홍대용의 설명은 두 가지 점에서 고대의 신화적 지리서 『山海經』의 異族들을 연상시킨다. 우선 그 둘은 모두 상식으로는 이해하기 힘든 외모와 생활 방식을 가지고 있다. 해와 달 세계의 삶이 지구의 그것과 다르듯, "동굴에 살며 흙을 먹고 남녀의 구분이 없으며 죽어도 심장이 썩지 않아 120년 뒤에는 다시 살아나는" 『山海經』의 無䏿國 사람들도 정상을 벗어난 종족이다.[73] 더 중요한 것은, 이들 비상식적 종족들이 '우리'에 비해 고등한 존재로 그려지고 있었다는 점이다. 무계국을 비롯해서 『山海經』에 등장하는 異族들의 상당수가 동경의 대상인 不死의 종족이듯이, 홍대용의 日國人과 月國人도 "利害와

있다(위의 책, 97쪽). 사물의 세계에 대한 '과학적 이해'는 사물의 세계와 인간의 윤리를 동일화시키는 것보다는 그 둘을 분리시키는 사유와 더 친화력이 있다. 그렇다고 인성과 물성이 다름을 주장했던 湖論이 더 '과학적'이었다고 주장하는 것은 아니다. 五常의 보편성에 대한 믿음은 호론 계열의 학자들도 공유하고 있었다. 요컨대 호론과 낙론은 공히 서양의 근대 과학적 사유와는 별다른 유사성이 없는 주자학의 인간중심적 세계상을 공유하고 있었다.

72) 「毉山問答」, 23ㄴ~24ㄱ.

73) 無䏿國에 대해서는 鄭在書, 『不死의 신화와 사상 : 산해경·포박자·열선전·신선전에 대한 탐구』, 민음사, 1994, 80~81쪽을 참고할 것.

욕망에 넘쳐 삶과 죽음도 아랑곳없는" 지구의 사람들보다 훨씬 고상한 삶을 누리는 존재들이었다.[74] 『산해경』과 「의산문답」은 공히 광대한 세계에 존재하는 他者들을 통해 '우리' 상식의 비루함을 드러내려 했던 것이다.[75] 다른 점이라면, 『산해경』이 중국을 넘어서는 광대한 지상 세계를 준거점으로 삼았던 데 비해, 홍대용은 그것을 지구 바깥 무한우주로 옮겼다는 것이다.

홍대용에게 지전설이 단순한 우주론적 관심의 소산이 아니었듯, 人物均 및 외계에 대한 논의도 외계인의 존재를 주장한다거나 동식물의 덕성을 탐구하려는 의도에서 이루어지지 않았다. 이들은 홍대용의 '학설'이라기보다 그의 주된 메시지–'華夷 구분의 상대성'을 전달하기 위한 일종의 우화 장치였다. 땅을 우주의 독특한 중심으로 보는 관점은 지상 세계의 대표자로서 중국 문명의 특권적 지위를 보장해 주는 우주론적 토대였으며, 綱常倫理를 기준으로 한 사람과 금수의 절대적 위계 관념은 綱常을 체현한 중화와 그에 교화되지 못한 이적의 구분을 정당화하는 철학적 근거였다. 「의산문답」의 實翁은 외계인과 人物均의 우화를 통해 虛子가 믿고 있던 華夷論을 간접적으로 조롱했던 것이다.

홍대용은 또 다른 '과학적' 우화 장치인 지구설을 통해 華夷의 구분이 지리학적으로 아무런 근거가 없다고 주장함으로써 화이론에 대한 직접적인 비판을 개시했다. 그는 지구의 경위도 좌표계에 대해 설명한 뒤, 다음과 같이 주장했다.

> 중국은 서양에 대해서 경도 차이가 180도에 이르는데, 중국 사람은 중국을 正界라고 생각하고 서양을 倒界라고 간주하는데 대하여, 서양 사람은 서양을 正界라고 생각하고 중국을 倒界라고 간주한다. 그러나 사실상 하늘을 이고 땅을 밟은 사람은 모두 자기 세계에 따라 그와 같

74) 「毉山問答」, 24ㄱ.

75) 『산해경』의 서술에 담긴 유교의 보편성에 대한 비판은 鄭在書, 앞의 책, 80~81쪽을 참고할 것.

이 생각한다. 橫界도 없고 倒界도 없으니, 모두 正界인 것이다.[76]

이러한 주장은 사실상 선교사들의 중화주의 비판을 달리 표현한 데 불과했으며, 지구설을 지지하고 지리적 중화주의에 회의한 적지 않은 지식인들에 의해서도 반복된 내용이었다. 하지만 결국에는 중화주의를 구제할 다른 논리를 찾으려 한 사람들과는 달리, 홍대용은 선교사들의 학설에 담긴 불온한 함의를 무한 우주와 地轉, 人物均, 외계의 존재 등의 요소와 결합하여 증폭시켰다.

중국이 둥근 지구 위의 한 나라에 불과하다는 홍대용의 주장은 유교 문명의 보편성에 대한 직접적인 회의로 이어졌다. 비록 그는 고대 堯舜 임금의 지극한 정치가 도탄에 빠진 生民을 문명의 영역으로 이끌었다는 점을 부정하지는 않았지만, 그렇다고 그들의 치세를 절대화시키지도 않았다. 홍대용이 보기에 유교 문명의 시작인 요순의 정치는, 이미 진행되고 있던 세계의 거스를 수 없는 쇠퇴를 일시적으로 막아보기 위한 '權道'에 불과했다. 더욱이 그들의 힘으로도 세계의 쇠퇴를 완전히 붙잡아 맬 수는 없었다. 周나라 이래 중국은 사치스러운 물질문명, 복잡한 예악 제도, 精緻한 학문을 발전시켰지만 그 장중하고 화려한 외양의 이면에는 자기 자신, 자기 집안, 자기 집단의 이해를 추구하는 이기심이 깔려 있었다. 夷狄이 사사로운 이익을 위해 중국을 침범한다고 하지만, 자기를 중시하고 남을 배척한다는 점에서는 중국도 마찬가지였다. 다른 점이 있다면 중국인들은 자기중심의 彼我 구분을 보편적으로 치장할 세련된 논리를 만들 수 있었다는 사실이다.[77]

중화와 이적의 절대적 구분을 선언함으로써 이후 화이론의 중요한 토대가 된 孔子의 '春秋大義'에 대해, 「의산문답」의 實翁은 다음과 같이 해명했다.

---

76) 「毉山問答」, 21ㄴ.

77) 중국 문명의 전개에 대한 홍대용의 견해는, 「毉山問答」, 34ㄱ~36ㄴ을 참조.

> 공자는 周나라 사람이다. 왕실이 날로 기울어지고, 제후들이 쇠약해지자 (오랑캐인) 吳나라와 楚나라가 중국을 어지럽혀 寇賊질하기를 그칠 줄 몰랐다. 『춘추』란 주나라의 책이므로, 內外에 대해 엄격히 구별하는 것은 또한 당연한 일이 아니겠는가! 그러나 만약 공자로 하여금 바다에 떠서 九夷에 들어가 살게 했더라면, 그는 華夏의 법도를 써서 이적의 풍속을 변화시키고 周나라의 道를 域外에서 일으켰을 것이다. 그렇게 되면 안과 밖의 구별과 높이고 물리치는 義理가 자연히 달라지는, 域外의 『春秋』가 마땅히 있었을 것이다. 이것이 공자가 성인이 되는 까닭이다.[78]

「의산문답」의 대단원을 이루는 위의 구절에는 표면상의 명료함에도 불구하고 독자들을 혼란에 빠트리는 모호함이 있다. "공자가 이적 땅에서 활동했다면 華夏의 문화로 이적을 문명화했을 것(用夏變夷)"이라는 그의 주장은 유교 문명의 보편성을 주장하는 문화적 중화주의와 다를 바 없지 않은가? 그렇다면 홍대용의 논리는 근본적으로 유교 문명을 보존하고 있는 유일한 나라 조선이 이제 중화 국가라는 '조선중화주의'와 무엇이 다른가? 홍대용은 1765년 연행사절로 파견된 그의 季父 洪檍을 수행하여, 오랑캐가 통치하는 중원의 실상을 접할 수 있었다. 귀국한 뒤 홍대용은 자신이 북경에서 항주의 세 선비와 나눈 교유를 문제 삼은 金鍾厚에게 다음과 같이 말했다. 명나라 이후 중원을 통치한 청나라는 비록 오랑캐였지만, "康熙 이후에는 백성과 더불어 휴식하고 다스리는 道를 간단하고 검소하게 하여 한 시기를 鎭撫할 수 있었다."[79] 게다가, "그들은 중국에서 이미 오래 살아왔기 때문에, ……점점 예의를 숭상하고 대략 충효를 본받으니, 살벌한 성정과 금수 같은 행동이 그 처음 일어날 때 심했던 것과 같지 않았다."[80] 그렇다면

---

78) 위의 책, 37ㄱ.
79) 홍대용, 『담헌서』 내집 권3, 「與金直齋鍾厚書」, 10ㄴ.
80) 홍대용, 「又答直齋書」, 14ㄱ.

홍대용은 만주족이 중화 문물을 잘 받아들였기 때문에 이제는 夷狄이 아니라는, 일종의 문화적 중화관을 가지고 있었던 것일까?

이 모든 질문에 대해 燕行에서 돌아온 홍대용은 확정적인 해답을 내리지 않았다. 어쩌면 홍대용은 의도적으로 이러한 모호함을 창출한 것 같기도 하다. 그는 화려한 문화를 일구어 낸 康熙·乾隆 치세의 청나라가 이적인지 중화인지, 반대로 '對明義理'를 지키고 있던 조선이 중화인지 이적인지의 문제에 대해 확정적인 대답을 내리려 하지 않았다. 그가 문제 삼았던 것은 오히려 중화와 이적이라는 범주 구분 자체의 모호함이었다. 「의산문답」의 실옹이 장대한 스케일의 우화를 통해 허자가 평생 배워온 범주 구분의 임의성을 드러냈듯, 홍대용은 김종후의 고착된 名分論이 더 이상 현실 세계의 역동적 변화를 담아 내지 못함을 지적했다. 「의산문답」에서의 대화가 이루어진 醫巫閭山은 중국의 동북방, 華와 夷를 가르는 경계선에 위치해 있었다.[81] 그는 여전히 華와 夷라는 對偶 개념이 지배하는 세계에서 살고 있었지만, 조선의 지식인들이 명확히 구분해서 사용하는 두 개념의 경계가 사실상 모호하다는 점을 알고 있었다. 화와 이를 고정된 범주로 이해하면 끊임없이 변화하는 유동적 현실을 제대로 파악할 수 없다. 醫巫閭山은 바로 그러한 변동이 일어나는 긴장된 경계면이었다.

그러나 어떤 점에서는 홍대용과 김종후의 실제 대화가 이루어지고 있던 18세기 후반의 조선이야말로 華·夷의 두 범주가 서로 긴장하며 침투하는 접경이었다. 조선 지식인들은 17세기 이후 그들의 상식을 뒤흔드는 두 번의 세계사적 사건을 겪었다. 첫 번째는 중화의 적통 명나라가 오랑캐에 멸망하고 소중화 조선도 함께 굴욕을 당한 일이었고, 두 번째는 그 오랑캐가 18세기에 접어들어 중국 역사상 유래가 없는 盛世를 구가하게 된 일이었다. 華와 夷의 범주가 전도된 현상에 대한 논의는, 흥미롭게도 당사자인 중국 본토에서보다도 주변부 조선에서

81) 「의산문답」, 16ㄱ.

더 활발히 이루어졌다. 중국의 한족 지식인들이 받은 충격은 청조의 엄혹한 사상적 탄압에 의해 바깥에서, 그리고 고대 문헌에 대한 치밀한 考證을 강조하는 당대의 지적 조류에 의해 안으로부터 제어되었던 것으로 보인다. 그러나 이러한 제어 장치들이 없었던 조선에서는 화이론에 관한 논의가 중국에서보다 공공연하고 광범위하게 이루어졌다. 그 대세는 宋時烈 등 노론 학자들에 의해 주도된 '조선 중화주의'였지만, 유봉학의 연구에서 드러나듯 많은 사람들이 그와 같은 명분론으로는 쉽게 해소될 수 없는 현실의 복잡함을 인식하고 있었다.[82]

홍대용의 경우는 그러한 긴장을 해소하려 하기보다는 오히려 증폭시키려 했다. 그는 현대 연구자들의 희망과는 달리 華와 夷의 구분을 대체할 새로운 사상적 지평을 연 사람은 아니었다. 그는 사람들이 자명하게 생각하고 있는 구분이 자기중심적인 생각에서 비롯된 것은 아닌지 반추해 볼 것을 권했다. 그런 점에서 그의 전략은 범주 구분의 상대성을 폭로한 『莊子』와 유사하다. 『莊子』「秋水」편은 중화문명을 상징하는 黃河의 신 河伯과 그에 의문을 던지는 北海의 신 若의 대화를 통해 儒家的 가치의 보편성에 의문을 던지고 있다. 「의산문답」의 醫巫閭와 같이 「秋水」편의 대화가 이루어진 곳도 黃河가 大海와 만나는 경계면이었다. 가을 홍수에 물이 불어난 황하를 보고 "천하의 좋은 것들이 모두 자기에게 속한다"고 한껏 자만심에 부푼 하백을 "우물안 개구리"와 "여름벌레"라고 비웃은 북해의 신은 세계의 광대함과 중국 문명의 왜소함을 일깨워 준다. 황하에 비해 드넓은 북해라도 천지에 비하면 "작은 돌과 나무가 거대한 산 속에 있는 것"과 같은데, 하물며 四海 안의 중국은 "커다란 창고 안의 곡식 알갱이"에 불과하지 않겠는가? 三王 五帝가 힘써 유교 문명을 일으킨 것이나, 백이 숙제의 의로움과 孔子의 박학함도 결국은 그 좁은 땅에서나 통용되는 일일 뿐이 아닌가?[83] 東晋의 郭璞(276~324)은 『산해경』을 황당하다고 비웃는

82) 유봉학, 앞의 책, 56~78쪽을 참조할 것.

사람들을 향해 『장자』의 관점을 원용하여 그 가치를 옹호했다. 그에 따르면 정상과 비정상의 구분은 마음에서 비롯된 것일 뿐이다.

> 『산해경』을 읽는 세상 사람이라면 그 책이 황당무계하며(閎誕迂誇), 기괴하고 유별난 말이 많기 때문에 의혹을 품지 않는 이가 없다. 나는 이 점에 대해 한번 논의해 보고자 한다. 莊子는 이런 말을 한 적이 있다. "사람이 아는 것은 그가 알지 못하는 것에 미치지 못한다"고. 나는 『산해경』에서 그 실례를 발견할 수 있다.……세상에서 소위 이상하다는 것에 대해서는 그것이 이상한 이유를 알 수 없고, 세상에서 소위 이상하지 않다고 하는 것은 그것이 이상하지 않은 이유를 알 수 없다. 왜 그러한가? 사물은 스스로 이상한 것이 아니라 나의 생각을 거쳐서야 이상해지는 것이므로, 이상함이란 결국 나에게 달린 것이지 사물이 이상한 것은 아니기 때문이다. 그러므로 북방의 胡人은 광목을 보면 베인가 의심하고, 남방의 越人은 털 담요를 보면 모피라고 놀란다. 대개 익히 보아온 것을 미더워하고, 드물게 들어온 사실을 기이하게 여기는 것이 사람들의 통폐이다.[84)]

華夷 구분의 상대성을 드러내려는 「毉山問答」의 기본 메시지는 이들과 기본적으로 다르지 않다. 달라진 점이 있다면, 홍대용은 같은 메

83) 『莊子校詮』 外篇, 「秋水」(王叔岷 撰, 臺北：中央研究員歷史言語研究所, 1988, 제3책, 581~584쪽). 「毉山問答」과 『莊子』 「秋水」의 유사성에 대해서는, 송영배, 「홍대용의 상대주의적 사유와 변혁의 논리 - 특히 '장자'의 상대주의적 문제의식과의 비교를 중심으로」, 『한국학보』 74, 1994, 112~134쪽을 참조할 것.

84) 郭璞(정재서 역주), 「注山海經敍」, 『산해경』, 민음사, 1996, 33~34쪽, "世之覽山海經者, 皆以其閎誕迂誇, 多奇怪俶黨之言, 莫不疑焉. 嘗試論之曰, 莊生有云, '人之所知, 莫若其所不知', 吾於山海經見之矣.……世之所謂異, 未知其所以異, 世之所謂不異, 未知其所以不異. 何者. 物自不異, 待我而後異, 異果在我, 非物異也. 故胡人見布而疑黂, 越人見罽而駭毳. 夫翫所習見而奇所希聞, 此人之常蔽也". 곽박이 인용하고 있는 『장자』의 구절도 「秋水」편에 속해 있다.

시지를 다른 우화 장치를 통해 전달하려 했다는 것이다. 「秋水」의 거대한 바다는 무한 우주와 자전하는 지구로, 『山海經』의 기이한 나라는 지구 바깥의 해와 달 세계로 바뀌었다.

예수회 선교사들의 지구설이 「의산문답」에서 이용되는 방식은, 서양을 적어도 중국과 대등한 문명으로 인정해 달라던 선교사들의 메시지가 중국과 조선 사회에서 겪은 다양한 굴절 중의 한 가지 극단적 양상을 보여준다. 이익과 같은 학자들이 선교사들의 학설이 지닌 이질성을 제거하려 했다면, 홍대용은 예수회의 학설에 담긴 불온함을 그대로 받아들였다. 그렇다고 그가 서구 기독교 문명이 우월하다는 선교사들의 메시지를 받아들인 것은 아니었다. 그의 우주론이 지구설의 구대칭 관념을 넘어 무한 우주설로 나아갔듯, 그의 중화주의 비판은 서양 기독교 사회의 문명됨에 대한 인정이 아니라 문명과 야만의 구분을 무너뜨리는 상대주의적 사유로 비약했다. 이는 선교사들의 학설이 『장자』로부터 유래하는 상대주의적 사유 전통과 결합됨으로써 가능해진 일이었다. 물론 이는 선교사들이 본래 기대하던 바가 아니었을 것이다. 왜냐하면 "外物의 이상함이란 결국 나의 생각에 달린 문제"라는 곽박과 홍대용의 권고는 중화주의에 사로잡힌 17·18세기 중국과 조선 學人들 뿐 아니라, 중국인들의 전통을 자기 문명의 기준으로 재단하고 또 중국인들의 영혼을 자기 종교의 그물에 사로잡으려 한 선교사들 자신에게도 해당되는 가르침이었기 때문이다.

6. 맺음말

李瀷과 洪大容을 근대적 세계상을 개척한 인물로 부각시키려는 연구자들의 희망과는 달리, 그들의 사유는 근대 사상의 범위에 쉽게 포괄되기 어려워 보인다. 이익의 사색이 중화주의적 세계상에서 벗어나지 않았다면, 홍대용의 도약은 아직 그 향방이 확정되지 않았다.

이익의 개방적인 사유는 선교사들의 주문처럼 중화주의적 세계상에 대한 비판, 유교의 보편성에 대한 회의로 까지 이어지지는 않았다. 그는 지구와 오대주의 세계에서 중국 지역이 지닌 우주론적 상서로움을 보여줌으로써 중화주의적 세계상과 서양 지리학설 사이의 충돌을 조정하려 했다. 따라서 이익에 있어서 외래 지리학설의 도입은 세계관적 전환의 계기가 되지 못했다. 오히려 서양의 학설은 성리학적 세계상에 포괄됨으로써 동아시아 우주론 전통을 좀 더 풍부하게 만드는 재료가 되었다.

이익이 선교사들의 학설을 理氣·陰陽의 자연철학과 융합시켰다면, 홍대용은 그것을 『莊子』의 세계상과 결합시킨 경우였다. 홍대용은 地球, 地轉, 무한우주 등 선교사들로부터 배웠거나 스스로 도달한 제반 '과학적' 관념을, 광대한 외연의 세계를 준거로 유교적 가치를 왜소화시킨 『莊子』 「秋水」의 우화 구도에 편입시켰다. 「의산문답」의 상대주의적 사유는 근대 민족주의라는 특정한 이념적 지향과 쉽게 연결되기 어렵다. 그러한 연결은 도리어 18세기적 상식에 회의했던 홍대용의 사유를 오늘날의 상식으로 재단하는 일이 될 것이다. 그는 오랑캐 청나라가 중원을 장악한 事變으로 모호해진 華와 夷의 경계선에 서서, 그 구분을 뒷받침하던 성리학적 상식의 임의성에 대해 반추했다. 그러나 明淸의 왕조 교체가 기존 세계질서의 와해를 뜻하지 않았듯, 홍대용의 사색 또한 유교의 한계를 넘어 새로운 세계상을 개척하는 데까지 나아가지 않았다. 홍대용이 드러내려 했던 범주간의 긴장이 어떤 방식으로 확대되거나 또는 해소될 것인지 그 가능성은 여전히 열려 있었다.

이익과 홍대용에 대해 이루어진 이상의 논지는 조선후기 실학 전반으로도 확대 적용될 수 있으리라고 생각된다. 근대적 지평에서 벗어나 있는 타자성, 쉽게 방향 지을 수 없는 다양성과 긴장이야말로 18세기 조선 사상계가 지닌 매력일 것이다. 근대의 프리즘은 그 이질적 매력을 '전근대/근대'라는 단순하고도 익숙한 스펙트럼으로 해소시켜 버린다. 그렇다면 상식적 범주 구분에 대한 반성을 주문한 홍대용의 사유는 18세기의 정신에 근대와 전근대의 앙상한 구도를 덧씌우려는 오늘날의 연구자들에게도 적용되는 것이 아닐까?

조선후기 서양 과학기술의 수용과 그 논리

노 대 환*

1. 머리말

17세기에 들면서 조선 지식인들은 서양이라는 전혀 새로운 세계와 조우하게 되었다. 정확히 이야기한다면 서양 과학기술과 접촉하였다. 서양의 과학적 성과를 담고 있는 세계지도·천문학 서적 등을 통해 서양을 이해하기 시작하였기 때문이다. 첫 접촉은 호기심에 끌려 이루어진 측면이 컸지만 서양 과학기술의 가치가 확인되면서 그것은 적극적인 관심 대상으로 변화하였다.

서양 과학기술이 적극적인 관심의 대상으로 변화하자 기존의 지식체계와의 갈등이 표출되었다. 지금도 그렇지만 특히 중세의 과학기술은 철학이나 종교 등을 비롯한 지식의 결집체이므로 다른 세계의 그것과 접촉하는 과정에서 문제가 발생하는 것은 당연한 일이다. 그런데 그러한 갈등이 중국이나 조선과 같은 주자주의 사회에서는 증폭될 여지가 더욱 컸는데 주자 성리학의 특수성 때문이었다.

잘 알려져 있다시피 주자 성리학은 理氣論을 핵심으로 구성된 것이었으며 중심이 된 것은 '理'였다. 절대적인 '리'가 세계를 통괄하는 것으로 보았던 주자학의 목적은 리의 탐색과 실천에 있었다. 주자학은 리를 중심으로 세계를 재구성했는데 여기에는 과학의 핵심적인 부분

---

* 동양대학교 문화재학과 조교수

이라 할 수 있는 자연계에 대한 논리도 포함되어 있다. 사실 주자학에서 자연계는 매우 중요한 요소였다. 선험적으로 존재하며 주로 철학적이며 윤리적인 성격을 갖는 리에 객관적 타당성을 부여하는 것이 자연계의 법칙인 것으로 보았기 때문이다. 그런데 자연계의 법칙을 밝히는 것이 규정된 리를 확인하는 것이므로 그것은 결국 자연계를 인간적 또는 윤리적인 관점에서 재단하는 것이었으며 그 점에서 서양의 과학과는 구분되었다. 따라서 서양과학의 수용은 주자학적 세계관에 어떤 식으로든 균열을 초래할 것이 분명하였으며 그러한 이유로 수용에 따른 반발도 만만치 않았다. 주자학의 수용과 실천에 관한 한 조선은 가장 모범적인 국가였으므로 그 반발도 더욱 컸을 것임은 예상하기 어렵지 않다.

서양 과학기술은 바로 그 반발성 때문에 조선후기 실학 연구의 중요한 주제로 인식되어 많은 연구가 진행되어 왔다. 즉 서양과학의 수용은 단순히 과학 지식의 축적에 그치지 않고 기존의 사상계에 결정적인 변화를 야기할 가능성이 크다는 점에서 주목된 것이다. 하지만 지금까지의 연구를 종합해 보면 서양과학이 주자학에 결정적 변화를 야기하였다고 보기는 힘든 것으로 나타난다. 오히려 성리학은 서양과학의 성과를 수용하면서도 그 기본적인 틀은 그대로 유지해 나가고 있었다고 할 수 있다. 이러한 결과로 보면 성리학의 기본적인 틀은 유지하면서 이질적인 서양 과학기술을 수용하였던 점이야말로 조선후기 새로운 사상 경향의 특징으로 볼 수 있지 않을까 하는 생각이 든다.

본고는 기본적으로 이러한 관점에서 조선후기 서양 과학기술의 수용과정을 살펴보고자 한다. 즉 조선 성리학계가 서양 과학기술을 어떤 방식으로 포용하였으며, 어느 선까지 자신의 틀을 유지하면서 포용해 낼 수 있었던가 하는 점을 검토해 보고자 하는 것이다. 이를 통해 조선 성리학의 포용성과 그 한계가 동시에 드러날 것이며, 서양 과학기술이 조선에 끼친 영향도 분명해 질 것으로 기대한다. 고찰 대상 시기는 서학에 대한 정보를 처음 접하게 된 17세기부터 19세기까지로 설정하였다. 실학과 직접 관련되는 것은 주로 18세기이지만 이후 시기 서양 과학기술의 수용양상은 실학의 전개과정과도 관련하여 매우 중요한 문제이므로 함께 살피기로 한다.

2. 17세기의 西學 유입과 지식인들의 반응

동아시아 사회에 서양과학이 소개되는 획기적인 계기는 이탈리아 출신의 예수회 선교사 마테오 리치(Matteo Ricci, 利瑪竇, 1552~1610)에 의해 마련되었다. 예수회의 중국 전교 계획에 따라 파견되어 중국 전교단의 책임자로 임명된 마테오 리치는 1601년 선교사로는 최초로 북경에 입성하여 중국인들에게 천주교와 함께 서양의 과학적 지식을 소개하였다.[1] 그는 유럽식 방법으로 일식을 정확히 예측하여 중국인들을 감탄시켰으며 1602년에는 「坤輿萬國全圖」라는 세계지도를 제작하여 그간 알려져 있지 않던 미지의 세계에 대한 정보를 제공하였다. 그가 제작한 「곤여만국전도」의 여백에는 서문과 발문 등이 붙어 있었는데 그 서문에 '地形本圓球'라 하여 地圓說도 소개하였다.

마테오 리치의 성공적 적응에 힘입어 과학적 소양을 갖춘 새로운 선교사들이 중국에 입국하였으며 이들에 의해 서양의 인문지리학이나 자연과학적 지식이 지속적으로 중국에 전달되었다.[2] 1630년대에 이르자 서양 선교사들이 흠천감 운영의 실권을 잡았으며 이를 계기로 서양 역법과 천문학을 본격적으로 전파하였다. 예수회 선교사들이 중국에

---

1) 마테오 리치에 대해서는 다음의 글이 참고된다. 주원준 옮김, 『마테오 리치, 기억의 궁전』, 이산, 1999(Jonathan D. Spence, *The Memory Palace of Matteo Ricci*, Viking Penguin, 1984) ; 박성래, 「마테오 릿치와 한국의 西洋科學 수용」, 『동아연구』 3, 서강대 동아연구소, 1983.

2) 崔韶子, 『東西文化交流史研究』, 三英社, 1987, 216~220쪽.

소개한 자연과학은 지구를 우주의 중심으로 설정하고 지구를 9겹 혹은 12겹의 하늘이 감싸고 있다고 설명하는 등 코페르니쿠스 이후의 천문학 연구성과가 배제된 중세적 과학이었지만 그럼에도 불구하고 중국 지식인들에게 충격을 주기에는 충분한 것이었다.

조선도 17세기부터 중국을 매개로 서양과학을 접하게 되었다. 「곤여만국전도」는 제작된 지 1년 만인 1603년(선조 36) 사행사 李光庭에 의해 입수되었으며 「곤여만국전도」 외에도 중국에서 간행된 서구식 세계지도의 대부분이 간행된 지 얼마 지나지 않아 바로 조선에 전래되었다.[3] 생소한 지역에 관한 정보를 담고 있는 서양지도는 조선 지식인들의 관심을 자극하였다. 李睟光(芝峯, 1563~1628)은 1614년(광해군 6) 찬술한 『芝峯類說』 「外國條」에 「곤여만국전도」에 근거하여 佛浪機(포르투갈)·永結利國(영국)·歐羅巴國·大秦國(로마제국) 등의 유럽 국가를 소개하였으며, 하늘이 아홉 겹으로 되어 있다는 九重天說이 근거가 있음을 말하기도 하였다.[4]

서양 세계에 대한 관심이 확산되면서 서양 선교사들과 접촉을 갖는 조선인들도 생겨났다. 이미 16세기 중반부터 조선에 포교하려는 계획을 가지고 있던 예수회 선교사들은[5] 조선 사신들에게 선물을 주는 등 상당히 호의적으로 대하였는데 선물 가운데는 서적이 많은 부분을 차지하고 있었다. 1631년(인조 9)에 연행하였던 鄭斗源(壺亭, 1581~?)이

---

3) 金良善, 「明末淸初 耶蘇會 宣教師들이 제작한 世界地圖와 그 韓國文化史上에 미친 影響」, 『崇大』 6, 1961.

4) 李睟光의 서양 인식에 대해서는 다음의 논문이 참고된다. 李萬烈, 「芝峯 李睟光 연구 - 그의 行蹟과 海外認識을 중심으로 -」, 『淑大史論』 6, 1971 ; 韓永愚, 「李睟光의 學問과 思想」, 『韓國文化』 13, 서울대 한국문화연구소, 1992.

5) 일본 예수회 수도원의 주임신부로 있던 또레스(Cosme Torres) 신부는 이미 1566년 조선에 신부를 파견하려는 계획을 가지고 있었다고 한다. 박철 옮김, 『한국천주교전래의 기원』, 서강대학교 출판부, 1989(Juan G. Ruiz de Medina, *Origenes de la Catolica Coreana desde 1566 hasta 1784*, 1986), 17쪽.

로드리게스(J. Rodriquez, 陸若漢, 1561~1633) 신부로부터 『天問略』·『西洋國風俗記』·『職方外紀』 등의 서학서를 받아 귀국하였던 것은 그 대표적인 예이다.

서학서의 핵심을 차지하고 있던 것은 천문·역학 관계 서적이었는데 이들 서적을 처음 접한 조선인들은 그 학문적 수준에 상당히 놀라고 있었다. 역관으로 정두원을 수행하였다가 로드리게스가 선물한 『天問略』과 『治曆緣起』를 열람하였던 李榮後는 "중국의 밖에도 이런 人物, 敎化, 制作이 있는가?"[6]라고 크게 감탄한 바 있다. 이를 보면 이영후는 본래 세계의 중심에 중국이 위치하고 있으며 중국만이 뛰어난 문화를 소유하고 있다는 중국 중심적인 관념을 가지고 있었던 것을 알 수 있다. 그런 그에게 서양인들이 천문·역학 방면에서 중국을 뛰어넘는 수준의 성과를 내고 있다는 사실은 충격이었다. 이영후는 결국 서양이 중국과 교통하지 않고도 그런 뛰어난 인물과 재주가 있는 것은 그곳에도 틀림없이 성인이 있기 때문일 것이라고 결론지었다.

서양의 역서를 접한 후 기존의 인식에 혼란을 느꼈던 이영후의 모습에서 짐작할 수 있듯 사실 서양과학은 동양의 전통적 과학사상과 갈등을 빚을 소지가 다분한 것이었다.

동양의 전통과학이 체계화·정밀화된 것은 송대 신유학자들에 의해서였다. 신유학자들은 심성론과 함께 天圓地方說·九天說·左旋說 등의 자연과학적 이론틀을 만들어 냈는데 주로 천문학과 관계된 이러한 이론틀은 엄밀하게 따지면 과학이라기보다는 철학적 사유에 가까운 것이었다. 성리학자들은 보편적 원리인 天理가 자연계와 인간계를 통괄하는 것으로 보아 인간세계에 적용되는 도덕적 법칙을 자연계의 원리와 일치시켜 이해하였다.[7] 인간세계의 통치상의 잘못이 자연재해

---

6) 安鼎福, 『雜同散異』 제22책 「西洋問答」. 이영후에 대해서는 山口正之, 「淸朝に於ける在支歐人と朝鮮使臣」, 『史學雜誌』, 1934 참조.

7) 김석근 옮김, 『朱子의 自然學』, 통나무, 1991, 225~226쪽(山田慶兒, 『朱子の自然學』, 岩波書店, 1978) ; 具萬玉, 『朝鮮後期 朱子學的 宇宙論의 變動』,

를 초래한다는 災異論的 사고는 바로 그러한 이해의 대표적인 산물이다. 신유학적 인식에서 자연 현상이 의미가 있는 것은 그것이 성인의 도를 밝히는 중요한 단서가 될 수 있다고 보았기 때문이다. 자연계에 천리가 담겨 있다면 자연계에 대한 탐색을 통해 천리를 파악할 수 있다고 보는 것은 당연하다. 이러한 인식은 성리학의 理氣論과 결부되어 氣적인 자연계는 항상 理에 의해 제어되어야 한다는 논리로 발전되었다. 그런데 과학은 자연계에 대한 관심에서 출발하며 과학적 세계관은 기적인 자연계에 대한 인식을 토대로 리적인 세계에 접근하는 것을 지향한다. 그런 점에서 서양과학은 기를 통해 리에 접근할 것인가 아니면 리를 통해 기에 접근할 것인가의 문제를 제기했다고 할 수 있으며 그 때문에 성리학적 세계관과 갈등을 빚을 수밖에 없었다.[8] 하지만 서양과학의 수용을 둘러싼 갈등이 당장 표면화되지는 않았는데[9] 그것은 다음의 몇 가지 이유 때문이었다.

첫째, 조선에 전해지고 있던 천문·역학이 帝王의 권위 수식이라는 상징적 측면과 農政의 기초학문이라는 실제적 측면에서 동양 사회에서도 전통적으로 중시되던 분야였다는 점이다. 역학의 오류는 정부로서도 시급히 시정해야 할 중대한 사안이었다. 때문에 1648년(인조 26) 서양 역법의 원리를 적용하여 만든 청의 時憲曆과 조선력 사이에 윤달의 설정 등에서 차이가 발생하자 신속히 서양 역법의 도입을 검토하여 결국 5년 후인 1653년 시헌력에 따라 역서를 편찬하는 등 정부는 발빠르게 대처하였다.[10]

연세대학교 대학원 사학과 박사학위논문, 2001, 36~40쪽.

8) 서양과학의 수용을 둘러싼 철학과 자연과학의 관계에 대해서는 小川晴久, 「十八世紀의 哲學과 科學의 사이 - 洪大容과 三浦梅園 -」, 『東方學志』 20, 1978 참조.

9) 물론 갈등이 없던 것은 아니다. 예를 들어 인조대 시헌력 도입에 대한 논의가 한참 이루어지다가 중단되었을 때 이조판서 韓興一이 혼자서 시헌력이 옳다고 하면서 시헌력을 따라 제사를 지내자 사람들이 모두 무식한 것을 딱하게 여겼다고 한다(『仁祖實錄』 권49, 仁祖 26년 3월 壬申).

둘째, 천문·역학의 수용이 전통적인 과학적 지식과 절충하는 방식으로 매우 조심스럽게 이루어지고 있었다는 점이다. 전통 天文計時 기구에 서양기술을 접목시키려는 시도는 그 한 예가 될 것이다. 조선 정부는 1669년에는 관상감 교수 李敏哲과 宋以穎에게 각각 혼천의를 만들도록 하면서 이민철에게는 옛 제도인 수격식 혼천의를, 송이영에게는 서양 자명종식 혼천의를 동시에 제작케 하였다. 이는 전통의 고수와 신문명의 도입이라는 두 가지 과제를 무리없이 해결하기 위한 시도였다.[11] 또 다른 예를 17세기 최고의 천문학자로 평가되는 金錫文(大谷, 1658~1735)을 통해서 확인할 수 있다. 김석문의 경우 전통적인 易學的 우주론의 바탕 위에서 서양의 지구설과 행성구조론을 도입하여 새로운 역학적 우주론의 모델을 만들고자 하였다.[12] 즉 서양 천문학과 전통적 상수학적 인식체계와의 부조화를 상수학적 체계의 심화를 통해 해결하고 있었던 것이다.[13] 김석문은 서양의 새로운 과학 지식이 전통적 과학 지식과 결합되는 양상을 잘 보여준다.

---

10) 시헌력 도입과정에 대해서는 다음의 글이 참고된다. 李龍範, 『서양중세과학의 조선전래』, 동국대학교출판부, 1988 ; 李龍範, 『韓國科學思想史硏究』, 동국대학교출판부, 1993 ; 鄭誠姬, 「조선후기 시헌력 도입과 그 영향」, 『한국학대학원논문집』 10 ; 전용훈, 「17~18세기 서양과학의 도입과 갈등-時憲曆 施行과 節氣配置法에 대한 논란을 중심으로」, 『동방학지』 117, 연세대학교 국학연구원, 2002.

11) 이태진, 「한국의 학문적 전통과 서양 학문에 대한 반응」, 『현대의 학문체계』, 민음사, 1994, 83~85쪽 ; 한영호·남문현, 「조선조 중기의 渾天儀 復元 연구」, 『한국과학사학회지』 제19권 제1호, 1997. 하지만 이렇게 만들어진 기구들이 일종의 상징물이었을 뿐 실제 역법계산을 위한 관측용은 아니었다는 점에서 수용상의 한계도 동시에 나타난다. 문중양, 「18세기 후반 조선 과학기술의 추이와 성격」, 『역사와 현실』 39, 2001, 208~209쪽.

12) 閔泳珪, 「十七世紀 李朝學人의 地動說 - 金錫文의 易學二十四圖解」, 『東方學志』 16, 1975 ; 김용헌, 「김석문의 우주설과 그 철학적 성격」, 『실학의 철학』, 예문서원, 1996 ; 具萬玉, 앞의 글, 134~154쪽.

13) 문중양, 「18세기 조선 실학자의 자연지식의 성격 - 象數學的 우주론을 중심으로 - 」, 『한국과학사학회지』 제21권 제1호, 한국과학사학회, 1999.

셋째, 조선과 청의 불편한 관계로 중국으로부터의 서학 유입이 제한적이었다는 점이다. 조선은 청에 대한 복수를 다짐하여 북벌론을 추진하고 청은 그런 조선을 위협세력으로 간주하여 경계하는 등 양국은 병자호란 이후 17세기 내내 긴장 관계를 유지하였다. 이런 분위기에서 조선 사신들이 서양인들과 접촉을 갖거나 하는 것은 상당히 힘든 일이었다. 예를 들어 조선은 1646년 『西洋新法曆書』를 몰래 사들이기 위해 백방으로 노력하였지만 구입할 수 없었으며, 저자 아담 샬(Johann Adam Schall Bell, 湯若望, 1591~1666)과 접촉하려 했지만 그 또한 만날 길이 없었다.[14] 서양 선교사들의 거주처였던 天主堂[15]만 해도 17세기 당시에는 방문하기 힘든 곳이었다. 1695년(숙종 34) 숙부 洪受疇를 따라 연행했던 洪禹鼎은 천주당을 방문한 것으로 확인되는 최초의 인물로 생각되는데 그도 천주당 방문이 매우 어려운 일이라고 말하고 있었다.[16] 청국과의 불편한 관계로 서학서의 수입이 여의치 않았으므로 서학을 둘러싼 논의는 활성화되지 못하는 것은 당연하였다.

이상의 몇 가지 이유로 인해 서양 천문・역학의 도입 초기에는 기존 지식체계 내지 전통 과학사상과의 갈등이 표면화되지 않았지만 그 갈등은 언젠가는 돌출될 수밖에 없는 것이었다. 전통과학이 보다 정밀한 서양의 과학적 지식으로 대체되는 것은 피할 수 없는 것이었다. 앞서 살핀 이민철의 경우 전통 수격식 혼천의를 만들면서 『書傳』에 기록된 環 제도를 변개한 바 있는데[17] 이는 서양과학의 수용에 따라 전통과학이 겪게 될 양상을 예고하는 것이었다. 그렇다고 대체과정이 전면적으

---

14) 『仁祖實錄』 권47, 仁祖 24년 6월 戊寅.

15) 천주당은 1601년 마테오 리치 등이 神宗에게 서양 문물을 헌상한 공으로 第宅을 하사받아 처음 건립되었는데 1723년까지 남당・동당・북당・서당 등 네 곳이 세워졌다. 山口正之, 「清朝に於ける在支歐人と朝鮮使臣」, 『史學雜誌』 제44권 7호, 1934.

16) 金昌業, 『燕行日記』.

17) 한영호・남문현, 앞의 글, 1997, 10~15쪽.

로 진행되거나 한 것은 아니었다. 전통과학과 그것을 둘러싸고 있는 성리학적 사유체계의 벽 또한 대단히 공고하였기 때문이다. 서양과학은 성리학적 사유에 압도되어 배척되는 것이 일반적이었으며 수용되더라도 매우 조심스러운 방식으로 이루어지고 있었다.

3. 18세기 영·정조시대의 서기 수용논의와 '西器中國源流說'

1) 영조대 북학론과 '西器中國源流說'

18세기에 들어 조선과 청 간의 불편했던 관계가 안정을 찾아가면서 서양과학 수용의 본격적인 길이 열리기 시작하였다. 양국 관계가 안정되자 그간 방문이 쉽지 않았던 천주당에 들러 서양선교사와 접촉하는 지식인이 늘어나는 등 당장 변화가 나타났다. 17세기의 접촉이 주로 서양에 대한 호기심에서 비롯되었던 데 비해 천문·역학 분야에서의 서양인들의 성과가 알려지면서 역법에 관한 자문을 구하기 위해 방문하는 일이 잦아지는 등 접촉 동기도 이전과는 다른 양상을 띠었다. 특히 1725년 欽天監 監正이 된 쾨글러(Ig. Kogler, 戴進賢, 1680~1746)에 의해 케플러의 타원궤도설에 근거한 카시니(Cassini)의 신법이 청에 도입되면서 청력과 조선력 사이에 다시 차이가 발생하자 새로운 역법체계를 배우기 위해 역관이 파견되고 역서의 구입이 시도되는 등 활발한 움직임이 전개되었다.[18] 조선 사신과 자주 접촉을 가졌던 할러슈타인(Augustinus von Hallerstein, 劉松齡)은 1757년의 기록에서 조선 사신들이 매년 예수회 선교사들을 방문하여 천문학에 관한 매우 깊이 있는 질문을 했다고 전하고 있다.[19]

---

18) Cassini 신법의 도입에 대해서는 李龍範, 앞의 책, 1993, 195~208쪽 참조.

19) Juan G. Ruiz de Medina, 앞의 책, 1989, 107쪽. 같은 글에는 조선 사신들에게

서양 선교사들과의 접촉이 활발해짐에 따라 서양 과학기술 서적의 유입 또한 증가하였다. 17세기 이후 영조대까지 조선에 유입된 서양 과학기술 서적의 규모를 정확히 파악할 수는 없지만 대략 100여 종에 이르는 것으로 추정된다. 마테오 리치가 중국에 들어온 이후 1773년 예수회가 해산되기 전까지 서양 선교사들이 중국에 들어와 번역한 인문・자연 과학서가 대략 180여 종인 것으로 알려져 있는데 그 가운데 100여 종이 유입되었다면 결코 적은 양이 아니다. 이러한 서적 중 적지 않은 부분이 아마도 18세기에 들어 수입되었던 것으로 생각된다.[20]

서양 과학서의 본격적 유입과 함께 관련 지식이 소개되자 지식인들 사이에 자연스럽게 서양과학을 둘러싼 논쟁이 촉발되었다. 洛論의 주창자인 李柬(巍巖, 1677~1737)과 그의 동문들 사이에 서양의 지리설을 놓고 견해가 대립되거나,[21] 湖論의 영수 韓元震(南塘, 1682~1751) 문하에서 宋能相(雲坪, 1710~1758)이 이른바 '六面世界說 '을 주장하여 문제가 되었던 것 등이[22] 그 대표적인 경우이다.

서양의 천문・역법이 동양의 그것보다 정확하다는 사실이 입증되고 있었으므로 그것을 수용하게 되는 것은 대세였다. 한 예로 1720년 부친 李頤命을 따라 연행했다가 서양에 대한 인식을 바꾼 李器之(一菴齋, 1690~1722)는 그러한 대세의 한 양상을 잘 보여준다. 이기지는 본

질문을 글로 써놓고 가라고 하면 한결같이 글자를 남겨 놓기를 거절했다는 내용도 있어 조선 사신들이 서양인들과의 접촉에 매우 조심스러워 했음을 볼 수 있다. 한편 서양인들과의 접촉성과에 대해 회의적인 견해를 피력한 연구도 있다. 박성래, 「과학과 기술」, 『한국사』 35, 국사편찬위원회, 362~364쪽.

20) 노대환, 『19세기 東道西器論 形成過程 硏究』, 서울대학교 대학원 국사학과 박사학위논문, 1999, 22~26쪽.

21) 李柬, 『巍巖集』 권12, 「天地辨後說」.

22) 金漢祿, 『寒澗集』 권37, 「南塘先生語錄」(1750). '六面世界說'은 하늘이 땅을 감싸고 있어 天地에는 원래 上下가 없으며 상하와 사방이 모두 세계라는 이론인데(李柬, 『巍巖集』 권12, 「天地辨後說」), 땅을 구가 아닌 육면으로 상정하였으므로 완전하지는 않지만 지원설의 개념을 받아들인 것이다. '육면세계설'을 둘러싼 논쟁에 대해서는 구만옥, 앞의 글, 2001, 167~170쪽 참조.

래 서양인을 비롯한 여러 족속들이 중국에 함께 살면서 중화와 이적의 풍속이 섞이고 그 때문에 중국땅이 더러워졌다고 생각하던 인물이다. 그런데 천주당을 방문해 빼레이라(P. Andreas Pereira, 徐懋德, 1690~1743)로부터 천문·역학 분야에서 평소 궁금하게 여기고 있던 것들에 대한 자세한 답변을 들은 후 그의 생각은 바뀌었다. 그는 서양 천문·역학의 명쾌함에 크게 감탄하였으며 서양의 地圓說에도 확신을 갖게 되었다.[23] 李瀷(星湖, 1681~1763)의 경우는 성인이 다시 나오더라도 時憲曆을 따를 것이라고 공언할 정도로 서양인들의 과학적 성과를 전적으로 신뢰하고 있었다.[24] 하지만 서양과학의 가치가 정확성의 잣대로 판단되는 것이 아니었기 때문에 그것의 수용과정은 순탄치 않았다.

성리학적 입장에서 정확성보다 더 중요하고 의미있는 절대적인 기준은 '理'에 합당한가 하는 점이었다. 주자에 따르면 '理'는 사물에 내재하고 있는 궁극적인 경지와 원리로, 감각적으로 확인할 수는 없지만 언제나 객관 타당하다고 인정되는 어떤 것이었다. 주자성리학은 바로 이러한 '리'를 탐구하고 그것을 현실세계에서 실천하는 것을 목표로 한다. 조선 지식인들은 누구보다도 이러한 주자성리학의 목표에 충실하였다. 특히 왜란과 호란이라는 미증유의 사건을 겪고 난 후 '리'의 탐색에 대한 열망은 한층 고조되었다. '리'를 밝히는 것이야말로 조선의 회생은 물론이고 명의 멸망으로 혼란에 빠진 동아시아 질서의 회복을 위해서도 시급한 일로 생각되었다. 이런 분위기 속에서 화이의식은 급격히 고양되어 조선이 명을 대신하는 유일한 중화라는 조선중화주의가 등장하기에 이르렀다.[25]

조선중화주의로 대표되는 화이의식은 양란으로 짓밟힌 조선의 자존

23) 李器之, 『一菴集』 권2, 『渾儀記』.

24) 박성래, 「韓國近世의 西歐科學 受容」, 『東方學志』 20, 연세대학교 東方學硏究所, 1978 ; 박성래, 「星湖僿說 속의 서양과학」, 『震檀學報』 59, 震檀學會, 1985.

25) 정옥자, 『조선후기 조선중화사상연구』, 일지사, 1998, 105~116쪽 참조.

심을 회복시키는 데 중요한 역할을 하였다. 하지만 그 차별적 세계관으로 인해 점차 부작용이 나타나기 시작하였다. 중화 문화만이 존귀하며 다른 나라의 문화는 볼 것이 없다는 독선주의와 배타주의가 그것이다. 서양의 천문・역학이 外夷에게서 나온 것이라 하여 그것을 배우려 하지 않는다는 지적은[26] 그러한 상황을 잘 보여준다. 강경한 反西學論者 愼後聃(遯窩, 1702~1761)은 서양의 인문지리서인 『직방외기』에서 서양인들이 자신들의 경험만을 믿고 세계가 5대주로 되어 있다고 하는데 그것은 좁은 소견이라 비판하면서 중국이 천하의 중심에 있고 유럽의 모든 나라는 오랑캐의 궁벽한 지방에 불과할 뿐이라고 단정하였다.[27] 의식 앞에서 사실은 검증의 기회를 박탈당하였다.

서양 과학기술의 유용성이 인정됨에도 불구하고 화이관의 벽에 막혀 수용이 저지될 때 돌파구는 두 가지이다. 근본적인 방법은 화이관 자체에 수정을 가하는 것이다. 하지만 화이론적 사유에 속박되어 있던 18세기 지식인들에게 화이관의 전면적인 수정을 기대하기는 어려운 것이었다. 그렇다면 방법은 화이관의 틀은 유지하되 서양 과학기술을 용인할 수 있는 논리를 만들어 내는 것이다.

이익은 서양이 陰의 중심에 위치한 반면 중국은 陽의 중앙에 놓여 있다는 '指南針・分野의 학설'을 제창하여 서양 문명의 우수함과 중국 문명의 절대적 우위를 동시에 설명할 수 있었다.[28] 安鼎福(順菴, 1712~1791)은 중국은 밝은 기운이 모여 있는 천하의 동북쪽에 위치하고 있어 요나 순과 같은 신성한 사람이 배출되고 올바른 聖學이 배출된 반면, 서양은 인체로 따지면 내장에 해당하는 곳에 있어 智巧는 있지

26) 申箕善이 「農政新編序」(1881)에서 三代의 것이 아니라는 이유로 이용후생의 방안을 거부하는 일이 있다고 지적하였듯 이러한 인식은 19세기 후반까지도 계속되고 있었다.

27) 李晩采 編, 『闢衛編』 권1, 「愼遯窩西學辨-職方外紀」.

28) 林宗台, 「17・18세기 서양 지리학에 대한 朝鮮・中國 學人들의 해석」, 서울대학교 대학원 협동과정 과학사 및 과학철학 전공, 257~260쪽 참조.

만 진정한 학문을 발전시키지는 못했다고 지적하였다.[29] 지리적 중심론 대신 세계를 인체에 비유하는 방식으로 서양을 지교가 있는 나라로 평가하면서도 중화 문명의 탁월성을 강변하였던 것이다.

북학론자들은 좀 더 적극적으로 방법을 모색하였다. 이들은 리를 중심으로 세계를 인식하던 태도에서 벗어나 현실 세계에 대한 조작을 통해 리에 접근을 시도하였다. "日用當行之事를 간절하게 묻고 가까이 생각하여 일에 따라 몸 받아 행한다면 性理란 것도 또한 별 것 아니라 곧 일용에 흩어져 있는 것"이라는 洪大容(湛軒, 1731~1783)의 지적은 새로운 학풍의 성격을 잘 보여준다.[30] 리의 역할이 부정되었던 것은 아니지만[31] '리' 지상주의적인 관점에서 탈피함으로써 여타의 문물을 객관적으로 평가할 수 있는 여지가 마련되었다. 성현의 가르침을 받지 못한 오랑캐가 良法을 만들어 낼 리 만무하다는 것이 '리' 지상주의적 주장이라면 오랑캐도 양법을 만들어 낼 수 있다는 것이 북학적 사고이다. 북학론자들은 오랑캐도 양법을 만들 수 있으며 그런 양법은 적극적으로 수용해야 한다고 주장한다.

유학사적 측면에서 세계를 보는 관점은 크게 두 가지이다. 하나는 변화하지 않는 리를 중심으로 세계를 바라보는 리 중심적 관점이며, 다른 하나는 변화하는 기를 중심으로 세계를 인식하는 기 중심적 관점이다. 북학론은 굳이 따지자면 양자 절충적 관점이다. 궁극적인 도달점은 리의 세계로 설정하되 기를 통해 거기에 도달할 수 있을 것으로 보았기 때문이다. 따라서 리의 세계에 대한 탐구인 性命之學 내지 義理之學과 함께 기의 세계에 대한 탐구인 經濟之學・象數之學의 중요성

29) 安鼎福, 『順菴集』 권17, 「天學問答」, 1785.

30) 金都煥, 「北學思想과 洛論의 관계」, 『韓國學論集』 32, 한양대학교 한국학연구소, 1998, 325~327쪽.

31) 도교의 허무사상과 불교의 적멸사상을 예로 들어 이단이 이단이 되는 이유가 理의 주재성을 부인하기 때문이라고 했던 데서 나타나듯 홍대용이 리의 역할을 부정했던 것은 아니다.

도 부각되었으며, 여기에서 의리학과 경세학의 겸비라는 중요한 경세사조가 형성되었다.

관점이 바뀌자 오랑캐 문물에 불과했던 것들이 리를 구현하기 위한 중요한 수단으로 인정되었다. 본래 북학론은 이용후생에 보탬이 되는 것은 무엇이라도 받아들일 수 있다는 무차별적 수용론을 지향한다. 하지만 이러한 무차별적 수용론은 화이론의 영향으로, 청 문물은 성인의 유제를 간직하고 있으므로 수용될 수 있다는 식의 논리로 변형되었다. 같은 논리가 서양문물에 대해서도 적용되었는데 이른바 '西器中國源流說(이하 '중국원류설')'이 바로 그것이다.[32]

'중국원류설'은 본래 17세기 중국에서 나타난 것으로 서양 천문・역학의 많은 부분이 고대 중국에서 이미 밝혀 놓은 것이라는 논리이다. 본래 명말청초 지식인 黃宗羲(1610~1695)에 의해 처음 제시되었는데[33] 梅文鼎(1633~1721)은 이를 더욱 발전시켜 서양의 새로운 역법은 그것의 장점을 兼用하여 舊法의 미비점을 보충한 것일 뿐 古法을 폐하고 新術을 따른 것이 아니라고 주장하였다.[34] 매문정의 '중국원류설'은 손상된 자존심을 보상받으려는 자기 위안적 측면이 강한 것이 사실이지만 동시에 그렇게 훌륭한 문화를 지니고 있었으면서도 결국 서양보다 뒤쳐지게 된 원인을 돌아보는 자기 반성적 측면 역시 내포하고 있는 것으로 평가되고 있다.[35]

조선 지식인들이 언제 '중국원류설'의 관념을 접하였는가는 확실치 않지만 서기수용의 논리로 처음 그것을 제시한 인물은 소론 학자 徐命膺(保晩齋, 1716~1787)이었다. 그는 서양과학의 원류가 고대 중국에

---

32) '중국원류설'에 대해서는 盧大煥, 「조선후기 '西學中國源流說'의 전개와 그 성격」, 『歷史學報』, 역사학회, 2003 참조.
33) 熊月之, 『西學東漸與晩淸社會』, 上海 : 上海人民出版社, 1994, 72쪽.
34) 阮元, 『疇人傳』 권38, 「梅文鼎」.
35) 朴星來, 「西洋宣教師의 科學」, 『중국과학의 사상』, 전파과학사, 1978, 127~130쪽.

있다는 일관된 태도를 견지하였는데[36] 이러한 인식을 근거로 다음과 같이 서양 천문·역학 수용의 정당성을 주장하였다.

> 班固가 말하기를 춘추 말에 疇人 자제들이 外夷로 분산하였다고 했다. 이것이 주인들이 周髀를 가지고 西國으로 가서 그 법술을 전한 것임은 의심할 것이 없다. 무릇 예를 잃으면 들에서 구해야 하고 옛 것을 따르면 明知가 있다고 했으니 성인의 遺法을 위해 그것을 취하는 것이다. 어찌 그것이 외국에서 나온 것이라는 이유로 꺼리겠는가.[37]

청 문물이 중화의 유제를 간직하고 있는 것으로 인정되면서 적극적인 수용 대상으로 설정되었던 것과 같은 맥락이다. 서명응이 후일 『북학의』에 서문을 붙여 『周禮』의 유제를 간직하고 있다는 점에서 청 문물을 수용할 수 있다는 박제가의 견해에 전적으로 동감하였던 데서 볼 수 있듯 '중국원류설'은 북학의 논리와 그 성격이 동일하였다. 서명응의 인식 태도는 자칫 자기 위안적 혹은 독선적인 방향으로 흐르기 쉬운 것이었지만 그는 동양의 과학기술 수준이 서양에 비해 뒤진 현실을 직시하였으므로 그러한 위험에 빠지지 않았다. 오히려 그는 현재적 낙후성을 극복하기 위해서는 중국에서 이루어놓은 기존의 연구 성과를 재검토하고 이미 상실한 부분은 그것을 계승한 서양 것을 수용하여 복원해야 한다고 주장하였다. 유학자들이 종래 의심없이 믿었던 先天方圓圖 도상을 지구설에 맞추어 과감히 수정했던 데서도 서양과학에 대한 서명응의 태도는 잘 드러난다. 비록 서명응은 數와 象을 일체로 파악하는 상수학적 인식 태도를 바탕으로 하고 있었지만 서양과학을 근

---

36) 서명응의 '西器 중국원류설'에 대해서는 박권수, 「徐命膺(1716~1787)의 易學的 天文觀」, 『한국과학사학회지』 제20권 제1호, 한국과학사학회, 1998, 89~94쪽 참조.

37) 徐命膺, 『保晩齋叢書』 19, 「髀禮準序」, "班固曰 五伯之末 疇人子弟 分散外夷 是必疇人挾周髀 之西國傳其法術 無疑也 夫禮失而求諸野 從古則有明知 爲古聖遺法 斯取之矣 豈以其出自外國而爲嫌哉".

거로 기존의 학문체계에 수정을 가할 정도로 개방적인 자세를 견지했던 것이다.[38)]

'중국원류설'은 서양과학 수용의 정당성을 부각시키는 데 중요한 역할을 하였다. 이는 反서학론자라 하더라도 '중국원류설'에 대해서는 이견을 제시하지 않았던 데서 단적으로 확인된다. 李獻慶(艮翁, 1719~1791)은 철저한 반서학론자였지만 서양의 천문·역학은 요·순의 옛법을 취한 것이므로 배척할 필요는 없다고 설명하였다.[39)] 천문·역학 분야만큼은 중국에 원류를 두고 있다는 점으로 인해 반서학론자들에게도 예외적으로 수용 가능한 대상으로 설정되고 있던 것이다.

2) 정조대 '西器中國源流說'의 전개

'중국원류설'을 매개로 조심스럽게 이루어지던 서양과학의 수용을 둘러싼 논의는 서양과학에 대한 이해가 진전되면서 서양과학의 본질을 탐색하는 한 단계 높은 차원으로 전개되었다. 그러한 탐색의 결과 서양의 과학기술 수준이 뛰어난 것은 정밀한 관측과 수학적 계산을 바탕으로 하기 때문이라는 사실을 인식하게 되었다. 홍대용은 "서양의 법은 算數로 근본을 삼고 儀器로 참작하여 온갖 형상을 관측한다"고 하여 서양의 천문과 역학이 수학적 원리를 바탕으로 하고 있음을 설명한 바 있다.[40)]

서명응의 아들로 18세기 후반 당시 수학에 깊은 조예를 지니고 있던 인물 가운데 하나였던 徐浩修(鶴山, 1736~1779)는 수학이야말로 경제학의 본질이며 서양의 수학서는 실용적인 서적으로 세상의 일을 다스리는 도구라고 적극 평가하였다.[41)] 서양과학의 핵심이 수학에 있는 것

---

38) 구만옥, 「朝鮮後期 '地球'說 受容의 思想史的 의의」, 『河炫綱敎授停年紀念論叢』, 혜안, 2000, 734~738쪽.

39) 李獻慶, 『艮翁集』 권23, 「天學問答」.

40) 洪大容, 『湛軒書』 外集 권7, 「燕記 ; 劉鮑問答」.

으로 파악되었으므로 서기 수용은 자연 수학적 원리의 학습에 초점이 맞추어졌다. 서호수는 수학적 바탕없이 서기를 수용하려고 하는 것은 맹인이 활을 쏘는 것과 같아 아무런 실효를 거둘 수 없다고 지적하였다.[42]

성호 좌파의 李家煥(貞軒, 1742~1801)은 정조에게 올린 對策에서 천문학을 진흥시키기 위한 방안으로 역상의 근본을 바로 세우고(正曆象之本), 역상의 기구를 다스리며(修曆象之器), 역상의 인재를 양성하는(養曆象之才) 세 가지를 제시하였다.[43] 그리고 이러한 방안의 실현을 위해서는 무엇보다도 '度數의 學'을 밝히는 작업이 선행되어야 한다고 보았다. 도수의 학은 曆象에서 뿐만 아니라 律呂조작, 기용제작, 수리개발, 攻守策略 등 수가 있어 계산할 수 있고 모양이 있어 모방할 수 있는 모든 분야에 근본이 되는 원리이기 때문이다. 도수의 학은 시대를 내려올수록 더욱 정밀해지기 마련이므로 옛 법과 함께 新法을 터득해야 한다고 보았는데[44] 신법이 역대의 역상 가운데 최고의 정밀성을 자랑하는 時憲曆을 뒷받침하는 서양 수학을 가리키는 것임은 물론이다. 이가환은 서양 수학의 교육을 통해 천문·역학 분야의 전문인을 양성하고 나아가 제반 산업을 활성화시키는 동력으로 삼고자 하였던 것이다.

정조대에 들자 천문·역상·농정·수리에 관한 기구와 측량하고 실험하는 방법 등에 대해 이야기하는 것이 일종의 풍조였다고 할 정도로[45] 지식인들은 수학이나 실험 등에 많은 관심을 가지고 있었다. 관측과 수학을 통해 서양과학에 접근한 것은 중요한 의미를 담고 있다.

---

41) 徐浩修, 『私稿』 「數理精蘊補解序」.

42) 徐浩修, 『私稿』 「比例約說序」.

43) 이가환의 천문학 인식에 대해서는 崔相天, 「李家煥과 西學」, 『韓國教會史論文集』 II, 1984, 53~63쪽 참조.

44) 李家煥, 『錦帶殿策』.

45) 『正祖實錄』 권46, 正祖 21년 6월 庚寅.

자연계를 인간적인 관심에, 다시 말하자면 기를 리에 종속시키는 방식의 주자성리학적 자연관에서 탈피하게 됨을 의미하기 때문이다. 관측과 수학적 계산을 통해 확인되는 자연계는 분명 인간세계와는 다른 것이며 그런 자연계의 탐구 과정에 다른 사상적 변수가 개입될 여지는 없다. 소론 북학론자 洪良浩(耳溪, 1724~1802)는 重天說을 비롯한 서양의 과학적 성과는 서양인들이 궁구하여 측량하거나 항해하면서 밝혀낸 것으로 근거가 충분하므로 이교도들의 것이라고 폐할 수는 없다고 주장한다.[46] 수용의 정당성은 중국에 원류를 두고 있느냐가 아니라 정확성에 있는 것으로 인식하였던 것이다.

서양과학의 본령에 접근해 감에 따라 유학의 철학적 사유와 충돌할 가능성이 커졌는데 이때 변형되는 것은 철학적 사유이다. 이러한 양상을 잘 보여주는 인물은 앞서 소개한 서호수이다. 상수학을 바탕으로 서양 천문학을 수용했던 부친 서명응과는 달리 서호수는 서양 역법이 옛 법과는 전혀 다르다고 전제하면서 易을 통해 曆을 설명하는 것은 사람들을 현혹시키는 일이라고 비판하였다. 서호수는 수학에 대해서도 楊子雲이나 邵雍 등이 수를 잘 알았다고 하지만 그들의 수 관념은 지금의 수 관념과는 다르다고 하여 易을 근거로 하는 중국의 전통 수학과 서양 수학을 구분하였다.[47] 철학적 성격이 다분한 중국의 수학과 서양의 수학은 엄연히 다르다는 점을 간파하였던 것이다. 「九章算術」과 「周髀算經」 등의 수학이 河圖와 洛書, 그리고 易에서 비롯되었다는 관념과 상수학과 수학의 관련성 등을 부정하였던 丁若鏞(茶山, 1762~1836)의 형 丁若銓(巽庵, 1758~1816) 역시 서양과학을 근거로 전통적인 철학사유를 변형시키고 있던 지식인의 모습을 보여준다.[48]

---

46) 洪良浩, 『耳溪集』 권16, 「與紀尙書書」 別幅.

47) 徐浩修, 『私稿』 「曆象考成補解引」. 이에 대해서는 문중양, 「18세기 조선 실학자의 자연지식의 성격」, 『한국과학사학회지』 제21권 제1호, 한국과학사학회, 1999, 52쪽 참조.

48) 徐鍾泰, 「星湖學派의 陽明學과 西洋科學技術」, 『韓國思想史學』 9, 한국사상

서양과학과 동양 전통과학의 차이를 이해하였던 것인데 이는 과학의 철학으로부터의 독립을 의미한다.

서양과학이 정확성을 갖춘 것으로 인정되면서 그것의 응용물이라 할 수 있는 기술 도입에도 관심이 집중되었다. 朴齊家(楚亭, 1750~1805)는 중국에서 활동하고 있던 서양 선교사를 직접 초빙해 그들로부터 기술을 배워야 한다고 주장하였다. 서양 선교사들은 기하학에 밝고 온갖 이용후생의 기술에 능통하기 때문에 이들을 통해 젊은이들을 교육시킨다면 천문학·관측기구·천문계산 등은 물론이고 농상·의약 등 모든 기술이 몇 년 안에 크게 일어날 것으로 예상하였다.[49] 정약용은 이러한 사고를 좀 더 구체화시켜 利用監이라는 부서를 설립하여 北學에 관한 일을 전담하게 할 것을 건의하였다.[50] 북학은 農器·織機·兵器·火器 등 실용에 관계되는 모든 기구의 학습을 포괄하는 것이었는데 구체적인 언급은 없지만 서양의 과학기술 역시 그에 포함된다고 할 수 있다.[51] 이용감 提調나 僉正 등의 관직에 數理에 밝은 자를 임명해야 한다고 주장하였던 데서 수학적 원리의 습득을 통해 서양 과학기술을 체계적으로 수용하려 했던 의도가 엿보인다.

정조대의 서기 수용 논의는 서양이 뛰어난 과학기술을 보유할 수 있게 된 근본적인 요인을 탐색하고 그것을 조선에도 적용하는 데 초점이 맞추어져 있었다. 하지만 이러한 움직임은 천주교 확산이라는 변수로 인해 큰 반발에 직면하였다. 1780년대에 들어 천주교가 급속히 확산됨에 따라 척사론이 비등하였는데 안정복의 「天學考」·「天學問答」, 이헌경의 「天學問答」 등의 천주교 비판서는 그러한 분위기에서 나온 것들이다. 북학론자들은 "서양인들의 재주는 취하고 천주교는 배척하여 世敎에 해가 되지 않게 하면 될 것"이라는 홍양호의 언급에서 나타나

사학회, 1997, 225~226쪽 참조.

49) 박성래, 「朴齊家의 技術導入論」, 『震檀學報』 52, 震檀學會, 1981.

50) 丁若鏞, 『經世遺表』 권2, 「冬官工曹-利用監」.

51) 박성래, 「丁若鏞의 과학사상」, 『다산학보』 1, 1978.

듯[52] 서양과학을 천주교와 분리하여 수용할 수 있을 것으로 보았다. 하지만 척사론자들은 서기에 대한 긍정적인 인식이 천주교 확산을 초래하는 주요 원인인 것으로 파악하였다. 安鼎福의 「天學問答」 가운데도 서양인들이 천문 등에 뛰어난 것으로 보아 신성한 사람이라 할 수 있지 않을까 하는 질문이 들어 있던 것을 보면,[53] 서기에 대한 긍정적 인식이 천주교 확산과 관련되어 있다는 분석이 근거 없는 것은 아니었다. 이런 인식태도를 견지할 때 천주교 확산의 방지를 위한 급선무는 천주교 신봉으로 연결되는 고리 즉 서기에 대한 긍정적 인식상을 제거하는 것으로 설정된다. 그런데 흥미로운 것은 이 과정에 '중국원류설'이 이용되고 있다는 점이다.

이헌경은 「天學問答」에서 서양의 '推步之學'까지 배척해야 하느냐는 물음에 서양의 천문·역학은 요순 시대의 옛 법을 부연해서 설명한 것이므로 그렇지 않다고 대답하고 있다. 언뜻 보아서는 '중국원류설'을 근거로 서양과학의 수용을 주장하던 북학론자들의 태도와 별반 다르지 않다. 하지만 척사론자들은 서양의 천문·역학 수준을 극히 낮게 평가한다는 점에서 북학론자들과는 결정적인 차이가 있다. 이헌경은 설령 서양의 천문·역학이 중국보다 나은 점이 있다고 해도 그것은 극히 일부분일 뿐이며 그나마도 중국 성현들이 밝혀 놓은 데서 벗어나지 못하므로 전혀 귀하게 여길 바가 못 된다고 지적한다. 이헌경에게 '중국원류설'은 서기 유입을 통제하는 관문 역할을 하고 있었던 것이다. 본래 '중국원류설'은 서양의 과학 수준이 중국보다 높다는 것을 인정하고 그 수준 높은 과학적 성과를 수용하려는 의도에서 나온 것인데 서양과학의 우위 자체를 인정하지 않았으므로 '중국원류설'에 대한 인식태도 또한 다른 모습으로 나타나게 되었다. 입장의 차이는 분명히 드러난다. 앞서 서명응이 '중국원류설'을 통해 서기 수용의 가능성을 열

52) 洪良浩, 『耳溪集』 권16, 「與紀尙書書」 別幅.
53) 安鼎福, 『順菴集』 권17, 「天學問答」, 1785.

어놓은 반면 이헌경은 서양 천문·역학의 도움을 받지 않고도 독자적으로 천문·역학을 운용할 수 있다고 강변함으로써 상반된 길로 나아가게 되는 것이다.54)

徐有本(左蘇山人, 1762~1822)은 中法과 西法 사이에 상세함과 소략함의 차이는 있지만 기본적으로 古人의 범위에서 벗어나지 않는다며 중법과 서법이 서로 다르다는 견해를 부정하였다. 그는 서양인들이 지구설과 중천설을 처음 알아냈다고 하면서 중국 선비들이 통달하지 못했다며 비난하지만 그것은 사실과 다르다고 지적한다. 지원설은 『주비산경』에 이미 그 이치가 드러나 있으며, 중천설은 朱子가 이미 그 단서를 밝힌 것이므로 서법의 원류는 중국에 있다는 것이다. 서유본은 일반적으로 서양인들의 독자적 성과로 이해되고 있던 角度와 八線에 관한 이론 역시 疇人들이 전한 遺法일지 모른다는 의견도 첨가하였다.55) '중국원류설'의 재강화라고 할 만하다. 그런데 이러한 주장을 편 서유본이 서호수의 아들이라는 사실은 흥미롭다. 천문·역학에 대해 해박한 지식을 갖추고 있던 서명응-서호수-서유본 三代에서 나타나는 이해의 차이는 이질적인 문물의 수용 문제에 대한 당시 지식인들의 고민을 보여주며, 19세기에 서기 수용론의 다양한 분화를 예고하는 것이기도 하다.

4. 19세기 세도정치기의 서기 수용논의

1) 19세기 초반 척사론의 비등과 서기수용론

정조대 진산사건을 계기로 부각되기 시작한 천주교 인식상의 부정적 측면은 1801년(순조 1) 발생한 黃嗣永帛書事件으로 인해 결정적으

54) 李獻慶, 『艮翁集』 권23, 「天學問答」.
55) 徐有本, 『左蘇山人文集』 권4, 「與河生慶禹書」.

로 증폭되었다. 일개 천주교 신자가 서양으로부터 전함과 군사를 원조받아 조선 정부를 위협하려는 계획을 세웠다는 사실은 경악할 만한 일이었다. 탐문 결과 서양이 국내 천주교인들을 지원하기 위해 선박을 파견하는 일은 없을 것으로 판단되어[56] 서양세력의 내침에 대한 불안감은 어느 정도 해소되었지만 백서사건을 계기로 천주교에 대한 반감은 급격히 고조되었다. 천주교는 불교나 도교 차원의 이단사상이 아니라 체제전복적인 불순사상으로 파악되었으며, 천주교도는 黃巾賊이나 白蓮敎徒와 같은 반역세력으로 지목되었다.

천주교가 치성하자 척사론도 비등하였다. 이 시기 척사론을 주도한 이들은 兪星柱(復元齋, 1760~1837)·洪直弼(梅山, 1776~1852)·李恒老(華西, 1792~1868) 등 노론산림 계열이었다. 이들 척사론자들은 서양의 과학기술과 천주교는 본질적으로 같은 것이라는 인식 하에서 척사론을 전개하였다. 유성주는 「地球辨」에서 "서양의 법은 남녀를 구분하지 않는 것으로써 大道를 삼으니 하늘이 둥글고 땅도 둥글다는 것이 바로 남녀를 구분하지 않는 까닭이다."라고 하여 서양인들이 地球說을 주장하는 이유가 그들의 道로 천하를 바꾸려는 데 있다고 지적하고 있다.[57] 이항로 역시 서양인들이 기술을 전파하려는 이유는 우매한 백성을 속이고 현혹시켜 내응세력을 만든 후에 자신들의 욕망을 채우려는 데 있다며 같은 논리를 폈다. 척사론자들은 천주교와 서기[58]를 포함한 서학이 氣의 측면에 치중되어 있고 理의 주재를 받지 않는다는 점에서 문제가 되는 것으로 결론을 내렸다. 척사론자들의 이러한 분석은 자연현상의 객관적 법칙질서와 인간사회의 도덕적 생활규범을 분별하지 않는 '道器의 不相離'라는 성리학적 관점에 근거한 것이었다.[59]

56) 『純祖實錄』 권4, 純祖 2년 4월 庚戌.

57) 兪莘煥, 『鳳棲集』 권8, 「先考復元齋年譜後記」.

58) 여기에서 서기는 서양 과학기술의 줄임말로 사용하였다. 서기수용론의 서기 역시 같은 의미이다.

사실 서기와 천주교가 일체라는 척사론자들의 주장에 근거가 없는 것은 아니었다. 서양문물에 대한 호기심과 관심에서 출발하여 입교하는 경우가 실제로 적지 않았기 때문이다. "문자를 조금 이해하는 사람들은 정교한 曆象의 이론에 이끌려 천주교를 믿게 되었다."는 신유사옥 당시 이승훈의 진술은 양자의 관련성을 잘 보여준다. 약간 뒷시기이지만 철종조에서 고종조 사이에 체포되어 입교동기를 밝힌 천주교 신자 45명 가운데 10명이 서양의 의학이나 농학 등이 뛰어난 것을 보고 서학에 관심을 갖게 되어 입교하게 되었다고 자백했다.[60] 1866년부터 1873년까지 계속된 丙寅邪獄 기간에 체포된 천주교 신자 52명 가운데에도 12명이 서양의 農理書나 醫學 등에 대한 관심에서 출발하여 입교하였다고 밝혔다.[61] 천주교 신자의 약 20% 정도가 서기에 대한 관심에서 출발하여 천주교를 신봉하게 되었음을 확인할 수 있다. 때문에 서양과학에 많은 관심을 가지고 있던 鄭東愈(玄同, 1744~1808)와 같은 이는 중국의 예를 들어 서양기예에 대한 무차별적인 선호가 천주교 신봉으로 연결되는 경향이 있음을 지적하며 경계할 것을 강조하기도 하였다.[62] 사실 천주교는 서양문물의 핵심을 이루는 것이므로 천주교를 서양문물에서 분리할 수 있다는 생각은 이상일 뿐이다. 그런 점에서 서기와 천주교가 분리될 수 없다는 분석에 도달한 것은 인식상의 한 단계 진전이기도 하였다.

서기와 천주교의 분리 가능성이 부정되고 서기에 대한 관심이 천주

59) 임종태, 「'道理'의 형이상학과 '形氣'의 기술 - 19세기 중반 한 주자학자의 눈에 비친 서양 과학 기술과 세계 : 李恒老(1792~1868)」, 『한국과학사학회지』 제21권 제1호, 한국과학사학회, 1999, 74~76쪽.

60) 石井壽夫, 「李太王朝の天主教とその迫害 - 特に捕盜廳謄錄を素材にして - 」, 『史學雜誌』 52권 5호, 1941(韓國教會史研究所, 『韓國天主教會史論文選集』 제2집 수록 번역문, 1977, 206~207쪽).

61) 高興植, 「丙寅教難期 信徒들의 信仰 - 『捕盜廳謄錄』을 중심으로 - 」, 『教會史研究』 6, 1988, 280쪽.

62) 鄭東愈, 『晝永編』.

교 확산의 직접적 원인으로 파악되었으므로 斥邪의 범위는 자연 서양 문물 전반에 대해서로 확산되었다. 수학·농정·의약에 관한 것이라도 서학서는 일체 보지 않고 서양에서 온 물건을 집에 들이지 않았다는 유성주의 태도는 척사론자들의 서양문물에 대한 인식을 잘 보여준다.

척사론이 비등하는 가운데 정부에서도 강경한 척사책을 쓰자 서양 과학에 대한 관심은 극도로 위축되었다. 18세기 내내 연행 지식인들 사이에 관심의 초점이 되고 있던 천주당은 박지원이 『熱河日記』에서 '入燕路 十九壯觀' 가운데 하나로 꼽을 정도였지만[63] 19세기에 들면서 邪術의 근원지로 인식되었다. 1832년 서장관으로 연행했던 金景善도 "洋術은 지금 중국과 우리 나라에서 금하고 있어서, 서로 접촉을 허락하지 않을 뿐만 아니라 陰邪가 심하다는 말을 듣고는 눈으로 보거나 발로 밟으려고도 하지 않는다"[64]고 설명한 바 있다.

이런 경색된 분위기 속에서 서양 과학기술에 대한 관심을 견지하고 있던 부류는 재야의 경세론자들로 李圭景(五洲, 1788~1860)·崔漢綺(惠崗, 1803~1877) 등이 그 대표적인 인물이다. 중앙 정치권이나 학계와 거리를 두고 있어 정부에서 추진하던 서학정책의 영향력에 일방적으로 매몰되는 것을 피할 수 있었던 이들 지식인들은 경세적 관심에서 서양 과학기술의 수용 방안을 모색하였다.[65]

이규경이나 최한기는 당시의 정세에 대한 기본 인식부터 다른 지식인들과는 달랐다. 이들은 천주교의 확산이나 서양세력의 접근을 큰 위

---

63) 山口正之, 「清朝に於ける在支歐人と朝鮮使臣」, 『史學雜紙』 44권 7호, 1933 (韓國敎會史硏究所, 『韓國天主敎會史論文選集』 제2집 수록 번역문, 1977, 62쪽).

64) 金景善, 『燕轅直指』 권3, 「留館錄 上-天主堂記」(『국역연행록선집』X, 274쪽).

65) 물론 중앙에도 물론 서양 과학기술에 관심을 가지고 있던 지식인이 없는 것은 아니었다. 의리지학 위주의 학풍에서 벗어나 名物之學·經濟之學 등을 수용하였던 徐有榘(楓石, 1764~1845)의 경우 『泰西水法』·『奇器圖說』·『諸器圖說』 등을 참고하여 서양의 농업 기구와 기술을 소개하기도 하였다.

협으로 받아들이지 않았으며 오히려 활발하게 통교하는 국제적 흐름에 합류하지 못하는 것이 문제라고 보았다. 다른 나라들은 교역을 통해 많은 이익을 얻고 있는데 조선만은 폐쇄적 태도를 보여 점점 옹색하고 가난한 국가로 전락해가고 있다는 것이다. 이들은 조선의 이러한 상황이 심성론 일변도의 편협한 학문 풍토와 밀접한 관계가 있는 것으로 파악하였다. 때문에 현실타개책은 학문 체질 개선작업을 통해 마련되어야 하며 이 과정에서 서양의 과학기술이 매우 중요한 역할을 할 수 있을 것으로 기대하였다.

조선이 낙후된 원인이 시무를 경시하는 학문태도에 있다고 본 이규경은 義理之學을 기본으로 하되 반드시 名物度數之學을 겸비해 실용성을 강화해야 한다고 주장하였는데 서양의 과학기술을 명물도수학의 핵심적인 부분으로 파악하였다.[66] 『奇器圖說』·『泰西水法』 등 다양한 서학서를 접하였던 이규경은 서양과학의 원류가 중국에 있는 것으로 생각하였다. 지원설은 『周髀算經』에서 이미 제시된 것이며 九重天說 역시 屈原의 「楚辭」에 소개되어 있다고 설명한다.[67] 수학 역시 중국에서 서양으로 건너간 것으로 청대에 중국에 들어온 서양인들에게 수학의 출자를 물으면 중국에서 왔다고 대답한다며 근거를 제시하기도 하였다.[68] 18세기 후반의 '중국원류설'을 그대로 받아들였음을 알 수 있다. 그렇다고 그의 인식이 18세기 후반 단계에 그대로 머물러 있었던 것은 아니다.

이규경은 중국에서 전수받은 것을 서양에서는 어떻게 발전시킬 수 있었는가에 관심을 갖고 있었는데 그 요인을 '道器'의 개념을 끌어 설명하였다. 중국은 理氣性命의 학문을 위주로 하는 形而上의 道를 중

66) 이규경의 서기수용론에 대해서는 崔敬淑, 「五洲 李圭景 硏究」, 『東義史學』 1, 1984 ; 申炳周, 「19세기 중엽 李圭景의 學風과 思想」, 『한국학보』 75, 1995 참조.

67) 李圭景, 『五洲衍文長箋散稿』 권1, 「天有十二重九重十重辨證說」.

68) 李圭景, 『五洲衍文長箋散稿』 권44, 「數學辨證說」.

심으로 했던 반면 서양은 窮理測量의 가르침을 주로 하는 形而下의 器에 주력했기 때문에 과학기술을 발전시킬 수 있었다는 분석이다. 따라서 낙후성의 극복을 위해서는 형이하의 기를 터득해야 한다는 결론이 도출되었다. 이규경은 형이상의 도는 갑자기 깨닫기 어렵지만 형이하의 기는 '用氣'의 원리를 이해함으로써 터득할 수 있다고 보았다. 그리고 비록 제대로 계승되지는 못했지만 用氣法은 본래 동양에도 있던 것이라고 하였다. 바로 道家의 호흡법이 일종의 용기법으로, 용기의 원리를 터득하는 데 중요한 실마리를 제공해 줄 수 있다는 것이다. 동양과 서양의 장점이 각각 형이상의 도와 형이하의 기에 있으며 형이하의 기를 적극 수용해야 한다고 보는 점에서 이규경의 사고는 동도서기적이다.

이규경이 의리지학을 중심으로 하면서 서양 과학기술의 수용을 주장하였던 데 비해 최한기는 기를 통해 리의 세계에 접근하는 기 중심적 사고를 바탕으로 서기수용론을 폈다. 최한기는 '리는 기 속에 있다'고 하여 리를 기 속에 내재한 것으로 파악하면서 기로부터 리에 접근하는 독특한 氣學 이론을 창시하였다.[69] 周孔之學의 요체를 '實理를 따라 知를 확장하여 治平에 나아가게 하는 것'으로 보았던 그는 實用이 있는 것을 통해 바로 그 치평의 단계를 구현할 수 있을 것으로 확신하였다. 무형의 리는 그 말이 미묘하다고 해도 그 자체로는 규명하기 힘들고 반대로 실용이 있는 기구는 비록 자잘한 것이라고 해도 이를 徵明하는 데 매우 유용하다는 것이다.[70]

리의 규제로부터 자유로워짐으로써 모든 것은 실용의 관점에서 비교 가능한 대상이 되었다.[71] 禮法·治謨·教文·産業 등에서부터 시

69) 權五榮, 『崔漢綺의 學問과 思想 研究』, 지식산업사, 1999, 91~104쪽.

70) 崔漢綺, 『推測錄』 권6, 「器用學」.

71) 다만 의복이나 음식과 기물 등은 각각 그 땅에서 산출되는 것이고, 언어나 예절은 일정하게 할 수 없는 것이어서 예외가 된다(崔漢綺, 『神氣通』 권1, 「天下教法就天人而質正」).

작하여 다른 나라의 것과 비교하면 자연히 取捨할 것이 생기고 그런 가운데 優劣이 드러나게 되는데[72] 이때 우리 것보다 우수한 것은 받아들여 이용해야 한다. 측량학과 계산학 및 輪機·風車·선박·대포 등은 서양의 것 가운데 실용에 있어서 특히 중요한 것들로 일차적인 수용 대상으로 설정되었다.[73] 서양으로부터의 수용 대상은 좀 더 구체적으로 말하면 과학기술의 원리였다. 최한기는 기용이 아무리 교묘하다 해도 거기에는 반드시 원리가 있으므로 그 원리만 규명한다면 제작기술을 터득할 수 있다고 보았다.[74] 서양이 뛰어난 기술제도를 보유하게 된 것도 바로 그러한 원리를 밝혔기 때문이며 이 점에서 중국과는 큰 차이가 있다고 지적하였다.[75]

서양 것 가운데 우리 것보다 나은 점이 있다면 수용해야 하듯 우리 것 가운데 서양 것보다 나은 것은 다른 나라에 적극적으로 전파해야 하는데 유학의 倫綱과 仁義가 바로 그것으로 다른 지역에도 통용될 수 있다고 보았다. 그는 聖人之道인 유교를 근간으로 성립한 運化의 학문과 政敎로써 풍속과 정교를 因舊導新하자고 하여 전통적인 유교적 이념을 정신적 기준으로 삼고 있던 것이다.[76] 儒道와 西法의 장점을 각각 취하는 데 유도의 장점을 倫綱과 仁義로 파악하고 서법의 장점을 曆算과 氣說로 보는 점에서 최한기의 사고 역시 이규경과 마찬가지로 동도서기적이다.[77] 하지만 최한기의 동도서기적 태도는 동도와 서기를 결합시킨다는 의도에서 나온 것이 아니라는 점에서 이규경의 도기론이나 개항기의 동도서기론과도 애초 다른 것이었다. 모든 것을 실용의 관점에서 비교하여 취사선택할 수 있는 대상으로 삼았던 최한

72) 崔漢綺, 『推測錄』 권5, 「見聞多少邪正」.
73) 崔漢綺, 『推測錄』 권6, 「東西取捨」.
74) 崔漢綺, 『推測錄』 권6, 「利用之物」.
75) 崔漢綺, 『推測錄』 권6, 「中西歷異同」.
76) 유봉학, 『조선후기 학계와 지식인』, 신구문화사, 1998, 280쪽.
77) 朴星來, 「韓國近世의 西歐科學 受容」, 『東方學志』 20, 1978 ; 許南進, 「惠岡 科學思想의 哲學的 基礎」, 『科學과 哲學』 2, 1991.

기에게 동서의 구분은 무의미하였으며 西道 또한 수용 대상에서 배제되는 것이 아니었으므로 그의 사고는 이미 동도서기론의 범주에서 벗어난 것이었다.

2) 19세기 중반 대외위기인식과 서기수용론

중국의 힘을 믿어 의심치 않던 조선 지식인들에게 청이 영국의 공격을 받고 굴복했다는 제1차 중·영전쟁 소식은 충격적인 것이었다. 조선 지식인들은 서양의 다음 공격 목표가 조선이 아닐까 하는 두려움을 갖게 되었다. 이러한 두려움은 1840년대에 들어 조선 연안에 서양 선박의 출몰이 빈번해지면서 고조되어 갔다. 특히 1847년 7월에 프랑스 해군 대령 라삐에르(Lapierre)가 군함 2척을 끌고 나타나 전년에 세실(Cécile)이 전달했던 서신에 대한 답서를 요구하자 조선측은 긴장하였다. 라삐에르의 도래는 조선이 서양의 침략 사정권에 들어 있음을 단적으로 보여준 사건이었다.

서양의 위협이 목전에 닥치자 조선 지식인들은 대책 마련에 부심하였다. 서양에 대한 인식은 다양하였지만 대응방향에 대해서는 대체로 견해가 일치되었는데 東道를 통해 서양을 방어한다는 내용이었다. 서양의 長技가 화륜선이나 火砲와 같은 물리적인 힘이라면 조선의 장기는 서양보다 우월한 풍속이며 그를 통해 서양의 장기를 제압할 수 있을 것으로 판단하였던 것이다. 동도 중심적이라고 해서 동도의 내용이 일률적으로 규정되었던 것은 아니지만 동도의 효력에 대해서 만큼은 별다른 이견이 없었다. 동도는 국내 천주교를 종식시키고 그 결과로 서양인들의 침략적 야욕을 분쇄하며 장기적으로 서양인들까지도 감화시킬 수 있는 것으로 전망되었다.

朴珪壽(瓛齋, 1807~1876)는 서양에서도 중국 성인의 글을 오래도록 익히다 보면 뛰어난 인물이 나와 깨닫는 바가 있게 되고 그들을 중심으로 유교가 확산되어 서양인들도 결국 올바른 경지로 돌아가게 될 수 있으리라 기대하였다.[78] 성현의 말씀을 '中天에 떠있는 태양과 같아 천하의 모든 나라에 눈을 가진 사람이면 누구나 다 볼 수 있는' 것으로 이해하였던 이항로에게 성현의 말씀이 서양인들에게도 전파되는 것은 당연한 것이다. 중화 문명으로 오랑캐를 변화시킨다는 '用夏變夷'는 서양에도 적용되어야 하고 적용될 수 있는 원칙이었다. 동도를 통한 교화는 이미 진행되고 있는 것으로 이해되었다. 이항로는 서양인들이 유교 문화를 성심으로 배우고자 하는 마음이 있어 漢學 이해 수준이 일정한 경지에 도달한 것으로 파악하였다.[79] 최한기는 영국이 말레이시아와 싱가포르에 각각 英華書院과 堅夏書院을 세워 각종 한문서적을 비치해 놓고 영국과 미국의 한학자를 거주시켜 중국인들을 교육시키고 서적도 출판케 하고 있다는 사실을 소개하기도 하였다.[80]

동도가 서양인들에게 전파되리라는 전망은 19세기 중반 지식인들에게 공통적으로 나타나는 특징이었다. 그에 비해 서양 과학기술을 포함한 서양 문물에 대한 태도는 다양하였는데 대개 다음의 세 가지 입장으로 구분해 볼 수 있다.

첫째, 서양 문명의 가치를 철저히 부정하는 경우로 대부분의 척사론자들이 이에 해당한다. 선봉에서 척사론을 주장하였던 이항로는 서양 역법에 대해 그것이 정밀하기는 하지만 근본이 갖추어져 있지 않다고 지적한다. 서양 역법은 순전히 하늘에 복을 비는 것으로, 천심을 모멸하고 인륜을 폐하는 것을 위주로 하기 때문이며 이 점에서 천심을 받들고 인륜을 밝히는 일을 근본으로 삼는 중국의 역법과는 전적으로 차이가 있다는 것이다.[81] 이러한 이해 태도는 서양의 醫藥에 대한 설명에서도 나타난다. 의약은 생물을 살리는 것을 근본으로 하는 것인데 서양에서는 빨리 죽는 것을 복으로 알아 도리어 사람을 해치고 있다는

78) 朴珪壽, 『朴瓛齋文』「闢衛新編評語」.
79) 李恒老, 『華西集』 권25, 「用夏變夷說」.
80) 崔漢綺, 『地球典要』 권8, 「英吉利國」.
81) 李恒老, 『華西集』 권25, 「西洋曆法與堯時曆法不同辨」.

것이다.[82] 서양 과학은 전혀 도를 실현하지 못할 뿐 아니라 오히려 도를 잘못된 방향으로 끌고 가고 있다는 비판이다. 서기가 도에 유해한 것이라는 인식을 바탕으로 이항로는 후일 洋物배척론을 전개하게 되며 척사론에서 이러한 류의 인식이 확장될 때 서양의 과학기술은 아예 동양 사회의 침탈을 위한 수단으로 이해되기도 하였다.[83]

둘째, 과학기술적인 부분에 한해서만 그 가치를 인정하는 입장이다. 박규수・南秉哲(圭齋, 1817~1863) 등이 그러한 입장을 견지하고 있던 대표적인 인물이다. 이들은 의리지학과 경제지학의 겸비라는 18세기 후반 이래의 경세학적 전통을 계승하고 있던 부류로 서양의 과학기술에 상당한 관심과 지식을 지니고 있었다. 하지만 서양의 중국침탈 사실을 잘 알고 있던 이들의 관심은 선배 경세론자들의 그것과는 달랐다. 선배들이 주로 경제적 관심에서 서기수용을 주장했던 데 반해 이들은 서양 세력의 위협과 국내 천주교의 확산에 대한 대처방안을 찾는 데 관심을 집중하였으며 서양 과학기술에도 그러한 차원에서 접근하였다.

서양이 높은 수준의 과학적 성과를 축적해 왔음을 잘 알고 있던 박규수가 새삼스럽게 '중국원류설'을 내세운 것도 관심이 서양세력의 방어에 있었기 때문이다.[84] 박규수는 서양과학에 대한 무차별적인 선호가 천주교 신봉으로 연결되고 있으며 장기적으로는 동도의 해체까지 초래할 것으로 우려하였다. 따라서 천주교 확산을 방지하기 위해서는

82) 李恒老, 『華西集』 권25, 「西洋醫藥與炎帝醫藥不動辨」.

83) 趙汝抃, 『念修堂遺稿』 권2, 「斥邪說示同志」.

84) 박규수는 땅이 둥글다는 이론이 周髀之說보다 정밀한 것이 없으며 주비지설이 다시 나온다면 서양의 지구설이 필요 없다고 주장한다. 또 지구가 둥글다는 것을 유가 지식인들은 이치로서 깨닫지만 서양 오랑캐들은 큰배를 타고 지구를 한 바퀴 돌아 본 다음에야 지구가 둥글다는 것을 깨달았으니 매우 우둔한 사람들이라고 지적하기도 하였다. 朴珪壽, 『瓛齋集』 권4, 「地勢儀銘幷序」. 박규수의 '중국원류설'에 대해서는 孫炯富, 『朴珪壽의 開化思想 研究』, 일조각, 1990, 57~58쪽 참조.

서양 과학기술에 대한 맹목적인 추종에서 벗어나야 할 것으로 판단하였으며 그런 판단 하에 '중국원류설'을 내세운 것이다. 즉 유교문화에도 서양과 대등한 수준의 과학적 전통이 있었음을 상기시키고 그러한 전통을 바탕으로 서양문물을 주체적으로 수용하도록 요구하였던 것이다.

남병철은 박규수와는 반대로 '중국원류설'에 대해 매우 비판적이었지만 기본적인 관심은 역시 서양세력의 확산에 대한 대책 마련에 있었다. 그는 '중국원류설'이 서양의 상수학적 성과를 배척하려는 시도가 여의치 않자 그것을 탈취하여 중국 것으로 만들려는 불순한 의도에서 나온 것으로 그로 인해 서양의 불신을 사게 되고 결국 침략의 빌미를 제공했다고 주장하였다. 남병철은 서양 과학기술에 대한 관심과 천주교 신봉은 서로 관련이 없다고 단정한다. 보통 이상의 사람들은 천주교의 패악성을 잘 알고 있으므로 논할 것이 없고, 보통 이하의 사람들은 기계의 술수 자체를 아예 모르기 때문에 기계에 대한 관심이 천주교 신봉으로 연결될 염려는 없다는 것이다. 따라서 효용성만 있다면 서양 과학기술은 수용할 수 있다고 한다. 배척해야 할 대상은 서양인들일 뿐이며 그들을 배척한다는 이유로 그들의 장점까지 배척해서는 안 된다는 것이 그의 기본적인 입장이었다.[85] 문제는 서양인들의 장점이 무엇인가 하는 점인데 남병철은 서양인들이 뛰어난 것은 천문·역학 한 분야에 불과하며 그것도 성현의 학문을 중심에 놓지 않는다면 귀하게 여길 수 없다고 강조하였다.[86] 박규수나 남병철의 의도는 서양과학의 영향력으로부터 동도를 보위하는 데 있었지만 서양 과학 자체의 가치는 인정하였다. 동도와 서양 과학의 차단을 가능하다고 보고 서양 과학의 가치를 인정하는 점에서 이들의 사고는 동도서기론적이

---

85) 南秉哲, 『圭齋先生文集』 권5, 「讀推步續解後」. 남병철의 '중국원류설' 비판에 대해서는 노대환, 앞의 글, 1999, 160~166쪽 ; 문중양, 「조선후기의 사대부 과학자 남병철」, 『과학사상』 33, 2000 참조.

86) 南秉哲, 『圭齋先生文集』 권6, 「讀書私記」.

라고 할 수 있다.[87]

셋째, 서양의 과학기술뿐만 아니라 여타 부분에 대해서도 수용 가능성을 열어 놓았던 경우이다. 천주교 신자들은 거의 이러한 부류에 속한다고 할 수 있으며 지식인 가운데는 최한기를 꼽을 수 있다. 최한기는 제1차 중・영전쟁 이후에도 다른 지식인들과는 달리 여전히 정세를 낙관하며 동서교섭에 적극 나서야 한다고 주장하였다. 그가 적극적인 동서교섭을 주장한 데는 유교문화에 대한 강한 자신감이 바탕되어 있었다. 동서 교섭을 통해 동서 문물을 비교하고 그 가운데 상대적으로 우월한 것을 섭취해야 한다고 보았던 그는 동양의 五倫의 教를 천하에 확대하면 만국을 화합시킬 수 있는 이념이 될 것으로 확신하였다.[88] 그런 바탕에서 최한기는 모든 문명을 상대화시켜 비교가능한 대상으로 설정하여, 형이하학의 부분에서만 서양 문물을 인정하던 태도에서 벗어나 위정자들에게 다른 나라의 좋은 정치제도와 법제도를 연구, 수용하도록 촉구하였다. 오륜의 교를 바탕으로 서양 문물의 수용을 주장하였다는 점에서는 동도서기적이었지만 오륜의 고수가 도기적 관점에서 도를 지킨다는 식의 사고에서 도출된 것이 아니라는 점에서 동도서기적 인식과는 차이를 보인다.

이처럼 19세기 중반에 들면서 서양 과학기술에 대한 태도는 다양한 모습으로 분화되었다. 19세기 후반에 본격적으로 나타나는 위정척사론, 동도서기론, 급진적 개화론의 기본적인 골격은 이미 이 시기부터 형성되고 있었다고 할 수 있다.

---

87) 박규수나 남병철의 동도서기적 사고는 동도의 보위에 초점이 맞추어져 있던 반면 1880년대의 동도서기론은 서기의 수용에 주안점이 두어져 있었다는 점에서 차이는 있다.

88) 최한기의 五倫에 대한 인식에 관해서는 權五榮, 앞의 책, 1999, 181~188쪽이 참고된다.

5. 개항 전후 서기 수용 시도와 東道西器論

1) 대원군 집권기의 서양 군사기술 수용 시도

1866년 병인양요가 발발하자 조야는 엄청난 충격에 휩싸였다. 프랑스군의 공격에 놀란 서울에서는 피난 행렬이 줄을 잇는 등 큰 혼란이 발생하였다. 프랑스가 자국의 선교사 살해 사건을 빌미로 조선을 공격하려 한다는 청 예부의 자문이 내려왔을 때부터 불안감은 고조되고 있었지만 프랑스의 기습적인 공격은 미처 예상치 못한 것이었다. 프랑스 군대가 전격적으로 강화도를 점거하자 그에 어떻게 대응할 것인가가 당장 긴박한 사안으로 대두되었다. 프랑스 선박에 대한 대응방식을 놓고 당시 조선의 국론은 交戰論과 主和論으로 나뉘었는데[89] 이는 척사론과 개화론의 본격적인 분화를 의미하였다.

교전론은 조선이 서양의 물리력을 충분히 제압할 수 있다는 점에 근거를 두고 있었다. 1866년 9월에 상소를 올려 주전론을 개진하였던 전 헌납 朴周雲은 서양의 무력이 그렇게 대단치 않아 제대로 대비하기만 한다면 언제든지 서양세력을 격퇴할 수 있다고 주장하였다. 교전론자들이 구상한 방어체제는 해안봉쇄와 산성수비라는 전통적인 방식이었다. 서양인들은 바다를 통해 공격해 들어오기 때문에 해안에 1차 저지선을 구축하고, 그것이 무너질 경우 산성을 거점으로 장기전에 돌입한다는 전술이었다. 그렇게 하면 서양세력은 군수품 등의 부족으로 오래 버티지 못하고 결국 물러나게 될 것으로 예상하였다.

교전론에 비하면 주화론에는 다양한 수준의 논의들이 포함되어 있었는데 주를 이룬 것은 서양세력의 군사력에 정면으로 맞대응하는 것은 전혀 승산이 없으므로 화호를 맺어야 한다는 견해였다. 동도를 통해 서양을 교화할 수 있을 것이라는 생각 대신 이제는 동도의 보전을 위해서라도 군사력을 강화해야 한다는 주장이 제기되었다. 평안도 관

---

89) 『日省錄』 高宗 3년 9월 12일.

찰사 박규수는 병인양요 직후 청의 黃雲鵠에게 보내는 서신에서 동양의 道를 보위하고 邪를 물리치는 것은 언어·문자로는 할 수 없고 반드시 군사를 동원해야 하는데 자신은 여기에 능하지 않아 어쩔 수 없다고 고백한 바 있다.[90] 박규수의 고뇌는 동도적대응론이 동도서기론으로 전환되는 과정을 잘 보여준다.

교전과 주전을 둘러싼 논의는 주전론으로 방향을 잡았으며 대원군 정권은 프랑스군과 일대 격전을 벌였다. 프랑스군의 퇴각은 주전론의 승리처럼 보였다. 자연 주전론은 더욱 힘을 얻게 되어 화친에 관한 이야기를 했다가는 무슨 화를 입을지 모른다고 할 정도의 분위기가 형성되었다. 주전론자들의 적극적인 지원으로 프랑스군을 격퇴할 수 있었지만 계속 이어질 서양세력의 침략을 어떻게 방어해 낼 것인가는 고민거리였다. 즉 척사의 방법론에 관한 것인데, 대원군은 방법론에서 척사론자들과 같은 입장을 취하지는 않았다. 프랑스군을 격퇴시킨 데 크게 고무되어 있던 척사론자들과는 달리 대원군은 병인양요를 계기로 국방력 강화의 필요성을 절감하였다. 그에 따라 강병을 정책의 최우선 순위에 두고 추진하였다. 군비투자에 필요한 재원을 확보하기 위해 다양한 방법을 모색하였으며 군사력의 질을 높이기 위한 여러 중요한 정책을 추진하였다. 군사력의 질을 향상시키는 데 서양의 군사기술도 적극 활용하고자 하였다. 『海國圖志』·『瀛圜志略』·『演礮圖說』·『則克錄』 등과 같은 서적을 내주어 연구하게 하였으며 중국에서 직접 화기를 구입해 오는 방법을 강구하기도 하였다. 그러한 노력의 결과 1867년 9월에는 申櫶(威堂, 1810~1888)이 『해국도지』에 의거해 수뢰포를 제작하여 노량진에서 시험발사를 하였으며, 또 같은 해에 세 척의 기선을 만들어 운행하는 성과를 거둘 수 있었다.[91]

---

90) 朴珪壽, 『瓛齋集』 권10, 「與黃緗芸雲鵠」, 1866. 10. ; 孫炯富, 앞의 책, 1990, 139쪽 참조.

91) 흥선대원군 집정기의 무기개발과 서구 과학기술 도입에 대해서는 朴星來, 「大院君시대의 科學技術」, 『한국과학사학회지』 제2권 제1호, 1980 및 延甲洙,

대원군의 군사력 강화 노력은 일정 정도 성과를 거둔 것이 사실이지만 이러한 노력이 체계적 혹은 지속적으로 추진되었던 것은 아니다. 대원군은 동래부에서 일본이 소유한 소총 제작기술을 모방, 제작하여 시험해 보도록 하면서도 막상 무기를 교역하자는 일본의 제의를 昇平한 시기에 무기를 교역하는 것은 합당치 않다는 이유로 거절하는 양면적인 모습을 보이기도 하였다.[92] 대원군 정권에서 군사문제를 관장했던 신헌이 『戎書撮要』라는 무비서를 편집하는 데 참고하도록 편자에게 내준 병서를 보더라도 『해국도지』를 제외하면 『武經總要』가 1044년, 『登壇必究』가 1599년, 『虎鈐經』이 송대에 만들어진 것이어서 전통적인 방어술에 무게를 두고 있었음을 볼 수 있다.[93] 만일 당대 최고의 서학 전문가로 상당량의 최신 서학 서적을 소장하고 있던 최한기 같은 지식인을 기용했다면 강병정책을 훨씬 효과적으로 추진할 수 있었을 것이다.[94] 하지만 최한기는 신미양요 당시 친교를 맺고 있던 강화진무사 鄭岐源의 자문에 응했을 뿐 국가의 공식적인 부름을 받지는 못했다. 최한기는 육왕학을 칭송하고 주자학을 비판한다고 척사론자들의 비난을 받고 있었던 만큼[95] 척사파의 지원을 받던 대원군 정권에 기용되기 쉽지 않았던 것으로 보이는데 이것이 대원군 정권의 한계였다.

사정이 이렇다 보니 대원군 집정기의 군비 강화책은 의욕에 비해 충분한 성과는 거두지 못하였다. 평양에 좌초된 제너럴 셔먼호의 증기기관을 모방해 만든 화륜선은 힘이 딸려 한 시간에 겨우 10여 보를 움직

『대원군집권기 부국강병정책 연구』, 서울대학교 출판부, 2001, 185~205쪽이 참고된다.

92) 『龍湖閒錄』 四, 「講信大差倭問答」, 174~175쪽.

93) 『戎書撮要』의 성격에 대해서는 朴贊殖, 「申櫶의 國防論」, 『歷史學報』 117, 1988, 75~76쪽 참조.

94) 최한기도 1860년대에 들어 서구열강의 동양 진출을 간파하고 화륜선과 같은 무기를 소개하는 등 강병에 많은 관심을 기울이고 있었다. 權五榮, 앞의 책, 1999, 305쪽.

95) 權五榮, 앞의 책, 1999, 63쪽.

였을 뿐이다. 『해국도지』를 참고해 만든 수뢰포도 위력이 작아 “잎사귀 만한 배는 파괴했지만 어찌 큰 배야 깨뜨릴 수 있겠느냐”는 비아냥거림을 받기도 하였다.[96] 군비 강화책의 한계는 辛未洋擾를 통해 여실히 드러났다. 전투 당시 조선군의 화승총은 미군에 거의 위협을 주지 못했으며 조선 대포 역시 대개 16~17세기에 제조된 구식대포로 소구경일 뿐 아니라 사정거리도 짧아 병기로서의 구실을 제대로 하지 못하였다.[97] 전투에서 조선군이 일방적으로 희생된 것은 말할 필요도 없다. 그럼에도 불구하고 정부는 기존의 어양책을 고수하려 하였으므로 문제가 되지 않을 수 없었다. 서양세력에 대응할 대책을 기대하던 지식인들에게 대원군의 국방책과 대원군을 지지하는 척사론자들의 태도는 불만스러운 것이었다. 때문에 홍양호의 현손 洪祐獻과 같은 경우 조정에서 목소리를 높여 斥夷를 외치며 적과 싸울 것을 주장할 뿐 그들을 제압할 만한 실제적인 방책은 강구하지 않는다고 정부의 어양책을 강도 높게 비판하기도 하였다.

새로운 방향을 모색하고 있던 지식인들의 눈에 들어온 것은 청의 洋務運動이었다. 청의 양무운동은 서양 기술의 습득이 결코 東道를 버리는 것이 아니라는 중체서용론식 논리를 설파하였다는 점 때문에 더욱 관심의 대상이 되었던 것으로 보인다. 1866년 파견되었던 서장관 嚴世永(凡齋, 1831~1899)이 청에서 서양문물의 수용을 둘러싼 최초의 본격적인 논쟁을 불러일으켰던 天文算學館의 설립 소식을 전하면서, 서양인들에게 배우는 것이 西法을 빌려 中法을 확인하는 것일 뿐 聖道를 버리는 것이 아니라 하여 설립이 결정되었다는 소식을 전한 데서 그러한 정황을 짐작할 수 있다.[98] 서양 과학기술의 도입이 동도를 해

96) 朴齊炯, 『近世朝鮮政鑑』.

97) 신미양요 때 미군이 노획해 간 조선 대포는 1313년에 제조된 것도 있었다고 한다. 金源模, 『近代韓美關係史 - 韓美戰爭篇』, 철학과현실사, 1992, 465~477쪽.

98) 『日省錄』 高宗 4년 4월 6일, 「書狀官嚴世永首卞光韻進聞見別單」.

치지 않을 것이라는 판단 하에 추진되던 양무운동은 조선 지식인들에게도 분명 흥미로운 관찰 대상이었다. 양무운동에 관한 소식은 1860년대 후반에 처음 알려졌는데 1870년대에 이르자 구체적인 성과에 대한 사실이 보고되기 시작하였다.[99] 가장 대표적인 것은 1872년 12월 중국에서 귀국한 박규수의 보고이다.

> 전에는 강남에서 用兵할 때 중국에서 서양 대포를 많이 사서 戰陣에 사용하여 洋人들이 대포를 만들어 많이 이익을 보았는데 지금은 중국에서 양포를 모방하여 극히 편리하게 하기 때문에 저들의 포를 사지 않아 양인들이 또 이익을 잃고 있습니다. 전에는 중국에서 商買할 때 화륜선을 빌려 사용했기 때문에 洋夷들이 이로 인해 이익을 얻었으나 지금은 중국에서 역시 화륜선을 모방하고 다시는 빌리지 않아 또 이익을 잃고 있습니다.……저 오랑캐들이 통상과 교역을 위해 도처에 건물을 지었는데 비용이 많이 들고 지금은 일마다 이익을 못 보는 까닭에 건물에 들어가는 비용도 채우지 못하여 지금 사정을 보면 점차 물러가는 추세라고 합니다.[100]

중국에서 대포와 화륜선의 제조기술을 배워 직접 만들어 사용하기 때문에 서양인들이 이익을 잃고 있다는 것으로 양무운동의 성과에 대한 최초의 보고였다. 1873년 4월 서장관 閔泳穆(泉食, 1826~1884) 역시 중국인들이 여러 가지 제조기술을 익힌 까닭에 많은 이익을 차지하고 있다고 양무운동의 성과를 소개하고 있다.[101] 또 1873년 8월에 귀국한 정사 李根弼의 복명 가운데도 강남 지방의 상인들이 화륜선을 제조해 이용하기 때문에 서양인들이 이익을 잃고 있다는 내용이 포함되어 있었다.[102] 姜瑋(秋琴, 1820~1884)가 연이어 참가한 1873년과 1874

99) 양무운동에 대한 조선 지식인들의 인식에 대해서는 노대환, 「1860~1870년대 전반 조선 지식인의 대외인식과 洋務 이해」, 『韓國文化』 20, 1997 참조.
100) 『日省錄』 高宗 9년 12월 26일, 「召見回還別使于慈慶殿」.
101) 『日省錄』 高宗 10년 4월 9일 「書狀官閔泳穆首譯尹夏楨進聞見別單」.

년의 사행 일행은 張世準을 비롯한 청의 양무파 관료들과 빈번한 접촉을 갖고 양무에 관한 필담을 나누기도 하였다. 청의 양무파 관료들은 조선이 적극적으로 양무책을 추진하도록 권고하였으며 조선 사신들은 그 권고를 진지하게 받아들였다. 앞서 본 홍우헌은 1872년 박규수와 함께 연행하여 최신 무비서적을 구입해 왔다고 한다. 북경주재 미국영사의 보고문에는 조선인들이 중국에서 간행된 잡지를 비롯해 외국 관련서의 사본을 많이 구입해 갔다는 내용도 보인다.[103] 그런 과정을 통해 『中西聞見錄』과 같은 서양의 최신정보를 담고 있는 서적이 조선에 유입되어 지식인들의 관심을 끌기도 하였다.[104]

양무운동의 결과 서양인들이 물러나고 있다는 보고는 분명 흥미로운 것이었다. 대원군도 척사를 위해 서양기술을 이용하려 하였으므로 양무책의 시행을 검토할 만도 하였다. 하지만 조선에서 양무는 논의의 대상이 되지 못하였다. 그 주요한 원인은 和議와 관계된 이야기를 발설했다가는 무슨 화를 입게 될지 모른다고 이야기되던 조선의 경색된 분위기에 있었다. 한편 양무에 관심을 가지고 있던 지식인들에게도 고민이 없지 않았던 것으로 보인다. 그 고민은 양무정책의 추진을 위해서는 서양과의 일정한 관계를 피할 수 없다는 점이었다. 여기에서 문제가 되는 것은 일정한 관계에서 초래될 수 있는 부작용이다. 이는 서양의 문명 가운데 기술적인 부분만을 선택적으로 수용하는 것이 가능

---

102) 『承政院日記』 高宗 10년 8월 13일

103) 尹素英, 『轉換期の朝鮮の對外認識と對外政策-朴珪壽を中心に』, お茶の水女子大學 大學院 人間文化硏究科 박사학위 논문, 1995, 190쪽

104) 『중서문견록』은 북경에서 최초로 간행된 中文 월간지로 1872년 8월 창간호가 발간되었다. 서양 신문이나 서책 가운데 최신 국제 동향이나 서양의 기계제도, 과학기술과 관련된 내용을 뽑아 소개하였는데 중간에 휴간되면서 1875년 1월의 제29호까지 발행되었다(曾虛白 編, 『中國新聞史』 上冊, 國立政治大學 新聞硏究所, 1966, 137쪽). 조선에 『중서문견록』이 들어와 있던 사실은 1874년 6월 박규수가 청의 萬靑藜에게 보낸 서신에 보인다(朴珪壽, 『瓛齋集』 권10, 「與萬庸叟靑藜」).

한가 하는 점과 동일선상에 있는 것이라고 할 수 있다. 양무론은 서기의 선택적 수용이 가능하다는 점에 논리적 근거를 두고 있었지만[105] 사람들의 성정을 해치지 않고 서양 기술을 받아들일 수 있는가 질문하였던 강위에게서 나타나듯 조선 지식인들은 그 부분에 확신을 갖고 있지 못했던 것으로 보인다. 이제 사상적으로 서기 수용의 논리를 어떻게 정비하며, 정책적으로는 화의에 대한 입장을 어떻게 정리할 것인가 하는 점이 새로운 과제로 등장하였다.

2) 개항기 東道西器論의 등장

병인양요를 계기로 분화된 주전과 주화의 흐름은 1870년대에 들어 척사와 개화로 연결되면서 대립되는 양상으로 전개되기 시작하였다. 척사와 개화의 대립 양상을 본격적으로 촉발시킨 것은 일본의 개항 요구였다. 1867년 明治維新을 단행한 일본은 구례를 무시하고 서계를 전달하려 하여 문제를 일으키더니 1872년에는 倭館을 일방적으로 접수하여 조선을 긴장시켰다.[106] 1874년 6월에는 臺灣에 출병했던 일본군이 조선을 침략할지 모르며 여기에 프랑스 및 미국이 동조할 가능성도 있다는 정보를 담은 청 통리아문의 비밀자문이 도착하여 긴장은 더욱 고조되었다.[107] 일본이 조선을 넘보고 있음은 분명한 사실로 인식되었으며 과연 조선이 일본을 방어할 수 있을 것인가가 문제가 되었다.

척사론자들은 일본에 대해서도 자신감을 보이고 있었지만 한편에서는 세력의 열세상 일본과 修好를 맺을 수밖에 없다는 주장이 강하게 제기되고 있었다. 병인양요 당시의 주화론을 계승하고 있던 이러한 주

105) 『李鴻章全集』 1(海南出版社) 권9, 「置辦外國鐵廠機器摺」, 323쪽.

106) 廢藩置縣 이후 倭館 접수까지의 사실에 대해서는 玄明喆, 「개항전 한·일 관계의 변화에 대한 고찰 - 일본의 개항부터 왜관접수까지 일본사 이해를 중심으로 -」, 『國史館論叢』 72, 1996, 263~273쪽 참조.

107) 『高宗實錄』 권11, 高宗 11년 6월 24일.

장은 대원군 집권기에는 척사론에 철저히 눌려 표출되지 못했지만 1873년 대원군이 물러나고 고종이 친정하면서 힘을 얻기 시작하였다. 일본의 서계 접수 문제를 계기로 주화론은 개항론으로 변모하였으며 개항론자들은 척사론에 대한 비판 수위를 높이고 있었다. 예를 들어 강위는 강화도조약 체결 당시 척사론자들을 겨냥하여 "혹은 도를 어기고 살아 남는 것이 도를 지키다가 망하는 것만 같지 못하다고 한다. 무릇 도라는 것은 나라를 보전하고 백성을 편안케 하는 수단일 따름인데 지금 나라를 위태롭게 하고 백성을 죽인 후에야 도를 지킬 수 있다고 한다면 나는 그 道라는 것이 과연 어떤 물건인지 모르겠다"[108]고 신랄하게 비판하였다. 반면 척사론자들은 척사론자들대로 일본과의 수호를 주도하던 박규수 등을 姦黨賣國의 무리, 혹은 親日派로 지칭하며 비난하는 등[109] 개항을 둘러싼 대립은 첨예화되었다.

수호를 피할 수 없는 것으로 보았던 개항론자들은 일본과의 직접적인 대결을 피하면서 일본 나아가 서양세력에 대응할 수 있는 힘을 기르는 일을 최우선 과제로 설정하였다. 대응력은 전반적인 체제개혁을 통해 확보될 수 있는 것이지만 군비 강화를 위한 재원 마련은 당장 시급한 문제였다. 만성적인 재정부족으로 군비 강화정책을 효율적으로 수행하지 못하고 있었기 때문이다. 대원군이 추진하던 군비 강화책도 재정적인 뒷받침이 제대로 이루어지지 못해 대원군 집권 당시에도 이미 난항을 겪고 있던 터였다.[110] 그런 이유에서 외부의 위협을 배제하기 위해서는 먼저 국내의 경제적 안정을 도모하고 그를 바탕으로 국방을 충실히 해야 한다는 주장이 제기되었다. 강병을 위해서는 부국이 선행되어야 한다는 인식이 자리잡게 된 것이다.

부국에 대한 논의는 1880년대 들면서 활성화되었다. 이러한 분위기

---

108) 姜瑋, 『古歡堂集』, 「沁行雜記」.
109) 申錫祜, 『可軒文集』, 「丙子斥倭疏」.
110) 『承政院日記』 高宗 9년 6월 7일.

는 보수적인 유자들 사이에 변통에 관한 논의가 활발해지고 있던 데서도 확인된다. 예를 들어 산림학자 李象秀(峿堂, 1820~1882)는 '經權'의 논리를 들어 변통을 주장했다. 즉 정책에는 근본이 되는 원칙인 경과 그 원칙에 근거한 임시방편적인 권이 있어야 하는데 祖宗의 法禁이 만세토록 바꿀 수 없는 경이라면 통상정책과 같은 것은 수시응변의 권이라고 한다.111) 산림 유신환 밑에서 수학하였던 兪萬柱 역시 이상수와 마찬가지로 경권의 논리를 들면서 전제·병정 등의 개혁을 주장하였다.112) 이들의 변통론은 변화할 수 없는 '경'에 무게 중심을 둔 것으로 전통적인 경세론의 범위를 크게 벗어난 것은 아니었지만,113) 통상정책을 수시응변의 권으로 인정할 정도로 유연성을 갖게 되었다는 점에서 주목된다. 이는 그만큼 당시의 상황이 급박하였음을 보여주는 것이기도 하다.

상황의 급박함에 자극받아 좀 더 광범위한 변통을 요구하는 이들도 나타났다. 이상수나 유만주 등이 바뀔 수 없는 경을 중심으로 경세론을 전개했던 반면 변화가능한 권에 중점을 둔 경세론이 등장한 것인데 東道西器論이 그것이다. 동도서기론은 서양의 利器와 종교를 분리하여 이기만을 선택적으로 수용하자는 북학론 단계 경세론의 연장선상에 위치한 것이었다. 북학론 단계의 서기수용론은 도기의 개념을 사용하지는 않았지만 의리지학을 바탕으로 서양의 이기를 받아들일 것을 주장하였던 점에서 동도서기적이었다. 동도서기적 성격의 경세론이 1880년대에 들면서 동도서기론의 외형을 띠게 된 데는 『易言』으로 대표되는 중국 중체서용론이 큰 영향을 미쳤던 것으로 생각된다.114) 이

111) 李象秀, 『峿堂集』 권6, 「請中興務本疏」·권7, 「與威堂」.

112) 兪萬柱, 『白蕖先生詩抄』, 「擬疏」.

113) 이상수의 경우 지금은 경이 바뀌고 있다고 지적하면서 외국과의 조약체결에 西教를 금지한다는 조항을 삽입시킬 것을 주장하였다.

114) 1880년대 초반의 개화상소 가운데 드물게 도기 개념을 사용하였던 윤선학은 상소에서 『이언』에 깊은 감명을 받았다고 밝히고 있어 그의 동도서기 주장이

는 동도서기 상소를 올렸던 尹善學이 『이언』을 보고 높이 평가했던 데서도 짐작할 수 있지만 특히 안동 김씨 출신의 학자 金炳昱(磊棲, 1808~1885)의 경우는 그러한 추정을 뒷받침해 준다. 김병욱은 낙론계 金洙根(溪山, 1798~1854) 문하에서 학문을 닦았으며 의리지학을 기본으로 하면서도 의리는 반드시 경제책에 의해 뒷받침되어야 한다고 주장하던 인물이다. 그런 그가 동도서기론을 접한 것은 『이언』을 통해서였다. 알려져 있다시피 『이언』은 鄭觀應(1841~1923)이 청이 취해야 할 부강책을 36조목으로 나누어 제시한 책으로 王韜가 발문에서 지적하였듯 器는 서양에서 취하고 道는 공자의 도를 지킨다는 동도서기적 인식을 바탕으로 한 것이었다. 『이언』을 접한 김병욱은 쉽게 말할 수 없는 대책을 개진하였다는 점에서 『難言』이라고 해야 할 것이라며 높이 평가하였다.[115] 평소 그는 군사적 힘을 기르기 위해서는 반드시 富國이 선행되어야 한다고 주장하였는데 『이언』의 사고는 그의 지론과 일치하는 것이었다. 김병욱은 『이언』의 도기론을 "통상은 가능하지만 西敎는 끊어야 한다"는 식으로 재해석하였다. 통상과 서교를 분리하는 방식을 동도서기론으로 파악하였음을 알 수 있다. 그런 점에서 김병욱의 사고는 서법을 서교와 분리하여 선택적으로 수용한다는 북학론 단계 서기수용론의 연장선상에 있었으며 북학론 단계 서기수용론이 동도서기론으로 변화해가는 모습을 확인할 수 있다.[116]

김병욱에게서 볼 수 있듯 동도서기론이 주목된 것은 서기를 서법과 분리하여 수용할 수 있다는 논리 때문이었다. 서법과 서기가 분리 가능한 것인가 하는 문제는 서학이 조선에 전래된 이래 계속 되어온 논란거리였다. 북학론자들은 서기를 서교와 분리하여 수용할 수 있다는 낙관적인 전망 하에 서기수용을 주장하였지만 실제 상황은 낙관하기

『이언』의 영향을 받은 것임을 짐작할 수 있다.

115) 金炳昱, 『磊棲集』 권5, 「難言」.

116) 김병욱의 사상에 대해서는 盧大煥, 「개항기 지식인 金炳昱의 시세인식과 富强論」, 『韓國文化』 27, 서울대 한국문화연구소, 2001 참조.

힘든 방향으로 전개되고 있었다. 서기의 선택적 수용이 쉽지 않다는 사실은 이미 천주교 전파과정에서 드러났다. 앞서도 살핀 것처럼 이승훈은 신유사옥 당시 공초 과정에서 "문자를 조금이라고 아는 사람들은 역상의 법이 교묘하다 하여 천주교에 유혹되었다"고 자술한 바 있으며 그 밖에 체포되어 심문을 받은 천주교 신자들 가운데 적지 않은 이들이 서양과학에 대한 관심에서 출발하여 천주교를 신봉하게 되었다고 밝혔다. 때문에 척사론자들은 서교와 서기를 일체의 것으로 보아 전면적인 서학배척론을 펴고 있었다. 이러한 상황은 개화정책을 추진하려던 정부나 지식인들에게 대단히 곤욕스러운 것이었다.

1882년 8월의 고종 교서를 대찬한 김윤식은 기계제조와 같은 서법을 본받는 것을 보면 사학에 물들었다고 지목하는 행태를 비판하며 다음과 같은 주장을 폈다.

> 서양의 종교는 사악하니 淫聲이나 美色처럼 여겨 멀리해야겠지만 그들의 器는 정교하여 이용후생할 수 있으니 農桑·醫藥·甲兵·舟車의 제도를 무엇을 꺼려서 하지 않겠는가. 그들의 종교는 배척하되 그들의 기를 본받는 것은 실로 어그러지지 않고 병행할 수 있다. 하물며 강약의 형세가 이미 현격한데 진실로 저들의 기를 본받지 않으면 어떻게 저들의 모욕을 막고 저들이 엿보는 것을 방어할 수 있겠는가?"117)

서기의 수용은 선택이 아니라 필수적인 과제이며 서기를 천주교와 분리하여 수용할 수 있다는 것이다. 하지만 이런 일방적인 주장으로 척사론자들을 설득하기는 힘든 것이었으며 좀 더 설득력있는 논리가 필요하였다. 동도서기론은 그러한 필요에서 도출된 것이었다.

任憲晦(鼓山, 1811~1876) 문하에서 수학하였던 재야학자 陸用鼎(宜田, 1843~1917)은 형이상을 道, 형이하를 器로 파악하면서 "지금

---

117) 『承政院日記』 高宗 19년 8월 5일.

우리의 立法은 저들의 法을 따르는 것이 아니니, 곧 道는 그 전과 같고 조금 변할 수 있는 것은 그 器"118)라고 주장한다. 도기의 논리를 내세워 도는 변할 수 없는 것임을 강조하면서 정부의 동도서기 정책을 지지하였던 것이다.119)

申箕善(陽園, 1851~1909)이 동도서기론을 내세웠던 것도 전면적인 서학배척론에 대응하기 위해서였다. 신기선은 『農政新編』 서문에서 "혹은 이 법의 많은 부분이 西人의 법에서 나왔는데 서인의 법은 耶蘇의 敎이니 이 법을 본받는 것은 그 교에 복종하는 것이라고 한다…… 이는 도와 기가 나뉘는 것을 모르는 것이다."120)라고 하여 '道器相分'의 개념을 근거로 敎法 일체론을 비판하였다. 그는 변화 여부를 기준으로 도와 기를 구분하였다. 즉 三綱五常과 孝悌忠信과 같이 동서고금을 막론하고 바뀔 수 없는 것이 도이며, 예악·형정·복식·기용 등과 같이 수시로 변화가능한 것이 기라고 보았다. 그리고 수시로 변화가능한 기의 수용 여부를 판단하는 기준은 효용성으로, 이적의 것이라도 백성에게 이익이 된다면 적극적으로 수용해야 한다고 주장하였다.

도와 기가 분리되는 것이라면 양자의 관계는 어떤 것인가? 신기선은 분리된 도와 기를 동도와 서기의 형태로 재결합시켰다. 동도는 덕을 바르게 하는 데 사용하고 서기는 이용후생을 위해 필요하므로 양자를 병행하는 것이 결코 모순되지 않는다는 주장이다. 즉 동도와 서기는 각기 다른 기능을 하기 때문에 서기의 수용이 동도를 해치지 않는다는 논리이다. 동도와 서기의 결합에 대해 신기선은 다음과 같이 설명한다.

---

118) 陸用鼎, 『宜田記述』 권3, 「論當今時局事勢」.

119) 육용정의 동도서기론에 대해서는 白承鍾, 「『宜田記述』을 통해서 본 陸用鼎의 開化思想」, 『東亞硏究』 18, 서강대학교 동아연구소, 1989 ; 민회수, 「1880년대 육용정(1843~1917)의 현실인식과 동도서기론」, 『韓國史論』 48, 서울대학교 국사학과, 2002 참조.

120) 安宗洙, 『農政新編』, 「侍講院文學東陽申箕善序」, 1881.

> 대개 중국 사람들은 형이상에 밝기 때문에 그 도는 천하에 홀로 우뚝하고 서양 사람들은 형이하에 밝기 때문에 그 기는 천하에 대적할 것이 없다. 중국의 도로써 서양의 기를 행한다면 지구는 족히 정할 것도 못된다. 그런데 중국 사람들은 서양의 기를 중국의 도와 병행시키는 데 능하지 못할 뿐 아니라 유명무실하고 장차 쓰러지고 추락하려 한다. 이것이 서양의 모욕을 받아도 막지 못하는 까닭이다. 진실로 우리의 도를 능히 행한다면 저들의 기를 행하는 것은 손바닥을 뒤집는 것과 같이 쉬우니 도와 기가 서로 기다리며 떨어지지 않는다.[121]

결합의 기본 구조는 우리의 도를 바탕으로 서양의 기를 행하는 '道體器用'이며 그러한 결합을 '道器不離'의 원칙을 내세워 합리화하고 있음을 알 수 있다. 언뜻 보면 신기선의 동도서기론은 주자의 이기론을 그대로 관철시킨 듯하다. 주자의 이기론은 대개 세 가지로 정리될 수 있는데 '리'와 '기'는 物 가운데 불가분의 관계로 함께 존재하고, 리와 기는 속성상 엄연히 구별되며, 리는 기 가운데 있으나 가치면에서는 기에 선행한다는 것이다.[122] 신기선은 '도체기용'과 '도기불리'를 주장하고, 도와 기의 기능이 다르다고 하여 리와 기가 속성상 구별된다는 점을 내비치고 있어 주자의 이기관과 부합하는 듯 보이는 것이다. 하지만 신기선의 논리는 분리될 수 없는 도기를 분리시킨 데서 출발했다는 점에서 의리지학과 경제지학의 겸비로 대표되는 18세기 후반의 경세학적 전통과 가까운 것이었지 주자학의 논리를 그대로 따른 것은 아니었다. 도기를 분리시킨 결과로 나타난 동도와 서기의 병행은 의리지학을 중심으로 하면서 경제지학을 겸비해야 한다는 주장의 다른 표현이었다. 그런 점에서 조선의 동도서기론은 서교와 서기의 분리에 입각한 경세론이 그 포용 범위를 넓혀가는 과정에서 도출된 사상적 조류

---

121) 安宗洙, 『農政新編』, 「侍講院文學東陽申箕善序」, 1881.

122) 李範鶴, 「宋代 朱子學의 成立과 發展」, 『講座中國史』 III, 지식산업사, 1989, 213~215쪽.

였다고 평가할 수 있을 것이다.

6. 1880년대 이후 東道西器論의 전개

1880년대 들어 정부에서 개화정책을 본격적으로 추진하면서 개화론이 비등하였다. 1882년의 임오군변으로 개화정책은 잠시 주춤하는 듯 보였지만 군변이 수습되면서 오히려 전보다 적극적으로 추진되었다. 임오군변 실패로 인해 개화정책을 저지하던 보수세력의 입지가 크게 위축되었기 때문이다. 고종은 임오군변 수습 직후인 1882년 8월에 내린 교서를 통해 동도서기적 서기수용책의 정당성을 강조하고 나섰다. 고종의 교서를 계기로 개화상소가 이어졌으며 이들 개화상소는 대부분 동도서기적 논조를 담고 있었다.

1880년대에 제기된 동도서기론은 도기의 문제에 대한 철학적 고민을 바탕으로 구성된 것은 아니었고 현안으로 떠오른 서기수용을 정당화하기 위한 논리로서의 성격이 강했다. 하지만 도기의 개념을 차용하였기 때문에 논자들의 의도와는 상관없이 동도서기론은 철학적인 문제가 되었다. 그런데 동도서기론은 세계를 형이상학적인 부분의 도와 형이하학적인 부분의 기로 구분할 수 있는가 하는 근본적인 문제는 제쳐 놓더라도 다음의 두 가지 논란거리를 안고 있다.[123]

하나는 도와 기의 분리가 가능한가 하는 도기분리의 문제이다. 도기론이 체계적인 모습을 갖춘 것은 송대 주자학에 이르러서였다. 주희는 이치에 해당하는 형이상의 것을 도, 구체적 형태를 띠는 형이하의 것을 기로 정의하면서 "도가 있으면 반드시 기가 있고 기가 있으면 반드시 도가 있으니 사물에는 반드시 법칙이 있다."[124]고 설명한 바 있다.

---

123) 동도서기론의 논리적 문제에 대해서는 노대환,「동도서기론의 전개와 성격」, 『韓國社會思想史硏究』, 나남출판사, 2003, 143~146쪽.

124)『朱子語類』卷75.

도와 기를 物 가운데 불가분의 관계로 함께 존재하는 것으로 보았던 것이다. 이후 도와 기에 관한 많은 이론이 제기되었지만 도와 기가 분리되는 것이 아니라는 점에는 별다른 이견이 없었다. 이는 조선에서도 마찬가지여서 이기이원론을 주장한 퇴계 학파나 이기일원론을 폈던 율곡 학파 모두 이기(도기)가 떨어질 수 없다는 점에는 동의하고 있었다.

주자학적 이기론에서 볼 때 리와 기는 일체로 존재하므로 기가 있다면 거기에는 당연히 도가 있게 마련이다. 만약 서양의 기가 있다면 거기에 이미 리가 존재하고 있는 것이다. 하지만 신기선이나 김윤식 등은 도기분리론에 근거한 도기병행을 주장하였다. 도기는 개별 사물의 형이상학적 측면과 형이하학적 측면의 합일을 의미하는 것인데 이들은 형이상학과 형이하학 자체를 분리하여 동도를 형이상학, 서기를 형이하학에 분속시킨 후 다시 양자를 결합시켰다. 분리할 수 없는 것을 분리하였으므로 양자의 결합 역시 제대로 이루어질 수 없었다. 때문에 '道器不離'의 원칙을 표방하였음에도 불구하고 그러한 원칙이 내포하는 의미와는 달리 동도와 서기의 겸비라는 다른 모습으로 나타나게 되었다.125)

다른 하나는 도가 변하지 않는다고 보는 도의 불변성 문제이다. 1880년대의 동도서기론자들은 척사론을 의식한 때문인지 도는 변할 수 없는 것이라는 점을 특히 강조하였다. 예를 들어 윤선학은 "군신·부자·부부·붕우·장유의 윤리는 하늘에서 얻은 것이고 인간의 본성에서 부여된 것으로서 천지를 통하는 만고불변의 리입니다. 그리고 위에 존재하는 것으로서 도가 됩니다. 이에 대해 주거·군사·농업·기

125) 그런 점에서 보면 서학이 氣적인 측면에만 치중되어 있고 理의 주재를 받지 않기 때문에 문제가 있다고 서학배척론을 폈던 척사론자들의 입장이 논리적으로는 타당한 것이었다. 척사론자들에게 기는 항상 리와의 관계가 중요한 것이었으며 그런 점에서 제대로 된 도를 담고 있지 못한 혹은 동도를 훼손할 소지가 다분한 것으로 판단된 서양의 기적인 부분은 일절 용인될 수 없었다.

계 등 便民利國하는 것은 외형적인 것으로서 기가 됩니다. 신이 변혁을 꾀하고자 하는 것은 기이지 도가 아닙니다."[126]라고 하여 절대 도를 바꾸려 하는 것이 아님을 강조하였다. 신기선이나 김윤식 역시 삼강오륜과 효제충신은 절대 바뀔 수 없는 도라는 점을 강조하였다. 그런데 기호학통에 속해 있던 신기선이나 김윤식은 평소 기의 역할을 강조하는 이기일원론적 입장을 견지하고 있었다. 신기선은 천지 사이에는 기뿐이며 무형·무위의 리는 기의 작용에 의해 변질될 수 있다고 주장한 바 있다. 김윤식 또한 철학적 원리로서의 도기론에 대해 "도는 형상이 없이 기 속에 붙어사는데 도를 구하려는 자가 기를 버린다면 어디서 그것을 구하겠는가"[127]라고 하여 기를 통해 도에 접근해야 한다는 입장을 취하였다. 형이상학과 형이하학의 겸비가 아닌 형이하학을 통해 형이상학에 접근한다는 '下學而上達'의 방법론을 지향했던 것이다.[128] 본래 기호학통은 기의 역할을 강조했던 탓에 리를 형식적인 것으로 돌렸다는 비난을 받기도 하였는데 신기선이나 김윤식 역시 기를 매우 중시하는 입장이었음을 알 수 있다. 하지만 정작 이들의 동도서기론에서는 도의 불변성이 주장되었다. 김윤식의 언급처럼 도를 구하기 위해 기로부터 출발해야 한다면 당연히 도의 가변성이 전제되어야 하지만 그는 堯舜孔孟의 도를 변화될 수 없는 절대적인 것으로 인식하였다. 요순공맹의 도가 변화될 수 없는 절대적인 것이라면 그것은 애초에 도를 통해 기에 접근하는 것이지 그의 주장처럼 기를 통해 도에 접근하는 것이 될 수 없다.

도를 본체로 보면서 도기의 통일성을 주장함으로써 기는 도의 통제하에 놓이게 된다. 때문에 卞鋈과 같은 인물은 1882년 7월에 올린 상

126) 『承政院日記』 高宗 19년 12월 22일.

127) 金允植, 『續陰晴史』 권5, 「沔陽行遺日記」.

128) 김윤식의 이러한 주장은 1890년대에 제기된 것이어서 1880년대식 동도서기론적 사고가 발전된 것으로도 볼 수 있는데 이에 대해서는 좀 더 자세한 고찰이 필요하다.

소에서 "야소교는 엄금하고 그 외 기용의 이익과 醫農의 신묘함이 人道를 해치지 않고 民産에 이익이 있는 것만 배워 본받을 수 있다"129)고 하여 처음부터 수용 범위를 제한하기도 하였다. 신기선이나 김윤식의 경우 수용 범위를 한정시켰던 것은 아니지만 도체기용론적인 입장에 섬으로써 점차 보수성을 띠게 되었다. 이들의 보수성은 도적인 부분까지도 변혁의 대상으로 설정하는 좀 더 적극적인 개혁론자들이 등장하면서 드러나기 시작하였다.

적극적인 개혁론자들은 도까지도 변혁의 대상으로 삼았던 점에서 동도서기론자들과는 결정적으로 입장을 달리하였다. 變道의 여부를 두고 개화 노선의 분화가 나타난 것이다. 兪吉濬(矩堂, 1856~1914)이 "綱常을 고수하고 변화시키지 않으면 功을 도모하기 어렵다"고 지적하고, 金玉均은 고종에게 서양 종교를 수입하여 백성들을 교화시키도록 건의하였던 데서 나타나듯 이들은 變道를 필수적인 것으로 인식하였다. 『皇城新聞』에서는 "천하에 읽지 못할 책이 있으며 배우지 못할 법이 있으리오. 다른 나라의 풍속과 교화와 민정을 안 후에 자기의 曾習한 바를 취하여 상호비교하면 본국의 장단과 타국의 장단을 훤히 깨닫게 될 것이니 그 장점을 취하고 단점을 버려 스스로 집을 이루면 비단 자기의 다행일 뿐 아니라 한 나라의 다행"130)이라고 주장한다.

동도서기론자들은 이런 변도론에 매우 비판적이었다. 신기선은 을미개혁에 참가했던 유길준에 대해 그가 군부를 모욕하고 선왕의 법을 변경하였으며 외국의 법만 사모했다고 비난하였다.131) 또 갑오개혁 때 만들어진 내각제도와 입헌정규에 대해서도 군권을 빼앗아 민권을 창출하였다고 비판하였다.132) 忠은 변화시킬 수 없는 도리였으므로 충

129) 『承政院日記』 高宗 19년 10월 7일.

130) 『皇城新聞』 光武 2년 9월 15일.

131) 權五榮, 「申箕善의 東道西器論研究」, 『清溪史學』 1, 정신문화연구원 청계사학회, 1984, 126쪽.

132) 박찬승, 「19세기 후반 동도서기론의 전개」, 한국문화연구소 제5회 학술토론

관계를 해체시킬 위험성이 있는 제도적 변혁은 철저히 배격된 것이다. 김윤식은 훗날 갑신정변을 회고하면서 "甲申諸賊들이 유럽을 매우 높였던 반면 요순과 공맹의 도를 깎아 내려 인륜의 도를 야만이라 하고 서양의 도로써 우리의 도를 바꾸고자 하는 것을 걸핏하면 개화라고 하였다"[133]고 비난하였다. 또 서양 정치제도의 수용에 대해서도 근본은 다지지 않고 서양의 말단에만 힘쓰는 것이라고 지적하였다.[134]

守舊와 開化의 중간적 입장을 견지하였던 동도서기론자들의 인식은[135] 수구적 척사파에 비하면 개방적이었지만 급진적 개화파에 비하면 보수적이었다. 이들의 보수성은 도의 변화가능성을 부정하는 데서 단적으로 드러나며 이로 인해 논리적 한계에 직면하였다. 동도서기론자들도 한계를 인식하였던 듯 후일 논리의 변화를 모색하였다.[136] 신기선의 경우 1906년에 쓴 글에서 "구미제국의 학교정치는 日新月盛하여 그 가르침의 본말과 규범은 東亞學規와는 다르지만 요점은 正德·利用·厚生의 세 가지로 暗合하여 빠짐이 없다."고 하였다. 구체적인 내용과 추구하는 목적이 같다는 점을 부각시킴으로써 학교정치도 용인될 수 있는 여지를 마련하였던 것이다. 또 기호학회 집필위원으로 있으면서 발표한 글에서는 서양의 정치학·법률학을 비롯하여 천문학·지리학·산수학 등 허다한 서양의 신학문을 배울 것을 주장하였다. 특히 서양 정치학에 대해서는 "국가 성립의 근원을 탐구하고 인민保活의 방법을 강구하며 압제의 陋習을 제거하고 공동의 衆議를 채택한다. 혹은 共和로 천하를 다스리거나 입헌하여 정부를 문책하여 民國

회 발표요지, 1993, 74~75쪽.

133) 金允植, 『續陰晴史』 卷5, 국사편찬위원회, 156쪽.

134) 金允植, 『金允植全集』 貳, 「時務說」, 20쪽.

135) 이러한 모습은 守舊者와 開化者에 대해 兩是兩非적인 태도를 취했던 육용정에게서 잘 드러난다. 이에 대해서는 閔會修, 앞의 글, 135~137쪽 참조.

136) 갑신정변 이후 동도서기론의 전개 과정에 대해서는 김문용, 「동도서기론의 논리와 전개」, 『한국근대 개화사상과 개화운동』, 신서원, 1998, 230~240쪽이 참고된다.

이 서로 의지하여 匹夫가 행횡하여 백성이 그 독을 받지 않도록 하는 것이 정치학"이라고 소개하고 있어 눈길을 끈다. 왕정을 고수하던 이전의 태도와는 차이가 있음을 볼 수 있다.[137)]

김윤식은 1902년 「燕巖集序」에서 서양의 善法이 六經과 暗合한다는 점을 들어 박지원의 학문과 서양의 신학문을 같은 위치에 올려 놓았다. 또 1907년에 지은 「新學六禮說」에서는 신학의 정치·법률·공법·경제가 육례 가운데 禮의 善物에 해당하는 등 서양의 신학문이 육례와 일치한다는 견해를 피력하였다. 서양의 신학문은 육례 내지 육경과 같은 반열에 올라섬으로써 동도의 제약으로부터 자유로울 수 있게 되었다. 김윤식은 사람들이 종교자유의 원리가 서양에서 나온 것으로 알고 있지만 先王의 도에도 본래 그러한 뜻이 있다며 종교 본연의 자세를 지키고 항심을 잃지 않게 한다면 배척할 필요가 없다고 하여 서양 종교까지도 긍정하는 방향으로 나아가게 된다.[138)] 기적인 부분뿐만 아니라 도적인 부분까지도 추구하는 목적은 같다는 점에서 긍정되었던 것이다.

하지만 이들의 사고는 끝내 동도서기론의 범주를 벗어나지는 않았다. 신기선은 1907년 儒道로 體를 삼고 신학문으로 用을 삼는다는 취지에서 大東學會를 설립하였으며, 김윤식은 1908년 『大東學會月報』 창간호 서문에서 인의도덕을 체로 삼고 이용후생을 용으로 삼아 두 가지를 겸비할 것을 주장하였다. 말년 신기선과 김윤식 두 사람의 도달점이 같다는 점이 흥미로운데 이들은 체용의 개념을 내세워 동도서기론적인 입장을 분명히 하였다.[139)]

---

137) 말년 신기선의 사상적 변화에 대해서는 權五榮, 앞의 글, 1984, 129~134쪽 참조.

138) 김의진, 「雲養 金允植의 西學受容論과 政治活動」, 연세대학교 대학원 사학과 석사학위논문, 1985, 17~23쪽.

139) 한편 柳麟錫은 이러한 입장에 대해 "어떤 이는 중국의 도로 체를 삼고 외국의 법으로 용을 삼는다고 하는데 이것은 이치가 닿지 않는 말이다. 체와 용이

7. 맺음말

17세기 중국을 통해 서양의 존재가 처음 알려진 이래 19세기 후반까지 서양의 과학기술을 어떻게 수용할 것인가는 조선 지식인들의 최대 관심사 가운데 하나였다. 서양의 과학기술은 19세기 전반기까지는 주로 피폐한 국내 경제의 활성화와 관련하여 주목되었으며, 19세기 후반에 들면서는 노골적으로 침략성을 드러내는 서양 세력에 대항하기 위한 힘을 기르려는 목적에서 관심사가 되었다. 하지만 전체적으로 볼 때 서양 과학기술에 관심을 보였던 지식인은 일부에 지나지 않았다. 그 이유는 크게 다음의 두 가지 측면에서 생각해 볼 수 있다.

하나는 조선 학계를 주도하고 있던 조선 성리학이 형이상학의 탐구에 지나치게 치중되어 있었다는 점이다. 조선 성리학에서 형이하학은 형이상학적 관점에서 해석되고 의미가 부여되는 등 철저히 형이상학에 종속되어 있었다. 자연학은 윤리의 사회적 실천과 같은 인간학을 위한 기초로 위치 지워졌으며 그 점에서 성리학은 자연학으로서는 한계가 있었다. 그에 반해 서양 과학은 17세기에 이루어진 소위 '과학혁명'의 시기를 거치며 독자적 영역을 확보하였으며 축적된 성과를 바탕으로 중세의 종교적 편견을 타파하는 데 중요한 역할을 해 온 것이었다. 서양의 계몽사상이 그런 과정에서 탄생되었음은 잘 알려져 있다. 이처럼 서양 과학은 형이상학적 부분에 변화를 가하는 막강한 힘을 발휘하였으며 그런 점에서 성리학과는 체질적으로 부합하지 않았다. 조선 지식인들이 그런 서양 과학의 발전과정을 이해하지는 못하였지만 서양 과학이 성리학 체계 자체를 뒤흔들 소지가 있음은 충분히 알고 있었으며 그 때문에 서양 과학의 수용은 쉽지 않았다.

본디 하나의 바탕인데 어찌 이것과 저것을 섞어 하나가 되겠는가?"라고 비판하였다. 하지만 그러면서도 서양인들에 대적하기 위해서는 그들의 것을 취할 수밖에 없다고 하여 문물 수용을 부정하지는 않았다. 柳麟錫, 『宇宙問答』, 1913.

다른 하나는 서양 세력의 침략성이다. 처음부터 천주교 전파 내지 상업적 이윤의 추구라는 명확한 목적을 가지고 동양에 접근한 서양 세력은 동양인들의 의지와는 상관없이 일방적으로 관계를 요구하였다. 조선의 경우 19세기에 들자 서양 선박들이 조선 연안에 빈번하게 출몰하여 통상을 요구하고 또 천주교 신부들이 비밀리에 입국하여 활동하면서 조선을 바짝 긴장시켰다. 서양 세력의 일방성과 침략성으로 서양 세력에 대한 인식은 극히 부정적이었다. 理 중심적인 사고를 지니고 있던 조선 지식인들에게 서양 세력이 침략적인 것은 그들의 道가 잘못되었기 때문인 것으로 생각되었으며 자연 그들의 器 즉 서양인들의 과학기술도 침략을 위한 수단으로 평가되었다. 理氣不分論적 관점에 설 때 理가 잘못되었다면 氣도 잘못된 것으로 간주되는 것은 당연하다.

그러나 국내 경제 개발과 서양 세력에 대한 대응력 확보를 위해 서양 과학기술의 수용은 피할 수 없는 것이었다. 수용을 위해서는 성리학의 변화가 불가피하였다. 아니 정확히 표현하자면 기존의 성리학적 사고에 변화가 나타남으로써 서양 과학기술을 수용할 수 있는 여지가 생겨났다고 할 수 있다. 그 변화는 氣적인 부분에 대한 관심의 제고이다. 즉 氣를 理에 일방적으로 종속된 것으로 보는 것이 아니라 氣의 토대 위에 理가 비로소 발현될 수 있다는 인식이다. 이러한 인식이 북학론으로 표출되는 것이며 서양 과학기술에 대해서는 '중국원류설'로 나타났다. 비록 서양 과학의 원류가 중국에 있음을 내세워 理氣 간의 간극을 최대한 줄이고자 하였지만 氣적인 부분의 가치를 적극 평가하였다는 점에서 의미있는 것이었다.

氣적인 것의 가치가 적극적으로 평가되면서 점차 理와의 관계가 문제가 되었는데 그 해결방안으로 제시된 것이 東道西器적 사고였다. 이는 道와 器를 분리하여 각기 가치를 부여하는 방식으로 이는 북학적 사고를 계승한 것이며, 器의 변화는 필연적으로 道의 변화를 요구하므로 비록 비현실적이었지만 성리학적 변통론이 도달할 수 있는 최고의 경지였다.

조선후기의 서양 과학기술 수용 시도는 결과적으로 실패로 돌아갔다. 하지만 성과도 없지는 않다. 서양 과학기술의 수용을 둘러싸고 벌어진 진지하고 다양한 논의는 과학기술의 개발과 발전이 최고의 가치로 평가되는 시대에 살고 있는 우리에게 시사하는 바가 많다. 특히 자연과학적 성과와 인간의 삶은 어떤 관련이 있으며 어떻게 관계를 맺어야 하는가, 즉 과학과 철학의 관계에 대한 당시인들의 진지한 고민은 음미해 볼 가치가 충분하다. 철학으로부터 과학을 독립시키는 것이 조선후기의 과제였다면, 과학이 철학으로부터 너무 멀리 벗어나 있는 지금 양자를 다시 접목시키는 일이 우리가 풀어야 할 새로운 숙제이다.

17·18세기 서양 천문역산학의 도입과 전개
時憲曆의 수입과 시행을 중심으로

전 용 훈*

1. 머리말

일찍이 洪以燮이 조선후기 서양과학의 전래가 지니는 近代朝鮮科學에서의 의미를 지적한 이래,[1] 지금까지 조선후기 서양과학의 수용 과정에 대해서는 한국과학사의 다른 주제들에 비해 상당히 폭넓은 관심이 기울여졌고,[2] 서양과학의 영향으로 나타난 조선후기 지식인들의 독창적인 사유들이 탐구되어 조선후기 과학사와 사상사를 이해하는 데 크게 기여하고 있다. 그 중에서도 金錫文(1658~1735), 洪大容(173

---

* 영국 니덤연구소 박사후 방문연구원(Postdoctoral Visiting Researcher, The Needham Research Institute)

1) 洪以燮, 『洪以燮全集 1 : 科學史·海洋史』, 연세대학교출판부, 1994, 261쪽. 이 책은 『朝鮮科學史』, 正音社, 1946을 재수록한 것이다.

2) 朴星來, 「韓國 近世의 西洋科學收容」, 『東方學志』 20, 연세대학교 국학연구원, 1978, 252~292쪽/「洪大容의 科學思想」, 『韓國學報』 23, 1981, 159~180쪽/「마테오리치와 한국의 西洋科學 收容」, 『東亞研究』 3, 1983, 27~49쪽/「星湖僿說 속의 西洋科學」, 『震檀學報』 59, 진단학회, 1985, 177~197쪽 ; 李元淳, 『朝鮮西學史研究』, 一志社, 1986 ; 李龍範, 『중세서양과학의 조선전래』, 동국대학교출판부, 1988/『韓國科學思想史研究』, 동국대학교출판부, 1993 ; 姜在彦, 『조선의 西學史』, 민음사, 1990 ; 강재언, 이규수 옮김, 『서양과 조선-그 이문화 격투의 역사』, 학고재, 1998.

1~1783)을 중심으로 한 地轉說 硏究와[3] 조선후기 지식계층의 宇宙論에 대한 탐구는[4] 과학사적 맥락에서 상당히 주목되었다. 그러나 조선후기에 수용된 서양과학의 다양한 내용들 중에서 西洋 天文曆算學은 매우 중요한 위치를 차지함에도 불구하고 지식 자체의 난해함으로 인

---

3) 千寬宇, 「洪大容의 實學思想」, 『文理大學報』 6-2, 1958/『韓國史의 再發見』, 一潮閣, 1974(『近世朝鮮史硏究』, 一潮閣, 1979에 재수록)/「洪大容 地轉說의 再檢討」, 『曉城趙明基博士華甲記念佛敎史論叢』, 1965, 643~649쪽(『近世朝鮮史硏究』, 一潮閣, 1979에 재수록) ; 田村專之助, 「李朝學者の地球回轉說について」, 『科學史硏究』 30, 1954(『東洋人の科學と技術』, 雄山閣, 1958, 145~149쪽에 재수록) ; 藪內淸, 「李朝學者の地球回轉說」, 『朝鮮學報』 49, 1968, 427~434쪽 ; 李龍範, 「李瀷의 地動論과 그 論據-附 : 洪大容의 宇宙觀-」, 『震檀學報』 34, 진단학회, 1972, 35~59쪽/「金錫文의 地動論과 그 思想的 背景」, 『震檀學報』 41, 진단학회, 1976, 80~107쪽 ; 閔泳珪, 「十七世紀 李朝學人의 地動說-金錫文의 易學二十四圖解-」, 『東方學志』 16, 연세대학교 국학연구원, 1975, 1~21쪽 ; 全相運, 「湛軒 洪大容의 科學思想-그의 地動說 再論-」, 『實學論叢』, 전남대학교출판부, 1975(전상운, 『한국과학사의 새로운 이해』, 연세대학교출판부, 1998, 201~209쪽에 재수록) ; Park Seong-Rae, 「Hong Tae-yong's Idea of the Rotating Earth」, 『한국과학사학회지』 1-1, 1979, 39~49쪽 ; 유경로・이인규, 「洪大容의 天文思想과 地轉論」, 『科學敎育硏究論叢』 4-1, 1979, 55~73쪽 ; 小川晴久, 「洪大容の宇宙無限論」, 『東京女子大學 附屬 比較文化硏究所 紀要』 38, 1977/「十八世紀 哲學과 科學의 사이-洪大容과 三浦梅園-」, 『東方學志』 20, 연세대학교 국학연구원, 1978, 233~256쪽/「地轉(動)說에서 宇宙無限論으로-金錫文과 洪大容의 世界-」, 『東方學志』 21, 1979, 55~90쪽/「東アジアにおける地轉(動)說の成立」, 『東方學志』 23・24합집, 1980, 375~387쪽.

4) 金容憲, 「金錫文의 宇宙說과 그 哲學的 性格」, 『東洋哲學硏究』 15, 1995, 363~401쪽/「김석문의 과학사상」, 『계간 과학사상』 30, 범양사, 2000, 82~98쪽 ; 전용훈, 「김석문의 우주론-易學二十四圖解를 중심으로」, 『한국천문력 및 고천문학 : 태양력시행 백주년 기념 논문집』, 1997, 131~141쪽 ; 박권수, 「徐命膺의 易學的 天文觀」, 『한국과학사학회지』 20-1, 1998, 57~101쪽 ; 문중양, 「18세기 조선 실학자의 자연지식의 성격-象數學的 宇宙論을 중심으로-」, 『한국과학사학회지』 21-1, 1999, 27-57쪽/「조선후기 자연인식의 변화패턴」, 『대동문화연구』 38, 성균관대 대동문화연구소, 2001A, 285~329쪽 ; 具萬玉, 『朝鮮後期 朱子學的 宇宙論의 變動』, 연세대학교 박사학위논문, 2001.

해 몇몇 천문학자들의 試論的 연구[5] 외에 아직까지 많은 탐구가 이루어지지 못했다.

선행 연구들은 대체로 『增補文獻備考 象緯考』의 연대기적 서술과 『書雲觀志』의 「古事」에서 서술된 天文曆算 관계 기록들, 그리고 몇몇 중요한 계기로 작용한 燕行使行과 이에 관한 『朝鮮王朝實錄』 등의 기록들을 참고하여 효종대의 時憲曆 시행, 영조대의 『曆象考成』, 『曆象考成後編』의 수용과 시행,[6] 그리고 영·정조대 천문역산학 연구의 제도적 확립[7] 등 주목되는 역사적 변화들을 정리하였다. 또한 최근 들어 시헌력의 도입과 시행과정에서 나타난 논란을 다룬 연구들은 서양 천문역산학이라는 외래의 학술이 전통의 역사적·문화적 맥락으로 들어오면서 나타난 복잡한 갈등 상황을 보여주었다.[8] 그러나 전반적으로 볼 때 조선후기 西洋 天文曆算學의 수용과정은 단순한 전래와 수용의 역사가 아니라 내부에 매우 섬세한 역사적 계기와 의미들을 함축하고 있음에도 불구하고 아직도 초기 연구자들의 개론적 서술에서 크게 진전되지 못하고 있다.

이 글에서는 이러한 연구사적 필요에 부응하여 시헌력의 수용과 시

---

5) 李殷晟, 「韓國의 曆」, 『韓國의 冊曆』, 전파과학사, 1978 ; 兪景老, 『한국천문학사연구』, 한국 천문학사 편찬위원회 편, 녹두, 1999.

6) 앞의 이은성, 유경로의 연구 외에 후속 연구들로는 다음을 참조할 수 있다. 李龍範, 「法住寺所藏의 新法天文圖說에 對하여-在淸天主敎神父를 通한 西洋天文學의 朝鮮傳來와 그 影響-」, 『歷史學報』 32, 1966(『韓國科學思想史硏究』, 동국대출판부, 1993에 재수록) ; 鄭誠嬉, 『朝鮮後期 宇宙觀과 曆法』, 한국정신문화연구원 박사학위논문, 2001.

7) 허윤섭, 「朝鮮後期 觀象監 天文學 부문의 조직과 업무」, 서울대학교 석사학위논문, 2000 ; 문중양, 「18세기 후반 조선 과학기술의 추이와 성격」, 『역사와 현실』 39, 한국역사연구회, 2001B, 199~231쪽.

8) 具萬玉, 「조선후기 시헌력 도입과정의 대립과 갈등」, 『한국과학사학회 창립 40주년 기념학술논문집』, 한국과학사학회, 2000, 149~156쪽 ; 전용훈, 「17~18세기 서양과학의 도입과 갈등-時憲曆 施行과 節氣配置法에 대한 논란을 중심으로」, 『東方學志』 117, 연세대학교 국학연구원, 2002, 1~49쪽.

행의 과정을 朝鮮과 淸의 관계에서 차지하는 曆書의 의미, 時憲曆法 지식의 技術的 개선과 개혁, 조선에서의 시헌력 시행의 어려움, 독자적 曆法의 지향 등을 중심으로 서술하고자 한다. 이를 통해 時憲曆의 수용과 시행은 朝鮮後期 西洋 天文曆算學의 단순한 收容이 아니라 조선후기 사람들이 부단히 외래 문물에 반응하여 만들어 낸 매우 섬세하고 역동적인 역사적 과정이었다는 점을 드러내고자 한다.

2. 時憲曆의 습득과 施行

병자호란의 결과 1637년(인조 15) 1월 30일 朝·淸간에 君臣의 義를 맺는 조약이 체결되었다. 이 조약에서 조선은 明과 國交를 끊고 명의 年號를 버리며 淸의 正朔을 받아 청의 萬壽節, 中宮千秋, 皇子千秋, 冬至, 元旦과 그 밖의 慶弔時에 貢禮의 禮를 행하여 使臣을 파견하기로 했다.[9] 청조는 이미 1636년 '後金'의 국호를 '大淸'으로 개칭했기 때문에[10] 조선은 이 조약으로 淸나라의 正朔(曆書)을 받는 공식적인 淸나라의 藩屬國이 되었다.[11]

『時用通書』라고 알려진 청의 역서는 대체적으로 大統曆 體裁를 따르고 있었을 것으로 짐작되지만, 상당히 불완전한 역법이었던 것으로

---

9) 全海宗, 「淸代 韓·中關係의 一考察 : 朝貢制度를 통하여 본 淸의 態度의 變遷에 대하여」, 『東洋學』 1, 단국대학교 부설 동양학연구소, 1971, 234쪽.

10) 金斗鉉, 「淸朝政權의 成立과 展開」, 『講座中國史』 IV, 서울大學校東洋史學研究室 편, 지식산업사, 1989, 158쪽.

11) 조약이 체결된 1637年曆書가 청으로부터 반사되었는지는 기록으로 확인하기 어렵다. 이듬해인 1638년(인조 16)에 瀋陽에서 소현세자 일행은 청나라의 曆書 1百部를 받아, 국내로 올려 보냈다. 『국역 瀋陽狀啓』 제1집(세종대왕기념사업회, 1999), 114쪽(戊寅(1638)年 10월 1일) 참조. 또한 『인조실록』 권39, 17년(1639) 10월 11일 甲午에 청나라에서 新曆 1百部를 반사한 기록이 있다. 이로 보아 조선은 실제로 1638年曆書부터 정식으로 청의 正朔을 받아왔던 것이 아닌가 생각된다.

보인다. 1639년 4월에 청나라에서 반포한 『時用通書』가 조선의 역서와 차이가 나 문제가 된 기록이 있다.[12] 관상감은 明에서 발행한 曆書는 조선에서 발행한 역서와 일치했지만 청에서 낸 『時用通書』는 大小月, 閏月 등이 모두 조선에서 발행한 역서와 다르다는 사실을 지적하고 이는 청나라가 明의 欽天監에서 推算하는 법을 완전히 알지 못했기 때문이라고 분석했다.[13] 조선에서는 부정확한 청나라의 『時用通書』 대신에 明나라의 예전 曆書, 즉 大統曆書를 계속 準則으로 삼기로 하였는데, 이는 조선이 군신관계 조약 직후부터 형식적으로 청의 正朔을 받았지만, 실제로는 대통력의 체재에 맞추어 조선에서 자체적으로 제작한 역서를 계속 사용했다는 것을 의미한다.

1637년 이전까지 조선은 이미 明과 事大關係에 있었기 때문에 형식적으로 明의 正朔을 받아쓰는 입장에 있었다. 正朔을 매개로 한 이런 형식적인 관계는 明朝가 朝鮮과 冊封朝貢關係를 수립한 조선초기부터[14] 明末의 崇禎年間까지 계속되어 왔다.[15] 그러나 비록 형식적으로는 明에서 正朔을 받지만 국내에서 사용하는 역서는 조선에서 자체적으로 제작한 것이었다. 조선은 이미 전 왕조인 高麗 초부터 자체적으로 曆書를 제작해 사용해온 전통을[16] 이어 국초부터 계속해서 국내에서 역서를 제작해 왔다. 비록 조선 초까지도 지식이 미비하여 日月食

---

12) 『인조실록』 권38, 17년 4월 25일 壬子.

13) 『인조실록』 권38, 17년 4월 27일 甲寅.

14) 공식적으로는 明으로부터 '朝鮮'을 국호로 인정받고 '朝鮮國王'의 金璽를 받은 1393년(태조 2)부터라고 할 수 있다. 김한규, 『한중관계사』 II, 아르케, 1999, 571쪽.

15) 조선에서는 1661년부터 崇禎年間에 10월에 曆書를 수령하여 돌아간 예에 따라 청조에서도 10월에 曆書를 수령하는 曆行이 상례로 되었던 기록으로 보아 이를 짐작할 수 있다. 『通文館志』 권3 「賫咨行」, 『국역통문관지』 제1책, 세종대왕기념사업회, 1998, 174쪽(이하 『通文館志』의 인용은 모두 이 책을 따름).

16) 고려시대 국내에서 제작된 역서에 관해서는 朴星來, 「高麗初의 曆과 年號」, 『韓國學報』 4-1, 일지사, 1978, 135~155쪽을 참조.

에 대한 계산은 고려에서부터 사용해 온 宣明曆을 계속 적용했지만,[17] 忠宣王(재위 1308~1313) 때에 원나라에서 授時曆을 배워와 부분적으로 사용하고, 恭愍王 때(1370)부터는 大統曆을 도입하는 등[18] 계속해서 역법지식의 개선이 이루어졌다. 조선에서는 國初에 몇 차례 명나라의 역서와 국내에서 제작한 역서가 차이가 나기도 했지만,[19] 交食과 五星行度의 계산을 제외한 曆日, 朔望, 節氣 등이 포함된 일반 曆書는 대체적으로 大統曆 체계에 따라 자체적으로 만들어 사용했다. 또한 세종대 七政算法의 정립 이후부터는 거의 완전하게 한양의 위도에 맞춘 曆書를 만들어 사용해 왔다.[20]

그러나 조선에서 자체적으로 曆書를 만드는 일은 冊封朝貢關係의 외교적인 형식으로 볼 때 종주국인 明이나 淸에서는 용인할 수 없는 일이었다. 宣祖 31년(1598)에 明의 使臣 丁應泰가 서울에 와 있을 때 조선에서 자체적으로 曆書를 제작하고 반포하는 일을 꼬투리 잡을까 논란이 되었던 적이 있었던 것도[21] 이 때문이었다. 또 仁祖 初年 椵島에 주둔한 毛文龍이 後金으로 인해 明朝와의 길이 막히자 조선 정부에 새해의 曆書를 요청했을 때 조정에서는 자체적인 역서 사용을 감춘 채 종전부터 명나라의 曆書를 모방하여 간략한 小曆을 만들어 왔다고 둘러대고 小曆을 따로 만들어 보내준 일도[22] 사대관계의 형식적 측면을 무시할 수 없기 때문이었다. 대체로 明朝에서는 조선이 자체 역서

---

17) 鄭招가 수시력법으로 계산하는 방법을 연구하여 밝혀내기 전에는 일월식의 추보에 모두 宣明曆法만을 썼다고 한다. 『세종실록』 권49, 12년 8월 3일 辛未.

18) 유경로, 앞의 책, 1999, 183쪽.

19) 『태종실록』 권34, 17년 12월 27일 戊申의 기사에서 명에서 보내온 大統曆과 조선에서 자체적으로 작성한 曆書가 서로 차이가 난 기록이 있다.

20) 고려후기 授時曆의 도입에서부터 조선 세종때 『七政算』의 성립과정에 대해서는 朴星來, 「<수시력>수용과 <칠정산> 완성」, 『한국과학사학회지』 24-2, 한국과학사학회, 2002, 166~199쪽을 참조.

21) 『선조실록』 권106, 31년 12월 22일 癸酉.

22) 『인조실록』 권8, 3년 1월 13일 壬戌. 또한 『인조실록』 권17, 5년 11월 10일 癸酉에도 비슷한 일이 벌어진 기록이 있다.

를 제작한다는 사실을 알고도 묵인했던 것으로 보이지만 어쨌든 역서를 매개로 한 형식적 사대관계는 현실에서 드러내놓고 무시될 수는 없는 것이었다.

조선이 七政算法에 따라 자국의 曆書를 제작하고 있었지만 표면적으로 명에서 曆書를 받아쓰는 형식을 취했던 것은 淸朝와의 君臣關係 조약이 체결되자 즉각 문제가 되었다. 1637년 1월에 조약을 체결하고 곧바로 5월에 조선의 曆書에 '大明崇禎大統曆'이라는 연호를 쓴 것이 논란이 되었다. 조선에서는 임진왜란 때 明에 원병을 요청하고 明軍이 조선에 들어오면서 明의 年號를 겉장에 쓴 曆書를 찍을 수밖에 없었는데[23] 이후 이런 형식이 仁祖代까지 계속되어 왔다. 그러나 이미 청에게 항복하고 군신관계를 맺기로 한 이상 曆書에 明朝의 年號를 쓴다는 것은 외교적으로 큰 문제였다.

조정에서는 干支만 쓰는 옛 형식을 취할 것인지 아니면 청조의 연호인 崇德을 쓸 것인지 논의되었다. 원래 조선에서는 세종대 이후 임진왜란(1592) 이전까지 七政算法에 의한 역서에 명의 年號를 쓰지 않고 '某(干支)年曆書'라는 형식으로 써왔던 전례가 있었기 때문에 연호만 쓰는 옛 형식이 다시 논의된 것이다. 논의 결과 조정에서 쓰는 것과 兩界, 黃海道에 반포할 것은 청의 연호를 쓰고, 下四道와 倭館에 보내는 것은 干支만 쓰기로 했다. 청에 어쩔 수 없이 굴복하였지만, 일본에는 청에 항복했다는 수치를 알리고 싶지 않고, 그럼에도 불구하고 자국의 역서는 계속해서 만들고자 했던 조정의 어려운 선택이 겉장의 형식이 다른 두 종류의 역서를 만들도록 했던 것이다. 어쨌든 국내에서는 칠정산법에 의한 역서는 계속 만들어 사용하고 대외적으로는 청조의 불완전한 역서를 받아오는 형식은 이후 수년간 지속되었을 것으로 보인다.

淸朝는 1645年曆書부터 새로운 역서인 時憲曆을 사용하기 시작했

---

23) 『선조실록』 권107, 31년 12월 25일 丙子.

다. 청조에서 반포한 새 역서는 時憲曆(혹은 時憲書)으로 알려져 있지만 사실 이 역서는 明朝에서 진행된 역법 개정의 성과를 그대로 이어받은 것이었고, 시헌력 제작에 기초가 되는 역법지식을 集成하여 1645년 順治帝에게 진헌된 『西洋新法曆書』[24] 또한 『崇禎曆書』를 거의 그대로 싣고 이름만 바꾼 것이었다. 이미 明朝에서는 1629년(崇禎 2)에 역법개정을 위한 曆局을 개설하고 大統曆의 개력에 착수하여 『崇禎曆書』(崇禎 7, 1634)를 완성했다.[25] 이때 예수회 선교사 湯若望(J. Adam Schall von Bell, 1591~1666)은 徐光啓(1562~1633)와 함께 서양 천문역산학의 번역과 수입을 주도했다. 그러나 崇禎年間의 정치적 혼란과 개력 반대론의 와중에서 시행이 미루어지는 사이 淸朝는 1644년 5월에 북경을 점령했다. 명조에서 오랜 준비 끝에 개정하였으나 사용하지 못하게 된 새 역법을 청조에서 이어서 사용하기를 원했던 탕약망은 淸朝에 1644년 8월 1일에 있을 日食을 예보하고, 예보된 일식을 관측하여 서양천문학에 기초한 새로운 역법이 정확하다는 것을 확인시켰다. 이에 청조는 새 역법을 1644년 10월에 順治二年時憲書(1645年 曆書)라는 이름으로 반포하였고,[26] 이 時憲曆書는 조선이 1896년 太陽曆으로 개력하기까지 청조로부터 계속해서 받아야했던 正朔이 되었다.

淸朝에서의 개력은 조선에서의 개력 논의를 촉발했다. 병자호란 이

---

24) 藪內淸, 兪景老 譯編, 『中國의 天文學』, 전파과학사, 1985,, 178쪽.

25) 崇禎改曆의 과정에 대해서는 다음을 참조할 것. 藪內淸, 兪景老 譯編, 위의 책, 1985, 170~179쪽 ; Keijo Hashimoto, *Hsu Kuang-Ch'i and Astronomical Reform : The Process of the Chinese Acceptance of Western Astronomy 1629-1635,* Osaka : Kansai University Press, 1988, 7~73쪽 ; 王萍, 『西方曆算學之輸入』, 精華印書館, 民國55年, 45~68쪽. 『崇禎曆書』를 이루는 천문역산서들은 총 5차에 걸쳐 崇禎帝에게 進獻되었는데, 진헌된 날짜가 음력과 양력에 따라 달리 표기될 수 있다. 마지막 5차 進獻이 1634년 12월(음력)이지만, 양력으로는 1635년 1월이다. 『崇禎曆書』에 도입된 서양천문학의 내용에 대해서는 Hashimoto가 잘 서술하고 있다.

26) 『淸史稿』 권45, 「時憲一」/淸史稿校註編纂小組, 『淸史稿校註』, 國史館, 民國75年, 1632쪽(이하 『淸史稿』의 인용은 모두 이 책을 따름).

후 청에 볼모로 간 昭顯世子는 1644년 9월에 청군을 따라 瀋陽에서 북경으로 옮긴 후, 그 해 11월까지 약 70여 일을 湯若望과 교유하는 과정에서 改曆의 의사를 피력한 적이 있다. 湯若望은 자신이 번역한 天文, 數學, 宗敎에 관한 여러 서적과 輿地球, 天主像 등을 선물로 주었는데,[27] 이때 소현세자는 "그것과 비슷한 서적이 우리 왕국에도 있긴 하나 솔직히 말씀드리면 그것은 결함투성이이며 수세기 동안 天行의 사실과는 상반되는 것들이었습니다"라고 하여[28] 조선에서 쓰는 대통력을 개력할 필요성을 언급했다.[29] 나아가 그는 선물 받은 책들이 조선인이 西歐科學을 완전히 學得하는 데 도움이 되리라 확신하며 고국에 돌아가 이를 출판하여 널리 알리겠다는 의지를 보였다.[30] 또한 湯若望의 기록에 따르면, 昭顯世子는 수학에 조예가 있는 몇몇의 수행원들을 그에게 보내서 수학지식을 쌓도록 했을 만큼[31] 서양 천문역산학의 학습과 수입에 관심을 가지고 있었다는 것을 알 수 있다. 소현세자는 1645년(인조 23) 1월에 귀국하면서 조선에서의 역법 개혁을 의도했을 것이지만 같은 해 3월에 유명을 달리하여 뜻을 이루지 못했다.

소현세자뿐 아니라 청에 체류하였던 일행들도 귀국하자마자 역법의 개혁을 주문했다. 鳳林大君을 수행했던 韓興一(1587~1651)은 1645년 6월에 귀국하여 국내에서는 공식적으로 맨 처음 시헌력으로의 개력을 주장했다.

"달력을 반포하여 백성들에게 농사철은 알려주는 일은 제왕으로서

27) 黃斐默, 『正教奉褒』, 上海 : 慈母堂, 光緒二十九年, 25쪽 a.
28) 金龍德, 「昭顯世子 硏究」, 『朝鮮後期思想史硏究』, 乙酉文化社, 1977, 423쪽.
29) 대통력이 천상과 어긋난다는 점은 당시 국내에서도 널리 알려져 있었다. 『인조실록』 권22, 8년(1630) 4월 8일 丁巳의 기사에서는 中星의 度數가 太祖 때의 石刻天文圖와 비교해서 상당한 차이가 난다는 사실이 언급되어 있다.
30) 金龍德, 앞의 논문, 422~424쪽.
31) Juan G. Luiz de Medina, 박철 역, 『한국천주교전래의 기원』, 서강대출판부, 1989, 83쪽.

> 가장 먼저 해야 할 일입니다. 원나라의 郭守敬이 曆書를 고쳐 만든 것이 거의 4백 년이나 되었으니, 지금은 의당 바로잡아야 할 것이고, 또 湯若望이 만든 曆書를 본 결과 더욱 고쳐 바로잡아야 하겠기에, 감히 『改界圖』와 『七政曆比例』 각 1권씩을 바치니 해당 관원으로 하여금 자세히 살펴서 헤아려 결정하여 曆法을 밝히도록 하십시오."[32]

이미 授時曆과 大統曆을 기본으로 한 『七政算』 체계는 天象과 차이가 나며, 더욱이 당시 청조에서 새로 반포한 탕약망의 시헌력에 비교해 볼 때 더욱 더 역법 개혁의 필요성이 있다는 요지였다. 인조는 이 건의를 받아들여 관상감에서 검토할 것을 지시했다. 그리고 같은 해 12월 검토 결과를 보고하는 자리에서 관상감 제조였던 金堉(1580~1658)은 또다시 역법 개혁의 필요성을 진언했다.

> "천체의 운행의 도수가 이미 다 찼으므로 당연히 冊曆을 고쳐야 하는데, 서양의 冊曆이 마침 이러한 시기에 나왔으니 이는 참으로 冊曆을 고칠 기회입니다.……새 冊曆 속에 만약 잘 맞아떨어지는 곳이 있다면 당연히 옛것을 버리고 새것을 만들어야 합니다."[33]

이어 金堉은 韓興一이 가져온 책만으로는 時憲曆의 원리를 아직 알 수가 없어 역법의 우열을 논할 수 없으므로 使臣이 燕行할 때 觀象監官을 함께 파견하여 欽天監에 탐문하여 보자는 건의를 덧붙였다.

昭顯世子, 韓興一, 金堉의 주장들에서 공통적으로 주목되는 것은 조선에서 개력 논의를 시작했던 지식인들이 시헌력에 대해 華夷論的 배타성을 투영하지 않았다는 점이다. 적어도 개력논의가 시작되던 시점에는 시헌력이 청조 오랑캐의 역법이기 때문에 사용하지 말아야 한다는 주장은 제기되지 않았던 것이다. 이들은 모두 대통력이 이미 天

---

32) 『인조실록』 권46, 23년 6월 3일 甲寅.
33) 『인조실록』 권46, 23년 12월 18일 丙申.

象의 度數와 어그러졌다는 것과 시헌력은 서양인의 역법이라는 사실을 잘 알고 있었다. 이미 청조를 드나들며 明朝와 淸朝에서 탕약망의 활약과 시헌력의 우수성을 알고 있었던 이들은[34] 청조에 대한 배타적인 감정을 역서에 투영하기보다는 국가의 통치에서 정확한 역서가 갖는 의미를 중요시했다. 한마디로 그들에게 당시의 시헌력은 '서양 사람이 만든 새 역법'이었고, 대통력보다 정확하다면 '쓸 수 있는 역법'이었다.

개력 논의가 제기된 직후 조선에서는 시헌력의 특성을 이해하고 관련 지식을 습득하려는 움직임이 시작되었다. 金堉의 건의가 있던 날 관상감에서 올린 글에서는 시헌력의 96刻法과 대통력의 100刻法의 차이, 대통력의 절기 간격이 15일로 일정한 데 비해 시헌력의 절기 간격은 14일~16일로 일정치 않은 점, 그리고 시헌력에서 한 달에 절기가 세 번 드는 경우가 생기는 문제 등이 지적되었고,[35] 산술에 능한 사람을 북경에 보내 자세한 원리를 알아 와야 한다는 건의가 덧붙여졌다.[36] 이후 謝恩使가 역서 만드는 법을 알아내는 加外의 임무를 띠고 북경에 파견되어 1646년(인조 24) 6월에 돌아왔다. 이때 사은사 일행은 탕약망을 만나고자 했으나 이루지 못하고, 대신 포로로 잡혀가 북경에 머물던 日官 李應林의 아들 李奇英에게 曆法을 학습토록 하고 훗날 그의 아버지를 보내 배운 것을 전해주기로 하고 돌아왔다. 그러나 이후 李奇英의 학습에 대한 기록이 없는 것으로 보아 결국 1646년의 使行에서 시헌력을 배우고자 했던 시도는 성과가 없었던 것 같다.

시헌력 습득을 위한 움직임이 조금씩 이루어지는 사이 時憲曆書는

34) 소현세자와 한흥일이 북경에 체류하며 탕약망과 교류하다 귀국한 것은 이미 언급한 사실이고, 김육 또한 1644년에 심양에서 세자를 시위하여 머물렀고, 1645년에 다시 북경에 다녀왔다.

35) 시헌력에서의 절기간격과 윤달의 배치에 관한 구체적인 설명은 전용훈, 앞의 논문, 2002, 9~15쪽을 참조.

36) 『인조실록』 권46, 23년 12월 18일 丙申.

조선에서 제작한 大統曆書와 해마다 차이를 드러냈다. 1648年曆書에서는 節氣가 다름은 물론, 大統曆書에서 윤3월이 時憲曆書에서는 윤4월이 되었다.[37] 하지만 아직도 時憲曆法에 대한 정확한 이해가 없었기 때문에 시헌력을 무조건 사용할 수는 없었다. 이조판서 한흥일은 이때에도 시헌력이 옳다고 하면서 집안의 제삿날을 모두 시헌력으로 지냈다고 하지만, 實錄에서 史臣은 淸曆이 옳은지 大統曆이 옳은지 결단은 쉽지 않은 것인데 한흥일의 행동은 성급하다는 지적을 남기고 있을 정도로[38] 여전히 시헌력에 대한 신뢰와 불신이 공존하는 상황이었다.

이어 1648년(인조 26) 9월에는 日官 宋仁龍을 청나라에 보내 시헌력의 산법을 배워오게 하자는 논의가 있었다. 宋仁龍은 1648년 11월에 冬至使 吳竣의 인솔 하에 북경으로 갔지만[39] 청에서는 역법지식을 사사로이 배우는 것을 엄금했기 때문에 탕약망은 그에게 算法冊 15권과 星圖 10장[40]을 주면서 이치를 연구하게 했다.[41] 그러나 시헌력법은 송인룡 개인이 몇 달만에 독학하여 익힐 수 있는 것이 아니었으니 그가 알아낸 것이라곤 日躔(태양의 행도)을 계산하는 방법에 대한 약간의 지식뿐이었다.[42]

1649년(인조 27) 11월에 다음해(1650)의 時憲曆書가 조선에 전해지자 또다시 문제가 제기되었다. 청나라 역서에는 윤달이 없는데 조선의

37) 『인조실록』 권49, 26년 2월 27일 壬辰.

38) 『인조실록』 권49, 26년 3월 7일 壬申.

39) 『同文彙考』 補編 권7, 「使行錄」, 국사편찬위원회 영인본, 1978, 1704쪽 a(한 페이지에 원문이 4면 편집되어 있어 이를 a, b, c, d로 표시함. 이하 『同文彙考』의 인용은 모두 이 책을 따름).

40) 이 성도는 아마도 「赤道南北總星圖」였을 것으로 짐작되고 있다. 이문현, 「영조대 천문도의 제작과 서양천문도에 대한 수용태도」, 『생활문물연구』 3, 국립민속박물관, 2001, 5쪽.

41) 『인조실록』 권50, 27년 2월 5일 甲午.

42) 『효종실록』 권4, 1년 7월 19일 庚午.

大統曆은 윤11월이 있었던 것이다. 절기 날짜가 다른 것은 물론이었다.[43] 이때 김육은 또다시 서양의 신법이 믿을 만한 것이므로 이를 참고해서 고쳐야 한다고 진언하였지만 효종은 서양역법에도 옳지 않은 것이 있다고 하면서 다시 한번 검토할 것을 명했다.[44] 효종의 언급에서 유추할 수 있듯이 이즈음에는 시헌력법의 節氣와 置閏의 이치가 대통력과 다르다는 기초적인 특징 정도는 널리 알려진 것 같지만 새 역법에 대한 신뢰나 관련지식의 습득은 개력을 감행할 만큼 축적되지 못했다.

그러나 1645년부터 1650年曆書까지 6년간 계속해서 청력과 조선력에서 차이가 나타나자 개력은 더 이상 미룰 수 없는 중요한 과제가 되어가고 있었다. 1650년(효종 1) 7월 관상감에서는 개력에 앞서 새로운 역법에 대한 지식을 본격적으로 쌓을 것을 주장했다.

> "최상의 방책은 日官 중에서 총명한 자를 가려 新曆의 법을 만들게 하되 날마다 과제를 더하여 독촉해 가르쳐서 그 이치를 깨닫게 한 다음 노자를 주어 북경으로 보내 의심나는 곳을 질문하여 바르게 하는 것인데, 그렇게 하면 온당하게 될 듯도 합니다."[45]

그리고 이러한 관상감의 간언을 효종이 따르면서 조선에서의 개력 작업은 본격적으로 이루어졌다.

1651년(효종 2)에 觀象監員 金尙範이 북경에 들어가 본격적으로 시헌력법을 배워왔고, 이 성과를 바탕으로 관상감은 1652년 3월에 김상범에게 시헌력법의 방식으로 달력을 만들어 바치게 하고, 많은 관원들을 뽑아 그에게 배우게 했다. 하지만 중국의 時刻과 조선의 시각이 달랐고 다시 김상범이 지은 역서가 올바른 것인지를 여러 차례 검토해야

---

43) 『효종실록』 권2, 즉위년 11월 23일 戊寅.
44) 『효종실록』 권2, 즉위년 12월 3일 丁亥.
45) 『효종실록』 권4, 1년 7월 19일 庚午.

했기 때문에 이듬해인 1653년의 역서는 그대로 大統曆으로 반포하고, 아울러 1653년의 역서를 시헌력법으로 만들어서 청에서 받아오는 역서와 대조하여 그 정확성을 확인하기로 했다. 또한 日出入時刻이나 中星의 出沒 등의 測候를 통해 역서의 정확성을 검증하는 절차도 밟기로 했다.[46)]

개력논의가 시작되면서부터 김상범의 학습에 이르기까지 조선의 천문관들은 시헌력 지식을 익히기 위해 노력했지만, 이때까지의 지식은 『서양신법역서』 전체를 망라하는 지식이 아니라 曆日의 계산, 즉 大小月, 節氣, 윤달의 배치 등의 내용에 한정되어 있었던 것으로 보인다. 1652년(효종 3) 9월의 啓에서 관상감은 다음과 같이 진언했다.

> "일곱 천체의 위치를 계산하는 방법을 미처 전수해 배우지 못하였으므로 日課(일반역서)는 新法을 쓰고 천체의 위치계산은 예전대로 하면 상충되는 일이 있을 것입니다. 또 月食을 측후할 때에 수성, 목성을 아울러 測候하였더니 舊法에는 어그러지고 新法에는 맞았으니, 이미 그 그른 것을 알고서 그대로 쓸 수는 없습니다. 冬至使가 갈 때에 또 日官을 보내어 전수해 배워오게 하여 한꺼번에 고치십시오."[47)]

칠정의 위치계산에 대해서는 아직 시헌력법의 방법을 전수받지 못했다는 것이다.

한편, 1652년의 동지사는 10월 18일에 출행하였고[48)] 국내에서 新曆을 만들어 검토한 후 자체 제작한 시헌력이 잘 맞는다는 것을 확인하여 1654年曆書부터 시헌력으로 반포하기로 한 것이 1653년 1월이었으므로,[49)] 시간적으로 따져볼 때 1652년 10월의 동지사행에 김상범이 따

---

46) 『효종실록』 권8, 3년 3월 11일 壬午.
47) 『효종실록』 권9, 3년 9월 4일 癸酉.
48) 『同文彙考』 補編 권7, 「使行錄」, 1705쪽 a.
49) 『효종실록』 권10, 4년 1월 6일 癸酉.

라가 배워 와서 칠정의 算法까지 모두 時憲曆法으로 제작했을 가능성은 매우 희박하다. 따라서 1653년 1월에 다음해인 1654년(효종 5)부터 반포하기로 한 시헌력은 七政의 위치계산까지 포함한 것이 아니라, 曆日과 節氣時刻, 大小月의 구분 등에 한정된 單曆이었을 가능성을 짐작할 수 있다.50) 관상감에서는 이렇게 말했다.

> "時憲曆이 나온 뒤에 우리나라의 新造曆으로 考準하여 보니, 북경의 節氣와 時刻이 時憲單曆과 일일이 서로 합치되었고, 우리나라 單曆은 시헌력에 들어있는 각 省의 橫看 및 조선의 節氣時刻과 또한 합치되었습니다."51)

1654년(효종 5) 조선에서 시헌력 반포는 바로 그 수준에서 시작되었던 것이다.

---

50) 曆書는 수록된 내용을 기준으로 日課曆과 七政曆으로 나눌 수 있다. 日課曆은 一年의 총 일수, 달의 大小, 12달의 曆日, 歲差 · 月建 · 日辰 등의 기본적인 항목들과 24氣의 入氣時刻, 밤낮의 길이, 그리고 날짜와 방위의 길흉과 관련된 曆註 등 일상적인 용도에 필요한 내용을 싣고 있었다. 반면 七政曆은 七政, 즉 태양 · 달 · 오행성의 위치표시를 기본으로 하고 四餘星의 천구 상에서의 위치까지 28宿를 기준으로 나타내는 천체력이라고 할 수 있다. 따라서 여기에서 單曆이라고 한 것은 기본적인 日課曆을 가리키는 것이라고 생각되지만, 그보다 더욱 간단히 역일과 월의 대소, 절기날짜만을 표시한 매우 간단한 日課曆을 가리키는 것으로 볼 수도 있다. 日課曆의 작성은 태양과 달의 행도에 대한 이해만으로 가능하며, 여기에는 日月食의 예측과 五星의 行度에 관한 지식은 없어도 된다. 때문에 日課曆은 가장 기본적인 역법지식으로 이루어진 것이며, 일월식의 예측과 오성행도 계산에는 좀더 고급의 역법지식이 필요하다고 할 수 있다. 曆書의 종류에 관해서는 허윤섭, 「조선후기 觀象監 天文學 부문의 조직과 업무 : 18세기 후반을 중심으로」, 서울대학교 석사학위논문, 2000, 23~28쪽을 참조.

51) 『효종실록』 권10, 4년 1월 6일 癸酉.

3. 曆法知識의 확대와 時憲曆 體制의 안정

효종대의 시헌력 시행은 기본적으로 『西洋新法曆書』에 포함된 태양과 달의 운행계산법(「日躔曆指」, 「月離曆指」)과 같은 지식에 근거하고 있었지만[52] 交食과 五星法까지 완비된 역법지식을 갖추기까지는 상당한 시간이 필요했다. 조선에서 완전한 시헌력의 시행이 늦어진 이유 중 하나는 시헌력 지식이 전통의 역산지식과는 매우 다른 서양 천문역산학의 개념과 방법들을 포함하고 있었기 때문이었다. 시헌력은 그것을 사용하여 얻어낸 결과가 曆書라는 점에서 기존의 역서와 성격상 차이가 없었지만, 曆書를 만들어내기 위한 지식의 내용은 기존의 大統曆이나 授時曆 같은 전통역법지식과는 거의 완전히 다른 서양 천문역산학의 이론으로 채워져 있었다. 시헌력법에는 기본적으로 地球說에 기초한 서양의 우주론, 프톨레마이오스(Claudius Ptolemaios, 120

52) 『西洋新法曆書』에는 기본적으로 모든 천체운행을 계산하고 예측할 수 있는 폭넓은 천문역산지식이 포함되어 있다. 이를 크게 ①역서작성을 위해 직접적으로 필요한 지식과 ②그것을 구축하는 데 필요한 관측과 이론적 배경지식으로 나누어 볼 수 있다. 『崇禎曆書』(1634)나 이를 재편집한 『西洋新法曆書』(1645), 그리고 1666년에 다시 편집하여 四庫全書에 포함된 『新法算書』에 포함된 책들이 조금씩 다르지만, 큰 차이는 없으므로 『新法算書』를 중심으로 그 지식을 대별해 보자. ①에 해당하는 것으로 「日躔曆指(1)」·「日躔表(2)」, 「月離曆指(4)」·「月離表(4)」, 「五緯曆指(9)」·「五緯表(11)」, 「交食曆指(7)」·「古今交食考(1)」·「交食表(9)」, 「恒星曆指(2)」·「恒星圖說(1)」·「恒星出沒表(2)」 등을 들 수 있다(괄호 안은 卷數). 이들은 역서 작성에 필요한 천체운행을 계산하는 데 필수적인 책들이다. ②에 해당하는 것으로 「緣起(8)」, 「大測(2)」, 「測食略(2)」, 「學算小辨(1)」, 「渾天儀說(5)」, 「比例規解(1)」, 「籌算(1)」, 「遠鏡說(1)」, 「黃赤正球(1)」, 「八線表(2)」, 「幾何要法(4)」, 「測量全義(6)」, 「新法曆引(1)」, 「曆法西傳(1)」, 「新法表異(2)」 등이다(괄호 안의 숫자는 권수를 나타냄). 이들은 주로 계산을 위한 수학적 이론, 관측법, 관측기기, 서양천문학의 역사, 동서양 역법의 비교검토 등에 관한 책들이다. 따라서 효종대 시헌력으로의 개력과정에서 조선의 천문관원들이 이해한 서양천문역산지식이란 위의 ①에 해당하는 것 중에서 「日躔曆指」·「日躔表」, 「月離曆指」·「月離表」 정도였다고 생각된다.

~170), 코페르니쿠스(Nicolaus Copernicus, 1473~1543), 티코 브라헤(Tycho Brahe, 1546~1601) 등의 행성운동이론, 球面三角法을 비롯한 서양 幾何學, 그리고 象限儀, 紀限儀, 弧矢儀, 망원경 등을 비롯한 새로운 관측기구와 관측기법들이 적용되었다.[53] 이로 인해 천체운행 계산의 정확도는 이전보다 현저하게 높아졌지만, 전통적 천문역산지식을 지닌 사람으로서는 접근이 용이하지 않았다. 인조대의 개력 논의가 시작될 때부터 조선에서는 시헌력법지식을 배우고자 노력했지만 그것은 단기간에 배워 익힐 수 없는 생소하고도 방대한 지식이었던 것이다.

또한 조선에서는 개력 초기부터 시헌력에 대한 신뢰나 관련 지식을 습득하고자 하는 열의도 거의 증가되지 않았다. 현종대에는 시헌력의 계산과 역서의 제작을 담당했던 관상감의 관원들이나 金錫胄(1634~1684), 金萬重(1637~1692) 등 일부 관료들 사이에서 시헌력은 상당한 신뢰를 획득해가고 있었지만,[54] 시헌력 시행 후에도 대통력은 여전히 계속해서 제작되고 있었고,[55] 특히 국가의 중요 祭儀는 大統曆書에 따라 시행되었다는[56] 점에서 시헌력 지식을 습득하고자 하는 열의는 쉽게 일어날 수 없었다.

---

53) 숭정개력에 반영된 서양 천문역산학의 전반적인 내용과 특징들에 대해서는 Keijo Hashimoto, 앞의 책, 74~226쪽을 참조.

54) 김석주와 김만중이 피력한 시헌력에 대한 언급은 『息庵先生文集』 권20, 「駁宋察訪亨久新曆誤置閏朔議」/『韓國歷代文集叢書』, 경인문화사 영인본, 603~606책 중 제605책, 367~383쪽(이하 인용하는 『息庵先生文集』은 모두 이 책을 따름) ; 金炳國 · 崔載南 · 鄭雲采 역, 『西浦年譜』, 서울대출판부, 1992, 51쪽 등을 참조.

55) 『현종개수실록』 권2, 1년 4월 3일 丁亥. 대통력과 시헌력의 우열을 가리기 어려워지자 조정에서는 時憲曆을 시행하면서도 大統曆 2건을 계속 인출하여 비교해 쓰기로 했다.

56) 『承政院日記』 현종 14년 7월 5일 壬申, "大統曆則十月節 入於九月二十七日 時憲曆則入於九月二十九日 國家恒用 雖取時憲 日字推數 必以大統 故潘好義(日官의 이름-필자 주)以爲若從大統 則九月二十八日爲最吉 而不敢擅自以爲是矣".

특히 국내에서 지속되어 온 시헌력에 대한 불신감과 대통력에 대한 崇仰의 태도에 康熙初年에 중국에서 일어난 曆局大獄(1664~1665)[57]의 사건전개가 맞물리면서 顯宗代(제위 : 1660~1674)에는 시헌력 폐지와 대통력으로의 회귀, 그리고 시헌력 재시행으로 이어지는 등 시헌력 자체에 대한 신뢰도 지속되기 어려운 상황이었다.[58] 시헌력에 대한 신뢰의 불완전함은 효종대의 시헌력 시행 건의와 논란의 와중에서도 이미 어느 정도 표출된 것이었지만,[59] 현종대에는 이미 사용하고 있는 시헌력을 폐지하자는 주장까지 공식적으로 제기될 정도였다. 宋亨久(1598~?)가 세 차례에 걸쳐 제출한 시헌력 폐지론은[60] 金錫冑와 宋以穎 등 시헌력법 지지자들에 의해 논박되어 시헌력의 폐지를 이끌어내지는 못했지만, 시헌력에 대한 불신감이 국왕에게 올리는 상소를 통해 표출되었다는 점에서 현종대에는 시헌력에 대한 불신감이 상당했었음을 알 수 있다. 또한 역법에 尊周論的 가치를 부여하여 명나라의 역법인 大統曆만이 『春秋』의 '大一通'이념을 구현하고 있다고 믿었던

57) 楊光先이 湯若望을 탄핵하여 時憲曆을 운용하던 여러 천문관원들이 투옥·처형된 사건을 말한다. 자세한 과정에 대해서는 黃一農, 「擇日之爭與「康熙曆獄」, 『淸華學報』 21-2, 1991, 247~280쪽 ; Pingyi Chu, "Scientific Dispute in the Imperial Court : The 1664 Calendar Case", *Chinese Science 14,* 1997, 7~34쪽을 참조.

58) 중국에서의 역국대옥과 현종대 시헌력 논란에 대해서는 전용훈, 앞의 논문, 2002, 26~43쪽 참조.

59) 1646년 청에 謝恩使로 파견되었던 李景奭(1595~1671)은 조정의 지시로 時憲曆 관련서적을 입수하고자 노력한 사람이었다(『인조실록』 권47, 24년 6월 4일 戊寅). 그러나 그는 1654년부터 시헌력이 시행되고 난 후, 시헌력 시행으로 節氣가 어그러졌다고 비판했다. 『白軒集』 권11, 「詩稿」/『韓國文集叢刊』 95책, 민족문화추진회, 1992, 524~525쪽. "自甲午年(1654) 用湯若望法 大統曆變爲時憲曆 時憲乃淸曆之名也 刻數減 晝夜古則百刻 而今則九十六刻 節序舛 古則寒食後一日乃淸明 今則淸明先於寒食矣 此特槩也".

60) 이들 세 차례의 건의는 각각 『현종개수실록』 권2, 1년 3월 18일 癸酉, 『현종개수실록』 권6, 2년 윤7월 13일 庚寅, 『현종개수실록』 권22, 10년 11월 9일 戊戌 기사에서 확인할 수 있다.

노론-호론계에서 17세기는 물론 19세기까지도 崇禎年號를 고집하고 大統曆을 崇仰했던 점을 보아도 당시 시헌력에 대한 신뢰는 상당히 미약했다는 것을 알 수 있다.[61)]

더욱이 중국에서 진행된 曆局大獄의 결과 1667년(강희 6, 현종 8)부터 시헌력이 대통력으로 교체되자 시헌력과 대통력 중 어느 역법을 써야할지 더욱 혼란스러운 상황이 되었다. 조선은 청나라의 개력에 따라 이미 1667年曆書를 시헌력으로 인쇄해 놓은 상태에서 갑작스럽게 대통력으로 돌아가지 않을 수 없었다.[62)] 하지만 중국에서 楊光先(1597~1669)의 실각에 이은 南懷仁(Ferdinad Verbiest, 1623~1688)의 등용과 함께 1670年曆書에서 시헌력으로 다시 회귀하였고 이에 따라 조선에서도 다시 시헌력을 시행하게 되었으니[63)] 시헌력에 대한 신뢰와 역법지식의 습득 열기는 커지기 어려운 상황이었다.

그밖에도 조선에는 이미 大統曆法에 기반을 둔 七政算 內篇法이 오래도록 운용되어 온 전통이 있었고, 칠정산 내편의 정확성을 보조하기 위해 重修大明曆과 七政算 外篇法이 운용되고 있었기 때문에[64)] 일월식 같은 중요한 천문현상의 예보가 크게 어긋나지 않는 한 조선에서 시헌력을 자세히 배워야 할 필요는 크게 부각되지 않은 실정이었다.

이처럼 시헌력에 대한 신뢰와 학습열기가 미약한 상황에서 당연히 시헌력에 대한 깊이 있는 탐구는 거의 이루어지지 못했다. 1654년에

---

61) 曆法에 尊周論的 이념을 투영한 노론-호론계의 논의에 대해서는 具萬玉, 앞의 박사학위논문, 2001, 163~167쪽 참조.

62) 『현종실록』 권13, 7년 12월 11일 丁巳.

63) 『현종개수실록』 권21, 10년 4월 11일 癸酉.

64) 『현종개수실록』 권22, 11년 2월 9일 丙申에서 월식예보에 네 편의 산법, 즉 大明曆法, 內篇法, 外篇法, 時憲法이 각각 사용되고 있음을 확인할 수 있다. 그리고 이것은 조선후기까지도 변하지 않고 계속되었다. 『書雲觀志』 권2, 「交食」/『국역서운관지』, 세종대왕기념사업회, 1999, 81쪽(원문 104쪽)(이하 『書雲觀志』의 인용은 모두 이 책을 따름), "四篇法卽內篇外篇時憲與大明曆法".

불완전하나마 單曆의 제작으로 출발했던 시헌력 지식은 顯宗代는 물론 肅宗代(재위 : 1675~1724) 중반 1700년경까지도 눈에 띄게 넓어지거나 깊어지지 못했다. 이 점은 효종대에 불가능했던 七政行度 계산법을 이때까지도 여전히 갖추지 못하고 있었던 것으로부터 유추해 볼 수 있다. 許遠은 『細草類彙』의 서문에서, 김상범이 중국에 역법을 배우러 재차 파견되었지만(1655), 七政行度와 日月의 交食에 대해서는 배우지 못한 채 도중에서 사망한 이후부터 그 자신이 두 번의 연경행을 통해 日躔·月離에 대한 완전한 지식을 습득하고 交食과 五星行度에 대한 지식을 습득하기까지 계속해서 불완전한 日躔과 月離의 지식을 사용하고 있었다고 증언했다.[65] 즉 1705년(숙종 31)까지 『西洋新法曆書』에서 日躔과 月離에 관한 내용은 어느 정도 이해했지만, 交食과 오성의 行度에 해당하는 『交食曆指』, 『五緯曆指』의 내용에 대해서는 손대지 못하고 있었던 것이다. 1673년(현종 14)에 조선력은 특히 七政의 계산에서 清曆과 커다란 차이를 보이고 이 때문에 점술가들이 清曆을 구해 쓰고 있다는 지적에서도 이점을 확인할 수 있다.[66] 칠정의 계산에서 두 역서가 차이가 난 이유는 시헌법을 사용해 계산할 수 없었던 조선에서 대통력으로 칠정을 계산했기 때문이었다. 肅宗代 최고의 천문지식을 습득한 고위관료로 인정되는 崔錫鼎(1646~1715)도 1684년(숙종 10)에 "七政曆은 하나같이 大統曆의 체계를 사용할 뿐 時憲曆法을 사용하지 않는다"[67]고 한탄했다.

---

65) 『玄象新法細草類彙』, 「序」/『韓國科學技術史資料大系』 天文學篇 제9책, 여강출판사, 1986, 4쪽(이하 『細草類彙』의 인용은 모두 이 책을 따름), "至於七政行度之法 二曜交食之術 未之有得 十年去來 委骨異域 自是之後 循用日躔月離未盡之法矣".

66) 『承政院日記』 현종 14년 12월 4일 己亥, "戶曹判書閔維重所啓 今番出來淸曆 與鄕曆考準 則多有差違處 自前每每如此 此必推算之法 或有不同之致 不可不一番釐正 至於七政曆 大段相左 近來卜家 皆購貿北京而用之".

67) 『承政院日記』 숙종 10년 9월 17일 庚辰, "承旨崔錫鼎曰 曆法推算 乃天學之末事 而通曉者亦解 大統曆變爲時憲曆 觀象監僅能摸倣推步 而至於七政曆

七政曆에 대한 관심과 함께 『서양신법역서』 체계에 대한 본격적인 관심이 시작된 것은 1700년대 초반부터였다. 1701년(숙종 27) 觀象監에서는 冬至使의 赴燕時에 日官을 파견하여 七政推步의 방법을 배우고 관련 서적을 구해올 수 있게 해달라고 건의하여 이를 시행한 것이 그 단초였다.[68] 그리고 七政曆 지식에 대한 관심과 함께 좀더 깊은 시헌력법 지식에 대한 요구가 극적으로 표출된 계기는 1705年曆書에서 11월·12월의 大小가 중국력과 조선력 사이에 차이가 드러난 사건이었다.

관상감에서는 예전에 중국에서 구해온 『日躔表』와 『月離表』를 다시 정리하고 인쇄하여 사용하고 있었는데 조선에서 인쇄된 이들 책자에 적힌 年根 수치에 따라 계산한 결과 11월·12월의 大小가 중국력과 차이가 났다.[69] 원래 중국에서 『日躔表』와 『月離表』를 구해오면서 그 책의 위쪽 여백에 "각 년의 연근 수치는 前年의 연근 수치에 4宮 9度를 더하면 된다"고 매년의 年根 수치를 구하는 방법을 적어 두었다. 조선에서는 이 책들을 다시 편집·인쇄하면서 매년의 연근 수치를 미리 각각 적어 놓았는데, 1705년(乙酉年)의 年根 수치가 2宮 10度가 되어야 할 것이 잘못하여 2宮 14度로 인쇄되었다. 이 年根 수치의 4도 차이로 인해 역 계산에서 날짜를 끊는 위치가 달라지고 달의 大小도 淸曆과 달라지자[70] 이미 御覽用으로 進上한 역서를 돌려받아 다시 인쇄하고 大小月을 淸曆에 따라 시행한다는 명령을 전국에 내려보내는 등 자못 혼란스런 상황이 전개되었다. 조정에서는 이를 계기로 『日

一依大統之規 而不用時憲之法".

68) 『숙종실록』 권35, 27년 7월 19일 甲辰.

69) 年根이란 구하려 하는 해의 동지인 天正冬至 다음날 子正初刻에 태양이 동지점에서 떨어진 平均行度를 말한다. 이는 태양의 평균 위치를 기준으로 날짜를 하루단위로 나타내기 위해 필요한 것이다. 따라서 연근의 수치가 달라지는 경우 날짜를 끊어내는 위치가 달라져 대소월에도 영향을 미치게 된다.

70) 『숙종실록』 권42, 31년 6월 10일 壬寅.

躔·月離表』의 진본을 중국에서 다시 구하기로 하고 節使의 연행 시에 日官을 파견하기로 했다.

이미 임금에게 올려진 역서를 다시 인쇄하고 팔도에 반포된 역서를 다시 고쳐야 했던 중대 사건은 觀象監員들에 대한 처벌과 함께[71] 曆官 許遠이 중국에 파견되어 欽天監의 관원 何君錫[72]으로부터 본격적인 역법지식을 습득해 오는 계기가 되었다.[73] 비록 첫 번째 파견에서는 禁令이 심하여 金星과 水星의 年根에 관한 것과 태양의 원지점·근지점(高衝)의 이동과 交食을 계산하는 법에 대해서는 배우지 못한 채 허원은 돌아올 수밖에 없었지만,[74] 이후 허원이 하군석과 편지로 1705년부터 1713년까지의 年根을 얻을 수 있었고[75] 1706년(숙종 32)에는 다음해인 1707年曆書를 만드는 데 『서양신법역서』에 기초한 칠정계산이 가능해졌고 1708년부터 본격 시행되었다.

"大統曆을 時憲曆으로 바꾼 뒤에 行用하는 曆書는 甲子年間(1654)에 북경에서 그 법을 취하여 왔으나, 七政曆은 오랫동안 그 법을 전하지 않아서 本監의 역법은 혹 대통력을 따르기도 하고 시헌력을 따르기도 하고 있으므로, 識者가 속으로 한탄한지 오래 되었습니다. 그런데 時憲曆의 七政法을 이제 다행히 배워 와서 낱낱이 풀어내어 이미 모

71) 『숙종실록』 권42, 31년 6월 10일 壬寅.

72) 何君錫은 康熙 11년(1672)~康熙 49년(1710)까지 冬官正을 역임하고 康熙 50년(1711)~康熙 53년(1714)까지 春官正을 역임했다.

73) 許遠의 연경행이 이루어진 전말과 역법지식의 습득에 대해서는 이용범, 『한국과학사상사연구』, 동국대출판부, 1993, 175~181쪽에서 한번 탐구되었다.

74) 『細草類彙』 「序」, 4쪽, "訖于近年 漸至違誤 月之大小 遽有舛錯 歲乙酉(1705)冬 朝廷特令臣遠 以踵尙範故事 臣遠受命而往燕京 從欽天曆官何君錫 盡得兩曆法推步之術 多種文法書冊 貿覓無遺 而事係禁秘 金水年根 日躔高衝及交食推解之法 猶有所未盡學得".

75) 『增補文獻備考』 권1, 「象緯考」·「曆象沿革」/『국역증보문헌비고 상위고』 제1책, 세종대왕기념사업회, 1980(이하 증보문헌비고 상위고의 인용은 모두 이 책을 따름), 69~70쪽(원문 19~20쪽).

> 두 推算하였으나 미처 印出하지 못하였으므로, 장차 寫本을 먼저 진상하고 明年(1708)부터 印出하여 반포할 것인데, 대통력의 七政法은 사본만을 진상하는 것이 마땅할 듯 합니다."[76]

인용문에서 알 수 있는 것처럼 조선에서 時憲七政法은 1708年曆書에서야 본격적으로 시행되기 시작했다.[77]

그러나 1708年曆書부터 七政曆의 시행이 가능해졌다고는 하지만 이는 何君錫으로부터 받은 1713년까지의 몇 년간의 연근수치를 기초로 한 것이었지 근본적인 造曆의 원리를 모두 터득한 것은 아니었다. 때문에 1713년 이후에는 또 문제가 발생할 수 있으므로 何君錫에게서 근본적인 역법지식을 배우기로 하고[78] 1708년 겨울 허원이 다시 북경에 파견되어 역법지식을 배워옴으로써 "개력이 있고 난 후 60여 년을 끌어온 막중한 일이 이제야 다행히 완료되었다."[79] 역서제작에 필요한 曆日과 朔望, 閏月 등의 기본지식은 물론, 交食과 五行星의 운행에 대해서도 시헌력지식을 완전히 적용할 수 있게 되었던 것이다. 1711년(숙종 37) 허원은 중국에서 배워온 造曆 지식을 『細草類彙』로 편찬하면서 "앞으로 200년 사이에 다시는 曆日과 交食에 착오가 없을 것이며, 하늘의 운행과 조금도 차이가 없을 것"[80]이라고 자부했다.

---

76) 『숙종실록』 권44, 32년 10월 27일 辛亥, "大統變爲時憲之後 行用曆則甲子年間 從北京取其法以來 而七政曆 久不傳其法 本監曆法 或以大統 或以時憲 議者之竊歎久矣 時憲七政法 今幸學來 一一解出 已盡推算 而未及印出 將以寫本 爲先進上 自明年印布 而大統七政則以寫本進上 似爲得宜".

77) 『增補文獻備考』 권1, 「象緯考」·「曆象沿革」/『국역증보문헌비고 상위고』 제1책, 69쪽(원문 19쪽), "肅宗三十四年始用時憲曆五星法".

78) 『增補文獻備考』 권1, 「象緯考」·「曆象沿革」/『국역증보문헌비고 상위고』 제1책, 69~70쪽(원문 19~20쪽).

79) 『細草類彙』 「序」, 4쪽, "戊子冬再往而覓來 莫重改曆之擧 經營六十餘年 今幸完了". 이때 허원은 역법지식을 배워오면서 『天文大成』, 『天元曆理』 등 관련서적들도 입수해 왔다(『備邊司謄錄』 숙종 39년 4월 13일).

80) 『細草類彙』 「序」, 5쪽, "從今以往 二百年之間 庶不復曆日交食之註誤 而與

1708년(숙종 34)부터 조선에서 본격적인 시헌력서의 제작과 사용이 가능해졌다고는 하지만 『西洋新法曆書』에 포함된 서양 천문역산학의 전체 내용들을 습득하고 이해한 것은 아니었다. 조선의 천문관원들은 처음에 『서양신법역서』에 포함된 우주론, 천체운동론, 天文儀器, 幾何學 등의 지식에는 거의 관심을 두지 않았으며, 순전히 역서제작에 필요한 기술적이고 기능적인 지식을 배우고 적용하는 데 힘썼다.

이 점은 許遠이 남긴 『玄象新法細草類彙』의 서술방식에서 잘 드러난다. 허원은 우주와 천체들에 대한 이론천문학적 논의는 배제한 채, 책의 첫머리에서부터 日食과 月食을 계산하는 과정(「日食細草」, 「月食細草」)을 서술한 다음, 실제로 특정한 일월식의 예를 들어 계산의 예(「日食假令」, 「月食假令」)를 제시하고 있다. 또한 「日躔細草」, 「月離細草」, 「土木星細草」, 「金星細草」, 「水星細草」, 「火星細草」, 「推節氣」, 「推測時刻」 등의 항목을 통해 각 천체의 운행과 曆書에 필요한 수치들을 계산해내는 과정을 계산 단계별로 매우 친절하게 서술하고 있다. 예를 들어 「日躔細草」의 경우 다음과 같이 서술하고 있다.[81]

> 一格 : 年根구하기 : 1권의 「二百恒年表」에서 특정 年의 分秒를 찾아 적는다. 二格 : 日數구하기 : 1권의 「周歲平行表」에서 특정 日의 日數를 찾아 적는다. 三格 : 平行구하기 : 年根에 日數를 더하여 얻는다. 30度에 1宮씩 진행한다. 四格 : 高衝구하기 : 1권의 表에서 특정 年의 高衝度分秒를 얻고 日數에 해당하는 秒를 더하여 얻는다. 五格 : 引數구하기 : 平行에서 구한 宮度分秒에서 高衝을 빼서 얻는다. 六格 : 均數구하기 : 引數의 宮度分을 가지고 2권의 「加減表」를 찾아간다. 0宮에서 5宮까지는 表의 상층에 있는 度分을 찾고, 6宮에서 11宮까지는 表의 하층에 있는 度分을 찾는다. 七格 : 細行구하기 : 平行에서 均數

天行纖忽不爽矣".

81) 『細草類彙』 坤 「日躔細草」, 91~92쪽 참조. 원래의 서술 내용은 인용된 것보다 조금 더 자세하지만 필자가 요점만 다시 정리했다.

를 더하거나 빼서 얻는다. 八格 : 宿度구하기 : 細行數에서 매년 51秒를 빼간다.

각 계산 단계에서 『西洋新法曆書』의 「二百恒年表」, 「周歲平行表」, 「加減差表」 등에서 숫자를 찾는 방법과 필요한 수치를 환산해 내는 서술에 주안점을 두고 있음을 알 수 있다.[82] 『細草類彙』는 『七政算』이나 『七政算內篇丁卯年交食假令』 같이 조선 천문관원들이 익숙하게 써왔던 책들과 서술방식이 매우 유사하기 때문에 천문관원들은 역서 제작과정에서 매우 손쉽고 유용하게 활용할 수 있었다.[83] 許遠은 천문관원들이 "책을 열면 손바닥 보듯이 환할 것"이라고 단언했다.[84]

반면 『細草類彙』는 원래 허원이 欽天監官 何君錫과 問答한 기록을 토대로 편집된 것이라는 점을[85] 감안하면 許遠이 원래부터 우주론이나 천체운동론 등 서양천문학의 전반적인 지식에 대해 문답하지 않았다는 것을 알 수 있다. 전통적으로 우주론과 천체운동론 같은 천문학적 문제를 논하는 것은 儒家 知識人의 일이었지 전문적인 曆算家가 할 일은 아니었기 때문에[86] 許遠이 서양천문학의 이론적인 내용들에

---

82) 이들 太陽行度에 관련된 表는 『新法算書』 권25~권26/『文淵閣四庫全書』 788책, 392~454쪽에서 볼 수 있다.

83) 유경로·이은성·현정준, 『칠정산 내편』, 세종대왕기념사업회, 1973에서 『丁卯年交食假令』과 『交食推步法假令』 등 실용계산법 서적에서 취한 많은 計算例를 볼 수 있다. 『七政算』에 의해 계산되는 수치들의 의미와 계산하는 방법들에 대해서는 이은희, 『칠정산 내편의 연구』, 연세대학교 박사학위논문, 1996을 참조.

84) 『細草類彙』 「序」, 5쪽, "此書之於曆家 猶之工師之準繩規矩 舍此則無以立象成器 今星翁曆官 執籌而臨之 無茫然目失之弊 開卷卽得瞭如指掌".

85) 『細草類彙』 「序」, 4쪽, "盖此法艱劇 授受之際 隨端問答 或以片札或以小紙者有之 故合成卷軸 名之曰細草類彙".

86) 이에 대해서는 金永植, 「傳統中國 學者계층의 전문과학지식에 대한 태도 : 天文曆法 및 그 전문가들에 대한 朱熹(1130~1200)의 태도를 중심으로」, 『한국과학사학회지』 8-1, 한국과학사학회, 1986, 3~19쪽을 참조.

관심을 두지 않았던 것은 어쩌면 당연했다. 또한 그의 욕구가 서양천문학의 이론보다는 造曆을 위한 기술적인 지식에 치우쳤던 것은 觀象監員으로 활동하며 曆書製作이 가장 큰 임무였던 직업적 필요에 부응하려 했기 때문일 수도 있다. 그러나 조선후기의 天文官들은 역법지의 기초가 되는 행성운동론이나 구면삼각법 이론, 그리고 타원면적 계산법 등에 관한 근본적이고 이론적 지식을 등한히 함으로써 儒家 知識人들로부터 근본원리를 모르는 자들로 종종 지탄을 받았다.[87]

『細草類彙』의 성립으로 일단 본격적인 時憲曆法 운용체제를 갖춘 후, 서양 천문역산학에 대한 지식습득은 새로운 활기를 띠기 시작했다. 특히 1713년(숙종 39) 청나라 欽天監의 五官司曆 何國柱가 조선에 파견되어 漢陽의 위도를 측정한 일을 계기로 許遠은 서울에서는 물론이고 귀환하는 하국주와 義州까지 동행하면서 儀器와 算法을 배웠다.[88] 이때 허원은 中星法과 儀器 사용법까지 배웠고, 삼각법 이론을 담은 『三角形擧要』[89]를 謄書해왔다. 조정에서는 『靈臺儀象志』와 『黃赤正球』[90]를 비롯한 관측기구와 적용이론을 담은 서적들을 刊印하고 儀器도 제작하려는 움직임이 일어났다. 이 시기 허원의 활동과 조정의 조치들로 볼 때 시헌력법지식의 폭이 급격히 증가하고 관심 영역도 천문관측과 時刻法의 운용에까지 넓어지고 있다는 것을 알 수 있다.

1674년 청조에서 편찬된 『靈臺儀象志』는 南懷仁이 제작한 黃道經緯儀, 赤道經緯儀, 地平經儀, 象限儀, 紀限儀, 天體儀 등 6가지 관측

87) 『辛亥啓下觀象監釐正節目』(奎2222, 1791년 刊), 1쪽, "近來所謂推步 則不過憑依立成乘除段目而已 如曆理前後編中 輪之大小 行之高卑 圓積之爲平行角度之爲實行 則茫然不知爲何說 盖因立成易解 法原難曉 而徒竊料布 不欲費心思者 滔滔 皆是也".

88) 『備邊司謄錄』 숙종 39년 8월 1일 ; 『숙종실록』 권54, 39년 7월 30일 乙亥.

89) 梅文鼎이 지은 『三角法擧要』의 誤記인 것 같다.

90) 『黃赤正球』는 鄧玉函이 1630년에 저술한 『黃赤距度表』와 『正球升度表』를 가리키는 것으로 이들은 崇禎改曆 시기에 進獻되었다. 후에 이들이 한 권으로 묶여 『黃赤正球』로 편집되었다. 黃赤道의 상호 좌표변환을 위한 數表이다.

기구의 제작법, 안치법, 운용법을 수록하고, 1672~1673년에 새롭게 관측한 恒星의 위치표를 수록하고 있었다.[91] 이런 지식이 조선에서 탐구되고 책으로 인쇄까지 되었다는 것은 이제 조선에서도 상당한 폭으로 서양 천문역산학 지식이 확대되어 가고 있었다는 것을 보여준다. 또한 조선에서는 허원이 습득한 中星法을 이용하여 시헌법으로 時刻을 추산할 수 있게 되었고, 이에 따라 禁漏의 時刻까지 시헌법으로 고치는 작업에 착수했다.[92] 아울러 허원은 1714년에 다시 冬至使를 따라 연경에 들어가 何國柱로부터 『日食補遺』, 『交食證補』, 『曆草騈枝』[93] 등 역법이론서와 測算器械 6종,[94] 자명종 등을 얻어왔다.[95] 역서의 제작에 응용되는 수학 이론을 습득하고 時刻法을 時憲法으로 바꾸기 위해 中星觀測法을 익혔으며 中星觀測을 위해 觀測儀器에 관한 지식과 製作法을 익히는 일련의 과정이 진행되고 있었던 것이다.

1718년(숙종 44)부터 中星儀와 簡平儀가 제작되고[96] 역법의 기초를 이루는 중성관측이 조선에서도 가능해진 것은 중요한 변화였다. 中星觀測은 時刻法에 중요함은 물론 역법 지식의 이해도와 적용의 정밀도

91) 『新製靈臺儀象志』의 1권에서 6가지 儀器의 구조와 기능, 2권에서 使用法, 3권에서 安置法, 4권에서 대기굴절 등 관측에 필요한 지식을 설명했다. 제5권 이하는 모두 항성의 出入表, 黃赤道經緯表 등으로 이루어져 있다. 南懷仁이 제작한 천문기구에 대해서는 Allan Chapman, "Tycho Brahe in China : the Jesuit Mission to Peking and the Iconography of European Instrument-Making Precesses," *Astronomical Instruments and Their Users*, Aldershot : Variorum, 1996을 참조.

92) 『숙종실록』 권61, 44년 6월 13일 庚寅.

93) 앞서 許遠이 何國柱로부터 梅文鼎의 『三角法擧要』를 謄書해 온 것으로 미루어 이때의 『曆草騈枝』도 梅文鼎의 『曆學騈枝』가 아닌가 생각된다.

94) 『숙종실록』 권56, 41년 4월 18일 癸未. 이때 허원이 가져온 儀器가 어떤 것인지 구체적으로 확인하기는 어렵지만 비슷한 시기의 실록기사를 통해 中星儀, 簡平儀, 水銃器(화재 진압용 물뿌리개) 등이 있었던 것으로 짐작된다(『숙종실록』 권61, 44년 6월 13일 庚寅 ; 『경종실록』 권12, 3년 5월 25일 癸卯).

95) 『숙종실록』 권56, 41년 4월 18일 癸未.

96) 『숙종실록』 권61, 44년 6월 13일 庚寅.

를 가늠하는 중요한 지표가 된다. 日月食을 시헌법으로 예보할 수 있더라도 이를 관측하는 데 기준으로 삼는 時刻이 대통법에 기준한 것이라면 이는 정밀도에서 상당한 문제가 아닐 수 없다. 낮 시간은 태양을 관측하면 되고, 이미 日躔行度에 관한 지식을 습득하고 있었기 때문에 문제가 없었지만 만일 밤에 月食 시간을 측정한다고 하면 대통법과 시헌법에서 기준으로 하는 中星의 南中時刻이 서로 차이가 나므로 정확한 시간을 규정하기가 어려워 子時가 亥時가 되거나 亥時가 子時가 되는 일이 생기게 된다.[97] 허원으로부터 중성관측법을 익힌 관상감관원들이 다시 時刻을 알리는 奏時官들을 교육시켜 1718년(숙종 44)부터는 밤 시간에 시헌력의 시각법을 적용할 수 있게 된 것은[98] 조선이 이론과 관측 모두에서 시헌력법을 운용할 수 있는 단계에 이르렀다는 것을 말해준다.

한편, 18세기 초반에는 조선에서 시헌력 지식의 심화와 함께 역법을 매개로 한 청조와의 관계에서도 중요한 변화가 감지된다. 먼저 중국에서 日月食을 미리 예측하여 咨文을 통해 이를 조선에 알려주는 일이 1708년부터 시작되고 있는 점이 눈길을 끈다.[99] 일월식의 자문은 어느 날 어느 시에 일식이 있을 것이니 정밀하게 관측하고 求食禮를 행하며 관측결과를 보고하라는 내용을 담고 있었다.[100] 청조에서 일월식을 관

---

97) 『숙종실록』 권61, 44년 6월 13일 庚寅, "觀象監言 禁漏時刻 晝則以日影相準 而夜則非星宿 無以定天時之眞正 故周禮 有以星分野之文 元史亦有以星定日之語 近來曆法及日月交食 皆以時憲新法釐正 而禁漏時刻 尙用大統舊法 不以時憲中星有所校正 沿襲至今 積漸差違 將至於以子爲亥 以亥爲子".

98) 『숙종실록』 권61, 44년 6월 13일 庚寅, "故本監 聚會禁漏奏時官等 指敎以時憲時刻中星及推算之術 肄習數朔 已盡曉解 請自今 奏時 必依此法 每月試才 俾不至於遺忘訛舛".

99) 『同文彙考』 原編 권42, 「日月食」, 815쪽 a, "時憲曆之頒行 始自康熙戊子 日月食之先期咨示 亦當始此". 여기서 時憲曆은 1654년부터 반행한 일반적인 時憲曆書를 가리키는 것이 아니라 1708년부터 頒行된 본격적인 시헌력을 가리키는 것 같다.

100) 하나의 예로 1721년 7월 25일에 청 예부가 조선국왕에게 자문을 발행했으며,

측하여 보고하라고 명령한 것은 조선에서도 천문현상을 기술할 때 모두 시헌력 체계를 따를 것을 전제로 하는 것이었다. 때문에 이때부터 조선이 시헌력 지식에 기초하여 交食을 관측하고 보고할 수 있는 수준이라는 것을 중국에서 인정한 것으로 해석할 수 있다. 그리고 중국에서는 조선이 어느 정도의 역법지식을 습득하고 있다는 것을 알면서도 묵인하였던 것으로 볼 수 있다.

이러한 변화는 17세기 말부터 계속되어온 淸朝와 康熙體制의 안정에 관련지어 생각해 볼 수 있다. 三藩의 亂을 진압하고 臺灣을 복속시킨 강희제는 1711년 朝·淸間에 국경을 개방하는 조치를 취했으며,[101] 1712년에는 白頭山 定界碑를 통해 朝·淸간의 경계를 확정지은[102] 이후로는 조·청 관계가 유화적인 국면으로 접어들게 되었다. 이런 분위기 속에서 조선인들의 북경 방문과 천주당 방문은 활기를 띠게 되었고,[103] 이를 통해 역법지식을 습득하는 일 또한 훨씬 활발했을 것으로 생각된다. 청조는 18세기 초 안정을 기반으로 조선에 권위를 과시하는 수단을 찾았는데, 바로 日月食을 미리 알려주고 이에 대한 관측보고를 받는 행위가 그 하나였다고 할 수 있다.[104]

이어 11월 15일에 월식이 있었고, 다음해 2월 21일에 조선에서 청 예부에 월식을 관측한 결과와 구식례를 행한 일들을 알려주는 자문을 발행했다. 조선의 관측보고에서는 보통 식의 구체적인 과정을 나타내는 그림과 방위, 지속시간 등이 자세히 기재되었다. 『同文彙考』 原編 권42, 「日月食」, 815쪽 c~816쪽 b.

101) Juan G. Luiz de Medina, 앞의 책, 104~105쪽.

102) 백두산정계비와 관련된 18세기 초반의 국경문제에 대해서는 姜錫和, 「1712년의 朝·淸 定界와 18세기 朝鮮의 北方經營」, 『震檀學報』 79, 진단학회, 1995, 135~165쪽을 참조.

103) 조선인들의 천주당 방문 추이에 대해서는 원재연, 「17~19세기 燕行使節의 天主堂 방문과 西洋認識(1)」, 『교회와 역사』 277, 한국교회사연구소, 1998, 182~188쪽을 참조.

104) 日月食 咨文은 『同文彙考』에 1708년 치부터 1881년 치까지가 편집되어 있다. 아마도 이것은 조선이 황제국임을 선언한 대한제국의 성립까지 계속되었을 것이다.

曆書의 형식 또한 이 시기 朝·淸關係에서 중요한 변화를 반영하고 있다. 18세기 초 눈에 띄게 안정된 국가기반을 확립한 청조는 조선에 반사하는 曆書에 한층 더 권위와 장식을 부여하여 황제국의 권위를 藩屬國에 과시하고자 했다. 雍正帝(재위 : 1723~1735)의 즉위와 함께 淸朝는 조선에 반사하는 雍正二年曆書 중 官曆 1부의 裝幀을 붉은 비단으로 바꾸고 내부도 금물을 들인 천으로 장식하여[105] 역서 자체의 격식을 높였을 뿐만 아니라 종전에는 매년 10월 旬望間에 禮部의 관리가 조선 사신들의 숙소에 가져다주거나 조선의 賫咨官이 예부에 가서 받아오던 것을 이때는 10월 2일에 공식행사를 열어 반사행위의 격식도 높였다.[106] 이때 조선 사신들은 조선에 반사하는 曆書만 특별하게 장정한 데 대하여 감사했고, 청조에서는 황제가 새로 즉위하였기에 조선국왕이 볼 역서를 다른 역서와 다르게 하는 것이 마땅하다는 뜻을 표해왔다. 양측 모두가 역서를 조·청간의 君臣關係를 확인하고 施惠와 受惠의 관계를 확인하는 表象으로 삼았던 것이다. 이후 매년 10월 초

---

105) 『同文彙考』 補編 권4, 「使臣別單」·「陳慰兼進香行正使吳命峻副使洪重禹別單」, 1638쪽 d, "十月初二日卽頒皇曆 而使賫咨官李杓進 詣午門外十二王親覽頒給 其中御覽一件 則粧以紅錦裏以綵袱 制樣頗侈 曾前則每於十月旬望間 禮部但使序班來授新曆 不然則賫咨官躬往禮部受來云 而今番則月初卽於闕廷頒授 而區別御覽一件者 此亦出於十二王重事體待我國之意 故臣等使提督 替傳感謝之語 則答以皇帝新臨 宜卽頒曆國王所覽 當異於他件 故粧裏以送云".

106) 처음에 청나라에서 반사하는 國王用 官曆 1部와 民曆 100部를 冬至使가 북경에 도착하여 冬至賀禮를 행할 때 수령하였는데, 1648년(인조 26 : 순치 5)부터 매를 바치는 鷹行 편에 역서를 받아 오게 했다. 보통 鷹行은 11월에 조선에서 출발하였으므로 冬至賀禮時에 역서를 받는 것과 시간적으로 큰 차이는 없었다. 그러던 것이 1660년에는 鷹行이 없어지면서 譯官이 별도로 差定되어 皇曆賫咨官의 임무를 맡았다. 이때의 賫咨官은 보통 5월에 서울을 출발하여 10월 旬望間에 역서를 받을 수 있었다. 이런 제도가 약 60년간 유지되다가 雍正元年 10월 2일에 반사한 것을 계기로 이후 매년 10월 초하루에 午門 밖에서 수령하는 것으로 관례화되었다(『通文館志』 권3, 「賫咨行」/『국역통문관지』 제1책, 173~174쪽 ; 『同文彙考』 原編 권42, 「曆書」, 803쪽 a).

하루에 午門 밖에서 朝鮮王을 대리하는 賚咨官이 청조의 다른 分封王들과 함께 역서를 받는 것으로 관례화 되었고[107] 역서를 수령하는 날짜를 잘 지키는 것은 正朔으로 표상된 청조의 권위에 대한 敬謹으로 해석되었다.[108] 청조가 18세기 들어 황제국의 안정감과 자신감을 내외에 보여줄 수단으로 조선에 반사하는 曆書의 裝幀을 화려하게 하고 頒賜의 禮를 정식화한 것으로 해석할 수 있다.

4.『曆象考成』체제로의 전환과 혼란

숙종대 말까지 許遠과 觀象監員들의 노력으로『西洋新法曆書』에 기초해 曆書를 만들고 중성 관측과 시각법의 운영이 가능해진 후 時憲曆의 운용은 상당히 안정적이었다. 그러나 淸朝가 1726年曆書에서부터 지금까지 써왔던『西洋新法曆書』를 개정하여『曆象考成』체제로 바꾸자[109] 조선에서는 또다시 개정된 지식을 습득하는 노력을 기울이

---

107)『通文館志』에서는 명나라 崇禎年間에 10월에 曆書를 받아간 관례에 의거했다고 했다. 鄭東愈에 따르면, 명나라 때에는 역서를 반사하는 날을 태조가 9월 초하루로 정했다가 뒤에 11월 초하루로 고치고, 다시 10월 초하루로 고쳤다고 한다. 鄭東愈 著, 남만성 역,『晝永編』上, 을유문화사, 1971, 56쪽.

108)『同文彙考』原編 권42,「曆書」, 811쪽 d, "朝鮮國王每年遣官於九月內 來京領取時憲書 雖有阻滯遲悞 亦必須月底趕赴來京 並無違悞遲延之事 此係該國王敬謹天朝時憲書之意".

109)『淸史稿校註』권45,「時憲1」, 1640쪽, "自雍正四年爲始 造時憲書一遵曆象考成之法". 그런데『增補文獻備考 象緯考』에서는『曆象考成』에 의한 역서의 운용시점을 1725년(英祖 元年)으로 기술하고 있어서 혼란스럽다. 여기서는 "英祖元年改用新修時憲七政法"이라 하고, 부연하여 "梅瑴成推衍崇禎曆指 以崇禎後五十七年甲子天正冬至爲元 卽我肅宗朝十年甲子 七政皆從此起算 自英祖乙巳(1725) 始依其法步日月五星交食"이라고 서술했다. 이것은 1725년에 1726년 역서를 曆象考成法에 의하여 제작한 사실을 말하는 것으로 주의를 요한다. 또한 조선에서는 1654년(효종 5)역서부터 시헌법에 의한 역서이지만,『增補文獻備考 象緯考』의 서술은 "孝宗四年始行時憲曆法"으로 적

지 않을 수 없었다. 淸朝는 개정된 曆書를 頒賜하면서 조선에 별다른 통보를 하지 않았기 때문에 1726年曆書는 즉각적인 문제를 일으키지 않았던 듯하지만,[110] 1727년(영조 3)과 1728년(영조 4)에는 청력과 조선력의 차이가 구체적으로 지적되고 이를 새로 배워 와야 한다는 논의가 제기되었다.

1727년(영조 3) 9월 觀象監에서는 日官 安重泰를 청에 파견하여 개정된 방법을 배워 오고 관련 서적들을 입수하는 데 필요한 자금을 요청하여 영조의 허락을 받았다.[111] 그러나 이때 安重泰의 燕京行은 그리 큰 성과를 얻지 못했다. 七曜의 운행을 계산하는 법이 적힌 몇 권의 책을 입수해 오기는 했지만, 개정된 역법의 본령이라 할 巨帙의 『曆象考成』이나 자세한 계산법이 적인 책들을 입수하지 못했던 것이다.[112]

그러는 사이 朝鮮曆과 淸曆 사이에는 커다란 차이들이 드러나고 있었다.

고 있다. 따라서 조선측의 기록은 그 법을 적용하여 내년의 역서를 만든 올해를 '始行'이나 '造曆'으로 표기하고 있음을 알 수 있다. 『文獻備考 象緯考』의 최초 편집자인 徐浩修가 이렇게 적었고, 나중에 정조 때 증보한 李萬運도 이에 따른 것 같다. 또한 『書雲觀志』에서도 『文獻備考 象緯考』를 따라 적었다. 『增補文獻備考』의 편집 역사에 대해서는 신석호, 「증보문헌비고 해제」, 『국역증보문헌비고 상위고』 제1책, 1~14쪽을 참조. 『崇禎曆書』에서 『曆象考成』에 이르기까지 중국에서 이루어진 曆算學의 변천사에 대해서는 橋本敬造, 「曆象考成の成立」, 『明淸時代の科學技術史』, 京都大學人文科學硏究所, 1970, 49~67쪽을 참조.

110) 朝鮮과 淸 禮部 간에 曆書를 請하는 咨文과 頒賜를 알리는 咨文이 의례적으로 오고가지만, 『實錄』이나 『承政院日記』, 『備邊司謄錄』 등은 물론 『同文彙考』에서도 1726년 근처에 역서제작 체계가 바뀌었다는 통보기록을 찾을 수 없다.

111) 『備邊司謄錄』 英祖 3년 9월 1일.

112) 『備邊司謄錄』 英祖 4년 10월 24일, "故上年節行 入送曆官燕京 使之較準曆法 擧來七曜算本 而第非御定曆象考成及細草等冊子 則亦不能推算成曆云 此兩冊甚緊要 不可不及時貿來".

> "曆書를 만드는 方法이 근년 이래 점점 예전만 못하여 二十四氣, 合朔弦望, 日出入時刻에서 차이가 거의 5~6分이나 됩니다. 曆書에서 서로 맞지 않는 곳이 20여 곳이나 되고 이에 따라서 七政曆의 經緯度分도 차이가 납니다. 만일 즉각 고치지 않는다면 앞으로 月의 大小와 日月食에서도 어긋나고 착오가 생길 것입니다."[113]

조선에서는 『曆象考成』과 관련 서적의 입수에 더욱 노력을 기울였고, 1728년(영조 4) 동지사행에서 처음으로 『曆象考成』을 입수할 수 있었다.[114] 그러나 여기에는 몇몇 數表들이 빠져 있었고, 더구나 『數理精蘊』에 포함된 『八線表』는 球面三角法을 적용하는 각종 계산에 쓰이므로 역서제작에는 필수적인 것인데도 얻지 못해[115] 지식 습득에 한계가 있었다. 『曆象考成』의 지식을 合朔과 節氣時刻에만 적용할 수 있었을 뿐, 七政의 緯度와 火星의 經度 등은 推步할 수가 없었다.[116]

조정에서는 다시 1729년(영조 5)에 曆官을 파견하여 『曆象考成』을 재구입하는 시도를 하게 되었는데 이번에는 상당한 성과가 있었다. 『八線表』(日月食과 五星緯度를 계산하는 데 매우 유용), 『日月蝕漏子』·『七政漏子』(漏子는 아마도 縷子의 오식인 듯. 자세한 계산방식을 설명한 책자)와 다음해(1730, 영조 6)에 일어날 일월식의 계산과정과 결과를 담은 『日食草稿』·『月食草稿』와 『御定三元甲子萬年曆』(黃帝 甲子年부터 雍正 100년 壬午年(1822)까지 매년 曆日과 節侯를 계산한 것), 『新法七政四餘萬年曆』 등을 구입해 오는 수확을 얻었

---

113) 『備邊司謄錄』 英祖 4년 10월 24일, "曆紀之法 近年以來 漸不如古 二十四氣 合朔弦望 日出入時刻之差 殆近五六分 曆注之不相合 多至二十餘處 而七政曆經緯度分 又從而相違 若不卽趁時釐正 則前頭月之大小 日月之食 舉將紊錯". 이를 축약한 기사가 『영조실록』 권19, 4년 10월 24일 辛丑에도 실려 있다.

114) 『同文彙考』 補編 권4, 「使臣別單」·「冬至正行正使尹淳副使趙翼命別單」, 1652쪽 d.

115) 『同文彙考』 補編 권4, 「使臣別單」·「謝恩行正使驪川君增副使宋成明別單」, 1654쪽 d~1655쪽 a.

116) 『영조실록』 권22, 5년 5월 20일 甲子.

다.[117)]

그러나 『曆象考成』과 관련 서적들을 구입하여 진행한 자체 학습은 한계가 있었다. 1730년에도 여전히 중국역서와의 차이가 나타난 것이 이를 보여준다. 1730년(영조 6)의 冬至兼謝恩行의 副使로 임명된 尹游는 "『曆象考成』을 모방하여 썼더니 점점 착오가 생겨 매년 6~7處의 틀린 곳이 꼭 있었습니다. 觀象監官 한 사람을 데리고 가서 역법을 알아오게 해 주십시오"라고 건의했다.[118)] 『曆象考成』 체계를 제대로 습득하지 못했던 조선의 천문관원들은 1730년(영조 6)은 물론 1732년(영조 8)까지도 節氣와 合朔弦望에서 차이가 나는 것을 감수할 수밖에 없었다.[119)]

천문관 安重泰는 이 당시에 가장 앞서 曆象考成法을 익히고 있었던 사람으로 생각된다. 그는 이미 1727년(영조 3)에 청에 다녀왔고, 1732년(영조 8)에도 파견되었으며 이때의 燕京行에서는 상당한 성과를 거두어 加資되기도 했다. 그러나 安重泰가 청나라에 들어가 欽天監官員 何國勳으로부터 상당히 깊은 『曆象考成』 지식을 습득하고 돌아왔다고 전해지지만, 사온 책들을 보면 『曆象考成』의 본격적인 이해와는 아직도 거리가 먼 것을 알 수 있다. 안중태가 사온 책들은 『七政四餘萬年曆』 3책, 『時憲新法五更中星紀』 1책, 『二十四氣昏曉中星紀』 1책, 『日月交食稿本』 1책 등이 있었는데,[120)] 中星과 交食에 대한 서적을 이때에야 구입해 온 것으로 보아 『曆象考成』을 적용한 中星과 交食에 대한 지식을 이때까지도 거의 알지 못했다고 짐작할 수 있다. 그렇다면 1732년(영조 8) 이전에 조선에서 습득한 『曆象考成』의 역법지식은 曆日과 節侯, 合朔弦望 등의 계산에 국한된 지식이었을 뿐만 아니라

---

117) 『同文彙考』 補編 권4, 「使臣別單」·「謝恩行正使驪川君增副使宋成明別單」, 1655쪽 a.

118) 『영조실록』 권28, 6년 10월 4일 己亥.

119) 『영조실록』 권32, 8년 9월 6일 庚寅.

120) 『영조실록』 권35, 9년 7월 20일 己亥.

이해도 상당히 불완전했다는 것을 알 수 있다.

한편, 조선에서는 『曆象考成』의 지식을 계속 습득해가고 있었으므로 시간이 갈수록 淸曆과 朝鮮曆의 차이가 줄어들어야 할 것인데, 이상하게도 1734년(영조 10)부터는 차이가 더욱 커지기 시작했다. 1734년(영조 10) 2월 司憲府에서 올린 啓辭에서는 "금년의 立春 日時는 중국의 時憲曆과 혹은 앞서기도 하고 혹은 뒤지기도 하는가 하면, 기타 節侯의 進退와 月朔의 大小도 또한 어긋나는 것이 많습니다."고 하여 관상감원을 잡아들여 治罪할 것을 건의하고 있다.[121] 더욱이 이때의 문제는 관상감원의 治罪로 끝날 성질의 것이 아니었다. 1734年曆書의 차이는 다음해 1735年曆書로 이어져서 더욱 큰 문제를 야기하게 되어 있었다. 문제는 크게 두 가지로, 1735년(영조 11)의 윤달을 3월에 두느냐 4월에 두느냐 하는 것과 7·8월의 大小가 어떠한가에 대한 것이었다. 올해의 차이가 다음해로 이어져 내년 曆書에서 더 큰 차이를 만들어 냈고, 閏月과 月의 大小마저 淸曆과 달라지는 커다란 문제를 야기하게 된 것이다.

『曆象考成』의 지식을 수년에 걸쳐 계속 습득해가는 과정에서 이런 일이 벌어진 것은 청나라에서 1734년(옹정 12, 영조 10)부터 또다시 『曆象考成』의 曆元을 개정하여 새로운 日躔과 月離의 수치를 적용했기 때문이다. 청나라의 개정 사실을 알 수 없었던 조선은 1734년과 1735년 曆書에서 커다란 차이를 목격할 수밖에 없었다. 청에서는 이미 1730년(옹정 8, 영조 6)부터 『曆象考成』 방식의 역서에 문제가 노정되고 있었다. 1730년(雍正 8) 8월 1일의 日食에서 戴進賢(Ignatius Kögler, 1680~1746)과 徐懋德(Andreas Pereira, 1690~1743)이 『曆象考成』에 따라 계산한 수치가 실제와 차이가 난다는 점이 莊親王 允祿에 의해 지적되었다. 이에 戴進賢과 徐懋德은 『曆象考成』의 교정에 착수하였고 1732년(옹정 10, 영조 8)에 曆元을 변경하여 새로운 『日躔

121) 『영조실록』 권37, 10년 2월 15일 辛酉.

表』와 『月離表』가 완성되었다.122) 舊法, 즉 『曆象考成』은 康熙 甲子年(1684)을 曆元으로 삼았으나 이때에는 雍正 元年(1723)을 曆元으로 삼았다.123)

조선에서는 이러한 사정을 알아내고 다시 安重泰를 보내서 달라진 점을 叱正하고 새롭게 교정된 『日躔表』, 『月離表』, 『七曜曆法』 등의 서적을 사오게 하였지만 1736년(영조 12)에야 겨우 교정된 『曆象考成』의 新法을 적용하여 曆書를 만들 수 있었다.124) 그러나 그 운용은 아직도 상당히 불완전했던 것으로 보인다. 계속해서 淸曆과 차이가 목격되었고, 1740년(영조 16)과 1741년(영조 17)에는 日月食의 계산과 節氣時刻에서 淸曆과 차이가 더욱 벌어졌다.125) 이 때문에 1741년(영조 17)부터는 매년 동지사를 파견할 때 청나라에서 역법을 배워올 역관을 함께 파견하는 것을 정례화하기로 하여 曆象考成法의 습득에 더욱 노력을 기울였다.126)

5. 『曆象考成後編』과 五星 計算法의 습득

조선에서 曆象考成法을 습득해 가는 도중 청나라는 1742년(건륭 7, 영조 18) 또다시 『曆象考成』의 日躔과 月離를 계산하는 방법에 橢圓

122) 『淸史稿校註』 권45, 「時憲1」, 1640~1641쪽.

123) 『영조실록』 권40, 11년 1월 30일 辛丑. 또한 후에 『曆象考成後編』에서도 같은 曆元을 사용했다.

124) 『영조실록』 권40, 11년 1월 30일 辛丑.

125) 『書雲觀志』 권3, 「古事」/『국역서운관지』, 160쪽(원문 265쪽). "辛酉(1741)本監啓曰……昨今年交食分數節氣時刻 比前尤錯".

126) 『영조실록』 권54, 17년 9월 14일 丙子, "觀象監啓言 近來曆紀比淸曆多所差違 淸於節使赴燕時 擇送本監曆官一人於彼中 學得推步作曆之法 而每年差送 永爲定式 上從之". 해마다 差送하던 정식은 1763년(영조 39)에 3년마다 보내는 것으로 바뀌었다(『영조실록』 권102, 39년 6월 19일 乙巳).

法을 적용하고 地半徑差와 大氣屈折 수치를 수정한 『曆象考成後編』을 시행했다. 그러자 조선은 1726년(영조 2)부터 1741년(영조 17)까지 계속되는 노력에도 불구하고 曆象考成法을 완전히 습득하지 못한 상태에서 다시 曆象考成法과 曆象考成後編法을 동시에 습득해야 하는 이중의 어려움을 겪을 수밖에 없었다.

먼저 『曆象考成』은 기존의 『西洋新法曆書』와 내용에서 상당한 차이가 있었기 때문에 이를 단시간에 습득하기가 간단치 않았다.[127] 더욱이 『曆象考成』은 성립되고 나서도 여러 차례 기본 수치를 변경하는 등 계속해서 개정·개선되었기 때문에 조선은 계속해서 청나라의 개정 내용을 따라잡아 배워오는 일이 반복될 수밖에 없었다. 앞서 보았듯이 『曆象考成』은 이미 1730년(옹정 8, 영조 6)의 日食에서 미세한 오차를 보이자 이것을 교정하여 1732년(옹정 10, 영조 8)에 새로이 교정된 『日躔表』, 『月離表』가 만들어졌으며, 이어서 1734년(옹정 12, 영조 10)에도 역원을 다시 1723년(옹정 1, 경종 3)으로 바꾸어 새로 교정하였기 때문에 조선에서는 개정 내용을 따라 잡느라 상당한 어려움을

---

127) 『曆象考成』이 『西洋新法曆書』와 비교해서 달라진 점은 여러 가지가 있지만, 『四庫全書』의 편집자들이 밝힌 것으로도 그 대강을 간취해 볼 수 있다. ①황도경사각의 변화(23°31′30″→ 23°29′30″). ②『서양신법역서』에서는 진태양시와 평균태양시의 차이인 時差를 나타내는 항을 하나로 日差라고 했지만, 『曆象考成』에서는 두 가지로 분리하여 각각 표를 만듦(ⓐ태양과 지구의 거리가 달라지면서 나타나는 부등속 때문에 나타나는 시간차와 ⓑ적도와 황도의 거리가 달라지면서 나타나는 시간차). ③일식 계산에서 三差(高下差, 東西差, 南北差)를 적용할 때 黃道만을 기준으로 하지 않고 白道 요소를 고려하여 계산함. ④食 방위를 황도를 기준으로 東西南北으로 나타내던 것을 지평선과 자오선을 기준으로 上下左右로 나타냄. ⑤오성의 운행이 태양을 중심으로 이루어진다는 티코 브라헤의 방식을 버리고 오성의 本天이 지구를 중심으로 움직인다는 전제하에 계산함. 『曆象考成』/『文淵閣四庫全書』 790책, 「御製曆象考成總目」, 3쪽 c~4쪽 c 참조. 『서양신법역서』와 비교하여 『曆象考成』에서 개정된 구체적인 내용과 천문학적 의미에 대해서는 橋本敬造, 앞의 논문, 1970, 67~85쪽을 참조.

겪었다.

이에 더하여 청나라에서는 1742년(건륭 7, 영조 18)에 또다시 日躔과 月離에 케플러(Johannes Kepler, 1571~1630)의 橢圓法을 적용하고[128] 地半徑差와 清蒙氣差의 수치를 噶西尼(Giovani Cassini, 1625~1712)와 法蘭德(John Flamsteed, 1644~1719)의 것으로 바꾸는 개정을 단행했다. 地半徑差는 3分에서 10秒로 바꾸고, 清蒙氣差는 地平에서 34分, 고도 45度에서 5秒이던 것을 地平에서 32分, 고도 45度에서 59秒로 바꾸었다.[129] 『曆象考成』의 日躔·月離表의 개정논의에 뒤이어 戴進賢, 徐懋德, 明安圖 등 흠천감원이 개정할 구체적인 부분을 찾아내고 梅瑴成(1681~1763)과 何國宗(?~1766) 등 중국인 전문가들이 합류하면서 1737년(건륭 2, 영조 13) 12월부터 개정작업이 본격화되었다.[130] 이 작업은 1738년(건륭 3) 4월에 『日躔表』 九篇을 완성한 것으로 중간성과를 보았고,[131] 이어 1742년(건륭 7, 영조 18)에는 雍正元年癸卯年(1723)을 曆元으로 하는 日躔, 月離, 校宮(交食) 등에 관한 10卷의 책이 또다시 만들어져[132] 이른바 『曆象考成後編』이 성립되었다.

서양천문학사에서는 케플러에 의한 橢圓法으로의 변환은 행성계에서 태양의 중요성을 확인한 우주론적 의의나 등속원운동이라는 고대의 유산으로부터 탈출한 새로운 출발로 해석되는 매우 중대한 의미가 있다.[133] 하지만 『曆象考成後編』에서 채용한 케플러의 橢圓法은 여전

128) 橢圓法의 구체적인 적용에 대해서는 橋本敬造, 「橢圓法の展開」, 『東方學報』 42, 京都大學人文科學研究所, 1972, 245~272쪽을 참조.

129) 『增補文獻備考』 권1, 「象緯考」·「曆象沿革」/『국역증보문헌비고 상위고』 제1책, 70~71쪽(원문 20쪽).

130) 『清史稿校註』 권45, 「時憲1」, 1641쪽.

131) 『清史稿校註』 권45, 「時憲1」, 1641쪽.

132) 『清史稿校註』 권45, 「時憲1」, 1641쪽.

133) A. Pannekoek, *A History of Astronomy*, New York : Dover Publications, Inc., 1961, 239쪽 ; J. L. E. Dreyer, *A History of Astronomy from Thales to*

히 지구를 우주의 중심에 둔 티코 브라헤의 우주체계를 기초로 하여 태양과 달의 행도만을 타원법으로 계산하는 것이었으며, 또한 동양에서는 원래부터 등속원운동에 특별한 의미를 부여하지도 않았으므로 서양에서와 같은 중대한 우주론적 의미는 거의 없었다.[134] 橢圓法은 『西洋新法曆書』나 『曆象考成』에서 離心圓(eccentric circle)이나 周轉圓(epicycle)을 채용하여 계산하는 방법과는 완전히 다른 것이었지만, 이것은 단지 수치의 정밀도를 높이려는 목적으로 도입된 새로운 수학적 기법일 뿐 그 理致는 똑같다는 것이 중국과 조선인들의 생각이었다.[135] 따라서 중국과 조선에서 『曆象考成後編』은 『曆象考成』의 단순한 보충으로 읽혔으며, 원래 『曆象考成』에서 이미 밝혀놓은 것들은 손대지 않고 日躔과 月離를 橢圓法을 써서 계산하고 地半徑差, 淸蒙氣差의 수치만을 부분 수정하여 『曆象考成』에 덧붙여진 책으로 인식되었다.[136]

그러나 『曆象考成後編』이 비록 『曆象考成』의 수정판 정도로 인식되었다고 하더라도 청나라에서 이를 적용하여 역법을 만드는 이상 조선에서는 기존의 『曆象考成』과 개정된 『曆象考成後編』을 함께 익힐 수밖에 없었다. 먼저 日官 安國賓(혹은 安國麟)은 1741년(영조 17) 節使行에서 欽天監의 戴進賢과 徐懋德에게서 역법지식을 배우는 도중

Kepler, New York : Dover Publications, Inc., 1953, 393쪽.

134) 橋本敬造는 『曆象考成』과 『曆象考成後編』의 연속성을 강조하는 태도가 여러 곳에 보이며, 이런 태도는 天動說을 전제로 하는 한 어쩌면 당연한 일이었다고 보았다. 또한 이는 중국 曆算學의 유구한 흐름을 말해주는 것이며, 동시에 中國과 西洋의 사고방식 차이를 보여주는 것이라고 주장했다. 橋本敬造, 앞의 논문, 1972, 265~268쪽.

135) 『曆象考成後編』 권1, 「日躔總論」/『文淵閣四庫全書』 792책, 5쪽 b, "近世西人刻白爾 噶西尼等 更相推考 又以本天爲橢圓 均分其面積爲平行度 與舊法迥殊 然而求盈縮之數 則界乎本輪均輪所得數之間 皆其法之巧合 雖若與第谷不同 而其理 則猶是本天高卑之說也".

136) 『淸史稿校註』, 「時憲1」, 1641쪽, "臣等闡明理數 著日躔九篇並表數 乞親加裁定 附曆象考成之後 顔曰御製後編 凡前書已發明者 不復贅述".

내년(1742, 영조 18)부터 日月과 交食에서는 曆象考成後編法이 적용된다는 사실을 알아내고[137] 日月食을 추보하는 책을 구입해 와서 연구한 끝에 1743년(영조 19)부터는 조선에서도 曆象考成後編法을 써서 일월식 계산이 가능해졌다.[138] 뒤이어 파견된 曆官들도 『曆象考成』과 『曆象考成後編』의 기법들을 익혀 오고, 1745년(영조 21)에는 『曆象考成後編』의 전질을 입수하는 등[139] 지식의 습득에 노력을 기울였다. 그러나 1745년(영조 21)에 조선력에서 淸曆과 다른 점이 지적되어 관상

---

137) 『同文彙考』 補編 권5, 「使臣別單」·「冬至行正使驪善君壆副使鄭彦燮別單」, 1667쪽 c~d, "觀象監曆法釐正事 別定譯官卞重和與日官安國麟 往天主堂見戴進賢徐懋德 進賢西洋人 明於曆理 康熙二十五年來住天主堂 今假銜禮部侍郎 懋德亦西洋人 康熙六十年來住天主堂 今欽天監副加四級也 問曆法差謬 則進賢言 五星用甲子爲元之法(『曆象考成』: 필자 주) 而日月交食 則不專用甲子之法 參用八線表及對數八線表 推以驗天 則其所食分數 違於天者尙多 故交食表 今方窺測釐整 而完工當在來歲云". 이때 戴進賢, 徐懋德과 접촉한 日官이 安國麟인지 安國賓인지에 대해서는 약간의 혼란이 있다. 위의 『同文彙考』의 기록은 日官 安國麟으로 되어 있지만, 『備邊司謄錄』을 인용한 『增補文獻備考 象緯考』의 기록은 "譯官安國麟卞重和 往來於天主堂" (『국역증보문헌비고 상위고』 제1책, 73쪽(원문 21쪽))이라 하여 通譯官으로 되어 있다. 그런데 메디나 신부는 그의 책에서 조선의 천문학자 安國賓이 안드레스 페레이라(Andress Pereira, 중국명 徐懋德)의 지도하에서 북경과학원(欽天監 : 필자 주)에서 공부했다고 적고 있다(Juan G. Luiz de Medina, 앞의 책, 106쪽). 또한 『朝鮮時代雜科合格者總攬』(한국정신문화연구원, 1990)에 올라있는 安國賓과 安國麟은 모두 科名이 등재되어 있지 않아서 譯官인지 曆官인지 확정할 수가 없다. 필자는 메디나 신부의 기록과 뒤에 나오는 『英祖實錄』 권57, 19년 2월 25일 癸酉의 기사에서 천문관원으로서 安國賓의 활동이 중시된 것을 감안하여 이때 戴進賢, 徐懋德과 접촉하여 역법을 학습한 사람을 安國賓으로 暫定한다.

138) 『영조실록』 권57, 19년 2월 25일 癸酉, "我國曆官 疎於日月食時刻推步 每與彼國咨式 先後不合 曾因節使行 貿來日月食推步之冊 (安 : 필자 주)國賓研究融會 作爲文字 與彼法無差". 『曆象考成後編』에 의한 식 계산은 『西洋新法曆書』와 『曆象考成』을 훨씬 능가하여 대단히 정확한 일월식 예보가 가능해졌다. 橋本敬造, 앞의 논문, 1972, 263쪽.

139) 『영조실록』 권62, 21년 7월 13일 癸未.

감원들이 치죄되었다는 사실로부터[140] 이때까지도 『曆象考成』과 『曆象考成後編』의 역법지식을 완전히 습득하지 못한 상황에 있었음을 짐작할 수 있다. 또한 1747년(영조 23) 日官 李德星이 천주당과 흠천감을 왕래하면서 배운 역법지식이 五星의 行度를 계산하는 방법이었다는 점[141]을 볼 때 1747년까지 조선의 曆官들은 『曆象考成後編』에 따른 日月의 行度와 交食에 대해서는 어느 정도 익히고 있었지만, 『曆象考成』에 기초한 五星法에 대해서는 아직 터득하지 못했던 것을 알 수 있다.

『增補文獻備考』「象緯考」에서도 강조하듯이 『曆象考成』이 『曆象考成後編』으로 개정되었지만, 五星의 행도계산은 『曆象考成』을 그대로 사용했다.[142] 오성행도 계산법에 대해서는 『曆象考成』이 적용된 1726年曆書부터 20여 년의 학습기간이 있었지만 조선의 曆官들은 이것을 『曆象考成』과 『數理精蘊』의 數表들에 근거해서 계산하는 방법을 아직 완전히 습득하지 못하고 있었던 것이다.[143] 그로부터 10년이 흐른 1758년(영조 34)에 영조는 관상감원들에게 칠정을 추보하는 법을 시험하였는데, 李德星 등이 추보한 것이 모두 맞아서 상을 내렸다.[144] 『曆象考成』에 의한 오성계산법이 1750년대 말에야 완전해진 것을 알

140) 『영조실록』 권61, 21년 1월 18일 庚寅.

141) 『同文彙考』 補編 권5, 「使臣別單」·「冬至行正使洛豊君楙副使李喆輔別單」, 1669쪽 d~1670쪽 a, "日官李德星 與任譯往來 東西天主堂及欽天監 叩問曆籌諸法 且求未見之書 則果有新定日食籌法 寫本一冊 而今纔刪定 尙未刊行 秘惜殊甚 因欽天監生重價覓見使之謄出賫去 年前所得對數表及八線表 但知其用於交食 而不知其推用於諸曜矣 李德星與欽天監官員 累日究質 盡學其術 則凡交食與諸曜推步之法 居在其中 不待籌計 擧皆瞭然 乘除浩繁之役 比前半減 其他諸般籌法 常所疑碍未解處 一一質問以去".

142) 『增補文獻備考』 권1, 「象緯考一」·「曆象沿革」/『국역증보문헌비고 상위고』 제1책, 70~71쪽(원문 20쪽).

143) 오성계산법 자체가 『西洋新法曆書』의 방식과 달라짐으로써 이러한 어려움은 더욱 가중된 것으로 볼 수 있다.

144) 『書雲觀志』 권3, 「古事」/『국역서운관지』, 162~163쪽(원문 268~269쪽).

수 있다.

한편, 청에서는 1742년(영조 18)부터 그동안 시헌력에서 사용하지 않던 紫氣를 七政曆에 다시 도입했다.[145] 紫氣, 羅睺, 計都, 月孛를 四餘[146]로 부르는데, 紫氣는 일찍이 그 천문학적 실체가 불분명해서 湯若望은 『崇禎曆書』를 편찬할 때 이를 없애버렸다. 紫氣는 28년을 주기로 천구를 한바퀴 돌지만 羅睺(黃白道 교점 중 升交點), 計都(黃白道 교점 중 降交點), 月孛(白道의 遠地點) 등과 달리 천문학적인 의미가 명확하지 않은 가상의 천체이다. 命課學에서 紫氣는 오랫동안 사용되어 왔기 때문에 자기를 없앤 것에 대한 불만이 상당히 있었지만[147] 曆局大獄을 역전시키며 승리한 南懷仁은 매우 강력한 미신 배척론자로서 風水, 星占, 候氣說 등에 대한 강력한 비판을 펼친 바 있어[148] 그가 欽天監을 장악한 시기에는 한번 없어진 명과학적 개념들이 다시 時憲曆書에 첨입될 여지는 매우 적었다. 그러나 중국인 학자들의 손으로 이루어진 『曆象考成』의 성립과 함께 역법지식과 관련한 중국적 전통의 부활과 복권에 의미를 두는 경향들이[149] 대두되면서 紫氣는 『曆象

---

145) 『영조실록』 권59, 20년 5월 15일 壬辰, "觀象監啓言 七政曆中 紫氣一曜 彼中自壬戌年(1742)始爲添入 而我國則未之學也"라고 하여 『實錄』에는 청나라에서 紫氣를 1742년부터 七政曆에 첨입해왔다고 기록하고 있지만, 청나라의 사료에서는 이것을 1744년으로 기록하고 있어서 주의를 요한다(乾隆九年(1744)條에 "是年更定羅睺計都名目 又增入紫氣爲四餘"라고 했다. 『淸史稿校註』, 「時憲1」, 1642쪽). 서술의 구체성으로 보아 『實錄』의 기록에 따른다.

146) 四餘에 대해서는 이은희, 앞의 박사학위논문, 162~169쪽 참조.

147) 이미 1660년에 楊光先은 「摘謬十論」에서 탕약망이 紫氣를 없앤 것은 문제라고 지적했다. 楊光先, 『不得已』, 「摘謬十論」·「削除紫氣之新」/吳相湘主編, 『天主敎東傳文獻續編』 제3책, 學生書局, 民國55년(이하 『不得已』의 인용은 모두 이 책을 따름), 1176~1177쪽.

148) 『新製靈臺儀象志』/續修四庫全書 1131책, 725쪽 c~726쪽 a. 候氣說에 대한 본격적인 논의는 黃一農, 「中國傳統候氣說的演進與衰頹」, 『淸華學報』 23-2, 1993, 125~147 ; Huang Yi-Long and Chang Chih-ch'eng, 「The Evolution and Decline of the Ancient Chinese Practice of Watching for the Ethers」, *Chinese Science 13*, 1996, 82~106쪽 등을 참조.

考成後編』에서 다시 도입되기에 이르렀다.

이런 복고적인 경향은 이후 1752년(건륭 17, 영조 28)에 觜宿와 參宿의 순서를 『西洋新法曆書』 이전의 상태로 되돌리는 조치에도 이어졌다. 원래 전통적으로 써오던 28宿 중 서쪽 별자리의 순서는 奎婁胃昴畢觜參으로 되어 있었으나, 『西洋新法曆書』에서 서양식 세차운동을 적용하여 위치를 다시 측정하자 觜와 參의 위치가 서로 뒤바뀌게 되었고 시헌력에서는 奎婁胃昴畢參觜의 순서로 고정되었다. 그런데 1752년 『靈臺儀象志』의 항성위치표를 개정하는 일에 착수하면서 莊親王 允祿 등은 二十八宿 중에서 參宿와 觜宿의 순서를 바꾸기를 청하였고, 이를 조정에서 논의하여 1754년(건륭 19)을 시작으로 觜宿와 參宿의 순서를 원래대로 환원하기로 했다.[150] 이들은 항성의 위치가 실제로 옮겨졌기 때문에 순서를 바꾼 것이 아니라 參宿의 距星을 전통적으로 써오던 맨 서쪽별로부터 맨 동쪽 별로 바꾸는[151] 편법을 사용하여 별자리의 순서를 옛날로 되돌리기로 했다. 이 조치가 천문학적 정확성보다는 전통의 부활에 의미를 둔 것이었음을 잘 알 수 있다.

청나라에서 벌어진 이런 조치들은 당연히 조선에도 영향을 미쳤다. 조선에서는 1742년(영조 18)부터 紫氣가 도입되어 성립한 새로운 명과

149) 橋本敬造는 『曆象考成』에 수시력 이전의 중국력의 이데올로기와 조화를 의도하고 보다 중국적인 외관을 강하게 하려는 생각들이 반영되어 있다고 했다. 橋本敬造, 앞의 논문, 1970, 68쪽.

150) 『淸史稿校註』 권45, 「時憲1」, 1642쪽, "(乾隆)十七年 莊親王允祿等言儀象志所載之星 多不順序 今依次改正 共成書三十卷 賜名儀象考成 是月莊親王等復奏改正恒星經緯度表 並更定二十八宿値日觜參之前後 勅大學士會同九卿議奏 十一月 大學士傅恒等言 請以乾隆十九年爲始 時憲書之値宿 改觜前參後 從之".

151) 『欽定儀象考成』, 「御製儀象考成序」/『文淵閣四庫全書』 793책, 6쪽 d, "儀象志以參宿中三星之西一星 作距星 則觜宿在後參宿在前 今依次順序以參宿中三星之東一星 作距星 則觜前參後 與古合". 參宿는 서양의 오리온자리에 해당하는데 距星은 오리온자리의 허리에 일렬로 서 있는 세 별 중 맨 동쪽별이다.

학적 방법들, 즉 推步法, 坐向法, 涓吉法 등을 수입해야 했다. 다행히 1743년(영조 19)의 燕行에서 이것들을 거의 완전하게 습득하여 왔고 이를 1745년의 역서에 반영하기로 하였지만,[152] 1754년(영조 21)부터는 또다시 觜宿와 參宿의 순서가 바뀌면서 이를 적용하는 데 곤란을 겪을 수밖에 없었다. 청 禮部는 이 조치를 1753년(건륭 18, 영조 29) 2월에 咨文을 통해 조선에 알려왔고 조선에서는 그 해 8월에 이에 따르기로 回咨했다.[153] 그러나 청에서 觜宿와 參宿를 포함한 정확한 恒星位置表를 조선에 주지 않았기 때문에 조선은 이를 曆書에 반영할 수가 없었다. 일반역서(時憲曆書, 즉 時憲日課曆)에서는 觜와 參의 순서만 바꾸어 간단히 표기해주면 되었지만, 오성의 위치가 별자리에서 떨어진 거리를 알려주어야 할 七政曆書에서는 觜宿와 參宿의 정확한 距星 위치가 필요했던 것이다.

이에 조선은 曆官 安國賓을 시켜 직접 관측하고 이 관측치에 근거하여 七政曆과 時憲曆書에서 觜와 參의 위치를 모두 바꾸는 조치를 취했다.[154] 『恒星表』 또한 그 해(1753년, 영조 19)의 節使行에서 구하고[155] 1754년(영조 20)에도 曆官 安國賓, 李世淵, 金兌瑞 등이 『新法中星紀』, 『五夜排時法』 등을 구해와 조선의 실용시각에 맞춘 『漏籌通義』를 지어냈다.[156] 청나라에서 『靈臺儀象志』를 개정하여 만든 새로

152) 『영조실록』 권59, 20년 5월 15일 壬辰.

153) 『同文彙考』 原編 권42, 「曆書」·「禮部知會觜參星位改正咨」, 809쪽 d~810쪽 c.

154) 『영조실록』 권79, 29년 5월 6일 辛酉.

155) 『同文彙考』 補編 권5, 「使臣別單」·「冬至行正使洛豊君楙副使李命坤別單」, 1672쪽 b~c, "果得新刊恒星表及七曜推籌等書". 항성위치표는 중국에서 이미 1752년에 관측·완성되었지만, 이것이 『儀象考成』으로 출판된 것은 1756년이었다. 그러므로 이때의 항성표는 『儀象考成』으로 출판되기 이전에 임시 편집된 것을 입수한 것이었다. 『靈臺儀象志』와 『儀象考成』 등의 항성목록의 변천에 대해서는 潘鼐, 『中國恒星觀測史』, 學林出版社, 1989, 372~388쪽을 참조.

156) 『영조실록』 권81, 30년 4월 17일 丙寅.

운 항성목록을 적용하는 일이 약 2년여의 노력으로 완료된 것이다.

『曆象考成』이 적용된 1726년(영조 2)부터 20여 년의 기간 동안 조선은 치열한 노력을 통해 중국에서 개정된 역법의 내용을 계속해서 따라잡고 있었다. 『曆象考成』의 적용(1726年曆書부터 적용), 『曆象考成』의 曆元 교정(1734年曆書부터 적용), 『曆象考成後編』의 적용(1742年曆書부터 적용), 『儀象考成』의 편찬(1754년부터 觜宿와 參宿 자리바꿈으로 적용 시작) 등으로 이어지는 청조에서의 일련의 역법 개정작업을 따라 배웠던 조선에서 중국역서와 비슷한 수준의 역서를 만들어내고 천문역산학의 운용에 어느 정도 자신감을 갖게 되는 것은 1760년대부터였다.

이 시기의 자신감을 볼 수 있는 가장 대표적인 움직임은 1763년(영조 39)에 그 동안 매년 파견하던 日官을 3년에 한번씩 파견하도록 한 조치였다.[157] 조선에서는 1700년대 초 許遠의 파견을 통해 時憲七政法을 익혀온 이래 『曆象考成』과 『曆象考成後編』의 습득에 힘을 쏟던 1720년대부터 50년대까지 수시로 日官을 청에 파견하였고, 특히 1741년(영조 17) 이후로는 매년 파견하는 것이 정례화 될 만큼 배워야 할 역법지식이 많았고, 또한 계속해서 새로워지고 있었다. 그러나 『曆象考成後編』이 나온 후 청에서도 더 이상 주목할 만한 역법지식의 변화는 없었고 조선에서의 수입과 이해도 일정 수준에 이르게 되자 3년에 한번의 파견으로도 문제가 없게 된 것이다.

또한 이 시기에 觀象監 천문학 부문의 조직 변화와 확장은 조선에서의 시헌력 운용에 상당한 변화가 있었음을 말해준다. 하나의 예로써 修述官제도를 들 수 있다. 時憲曆法으로 交食을 추보하는 修述官은 『書雲觀志』(순조 18, 1818년 간행)에 定員이 6명으로 되어 있지만[158] 영조 이전에는 정식 관직으로 존재하지도 않았으며 시헌력을 계산하

157) 『영조실록』 권102, 39년 6월 19일 乙巳.

158) 『書雲觀志』 권1, 「官職」/『국역서운관지』, 30쪽.

는 三曆官 중에서 번갈아 단 한 명이 담당했을 뿐이었다. 그러던 것이 1741년(영조 17)에는 중국본『交食籌』를 통해 전문지식을 시험하고 우수자를 차출하는 제도로 바뀌었고, 1770년(영조 46)에는 修述官이라는 정식 관직을 창설하기에 이르렀다.[159] 이것은『曆象考成』의 성립 이후 서양 천문역산학에 대한 이해가 깊어지면서 이의 운용에 전문성을 갖춘 관원들이 대거 필요해졌다는 것을 보여주는 증거이다. 또한 曆書에 필요한 천문학적 계산을 하는 三曆官의 정원이 1741년(영조 17) 이전에는 정해지지 않았으나 이때에 이르러 30명이나 되는 다수로 규정된 것도 이런 변화와 병행하고 있다.[160]

반면 大統曆을 기초로 한 七政算法 계산을 담당하던 推步官의 경우는 시헌력 지식의 중요성이 증가하면서 정원이 줄어드는 역관계를 보여 三曆官의 경우와 좋은 대비를 이룬다. 正祖 辛亥年(1791, 정조 15) 이전에는『七政算內篇』의 추보를 맡기로 되어 있는 추보관이 10명이나 되었다.[161] 숙종 때까지도『七政算內篇』을 담당한 推步官들은 時憲曆의 추보를 담당했던 三曆官들에 비해 그 중요성이 거의 줄어들지 않았을 것으로 보인다. 효종대의 시헌력 도입에서부터 曆書의 작성과 推步가 시헌력 중심으로 진행하는 과정에 있었지만, 七政算法에 의한 대통력은 여전히 命課學에 그대로 쓰였고 국가적인 節祀나 祭祀는 현종 때까지도 대통력을 사용하고 있었기 때문이다.『七政算內外篇』은 숙종(재위 : 1675~1720) 초기는 물론,[162] 조선후기까지도 계속해서 일월식의 계산과 예보에 중요하게 사용되었다.[163] 그러나 肅宗代 후반

159)『書雲觀志』권1,「官職」/『국역서운관지』, 31쪽.

160)『書雲觀志』권1,「官職」/『국역서운관지』, 30쪽.

161)『書雲觀志』권1,「官職」/『국역서운관지』, 31쪽.

162)『承政院日記』숙종 15년 3월 25일 壬辰, "更令他日官 詳細考算 則食分甚明 俱在內外篇 而外篇之法 尤爲分明 初虧於丑初而虧自正東 復圓於卯初而圓自正西 此實大統曆法 時憲曆則未及考算 吻合至此 不差毫末".

163)『書雲觀志』권2,「交食」/『국역서운관지』, 81쪽.

으로 갈수록 『七政算內篇』을 담당했던 推步官들의 위치는 점점 낮아졌으며, 급기야 1791년(정조 15)에는 추보관의 인원수를 줄이는 것과 아울러 아예 時憲曆의 교식을 담당한 修述官이 『七政算內篇』의 계산까지 담당하도록 했다.164) 그만큼 『七政算內篇』의 계산은 중요성이 줄어들었고, 시헌법이 지속적으로 중요성을 획득해 가는 변화가 영조대에 이루어진 것을 짐작할 수 있다.

1782년(정조 6) 간행된 『天歲曆』의 편찬은 영조시대에 정비된 천문역산학의 결실로서 의미가 있다. 정조 원년(1777)부터 그 후 1백 년간에 있을 절기 시각을 추산하여 실은 『千歲歷』은 원래 영조 때에 관상감에서 만들어내고자 한 것이었다.165) 英祖代 후반의 관상감원들의 시헌력법 이해는 『千歲歷』을 기획할 만큼 상당한 수준에 이르렀던 것이다.

6. 本國曆의 시행과 한계

조선에서는 1726년(영조 2) 曆書부터 曆象考成法이 적용되고 이를 익히는 과정에서 本國曆 시행의 문제가 부각되기 시작했다. 문제의 단초는 앞서 살펴 본 1734년(영조 10)과 1735년(영조 11) 曆書였다. 1734年曆書에서 몇몇 節氣의 시각이 淸曆과 달랐는데, 이것은 잘못된 추보 때문이 아니라 조선의 경위도를 기준으로 계산했기 때문에 북경을 기준으로 계산한 청력과 달라진 것이었다. 그러나 이때는 실용에 큰 지장이 없었기 때문에 크게 문제되지는 않았다.

지나칠 수 없는 문제는 1735年曆書에서 나타났다. 1734년의 차이가 증폭되어 1735년에는 윤달과 月의 大小까지 淸曆과 차이가 났던 것이

164) 『辛亥啓下觀象監釐正節目』(奎2222), 3쪽 b.
165) 『書雲觀志』 권2, 「治曆」/『국역서운관지』, 71쪽.

다.[166] 조정에서는 하루속히 1735년의 역서를 중국에서 얻어 와서 문제점을 파악할 수 있기를 기대했지만 1735年曆書는 10월 1일에야 반사되기 때문에 연행사가 이를 가지고 와서 국내에서 참고하여 국내 역서를 인쇄하는 것은 시간적으로 무리가 있었다. 때문에 미봉책으로 1735年曆書에서 윤달 문제가 발생할 3·4월의 數板은 인쇄하지 않고 있다가 청나라의 역서를 보고 윤달을 결정하여 인쇄하기로 했다.

그런데 문제는 그리 간단하지 않았다. 청나라에서는 『曆象考成』의 曆元을 개정한 新法에 따라 계산하여 1735년(옹정 13, 영조 11)의 역서에서 윤4월을 두고, 7月小·8月大로 정했다. 그러나 윤달이 3월인지 4월인지를 결정하는 데 중요한 中氣인 小滿의 時刻이 4월 29일 子正 근처에 걸려 있어서 조선에서는 문제가 복잡해졌다.[167] 중국을 기준으로 新法으로 계산하면 小滿의 入氣時刻은 4월 29일 子初2刻으로 4월달 내에 있게 되고, 그 다음 달이 中氣가 없는 달이 되어 5월이 閏4月이 되어야 했다. 반면 조선이 曆元이 개정된 新法에 따른다면, 小滿의 入氣時刻은 4월 29일 子正1刻8分으로 4월달의 바깥에 있게 되고, 4월이 中氣가 없게 되어 이 달이 閏3月이 되어야 했다.[168] 청나라처럼 『曆象考成』을 교정한 新法을 따르자니 오히려 윤달이 달라지고, 閏4月로 청나라와 윤달을 맞추자면 新法을 버리고 『曆象考成』의 옛날 방식대로 계산을 적용해야 하는 모순이 발생했던 것이다.

이 문제는 조정에서 공론화되었다. 備邊司의 堂上이 임금을 알현한 자리에서 여러 가지 의견이 개진되었고, 그 결과 청나라 曆書에 따라서 閏4月로 하고 예전의 『曆象考成』의 방식을 따르는 것으로 근거를 삼기로 했다. 또한 新法으로 계산하면 조선에서는 7月大·8月小가 되

---

166) 『영조실록』 권38, 10년 4월 10일 乙卯.

167) 『영조실록』 권39, 10년 11월 19일 庚寅.

168) 달의 명칭은 그 달에 들어있는 中氣에 의해 결정되는데, 小滿이 들어있는 달은 4월이 된다. 中氣의 배치와 置閏의 원리에 대해서는 전용훈, 앞의 논문, 2002, 1~6쪽 참조.

어야 했지만, 이것도 청나라의 역서를 따라 7月小·8月大로 하기로 했다. 그리고 이 경우에는 1704년(숙종 30)에 조선 역서에서 11·12월의 大小를 中國曆에 따랐던 예를 근거로 삼았다. 각고의 노력으로 자국의 경위도에 맞는 曆書를 제작할 수 있는 지식을 익혔지만 중국과의 정치·외교적인 관계를 무시할 수 없었던 조선에서는 절기 날짜와 월의 대소를 中國 曆書에 맞추기 위해 이미 폐기된 옛날 지식을 근거로 삼는 모순적인 결정을 할 수밖에 없었던 것이다.

북경과 한양의 經度差로 인해 淸曆과 朝鮮曆이 차이가 나는 일은 자주 일어나지는 않지만, 조선이 자국력을 따를 것인지 淸曆을 따를 것인지는 이런 일이 있을 때마다 문제가 되었다. 1772년(영조 48)에 미리 계산된 1775년(영조 51) 曆書에서 한 달에 세 절기가 드는 문제가 발생했다. "定氣法에 따라 節氣를 配置한다"는 時憲曆의 기본원칙을 따른다면, 이것은 전혀 문제될 것 없어서 한 달에 세 개의 절기를 두면 되는 것이었다. 그러나 당시 조선 조정에서는 이에 대해 청나라의 의사를 물어 그것이 문제될 것이 없다는 것은 확인 받고서야 그대로 시행할 수 있었다.[169] 조선에서는 자체적으로 本國曆을 생산할 수 있다고 하더라도 曆書에 부여된 조·청관계의 표상적 의미로부터 자유로울 수가 없었고, 청나라에서 반사되는 正朔을 따를 수밖에 없었던 것이다.

조선에서 자국의 경위도에 맞는 실질적인 자국의 역서를 갖추고자 하는 지향은 英祖代 후반부터 서서히 나타났다. 이는 기본적으로 시헌력법 지식의 운용에 자신감이 생기면서 일어난 변화로 볼 수 있다. 『東國文獻備考』「象緯考」에서 徐浩修(1736~1799)는 다음과 같이 쓰고 있다.

"臣이 삼가 우리나라의 節氣·交食을 생각해볼 때 里差에 시간을

169) 『書雲觀志』 권3, 「古事」/『국역서운관지』, 166~167쪽(원문 276쪽).

더하는 방법은 이미 時憲曆書에 실려 있으므로, 이제 觀象監에서는 이 表를 참작하여 추산할 수 있습니다. 朔望時刻은 曆書에 따로 각 省에서의 가감하는 條目을 설명하지 않았습니다. 그러므로 中曆을 그대로 쓰면서 변통할 줄을 모릅니다. 가령 이제 庚寅年(1770) 正月에 燕京에서 合朔이 卯正 3刻5分에 있다고 하면, 漢陽에서의 合朔은 마땅히 2刻12分을 더하여 辰初 2刻2分이 되는데, 이는 시각이 차이나는 것입니다. 2월의 燕京에서의 合朔이 子初 2刻5分에 있다고 하면 漢陽에서의 合朔은 마땅히 2刻12分을 더하여 다음날 子正 1刻2分이 되는데, 이는 날짜가 차이가 나는 것입니다. 時差는 中國曆대로 해도 큰 관계가 없지만, 日差는 中國曆대로 한다면 전달이 응당 커야 할 것이 작아지고, 이번 달이 응당 작아야 할 것이 커져서 干支가 옮겨지고, 節氣 또한 이에 따르게 되므로, 이는 명백하게 따지지 않으면 안 됩니다. 또 中星은 漢陽의 자오선을 기준으로 하면 여러 별자리의 偏度가 燕京과 다르게 됩니다. 해시계와 물시계도 漢陽의 北極高度를 기준으로 하면 五更率分이 燕京에 비하여 빠릅니다. 그러나 지금 觀象監의 『中星紀』나 『漏籌通義』는 모두 燕京法대로이니, 이는 거의 北平臺官이 南方의 晷漏를 답습한 것으로서 梅文鼎에게 비난받은 것입니다. 그러나 中星과 晷漏는 儀器를 가지고 우리나라의 자오선을 實測한 후에야 진정한 時刻과 度分을 알 수 있는 것으로, 셈대를 잡고 表를 검사하는 정도로는 다 알 수 있는 것이 아닙니다. 또 이 編에서는 모두 이미 행해지고 있는 법을 적어놓은 것이고, 감히 아직 시험하지 못한 이론까지는 이야기하지 못하였습니다. 그래서 그대로 燕京法에 의하여 엮었습니다."[170]

인용문에서 볼 수 있듯이 節氣와 交食에서 里差, 즉 經度差에 따라 시간을 더해주거나 빼주는 방법은 조선에서도 시헌력 이론서에 따라 적용할 수 있었기 때문에 日月食의 예보 시간이 중국과 차이가 나는 것을 알았으며 또 이것을 관측으로 확인할 수 있었다.

朔望時刻을 엄밀하게 本地의 경위도에 따라 추산하게 되면 어떤 경

---

170) 『增補文獻備考』 권2, 「象緯考二」·「東西偏度」/『국역증보문헌비고』 「상위고」 제1책, 125~126쪽(원문 36~37쪽).

우에는 大小月이 중국력과 다르게 되고 또한 1735년(영조 11)의 예에서 보았던 것처럼 節氣時刻에 따라 날짜가 달라짐으로써 윤달의 위치마저 중국력과 달라지는 일이 생기게 된다. 조선에서는 『東國文獻備考』「象緯考」가 편찬되던 1770년(영조 46)까지 절기의 날짜, 월의 대소, 윤달의 위치 등에서 중국과 차이가 나는 명실상부한 한양의 경위도에 기준한 역서를 사용하지 못하고 있었지만 中星과 時刻을 한양의 위도에 맞추지 않은 것은 "北平臺官이 南方의 晷漏를 답습한 것으로서 梅文鼎에게서 비난받은 것"과 같다는 徐浩修의 서술을 보면 1770년대에는 마음만 먹으면 본국의 경위도에 맞춘 역서를 만드는 것이 가능하고 또 그렇게 해야 한다는 지향이 있었음을 알 수 있다. 그리고 이것은 『曆象考成』과 『曆象考成後編』의 성립 이후 조선에서 줄기차게 계속되어 온 시헌력지식의 습득 노력으로 역산지식에 대한 원리적인 이해가 완전해졌기 때문이었다.

또한 시헌력 운용에서 얻은 자신감은 영조대(재위 : 1725~1776) 후반부터 조선 각지의 北極高度를 算定하려는 움직임으로 나타났다. 조선팔도의 북극고도 산정은 측정치를 지도제작에 활용함으로써 보다 정확한 지도를 만들고자 하는 지리학적 관심에서 시작되었다는 의견도 있지만,[171] 다른 한편으로 이것은 중국이 13省 각지에 북극고도와 東西偏度를 적용하여 晝夜·節氣時刻을 산정하고 있었기 때문에 이의 제도를 본받아 조선팔도에서도 각지의 晝夜·節氣時刻을 산정해주어야 가장 정확한 본국의 역법이 된다는 생각에서 출발한 것이다. 영조 때 黃胤錫은 바로 이런 의도를 피력하였고,[172] 서호수는 『東國文獻備考』「象緯考」에서 같은 요지의 아쉬움을 토로했다.

---

171) 배우성, 『조선후기 국토관과 천하관의 변화』, 일지사, 1998, 388쪽.

172) 『頤齋亂藁』, 정신문화연구원 탈초영인본(제4책), 1998, 109쪽, "我國曆法 亦據時憲 所測漢城府刻分而已 自京以外 南至濟州 北至穩城 實四千里 北極之高 殆差二十度左右 則晝夜長短然矣 日出入 又安可强而同之 況午景 亦由東西經度而差 故不若各隨本地本日測用之爲眞也".

> "漢陽으로부터 남쪽으로 海南縣에 이르기까지 거의 千里인데, 직선거리로 측정하면 海南에서의 北極高度는 한양에 비해 마땅히 2~3度는 낮을 것입니다. 그리고 한양으로부터 북쪽으로 三水府에 이르기까지는 거의 2千里가 되는데, 직선거리로 추산하면 三水府에서의 北極高度는 한양에 비해 마땅히 4~5度가 높을 것입니다. 그리고 그 밤낮의 길이는 모두 한양을 기준으로 하고, 북극의 高低에 따라 가감해야 합니다. 그러나 우리나라의 步尺은 정확하지 못하므로, 만약 儀器로 實測하지 않는다면 里差의 비례를 가지고 그 값을 결정하기는 어렵습니다."[173]

이미 1760년(영조 36)에 徐浩修의 아버지인 徐命膺이 이의 필요성을 제기하였고,[174] 나아가 그는 『緯史』에서 개인적으로 조선팔도 각지의 북극고도를 산정하여 적고 있었다.[175] 이때 徐命膺의 추산은 이미 黃胤錫, 申景濬 등도 공유하고 있었다고 하므로[176] 이 시기 팔도의 북극고도 산정에 대한 의견은 상당히 널리 퍼져 있었다고 생각된다.

조선팔도의 북극고도 산정사업은 정조대에 李家煥(1742~1801) 같이 천문역산에 밝은 측근들에게서 전폭적인 공감을 얻어 국가적인 사업으로 실천되었다. 이가환은 1789년(정조 13)에 정조가 내린 「天文策」에 대한 답에서 조선에서도 경위도 산정 작업을 해야 한다고 주장했다. 그는 "만약 서울에서 관측한 것만을 쓴다면 하늘을 공경하고 백성에게 시간을 내려주는 뜻에서 이만큼 흠결인 것이 있겠느냐"고 하면서 각지에 天文官을 파견하여 경위도를 실측할 것을 건의했다.[177] 정조는

173) 『增補文獻備考』 권2, 「象緯考二」·「北極高度」/『국역증보문헌비고 상위고』 제1책, 120쪽(원문 34쪽).

174) 『영조실록』 권96, 36년 12월 7일 丁丑.

175) 서명응의 북극고도 산정논의에 대해서는 배우성, 앞의 책, 386~388쪽에 자세하다. 한편 서명응은 『先句齊』에서 북극고도를 측정하는 세 가지의 각기 다른 방법을 자세하게 설명하고 있어서 그의 측정치는 상당한 이론적인 토대에서 실측된 것임을 알 수 있다. 『先句齊』, 「極度齊」·「諸星測極」, 14쪽 b~16쪽 b.

176) 배우성, 위의 책, 389쪽, 주 129).

1791년(정조 15) 관상감의 신하들에게 명하여 비변사에 보관되어 있는 「八道輿圖」를 가지고 各道 觀察營의 北極高度 및 한양을 기준으로 한 東西偏度를 量定하게 했다.[178]

---

177) 李家煥, 『錦帶殿策』 5~6쪽, "只用都城之所測者 其於若昊授時之義 豈非欠闕之大者乎 臣謂分遣臺官隨地測驗 定其不同之分數 而應天道而便民用 恐不可已也".

178) 문중양은 이때의 북극고도 산정이 실측에 의하지 않고 「八道輿圖」의 里差 비례에 근거하여 간접적으로 산출된 것이라는 사실로부터 실측을 통한 천문역산상의 발전이라는 의도보다는 청나라의 역서 못지 않은 내용과 수준을 펴내고자 하는 정조의 의지의 반영이라고 주장했다(문중양, 앞의 논문(2001B), 218쪽).

하지만 이 사업은 실측에 의하지 않았다는 것 때문에 천문학적으로 과소평가될 수 없다. 정조 당시의 관측기술 수준으로는 실측으로 각지의 북극고도와 동서편도를 정확히 산정하는 것은 가능하지 않은 일이었다. 북극고도의 산정은 象限儀 같은 관측기구를 사용하여 상당한 정밀도로 구할 수 있었을 것이다. 실제로 서명응은 백두산에서 북극고도를 산정한 경험도 있었다. 그러나 東西偏度의 경우는 관측천문학적으로도 매우 어려운 일이다. 당시에 생각할 수 있는 방법이란 각지에서 같은 月食을 측정하여 관측시각의 차이로 동서편도를 환산해 내거나, 망원경을 이용하여 목성과 위성들의 星蝕을 이용하는 방법이 있을 수 있지만, 어느 경우도 간단한 일이 아니다. 망원경 관측은 조선에서 행해진 기록이 아직까지 전혀 없을 뿐더러, 월식관측을 통해 동서편도를 얻는 기술도 기본적으로 요구되는 관측기술 수준과 정밀성을 당시 조선의 관측천문학 수준에서는 감당할 수 없었을 것이다. 東西偏度를 산정하는 일은 物力이 많이 들고 관측의 어려움으로 인해 『崇禎曆書』의 편찬 때에도 지도를 이용할 수밖에 없었다. 그리고 이 수치는 『西洋新法曆書』와 『新法算書』에 그대로 실렸다. 康熙年間에 새로 산정된 동서편도도 천문학적 방법으로 실측된 것이 아니라 지도상의 지리적인 거리를 적용하여 산정한 것이다. 『明史』 「天文志1」/『二十五史』(경인문화사 영인본), 『明史』 上冊, 364~365쪽), "今各省差數 未得測驗 據廣輿圖計里之方約略條列 或不致甚舛也"; 『淸史稿校註』 권26, 「天文一」, 1063쪽, "新法算書所載各省北極高及東西偏度 大概據輿圖道里定之 多有未確 今以康熙年間 實測各省及諸蒙古高度偏度 並乾隆時憲所增省分與回疆部落 兩金川土司等 晝夜長短 節氣早晩 推得高度偏度備列焉".

> "동서편도는 역법의 綱要이다. 漢陽의 立春이 子初3刻의 끝에 있으면 동쪽으로 치우쳐 1度를 지난 곳은 하루 뒤질 것이고, 子正初刻의 처음에 있으면 서쪽으로 치우쳐 1度를 지난 곳은 하루 앞설 것이다. 立春은 두 해가 바뀌는 것에 관계되니 더욱 중하다"[179]

이어 徐浩修의 주도로 전국팔도 監營의 北極高度와 東西偏度가 산정되었고, 이 수치는 1792년(정조 16)부터 팔도에 반포하여 시행하기로 결정되었다.[180]

그러나 실시하기로 했던 1792년(정조 16), 臣僚들의 반대에 부딪쳐 이 계획은 결국 시행되지 못했다. 표면적으로 반대의 근거는 命課學書인 『協紀辨方書』의 인쇄도 겹쳐 있어서 曆書에 팔도의 주야시각과 절기시각을 함께 인쇄하는 작업은 觀象監의 物力으로 무리라는 것이었고 조선팔도에서 경위도의 차이에 따라 달라지는 晝夜時刻은 分刻을 넘지 못하므로 뜻은 좋지만 이득이 별로 없다는 것이었다.[181] 그런데 당시 관상감 제조 徐龍輔는 "外國에서 曆書를 만드는 것은 이미 法으로 禁하고 있고 또 各道의 경위도에 맞는 절기시각과 주야시각을 曆書에 첨가하는 것은 한갓 일을 확대하는 것 뿐"이라고 주장했다.[182]

---

179) 『書雲觀志』 권3, 「古事」/『국역서운관지』, 169~170쪽(원문 282~283쪽).

180) 『정조실록』 권33, 15년 10월 11일 壬子.

181) 『정조실록』 권35, 16년 6월 16일 癸未 ; 『備邊司謄錄』 정조 16년 6월 19일, "檢校直提學徐有防所啓 協紀辨方等冊子 臣方叩閽識 承命監董其抄刻之役 而第於曆書中新頒節氣一事 適固言端 敢此仰違矣 昨年之白雲觀添刊三張者 盖欲其推地方之遠近 驗節氣之早晩 以爲敎民授時之意 而第農家節氣 東西南北江海峽野 地各不同 節亦隨異 而若其彼此之差殊 特不過分刻之間 況耕鑿雖雖之類 不識不知 專昧此等推步之法 則今雖廣布而遍行 徒歸觀瞻之美 別無利害之端 且其添刊之際 本監事力之不逮 京外買賣之難便 自致掣肘防碍之弊 方外諸議 亦以爲似當趁卽釐改 不必以乍始旋止 爲未安云 而事係曆象 織非句管 不敢遽請停罷 下詢大臣而處之如何".

182) 『書雲觀志』 권3, 「古事」/『국역서운관지』, 156쪽(원문 256쪽), "是徐龍輔 提擧本監 以外國造曆旣是法禁 又添此例 徒涉張大 筵白罷之".

바로 표면적으로 물력의 부족이 제시되었지만 이 일이 좌절된 숨은 원인이 청나라와의 외교적 관계를 고려해야 했던 번속국의 난처함에 있었던 것임을 알 수 있다. 그만큼 本國曆의 시행은 宗主國과 藩屬國이라는 형식적인 朝·淸관계로부터 쉽게 자유로울 수 없었다.

전국팔도의 북극고도와 동서편도를 적용하는 일은 무위에 그쳤지만, 정조대 시헌력 지식의 운용에 대한 자신감은 士民國家로서의 자존을 보존하고 漢·唐의 天子像을 빌어 초월적 군주상을 정립하고자 했던 정조의 정책적 의도와[183] 맞물려 정조대 후반 本國曆의 시행으로 결실을 맺었다. 정조는 1791년(정조 15) 팔도의 북극고도 산정작업에 대해 『書經』의 「堯典」[184]의 이념, 즉 觀象授時의 이념을 근거로 들었다. 堯임금이 羲和에게 命하여 天象을 관찰하고 백성들에게 시간을 내려주었듯이, 조선팔도 각지의 경위도에 맞는 정확한 시간을 백성들에게 내려주는 것이 제왕의 가장 상징적인 통치행위라는 것이다. 또한 정조는 華城에 황제의 수도로서 권위를 부여하고자 皇橋, 大皇橋, 萬石渠, 祝萬堤, 萬年堤, 萬安堤 등의 명칭을 붙였듯이 청나라의 天子를 의식하지 않을 정도로 자주적인 태도를 견지했다.[185] 이것은 바로 정조대 本國曆의 시행이 천문역산학 부문에서 徐浩修 같은 전문가들의 지식과 정조 자신의 의도가 결합하면서 가능했음을 보여준다.

1797년(정조 21) 丁巳年曆書에 대한 다음의 서술은 정조대 자국력 시행의 상황을 잘 보여준다.

---

183) 한영우, 『정조의 화성행차, 그 8일』, 효형출판, 1998, 79쪽.

184) 정조가 언급한 구절은 다음과 같다. "聖人一言包括曆象之綱經 可與帝堯賓餞之旨 相表裏"(『정조실록』 권33, 15년 10월 11일 壬子). 여기서 "帝堯賓餞之旨"는 요임금이 羲和에게 명하여 해뜨는 것을 맞이하고 해지는 것을 배웅하도록 했다는 것이다. 이는 堯임금이 羲和에게 명하여 천상을 관측하고 백성에게 시간을 내려주게 했다는("乃命羲和 欽若昊天 曆象日月星辰 敬授人時") 觀象授時의 이념을 구체적으로 실천하는 행위를 가리킨다.

185) 화성을 건설과 정조가 지향한 초월적 君主像을 연결시키는 논의는 한영우, 앞의 책, 76~107쪽을 참조.

"겨울 12월에 本監에서 아뢰기를 '오는 丁巳年(1797) 12월의 合朔이 청나라에서는 辰正 2刻14分인데 우리나라에서는 辰正 3刻이므로 서로 차이나는 것이 1分이고, 夏至가 청나라에서는 巳初 初刻8分인데 우리나라에서는 巳初 初刻5分이므로 서로 차이나는 것이 3分이며, 大雪이 청나라에서는 亥初 2刻7分인데 우리나라에서는 亥正 初刻1分이므로 차이나는 것이 1刻9分입니다. 우리나라의 推步는 오로지 立成에 따르므로 혹 時差의 加減에 착오가 있을까 염려하여 다시 曆官을 시켜 한결같이 『曆象考成』의 본법에 따라 상세히 推步하여 살펴보게 하였더니, 合朔·夏至가 서로 수분이 차이나는 것은 다 秒나 微의 나머지 수[頷數]를 올리기도 하고 버리기도 하였기 때문이나, 大雪이 1刻 남짓 차이나는 것으로 말하면 우리나라 冊曆의 均數와 升度에서 時差의 加減이 이미 本法과 마디마디 꼭 맞습니다. 燕京에서 時刻으로 말하더라도 亥初로 해야 할 것인데, 청나라 曆書에 戌正으로 된 것은 저들이 時差의 加減을 잘 살피지 못하였기 때문인 듯합니다. 小滿이 청나라에서는 24일인데 우리나라에서는 25일인 것은 우리나라의 節氣가 燕京에 비해 42分 더하므로 혹 子時 初에서 子時 正으로 바뀌는 때에 해당하면 응당 하루가 차이 나게 됩니다. 모두 우리나라 曆書에 따라 시행하는 것이 어떠하겠습니까?' 하니, 윤허했다."[186)]

이처럼 자국력 시행에 자신감을 얻은 관상감은 다음해인 1798년(정조 22)에는 아예 본국력과 차이가 나는 중국역서를 국왕에게 올리지도 않은 채 조선에서 계산한 시헌력서를 자신 있게 시행하기까지 했다.[187)]

그러나 이와 같은 本國曆 시행은 정조시기 내내 계속된 것이 아니라 몇 차례에 그쳤던 것으로 보인다. 그나마 그 몇 차례도 절기에서 入氣時刻이나 入氣日이 조금 차이가 있는 경우나 월의 대소가 달라지는 경우에 본국력을 고집할 수 있었을 뿐, 만일 윤달의 위치가 淸曆과 달라지는 경우에도 본국력을 시행할 수 있었을지는 의문이다. 이 경우

186) 『書雲觀志』 권3, 「故事」/『국역서운관지』, 172~173쪽(원문 289~290쪽).
187) 『書雲觀志』 권3, 「古事」/『국역서운관지』, 173쪽(원문 291쪽).

曆書는 本國의 경위도에 기준한 정확한 천체운행의 수치라는 기술적(technical) 의미에 국한되는 것이 아니기 때문이다. 윤달의 위치가 달라지는 경우의 曆書는 역서가 가지는 조·청관계의 정치·외교적 표상으로서의 의미에서 자유로울 수가 없다. 황제의 지배질서 아래에 존재하는 藩屬國의 위치에 있는 조선이 宗主國 淸으로부터 반사되는 역서와 눈에 띄게 차이가 나는 독자적인 자국력을 쉽게 시행할 수는 없다. 閏4月 某日 某初某刻에 있을 月食을 관측하고 求食禮를 행한 후 보고하라는 청의 명령을 따라 청나라에 보고하는 咨文에 朝鮮曆으로 閏4月이 아닌, 5月 某日 某初某刻에 월식을 관측했다고 써 보낼 수는 없기 때문이다.

7. 맺음말

조선후기 時憲曆書는 기본적으로 朝·淸관계의 表象으로 기능했다. 19세기에 조선에서 활동한 프랑스 선교사였던 베르뇌(Berneux) 주교는 파리외방전교회 신학교장 알브랑(Albrand)에게 보낸 1865년 11월 20일(양력) 서한에서 朝·淸간에 曆書가 지닌 표상으로서의 기능을 잘 포착하여 기술하고 있다. 그는 "조선이 중국의 소위 友邦이고 한 걸음 더 나아가 從屬國인 것은 사실입니다. 조선에서는 종속의 表로 해마다 중국에 가서 그 曆書를 받아와야 합니다"라고 기술했다.[188] 청은 曆書를 藩屬國에 내려주는 施惠로서 지배권의 상징으로 삼고자 했으며, 조선 또한 曆書에 부여된 이러한 표상적 의미를 공유했다.

그러나 조선후기 時憲曆에는 淸과 朝鮮 사이에서 君臣關係를 넘어서는 더욱 복잡하고 미묘한 관계가 매개되었다. 청의 正朔을 받기 이

188) 샤를르 달레, 안응렬·최석우 역주, 『韓國天主敎會史』, 한국교회사연구소, 2000, 제6판, 하권, 377쪽.

전에 이미, 비록 표면적으로는 明의 正朔을 받아쓰는 형식이긴 했지만, 실질적으로는 『七政算』에 의한 자국의 역서를 만들어 200여 년이나 사용해온 전통이 있었던 조선은 1638년(인조 16)부터 청의 불완전한 正朔을 받으면서도 내부적으로는 이를 무시하고 자국에서 작성한 曆書를 계속해서 발행했다. 1645년 청이 시헌력으로 개력을 단행하자, 조선은 시헌력을 반사받기는 했지만, 여전히 자체적인 평가와 비교를 통해 시헌력의 실질적인 사용여부를 판단하며 1653년(효종 4)까지 계속해서 대통력을 사용했다. 그리고 1654년(효종 5) 비로소 시헌력을 사용하기 시작했다. 宗主國 淸이 사용하는 正朔을 藩屬國 조선이 사용할 수밖에 없는 불가피성이 있었지만, 조선은 이 正朔의 단순한 수용과 사용에 만족하지 않았다. 조선은 시헌력법 지식을 배워와 자체적으로 曆書를 만들어내고자 했으며, 이를 위해 부단한 노력을 기울였다. 그것은 바로 200여 년이나 자국의 역서를 자체적으로 생산해온 전통의 연속을 뜻한다.

이렇게 볼 때 조선후기 時憲曆書로 표상되는 朝·淸關係는 단순한 君臣關係가 아니었음을 알 수 있다. 조선에서의 역서 제작은 청조의 묵인 하에 계속되었고, 이것은 朝鮮王이 청나라 황제의 다른 分封王들과는 완전히 다른 지위를 지니고 있었음을 말해준다. 1801년 黃嗣永은 帛書에서 "다만 時憲書를 사사로이 만든 일과 常平通寶를 사사로이 만든 일, 이 두 가지는 곧 중국 조정에서도 전부터 알고 있으면서도 문책하지 아니한 일이므로, 한번 조사하기만 하면 족히 죄를 나무랄 수 있습니다"고 주장했다.[189] 조선은 공식적인 朝·淸關係 아래서 曆書를 만들 수 없는 藩屬國이었다. 때문에 黃嗣永은 조선에서 역서를 제작하는 것을 문제삼아 조선을 압박할 수 있다고 여겼다. 그러나 청조는 이를 문제삼지 않았고 조선이 時憲曆書를 자국에서 제작·배포하고 있다는 것을 알면서도 묵인했다. 이것은 조선이 일반적인 分封國들

189) 윤재영 역, 『黃嗣永帛書 外』, 정음사, 1975, 107쪽.

과는 달리 특수한 지위에 있다는 것을 청조가 인정했다는 것을 의미한다. 조선은 曆書와 관련하여 형식적으로는 藩屬國이었지만, 내용적으로는 獨立國이었던 것이다.

흔히 曆書의 존재 의의를 농경사회의 필요에서 찾는 시각이 많다. 이런 시각 아래서 "농경사회에서 가장 관심의 대상이 되는 것은 계절변화의 표목인 24절기의 정확한 산출이다. 절기가 가리키는 바에 따라 파종에서 수확까지의 생산활동을 하여야 하였기 때문이다"라고 주장하거나,[190] "효종 당대에 時憲曆의 채용으로 농업에 꼭 필요한 천문역법상의 새로운 기원을 이루었다"는[191] 주장이 나온다. 그러나 농경만을 위해서라면 그토록 오랫동안 청나라의 금령을 어기면서 조선이 시헌력법의 정확한 지식을 습득하기 위해 노력할 필요가 없었다. 사실 농업을 위해서는 어느 정도 정확한 역서가 있으면 되는 것이지, 절기 시각에 따라 대소월이 달라지고 윤달이 달라지는 문제까지를 따져야 하는 정확하면서도 형식화된 역법, 또한 그 시행 여부를 놓고 중국의 눈치를 살펴야 하는 그런 역법을 조선이 꼭 가져야 할 필요는 없다. 오히려 조선에서 시헌력이 필요했던 것은 曆書에 부여된 더욱 근본적인 表象, 즉 그것이 觀象授時의 이념을 구현하는 가장 상징적인 매개체였기 때문이다. 비록 표면적으로는 正朔을 받아쓰는 藩屬國이었지만, 내용적으로는 조선 또한 유교적 정치이념을 지닌 또 하나의 국가로서 "帝王이 하늘을 관측하여 백성들에게 時間을 내려주는" 觀象授時의 이념을 실천하고자 했던 것이다.

190) 이용범, 『중세서양과학의 조선전래』, 동국대출판부, 1988, 173쪽.

191) 원재연, 『조선후기 西洋認識의 변천과 對外開放論』, 서울대학교 박사학위논문, 2000, 90쪽.

서양과학의 수용과 조선의 신법 천문의기

한 영 호*

1. 머리말

16세기 후반부터 예수회 선교사들이 중국에 西教를 전파하는 동시에 서양의 과학기술을 적극 소개하면서 오랜 세월에 걸쳐 축적된 서양과학의 정수가 짧은 기간에 집중적으로 동아시아로 이입될 수 있었다. 이러한 상황 속에서 17세기 이후의 동아시아 제국은 서교와는 갈등 관계를 유지하면서도 西學을 수용해 나가는 이중적인 태도로 서양 문화를 대하고 있었다.

중국에서는 서양 역법을 시행하는 과정 중에 상당한 정치적 갈등까지 빚었으나, 조선의 경우 청조가 時憲曆을 채택한 후에 이를 도입하였으므로 비교적 순탄하게 西曆을 받아들일 수 있었다. 그러나 朝堂에서 시헌력법을 따르기로 결정하는 데는 큰 반대가 없었다 하더라도, 서양 천문학의 결실을 바탕으로 한 새로운 역산 과정을 익혀야 하는 관상감의 실무자들은 고난의 세월을 오랫동안 겪어야 했다. 명말에 『崇禎曆書』를 편찬하는 동안 徐光啓를 비롯한 西洋曆局의 모든 참여자들이 서양 역법의 중국화를 위하여 대단한 노력을 기울였지만, 서양 천문학과 수학에 대한 이해가 전혀 없던 조선의 관상감원들에게는 이것조차 생소하기는 마찬가지였다. 1645년 김육이 인조에게 개력을 상

* 건국대학교 기계항공공학부 교수

소한 후 1654년 효종이 新曆의 시행을 반포하기까지 10년 가량의 준비기간이 소요된 것은 시헌력 자체를 이해하기 위한 것이었다고 할 수 있다. 더욱이 이미 七政算이라는 독자적인 역법을 가지고 명의 大統曆과 어깨를 나란히 하였던 조선 관상감의 입장에서는 자체적으로 작성한 역서의 오류를 막기 위하여 청에서 역산이 어떻게 개선되고 얼마나 정밀해졌는지를 끊임없이 파악할 수밖에 없었으며, 마침내 영조 20년(1744)에 행성의 타원궤도론 등을 반영한 『曆象考成後編』의 방식을 소화하는 데 이르기까지 백년에 걸친 힘든 과정을 거쳐야 했다.[1] 이렇게 조선의 관상감이 서양 선교사의 직접적인 참여도 없이 독자적으로 서양 역법의 계산 방식을 소화해 나가는 동안 천문학을 비롯한 서양과학에 대한 이해의 폭이 자연스럽게 넓혀졌으며, 이것이 實學이라는 새로운 학문 사조를 조선에 정착시키는 데 중요한 역할을 수행하였다고 할 수 있다.

명청간의 왕조 교체를 주변국의 지도층으로서 힘들게 겪은 당시 대부분의 조선 사대부들은 유학에 더욱 집착하면서 자신들만이 中華의 전통을 계승하였다고 자처함으로써 청조에 대해 심정적으로 반발하고 있었다. 서학에 대한 조선 사대부들의 일반적인 반응 역시 청이 앞장서서 받아들인 학문이었다는 데 대한 거부감이 앞서 있었다. 그 결과로 조선에서도 서양과학의 우수함을 여러 경로를 통하여 확인할 수 있었으나 이를 적극적으로 수용하기보다는 서교와의 갈등에 더 큰 관심을 기울이는 상황이 전개되었고, 결국 서학에 대한 소극적 무시 풍조가 주를 이루고 있었다. 따라서 주변의 중국이나 일본에 비해 조선에서는 훨씬 오랫동안 서양 문물의 영향이 미미한 상태가 지속되고 있었다. 그러나 제왕을 위한 학문이면서 고대 과학의 정수인 천문역산에서 발휘된 서양과학의 수월성은 이를 바라보는 일부 조선 학자들의 시선

1) 강재언 저 · 이규수 옮김, 『서양과 조선 - 그 이문화 격투의 역사』, 서울 : 학고재, 1988, 70~79쪽.

을 긍정적으로 바꾸는 데 큰 역할을 하였으며, 더 나아가 서학 전반에 대한 관심을 불러일으키면서 실학의 전개와 확산에 큰 도움을 제공한 셈이다.

15세기 후반부터 조선의 사상계를 완전히 지배하고 있던 주자학적 사유체계를 흔들어 변화시키는 데 작용한 여러 외적 충격 중에서 가장 강렬하였던 것으로 서양과학에서 제시한 우주론을 비롯한 새로운 체계의 자연관을 들 수 있다.[2] 이러한 새로운 세계관의 확산은 중앙 권력에서 약간 멀어진 입장에서 당시의 사회 체제가 가졌던 불합리성에 대해 비판적이던 학자들 사이에서 먼저 일어났으며, 그 중에서 이익을 비롯한 성호학파, 이광사 등 양명학파, 그리고 홍대용을 위시한 북학파의 학자들이 특히 서양과학에 민감하게 반응하였던 그룹이라 할 수 있다. 이들은 전통의 주관적 인식체계 속에 얽매어 있던 자연, 즉 사물의 이치를 끌어내어 객관적 관찰 대상으로 옮겨 놓아 조선의 실학과 서양의 과학기술을 접목시키는 기반을 마련하였다.

그러나 실제로는 이들조차도 대부분은 사유를 통하여 사물의 이치를 관념적으로 탐색하는 유학자의 고답적인 자세를 벗어나지 못하였다. 밀려들어오는 서양과학의 봇물에 실제로 몸을 부딪히며 새로운 학문을 익히고 연구하면서 서학을 제대로 소화하고자 나선 학자들은 극소수에 불과하였다. 성리학의 형이상학적 공리에 맞서서 실사구시와 이용후생을 위하여 등장한 학문을 실학이라고 규정할 때 실학이 지향하는 바 가운데는 자연의 이치를 밝혀 실용을 위하여 활용하고자 하는 자연과학적 성취도 마땅히 포함되어 있었을 것이지만, 실학의 세기로 불려지는 조선의 18세기에 과연 과학자라 할 만한 이가 몇이나 있었을까 하는 점은 주목하지 않을 수 없다.

신법 역산과 수학에 관한 저술뿐만 아니라 현재까지 실물이 남아있

2) 구만옥, 『조선후기 주자학적 우주론의 변동』, 서울 : 연세대학교 박사학위논문, 2001.

거나 또는 기록을 통하여 제작의 흔적이 확실한 조선후기의 천문의기들은 소수를 제외하면 소위 실학자로 분류되는 자들에 의한 것이 아니라, 생존의 차원에서 서양과학에 매달렸던 관상감원들과 몇몇 관련 학자들의 손에 의한 것이 전부이다. 그러므로 조선후기의 신법 천문의기 제작과 천문학을 비롯한 서양과학의 수용을 구태여 실학의 테두리 속에서 평가함은 무리가 따를 수밖에 없다. 따라서 앞에서 언급한 다소 모호한 일반론적 인과 관계 속에서 서양과학이 실학에 미친 영향을 유추하는 선에서 둘 사이의 관계를 설정하는 데 그치는 것이 오히려 타당할 것이다.

조선이 서양의 과학 문물에 처음 접하게 된 것은 1603년 북경에 誥命奏請使로 갔던 이광정, 권희가 6폭의 「歐羅巴國輿地圖」를 구입하여 홍문관에 보낸 사건을 통해서일 것이다.[3] 그 후 어느 정도 세월이 흐를 때까지 새로운 접촉이 없던 중에, 1630년 진주사로 북경에 파견되었던 정두원이 이듬해 귀국하는 길에 산동반도의 등주에서 예수회 선교사 陸若漢(Jeronimo Rodriguez, 1561~1633)을 만나면서 서구 문물이 조선에 본격적으로 전달되었다. 16세에 일본으로 건너와 37년을 지냈고 중국으로 옮겨온 지 17년이 된 陸若漢은 이 만남을 조선 포교에 활용하고자 여러 가지 물품을 조선국왕에게 예물로 보냈다. 『國朝寶鑑』에 의하면 정두원이 받아온 품목에는 천리경과 자명종, 화포 등을 비롯하여 『治曆緣起』와 『天問略』 등 한역 서양과학서, 그리고 천문도와 만국전도도 포함되는 등 서양의 선진 문물을 알리는데 매우 효과적인 것들이었다.[4] 그러나 이때 전해진 품목들은 어느 것 하나 제대로 활용된 흔적을 남기지 못하였을 뿐만 아니라, 훗날의 이용을 위하여 제대로 보관되지도 못하였던 것 같다. 이것 외에도 1645년 1월 소현세

---

3) 李睟光, 『芝峰類說』 권2, 外國.

4) 『書雲觀志』 권3 : 28ㄴ-29ㄴ, 故事. 이 책의 해당 기사는 『국조보감』에서 전재된 것이다.

자가 볼모에서 풀려나 귀국할 때 천문서와 의기 등 상당수의 서양 문물이 함께 들어온 것으로 알려져 있는데,[5] 이 중에는 현존하는 신법 지평일귀가 포함되어 있었다.

서양과학의 영향을 받아 조선에서 제작된 천문의기로는 각종 신법 천문도와 더불어 간평의, 평혼의, 적도경위의 등의 관측용 의기가 있으며, 지평일귀, 간평일귀, 혼개일귀 등 새로운 제도의 평면일귀도 들 수 있고, 일종의 구면기하용 계산기인 양도의, 그리고 기계식 혼천시계 등을 들 수 있다.

이 글은 크게 두 부분으로 나누어, 2장에서는 신법 천문도로부터 적도경위의에 이르기까지 18세기 조선에서 제작된 서법 천문의기의 대략을 요약하면서 의기의 제작 시기에 따른 특징을 추적하여 지금까지 개관 소개나 사실의 평면적 나열 수준에 머물렀던 서양과학의 수용과 성취 과정을 좀 더 입체적으로 구성해 보았다. 이어 3장에서는 홍대용의 측관의를 대상으로 삼아 기록을 바탕으로 의기의 실체를 찾는 가운데서 서양과학이 조선의 의기 속에 구체적으로 어떻게 반영되었는지를 예시하였다.

2. 조선후기의 신법 천문의기 제작

1) 신법천문도와 평혼의의 복제 - 18세기 전반기

(1) 「赤道南北總星圖」

초기 예수회 선교사의 대표격인 利瑪竇(Matteo Ricci, 1552~1610)가 포교와 더불어 전한 서양학문 역시 동양의 고대 과학과 다를 바 없는 하늘과 땅에 대한 과학이었으나 그 정확함에 있어서는 당대의 동양과학에 비해 월등히 앞선 것이었다. 그 중에서도 먼저 전한 것이 땅의

---

5) 강재언, 앞의 책, 59~64쪽.

모습이었으며, 오랜 탐험과 광범위한 측량의 결과가 집적된 세계지도였다. 利瑪竇는 중국 광동성에 닿은 다음해인 1584년에 최초로 한역 세계지도를 소개한 이래 「坤輿萬國全圖」(1602년), 「兩儀玄覽圖」(1603년) 등 10여 판본 이상의 서구식 세계지도를 제작하였다.[6] 利瑪竇 이후에 만들어진 대표적인 것이 艾儒略(Julius Aleni)의 「萬國全圖」(1623년 간행된 『職方外紀』 卷首에 수록)와 南懷仁(Ferdinand Verbiest, 1623~1688)의 「坤輿全圖」(1674년) 등인데, 이것들 모두가 곧바로 조선에 전해져 전통 우주관인 천원지방설과 중국 중심의 華夷的 세계관에 깊이 잠겨있던 조선의 식자층에 일대 충격을 가하였다고 평가된다.[7]

그러나 하늘의 과학을 대변하는 서양 천문도는 중국에서도 세계지도에 비해 상당히 늦게 소개되었을 뿐만 아니라 조선에 영향을 끼친 것은 더욱 먼 훗날의 일이다. 중국 최초의 서구식 천문도인 「赤道南北總星圖」는 다음 세대의 學僧 선교사인 湯若望(Johann Adam Schall von Bell, 1591~1666)에 의해 1631년에 이르러서야 완성되었다. 이것은 1636년에 제작된 「天球十二長圓形圖」라 불리는 分星圖와 함께 明代 신법 천문도를 대표하고 있다.[8] 서구식 천문도의 제작이 늦었던 것은, 제대로 된 세계지도는 전혀 없었지만 매우 높은 수준의 고유한 천문도를 보유한 중국에 이를 능가하는 천문도를 만들어 내놓을 만한 지

---

6) 세계지도에 비하여 利瑪竇의 『기하원본』과 『혼개통헌도설』 등 수리와 천문 관련서는 1607년 이후에 집중적으로 한역 출간되었다.

7) 利瑪竇의 「곤여만국전도」로 추정되는 「구라파국여지도」는 완성된 이듬해인 1603년 이광정 등에 의해, 또 알레니의 『직방외기』는 7년 후인 1630년 정두원에 의해 조선에 전해졌다. 南懷仁의 「곤여전도」 역시 초간본이 서울대와 숭실대 박물관에 남아있는 것으로 보아 오래지 않아 전해진 듯하다. 숭실대 박물관에 있는 「곤여만국전도」의 8폭 확대판인 「양의현람도」는 1620년 奏聞使 黃中允이 들여왔을 것으로 추정되고 있다.

8) 『崇禎曆書』의 『恒星圖說』에는 「赤道南北兩總星圖」 외에도 「黃道南北兩總星圖」, 그리고 「黃道二十分星圖」가 실려 있다.

식과 자료를 利瑪竇 등 초기 선교사들이 갖추지 못하고 있었던 탓이 크다. 또 그럴 능력이 있어 망원경과 다양한 의기로 세밀하게 관찰하여 얻은 서양 천문학의 선진 정보를 추가하였다 하더라도 중국 천문도의 권위를 드러나게 손상시키지 않아야 했으며, 더욱이 희랍신화에 근거한 서양 별자리에 포함된 항성 각각을 同定하여 유구한 전통을 가진 동양의 별자리로 바꾸는 일도 만만치 않았을 것이다. 서구식 지도가 세인의 관심을 집중시키면서 상대적으로 쉽게 등장한 것이라면, 서법 천문도는 황제와의 밀접한 관계 속에서 철저한 검증 과정을 거쳐 어렵게 출산된 것이라 할 수 있다.[9)]

조선에 처음 들어온 서양 천문도는 앞서 언급된 대로 1631년 진주사 정두원이 전한 「天文圖南北極」 2폭이며, 이를 湯若望의 「적도남북총성도」로 보는 견해가 유력하다.[10)]

이것 외에도 인조 22년(1644) 그 해부터 청에서 시행된 시헌력을 북경 현지에서 살펴보고 귀국한 韓興一이 역법 개정을 아뢰며 『칠정력비례』와 함께 올린 「改界圖」 역시 탕약망의 역서에 포함되었음이 분명하고, 옛 방식이 아니라 새롭게 改界한 도본이라면 신법 천문도, 즉 「적도총성도」일 가능성이 있다.[11)] 그러나 인조 연간에 들어온 천문도들에 대한 자세한 사항은 현재로서는 더 이상 확인할 방법이 없다.

새로운 역법을 도입하여 시행함에 따라 오직 이것의 정착과 개선에 여념이 없던 조선 관상감이 어느 정도 여유를 가지고 서법 천문의기를 처음으로 제작한 것은 숙종 34년(1708)의 일이다. 이 해는 곧 청의 흠천감으로부터 시헌력 칠정표를 구입해 옴으로써 신법 시행 54년만에

---

9) 方豪, 『中西交通史』 권4, 臺北 : 華岡出版公司, 1953, 10쪽. 崇禎 4년(1631) 8월 1일에 올린 徐光啓의 2차 進呈書目에 『항성역지』 3권, 『항성역표』 4권, 『恒星總圖』 1습, 『恒星圖像』 1권이 포함되었다.

10) 이용범, 『중세서양과학의 조선전래』, 동국대 출판부, 1988년 9월, 164~165쪽 ; 강재언, 앞의 책, 51쪽.

11) 『인조실록』 권46, 인조 23년 6월 3일 甲寅.

처음으로 중국의 것과 일치하는 역서를 작성할 수 있었던 해이기도 하다.[12)]

이 해 조선에서 제작된 첫 서법 천문의기는 湯若望의 천문도였다. 이 신법 천문도는 제작된 지 77년이 지난 후에야 조선에서 처음 복제된 것으로 두 곳에 기록되어 있다. 먼저 『增補文獻備考』는 관상감에서 탕약망의 「적도남북총성도」를 임금에게 바친 기사에 1120여 자에 이르는 장문의 설명을 첨부하여 이것이 옛 천문도와 다른 점 등 여러 사항을 자세히 밝히고 있다.[13)] 또 당시 영의정이던 崔錫鼎이 남긴 「西洋乾象坤輿圖二屛總序」에서도 이 천문도의 내력을 찾아볼 수 있는데,[14)] 관상감이 숙종에게 올린 총성도는 중국에서 들여온 印本을 模寫하여 조선 관상감이 8帖 乾象圖로 다시 만든 것임을 기록하고 있다.[15)] 그뿐만 아니라 최석정이 건상도에 대한 글을 별도로 남긴 것을 보면,[16)] 조선 최초의 신법 천문도가 이 때 제작된 것은 분명하다. 그러나 동시에 제작된 곤여도와 달리 숙종 34년에 만든 건상도라고 확신할 만한 실물은 아직 모습을 드러내지 않고 있다. 최근 일본에서 8폭 병풍으로 만든 湯若望의 「적도남북총성도」가 발견되어,[17)] 이것이 숙종 때 조선

---

12) 『증보문헌비고』 권1 : 6ㄴ, 상위고 1.

13) 위의 책 : 3ㄴ, 상위고 3. 이 글은 湯若望 천문도의 끝 첩에 실린 「赤道南北兩總星圖說」을 옮긴 것이다.

14) 최석정, 『明谷集』 권8, 序引, 「西洋乾象坤輿圖二屛總序」. 최석정의 이 序는 서울대 박물관과 일본 오사카 南蠻문화관에 소장되어 있는 곤여도, 곧 세계지도에도 기재되어 있다.

15) 최석정, 위의 책, 序, "皇明崇禎初年 西洋人湯若望作乾象坤輿圖 各八帖爲屛子 印本傳於東方 上之三十四年春 書雲監進乾象圖屛子 上命繼摸坤輿圖以進". 건상도에 이어 제작된 8폭의 곤여도는 湯若望이 아니라 利瑪竇의 「곤여만국전도」이다. 국보 849호인 서울대 박물관의 「곤여만국전도」 제8폭에 적힌 최석정의 발문이 이를 증명하고 있다.

16) 최석정, 앞의 책, 권6, 「論泰西乾象」, "乾文屛子出新模 赤道中分兩幅圖 南極漸低如指掌 六規常現若連珠 儀參渾髀資相發 宿換參觜驗不無也 識歐巴精曆數 這般天學古應無".

17) 나일성, 『혼합식 병풍천문도 복원』, 국립민속박물관 소장 혼합식 병풍천문도

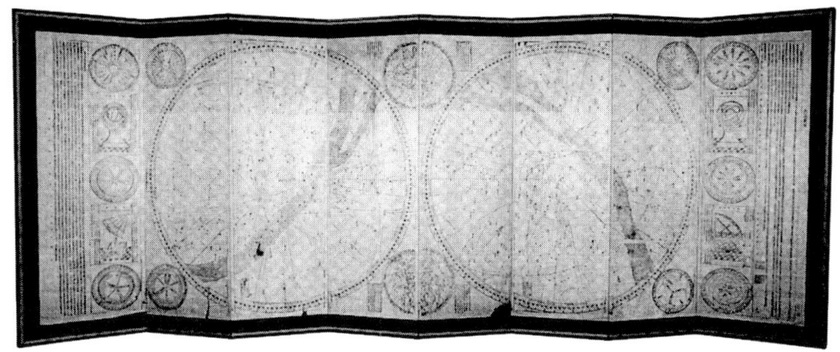

<그림 1> 湯若望의 「적도남북총성도」를 사진 찍어 만든 병풍 (나일성천문관 소장)

에서 모사된 것일 수 있다는 추측을 낳았으나, 제1첩에 최석정이 아닌 徐光啓의 서문이 실려있어 불확실한 면이 있으므로 좀 더 자세한 조사가 필요하다.

『증보문헌비고』에 실린 湯若望의 「적도남북양총성도설」은 『恒星曆指』와 『恒星圖說』을 인용한 것이다.[18] 이 글의 첫 부분에서는 한 개의 원 속에 북반구의 중위도 지방에서 보이는 모든 항성을 그린 見界總星圖, 즉 「天象列次分野之圖」와 유사한 옛 방식이 아니라, 적도를 경계로 두 개의 원으로 나누어 남극 주위의 恒隱界도 포함한 남북 총성도를 택한 이유를 언급하고 있다. 즉 古圖의 항현권과 현계는 남북간 지점에 따라 같지 않으며, 圓體인 渾天은 적도 이남으로 갈수록 天道가 줄어드는데 비해 현계총성도에서는 점점 넓어지므로 형체가 상이하여 별을 그려 넣기가 어려운 반면, 적도를 경계로 성도를 둘로 나누면 경위도가 서로 대응하고 이치와 형세가 부합하므로 별의 위치가 어긋남

복원보고서, 2000년 12월. 이 보고서에서 內閣藏板이라고 적혀 있는 「赤道南北兩總星圖」 목판본을 일본의 개인 소장가가 가지고 있다고 하였다. 이를 사진 복제하여 만든 8폭 병풍 천문도 한 점이 나일성천문관에 전시되어 있다.

18) 이 기사의 도입부, 즉 "圖說曰從古圖星者 此兩法所繇異也"는 『恒星曆指』 권3 : 25ㄱ, 繪總星圖第三에서 인용되었으며, 나머지는 『恒星圖說』의 내용을 근간으로 재구성한 것이다.

이 없이 모두 분명하다고 하였다.[19] 여기에는 또 측정과 추보의 편리를 위해 원주를 365도 1/4로 나눈 日度가 아니라 원주를 360도로 나눈 平度를 활용함과, 1812개의 별을 여섯 등급으로 구분한 것, 그리고 황도경위도에 관한 사항과 망원경의 활용까지 언급되어 있다.

이 총성도설은 중국의 천문도로부터 그대로 옮겨 적은 것이기는 하지만 뒤이어 제작된 다른 천문도들을 볼 때 오히려 『항성역지』 등을 통하여 항성의 좌표 변환에 활용된 기하학적 방식과 총성도 작법을 이해하는 계기를 제공한 것으로 보인다. 오랫동안 정확한 역서 작성에 매달려 있던 조선의 관상감이 천상의 변화에 관심을 가지고 새로운 형태의 천문도로 눈을 돌리는 계기도 동시에 제공한 것이 바로 숙종 34년의 이 천문도였다고 할 수 있다.[20]

한 차례 신법 천문도를 모사한 경험을 쌓은 관상감은 6년 후 또 다른 천문도를 완성하였다. 실록에 의하면 관상감정 許遠이 연경에서 구입해 온 의상지와 그림을 숙종 40년(1714)에 완성하였는데, 書 13책과 도본 2책을 唐本, 즉 중국에서 들여온 책으로부터 模出하였다고 한다.[21] 이때 펴낸 책과 도본은 곧 南懷仁의 『靈臺儀象志』와 「靈臺儀象志圖」를 가리킨다. 그런데 1674년에 완성된 南懷仁의 『영대의상지』가 세월이 지나면서 오차를 보이자 乾隆 9년(1744)부터 17년까지 戴進賢(Ignatius Kögler, 1680~1746) 등이 이를 개수하였고, 그것이 곧 『欽定儀象考成』이다. 南懷仁의 「영대의상지도」를 직접 보지 못한 상태에서 확언할 수는 없지만, 『흠정의상고성』에 수록된 「恒星全圖」 등과 「영대

19) "盖渾天圓體 赤道以南天道漸狹 而在見界總星圖則漸廣 形體相異諸星難以載入 惟分赤道爲二則經緯相應理勢相應 而諸星之位置錯落無不了了分明矣".

20) 이보다 앞서 숙종 13년(1687)에는 오랜 풍파와 전란을 겪으면서 심하게 마모되어 星圖가 흐려진 태조 4년(1395)의 「천상열차분야지도」를 다른 돌에 다시 새겨 관상감에 안치한 적이 있다.

21) 『숙종실록보궐정오』 권55, 숙종 40년 5월 23일 계해, "儀象志及圖成 初觀象監正許遠入燕購得而來 觀象監刊志以進 書凡十三冊圖二冊 亦以唐本模出焉".

의상지도」의 천문도는 서로 좌표만 부분적으로 다를 뿐 같은 형태일 것으로 짐작된다. 따라서 숙종 40년에 만든 도본 속의 천문도는 적도좌표 방식이었을 것이며, 戴進賢의 『흠정의상고성』에 실린 「항성전도」 또는 「赤道南北恒星圖」와 큰 차이가 없었을 것이다.

(2) 「黃道總星圖」

청조의 천문도를 대표하는 것으로 바로 앞에서 언급한 적도식 천문도들 외에 戴進賢과 利白明(Fernando Moggi)이 공동으로 제작한 「황도총성도」가 있으며, 이 천문도 역시 조선에 큰 영향을 끼쳤다. 雍正 원년(1723)에 제작된 이 「황도총성도」는 영조 17년(1741) 조선에 전해졌는데, 이듬해 관상감이 이를 참조하여 새 성도를 만들었다. 이에 관하여 실록에서는 "지난해 節行에서 구하여 온 천문도가 천문 활용에 긴요하여 모사할 것을 청하니, 임금이 허락하였다"라는 매우 간략한 기사밖에 싣지 않았다.[22] 한편 『承政院日記』에서는 새로 만든 이 천문도가 남북 2도로 平分된 총성도이며, 모든 별들을 6등으로 나누어 표시하였고, 태양의 흑점이나 목성의 위성 등 七政을 망원경으로 관찰한 모습도 포함하고 있다고 자세히 묘사하였다.[23]

물론 이 기사만으로는 영조 18년의 천문도가 戴進賢의 「황도총성도」를 옮긴 것이라고 단정할 수가 없다. 그러나 현재 국내에 남아 있는 천문도 중에서 칠정의 망원경 모습을 싣고 있는 것은 모두 「황도총성도」이고, 또 1년 전 역관 안국린과 변중화가 북경 천주당을 찾아가 戴進賢, 徐懋德(Andre Pereira)과 깊이 교제하면서 여러 星表와 數表를

22) 『영조실록』 권56, 영조 18년 11월 20일 乙亥, "觀象監啓言 節行時覓來天文圖及五層輪圖 俱緊天文地理之用 請模置造成 上可之".

23) 『승정원일기』 영조 18년 11월 22일 丁丑, "以觀象監官員 以領事提調意啓曰 上年節行天文圖新本覓來 而盖其圖 以天之南北平剖爲二圖……以其體之大小分爲六等 至若日中之有暗虛 月體之有坳突 土星之爲撱形 木星之旁附四小星 金水二星之有上下弦 纖悉圖繪".

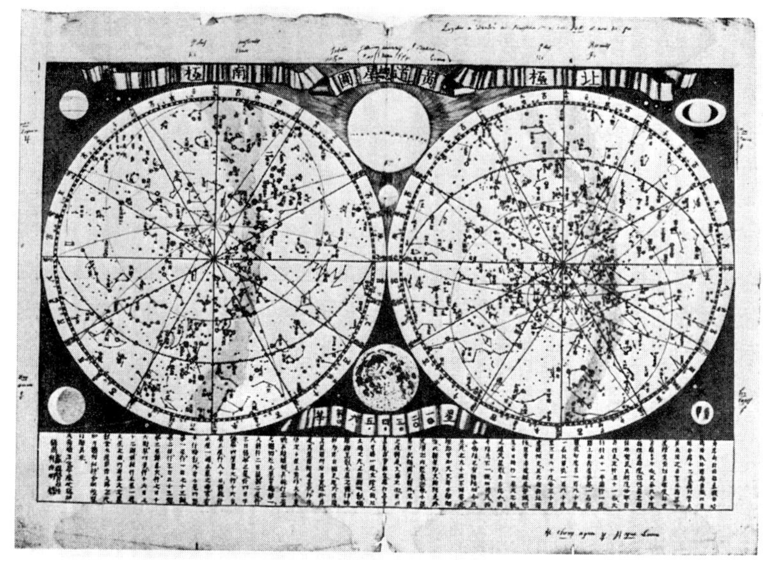

<그림 2> 戴進賢의 「황도총성도」[24]

구하여 돌아왔다는 기록이 있으며,[25] 더욱이 戴進賢의 「황도총성도」가 망원경으로 관찰한 칠정을 그린 중국 최초의 천문도이므로 그렇게 추정될 수밖에 없는 것이다.

戴進賢의 천문도를 원본으로 삼아 영조 18년에 모사가 시작되어 그 다음해 완성된 조선의 천문도는 이용범에 의하여 현재 법주사에 소장되어있는 「황도남북양총성도」(보물 제848호)인 것으로 밝혀졌다.[26] 이뿐만 아니라 국립중앙도서관에서 戴進賢 등이 만든 <그림 2>의 「황

---

24) J. Needham, G. Lu, J. Combridge, and J. Major, *The Hall of Heavenly Records - Korean astronomical instruments and clocks 1380-1780*, Cambridge University Press, 1986, 177쪽. 이 천문도는 예수회 선교사 Antoine Gaubil(1689~1759, 宋君榮)이 남긴 자료 속에서 발견된 것이며, 국립중앙도서관의 「황도총성도」와 동일한 1723년 판본이다.

25) 『증보문헌비고』 권1 : 9ㄱ, 상위고 1.

26) 이용범, 앞의 책, 241~243쪽.

도총성도」가 발견되어 법주사 천문도의 실체를 추적하는데 큰 도움이 되었다. 가로 62.2cm, 세로 39.5cm인 두꺼운 한지에 직경 30.5cm의 원 두 개가 좌우로 자리잡은 국립중앙도서관의 목판 천문도에는 법주사의 총성도에서는 탈락된 원본의 제작 연대와 제작자에 관한 기사 한 줄이 추가되어 있어,[27] 1742년 조선 관상감에서 일어난 일의 전후를 밝히는 결정적인 단서가 되었다. 이 목판 황도총성도 외에도 국립중앙도서관과 숭실대 박물관, 그리고 성신여대 박물관에 道光 갑오년(1834)에 泰然齋에서 重刊하였다는 황도총성도가 소장되어 있다.[28]

최근까지 「신법천문도」로 불려진 법주사의 「황도총성도」는 <그림 3>에서 보듯이 戴進賢의 그것을 모사하였음이 확실하다. 戴進賢의 허술한 소형 목판 원본에 비해 법주사의 것은 질긴 고급 갈포 위에 그린 높이 183cm, 길이 451cm의 거대한 8첩 병풍이다.

이 천문도의 제1첩에는 '新法天文圖說'이라는 제목이 붙은, <그림 2>의 하단에서 옮겨온 戴進賢의 설명문과 나란히 일월오성의 망원경 모습이 자리잡고 있다. 여러 개의 흑점을 표시한 태양이 맨 위에 있으며, 바로 아래에는 무늬로 표면의 坳突을 나타낸 태음이 있다. 그 아래의 오성은 태양에서 멀리 떨어진 순서대로 나열하였는데 고리와 다섯 개의 달을 거느린 토성과 네 개의 위성을 대동한 목성에 이어 화성, 금성, 수성에 이르기까지 적·백·황·청·회색의 서로 다른 색으로 묘사되어 있다. 또 마지막 제8첩에는 천문도의 모사에 관여한 관원들의 명단이 나열되어 있다.[29] 그리고 제2첩과 제4첩간에는 「황도북총성도」가, 제5첩에서 제7첩까지 는 「황도남총성도」가 그려져 있는데 북쪽의

27) "大淸雍正元年歲次癸卯 極西戴進賢立法 利白明鐫".

28) 숭실대학교, 『한국기독교박물관』, 1988년, 116쪽 ; 전상운, 『한국과학사』, 사이언스북스, 2000, 66쪽.

29) 이용범은 제8첩에 나열된 영의정 金在魯 등 책임자급 3인의 재임 기간을 조사하여 법주사 천문도가 영조 19년(1743) 정월에서 5월 사이에 완성되었다고 추정하였다.

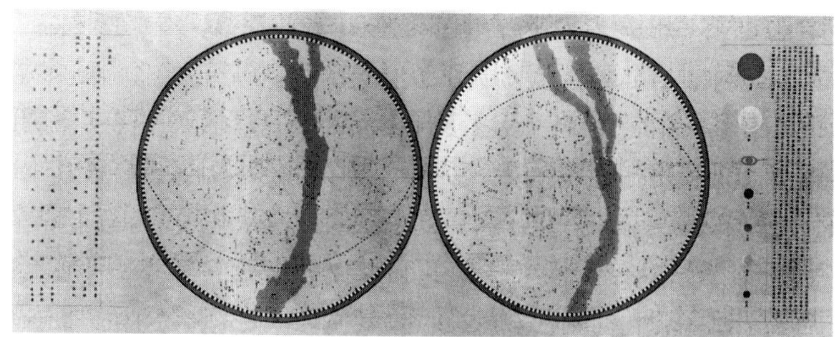

<그림 3> 법주사의 「황도남북총성도」(나일성천문관 소장의 복원품)

1066성과 남쪽의 789성을 합하여 전체 1855성이 들어 있다. 황도극이 중심을 이루는 양 총성도에는 남북극과 적도, 그리고 30도 간격의 赤經 곡선까지 추가하고 있어서 대체적인 적도좌표를 읽을 수 있도록 하였다.

천문도를 큰 병풍에 확대 모사할 때 작은 원본 천문도 한 장만으로 많은 별들의 위치를 결정하였을 리가 없는 만큼 이때 조선의 관상감은 정확한 황도좌표가 명기된 별도의 星表를 확보하여 참조하였을 것이 분명하다. 아마도 戴進賢 등이 「황도총성도」를 만들 때 근거로 삼았을 것으로 짐작되는 『의상고성』에 실린 恒星黃赤經緯表를 조선에서도 안국린 등을 통하여 미리 입수하여 영조 18년부터 활용한 것으로 추정되고 있다.[30)]

숙종조의 관상감이 『숭정역서』의 「황도남북양총성도」 등을 외면하고 굳이 明末과 淸初의 적도식 천문도만을 골라 복제한 것을 앞서 복각한 「천상열차분야지도」의 전통을 중시한 때문이라고 한다면, 영조대의 황도식 천문도는 좀 더 적극적으로 서양 천문학을 받아들인 결과라

30) 나일성, 앞의 보고서, 2000년 12월, 20~21쪽. 戴進賢 등이 만든 『흠정의상고성』의 항성황적경위표는 乾隆 19년(1754)에 출판되었지만 훨씬 이전에 관측이 시작되었을 것이므로 1723년에는 자신들의 천문도에, 또 1742년에는 조선의 관상감에서 활용하였을 가능성이 있다고 하였다.

고 할 수 있다. 농경사회의 최대 관심사인 기후의 변화는 절기로 표현되고, 절기는 황도상의 태양의 위치에 의해 구분되는 것이므로 중국에서도 시헌력을 도입하면서부터 황도를 24등분한 定氣法을 채용하여 절기를 예측하고 있었으며, 또 역산의 최대 관심사인 칠정의 운행이 황도 주변에 모여 있으므로 日躔과 月離, 그리고 五緯의 정확한 위치를 예측하는 데도 황도좌표가 유리하므로 황도식 천문도를 통하여 이를 인정하고 수용한 셈이다. 조선 관상감이 황도총성도를 제작하였다 하더라도 황도경위도와 적도경위도간의 변환을 다룬『항성역지』등의 내용을 완전히 숙지하였다고 할 수는 없지만, 이를 통하여 천문도 작법에 관련된 서양 기하학의 원리에 대한 이해는 점점 깊어지고 있었을 것이다.

(3)「新舊複合天文圖」

법주사의 신법천문도 외에도 戴進賢의「황도총성도」와 깊은 관계가 있는 것이 국내외에 3점이나 남아 있다.[31] 경복궁의 국립민속박물관과 영국 캠브리지의 휘플과학박물관(Whipple Museum of Science), 그리고 일본 오사카의 南蠻문화관에 각각 소장된「신구복합천문도」가 그것이다.[32] 사소한 일부분을 제외하면 동일한 이들 천문도에는 <그림 4>에서 보듯이「천상열차분야도」와「황도남북양총성도」가 나란히 그려져 있으며, 양 총성도의 상단에는 戴進賢「황도총성도」의 설명문이, 하단에는『漢書天文志』이후 별자리의 변천 자취가, 그리고 제8첩에는 칠정의 망원경 모습이 실려 있다. 높이 168cm에 전체 폭이 464cm인 경복궁의 이 천문도에는「천상열차분야도」에 담긴 전통 천문학과

---

31) J. Needham, et al., 앞의 책, 153~179쪽. 이 책에 처음 소개된 이 천문도는 앞서 소개된 숙종의 적도총성도나 영조의 황도총성도와 달리 국내에는 잘 알려지지 않고 있다가, 최근 들어 나일성에 의하여 완전히 복원되었다.

32) 나일성, 앞의 보고서. 그는 이 천문도를「혼합식 병풍천문도」라고 명명하였다.

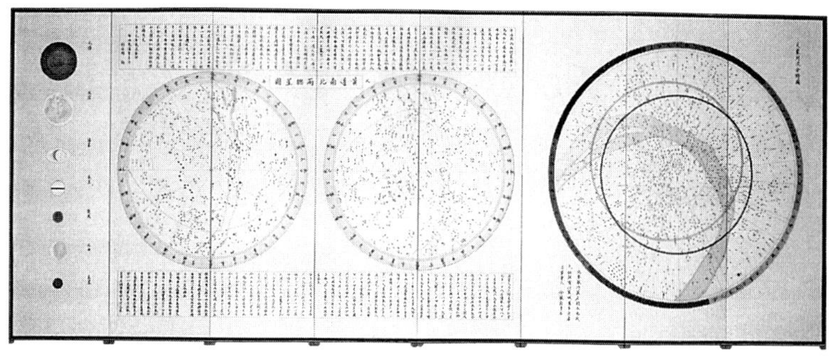

<그림 4> 「신구복합천문도」(나일성의 복원품)

「황도남북양총성도」가 대변하는 서양의 신법 천문학이 공존하면서 조화를 이루고 있다.

서법 천문도 중에도 동아시아의 옛 천문도와 거의 유사한 모양의 현계총성도가 몇 점이 있었으나 이를 마다하고 조선 초의 「천상열차분야지도」를 택하여 신법 천문도와 나란히 배치한 것은 이것이 태조의 천문도이므로 당연하다고 할 수 있다. 그러나 이것과 짝을 이루는 신법 천문도로 적도총성도가 아니라 「황도남북양총성도」를 그린 것은 戴進賢과 조선 관상감 사이의 밀접한 관계를 드러내는 듯하다. 정확한 역서 작성을 위하여 백년의 세월 동안 큰 대가를 치른 끝에 戴進賢의 적극적인 도움으로 드디어 목적을 달성할 수 있었던 조선 관상감의 입장에서 칠정산 시대의 「천상열차분야지도」에 비견할 만한 천문도를 골랐다면 戴進賢의 「황도남북양총성도」야말로 가장 자연스러운 선택이었을 것이다.

이 「신구복합천문도」의 제8첩에 실린 오위의 망원경 관찰도는 다음과 같이 서양의 천체 관찰 성과와 연결된다. 먼저 목성을 돌고 있는 네 개의 위성은 갈릴레오가 1610년 1월에 이미 발견하였으므로 새로울 것이 없지만, 경도 측정에 중요한 기준이 되는 이 위성들의 공전주기는 1668년에 비로소 카시니(Giovanni Domenico Cassini, 1625~1712)가

정확한 측정값을 제시할 수 있었다. 토성의 관찰도를 예로 들어보면, 1655년 호이헨스(Christiaan Huygens, 1629~1695)에 의하여 토성의 가장 큰 위성이 발견되었고 곧이어 이듬해에는 모양이 변하는 토성의 꼬리가 실은 얇은 고리라는 사실도 규명되었지만, 나머지 네 개의 위성은 1684년이 되어서야 카시니에 의해 발견된 것이다.[33]

戴進賢이 카시니의 정밀한 관측 성과와 케플러(Johannes Kepler, 1571~1630)의 행성 타원궤도론을 반영하여 『역상고성후편』을 발간한 것이 건륭 6년(1741)이다. 17세기 후반의 최신 서양 천문 지식을 담은 戴進賢의 이 책을 조선에서 구입해 들인 것이 영조 21년(1745)이므로, 조선의 관상감도 18세기 중반에 이르러서는 한 때 서구의 최신 발견에 상당히 가까이 다가간 적이 있었음을 이들 천문도와 역서를 통하여 살펴볼 수 있다.

(4)「渾天全圖」

湯若望의「적도남북총성도」와 함께『숭정역서』에 나란히 수록된「현계총성도」는 중국 옛 천문도의 외형을 취하고 있다. <그림 5>에서 보듯이 적도좌표 방식의 중앙에는 恒見圈이 표시되어 있으며, 그 바깥의 별자리는 28宿로 구분하였고, 또 外輪까지 12次로 나눈 것이 중국의 옛 방식과 다를 바가 없다.[34] 그러나 이 총성도는 동양 고유의 천문도가 가지고 있던 약점을 고치기 위하여 천구를 투영기하의 방식으로 평면화한 것이다.「천상열차분야지도」등 구법 천문도를 살펴보면 적도와 황도가 같은 크기로 그려져 있으므로 두 天道가 교차하는 춘분점과 추분점이 천문도의 중심, 즉 북극점에 대하여 대칭을 이루지 못하고 제

33) Hoskin (ed.), *Cambridge Illustrated History of Astronomy*, Cambridge University Press, 1997, 154~157쪽.

34)『흠정의상고성』에 수록된 戴進賢의「항성전도」역시 湯若望의「적도남북총성도」보다 거의 한 세기쯤 뒤에 제작되었으나 서구식이 아니라 오히려 중국 옛 천문도와 닮은 형태이다.

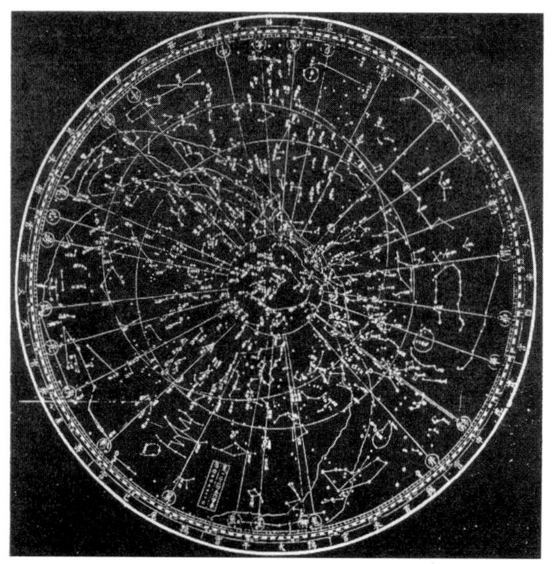

<그림 5> 명말의 「현계총성도」(프랑스국립도서관 소장)

법 벗어나 있다. 그러나 명말의 이 「현계총성도」는 『항성역지』에 소개된 대로 서양 기하학의 平射투영(stereographic projection)을 거친 것이므로 구법 천문도와 외양은 비슷하지만 춘분점과 추분점이 서로 대칭을 이루고 있고, 또 동지점이 하지점보다 적도에서 더 멀리 떨어져 있는 등 작도 체계가 완전히 다른 천문도이다.

이런 바탕 위에서 현재 국내에 10여 점 이상 남아있는 <그림 6>의 「혼천전도」를 살펴보면,[35] 서양 천문도의 제도를 받아들이면서 그 근본에 어두웠던 이 땅의 학자들이 겪을 수밖에 없었던 시행착오를 읽는 듯하다. 이 천문도의 제작자는 북극이 중심이어야 할 적도조차 약간 이동시켜 춘추분점이 서로 대칭의 위치에 있음을 명확히 하고자 하였다. 그러나 적도의 이동은 동서 어느 쪽의 천문도 작성 원칙에도 어긋

35) 나일성, 『한국천문학사』, 서울대학교 출판부, 2000, 95쪽. 이 천문도는 한 장으로 되어 있는 목판 인쇄본이다.

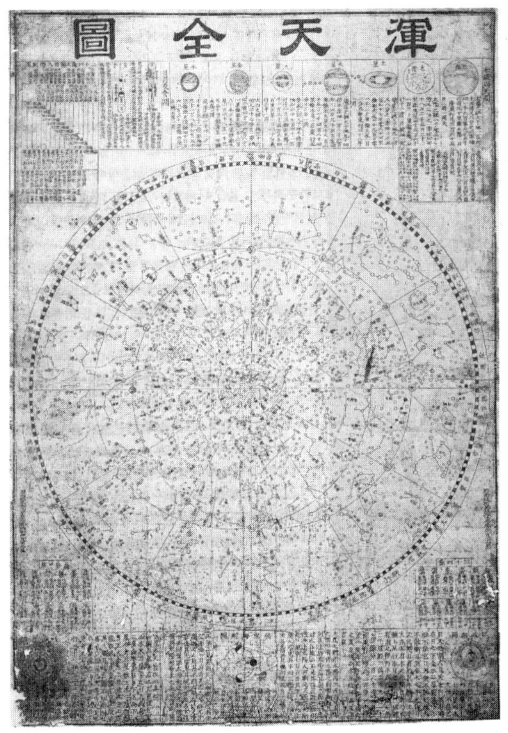

<그림 6> 「혼천전도」(성신여대 박물관 소장)

나는 것이므로 적도총성도와 황도총성도를 모두 제작한 경험을 가진 관상감에서 이런 엉뚱한 방식을 택하였을 리가 없으며,[36] 따라서 「혼천전도」는 아직 서양 천문학의 깊은 부분에 대한 이해가 부족하였던 민간 학자의 손으로 제작한 것으로 여길 수밖에 없다. 황적거도인 23.5도를 반경으로 하는 중심원이 그려진 것을 보면 양극을 동시에 표시하는 서구식 총성도를 모방하고자 하였음이 분명하며, 심지어 적도를 등분한 시각선에 황도를 등분한 절기선을 일치시킨 기상천외함도 결국

36) 『국조역상고』 권2 : 42ㄱ-43ㄴ, 中星. 조선 관상감의 曆象 개요를 다룬 이 책에도 『항성역지』를 인용한 평사투영에 의한 천문도 작성법이 언급되어 있다.

신법천문도의 충격에서 벗어나지 못하고 있음을 드러낸 것이다. 이 천문도의 제작시기는 戴進賢의 「황도총성도」가 전래되고도 상당한 세월이 지난 18세기 후반 이후일 것이다.

「혼천전도」의 중앙을 점하고 있는 성도는 그렇다 하더라도 천문도 주변에 기록한 내용을 살펴보면 이 천문도의 제작자가 서양 천문학의 새로운 지식을 상당히 앞장서서 받아들이고 있었음을 짐작케 한다. 즉 천문도의 상단에 배치한 七政周天圖에는 칠정의 망원경 모습뿐만 아니라 상대적인 크기와 지구로부터 떨어진 거리, 운행속도 등이 포함되어 있으며, 또 일월교식도와 이십사절태양출입시각도가 나란히 배치되어 있다. 그리고 하단에는 이십사절신혼중성, 티코 브라헤의 우주 체계를 소개하는 七政新圖, 현망회삭도, 프톨레마이오스의 우주구조를 그린 七政古圖까지 소개하고 있어 당시 천문에 관심을 가진 민간 학자들이 어느 정도 수준에서 새로운 지식을 수용하고 있었는지를 가늠케 하고 있다.

(5) 平渾儀

서양 천문학의 중국 유입은 먼저 천문도와 더불어 서양의 대표적인 천문의기를 소개하는 것으로 시작되었다. 1607년 利瑪竇에 의해 『혼개통헌도설』이 한역 출간되었고, 곧이어 1611년경 熊三拔(Sabbathinus de Ursis)이 『간평의설』을 저술하면서, 球體인 혼천의를 대신하여 이를 평면에 투영시킨 서구식 의기가 알려지게 되었다. 그러나 서법 의기가 제작되어 중국의 것으로 태어나는 과정 중에 의기의 제도 역시 서양의 것 그대로가 아니라 부분적이나마 변화를 거치지 않을 수 없었다. 그 중 가장 눈에 띄는 변화는, 중세 서양 천문의기를 대표하던 평면구형 아스트롤라베가 利瑪竇가 소개한 그대로의 혼개통헌이 아니라 평혼의로 바뀐 것이다. 아마도 혼개통헌은 특정 위도에서만 활용 가능한데다 취득 정보가 많은 만큼 활용법이 복잡하였기 때문에 좀 더 간편한 형태의 평혼의가 선택되었을 것이다.

평혼의는 혼개통헌에서 지평좌표 등이 그려진 內盤(plate) 대신 남북총성도 또는 현계총성도를 바탕으로 활용하였으며, 적도와 황도뿐만 아니라 여러 밝은 별들을 배열하여 현란하기까지 한 아스트롤라베의 外輪(rete)을 단순화시킨 평혼의의 外盤은 지평과 朦影 정도만 나타내도록 한 것이다. 赤黃 兩道와 모든 항성을 內盤으로 삼은 총성도에 그렸으므로 外輪은 그만큼 간단한 모양이 되었다. 주야 겸용인 서양의 아스트롤라베로 별을 측정할 때는 북극을 중심으로 남회귀선까지의 소수의 밝은 별들만 대상으로 삼는데 비해, 평혼의는 천문도가 바탕을 구성하고 있으므로 見界내의 모든 별자리가 측정대상이며, 따라서 中星의 출입을 살펴 절기의 변화를 읽을 수 있도록 한 것이 근본적으로 다른 점이다. 『항성역지』는 평혼의에 대하여 천구를 평면 위에 나타내었으므로 비록 외양은 천구와 상당히 달라 보이지만 星象의 좌표를 정확히 나타내는데 적합하다고 기록하였다.[37]

혼개통헌과 간평의가 처음 소개된 명말에 제작된 평면 의기는 유물로 남아있는 것이 거의 없으니 분명하지 않지만, 청이 들어선 후에 제작된 의기 중에 혼개통헌과 평혼의가 간평의라는 이름을 달고 현재까지 전해지고 있어 이들 의기 사이에 구분이 모호해진 경향이 있다. 아마도 이러한 혼란은 같은 『항성역지』의 앞부분에서 항성의 위치를 추보하는 방법을 설명하면서 간평의로써 도수를 재고 가감하여 추산하는 법을 簡法이라고 정의하였으므로, 모든 서법 평면 관측의기를 간평의라고 부르기 시작하였을 것으로 추측된다.[38]

실록 등 조선의 공식 기록에 남아 있는 아스트롤라베類의 제작 흔적은 숙종 44년(1718) 6월의 中星儀와 簡平儀가 유일한데,[39] 시헌력에

---

37) 『항성역지』 권3 : 18ㄱ, 平渾儀義, "乃有平面作圖爲平渾儀者 形體不甚合而理數甚合".

38) 위의 책 권3 : 1ㄴ, "簡法 用簡平儀量度加減推算".

39) 『숙종실록』 권61, 숙종 44년 6월 13일 庚寅.

<그림 7> 파리 국립천문대의 간평의

맞춘 중성의 새로운 추산과 관련된 것으로 보아 이것이 조선에서 제작된 첫 평혼의이었을 것으로 짐작된다. 그러나 이 의기의 실존 여부는 확인할 수 없으며, 다만 평혼의의 제도를 갖춘 평면 의기 몇 점이 국내외에 유물로 전해지고 있다. 덕수궁 궁중유물전시관의 박규수가 만든 평혼의와, 서울시립박물관의 평혼의, 그리고 현재 파리천문대가 소장하고 있는 간평의가 대표적인 것들이다.

셋 중에서 제작년도가 강희 19년(1680)으로 가장 앞선 것으로 보이는 파리의 간평의는 서울에 주재한 최초의 프랑스 외교관이었던 플랑시(Collin de Plancy)가 가지고 왔다는 기록이 천문대에 남아 있다.[40] 뒷면 상단에 "簡平儀"라고 의기명을 새긴 <그림 7>의 이 평혼의는 유럽으로 건너가기 전 분명히 조선에 있었던 것이지만 조선의 관상감에서 제작된 것으로는 여겨지지 않는다. 의기의 뒷면 하단에 "康熙十有九年歲在庚申初夏御製"라고 정확한 제작의 시기와 주체를 밝히고 있

40) 의기의 정확한 반출 경로는 밝혀지지 않았으며, 아마도 高宗이 플랑시에게 개인적으로 하사한 것으로 보인다.

으며, 『황조예기도식』의 「御製簡平儀」 기사에서도 이것을 확인할 수 있기 때문이다.[41] 푸른색 바탕 위에 금색으로 성좌를 그려 넣어 매우 화려한 느낌을 주는 이 의기는 『황조예기도식』의 외관 스케치나 제도에 관한 기사와 비교하여 거의 차이가 없다.[42] 淸宮에서 공식 제작한 것으로 여겨지는 이 의기를 조선의 사신들이 연행 길에 사적으로 입수했을 리가 없을 것이며, 따라서 이 간평의는 양국간의 정식 절차를 통해 조선 왕실에 전해졌을 것인데, 결국 韓末의 혼란 가운데서 프랑스로 떠나고 만 셈이다. 조선 최초의 서법 평면의기인 숙종 44년의 중성의와 간평의는 康熙의 어제간평의가 18세기 초에 조선에 전해진 후 이를 복제하여 만든 것이었을 가능성을 배제할 수 없다.

파리 간평의의 제도는 기본적으로 「적도남북총성도」와 동일하다. 의기의 바탕을 이루는 성도는 적도를 경계로 남북 兩天으로 나누고 28宿가 아니라 12궁과 24절기로 등분한 다음, 천구의 평면 투영 원리를 지켜 별자리를 매우 정교하게 그린 것이다. 항성의 좌표는 이 의기의 제작자인 南懷仁이,[43] 康熙帝의 명을 받아 자신이 1674년에 완성한 『영대의상지』와 부속 도본을 참조하였을 것이다. 앞면의 地盤은 지평선과 이에 수직인 赤緯線, 그리고 북극이 중심인 황적거도 크기의 時盤으로 구성되는데,[44] 지평 위의 항성들이 관심의 대상이므로 몽영선은 제외되었다. 그러나 뒷면과 달리 지평선 아래를 지반으로 가리지 않았으므로 이들의 출입을 예측하고 확인할 수 있도록 하였다. 천구의 남극을 향하여 바라본 적도 이남의 하늘은 중앙이 솟아오른 南地平 위에 표현

41) 『황조예기도식』 권3 : 16-17, 어제간평의, "地盤近下橫鐫康熙二十年御製"라고 기사를 마무리하여 파리의 실물과 1년의 차이가 있다.
42) 파리의 간평의와 유사한 간평의가 北京 古宮博物院에 소장되어 있다.
43) 方豪, 앞의 책, 21쪽. 南懷仁의 간평의가 康熙 20년 2월에 완성되었다고 하였다.
44) 현재 파리의 간평의에는 時盤이 깨어져 나가고 없다.

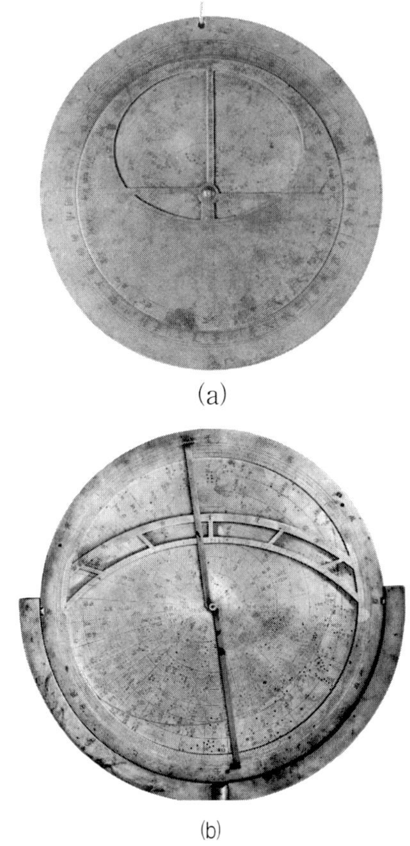

(a)

(b)

<그림 8> 국내 소장의 평혼의 (a)서울시립박물관, (b)덕수궁 궁중유물전시관

되며, 이것이 곧 뒷면의 모습이다. 뒷면의 지반은 지평선 아래를 메워 계절별 밤의 길이를 동심원호로 나타낸 후 이것을 昏, 五更, 晨으로 구분하여 항성의 위치로부터 야간 시각을 읽을 수 있도록 하였다.

서울시립박물관이 소장하고 있는 <그림 8(a)>의 평혼의는 파리천문대의 간평의가 남북총성도를 內盤의 성도로 삼았는데 비해 현계총성도를 택함으로써 매우 독특한 형태를 취하고 있다. 의기의 중심부만 비교하면 두 의기 사이에 큰 차이가 없지만, 서울시립박물관의 평혼의에는 적도 이남의 見界에 이르기까지 모든 별을 앞면에 그렸으므로 지평선이 성도를 둥글게 감싸는 흔하지 않은 모습이 되었다. 따라서 뒷면에는 성도를 그릴 필요가 없으므로 완전히 매워진 外盤에 절기에 따른 밤의 길이를 그리고 파리의 간평의와 동일하게 야간을 구분하였다.

덕수궁 궁중유물전시관에 남아있는 <그림 8(b)>의 평혼의에는 의기의 테두리에 "桓堂創製"라는 銘이 새겨져 있다. 최근 이 의기의 제작자가 대동강의 제너럴 셔먼호 사건으로 잘 알려져 있는 瓛齋 朴珪壽(1807~1877)로 밝혀졌는데,[45] 그의 후손家에서 두꺼운 한지에 덕수궁의 평혼의와 동일한 제도를 그린 의기가 발견되고 이 지판 의기를 넣은 봉투에 "平渾儀 瓛堂手製"라고 적혀있음이 확인된 덕분이다.

지름 34cm인 덕수궁의 이 銅製 평혼의는 그 동안 제 이름조차 찾지 못하고 目輪, 星座盤, 重盤星晷 등 다양한 이름으로 불려지다가 몇 년 전부터 渾平儀로 의견이 모아진 듯 하지만,[46] 이것 역시 남병철이 『儀器輯說』에서 박규수의 평혼의를 혼평의라고 바꿔 놓은 것을 따른 데 불과하므로,[47] 앞서 언급된 『항성역지』의 구분이나 박규수의 유물에 적힌 대로 평혼의라 함이 마땅할 것이다.

적도남북총성도를 內盤 성도로 삼은 이 평혼의는 적도규와 地平弧, 朦影弧로 구성된 外盤을 앞뒷면 모두에 씌운 것인데, 뒷면 역시 앞면과 마찬가지로 지평호 아래의 성도가 보이도록 한 것이 파리의 간평의와 다르다. 항은권의 별들도 모두 나타내었으므로 외반을 바꿀 경우 어느 위도에서나 사용할 수 있도록 한 대신 야간의 신혼과 오경 측정은 아예 제외되었다. 성도의 적경 및 적위는 모두 10도 간격으로 구획되어 있으며, 10도 단위 적위선 사이의 간격이 동일한 것으로 보아 평

---

45) 김명호, 「박규수의 『地勢儀銘并序』에 대하여」, 『진단학보』 82호, 1996.

46) 나일성, 앞의 책, 157쪽.

47) 남병철, 『의기집설』 권하 : 43ㄱ, 혼평의, "是儀友人朴桓卿製也".

면투영으로 작도한 성도가 아니라 옛 방식을 따른 것이다.

바탕을 이루는 성도의 앞뒤가 바뀌어 있는 박규수 후손가의 지판 평혼의에는 뒷면 지평선 가까운 곳에 "이 의기는 북극출지를 36도로 잘못 맞춘 것이므로 우리나라에서 쓰기 위해서는 38도에 맞도록 바꾸어야 한다"고 적혀 있으며, 실제로 2도 정도 어긋나 있다. 이에 비하여 덕수궁 평혼의의 경우, 앞면의 지평호는 38도에 맞추어져 있으며, 따라서 덕수궁의 황동제 평혼의는 지판 의기를 모본으로 삼고 만들었음이 분명하다. 아직도 "黃銅南北半球星座盤"이라는 이름으로 궁중유물전시관에 전시되어 있는 이 평혼의는 1850년대에 제작된 것으로 보인다.

2) 기하학의 수용과 신법의기의 창제 - 18세기 후반기

(1) 簡平儀

간평의에 대하여 『항성역지』는 혼의를 평면 투영하여 얻은 것이라는 점에서는 평혼의와 동일하지만 적도면의 無限遠에 있는 照本에서 춘분점을 정면으로 바라본 천구의 모양을 그린 것이라 하였다.[48] 그러므로 춘분과 추분을 잇는 선에 수직이면서 양극과 二至를 지나는 대권 평면 위에 투영되어 절기를 나타내는 적도와 그 거등권은 직선으로 표현되며, 또 시각선에 해당하는 양극을 지나는 다른 경선들은 곡선의 弧로 표현된다고 하였으니,[49] 이 의기는 熊三拔의 『간평의설』에 소개된 의기임이 분명하다. 그러면서 간평의를 星圖用으로는 쓸 수 없다고 하였는데,[50] 아마도 이러한 투영 방식으로는 천구의 뒤쪽 半球가 가려지기 때문에 천구의 앞뒤에서 동일한 태양의 운행 이외의 것은 도시하기가 곤란하다는 의미일 것이다.

---

48) 『항성역지』 권3 : 19ㄱ, "設光于最遠處 照渾儀正對春分或秋分".

49) 위의 책, 권3 : 19ㄱ, "極至交圈爲平面之圈界 以面受影卽顯赤道及其距等圈皆如直線 而各過極經圈皆爲曲線之弧".

50) 위의 책, 권3 : 30ㄱ, "照本在最遠者 星圖所不用".

조선에서 아스트롤라베類의 평면 관측의기가 제작된 것은 1718년의 기사가 전부일 정도로 공식적인 제작 기록이 드문 편인데, 특히 간평의는 평혼의보다도 제작 기회가 더 적었는지 실제 의기로 사용되었던 유물은 아직 한 점도 드러나지 않고 있다. 그나마 홍대용의 測管儀 제작 기록과, 경복궁 국립민속박물관에 "石製節氣表板"이라는 이름으로 소장된 간평의 석판, 그리고 앞서 언급한 평혼의와 함께 박규수의 후손가에서 발견된 지판 간평의가 현재 찾아볼 수 있는 것의 전부이다.[51]

1770년을 전후하여 제작된 것으로 추측되는 홍대용의 측관의가 18세기의 여러 의기 중에서 주목되는 이유는 18세기 전반의 천문도 등은 중국에서 들여온 것을 복제하는 수준에서 제작되었으나, 이것은 서양 기하학과 투영의 원리를 활용하여 만든 조선 최초의 의기이기 때문이다. 홍대용은『數理精蘊』에 실린 기하학의 원리를 실용의 관점에서 나름대로 정리하여 자신의 저서『籌解需用』에 포함시키는 등 서양 수학을 체계적으로 받아들이면서,[52] 동시에 입체 의기인 혼천의를 평면에 투영한 측관의, 곧 간평의의 제도를 파악하여 스스로 서법 평면의기를 설계, 제작하였다.[53]

간평의의 제도와 용법은 홍대용이 남긴 측관의의 실체를 규명하는 과정을 다룬 다음 장에서 자세하게 언급되었으므로 여기서는 나머지 두 점을 간단히 소개하는 정도에서 그치고자 한다. 먼저 <그림 9(a)>의 석판 간평의는 사각 석판 위에 내륜과 내반의 눈금을 새기고, 폭이 좁은 외륜과 외반을 쇠로 만들어 내반과의 동심축에 꽂은 모양이며,

---

51) 박규수 후손가에는 평혼의와 간평의가 동봉되어 있으며, 봉투에도 "簡平儀小本附"라는 작은 글씨가 첨부되어 있다.

52) 한영호,「서양 기하학의 조선 전래와 홍대용의 주해수용」,『역사학보』170, 서울 : 역사학회, 2001, 53~89쪽.

53) 한영호 등,「홍대용의 측관의 연구」,『역사학보』164, 서울 : 역사학회, 1999, 125~164쪽.

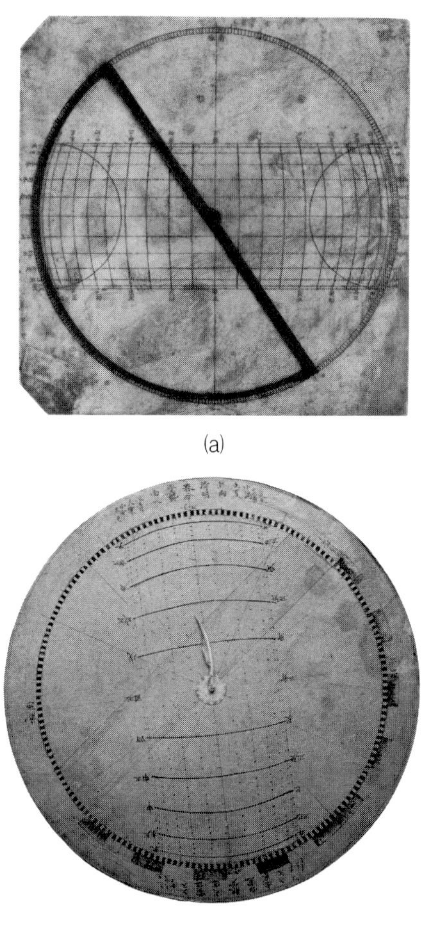

(a)

(b)

<그림 9> 조선의 간평의 (a)국립민속박물관의 석판의기, (b) 박규수의 지판의기

외륜의 반이 깨어져 나간 상태로 남아 있다. 이 의기는 外盤이 熊三拔의 외반과 달리 홍대용의 측관의와 닮은 형상이며, 그러므로 홍대용이 측관의를 제작한 이후인 18세기 후반에서 박규수가 지판 간평의를 만들기 전인 19세기 전반 사이에 만들어졌을 가능성이 높다.

박규수의 지판 간평의에는 <그림 9(b)>에서 보듯이 直應度分이 그려지는 외반을 대신하여 아예 한양의 북극고도에 맞춘 朦影帶에 해당하는 정도의 폭을 가진 외반을 그려넣었으며,[54] 이는 陽瑪諾(P. Emmanuel Diaz)의 『天問略』을 참조한 흔적이라 할 수 있다. 청에서는 혼개통헌이나 평혼의를 구분하지 않고 모두 간평의라는 이름으로 통합하였지만 조선의 박규수는 熊三拔이 붙인 이름을 그대로 고수하였다.

(2) 新法地平日晷

15세기 전반에 처음 만들어진 후 궁궐 안팎에서 널리 쓰인 앙부일귀는 햇살이 항상 통을 관통하도록 혼천의의 望筒을 움직이면서 다른 쪽 끝에 도달한 빛의 궤적을 반구면 위에 받아내는 방식으로 눈금을 그린 것이다. 그러므로 앙부일귀는 影表의 그림자가 구면에 언제나 수직으로 던져지므로 상이 뚜렷하여 계절과 시각을 정확히 읽을 수 있다는 특징을 갖는다. 반면에 시헌력의 도입과 더불어 들어온 조선후기의 서양식 해시계들은 모두 규표의 그림자를 평면 위에서 받아 내었으므로 외양이 매우 단순하다는 특징을 갖는다. 평면 해시계의 눈금의 형상은 규표의 그림자가 투영되는 면의 기울기에 따라 서로 다른 변환을 거치는 만큼 다양한 모습을 띠고 있다. 그 중에서도 신법지평일귀는 지평면 위에서도 시각과 절기를 동시에 읽을 수 있도록 한 것이므로 조선 관상감이 큰 관심을 가졌던 의기이기도 하다.

조선 최초의 서구식 평면 해시계는 1645년 소현세자가 청에서 돌아올 때 가지고 온 것으로 추정되는 新法地平日晷일 것이다. 현재 덕수궁 궁중유물전시관에 전시중인 이 해시계는 가로 120.3cm, 너비 51.5cm, 두께 16.5cm인 흰 대리석 판 위에 절기선과 시각선을 새긴 것으로, 무게가 자그마치 310kg에 달하고 있다. <그림 10>의 탁본에서

54) 김명호·남문현·김지인, 「남병철과 박규수의 천문의기 제작 - 儀器輯說을 중심으로」, 『조선시대사학보』 12, 2000. 3, 99~125쪽.

<그림 10> 중국에서 들어온 신법지평일귀(보물 839호, 덕수궁 궁중유물전시관)의 탁본

보듯이 보물 839호로 지정된 이 거대한 해시계의 표면 상단 중앙에는 '新法地平日晷'라는 이름이, 좌우 양단에는 제작년도와 제작자에 관한 간단한 기록이 남아 있다.[55] 또 午正線의 위쪽에 삼각형 모양의 影針을 꽂았던 흔적도 남아 있다. 지평일귀의 영침이 단순히 면에 수직인 기둥이 아니라 삼각형인 것은 표 전체의 그림자로는 시각을, 중간의 뾰족한 그림자로는 절기를 가리키기 때문이다.[56]

덕수궁에는 조선 관상감이 湯若望의 평면일귀를 원본으로 하여 새로 제작한 또 다른 신법지평일귀가 소장되어 있는데, 가로 58.9cm에 너비가 38.2cm인 검은 대리석에 새긴 <그림 11>의 이 해시계는 현재 보물 840호로 지정되어 있다. 앞 측면에 "漢陽北極出地三十七度三十九分"라고 새긴 것으로 보아 이 지평일귀는 숙종 39년(癸巳, 1713) 청의 何國柱가 한양의 정밀한 북극고도를 잰 이후에 제작된 것이 분명하다.[57]

---

55) 대리석의 표면 마모가 심하여 명확히 읽을 수 없지만 여러 관련 자료를 취합해 보면 좌우 양단에는 "崇禎九年歲次丙子日躔在○○ 欽定修督陪臣 湯若望羅雅谷"이라고 새긴 듯하다.

56) 『증보문헌비고』 권3 : 10ㄱ, 상위고 3, "三角銅表置其中 表體之全影指時刻 表中之銳影指節氣".

<그림 11> 조선에서 만든 신법지평일귀
(보물 840호, 덕수궁 궁중유물전시관)

앞서 중국에서 들여온 해시계는 燕京의 북극출지도에 의거한 것이므로 한양의 절기와 시각을 읽는데 오차가 있을 수밖에 없으며,[58] 이를 교정하고자 한양의 위도에 맞추어 새로운 것을 제작하였을 것이다. 그렇다면 새로운 신법지평일귀를 만든 때에는 조선 관상감이 해시계의 눈금 작도법에 통달해 있었다고 보아야 할 것이다. 지금까지 살펴본 바에 의하면 많은 한역 서양서 중에서 유일하게 雍正 원년(1723)에 출간된 『數理精蘊』에 지평일귀의 작도법이 실려있는데,[59] 조선에서는 정조 20년(1796)에 서호수, 성주덕 등 관상감 관계자들이 편찬한 『國朝曆象考』에서 이를 부분적으로 수정 정리하여 소개하였다.[60] 또 순조 18년(1818)에 성주덕이 편찬한 『書雲觀志』 역시 이 내용을 전재하면서 정조대에 만든 지평일귀의 제도는 『수리정온』에 그려진 일귀법을

57) 위의 책, 권2 : 10ㄱ · ㄴ, 상위고 2, 북극고도, "漢陽北極高三十七度三十九分一十五秒……謹按右漢陽北極高度 肅宗朝癸巳 淸人穆克登 率五官司曆 來到實測者也" ; 『국조역상고』 권1 : 4ㄴ, 북극고도, "肅宗三十九年淸使何國柱用象限大儀測北極高度 于漢城鍾街得三十七度三十九分一十五秒 此乃曆象考成所載朝鮮北極高度也".

58) 『증보문헌비고』 권3 : 9ㄴ, 상위고3, "李天經曰日晷之制……依燕京北極出地度".

59) 『수리정온』 권40 : 21-31, 作地平日晷法.

60) 『국조역상고』 권3 : 40ㄱ-41ㄴ, 儀象.

따른 것이라고 하였다.[61] 실제로 정조 13년(1789)에 관상감 영사 김익의 제청에 의하여 한양의 북극고도에 맞춘 새로운 지평일귀를 감원 김영이 제작하였으며,[62] 이것이 바로 궁중유물전시관의 보물 840호일 것으로 추정된다. 지금까지 여러 관련 서적들이 보물 840호 신법지평일귀가 1713년 이후 1730년 사이에 만들어졌다고 적고 있으나,[63] 어떤 연유에서 1730년을 한계로 잡았는지 그 근거를 알 수가 없다.

英祖年間에 홍문관 남쪽 계단 앞에 놓였던 지평일귀를 관상감으로 옮긴 기록이 있다. 이 지평일귀는 崇禎의 연호가 새겨져 있음으로 보아 보물 839호임이 명확한데,[64] 이것을 영조 46년(1770)에 광화문 안에 있던 乾象石, 즉 태조의 석각천문도를 옮긴 법도를 따라,[65] 창덕궁 밖 서운관에 대를 만들고 안치한 일이다. 만약 이때 한양의 위도에 맞춘 새 지평일귀가 있었다면 구태여 북극고도에서 3도 정도 차이가 나는 북경에서 제작된 옛 지평일귀를 臺上에 올릴 이유가 없었을 것이다. 그러므로 이 기사에 의하면 보물 840호로 지정된 지평일귀가 1789년에 제작된 것일 가능성이 한층 높아 보인다.

이것 외에도 서울대학교 박물관에 놋쇠로 만든 휴대용 신법지평일귀가 남아있다. 가로 16.8cm, 세로 12.4cm인 이 소형 해시계는 삼각형 모양의 영표가 시반면을 가로지르고 있다. 또 『정조실록』에 이승훈이 계묘년(1783)에 연경의 서양 선교사로부터 지평표 1좌를 얻어왔다고 하였으나,[66] 무거운 석각 지평일귀가 아니라 휴대가 가능한 소형이었

---

61) 『서운관지』 권4 : 10ㄱ-11ㄴ, 書器, "地平日晷依數理精蘊晝日晷法 以漢陽北極高爲準".

62) 『국조역상고』 권2 : 3ㄱ, 中星 ; 『정조실록』 권28 : 5ㄴ-6ㄱ, 정조 13년 8월 21일 甲戌.

63) 한국과학문화재단 편, 『우리의 과학문화재』, 서해문집, 1997. 3, 56쪽.

64) 『증보문헌비고』 권3 : 9ㄴ, 상위고 3, "移弘文館地平日晷于觀象監累石爲臺……昨見此石所刻中崇禎年號".

65) 위의 책, 권3 : 7ㄴ, 상위고, "四十六年建閣于觀象監藏國初石刻天文圖".

66) 『정조실록』 권33, 정조 15년 11월 8일 己卯.

<그림 12> 서양식 평면일귀(고려대 박물관)

던 듯하며, 귀국 후 西敎와 관련된 논란 속에서 곧바로 파괴되었다고 하였다.

신법지평일귀에서 절기선을 없애고 시각선만 그리자면 외양이 매우 단순한 평면 해시계가 가능하다. 19세기 말에 제작된 조선의 지평일귀는 대부분이 <그림 12>와 같은 서양식 평면 해시계이다. 고려대 박물관이 소장하고 있는 이 해시계는 강윤이 만든 것으로 추정되는데, 35cm×42cm의 시반면 위에 높이 20.5cm, 길이 23cm인 삼각형 영표가 서있고 또 한양의 북극고도도 새겨져 있다.

(3) 簡平日晷와 渾蓋日晷

덕수궁 궁중유물전시관에는 통상적인 지평일귀와는 전혀 다른 모양의 눈금을 갖는 평면일귀도 소장되어 있다. "乾隆五十年乙巳仲秋立" 즉 정조 9년(1785) 가을에 제작되었다는 銘을 가진 이 의기는 길이 129cm에 너비는 52.2cm, 그리고 두께가 12.3cm인 잘 다듬은 艾石 위에 簡平日晷와 渾蓋日晷로 명명된 두 종류의 해시계 눈금을 나란히 새긴 것이다. <그림 13>에서 보듯이 이 평면 해시계는 중국뿐만 아니라 서양에서도 그 예를 찾아볼 수가 없는 독특한 형상의 절기선과 시

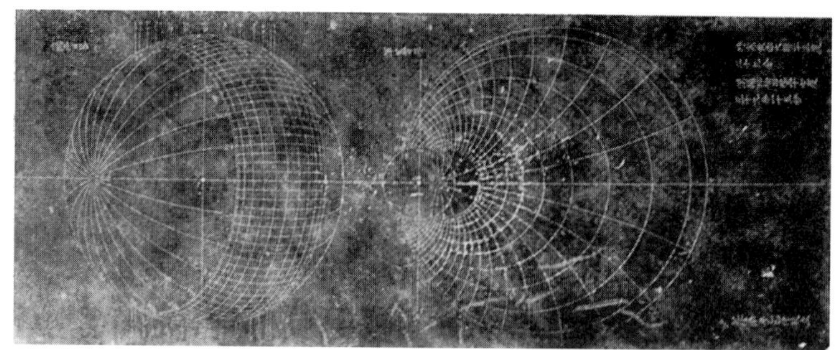

<그림 13> 간평일귀와 혼개일귀(덕수궁 궁중유물전시관)

각선으로 구성되어 있다. 매우 특이한 체계의 눈금이었기에 해석이 어려웠고, 그런 탓에 여태껏 이 해시계의 제도에 대한 본격적인 규명이 시도된 적이 없었다.

<그림 13>의 좌측에 보인, 마치 앙부일귀를 평면에 투영해 놓은 듯한 눈금을 갖춘 의기를 간평일귀라고 부른 것은 熊三拔의 『簡平儀說』에서 다루는 의기와 제도가 유사하기 때문이며, 그림의 우측에 새겨진 의기를 혼개일귀라고 이름지은 것 역시 利瑪竇가 『渾蓋通憲圖說』에서 소개한 의기와 작도법이 비슷하기 때문이다. 혼개통헌과 간평의는 天球를 평면상에 투영하여 표현하는 방식에 의해 구분되는데, 平面球形 아스트롤라베(planispheric astrolabe)의 중국판인 혼개통헌은 천구의 남극에서 바라본 동지선 이북의 천구를 적도면에 평사투영한 의기이고, 반면에 간평의, 곧 로자(Rojas)형 범용 아스트롤라베(universal astrolabe)는 천구 밖 무한원점에서 바라본 천상을 양극을 지나는 면위에 정사투영한 것이다.

이와 마찬가지로 혼개일귀는 천구상의 天頂점, 즉 한양의 북극고도에 해당하는 북위 37도 39분 15초의 위치에서 바라본 황도를 지평면에 평사투영하여 절기선과 시각선을 그린 것이며, 간평일귀는 天頂에서 천구 밖으로 무한히 뻗어나간 위치에서 지평면에 정사투영한 황도의

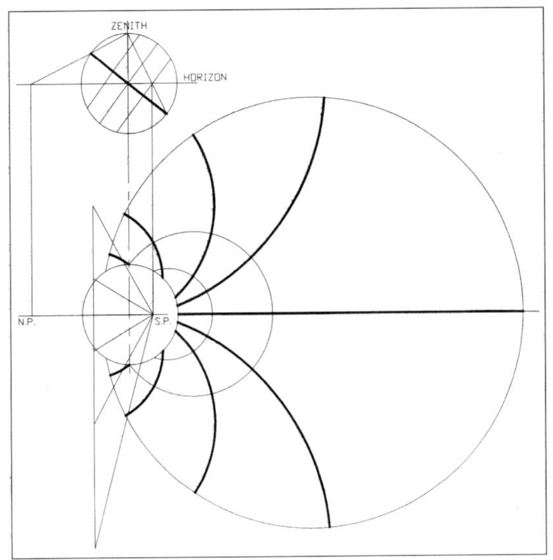

<그림 14> 혼개일귀의 절기선 위에 시각선을 그리는 법

궤적을 절기와 시각에 맞추어 그린 것이다. <그림 14>는 혼개일귀에서 이미 완성된 계절선 위에 시각선이 어떻게 그려지는지를 아날렘마(analemma)를 이용하여 간단히 도시한 것이다.[67]

해시계를 눈금의 제도에 따라 분류하면 20여 종에 이른다고 한다. 조선후기의 평면일귀들은 모두 西法에 근거하여 제작된 것들이므로 먼저 서양의 해시계 중에서 이 두 일귀와 유사한 것을 조사해 본 결과 간평일귀의 눈금 구성이 16세기경 서양에 등장한 일종의 지평일귀인 오트리드(Oughtred)식 해시계와 상당히 닮았음을 발견하였다. 그러나 눈금을 그리기 위한 투영법을 분석해 보면 오트리드형 해시계는 간평일귀와 상반된 방식으로 투영된 것이며, 오히려 이것이 겉보기는 완전히 다르지만 혼개일귀와 깊은 상관관계를 지녔음을 발견할 수 있었다.

67) J. Evans, *The History and Practice of Ancient Astronomy*, Oxford University Press, 1998, Chap. 3.

한편 조선에 전래된 서양과학의 경유지였던 중국의 자료들 가운데서도 덕수궁의 이 일귀들과 닮은 의기는 전혀 찾아볼 수가 없었으며, 더욱이 한역 서양 과학서 중에서도 이 의기의 제도를 직접적으로 서술한 곳은 발견되지 않았다.

그렇다면 조선의 이 특이한 평면일귀는 西法을 따른 것임에는 틀림이 없으나 직접 의기를 보고 복제하듯이 만들어진 것이 아니라 조선에서 처음 만들어진 창작품임이 분명하다. 앞서 언급한대로 최초의 서법 평면의기인 혼개통헌과 간평의의 제도와 용법은 『혼개통헌도설』과 『간평의설』에서 자세히 소개되어 있다. 그러나 이것만으로 혼개일귀와 간평일귀의 제작이 가능하였다고 여기기는 어려울 것 같다. 즉 이 일귀들은 천구의 여러 평면 투영법 가운데서도 응용의 수준이 매우 높은 예에 해당되므로, 視學과 투영에 관한 기하학적 기본이 제대로 다져지지 않은 상황에서는 이해조차 쉽지 않기 때문이다. 결국 앞의 두 평면일귀는 『항성역지』에서 다루고 있는 투영법의 분류 및 일반 원리에 더하여, 『수리정온』에서 예로 제시한 지평일귀의 제작법까지 습득한 후에 비로소 창작이 가능하였을 것이다.

이 의기에는 제작일자 외에도 황도와 적도의 교차각을 23도 29분으로, 또 한양의 북극 고도를 37도 39분 15초로 최신의 정확한 값을 銘文에 제시하고 있는 것으로 보아 관상감에서 공식적으로 만든 궁궐용이었던 듯하다. 또 관상감 관련자 중에서도 서양 천문학과 평면 투영에 필요한 기하학적 지식을 고루 갖춘 자의 주관 하에서 이것이 제작되었을 것인데, 정확한 근거는 제시될 수 없지만 관상감의 제조를 역임한 적이 있는 徐浩修(1736~1799)에 의하여 간평 및 혼개일귀가 창제되었을 가능성이 높다고 추정된다. 생부 徐命膺(1716~1787)와 더불어 양대에 걸쳐 이조판서와 관상감의 제조를 지내면서 서력에 근거한 역산의 확립과 서법 의기의 제작에 깊이 관여하였던 서호수의 유저 목록 가운데 『역상고성보해』, 『수리정온보해』, 『율려통의』, 『渾蓋圖說集

箋』[68] 등이 포함되었음을 보건대, 18세기 후반에 평면 투영에 관한 한 서호수보다 더 해박하였던 학자는 없었던 듯하다.

(4) 赤道經緯儀

서양 천문학의 유입은 동아시아의 대표적인 의기인 혼천의의 제도에도 큰 영향을 끼쳤다. 먼저 湯若望 등이 『숭정역서』를 통하여 적도좌표 방식을 위주로 하던 중국 혼천의와 구별되는 황도 방식에 중점을 둔 서양 혼천의의 제도와 용법을 소개하였으며,[69] 그를 이어 청 흠천감을 관장한 南懷仁은 측정의 정확도를 유지하고 의기의 편의성을 높일 목적으로 혼천의를 분리하여 적도경위의와 황도경위의로 대체 제작하였다.

南懷仁이 康熙 12년(1673)에 완성한 적도경위의는 정조 13년(1789) 金泳에 의하여 조선 관상감에서도 제작되었다.[70] 『정조실록』에서는 이때 관상감영사 김익이 앞의 신법 지평일귀와 더불어 지평의와 상한의의 제작을 주청하였다고 적고 있으나,[71] 중성을 바로잡기 위한 의기인만큼 적도경위의가 마땅한 선택이었을 것이다. 김영은 역관 이덕성 등과 더불어 羅雅谷(Jacobus Rho)의 『測量全義』와 南懷仁의 『영대의상지』를 참조하여 의기의 제도를 세우고,[72] 지평일귀와 함께 한양의 북극고도에 맞춘 신법 의기를 각 두 벌씩 만들어 한 쌍은 관상감에 두었다고 한다.

---

68) 兪景老, 「書舍瑣錄 I」, 『한국과학사학회지』 19권 1호, 1997, 43~68쪽. 『혼개도설집전』 4권 가운데 上2권은 明 李水部가 지은 것이고 下2권은 서호수 자신의 집전이라 하였다.

69) 『신법산서』 권16~권20, 『혼천의설』.

70) 『국조역상고』 권2 : 3ㄱ, 中星.

71) 『정조실록』 권28, 정조 13년 8월 21일 甲戌.

72) 『서운관지』 권4 : 7ㄴ, 書器, "赤道經緯儀則參用測量全儀舊制 儀象志新說折衷立法".

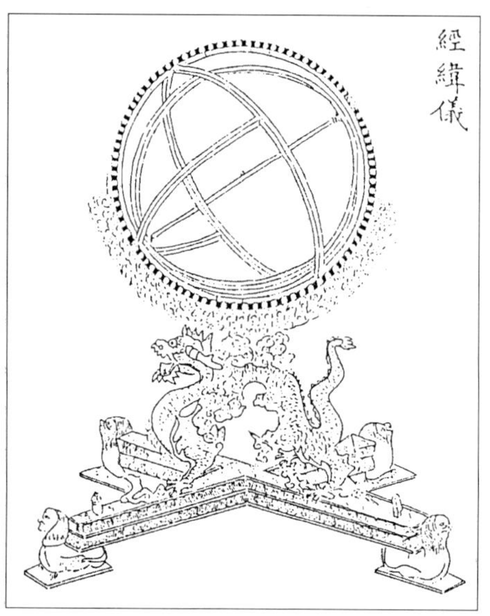

<그림 15> 적도경위의(『황조예기도식』)

子午規, 赤道規, 四游規의 세 환으로 구성된 김영의 적도경위의는 환이 넷인 『측량전의』의 제도보다는,[73] <그림 15>에 보인 南懷仁의 것을 택한 것이다.[74] 받침에 해당하는 반원 雲座 위에 외경이 3척인 자오규를 고정시킨 후,[75] 이것의 허리에 적도규를 부착하여 적도좌표계를 형성하였고, 그 가운데 들어있는 사유규가 극축을 자유롭게 선회할 수 있도록 한 것이다. 종래의 혼천의가 三重七圈이었는 데 비해 이 적

73) 『측량전의』 권10 : 39ㄴ, 「의기도설」, 신법적도경위의, "赤道經緯全儀用四全圈".

74) 『古今圖書集成』 曆法典 권89 : 3825 ; 『영대의상지』 권1, 적도경위전의, "赤道儀之有三圈".

75) 北京古觀象臺에 남아있는 南懷仁의 적도경위의는 자오권의 외경이 6척1촌으로, 의기 전체 높이가 3.38m에 달하는 대형인데 반해, 橫黍尺 1척을 26.4cm로 할 경우 김영의 의기는 외경이 80cm 정도이므로 전고가 1.5m 미만이었을 것이다.

도경위의는 二重三圈으로 단순화된 것이다.

무엇보다도 이 적도경위의의 가장 중요한 특징은 정밀측정을 위하여 눈금을 細分化한 것이다. 자오규의 경우 對角線比例를 활용하여 1도를 60분으로 나누고,[76] 적도규 역시 1刻을 15등분하였다. 눈금을 옛 방식으로 나눌 경우 元明의 대형 의기에서도 1도를 10등분하는 것이 고작이었는데, 서양에서 활용된 대각선 비례에 의한 각도의 분할 기법이 도입되면서 훨씬 작은 의기로도 60등분으로 세분화가 가능해진 것이다.[77] 대형 의기인 南懷仁의 적도경위의에서 적도권의 每度를 6개의 장방형으로 나누고, 매 장방형은 대각선비례에 의하여 10등분하며, 窺表의 눈금을 또다시 4등분하여 15초 단위로 읽을 수 있도록 한 것을 보면, 조선의 의기에서도 규표에 의한 세분까지 활용하여 15초 단위의 정밀 측정이 가능하였을 것이다.

역산을 비롯한 천문학의 수준이 결국은 천체 측정값의 정밀도에 달려 있음을 단적으로 나타낸 예로 한양의 북극고도와 관련한 『증보문헌비고』의 다음 기록을 들 수 있다.[78]

> 한양의 북극고도는 37도 39분 15초이다.……북극의 出地度는 곧 적도와 천정 사이의 각도인데, 만일 측정이 정밀하지 못하여 고도 차이가 1분에 이른다면 춘추분의 계산에 필히 한 시간이나 차이가 생기며, 동하지의 예측에는 하루 또는 이틀의 차이가 생긴다. 日躔에 이런 오차가 생기면 月離와 五星의 경위도가 틀리지 않을 수 없다. 그러므로 북극고도의 측정은 가장 정밀해야 하며, 간략한 값을 취함을 허용할

---

76) 『서운관지』 권4 : 7ㄴ, 書器, "每一度作對角斜線六分之……卽逐度之六十分".

77) 『고금도서집성』 역법전 권89 : 3833 ; 『영대의상지』 권1, 新儀分法之細微.

78) 『증보문헌비고』 권2 : 10ㄱ, 상위고2, 북극고도, "漢陽北極高三十七度三十九分一十五秒……北極出地之度卽赤道距天頂之度　倘推測不精高度差至一分則春秋分必差一時　而冬夏至必差一二日　日躔旣差則月離五星之經緯無不謬矣　故測北極出地高下　最宜精不容或略也".

수가 없다.

정조 13년의 적도경위의 제작 시 『新法中星紀』와 『漏籌通義』도 동시에 편찬되었는데, 새로운 중성기는 정조 7년(1783)의 최신 항성 적도경위도에 한양의 정밀한 북극고도를 적용하여 절기별 시각에 따른 중성을 추보한 것이므로,[79] 조선이 보유하였던 천문관측서 중에서 이것보다 더 정밀한 것은 없었을 것이다.

3. 洪大容의 籠水閣 測管儀

담헌 홍대용(1731~1783)은 박지원, 박제가 등과 함께 현실적인 時務의 학문으로서 실학을 제창한 북학파를 대표하는 인물이다. 대부분 연행사로서 청조를 방문한 경험을 가진 이들은 비록 청이 오랑캐의 나라라고 하더라도 좋은 법과 훌륭한 제도가 있다면 장점을 배울 것을 주장하며, 특히 '利用・厚生'면에서 조선보다 뛰어난 중국의 실용적 학문, 즉 '북학'을 받아들여 생산과 생활을 개선하여 민중을 구제한 다음에 '正德'을 가르치자는 先富後敎論者들이라 할 수 있다. 노론 집안에서 태어난 홍대용 역시 어려서부터 經學을 배운 유학자이지만,[80] 과거시험을 위한 경학보다는 '開物成務之急務'로서 율력, 산수, 전곡, 갑병 등에 각별한 관심을 기울였고, 서학을 수용하고 나름대로 발전시켜 특히 측량과 천문 등의 실용과학에서는 18세기를 통틀어 조선을 대표하는 학자로 인정될 만한 독보적인 경지에 이르렀다. 홍대용이 자연과학자로 數理와 천문분야에서 이룬 업적은 『湛軒書』의 3권에 걸친 『주해수용』에서 찾아볼 수 있다.[81] 『주해수용』 말미에 실린 「籠水閣儀器志」

79) 『국조역상고』 권2 : 4ㄱ, 中星.
80) 김태준, 『洪大容 評傳』, 대우학술총서 인문사회과학 25, 서울 : 민음사, 1987.
81) 『담헌서』 권4~권6, 『주해수용』.

를 살펴보면, 홍대용이 그의 향리 천안시 수신면 장산리 수촌에 籠水閣이라는 천문관을 만들고 통천의, 혼상의, 측관의, 구고의 등의 의기들을 전시하였다고 한다. 그가 젊은 시절부터 깊은 관심을 가지고 오랜 기간에 걸쳐 연구한 자연과학 분야의 지식을 바탕으로 제작한, 외래의 서양과학과 동양 의기의 古法에 뿌리를 나란히 내리고 있는 농수각의 이 의기들은 실학의 세기라 할 수 있는 조선의 18세기에 복리후생을 통하여 백성의 구제를 지향하던 실학자의 염원이 담긴 독특한 면모의 작품이라 할 수 있다.

이 장에서는, 농수각의 여러 의기 중에서도 西法의 활용이 가장 두드러진 측관의를 대상으로 삼아 홍대용이 남긴 자료를 분석, 재구성하여 복원 모델을 완성하고 의기의 연원을 추적하였던, 필자의 기존 연구 결과를 제시하였다.[82] 이 예를 통하여 홍대용이 어떤 수준에서 서양과학을 이해하고 있었는지, 또 의기를 제작하기 위하여 서법의 무엇이 구체적으로 활용되었는지, 이 의기가 가지는 역사적 의미는 무엇인지를 드러내 보이고자 하였다.

측관의라는 의기의 명칭이 오직 홍대용에 의해서만 사용되었으므로 측관의의 실체 파악은 「농수각의기지」의 측관의條에서 시작될 수밖에 없다.[83] 따라서 측관의條 전문을 편의상 序, 制度, 用法部로 나누고, 이것을 다시 몇 개의 작은 문단으로 구분한 다음 별도의 언급이 필요한 부분을 인용하였다.

1) 序

序部에서는 새로운 서법 의기를 제작하게 된 경위와 이 의기의 특징 등이 간략히 서술되어 있다.

---

82) 한영호 등, 「홍대용의 측관의 연구」, 『역사학보』 164, 서울 : 역사학회, 1999, 125~164쪽.

83) 『담헌서』 권6 : 24ㄱ~27ㄱ, 「농수각의기지」, 측관의.

> 대개 (이 의기의 제도가) 서양의 법에서 나왔으되 機術의 妙는 唐虞가 남긴 비결을 深得하였다. 의기로 覵望하고 산수로써 헤아린다면 천지의 만상에 미쳐, 밝히지 못해 남겨진 비밀이 없어진다. 대체로 經星의 운행을 알 수 있으면 百歲간의 差分을 均齊할 수 있으며, 지구의 형체가 正圓임을 알면 동일한 궤도상에 있는 서로 떨어진 지역간에도 授時에 차이가 없을 것이며, 列曜의 대소와 높낮이를 알면 遲疾과 分合이 찬연히 常度를 지킨다. 天子가 失官하니 학문이 四夷에 있다는 옛 말을 어찌 믿지 아니하리오.

서두에서 홍대용은 먼저 새 의기의 제도는 분명 서양의 천문의기에서 유래되었으나, 의기의 형태는 方圓을 벗어나지 못하고 관측의 방식은 勾股의 활용에 지나지 않으므로,[84] 唐虞가 남긴 선기옥형의 옛 법이나 西法에 의한 새로운 의기이거나 기하학의 적용에서 서로 상통하고 있음을 분명히 하였다. 그럼에도 불구하고 그가 낯선 제도를 연구하여 새로운 의기를 제작한 동기는, 앞서 다녀온 燕行을 정리하면서 "泰西의 법은 산수를 근본으로 삼고 의기로 관찰하여 만물을 재고 헤아리니 무릇 천하의 遠近, 高深, 巨細, 輕重을 눈앞에 모아 손바닥을 보는 듯하다"고 소회를 적은 글에서 잘 드러나 있다.[85] 무엇보다도 자신의 3년에 걸친 統天儀 제작 경험을 통하여 확인되었듯이 球體인 혼천의는 제도조차 복잡하여 제작과 활용에 편리하지 못하며, 따라서 관측 의기로서 효용에 한계가 있었음이 홍대용으로 하여금 평면 의기로 눈을 돌리게 한 또 다른 이유가 되었을 것이다.

위의 글에서 경성의 운행을 알면 백년 간의 차이가 있다 하더라도 정확한 위치를 추보할 수 있다고 한 것은 「농수각의기지」의 渾象儀 기

---

84) 위의 책, 권6 : 1ㄱ, 『주해수용』, 「측량설」, "窺器多製而不出於方圓 推數多術而莫要於勾股".

85) 위의 책, 권7 : 9ㄴ, 『燕記』, 「劉鮑問答」, "今泰西之法本之以算數 叅之以儀器度萬形窺萬象 凡天下之遠近高深巨細輕重 擧集目前如指諸掌 則謂漢唐所未有者非妄也".

사에서 자세한 값이 제시된 歲差에 관해 언급한 것이다.[86] 또 지구의 형체가 正圓이므로 동일한 위도에 있는 두 지역간에는 授時에 차이가 없다고 한 것은 그가 더 이상 天圓地方의 구속에 매어 있지 않고 지구 구체설을 바탕으로 한 새로운 우주론 속으로 깊이 들어가 있음을 보여 주고 있다. 더욱이 열요의 운행을 알면 지질과 분합의 예측에 어긋남이 없다고 하여, 서양의 새로운 우주론을 수용함으로써 五星의 운행에 관한 지금까지의 의문이 명확하게 밝혀졌음도 다루고 있다. 그러나 天子의 失官을 운운하면서 중국에서 사라진 학문이 주변의 이민족에게 흘러 들어가 보존되었다고 하여 서법의 중국 기원설에 기록으로나마 동조하고 있음도 살펴볼 수 있다.

> 이번에 옛 법을 따르되 그 간요하고 판별하기 쉬움을 택하며, 상당한 부분을 없애거나 더하여 하나의 의기를 만들어 측관의라고 명명하고 구고로써 측량하는 법을 첨부하였다. 해외의 동떨어진 곳에서도 활용함에 막힘이 없으며 만세의 차분도 수시로 통변된다. 비록 三辰을 남김없이 헤아리고 천체의 운행에 합치시키는 데는 충분하지 못하더라도, 의기로 관측하고 계산하여 순식간에 알아내므로 게으른 자에게도 시간을 아끼는 마음이 일어나게 할 수 있다. 절기가 고르게 나누어지므로 산중에 역법이 없음을 근심하지 않아도 된다. 안목을 넓히고 세상의 분요를 없앤다는 점에 있어서도 그 역시 學人이 세속의 병을 고침에 일조하게 될 것이다.

---

86) 『담헌서』 권6 : 22ㄴ-24ㄱ, 「농수각의기지」, 혼상의, "무릇 天行은 365일 3시간에 1周하므로, 1朞를 時, 刻, 分, 毫의 차례로 환산하면 4383시, 35064각, 525960분, 52596000호를 얻는다. 毫數에서 2141호를 減한 52593859호를 環牙 359로 나눈 몫이 146501호이므로 이를 다시 통상의 시간단위로 환산하면 12時1刻10分01毫가 된다. 이것이 천운환이 1牙 더 돌아가는데 필요한 시간이다". 혼상의 구동주기 계산 과정을 나타낸 이 인용문에서 1朞는 1항성년을 가리키며, 1기의 毫數에서 減한 2,141호가 곧 항성년과 태양년의 差에 해당하는 歲差인데, 이 값은 티코 브라헤가 측정한 세차 51초를 시간으로 환산한 것이다.

혼천의가 비록 천 년 이상 동아시아의 천문의기를 대표하여 왔지만 육합, 삼진, 사유의 3중 구조에 7개 이상의 환을 갖추고 있으므로 그 제도가 심히 복잡하며, 용법이 다양하다 하더라도 제작과 활용에 편리하지 못하였음은 이미 오래 전부터 지적되어 온 사항이다. 따라서 새로운 의기에서는 제도와 활용의 단순화를 위하여 三辰을 남김없이 모두 헤아릴 것이 아니라 먼저 측정 대상을 좁힐 필요가 있었을 것이다. 만약 관측 대상이 황도 주변의 칠요 및 경성에 국한되어 있고, 관측을 통하여 연중의 절기 변화와 하루 중의 시각을 알고자 함이 의기의 주된 용도라면 천구의 적도 주변이 좀 더 강조되는 방식의 의기가 실용적일 것이고, 그것이 바로 熊三拔이 소개한 간평의에 해당된다. 뒤에서 자세히 다루어졌듯이 간평의는 그 제도가 혼천의와는 비교할 필요가 없을 뿐만 아니라 혼개통헌에 비해서도 훨씬 간요하고 판별하기 쉬운 점이 특징이며, 다양한 쓰임새에 비하여 용법 역시 매우 간편하여 의기로 규영하고 계산함이 순식간에 가능하다고 할 수 있다. 의기를 통하여 절기가 고르게 나누어지므로 산중에 역법이 없음을 근심하지 않아도 된다고 할 정도로 이 의기는 활용의 간편함과 측정값의 명료함에 주안점을 두고 선택되어 제작되었다고 할 수 있다.

홍대용이 간평의에 해당하는 이 의기를 구태여 측관의라고 명명한 이유에 대하여 스스로 밝힌 바는 없지만, 앞서 언급되었듯이 청조의 간평의는 이미 평혼의까지 포함하고 있었으므로 이를 구분하기 위함일 수 있으며, 또 의기의 뒷면에 절기를 대표하는 경성을 배열하여 星晷로 활용하게 한 것도 또 다른 이유가 될 수 있을 것이다.

이어서 이 의기가 해외의 동떨어진 곳에서도 활용함에 막힘이 없다고 한 것 역시 범용 아스트롤라베인 간평의가 갖는 장점에 해당하는 것이다. 혼천의나 혼개통헌, 그리고 평혼의와 달리 의기의 기준값인 북극고도를 관측지의 위도에 맞추어 손쉽게 조정할 수 있으므로, 심지어 적도 아래나 남북극 등 멀리 떨어진 곳에서도 활용할 수 있는 것이다.

2) 制度

측관의의 제도가 선기옥형의 옛 법과 상통한다고 하였으므로, 입체 의기인 혼천의를 평면 의기로 투영할 때 혼천의의 여러 환들이 어떠한 형태의 평면 눈금으로 변환되는지를 추정해 보면 측관의의 제도를 훨씬 쉽게 파악할 수 있다. 이러한 기본적인 관점을 가지고 측관의의 제도와 용법에 관한 기록을 분석하였다.

> 그 제도로써 내외의 兩輪을 갖추고 있다. 양륜 모두 360牙를 새겨 周天度分으로 삼았다. 輪마다 각각 盤이 있다. 내반의 길이는 내륜의 지름에 맞춘다. 한 가운데의 직선이 赤道이다. 적도 좌우의 板長은 내륜에 맞추어 점점 짧아지다가 좌우 23.5도에서 끝이 난다. 이것이 곧 내반의 너비이다. 적도와 십자를 이루는 횡선을 내반의 좌우에 긋는다. 이 선을 따라 실을 관통시켜, 내륜의 톱니에 연계한다. 내륜의 둘레를 반으로 나누어 좌는 北極, 우는 南極으로 삼는다. 적도 상하에 판의 너비를 경계로 하는 두 개의 반원을 그리면 黃道가 되며, 이를 각각 180도로 나눈다. 적도에서 좌우로 매 15도마다 적도와 평행인 직선을 그린다. 적도선이 곧 춘분 및 추분이며, 차례로 배정하면 좌로 제6행이 하지가 되고, 우로 제6행이 동지가 된다. 적도에 가까울수록 점점 행이 성기며, 멀수록 조밀하다. 성기고 조밀한 모두 13개의 선이 곧 24절기선이다.

측관의는 둥근 외륜과 동심환인 내륜이 맞닿아 서로 간섭이 없이 회전할 수 있는 구조로 되어 있다. 주천도분으로 360개의 눈금을 윤면에 새긴 내외 양륜에는 각각 중심을 지나는 받침(盤)이 끼워져 있으며, 반 위에는 측정 목적에 맞추어 절기와 시각 눈금을 그려 놓았다.

혼천의의 삼진의에 속한 원환들을 평면의기인 측관의의 내반 위에 투영할 때, 적도환은 天常遊旋이므로 내반 위에서 하나의 직선, 곧 적도선으로 나타난다. 그러나 황도환의 경우 절기에 따라 적도로부터의 각도가 바뀌게 되므로, 내반 위에 그려지는 황도선은 적도선과 평행인 여러 개의 절기선으로 투영될 수밖에 없다. 내반의 너비가 적도 좌우로 23.5도씩 펼쳐짐은 황도의 최대 거적도가 23.5도이기 때문이다. 남북 양극을 잇는 極線은 적도선과 중심에서 직교하며 내륜의 주천도 눈금에 연결된다. 내반 위에 그려지는 절기선은 다음과 같은 작법으로 완성된다.

춘추분에는 황도가 적도와 일치하므로 내반의 적도선이 곧 춘추분을 나타내는 절기선인데 비해, 다른 절기의 경우 해당 거적도의 正弦만큼 적도선에서 멀어진다. 예를 들어 춘분 후 세 번째 절기인 입하에 해당하는 절기선을 내반 위에 그리자면, 먼저 적도 상하에 황도를 나타내는 두 반원을 그리고, 이것과 적도선이 만나는 점으로부터 춘분과 입하 사이의 黃經差 45도만큼 황도원을 따라 좌측으로 옮겨간다. 양 반원을 따라 좌로 45도 옮겨간 상하의 두 점을 적도선과 나란하게 이으면 이것이 입하의 절기선이며, 황경차의 正弦값만큼 적도선과 간격을 가진다. 따라서 춘추분에 가까운 절기선들은 그 간격이 성긴 반면 동하지에 다가갈수록 절기선의 간격이 조밀해진다. 이러한 작법을 통해 내반 위에 적도선 좌우로 6개씩, 모두 13개의 절기선을 그려 1년 24절기를 정확히 나타낼 수 있다.

한편 시각선의 작법은 다음과 같이 묘사되어 있다.

> 적도 상하는 바깥으로 주천도분에 대응하는데, 이를 따라 매 3도 3/4에 해당하는 점에 눈금을 새긴다. 또 二至線의 길이를 갖는 별도의 직선을 지름으로 하는 원을 그린 후, 역시 360도로 나눈다. 마찬가지로 매 3도 3/4에 해당하는 점을 徑線에 대응하는 눈금으로 삼고, 이것을 다시 二至線에 옮겨 눈금을 새긴다. 이에 적도의 눈금을 중점으로 하고, 二至의 눈금을 좌우점으로 하여, 이 세 점으로 同圓을 그리는 법에 의거하여 각각 반원을 그리면, 극선의 상하에서 각각 23개의 선을 얻는다. 그리하면 극선이 卯正初와 酉正初가 되고, 그 위로 첫째 것은

> 卯正一과 酉初三이며, 아래로 첫째 것은 卯初三과 酉正一이다. 아울러 차례로 배정하여 상하의 全周, 곧 내륜에 이르면 午正初와 子正初가 된다. 극선에 가까울수록 행이 성기고 원호가 펼쳐지며, 극선에서 멀수록 행이 조밀하고 원호가 굽어진다. 疎密廣曲한 모두 47개의 행이 곧 각 절기의 시각선이다.

시각선은 태양의 日週운동을 내반 위에 옮긴 것인 만큼, 절기에 따라 시각선의 눈금이 지나가는 위치가 다르다. 춘추분의 경우, 적도와 일치하는 황도를 따른 태양의 등속 원운동이 적도선 위에서 단진동의 궤적을 가진다. 따라서 二分日의 시각 눈금은 적도선을 지름으로 하는 원, 즉 내륜에 새긴 주천도분을 등분하고, 이를 적도선 위에 투영하여 구한다. 주천 360도를 3도3/4로 나누는 것은 하루를 96刻으로 정한 시헌력법을 따른 것이다. 내륜 위의 96개의 눈금을 적도선 위로 투영하면 극선의 상하에 24개씩 시각 눈금이 구해진다. 위에서 23선이라 한 것은 全周, 곧 내륜에 닿는 눈금은 내반 위의 시각선으로 여기지 않았기 때문이다. 다른 절기의 시각 눈금은 해당 절기선 위에 표시된다. 동하지의 경우에는 태양이 二至線 위에서 단진동의 궤적을 그린다. 따라서 二至線을 지름으로 하는 원을 그리고, 그 원주 위의 눈금 96개를 二至線 위에 투영하여 이 날의 시각 눈금을 구한다.

절기선을 가로지르는 시각선을 그리자면 매 절기선마다 시각 눈금을 구한 후, 동일한 시각의 눈금을 횡으로 연결하여야 한다. 午正初와 子正初에 해당하는 시각선이 內輪의 원호에 일치하므로 적도선 위의 해당 시각 눈금을 중앙점으로 삼고, 二至線 위의 눈금을 좌우점으로 삼아, 이 세 점을 지나는 원호를 그려 시각선을 완성하였다. 수학적으로 엄밀하게 표현하자면 자정 및 오정선만 원호이고, 그 이외의 시각선은 타원의 일부이다. 그러나 타원으로 그린 것과 세 점을 지나는 원호로 그린 것의 차이가 거의 무시할 만하므로 이 경우는 간편하게 원호로 처리한 듯하다. <그림 16(a)>는 주천도분과 절기선 13선 및 시각선 47선이 그려진 내륜과 내반의 모습이다. 이러한 내반의 눈금선은 仰釜日晷의 눈금선이 影針과 춘추분의 오정점을 잇는 방향에 수직인 면에 투영되었을 때 나타나는 것과 동일하다.

외륜과 외반 및 그 위의 눈금선에 대한 기술은 다음과 같다.

> 한 가운데 세운 축은 外輪盤의 중심을 지난다. 외반의 너비는 촌음에 불과하다. 상변의 길이는 輪의 지름에 맞추고, 天度를 등분하여 지평으로 삼는다. 지평은 가운데서 상하와 각각 직선으로 연계되면서 역시 외륜의 둘레를 등분한다. 지평과 십자로 교차하는 선의 상반이 천정선이고, 하반이 수선이다. (외반에) 수선 좌우로 소밀한 직선을 수선과 평행하게 그리고, 외륜의 주천도분에 대응시킨 것이 直應度分이다. 지평의 좌우에 表를 세우고 구멍을 내어 지평과 더불어 叅直하는 것이 瞡筩이다. 축끝에 추를 달아 주천도분에 수직이 되게 한 것이 추선이다.

내륜의 바깥을 둘러싸고 있는 외륜은 내륜과 중심축을 공유하는 동심륜이다. 내반이 적도선을 중심으로 좌우로 二至의 거적도에 해당하는 너비를 가지는데 비해, 외반은 축심을 지나는 지평선을 상변으로 하고 아래로 촌음에 불과한 너비를 가진다. 내반에서 적도선에 수직인 극선을 따라 관통하는 실을 내륜에 잇듯이, 외반에서도 지평선에 수직인 천정선 및 수선을 따라 관통하는 실을 외륜의 눈금에 이어 놓았다. 외륜의 주천도분을 외반의 지평선에 투영하여 수선 좌우에 수선과 평행한 세로 선들을 그리면, 수선에 가까울수록 점점 성기고 멀수록 점점 조밀하다. 이것이 직응도분이다. <그림 16(b)>는 외륜과 외반의 형상을 나타낸 것이다. 중심축이 튀어나온 끝에 추를 달아 추선을 내린 것은 지평을 잡기 위한 수단이다.

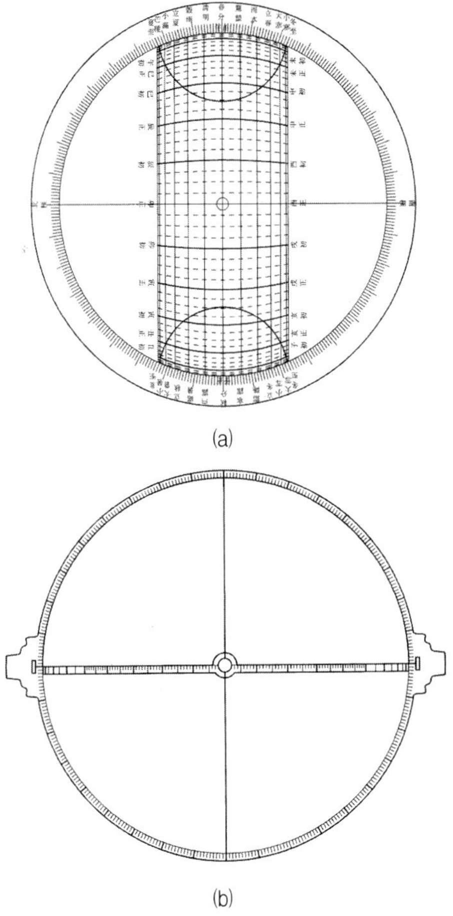

(a)

(b)

<그림 16> 측관의의 제도 (a)내륜, (b) 외륜

3) 用法

앞 절에서 살펴본 측관의의 제도를 혼천의와 대비하여 보면 먼저 삼진의의 삼진환, 적도환, 황도환이 측관의의 내반에서 각각 극선, 적도선, 절기선으로 치환되었음을 알 수 있다. 또 육합의의 지평환과 자오환은 외반의 지평선과 천정선 및 수선으로 나타났으며, 사유의의 망통은 지평의 양단에 세운 表로 바뀌었다. 따라서 구면상의 혼천의의 용법을 평면 위로 옮겨진 것이 곧 측관의의 용법이라 할 수 있다. 홍대용은 천체 고도의 측정에서부터 地極의 출입도, 절기, 일출입 시각 등을 구하는 과정을 다음과 같이 차례로 서술하였다.

> 무릇 낮에 태양을 관찰하고 밤에 星宿를 측량함은 오직 覸筩을 의지하고 외륜의 도수를 기준으로 삼는다. 외륜을 움직여 대영시키고, 수선으로부터 추선에 이르기까지 도수를 헤아리면 여러 별의 고도가 정해진다. 여러 별 중에서 점점 상승하는 것은 아직 午를 통과하지 않은 것이며 점점 하강하는 것은 이미 午를 통과한 것이므로, 그 최고도를 얻으면 午의 중앙에 해당한다. 表를 세우고 선을 그으면, 子午의 직선이 구해진다. 午線이 정해지면 적도의 높낮이와 地極의 출입도를 차례로 정할 수 있다. 지극이 정해진 다음에 무릇 절기, 시각, 晷影의 차, 經緯度는 한번 보아 다 알 수 있다.

외반의 상변과 일치하는 규통을 지평으로부터 회전시켜 천체와 일직선이 되게 하면 외반과 일체를 이루는 수선도 항상 지구 중심을 향하는 추선으로부터 동일한 각도만큼 돌아가므로, 수선과 추선이 이루는 각이 천체의 지평고도가 된다. 또 천체의 남중을 살펴 자오의 방향을 결정하고, 오선, 곧 자오선의 남쪽으로부터 적도까지의 고도를 측정할 수 있다. 지극의 출입도는 직각에서 적도고도를 뺀 값이다.

지극의 출입도만큼 내반을 회전시킨 측관의를 활용하면 여타의 것들을 다음과 같이 구할 수 있다.

> 먼저 오늘이 어떤 절기를 지난 후 며칠 째인지를 알고, 내반의 황도를 살펴 해당되는 주천도를 찾으면 오늘의 日躔이 적도로부터 얼마나 떨어져 있는지를 구할 수 있다. 그런 후 오늘의 최고도분에다 가감하면 이 곳의 적도고도가 정해진다. 오늘이 춘분 이후 5일 째이고 최고도

분이 55도라 하자. 내반을 살펴 보면 일전의 거적도가 2도이다. (최고도분에서) 이것을 뺀 나머지 53도가 이 곳의 적도고도가 된다. 대개 해가 적도에 일치하면 가감하지 않으며, 남쪽에 있으면 더하고 북쪽에 있으면 감한다.

오늘의 절기와 태양의 최고도분, 즉 남중고도를 알고 측관의를 활용하여 일전의 거적도와 현지의 적도고도를 구하는 법을 설명하고 있다. 예로 든 춘분 5일 후에 최고도분이 55도인 지점에서 일전의 거적도와 적도고도가 구해지는 과정을 <그림 17(a)>에서 설명하였다. 먼저 내반의 춘분과 추분을 잇는 적도선에서 황도 반원을 따라 360×5/365.25도만큼 이동한 위치, 즉 일전이 그림의 점①이다. 이 날의 일전의 거적도는 이 점에서 적도선과 나란하게 움직여 내륜에 닿은 점②가 춘분점, 즉 적도선에서 떨어진 각도③이며, 약 2도로 측정된다. 만일 이 날의 태양 남중고도가 55도라면, 적도고도는 남중고도에서 거적도를 뺀 값이므로 53도임을 알 수 있다.

적도고도가 이미 정해졌으면 90도에서 적도고도를 제하여 남극입지를 구한다. 남극입지가 정해지면 북극출지도 결정된다. 적도는 양극의 중앙이다. 남북 각 90도에서 고도 53도를 뺀 나머지 37도가 북극출도이다. 무릇 양극의 출입도수는 본래 동일한 것이며 입도를 구하면 출도는 자동적으로 정해진다.

지극의 출입도가 이미 정해졌으면, 외륜의 지평선에 대하여 내륜을 비스듬히 돌려, 남극에서 위로 지평까지와 북극에서 아래로 지평까지의 각도가 지극의 출입도와 같도록 한다. 지평 남쪽으로부터 수를 헤아려 오늘의 최고도에 이르게 되면 오늘이 어떤 절기인지 정해진다. 만일 오늘의 최고도가 76.5도이고 거의 하지선에 일치하면 곧 오늘이 하지가 된다.

적도선과 극선이 직각을 이루므로 적도고도를 알면 극선이 지평과

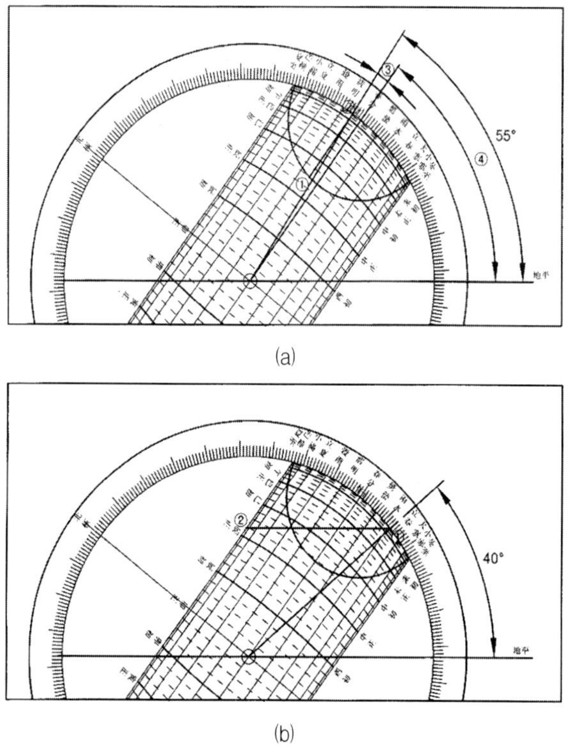

(a)

(b)

<그림 17> 측관의 용법 예 (a) 적도고도 측정, (b) 현재시각 측정

이루는 각도, 즉 남극 입지도나 북극 출지도는 90도에서 적도고도를 뺀 값이 된다. 또 지극의 출입도 만큼 내반을 돌려 태양의 남중고도로부터 당일의 절기를 구하는 과정은 앞에서 절기와 남중고도를 알고 지극의 출입도를 구하는 것의 역과정이다.

> (지평으로부터) 각 절기선의 해당 도수에 이르기까지 수를 헤아리면, 각 절기의 최고도가 모두 구해진다. 또 지평과 각 절기의 시각선이 서로 만나는 것을 살피면, 각 절기의 일출입 시각이 정해진다. 각 절기의 일출입 시각이 이미 정해졌으면, 해의 출입을 관찰하고 아울러 황도를

살펴, 오늘이 어떤 절기인지 혹은 어떤 절기를 며칠이나 지났는지 알 수 있고, 각 절기의 주야장단 역시 정해진다. 각 절기선과 만나는 외륜의 직응도분을 살피면, 각 절기의 일출입에 대한 적도 남북의 위도가 정해진다. 동지와 하지때 일출입 방향이 지평의 卯酉(동서)로부터 각각 30도 조금 넘게 떨어져 있음은, 이것이 오로지 지극의 높낮이를 따르기 때문이다. 지극이 다르면 천정이 바뀌고 지평도 따라서 바뀐다. 만약 나라가 적도 바로 아래에 있다면 적도가 천정이고 양극이 지평이며, 일출입 위도는 황도와 같아서 23.5도에서 극에 달하며 일년 내내 밤낮의 길이가 같다. 적도로부터 남북으로 멀어질수록 (일출입 위도가) 점점 넓어지다가 양극 바로 아래에 이르면, 양극이 천정이고 적도가 지평이며 일출입 위도의 극이 90도에 달한다. 해가 적도 위에서 움직이면 낮이 되고, 적도 아래에 있으면 밤이 되므로, 밤낮이 각각 반년에 이르는 해의 주기가 된다. 비록 허황한 소리에 가깝지만, 의기로 관찰해보면 이치가 매우 정확하다.

내반을 적도고도에 맞추어 기울인 상태에서, 내반 위에 그려진 각 절기선이 그 절기의 황도선이므로, 이것과 만나는 외륜의 눈금이 지평으로부터 갖는 도수가 그 절기의 태양의 남중고도가 된다. 또 절기선이 외반의 지평선과 만나는 곳을 지나는 시각선의 눈금이 각 절기의 일출입 시각이다. 따라서 일출입 시각을 알면 황도, 즉 절기선을 살펴 오늘의 절기를 알 수 있다. 절기선에서 지평선 위에 드러난 부분이 낮이고, 아래에 감추인 부분이 밤이므로, 각 절기의 주야장단 역시 정해진다. 각 절기선과 지평선이 만나는 점에 대한 외반의 직응도분이 얼마인지 살피면, 이것이 곧 각 절기의 일출입 방향이 갖는 적도 남북의 위도, 즉 正東西로부터 남북으로 멀어진 각도를 나타낸다.

지평의 가장자리로부터 현재의 태양 고도분에 이르는 도수를 (輪을 따라) 헤아린다. 별도의 직선을 兩界에 은밀하게 취하여 지평과 평행하게 그어 절기 및 시각선과 교차시키면 현재의 시각이 정해진다.

현재의 태양고도로부터 현재 시각을 구하는 방법을 설명하고 있다. 즉 지평의 가장자리로부터 輪을 따라 현재의 태양고도만큼 헤아려 한 점을 취한다. 이 점에서부터 보이지 않는 별도의 직선을 지평과 평행하게 그어 내반의 눈금과 교차시킨다. 해당 절기와 만나는 점의 시각선을 읽으면 이것이 곧 현재의 시각이다. 이 과정을 <그림 17(b)>에 순차적으로 도시하였다. 어느 날 태양고도가 40도인 순간의 시각을 알고자 하면, 먼저 지평으로부터 40도를 이루는 내륜 위의 점①을 정하고, 이 점에서 지평과 나란한 선을 그려 점②를 구한다. 두 점을 잇는 선분이 해당 절기선과 교차하는 점이 구하고자 하는 시각을 나타낸다. 이 날이 춘분이라면 巳初二刻(오전 9시 30분)을 조금 지났거나 未正二刻(오후 2시 30분)에 조금 못 미친 시각에 태양고도가 40도임을 알 수 있다.

여기서는 더 이상 언급하지 않았으나 昏夜의 시각 역시 日躔에 준하여 宿度를 관찰하되, 대응하는 宮을 관측하여 日法과 같은 방법으로 도수를 고찰한다는 설명이 원문의 후미에 부가되어 있다.

4) 淵源

측관의와 관련한 문헌들로 熊三拔의 『간평의설』, 陽瑪諾의 『천문략』, 그리고 羅雅谷의 『比例規解』 등이 있다. 陽瑪諾이 지은 『천문략』의 전반부는 중세 서양의 12重天構造說, 즉 프톨레마이오스의 천체구조설을 이용하여 천문현상을 설명하고 있으며, 후반부에서 적도와 북극 등 殊域과 중위도 지방에서 매 절기의 밤낮의 길이, 朦影限과 시각 구하는 법 등을 그림과 함께 설명하고 있는데, 북위 40도에 맞춘 陽瑪諾의 설명도가 측관의의 내륜과 매우 유사하다.

熊三拔의 『간평의설』은 名數 12則과 用法 13首를 상세하게 기록하고 있는데, 제도와 용법에 관한 기록이 홍대용의 측관의 기사와 많은 부분 상통한다. 『간평의설』의 名數 12則은 상하반과 절기선 등 의기의 구조와 이를 구성하는 각 눈금의 이름과 이것들을 그리는 법에 대한 설명이며, 12則 중에서 日景線만이 측관의조에서 빠졌을 뿐이고, 대부분 동일한 명칭으로 불려지고 있다. 또 "隨時隨地測日軌高"를 비롯한 용법 13首 중에서 열 가지는 측관의 기사에서도 상세하게 언급되어 있다. 『간평의설』의 四庫全書 守山閣叢書本에는 提要와 序에 이어 簡平儀說圖가 포함되어 있다. 내반에서는 황도 반원이 극선과 적도선의 교점에 중심을 두고 있는 것이 <그림 16(a)>의 측관의 내륜과 다른 정도이다.[87] 외반의 경우 지평 위의 빈 공간에는 외륜의 주천도 눈금으로부터 가상의 선, 즉 日晷線이 지평과 나란하게 그어져 있고, 지평 아래는 완전히 메워진 면에 직응도분이 그려져 있음이 <그림 16(b)>의 좁은 외반과 다른 점이다.

한편 내반의 절기선과 시각선의 작법에 대해서는 熊三拔의 언급이 매우 간략한 것에 반하여 홍대용의 설명은 매우 상세하다. 燕行을 떠나기 전에 『수리정온』의 내용을 이미 상당한 정도로 파악하고 있었던 점을 감안한다면,[88] 내반의 작법에 대한 홍대용의 상세한 부연 설명은 『수리정온』에 포함된 羅雅谷의 『비례규해』를 참조하였으므로 가능하였던 것이라 할 수 있다.[89]

홍대용의 측관의가 熊三拔의 『간평의설』과 밀접한 관계를 가지고 있으나, 이것의 原型이 될만한 의기는 아직까지 중국에서도 발견하지 못하고 있다. 다만 측관의와 제도는 다르지만 간평의라는 이름을 가진 것으로서 御製간평의와 御製三辰簡平地平合壁儀가 있으나, 앞 장에

---

87) 內盤에 황도 반원이 그려지는 위치에 대하여 "赤道上下各界板廣 施兩半規爲黃道"라고 하였으므로 황도 반원의 중심을 적도선의 끝점으로 잡았다.

88) 한영호, 「서양 기하학의 조선 전래와 홍대용의 주해수용」, 『역사학보』 170, 서울 : 역사학회, 2001, 53~89쪽.

89) 『수리정온』 권39-40, 末部9-10, 『비례규해』. 正弦線을 설명하기 위하여 羅雅谷은 "說如簡平儀下盤作節氣線問其法若何"라고 소제목을 붙인 간평의의 눈금선 작법을 예로써 들고 있다. 시각선에 대해서도 마찬가지이다.

서 살펴본 대로 어제간평의는 평혼의를 가리키는 것이며, 또 六重 평면의기인 어제삼진간평지평합벽의의 第五重인 간평의는 혼개통헌일 뿐이다. 이렇게 간평의라는 명칭이 제도가 다른 의기에 나란히 적용되고 있음은 『혼개통헌도설』과 『간평의설』이 『흠정사고전서』에 포함될 때 總纂官 紀昀 등이 붙인 提要 가운데서 渾天 또는 渾圓을 平圓으로 그리는 것을 簡平이라고 부르고 있음과 밀접한 관계가 있다.[90] 즉 球形의기인 혼천의를 대신하는 혼개통헌이나 평혼의, 그리고 간평의 등의 평면의기는 모두 간평의라고 불려진 것이라 할 수 있다.[91]

홍대용의 측관의는 16세기 중반부터 서양에서 활용되던 의기가 17세기 초반에 중국에 전해지고, 다시 18세기 중반에 이르러 조선에 도입된 셈이므로 그 자체가 어떤 새로운 창작품으로 평가될 수 있는 것이 아니다. 그러나 홍대용이 일찍이 통천의의 제작을 통하여 체득한 전통 의기의 제도를 바탕으로 삼고, 燕行에서 돌아오기까지 깊은 관심을 가지고 연구한 서학의 제반 지식을 더한 것이므로 제작의 의미가 특별한 것이라 할 수 있다. 제왕의 전유물로 인식되던 천문 의기를 민간의 신분으로 구색을 맞추어 갖춘 홍대용의 노력도 높이 평가되어야 하겠지만, 서법을 적극적으로 수용하고 기하학의 지식을 활용하여 사용하기에 편리한 새로운 의기를 만들어낸 것은 실학의 전파에 큰 도움이 되었을 것으로 여겨진다. 특히 개혁 군주로 평가되는 정조를 도와 문물 제도의 정비와 개혁을 담당하여 크게 활약한 박제가 등 북학파의 후배 실학자들에게 미쳤을 영향은 결코 적지 않았을 것이다.[92] 그런

---

90) 『혼개통헌도설』 提要에서는 "蓋渾天與蓋天皆立圓而 簡平則繪渾天爲平圓"이라고 하였고, 『간평의설』의 提要에서는 "取渾圓爲平圓而 以平圓測量渾圓之數"라고 하였다.

91) 명 天啓 7년(1627)에 간행된 『奇器圖說』(鄧玉函 口授, 王徵 譯繪)의 「引取」에 열거된 참고서 18종 가운데 『蓋憲通考』, 『태서수법』, 『간평의설』, 『천문략』이 들어있는 것을 보면, 청이 들어서기 전 상당 기간 동안은 혼개통헌과 간평의를 구별하여 불렀음을 알 수 있다.

92) 홍대용이 한때 東宮의 侍講으로 召待하였던 정조는 왕위에 오르면서 청으로

측면에서 바라보면 홍대용의 측관의는 조선 실학의 탐스러운 결실의 하나라 할 만하다. 또 측관의의 용법에 첨가된 구고의 활용술이 측량의 기본이 되는 만큼, 측관의 기사의 말미에 기록된 것처럼 이용과 후생을 위한 그의 바람이 이 의기에 담겨져 있다고 할 수 있다.[93]

4. 맺음말

서양역법의 채택 이후 17세기 후반의 중국과 18세기 전반의 조선이 이를 정착시켜 나가는 과정을 비교해 보면, 중국에서는 스스로 學人의 입장에서 서양과학의 수용에 적극적이던 康熙帝의 61년 통치가 있었고 흠천감과 무관한 재야 士人층의 두터운 공로가 있었는데 비해, 조선에서는 천리경을 窺日影이라 하니 불경스럽다 하여 깨 버린[94] 영조의 51년 치세가 있었고 역서 작성에 자신들의 운명을 걸고 있던 관상감의 중인층 감원들의 헌신적인 역할이 거의 전부였다는 점이 뚜렷하게 대비된다.

유학 자체가 格物致知를 중시하는 학문이었던 만큼 조선후기에도 많은 유학자들이 천문역상에 깊은 관심을 갖고 이치를 탐구하였으나, 오직 사유를 통하여 '上通天文 下達地理' 하고자 한 조선 성리학의 철학적 방법은 관측 결과에 따라 전혀 새로운 이론 체계로 변환될 수 있

부터 서양의 새로운 문물을 도입하고 제도를 개혁함에 특히 북학파의 실학자들을 효과적으로 활용하였으며, 奎章閣 檢書로 유명하던 이덕무, 박제가 등이 바로 이들이다.

93) 『담헌서』 권6 : 26ㄴ-27ㄱ, 「농수각의기지」, 측관의, "以望丘陵川谷 與覡筩齊直者天下至平 凡築障開渠 遙立量竿 次第度之 商功興事分寸無差".

94) 『영조실록』 권61, 영조 21년 5월 12일 癸未, "이른바 窺日影이라는 것이 비록 일식을 살펴보는 데는 공효가 있으나……규일영이라 하면 좋지 못한 무리들이 위를 엿보는 기상이 되는 것이므로 이미 명하여 깨 버렸고, 책과 지도도 역시 세초해 버렸다".

는 자연법칙의 성립과정에는 적당하지 않았으며, 새로운 과학 지식을 받아들이는 데도 거의 도움이 되지 못하였다. 다만 관상감의 領事 또는 提調를 역임하였던 자들이나 재야의 일부 학자들이 천문학 등 서학 전반에 우호적이었기에 조선의 실학이 자연과학 분야에서도 작은 결실을 맺을 수 있었다. 선교사들이 소개한 서양과학을 거의 일방적으로 받아들인 것은 양국이 마찬가지였지만, 梅文鼎을 비롯한 중국의 재야 학자들은 西法中國源流說로 스스로를 달래며 四夷의 학문을 소화하여 마침내 『사고전서』에서 어깨를 나란히 하는 성취를 이룬 반면, 오히려 청의 예를 보고도 애써 서학을 외면하다가 西教를 빌미로 그 동안 이룬 실학의 작은 성과조차 짓밟아 버린 東夷 사대부들의 작태는 역사의 눈총을 피할 길이 없을 것이다.

이 글의 주제어인 신법 천문의기를 통하여 서양과학의 자취를 찾는다면 두 나라 사이에 더 큰 차이가 드러난다. 『황조예기도식』에 등재된 중국의 서법 의기들은 선교사들의 제작 참여 여부를 떠나 일습이 체계적으로 갖추어졌는데 비해, 조선후기에는 세종 때와 같은 의기창제 프로젝트가 기획된 적이 없었으므로 대부분 산발적인 模作에 지나지 않았다. 다만 독자적인 역법 운용에 전력을 기울이던 관상감이 있었고, 비록 소수에 불과하지만 홍대용이나 서호수 등 기하학의 바탕 위에서 새로운 천문을 익힌 학자들이 있었으므로 앞서 살펴본 정도나마 신법 의기의 흔적을 남기고 있는 셈이다. 선교사들이 남긴 것이 대부분인 중국의 의기들만큼 크기나 精度 등에서 뛰어나지는 않았지만, 조선의 의기는 당대 조선의 서양과학에 대한 지식의 전부가 반영된 것이라 해도 무리가 아닐 것이다. 그 중에서도 특히 지평일귀나 간평의 등은 단순히 신법 의기에 그치지 않고, 새로운 수학인 기하학을 이해하는 도구이자 정확한 측량을 통한 복리후생의 수단으로 인정되면서 그 가치가 중국에서보다 훨씬 더 귀하였다고 할 수 있다.

그러나 신법 의기의 수용과 제작을 통하여 천문 지식만이 아니라 과학적 사고방식과 방법론을 익힐 기회는 있었다 하더라도 실학의 세기가 남긴 과학 성취는 그 폭과 깊이에서 매우 제한적이었으며, 무엇보다 후세에 전하여 더 나은 결실로 이어지지 못하였으므로 끝내 불모의 과학이 되고 만 것이 또한 18세기의 조선과학이다. 새로운 학문의 주역이었어야 할 조선후기를 대표하는 실학자들조차 사회개혁의 방안을 제시하면서도 이용후생의 실천적 기틀을 마련하는 데는 소홀하였으며, 더욱이 새로운 과학에 대한 스스로의 무지를 깨치기 위한 노력이 전혀 미흡하였다는 점이 오늘날에 던지는 의미는 결코 가볍지 않을 것이다.

17~19세기 農法 연구와 農書 편찬의 추이

廉 定 燮*

1. 머리말

조선시대에 이루어진 農書 편찬의 추이를 검토하는 것은 우선 당대의 농업 생산활동에 활용되던 농업기술을 파악하는 작업이라고 할 수 있다. 農書가 당대에 통용되던 農法을 정리하여 수록하고 있기 때문에 농서의 분석은 농업기술의 단계를 파악하는 기초가 된다고 할 수 있다. 이에 따라 현재까지 農書 편찬에 대한 주목할 만한 연구가 많이 축적되었다. 조선전기에 편찬된 『農事直說』로부터 조선후기 17세기에 편찬된 『農家集成』, 그리고 18세기 말 應旨農書 등으로 이어지는 농서 편찬의 주요한 흐름이 정리되었다.[1] 그리고 개별 農書에 담겨있는 농업기술을 분석한 많은 연구가 축적되어 있다.[2]

---

* 서원대학교 교양학부 전임강사

1) 金容燮, 『朝鮮後期 農學의 發達』(韓國文化研究叢書 2), 서울대 한국문화연구소, 1970 ; 宮嶋博史, 「李朝後期農書の研究」, 『人文學報』 43, 京都大 人文科學研究所, 1977 ; 金容燮, 「農書小史」, 『農書』 1(韓國近世社會經濟史料叢書 3), 1981 ; 李盛雨, 『韓國食經大全』, 鄕文社, 1981 ; 金榮鎭, 『朝鮮時代前期農書』, 韓國農村經濟研究院, 1984 ; 金容燮, 『朝鮮後期農學史研究』, 一潮閣, 1988 ; 廉定燮, 『조선시대 農書 편찬과 農法의 발달』, 서울대학교 대학원 국사학과 박사학위논문, 2000.

2) 洪在烋, 「『農家月令』攷 - 附原文, 校註 -」, 『東洋文化』 6·7合輯, 1968 ; 金榮鎭, 「『四時撰要抄』와 『四時撰要』의 肥料研究」, 『農村經濟』 8-1, 1985 ; 金榮鎭, 「農書를 통하여 본 朝鮮時代 主要作物의 作付體系」, 『農村經濟』 8-2,

15세기로부터 19세기에 이르기까지 꾸준히 이루어진 조선시대의 農書 편찬의 흐름을 살펴보면,[3] 17세기를 전후한 시기에 후술하는 바와 같은 주목할 만한 변화가 나타나고 있음을 찾아볼 수 있다. 여기에서는 이러한 변화에 주목하여 17세기를 전후한 시기로부터 19세기까지 農書 편찬의 추이와 그에 따른 農法 연구의 상황을 살펴보려고 한다.

17세기 이전에 이루어진 농서 편찬의 양상은『農事直說』과『衿陽雜錄』이라는 2개의 농서를 통해서 살펴볼 수 있다. 물론 태종대에『農書輯要』라는 농서가 편찬되었지만, 잘 알려져 있는 대로 이 농서는 中國의『農桑輯要』를 초록하여 本國 俚語로 번안한 것이었다. 따라서 세종대에 이르러 조선의 풍토에서 유래한 농업기술을 수록한 농서로 편찬된『農事直說』(1429년)과[4] 15세기 후반에 이르러 중앙의 고위 관직을 역임하였던 姜希孟이 경기 衿陽에서 편찬한『衿陽雜錄』을[5] 앞선

1985 ; 金榮鎭,「應旨農書로 엮은 梁翊濟 農書의 연구 - 18세기말 전남 보성 지방의 농촌문제 -」,『農村經濟』 13-2, 한국농촌경제연구원, 1990 ; 金容燮,「『農書輯要』의 農業技術」,『世宗學研究』 2, 1987 ; 閔成基,「『農家月令』과 16世紀의 農法」,『釜大史學』 9, 1985 ; 閔成基,「『四時纂要』의 種木綿法에 대하여」 上・下,『釜山大學校 人文論叢』 29・34, 1986・1988 ; 吳仁澤,「『農書輯要』의 耕種法研究」, 부산대학교 대학원 석사학위논문, 1988 ; 吳仁澤,「『農書輯要』를 통해서 본 조선 초기의 耕種法」,『지역과역사』 5, 1999 ; 李承宰,「『農書輯要』의 吏讀」,『震檀學報』 74, 1992 ; 李鎬澈,「『農書輯要』의 農法과 그 歷史的 性格」,『經濟史學』 14, 1990 ; 廉定燮,「15~16세기 水田農法의 전개」,『韓國史論』 31, 서울대 국사학과, 1994 ; 崔洪奎,「禹夏永의 農學思想(1) -『千一錄』을 중심으로 -」,『水原大論文集』 2, 1984 ; 崔洪奎,「禹夏永의 農學思想(2) -『千一錄』을 중심으로 -」,『水原大論文集』 3, 1985 ; 崔洪奎,『禹夏永의 實學思想 研究』, 一志社, 1995.

3) 조선시대의 農書 편찬에 대해서는 다음 논저를 주요하게 참고할 수 있다. 金容燮,『朝鮮後期農學史研究』, 一潮閣, 1988 ; 李盛雨,『韓國食經大全』, 鄕文社, 1981 ; 金榮鎭,『朝鮮時代前期農書』, 韓國農村經濟研究院, 1984 ; 廉定燮,『조선시대 農書 편찬과 農法의 발달』, 서울대학교 대학원 국사학과 박사학위논문, 2000.

4) 金容燮,「世宗朝의 農業技術」,『韓國中世農業史研究』, 知識産業社, 2000 ; 金容燮,『朝鮮後期農學史研究』, 一潮閣, 1988.

시기의 특유한 농서로 자리매김할 수 있다.

『農事直說』은 조선의 농업기술을 정리한 최초의 官撰 農書로 커다란 의의를 지닌 것이었다. 하지만 主穀作物에 한정하여 경작법을 수록하고, 다른 작물의 재배법을 빠뜨린[6] '간략한 설명(直說)'이어서 내용이 소략하다는 점, 선진적인 농법을 농법이 척박한 지역으로 보급하려는 의도에서 편찬된 것이어서[7] 농업기술의 지역적인 성격을 담아내지 못하고 있다는 점 등의 한계점을 가지고 있었다.

『衿陽雜錄』은 강희맹이 '衿陽別業'에서 쌓은 영농 경험을 바탕으로 편찬된 私撰 농서이지만, 체제를 갖추지 않고 있어 농작업을 개별적으로 설명하지 않았고, 또 작물별 경작방식을 정리한 것도 아니었다. 따라서 衿陽 지역의 전체적인 농업기술의 면모를 확인하기에는 아쉬움이 많다고 할 수 있다. 다만 금양 지역의 지역적인 농법 자체를 정리하려한 점에서는 커다란 의미가 있다.

17세기를 전후한 시점에 『농사직설』과 『금양잡록』이 갖고 있는 아쉬움과 한계점을 뛰어넘는 새로운 단계의 농서 편찬이 진행되었다. 결론부터 설명하자면 이 시기 이후 농서 편찬은 세 가지 양상으로 전개되었다. 첫 번째 농서 편찬의 특색은 老農의 농업기술, 즉 老農의 경험, 지혜를 본격적으로 정리하여 문자로 정리된 농서의 내용이 실제의 농사를 보다 충실하게 반영하게 되었다는 점이다. 두 번째로 국지적인 기후와 토양 조건, 그리고 지역적인 농사경험에 근거한 이른바 地域農法이 보다 적극적으로 농서 편찬에 반영되게 되었다. 농법의 지역성이 비로소 문자화된 농서에 수록되기 시작한 것이었다. 세 번째로 곡물

---

5) 金容燮, 「『衿陽雜錄』과 『四時纂要抄』의 農業論」, 『朝鮮後期農學史硏究』, 一潮閣, 1988 ; 朴京安, 「姜希孟의 家學과 農業經營論」, 『實學思想硏究』 10·11合輯, 1999.

6) 『農事直說』의 項目으로 뽑혀 있는 작물을 보면 痲, 稻, 黍粟, 稷, 大豆, 小豆, 菉豆, 大麥, 小麥, 胡痲, 蕎麥 등 12종이었다.

7) 金容燮, 『朝鮮後期農學史硏究』, 一潮閣, 1988.

중심의 경작법 서술에서 벗어난 菜蔬와 果樹 등 농업생산, 특히 농민의 자급자족을 달성하기 위해 절대적으로 필요한 여러 생산물에 대한 기술적인 측면을 포괄한 종합농서 편찬이 이루어졌다는 점이다.

물론 17세기를 전후한 시기에 편찬된 농서는 조선초기 이래 점진적으로 발달한 농업기술을 정리한 것이었다. 벼농사 기술에서 경상도 일부지역에 한정되어 채택되던 移秧法이 점차 三南지역에 보급되었고, 계속해서 일반적인 耕種法의 지위를 차지하고 있었다. 밭농사 기술에서도 根耕法과 間種法의 체계적인 뿌리내림을 바탕으로 1년 2작의 二毛作이 움직일 수 없는 대세로 정착되고 있었다. 게다가 施肥法의 발달, 새로운 곡물 품종의 개발, 外來작물의 재배 등은 구체적인 생산기술의 발달과 더불어 양란 이후 조선의 농업생산력 수준을 제고시키고 있었다.[8] 이렇게 여러 가지 측면에서 찾아볼 수 있는 농업기술의 발달은 17세기를 전후한 시기 이후 농서 편찬에 반영되어 전해지고 있다.

본문의 내용 구성을 살펴보면 다음과 같다. 먼저 16세기 후반에서 17세기 초반에 걸쳐 지역적인 농법의 익숙한 수행자인 老農의 경험을 수록한 地域農書가 편찬되기 시작하였다. 전라도, 경상도 지역의 지역농법이 확연하게 농서를 통해 확인할 수 있게 되는 것은 보다 뒤 시기인 18세기 후반에 가서야 가능하게 되지만, 16세기 후반부터 지역적인 농법을 정리하여 농서로 편찬하려는 노력이 수행되었다. 17세기 중반 公州牧使 申洬은 『農家集成』을 편찬하면서 농서 편찬의 흐름을 제대로 보여주었다. 그가 증보한 『농사직설』의 조문에 지역적인 농업기술의 성격을 지닌 여러 조항이 담고 있다는 점과 木花 재배법을 수록하여 곡물 중심의 서술에서 벗어났다는 점 등이 그러한 흐름을 보여주는 것이었다.

---

8) 조선후기 농업기술의 발달에 대해서는 다음 논저를 주요하게 참고할 수 있다. 金容燮, 『朝鮮後期農業史研究』II, 一潮閣, 1971 ; 閔成基, 『朝鮮農業史研究』, 一潮閣, 1990 ; 金榮鎭 · 李殷雄, 『조선시대 농업과학기술사』, 서울대학교 출판부, 2000 ; 廉定燮, 『조선시대 농법 발달 연구』, 태학사, 2002.

다음으로 18세기로 들어서면 洪萬選이 편찬한 『山林經濟』라는 방대한 綜合農書를 찾아볼 수 있다. 이후 『산림경제』는 다른 사람들이 농서를 편찬할 때 주요한 대본으로 삼게 되었고, 그에 따라 이른바 '山林經濟增補書'의 등장을 초래하기도 하였다. 菜蔬와 果樹, 家畜 사육을 비롯한 농업생산의 각 방면에 대한 정리는 생활지침서의 성격을 포괄한 농서의 성격을 드러낸 것이기도 하였다.

또한 18세기 후반 농서 편찬은 정조가 추진한 '農書大全' 편찬 추진을 중심으로 이루어졌다. 正祖는 中外의 신료와 民庶가 올린 應旨農書를 바탕으로 새로운 종합농서로서 '農書大全' 편찬을 추진하였고, 이에 호응한 수많은 應旨人을 찾아볼 수 있다. 應旨人의 應旨農書야 말로 地域農書의 특성을 고스란히 갖고 있는 농서들이었다.

마지막으로 19세기에 이르면 농서 편찬은 다양성 그 자체의 성격을 띠고 전개되었다. 한편에서는 전라도 綾州에 거주하던 韓錫斅가 지역적인 농법의 본래 모습을 그대로 전해주는 농서를 편찬하였는가 하면 다른 한편에서는 徐有榘가 『林園經濟志』와 같은 조선 농서의 집대성에 해당되는 책을 편찬하기도 하였다.

2. 17세기 農書 편찬의 특징과 農法 연구의 진전

1) 16세기 후반 이후 地域農書의 대두

16세기 후반 이후 농서 편찬은 농업기술에 대한 관심을 가지고 있던 관료와 향촌의 在地士族들이 맡아서 수행하였다. 이때부터 등장하는 농서의 특징은 기본적으로 지역적인 농법을 담고 있다는 점에 있다. 농업기술에 관심을 갖고 있는 관료와 재지사족이 각 지역의 특색을 담고 있는 地域農法을 정리하여 농서를 편찬하였다. 이렇게 만들어진 농서를 地域農書라고 부를 수 있는데, 지역농서란 특정한 지역에 관련된 인물이 일정한 지역의 지역적 농법을 정리하여 만든 농서라고 정의할 수 있다. 이제 농서를 편찬하는 일은 국가적인 차원의 사업이 아니라 개인적인 차원의 작업으로 바뀌어 있었다.

지역농서는 15세기에 편찬된 『農事直說』이 갖고 있던 미비점을 보완하는 성격을 따고 있었다. 『농사직설』은 여러 가지로 중요한 의미를 부여할 수 있는 농서임에 분명하지만 몇 가지 아쉬운 점을 가지고 있었다. 첫째로 『農事直說』은 주곡 작물에 한정하여 경작법을 수록하고, 다른 작물의 경작법 특히 木綿의 경작법을 누락시키고 있었다.[9] 둘째로 『農事直說』은 선진적인 농법을 후진적인 농법을 갖고 있는 지역으로 보급하려는 의도에서 편찬된 것이었다.[10] 그렇기 때문에 농업기술의 지역적인 성격을 담을 여지를 전혀 갖고 있지 않았다. 게다가 셋째로 여러 차례 간행된 『농사직설』이 점차 인멸되어 17세기 초 시점에 이르면 세상에서 찾아보기 어렵다는 원망의 대상이 되고 있었다. 『농사직설』의 印本이 점차 인멸되어 세상에 전하지 않게 되면서 그나마 제대로 살펴보기조차 어려운 상태였다.[11] 따라서 지역적인 특색이 농후한 지역농법을 농서로 정리하는 작업은 실제 향촌사회 내부에서 수행될 수밖에 없었다.[12]

16세기 후반 이후 지역적 농법을 정리한 지역농서로 현재까지 알려져 있는 것은 柳彭老의 『農家說』,[13] 高尙顔의 『農家月令』,[14] 柳袗의

9) 『農事直說』의 項目으로 뽑혀 있는 작물을 보면 麻, 稻, 黍粟, 稷, 大豆, 小豆, 菉豆, 大麥, 小麥, 胡麻, 蕎麥 등 12종이었다.

10) 金容燮, 『朝鮮後期農學史硏究』, 일조각, 1988.

11) 『農家月令』을 지은 高尙顔은 17세기 초에 지은 「農家月令序」에서 『農事直說』의 湮滅을 안타깝게 지적하고 있다(高尙顔, 『農家月令』, 農家月令序, "古有農書 不爲不該 而亂離之後 散亡殆盡 無從得見 可勝嘆哉").

12) 18세기말 『千一錄』이라는 농서를 지은 禹夏永에 따르면 지역적인 농법의 차이는 각 지역별 기후와 날씨 즉 節候의 차이에서 비롯된다고 설명하였다(禹夏永, 『千一錄』, 附山川風土關扼).

13) 柳彭老의 『農家說』은 그의 문집인 『月坡集』에 수록되어 있다. 『月坡集』은

『渭濱明農記』(柳元之의 『田事門』) 등이 있다.[15] 이들 외에 현전하는 것은 아니지만 朴承(1520~1577)이 경상도 義城 지역에서 『農家要覽』이라는 농서를 편찬하였음이 알려져 있다.[16] 이외에도 현존하는 太宗代 관찬농서인 『農書輯要』에 보이는 『嶺南農書』라는 책명이 실제 당시 존재하던 농서를 가리키는 것으로 파악한다면 지역농서 편찬은 오랜 기간에 걸쳐 수행되어 왔다고 할 수 있다.[17]

『農家說』을 지은 柳彭老는 전라도 玉果에서 거주하다가 임진왜란 당시에 殉節하여 『湖南節義錄』에도 자세히 소개된 인물이었다.[18] 유팽로는 명종 9년(1554)에 전라도 옥과현 合江에서 태어났다.[19] 字는 亨淑(또는 君壽)이고, 號는 月坡이며, 文化를 本貫으로 하였다. 그의 아버지는 前忠州判官 柳景顔인데 乙巳士禍가 일어났을 때 물러나서 玉果縣 合江上에 移居하였다. 柳景顔이 이곳에서 얻은 二男 가운데 첫째가 柳彭老였다.[20] 그는 전라도 옥과 지역에서 태어났고, 서울에

1986년에 全羅南道에서 鄕土文化硏究資料 4집으로 영인 간행되었다.

14) 『農家月令』은 洪在烋, 「『農家月令』攷」, 『東洋文化』 6·7합집, 1968에 해제와 원문이 소개되어 있다.

15) 柳袗, 『渭濱明農記』(柳元之, 『田事門』) 筆寫本. 『渭濱明農記』(田事門)는 『忠孝堂農書』로 불리기도 하는데 이와 관련된 것은 다음의 글을 참조할 수 있다. 金建泰, 「朝鮮中期 移秧法의 普及과 그 意義」, 『國史館論叢』 63, 1995 ; 崔仁基, 「河回 豊山柳氏 宗家 所傳 古農書에 관한 硏究」, 성균관대학교 사학과 석사논문, 1997.

16) 『農家要覽』 編纂 사실만 전해지고 실제 이 農書가 현재까지 전해지는 지 여부는 미상이다(崔仁基, 「河回 豊山柳氏 西厓派 宗家 所傳 古農書에 관한 硏究」, 성균관대 사학과 석사학위논문, 1996, 16쪽).

17) 『農書輯要』 嶺南農書.

18) 柳彭老, 『月坡集』 권2, 「農家說」(鄕土文化硏究資料 4輯, 全羅南道).

19) 柳彭老의 출생연대는 『月坡集』의 여러 기록에서 1554년과 1564년으로 차이가 나고 있다. 그런데 『國朝榜目』을 살펴보면 1588년 柳彭老가 文科에 及第한 사실을 수록하고 있는데 여기에는 生年이 1554년으로 기록되어 있다(『國朝榜目』 宣祖 21년 戊子 式年榜).

20) 柳彭老의 생애에 대한 자료는 『月坡集』 권3, 附錄에 실려 있는 「王朝實錄抄」, 「行狀」, 「墓碣銘」, 「世系」 등에 단편적으로 보인다.

올라와 관직에 나아간 것을 제외하고는 거주지역을 옮긴 흔적이 전혀 보이지 않는다. 따라서 柳彭老의 見聞에 근거한 『農家說』은 전라도 옥과 지역의 농법에 근거한 지역농서로 볼 수 있다.

『농가설』의 내용 가운데 특히 月別로 필수적으로 해야 할 농사일을 정리해 놓은 부분은 지역적 농법의 모습을 보여주는 부분이라고 할 수 있다. 正月에는 陂塘과 大洑를 다스리는 일이 크게 강조되고 있다. 二月에는 害蟲을 제거하기 위해 두둑을 불태우는 일과 糞田에 힘써야 하는 일을 지적하면서 寒食節에 沈種하였다가 4, 5일 후에 落種할 것을 말하였다. 三月에는 특히 목화 재배에 적당한 파종시기와 토질을 거론하였다. 이에 덧붙여 秧坂 즉 못자리를 한번 제초하라는 작업지시를 내리고 있었다.[21] 이러한 작업지시는 移秧을 하기위해 秧坂 즉 秧基를 마련하고 앙기에서 일차적으로 제초하여야 한다는 것이었다. 이앙법을 채택하고 있음을 확실히 알 수 있다. 四月에서는 芒種이 이앙하는데 경계시기임을 지적하고 권농을 맡은 자가 힘써 일할 것을 강조하였다.[22] 五六月에는 제초를 열심히 해야 되고, 七月에는 보리를 심어야 되는데 秋牟와 더불어 春牟의 적당한 파종시기를 적시하였다. 九月이 되면 수확을 하는데 天機를 잘 살펴 어긋나지 않도록 하고 근실히 수확한 것을 지키도록 하였다.

유팽로가 지은 『농가설』은 『농사직설』처럼 項目과 條目으로 구성된 일정하게 정리된 체계를 갖춘 것은 아니었지만, 月別로 농가에서 해야 할 일을 정리하여 지시하는 등 月令式 農書의 모습을 보여주고 있었다. 게다가 전라도 옥과 지역의 농업관행을 보여주는 지역적인 특색을 지니고 있다는 점과 개인적인 저술이라는 점에서 이 시기 이후의 농서

---

21) 柳彭老, 『月坡集』 卷2, 「農家說」(향토문화연구자료 4집, 전라남도, 129쪽), "三月. 秧坂一鋤 則禾苗易長矣".

22) 柳彭老, 『月坡集』 卷2, 「農家說」(향토문화연구자료 4집, 전라남도, 129쪽), "四月.移秧以芒種爲限 則不早不晩而可合天時矣 村中有憂故者 一村齊力救農 則是亦厚豊也".

편찬의 흐름을 잘 보여주고 있다.

『農家說』 이후에 현존하는 지역농서의 대표적인 것으로 내세울 수 있는 것이 17세기 초반 경상도 상주 지역에서 高尙顔(1553~1623, 號 泰村)이 지은 『農家月令』이다.[23] 高尙顔의 『農家月令』은 경상도 상주 지역을 대상으로 만들어진 지역농서라고 할 수 있다. 고상안은 지방관을 역임하면서 勸農을 수행할 때 조사한 관행농법에 대한 지식, 농법에 대한 연구 등을 기반으로 月令式 농서인 『農家月令』을 편찬하였다. 당시 高尙顔은 관직에서 물러나 전원에 퇴거해 있을 때였다. 그는 仕宦생활을 마친 다음 7대조가 世居地로 삼아 이후 후손들이 계속 거주해온 尙州 지역에서 거처하다가 생애를 마쳤던 것이다.

高尙顔은 관료생활 가운데 地方守令을 지낸 시간이 많았기 때문에 농사현장에서 견문을 넓힐 기회가 많았다. 고상안은 21세 때인 1573년에 進士試에 등제한 뒤 1578년에 成歡道 察訪을 거치면서 지방수령의 자리를 많이 역임하였다.[24] 高尙顔이 역임한 수령 자리를 보면 咸昌, 三嘉, 知禮, 咸陽, 蔚山, 豐基 등이었다. 고상안은 수령직을 수행하면서 明農에 뚜렷한 목적의식을 가지고 자신의 안목을 넓히려고 하였다. 자신이 관료생활을 하면서 농사일에 관심을 가지고 묘미를 터득하였다고 토로하고 있을 정도였다.[25] 그리고 관직에서 물러나 향촌에 거주

23) 『農家月令』의 16세기 농법을 연구한 성과로 다음 논문 참고. 金容燮, 「農家月令의 農業論」, 『東方學志』 54·55·56, 1987(『朝鮮後期農學史硏究』, 一潮閣, 1988에 재수록); 閔成基, 「農家月令과 16세기의 農法」, 『釜大史學』 9, 1985(『朝鮮農業史硏究』, 一潮閣, 1990 재수록).

24) 高尙顔, 『泰村集』 권6, 行年記(後孫 高世章 기록, 韓國文集叢刊 59輯).

25) 高尙顔, 『泰村集』 卷 5, 效嚬雜記 下(韓國文集叢刊 59輯), "筮仕奄十年 仕日常少 閒日常多 從事明農 稍知其妙". 高尙顔의 「效嚬雜記」는 『泰村集』 권4·5에 수록된 것 외에 『稗林』에도 「效顰雜記」라는 명칭으로 실려 있다. 양자는 上·下로 구성되어 있고, 각 항목의 내용은 동일하다. 하지만 각 항목의 순서가 전혀 뒤바뀌어 들어맞지 않는다. 그리고 『稗林』에 들어있는 「效顰雜記」가 몇 항목이 더 많고, 『稗林』을 편집한 사람이 기입한 것으로 보이는 頭註가 기재되어 있다.

하면서 농업기술을 제대로 정리하는 문제를 자신의 일로 삼아 농서를 편찬하였다.26)

고상안이 『農家月令』을 완성한 시기는 그의 나이가 67세 되던 1619년(광해군 11)이었다. 고상안은 이 해에 『농가월령』의 서문을 저술하고 있다.27) 그리고 『泰村集』 권6에 실린 고상안의 손자인 高世章이 정리한 「行年記」에도 1619년에 『農家月令』 一篇을 저술하였다고 밝히고 있다.28)

『농가월령』은 우선 경상도 상주 지역의 지역농서라는 성격을 지닌 농서였다. 고상안이 退居한 근처의 농민과 교류하면서, 老農의 경험과 지식을 전해듣고, 이를 기반으로 자신의 견문을 포괄하여 저술한 농서라는 점에서 지역적인 성격을 깊이 간직한 것이었다. 다음으로 『농가월령』은 月令式 農書라는 특징을 지니고 있었다. 고상안 자신이 月令에 의거한 농서를 저술하려고 의도한 결과였다. 고상안은 12朔과 24節氣를 기준으로 농가에서 해야 할 농사일을 달마다 절기마다 빠뜨리지 않게 하려고 월령식 농서를 편찬한 것이었다. 또한 그는 月令 즉 節氣에 따라 농사일을 정리하여 이른바 及時를 어기지 않게 하면, 播種과 糞田의 효과를 충분히 누릴 수 있을 것이라고 생각하였다.29)

고상안은 『농가월령』을 편찬하면서 농민들이 쉽게 이해할 수 있게 하려고 諺解本을 만들기도 하였다.30) 그는 언문으로 번역하여 자신이

26) 高尙顔, 『農家月令』 農家月令序, “罷散多年 稍知民事之不可緩 苑裘暇日 手著農家之月令”.

27) 高尙顔, 『農家月令』 農家月令序, “萬曆己未秋 泰村老夫書(序)”.

28) 高尙顔, 『泰村集』 권6, 行年記(後孫 高世章 기록, 韓國文集叢刊 59輯).

29) 高尙顔, 『農家月令』 農家月令序, “罷散多年 稍知民事之不[可]緩 菟裘暇日 手著農家[之]月令 以十二朔 參二十四氣 凡農(田)家之當務 逐月逐氣 俾不失時 五穀之播種 或燥或濕 使不失宜 至於糞田之策 種植之法 治田之械 養蠶之要 昭在如左”.

30) 『農家月令』의 諺解本이 현재까지 전해지는지 여부는 불확실하다. 하지만 18세기 이후에 등장하는 가사체의 ‘農家月令歌’의 母本이었을 것으로 추정된

보기에 어리석게만 보이는 農夫와 農婦들에게 쉽게 『農家月令』의 내용을 이해시킬 것을 도모하였다. 고상안은 유학을 공부한 관료 출신으로서 수십 년에 걸친 농사 경험에서 저절로 우러나는 농사일의 수행이라는 것을 미덥지 않게 생각하였다.[31] 따라서 愚夫와 愚婦들이 諺解本을 기반으로 착실히 농사일을 수행하는 것을 기대하였던 것이다.[32]

이렇게 개인이 농업기술에 관심을 가지고 농법을 정리하면서 동시에 농업기술의 지역성을 담은 지역농서를 편찬하는 작업은 이후 더욱 활발하게 진행되고 있으며, 따라서 위의 농서들은 그 선도적인 위치에 있다고 파악할 수 있다. 지역농서는 『농사직설』이나 『금양잡록』과는 달리 지방의 향촌 지식인의 손에 의해 만들어 졌다는 점에서 크게 다른 특색을 지니고 있었다. 그것은 바로 향촌의 실제 농업기술 사정을 잘 파악한 바탕에서 농법을 설명하고 정리하며 나아가 개선하려는 입장이었으며, 국가의 권농책이나 조세 확보 욕구에서 비롯된 농업기술 개선책이 아니었다.

2) 17세기 중반 申洬의 『農家集成』 편찬

17세기 중반 조선의 농서 편찬 추이에서 중요한 농서가 편찬되었다. 바로 1655년에 申洬이 편찬한 『農家集成』이 그것이었다. 1655년(효종 6) 11월 公州牧使 신속은 『농가집성』을 편찬하여 효종에게 올렸다.[33]

다.

31) 高尙顔, 『農家月令』 農家月令序, "人之一心擾於煩惱者 甚於衆楚之咻 留心農事常目在之者 能有幾人 必待書之方策(冊) 揭之左右 然後得免遺忘 諺所謂 '聰明莫(不)如鈍筆者' 是也 餘嘗病是焉".

32) 高尙顔, 『農家月令』 農家月令序, "又翻以諺譯 令愚夫愚婦 各(亦)得易知 苟從事於明農者 不以言輕而棄之 一一着力而行之 則雖遇凶歲 猶免飢寒 而亦有恒心·知禮節之一助云爾".

33) 『孝宗實錄』 권15, 효종 6년 11월 癸未(36-32), 申洬, 『農家集成』 農家集成跋, "乙未 夏 通政大夫 行 公州 牧使 臣 申洬 拜手 謹跋".

신속은 『농사직설』과 세종의 「勸農敎書」, 朱子의 「勸農文」, 『금양잡록』, 『四時纂要抄』를 『農家集成』이라는 제목으로 한데 모아 농서를 편찬한 것이었다.[34]

『農家集成』을 편찬한 공주목사 申洬의 생애에 대해서는 거의 알려진 바가 없다. 몇 가지 알려진 바를 정리하면 다음과 같다. 申洬은 1600년에 출생하여 1661년 62세의 나이에 세상을 떠났다. 申洬은 景洛의 둘째아들로 태어났는데, 申叔舟의 대를 잇는 宗家로 出系되어 景植의 양자가 되었다.[35] 字는 浩仲이고, 號는 二知堂이며, 本貫은 高靈이다.[36] 『國朝榜目』에 따르면 1624년(인조 2) 25세 때 進士試에 합격하였다.[37]

신속은 1624년 진사시에 급제한 다음 성균관 유생으로 공부하였다. 1625년 우의정 申欽이 주재한 經書 시험에서 수석을 차지하여 會試에 直赴할 수 있는 포상을 받기도 하였다.[38] 이후 1644년(인조 22)에 치러진 庭試 文科에 乙科 2人으로 登第하였다.[39] 신속은 인조대와 효종대에 걸쳐 중앙에서 持平, 掌令 등의 관직을 지냈다.[40] 1649년 인조가 죽자 山陵監役에 임명되기도 하였다. 그러나 역모로 처형된 金自點과 인척관계에 있다는 이유로 이후의 벼슬은 크게 떨치지 못하였다. 주로 지방 수령직을 여러 차례 거쳤는데 楊州, 公州, 淸州의 목민관을 역임하였다. 이러한 수령직 역임은 앞서 고상안의 사례에서 알 수 있듯이

---

34) 金容燮, 『朝鮮後期農學史硏究』, 一潮閣, 1988.

35) 『萬姓大同譜』 下, 高靈申氏, 100~101쪽.

36) 申洬, 『農家集成』 後叙(洪柱世 : 규장각 가람古630.88-Si62n), "牧伯 申侯 浩仲甫令公". 洪柱世가 지은 「農家集成後叙」는 그의 文集인 『靜虛堂集』(규장각 古342-456) 卷下에도 똑같은 내용으로 실려 있다.

37) 『國朝榜目』 권10, 仁祖朝 甲申 庭試榜.

38) 『仁祖實錄』 권8, 인조 3년 2월 甲午(33-679). 이때 같이 수석을 차지한 儒生 鄭復吉과 함께 포상을 받고 있다.

39) 『國朝榜目』 권10, 仁祖朝 甲申 庭試榜.

40) 『仁祖實錄』 권48, 인조 25년 12월 丙子(35-314) ; 권49, 인조 26년 2월 庚午(35-317) ; 권49, 인조 26년 12월 丙申(35-340).

勸農과 監農의 과정에서 농업기술에 대한 관심을 키우는 계기가 되었을 것이다.

신속은 『農家集成』을 편찬하기에 앞서 『農事直說』을 증보하여 公山(公州)에서 간행하였다. 이때 洪柱世가 도움을 주기도 하였다.[41] 신속 자신도 자신의 작업이 『농사직설』을 증보하여 편찬하는 것에서 시작되었음을 밝혀 놓았다. 신속은 『농사직설』에 俗方을 첨부하여 널리 세상에 보급하고 이로써 세종의 聖旨가 실현되는 것을 『農家集成』 편찬 목표로 설정하고 있었다.

『농가집성』을 편찬하면서 申洬이 세운 목적은 일차적으로 『농사직설』을 널리 보급하는 것이었다. 그는 세종의 명으로 편찬된 『농사직설』과 세종의 「勸農敎」를 스스로 시험해 보고 그 효용성에 대해서 충분히 인식하였다. 그리하여 신속은 『농사직설』이 농서로서 효용성을 가지고 있다는 점을 확인하였다. 하지만 당시 印本으로 전해지는 『농사직설』이 거의 없어 아는 사람이 적다는 점이 문제라고 파악하였다. 『農家集成』의 구성체제를 보면 기본적으로 여러 농서를 合刊한 것이라는 점에서 신속의 역할을 編纂者의 것이라기 보다는 編輯者의 것에 불과한 것으로 파악할 수도 있다. 즉 『농사직설』을 포함한 여러 농서를 종합한 것이지, 새로운 체제와 형식, 그리고 내용을 갖춘 농서로서 『농가집성』을 편찬한 것이 아니었다. 이러한 점에서 여러 농서를 하나로 묶어서 편집하는 작업을 수행하였던 것으로 간주할 수 있다. 하지만 신속은 『농사직설』을 증보하는 데 굉장한 열의를 가지고 俗方을 모아 추가하였다. 후술하는 바와 같이 신속은 한편으로 조선전기 농서를 집대성하면서 다른 한편으로 새로운 농법의 변화를 적극적으로 수용하는 자세를 갖추고 있었다.

신속은 『農家集成』에서 『農事直說』을 대대적으로 增補하였다. 증

41) 申洬, 『農家集成』 後叙(洪柱世 : 규장각 가람古630.88-Si62n), "農事直說 鋟于公山也 余旣有糠粃之引矣".

보 방식에 대한 검토를 두 가지 방면으로 진행할 수 있다. 하나는 신속 자신이 언급한 증보의 방식과 대상에 대한 지적이고, 다른 하나는 『농가집성』의 원문에 보이는 증보의 대상과 방식의 실제이다.

먼저 신속은 「農家集成跋」에서 "俗方을 더하는데(추가하는데) 一行을 낮추어 本文과 구별하였다"라고 증보의 대상과 방식을 기본적으로 설명하였다.[42] 신속은 속방을 증보의 대상으로 삼았고, 증보하는 방식은 一行을 낮추어서 본문과 분명하게 구별한다고 간략하게 설명하였다. 이렇게 본문과 증보문인 속방을 行의 고저를 통해서 확보하는 방식은 조선의 공적인 書式에서 王에 관련된 부분을 一行 올려서 쓰는 것과 같은 맥락에서 설명할 수 있다.[43] 『農事直說』 원문이 가지고 있는 권위를 行의 高低를 통해서 나타내려는 의도였다.

신속은 자신의 견문 속에서 확보한 어느 지역에선가 통용되고 있던 정형화된 농업기술(俗方)을 『농사직설』에 증보하였다. 보다 추측을 더 하자면 무엇인가 속방으로 부를 수 있는 농업기술의 내용을 정리한 책을 참고하였을 것으로 볼 수 있다. 결국 신속이 확보할 수 있었던 어떤 속방을 정리한 책자를 『농사직설』의 항목에 맞게 정리하였을 것이다.

다음으로 『農家集成』 原文에 보이는 증보의 방식을 살펴보면 몇 가지 경우로 나누어 볼 수 있다. 증보된 방식을 크게 구별하면 '○' 표시를 붙이면서 증보된 부분을 독립된 조문의 형태를 갖추게 한 경우와 별다른 표시없이 『農事直說』의 본문에 증보된 부분을 이어 쓴 경우로 나누어 볼 수 있다. 후자의 경우는 『농사직설』의 본문의 大字로 기술된 부분과 細字를 雙行으로 처리한 부분 모두에 보인다. 그리고 증보된 부분이 신속이 「농가집성발」에서 지적한 방식대로 一行을 낮추어

42) 申洬, 『農家集成』, 「農家集成拔」(『農書』 1, 아세아문화사), "添以俗方 低其一行 以別本文".

43) 조선왕조에서 만들어진 古文書의 외형적 형식에서도 各行 첫 자의 高低는 문서의 성격을 보여주는 중요한 요소였다(崔承熙, 『增補版 韓國古文書研究』, 知識産業社, 1989, 40쪽).

수록된 경우와 그렇지 않은 경우를 나누어 볼 수 있다.

增補文임을 명백하게 알 수 있게 단서가 달려 있거나, 그렇지 못한 경우의 증보라 할지라도 주의해야 할 것은 그러한 증보문이 『농가집성』에 수록되어 있다는 점만으로 증보문이 담고 있는 기술 내용의 시기를 확정할 수는 없다는 점이다. 17세기 중반에 만들어진 농서에 이전 시기의 농서와 달리 기록된 부분이 있다는 점만으로는 새로 추가된 기술 내용이 채택되고, 사용되는 시기를 17세기 중반이라고 확정할 수는 없다. 농서에 정리된 농업기술이라는 것은 농서의 편찬연대와는 다른 독자적인 자신의 시간을 가지고 있기 때문이다.

『농가집성』의 증보문은 『농사직설』의 내용을 부연설명하거나, 또는 『농사직설』에 전혀 보이지 않는 내용을 새롭게 덧붙인 것이었다. 그리고 『농가집성』의 증보문이 다양한 형식을 갖추고 있는 것은 신속이 증보 작업을 하면서 여러 가지 참고 자료를 종합적으로 이용하였기 때문에 나타난 것이었다. 또한 增補文의 내용을 『농사직설』이 편찬된 이후 17세기 중반에 이르는 시기 가운데 특정한 한 시기로 자리매김할 수 없는 것이었다.

신속이 수행한 『농사직설』 증보 방식의 훌륭한 사례를 綿花 耕作法에서 찾을 수 있다. 신속은 『농사직설』의 증보에 種木花法이라는 항목을 추가하였다.[44] 면화 경작법은 17세기 중반 훨씬 이전 단계에 이미 수행되고 있던 방법이었다. 그런데 『농가집성』의 「농사직설』 種木花法에 들어 있는 다른 작물과 間種을 금기시하는 내용은 17세기 중반에 정립된 농법이 아니었다.[45]

신속이 추가한 구절은 충청도 沃川과 경기도 陽智(陽山은 별칭)에서 수행되던 방식이라고 注記하였다. 면화를 專業으로 재배하는 곳에

---

44) 申洬, 『農家集成』, 『農事直說』 種木花法.

45) 申洬, 『農家集成』, 『農事直說』 種木花法, "○俗人 有間種眞荏靑太 而不知損害木花 專業摘花者 絶不間種(沃川陽山人 行之)".

서는 절대로 間種하지 않고 있다는 것이다. 그런데 16세기 후반 전라도 옥과지역 농법을 정리한 柳彭老의 『農家說』에도 "木花는……사이에 雜種하지 않으면 그 花를 倍收할 수 있다"라는 내용을 싣고 있었다.[46] 즉 『農家說』이 만들어질 16세기 후반 단계에서도 『농가집성』과 동일한 지시를 면화경작에 종사하는 농민에게 내리고 있었던 것이다. 따라서 신속이 증보한 내용은 17세기 중반 이전부터 현실 농법으로 채택되어 실제 농업 생산활동에 적용되고 있던 농업기술을 정리하여 抄錄한 것이라고 결론을 내릴 수 있다.

『농가집성』은 『농사직설』을 증보하면서 여러 지역농서의 내용을 종합한 것이었다. 16세기 후반 이후 대두하기 시작하는 지역농서가 각 지역의 농업현실에 맞는 농법을 정리하면서 지역적 농법의 특색이 분명하게 드러나기 시작하였다. 또한 지역농서의 대두는 농업기술의 전반적인 수준을 한 단계 높이는 데에도 기여하였다. 이러한 지역농서가 가진 특성을 『농가집성』이 『농사직설』을 증보하면서 하나로 엮어냈다는 것은 조선시대 농업기술 정리 작업이 나아가야 할 방향을 제시한 것이었다. 즉 조선후기 農書 편찬의 흐름에 한편으로는 지역적인 농법을 정리하는 地域農書의 흐름이 존재하고, 다른 한편에서는 이러한 지역농서의 성과를 토대로 보다 일반적인 논리적인 틀을 안출하여 지역농서가 가진 특수성을 종합농서가 지녀야 할 보편성으로 변화시키는 흐름이 존재하였다.

『農家集成』의 증보문에서 지역농서의 내용을 정리하고 종합한 부분으로 몇 개의 조목을 다음과 같이 살펴볼 수 있다.

○ 濕田不宜種穀處 經霜後 刈草剉之 厚布田中 種小麥 則麥極好 而翌年變爲乾田 至種木花亦宜(慶尚左道人 行之)[47]

46) 柳彭老, 『月坡集』, 「農家說」(전라남도, 鄉土文化研究資料 第4輯, 129쪽), "木花……間無雜種 則倍收其花".

47) 申洬, 『農家集成』, 『農事直說』 耕地.

○ 以灰和人糞 布秧基 而假如五斗落 多年秧基 則和糞灰三石 若初作秧基 則和糞灰四石 適中 和糞時 極細調均 若糞塊未破 穀着其上 反致浮釀(慶尙左道 行之)[48]

○ 櫟枝葉 至秋刈取 經冬 踏於牛馬廏(嶺南左道人 行之)[49]

○ 俗人 有間種眞荏靑太 而不知損害木花 專業摘花者 絶不間種(沃川陽山人 行之)[50]

첫 번째 인용문은 耕地의 한 방식으로 慶尙左道 지역에서 통용되던 濕田을 乾田으로 변화시키는 것을 설명한 것이다. 경지의 한 측면인 개간 작업의 지역적인 특성을 반영하는 구절을 『농가집성』에 수록하고 있다는 점에서 『농가집성』의 편찬 작업이 지역농서의 내용을 종합하는 작업이었다고 해석할 수 있다. 이러한 특색을 다른 지역의 농법을 인용한 부분에서도 지목할 수 있다.

위의 인용문 가운데 種大小麥條에 실려 있는 增補文의 細註에 '嶺南左道人'이라고 지적한 부분은 그에 앞서 '慶尙左道' 또는 '慶尙右道'라고 지적한 부분과 대비된다. 동일한 지역에 대한 설명을 같은 책에서 '嶺南'과 '慶尙'이라는 다른 어휘를 사용하고 있다는 점은 같은 지역의 농법의 특색을 다른 자료를 통하여 확보하고 있었던 것이 아닐까 추측해 볼 수 있다.

마지막에 인용한 부분은 『농가집성』에서 유일하게 忠淸道와 京畿의 木花 재배방식에 대한 설명을 더하는 부분인데 결국 신속의 견문의 범위가 경상도에 한정된 것이 아니었다는 점을 잘 보여주는 것이라고 할 것이다. 이와 같이 신속의 『농사직설』 증보는 당시까지 이룩한 지역농서 편찬의 흐름 속에서 이루어진 것이었다.

48) 申洬, 『農家集成』, 『農事直說』 種稻 早稻秧基.

49) 申洬, 『農家集成』, 『農事直說』 種大小麥.

50) 申洬, 『農家集成』, 『農事直說』 種木花法.

3. 18세기 초중반 綜合農書 편찬과 農法 연구의 발달

1) 洪萬選의 『山林經濟』 편찬

18세기 초 洪萬選(1642~1715)이 편찬한 『山林經濟』는 단순한 농서가 아니라 山林에 거처하는 處士가 익숙하게 알아야 할 여러 가지 내용을 담고 있는 書冊이었다.[51] 『山林經濟』의 한 항목인 「治農」은 작물 재배기술을 수록하고 있어 농서에 해당되는 부분이었다.[52] 또한 『산림경제』는 治圃, 種樹, 養花, 養蠶, 牧養, 救荒 등의 항목도 포함하고 있는데, 이들 항목은 넓은 의미의 농서로 포괄할 수 있는 성격의 내용이었다. 이러한 점에서 『산림경제』를 穀物과 채소, 수목 등의 耕作法을 종합적으로 수록하고 있는 綜合農書로 파악할 수 있다. 다만 농서에 포함시키기 어려운 卜居, 攝生 등의 항목과 醫藥에 관련된 조목들도 『산림경제』에 실려 있었다. 따라서 『산림경제』의 전체적인 성격은 山林 處士를 자처하는 士族들이 익히 알아두어야 할 사항을 정리한 생활지침서라는 데 두어야 할 것이다.

『산림경제』가 세상에 나온 이후 얼마 지나지 않은 시점부터 벌써 편찬자가 洪萬選이라는 사실이 제대로 전승되지 않고 있었다. 18세기 중반에 『산림경제』를 증보하여 『增補山林經濟』를 지은 柳重臨과 「增補山林經濟序」를 지은 任希聖조차도 누가 언제 『山林經濟』를 편찬하였는지 모른다고 토로할 정도였다.[53] 물론 홍만선과 가까운 인물들은 그

51) 洪萬選의 『山林經濟』 편찬에 대한 설명은 다음 연구성과에 주로 의존하였다. 金容燮, 「2. 『山林經濟』의 編纂과 그 農業論」, 『朝鮮後期農學史硏究』, 一潮閣, 1988, 213~231쪽 ; 申承云, 「山林經濟」, 『民族文化』 8, 민족문화추진회, 1982 ; 廉定燮, 「18세기 초중반 『山林經濟』와 『增補山林經濟』의 편찬 의의」, 『奎章閣』 25, 서울대학교 규장각, 177~200쪽.

52) 洪萬選, 『山林經濟』 권1, 「治農」(亞細亞文化社, 韓國近世社會經濟史料叢書 『農書』 2, 88쪽. 이하에서는 『農書』 2로 略記함). 이 叢書에 실린 『山林經濟』는 吳漢根 소장본 本文과 慶北大學校도서관 소장본(도서번호 45401)의 序文을 합쳐서 영인 간행된 것이다.

가 『산림경제』의 편찬자임을 잘 알고 있었을 것이다.

홍만선의 개인적인 약력이나 생애에 관련된 자료는 『산림경제』에 붙어 있는 「山林經濟序」와 홍만선의 碣銘인 「掌樂正洪公碣銘」 정도에 불과하다.[54] 「산림경제서」는 홍만선의 종형인 洪萬宗이 지은 것인데 『산림경제』의 앞머리에 실려 있다.[55] 그리고 「掌樂正洪公碣銘」은 趙顯命이 지은 것으로 『歸鹿集』에 들어 있다.[56] 한편 朝鮮王朝實錄 기사에는 1696년(숙종 22) 吏曹에서 善治 守令으로 보고한 19인의 명단에 大興郡守 洪萬選의 이름이 올라 있다.[57] 위의 두 가지 자료를 통해 홍만선의 생애를 대략 정리할 수 있다.

洪萬選은 豊山 洪氏로 父는 洪柱國, 祖父는 洪霙이다. 字는 士中이고, 號는 流巖이다. 홍만선의 아버지인 홍주국은 현종 재위시기에 臺諫으로 관직생활을 수행하면서 西人의 일원으로 활동하였다.[58] 그런데 현종 말년 다시 禮訟이 일어났을 때 홍주국은 낭패를 당하였다. 예전에 仁宣王妃의 初喪을 당하여 服制를 논의하여 朞年服으로 결정할 때 "衆庶의 초상에는 大功을 입는다"라는 주장을 은연중에 편 것으로 지목되었다. 그리하여 洪柱國은 의금부의 문초를 받고 유배되었다가 숙종 초년에 풀려날 수 있었다.[59]

---

53) 任希聖, 「增補山林經濟序」, 『增補山林經濟』(柳重臨 撰) (『農書』 3, 4쪽).

54) 金容燮, 「農書小史」, 『農書』 1, 1981, 13쪽.

55) 洪萬選, 『山林經濟』 序(洪萬宗) (『農書』 2, 3쪽).

56) 趙顯命, 『歸鹿集』 권14, 「掌樂正洪公碣銘」(『韓國文集叢刊』 212, 552~553쪽).

57) 『肅宗實錄』 권30, 숙종 22년 2월 丙午(39-414).

58) 洪柱國의 문집인 『泛翁集』은 1709년 아들인 洪萬選에 의해 간행되었다. 이때 홍만선은 아우인 萬迪의 詩文을 모은 『臨湖遺稿』와 『泛翁集』을 合刊하여 경상도 義城에서 刊行하였다. 앞서 송시열로부터 아버지 『泛翁集』의 서문을 받아두었던 것과 1709년 金昌翕으로부터 받은 「臨湖遺稿序」를 각각의 卷頭에 두고, 두 사람의 詩文을 엮은 것이었다(『규장각소장문집해설』 6, 泛翁集(附 臨湖遺稿)).

59) 『顯宗改修實錄』 권27, 현종 15년 2월 壬戌(38-175) ; 『肅宗實錄』 권1, 숙종

홍만선은 관직생활의 상당 부분을 外方에서 牧民官으로 지냈다. 趙顯命의 墓碣銘에 따르면 連源察訪, 咸興判官, 陜川郡守, 高陽郡守, 丹陽郡守, 仁川都護府使, 大興郡守, 富平府使, 尙州牧使 등을 역임하였다.[60] 이 중에서 마지막에 거친 外職이 경상도 尙州였을 것으로 보인다. 『慶尙道邑誌』의 尙州篇에서 尙州牧使로 재직한 인물을 기록한 宦蹟에 홍만선의 이름이 올라 있다.[61] 그리고 『尙州牧先生案』에 따르면 홍만선은 1706년 7월에 부임하여 12월에 교체되어 불과 5개월 정도만 상주목사로 재직하였다.[62] 이때 홍만선은 나이가 벌써 64세로 年老한 형편이었다. 상주목사를 이임한 이후 관직에 대해서 불분명한 형편이다. 다만 이후 內職으로 옮겨 軍資監과 掌樂院의 正을 역임하였을 것으로 보인다.

그는 30년의 관직생활을 거치면서 山林에 나아가기 위한 준비의 하나로 『山林經濟』를 편찬하였다. 州郡의 수령직을 맡으면서 익힌 견문과 방대한 독서의 결과로 『산림경제』를 편찬하였다.[63] 그런데 홍만선이 적어도 1706년까지 수령직에 재직하고 있다는 점이 확인되었기 때문에 『산림경제』를 최종적으로 완성한 시기는 아무리 이른 시기로 잡아도 1706년 이전으로 넘어가지 못한다. 게다가 1710년 軍資監 正에 나아간 것까지 포함하면 그 이후에 『산림경제』를 완성한 것으로 보아

즉위년 9월 庚辰(38-209). 한편 史官은 洪柱國의 행적을 평가하면서 時勢에 아첨하였다고 비판하였다(『顯宗實錄』 권15, 현종 9년 10월 壬辰(36-593)).

60) 趙顯命, 『歸鹿集』 권14, 「掌樂正洪公碣銘」(『韓國文集叢刊』 212, 553쪽). 이 가운데 대흥군수로 재직하였던 점은 『肅宗實錄』에 기록되어 있다(『肅宗實錄』 권30, 숙종 22년 2월 丙午(39-414)). 그리고 陜川郡守를 지냈다는 점은 『慶尙道邑誌』(1832년경) 郡守 先生案에 수록되어 있다(『慶尙道邑誌』 第十五冊, 陜川, 宦蹟(韓國地理志叢書 邑誌 慶尙道 ①, 아세아문화사, 728쪽)).

61) 『慶尙道邑誌』(1832년경) 第六冊, 尙州, 宦蹟(韓國地理志叢書 邑誌 慶尙道 ①, 아세아문화사, 279쪽).

62) 『尙州牧先生案』(尙州市・尙州産業大尙州文化硏究所, 1997 『尙州咸昌牧民官』 480쪽).

63) 洪萬宗, 「山林經濟序」, 『山林經濟』(『農書』 2, 3쪽).

야 할 것이다. 이와 같이 특정한 짧은 기간에 편찬작업이 이루어진 것이 아니라 오랜 산고를 거쳐 완료되었다.

18세기 초 무렵에 완성된 홍만선의 『山林經濟』 「治農」에 수록되어 있는 농업기술은 여러 시기의 것이 중첩되어 있다. 하지만 뒤에서 확인할 수 있듯이 『산림경제』가 기본적으로 『농사직설』(신속의 『농가집성』)을 토대로 삼고 있다는 점에서 16세기이래 17세기를 거쳐 발달된 농업기술의 양상을 찾아볼 수 있다.

『산림경제』 구성체제의 특징을 먼저 살펴본다.64) 『산림경제』의 전체적인 체제를 보면 총 4권으로 구성되어 있고, 그 항목은 卜居, 攝生, 治農, 治圃, 種樹, 養花, 養蠶, 牧養, 治膳(備膳), 救急, 治藥(理藥), 救荒, 辟瘟, 辟虫, 選擇(涓吉), 雜方 등 총 16조이다.65) 이 가운데 「治農」이 본격적인 작물 경작법을 정리한 부분이고, 治圃, 種樹, 養花, 養蠶, 牧養, 救荒 등의 항목은 종합적인 농서로 편입시킬 수 있는 부분이다. 채소류의 재배, 나무와 꽃 재배, 나머지 음식 만들기(治膳) 항목, 醫藥에 포함되는 救急, 辟瘟, 辟虫, 理藥 등의 항목, 擇日의 기준을 설명한 涓吉, 최후에 붙어 있는 雜方 등이 붙어 있다.

『山林經濟』 권1, 「治農」이 식량작물의 생산기술을 담고 있는 구체적인 농서에 해당하는 부분이다. 「치농」의 체제는 『농사직설』, 『농가집성』으로 이어지는 조선 농서의 특징적인 양상과 그대로 연결된다. 主穀 작물 위주로 서술되었다는 점과 각 작물별 재배법을 하나의 조목으로 정리하였다는 점, 그리고 『산림경제』의 내용 자체가 『농사직설』 등에서 인용하면서 구성되어 있다는 점에서 그러하다고 할 수 있다.

---

64) 이하 『山林經濟』 「治農」에 대한 설명은 『農書』 2(亞細亞文化社)에 영인 되어 있는 필사본에 의거한 것이다. 따라서 특별히 전거를 밝혀야 할 부분이 아니면 일일이 각주를 다는 것을 생략하였다.

65) 『農書』 2에 영인 되어 있는 筆寫本의 항목 명칭과 洪萬宗의 「山林經濟序」에서 소개한 항목 명칭이 약간 차이가 있다. 괄호 안에 들어 있는 항목 명칭이 「山林經濟序」에 보이는 명칭이다.

『산림경제』「治農」의 내용은 두 가지 서로 성격이 다른 계통에서 인용한 부분으로 구분할 수 있다. 하나는 『산림경제』 이전에 편찬된 여러 농서로부터 인용한 부분이고, 다른 하나는 농서가 아닌 見聞이나 傳聞에 의거하여 수합한 俗方을 기록한 부분이다. 농서에서 인용한 부분은 다시 두 가지로 구분할 수 있다. 하나는 조선에서 편찬된 농서로부터 인용한 것이고, 다른 하나는 중국 농서로부터 인용한 것이다.

조선에서 편찬된 농서 가운데 중국 농서의 내용을 거의 그대로 전재한 『閑情錄』과 같은 농서는 사실 조선의 농법을 담고 있는 농서로 보기는 어렵다. 따라서 실제의 농업기술의 내용이 조선의 것인지 아니면 중국의 것인지에 따라 실질적으로 구분하는 것이 더 요긴하다고 할 수 있다. 이렇게 구분할 경우, 조선의 농법을 인용한 부분은 실제적인 농업기술 권장 내용의 성격을 부여할 수 있고, 중국의 농법을 인용한 부분은 참고할 만한 중국의 농업기술을 소개하는 내용이라는 성격을 부여할 수 있다.

다음의 <표 1>은 『山林經濟』「治農」에 인용된 농업기술의 인용처를 조사하여 그 인용 조목수를 밝힌 것이다. <표 1>을 작성하면서 『산림경제』 치농조 각 조목 중에 명백하게 인용서명이 기록되지 않은 경우 확인을 통해서 밝혀 두었다. 그리고 稻種, 大小麥種 등 品種을 소개한 부분에 들어 있는 인용은 횟수를 헤아리는 데서 제외하였다. 그리고 <표 1>에서 인용횟수를 인용서 뒤에 곧바로 표시하였는데, 앞의 숫자가 전체 조목의 인용처로 기록된 경우이고, 뒤의 숫자가 細註에서 인용처로 표시된 경우이다. 이렇게 인용의 질적인 성격을 구분하여 정리함으로써 각 농서가 『산림경제』의 조목 인용에서 차지하는 질적인 비중을 찾아볼 수 있다.

<표 1>을 보면 우선 조선 농서에서 인용한 횟수가 전체 조목인 경우와 세주인 경우 각각 120-22건, 중국 농법을 담고 있는 중국 농서에서 인용한 횟수가 104-32건이다. 단순하게 횟수만 비교하는 것은 실제

<표 1>『山林經濟』「治農」의 引用處와 引用 條目數 내역 (전체조목-세주)

항목	조목수	俗方인용	朝鮮 農書 引用	中國 農書 引用
驗歲	35건		類說1-3 閑情補1-0	神隱9-0 纂要26-0 周禮1-0
祈穀	6건			神隱6-0
擇種	7건	1-0	直說3-0 閑情2-0	神隱1-2 纂要3-0
收糞	7건	0-1	直說6-0	纂要補1-0
耕播	29건		直說12-0 直說補2-0 衿陽2-0 閑情補5-0 閑情錄1-0	必用5-0 博物志1-0 纂要2-0 神隱1-0
種稻	22건	2-0	直說17-1 衿陽1-0 閑情錄4-6 直說補2-1	必用1-0 神隱1-6
種黍粟稷薥黍	18건		直說15-0	必用2-0 纂要2-0 神隱1-1
種太豆小豆菉豆	17건		直說10-0 閑情2-2	必用3-0 神隱4-4
種芝麻水蘇麻	6건		直說4-1 閑情1-1	纂要1-2 神隱1-1 必用1-1
種蕎麥	5건		直說2-0	必用1-0 纂要1-2 神隱1-0
種大小麥	18건	2-0	直說10-0 閑情錄1-1	神隱4-4 必用4-0 纂要1-0
種薏苡	2건			必用1-0 纂要1-0
種木花	5건		直說3-0 閑情2-2	纂要0-1 神隱1-1
種麻苧麻	14건	2-0	直說6-0 閑情1-2	必用2-0 博物志1-0 神隱4-2 纂要1-0
種紅花	4건		閑情2-2	神隱2-1 纂要2-0
種藍	3건	0-1		神隱2-0 纂要1-1
種靛	3건		閑情2-0	神隱1-3
種茵草	1건	1-0		
합계(232-56건)	202건	8-2건	120-22건	104-32건

* 원래의 條目數와 引用 條目數의 수치가 일치하지 않는 것은 細註의 引用 條目數를 따로 헤아렸기 때문이다.

** 直說은 『農事直說』(申洬의 『農家集成』), 衿陽은 『衿陽雜錄』, 必用은 『居家必用』이다.

각 인용 건수마다 분량에 커다란 차이가 있다는 점에서 그 의미가 제한적인 것이다. 하지만 그럼에도 조선 농서에서 인용한 부분이 중국 농서에 못지 않은 분량을 차지하고 있다는 점을 알 수 있다. 게다가 조선 농서에서 인용한 부분이 조목 전체의 인용처로 기록된 것이 중국 농서보다 월등 많고, 반대로 세주 부분에 인용처로 기록된 것에서는 중국 농서에서 인용한 것이 훨씬 많다는 점을 찾아볼 수 있다.

『산림경제』의 인용 문헌 조사에서 드러난 점은 俗方이라는 명목이 붙어 있는 인용부분이 8-2건에 불과하여 그리 많지 않다는 점이다. 대대적인 增補를 통해 아주 새로운 농서로 『산림경제』 「治農」을 만든 것이 아니라는 점을 여실하게 알 수 있다. 위의 <표 1>에서 다시 각 農書別로 인용횟수를 정리하면 다음 <표 2>와 같다.

<표 2> 『山林經濟』 「治農」의 農書別 引用 條目數 내역 (전체 조목-세주)

朝鮮 農書						中國 農書			
直說(集成)	衿陽雜錄	直說補	閑情錄	閑情補	기타(類說)	神隱	居家必用	四時纂要	기타
88-2건	3-0건	4-1건	18-16건	6-0건	1-3건	39-25건	20-1건	42-6건	3-0건

우선 『山林經濟』 「治農」에 인용된 많은 農書 가운데 『農事直說』 즉 申洬의 『農家集成』에서 증보된 『농사직설』이 제일 많은 인용 건수를 나타내고 있다는 점이 두드러진다. 전체 232-56건 가운데 88-2건을 차지하고 있어, 전체 조목의 인용처로 기록된 것 가운데 37.9%를 차지하고 있다. 게다가 種紅花, 種藍, 種靛, 種茵草 등 治圃에 수록되어야 마땅할 작물 재배법을 담고 있는 조목 13건을 제외하면 나머지 219건 가운데 차지하는 비중이 40.2%로 증가한다. 이와 같이 수량적인 비중의 측면에서 『산림경제』의 내용 구성에 『농사직설』이 차지하는 지배적인 지위를 살필 수 있다.

『農事直說』에서 인용한 부분이 『산림경제』의 내용 가운데 가장 커다란 비중을 차지하고 있다는 점은 다음과 같은 설명을 가능하게 해준다. 『산림경제』 「治農」이 18세기 전반 이후에 수행되는 농서 편찬작업에 하나의 정형을 제공하는 중요한 農書이지만, 그 체제와 구성은 이미 조선전기의 『농사직설』에서 마련된 것을 벗어나지 못하고 있다는 점이다. 따라서 『농사직설』, 즉 『농가집성』에서 증보된 『농사직설』은 조선 농서에서 곡 참고해야 할 전범, 祖宗成憲에 해당하는 것이었다고 할 수 있을 것이다.

『山林經濟』「治農」과 『農事直說』의 항목 목차를 비교한 다음 <표 3>에서 양자의 관계를 더욱 소상하게 찾아볼 수 있다.

<표 3> 『山林經濟』「治農」과 『農事直說』의 항목 목차 비교
(번호는 『농사직설』의 목차 순서)

山林經濟 項目	農事直說 項目	비고
驗歲	-	
祈穀	-	
擇種	備穀種 ①	명칭 변동
收糞	-	
耕播	耕地 ②	명칭 변동
種稻(早稻 次早稻 晩稻 旱稻 中稻 晩稻)	種稻 附旱稻 ④	구성 차이
種黍 粟 稷 薥黍	種黍粟 附占勿谷粟·靑粱粟·薥黍 ⑤	구성 차이, 『농사직설』은 '種稷(附姜稷) ⑥'이 독자 항목
種大豆 小豆 菉豆	種大豆 小豆 菉豆 ⑦	
種芝麻 水蘇麻	種胡麻(附油麻 水蘇麻) ⑨	
種蕎麥	種蕎麥 ⑩	
種大小麥	種大小麥(附春麰) ⑧	
種薏苡	-	
種木花	種木花法 ⑪	
種麻 苧麻	種麻 ③	항목 목차 변동
種紅花	-	
種藍	-	
種靛	-	
種茵草	-	

『山林經濟』와 『農事直說』의 항목 목차는 크게 보아 麻 경작법의 위치가 달라졌다는 점과 앞 부분에 驗歲, 祈穀과 더불어 收糞이 독립 항목으로 설정되었다는 점 등이 눈에 띄게 차이점으로 드러난다. 이외에 稻種 등을 비롯하여 각 작물의 품종을 소개하고 있다는 점도 분명한 차이점이다. 그런데 薏苡, 紅花, 藍, 靛, 茵草 등 「治農」보다는 治圃에

수록되는 것이 더 적당해 보일 수도 있는 작물 재배에 대한 부분을 제외하고, 증보된 부분을 따로 검토할 부분으로 제외하면 두 농서의 수록 내용은 커다란 차이가 없다는 점을 알 수 있다. 앞서 『산림경제』가 『농사직설』을 전범으로 삼고 있다는 점을 재확인할 수 있다.

2) '山林經濟增補書'의 편찬

18세기 중반 이후 『山林經濟』를 增補한 農書 이른바 '山林經濟增補書'가 연이어 편찬되었다.[66] '山林經濟增補書'가 잇따라 편찬되는 상황은 농서 편찬의 커다란 두 가지 흐름이 하나로 모아지는 의미를 지니고 있었다. 즉 16세기 중반 이후 농서 편찬에서 주요한 비중을 차지하면서 진행된 地域農書의 편찬이라는 흐름과 17세기 중반 『農家集成』이라는 綜合農書를 지향하는 농서가 편찬되면서 여러 지역농서를 한데 아우르는 종합적인 농서를 편찬하려는 흐름이 점차 하나로 모아지고 있었다.

『山林經濟』 자체가 수많은 필사본으로 각처에 유행하는 상황에서 『산림경제』의 본문을 증보하여 새로운 내용을 추가한 '增補書'가 편찬되는 것을 피할 수 없는 것이었다. 그러한 '山林經濟增補書' 가운데 가장 대표적인 것이라 할 수 있는 柳重臨의 『增補山林經濟』를 면밀히 검토한다. 그리하여 『증보산림경제』를 중심으로 18세기 중반 이후 농서 편찬의 흐름을 정리하고 나아가 '山林經濟增補書'의 역사적 의의를 살펴볼 것이다.

먼저 편찬자인 柳重臨의 생애를 살펴보자. 유중림의 생몰년을 비롯하여 그의 생애에 대해서는 이제까지 거의 알려진 바가 없는 형편이다. 醫官으로 英祖 때에 太醫院 醫藥을 지냈고, 『增補山林經濟』를 편

66) 『山林經濟』 편찬 이후 여러 가지 '山林經濟增補書'가 편찬되는 사정에 대해서는 다음 논문에 자세한 설명이 나와 있다. 金容燮, 「3. 『山林經濟』의 增補와 그 農業論」, 『朝鮮後期農學史硏究』, 一潮閣, 1988.

찬하였다는 정도만 알려져 있다. 또한 의관으로서의 개인적인 행적에 대해서는 이제까지 거의 알려진 바가 없다. 유중림의 생애에 대한 정보는 『증보산림경제』에 붙어 있는 任希聖의 「增補山林經濟序」에서 겨우 얻을 수 있다.[67]

임희성은 유중림과 아주 각별한 사이였던 것으로 생각된다. 임희성이 지은 「증보산림경제서」에서 유중림을 직접적으로 언급하는 부분에 모두 유중림의 字를 大而라고 했다는 점과 유중림이 은거를 결심하면서 임희성에게 『증보산림경제』의 서문을 부탁하고 있다는 점에서 두 사람의 절친한 관계를 살필 수 있다.[68] 따라서 임희성이 「증보산림경제서」에 기록한 유중림의 생애에 대한 설명은 사실과 다르지 않을 것으로 생각된다.

「증보산림경제서」에 따르면 柳重臨의 본관은 文化이고, 字는 大而이며, 號는 未詳이다.[69] 그는 숙종대 痘醫로 이름을 떨쳤던 柳瑺의 후손이라고 전해진다.[70] 유상은 1683년(숙종 9) 왕의 痘患을 侍診하였으며, 그 공으로 同知中樞府事가 되었다.[71]

유중림은 어렸을 적에 靑衿生 즉 初試 합격생의 자격으로 成均館에서 수학한 적이 있고, 京軍門에서 일을 본 적도 있었다.[72] 그러다가 中

---

67) 柳重臨, 『增補山林經濟』, 「增補山林經濟序」(任希聖) (『農書』 3, 3~6쪽). 한국정신문화연구원에서 편찬한 『韓國民族文化大百科事典』의 柳重臨 항목도 任希聖의 서문에 나온 내용을 소개한 정도에 그치고 있다.

68) 柳重臨, 『增補山林經濟』, 「增補山林經濟序」(任希聖) (『農書』 3, 3~6쪽).

69) 富樫直次郞과 三木榮이 柳重臨의 號를 文城이라고 표시한 것은 "文化 柳氏인 柳重臨의 字는 大而"를 표현한 "文城柳君重臨大而"를 잘못 해독한 결과이다(富樫直次郞 · 三木榮, 「山林經濟考」, 『朝鮮』 1937-3월호, 262號 拔刷(서울대 구관도서 9100-296) 참고). 『新增東國輿地勝覽』에 따르면 黃海道 文化의 별칭의 하나가 文城이다.

70) 三木榮, 『朝鮮醫學史及疾病史』, 1962, 225쪽.

71) 『肅宗實錄』 권14, 숙종 9년 10월 戊午(38-665) ; 『肅宗實錄』 권14, 숙종 9년 11월 甲戌(38-665) ; 『肅宗實錄』 권14, 숙종 9년 11월 丁丑(38-665).

72) 柳重臨, 『增補山林經濟』, 「增補山林經濟序」(任希聖) (『農書』 3, 5쪽), "大而

歲에 太醫內院 즉 典醫監에 들어가 醫藥의 일을 맡아보았다.[73] 의원으로 생활하면서 西班祿을 받고 밖으로 나가 民社 즉 민간의 백성이 거주하는 곳에서 醫法을 시험하기도 하였다.[74] 유중림이 上舍生이었다가 軍門에 종사하기도 하고 결국 의원이 되는 상황은 조선후기 양반 가문의 자제가 경험할 만한 자취라고 보기는 어려운 모습이다. 앞서 살핀 대로 의원직을 세습적으로 점유하던 의관 가문의 일원임을 보여준다고 할 것이다.

醫官 유중림은 1761년에 內醫로서 조선왕조의 명운을 바꾸는 일에 깊이 관여한 적이 있었다. 이 일은 이제까지 알려진 바가 없는데, 의관으로서의 행적의 일단을 살필 수 있다는 점과 당대 의관에 대한 처우 상황을 전해주고 있다. 바로 유중림이 세손 시절 正祖의 痘瘡을 치료한 일이었다.[75]

謹獨閤에서 講學에 열중하던 세손에게 痘候가 발병한 것은 1761년(영조 37) 11월 23일 경이었다.[76] 유중림은 주무 의관으로서 세손을 두창에서 완쾌시키는 데 중요한 공을 세웠다.[77] 내의원에서 세손의 병을 치료하는 데 관여한 유중림의 행적은 전형적인 의관의 그것이라고 할

少嘗以靑衿生 登名上舍間 從韎韋跗注之君子 執事京軍門".

73) 典醫監은『경국대전』이래 醫藥을 內用 및 賜與에 공급하는 임무를 관장하는 아문이었다. 內醫院과 마찬가지로 正三品 衙門이었다(『大典會通』 권1, 吏典, 京官職 典醫監).

74) 柳重臨,『增補山林經濟』,「增補山林經濟序」(任希聖) (『農書』 3, 1981, 아세아문화사, 5쪽).

75)『版籍司恩賜謄錄』 戊申年(1788년, 정조 12) 9月 日(『各司謄錄 81 版籍司謄錄』, 1995, 국사편찬위원회, 819쪽), "啓曰 故醫官 柳重臨 辛巳年(1761년, 영조 37) 差備待令時 恩賜田 十五結 尙未受出矣 黃海道 安岳郡 量外 新築筒田 十結 呈狀願受 故査問該邑 打量成冊 今已上來 依例折給 何如".

76)『日省錄』 英祖 37년 11월 27일 辛酉(1-74다), "有痘候藥房直宿".

77)『日省錄』 英祖 37년 11월 28일 壬戌(1-75라~76가) 上下詢痘候於醫官, "申時 召對 上曰 症情 頗順好矣 仍下詢 掌務官柳重臨曰 症情與泥洞 何如 (柳)重臨曰 比諸泥洞 還勝矣 而顆粒尖突肥潤 脈度且緩 先出者 似有脹氣矣".

수 있다.[78)]

醫官 출신인 유중림이 종합농서이자 在地士族의 생활지침서에 해당하는『山林經濟』를 증보하였다는 점은 조선후기 중인층의 성장이라는 사정과 더불어 그 의의를 되새겨 볼 수 있다. 조선후기 중인층의 성장이 委巷文學運動과 通淸運動으로 표출되는 상황은 잘 알려져 있다.[79)] 이러한 중인층의 성장이라는 역사적 전개과정에서 유중림의『증보산림경제』편찬의 또다른 의의를 찾을 수 있을 것이다. 즉 중인층은 경제적 지위의 향상, 신분적 차별 철폐 등의 방향으로 성장의 발판을 찾으면서 또한 당시 在地士族의 생활양태를 모범으로 설정하고 모방하면서 이를 토대로 士族과의 교류를 수행하였던 것이 아닐까 생각된다.[80)]

유중림이 보기에『산림경제』는 은거하는 선비가 安貧하면서 직접 힘으로 먹고 살 수 있는 要訣임에 틀림없지만 卷帙이 작아서 강령이나 조목에 소략한 점이 문제였다.[81)] 그는『산림경제』의 내용을 풍부하게 하여 山家의 淸趣에 관계되는 것을 모두 항목별로 나누어 수합하고자 하였다. 그 결과물이 바로『增補山林經濟』였다.

『증보산림경제』는『산림경제』를 대대적으로 증보한 것이어서 전체적으로 새로운 구성 내용을 가진 책이라고 간주해도 무방하다.[82)] 즉

78)『日省錄』英祖 37년 12월 8일 壬申(1-80나~다), "上召見藥院諸臣".

79) 鄭玉子,「朝鮮 後期의 技術職 中人」,『震檀學報』61, 震檀學會, 1986 ; 鄭玉子,『朝鮮後期 文化運動史』, 一潮閣, 1988.

80) 醫官 柳重臨의『增補山林經濟』編纂의 의의를 중인층의 재지사족의 생활양태에 대한 흠모와 모방, 그리고 교류의 모색으로 정리 평가하는 것은 중인층의 성장과 관련하여 傔人이자 胥吏로 입신하였던 李潤善의 행적을 정리하면서 京華巨族의 문화를 모방한 점을 지적한 다음 연구에서 시사 받은 것이다. 유봉학,「傔人-胥吏 출신의 李潤善」,『조선후기 학계와 지식인』, 신구문화사, 1998.

81) 柳重臨,『增補山林經濟』, 增補山林經濟序(任希聖), "概觀乎編內所收 莫非是士之窮居不得志者 安貧食力之要訣 但其爲書 卷帙太少 綱領條目 或多疏漏不盡之歎".

기본적으로 『산림경제』를 증보한 형태를 취하고 있지만, 서술 내용의 측면에서 보면 거의 2배 가까운 내용을 담고 있고, 『산림경제』에서 다루지 않은 부분을 포괄하고 있기 때문에 독자적인 성격을 부여할 수 있는 책이었다. 그리고 유중림의 직접적인 경험이라고 보기 어려운 시기의 區田法 사례를 인용하고 있다는 점은 『증보산림경제』의 『산림경제』 증보가 장기간에 걸쳐, 여러 가지 자료를 이용하여 수행된 것으로 볼 근거가 된다.[83]

다음의 <표 4>는 『증보산림경제』의 卷冊 구성 내역을 살핀 것인데, 『산림경제』에 비해서 권책 구성이 복잡해졌음을 잘 보여준다.

<표 4> 『增補山林經濟』의 권책별 항목 구성 내역

	增補山林經濟 目次
1책	卷1 卜居, 卷2 治農, 卷3 種樹, 卷4 養花
2책	卷5 養蠶, 牧養 養牛 등
3책	卷6 治圃, 卷7 攝生 種德
4책	卷8 治膳 上, 卷9 治膳 下, 卷10 救荒
5책	卷11 家政 上, 卷12 家政 下, 卷13 求嗣
6책	卷14 救急
7책	卷15 增補四時纂要, 田家占候, 選擇
8책	卷16 雜方, 東國山水錄 등

＊ 출전 : 『農書』 3~5(奎章閣, 古9100-10 : 16권 8책)

『增補山林經濟』는 총 16권으로 구성되어 있는데 위의 <표 4>에서 볼 수 있는 바와 같이 「卜居」, 「治農」에서부터 「雜方」, 「東國山水錄」에 이르기까지 산림 처사가 생활하는 데 필요한 요긴한 정보를 수록하고 있었다.

---

82) 富樫直次郎 · 三木榮, 「山林經濟考」, 『朝鮮』 1937. 3, 262號 拔刷(서울대 중앙도서관 구관도서 9100-296).

83) 柳重臨, 『增補山林經濟』 「治農」, 耕播, “竊考 區田法 大槩 與今之種瓜相類 ……壬辰戊戌之際 但能區種三五畝者 皆免飢殍云 蓋此法 不耕傍地 庶盡地力”.

『증보산림경제』는 『산림경제』의 내용을 단순히 양만 증가시킨 것이 아니었다. 여기에서 『증보산림경제』의 전체적인 내용을 모두 『산림경제』와 비교할 수 없지만, 「治農」을 중심으로 두 책의 조목수를 비교할 수 있다. 이러한 비교 작업을 통해 『증보산림경제』「治農」이 어떠한 방향으로 『산림경제』「치농」을 증보하였는가를 밝힐 수 있다. 아래의 <표 5>는 첫째 『증보산림경제』가 순수하게 조목 전체를 증대시킨 건수와 몇몇 단어나 구절을 첨부하여 조목의 내용을 보완한 건수가 어느 정도인지 검토하여 만든 것이다.

<표 5>『增補山林經濟』「治農」이 『山林經濟』「治農」을 增加·補完한 條目 내역

項目	元條目數	增加 條目數	補完 條目數	비고
(耕田宜 : 元 耕播)		7개	1개	增加 : 衿陽雜錄 3개
驗歲	35개	1개	1개(俗方)	
祈穀	6개		1개	
(荒地辨試法)		1개	1개	
耕播	29개	1개	6개	원 순서는 收糞 뒤
擇種	7개	2개		
收糞	7개	5개		
(稻種 소개)		1개		
種稻	22개	5개	5개	醫苗法이란 명칭 부여
種黍粟稷薥黍	18개	6개	4개	
種太豆小豆菉豆	17개	7개	1개	
種大小麥	18개	4개	7개	원 순서는 蕎麥 뒤
種芝麻水蘇麻	6개	3개		玉薥黍 1개 추가
種蕎麥	5개	2개	1개	耳麥 1개 추가
種薏苡	2개			
種木花	5개	4개	5개	
種麻苧麻	14개	9개	4개	麻 4개
種紅花	4개			권 6 治圃로 이동
種藍	3개			上同
種靛	3개			上同
種茵草	1개			上同
합계	202개	58개	37개	增補 : 95개

『증보산림경제』가 『산림경제』를 증보한 부분을 우선 양적인 측면에서 살펴보자. 『산림경제』의 「治農」은 전체 조목의 숫자가 191개(『증보산림경제』에서 紅花 등 治圃로 이동한 11개 제외)으로 구성되었다. 그런데 이 가운데 37개의 조목에서 『증보산림경제』가 보완하는 구절을 첨부하였고, 새롭게 순수하게 증대시킨 조목의 숫자도 58개나 되었다. 『산림경제』 치농의 조목수(191개)를 기준으로 살펴보면 『증보산림경제』 치농조는 58개의 조목을 증가시켰으니 비율로 따져서 30.3%가 증가한 것이고, 19.4%인 37개를 보완한 것이었다.

다음으로 질적인 측면에서 『증보산림경제』가 『산림경제』를 증보한 부분을 몇 가지 살펴보자. 질적인 측면에서 뚜렷한 증보의 사례로 甘藷 경작법을 수록한 부분을 주목할 수 있다. 잘 알려져 있다시피 甘藷 즉 고구마가 조선 국내로 들어온 것은 1763년 일본에 통신사행의 정사로 건너간 趙曮(1719~1777)으로부터 비롯된다.[84] 그런데 甘藷가 조선에 전파된 이후 감저재배법을 정리한 최초의 인물은 姜必履였다. 그는 감저를 수 차례 시험 재배하고 그 결과를 토대로 감저재배법을 정리하여 『甘藷譜』를 지었다. 그런데 柳重臨의 『증보산림경제』에 그의 감저 종식법이 압축 수록되어 있다.[85] 유중림은 『증보산림경제』에 조선의 감저 경작법 정리의 밑거름이 되는 姜必履의 『甘藷譜』를 수록하면서 구황작물의 경작에도 관심을 기울여 실질적인 『산림경제』 증보를 달성하고자 하였다.

두 번째로 『증보산림경제』는 『산림경제』를 보다 발전적으로 계승하여 施肥에 대한 중요성을 더욱 강조하였다. 『증보산림경제』 「治農」은 『산림경제』에서는 개개 작물의 경작기술을 설명한 부분에 들어 있던

84) 趙曮, 『海槎日記』 권5, 甲申年(1764년) 6월 18일 무술(『國譯 海行摠載』 Ⅶ, 민족문화추진회, 311~312쪽).

85) 金容燮, 『朝鮮後期農學史硏究』, 一潮閣, 1988, 236쪽 ; 吳壽京, 「朝鮮後期 利用厚生學의 展開와 『甘藷譜』의 編纂」, 『安東文化』 16집, 안동대학교 안동문화연구소, 1995, 16~22쪽.

시비 관련조목을 수합하여 收糞 항목으로 서술 위치를 이동시켜 놓았다. 예를 들어 "蘆草가 매우 좋지만 절기가 늦은 것이 흠인데, 날마다 부쩍 자라기 때문에 날짜를 계산하여 移秧할 수 있다"라고 설명한 조목은 본래 『산림경제』의 種稻 插秧法에 들어가 있는 기사였지만,[86] 『증보산림경제』는 이 시비 관련 조목을 收糞 항목으로 옮겨 놓고 있다.[87]

이와 관련해서 『增補山林經濟』「治農」은 전체 항목의 배열 순서를 『山林經濟』의 그것을 그대로 준용하지 않고 약간 변형시켜서 설정하고 있었다.[88] 특히 收糞에 관련된 항목의 전후 배열 관계를 살펴보면 재미있는 차이점을 발견할 수 있다. 즉 『山林經濟』가 擇種→收糞→耕播의 순서로 항목을 배열한 반면에 『增補山林經濟』는 耕播→擇種→收糞으로 나열하고 있어 耕播와 收糞의 순서가 완전히 뒤바뀌어 있다.

유중림은 시비 관련 조목을 5조목이나 증보하여 원래의 7조목과 더해 총 12조목을 收糞 항목에 포함시키고 있었지만, 항목의 순서를 바꾼 이유에 대한 설명을 더하지 않았다. 하지만 耕播와 收糞의 순서를 앞뒤로 바꾸는 것은 收糞 즉 施肥의 독자적인 기술적 성격을 보다 강하게 인식한 데서 비롯되었다고 생각된다. 『農事直說』이 시비를 독자적인 항목으로 설정조차 하지 않은 채 耕播와 결합시켜서 설명하던 것에서 점차 벗어나는 과정을 농서 편찬의 항목 설정에서 찾아볼 수 있는 것이다.

유중림은 시비를 매우 중요시하였다. 영농하는 농가에서 필수적으로 수행해야 할 일이라고 규정하였다. 또한 "敗家의 아이는 珠玉을 糞土

---

86) 『山林經濟』, 「治農」, 種稻, "○ 蘆草甚好 而可欠節晩 然日日苗長 可以計日移秧".

87) 『增補山林經濟』, 「治農」, 收糞, "○ 蘆草甚好 而可欠節晩 然日日苗長 可以計日移秧".

88) 『增補山林經濟』「治農」의 項目 순서를 보면 農家要務, 農談, 驗歲, 祈穀, 荒地辨試法, 耕播, 擇種, 收糞, 種稻의 순이었다.

와 같이 보고, 興家의 아이는 糞土를 珠玉과 같이 본다"라는 옛날 이야기를 인용하면서 주거생활에서 발생하는 모든 시비 재료를 모아서 시비할 것을 강조하였다.[89]

세 번째로 계속해서 시비와 관련된 부분인데, 水稻를 경작하면서 耕種과정에서 시비재료를 넣어주는 基肥가 아니라 작물이 성장하고 있을 때 시비재료를 넣어주는 追肥를 실행하는 모습을 바로 『增補山林經濟』에서 찾아볼 수 있다는 점이다. 早稻를 水付種하고 뒤이어 苗가 자라났을 때에 手耘을 신속하게 수행해야 한다는 『農事直說』의 내용을 인용하면서 尿灰라는 시비를 苗가 자라고 있는 田土에 뿌려주라는 追肥를 지시하고 있었다.[90] 시비의 효과가 바로 작물을 자라나게 밀어주는 것 즉 '推長'에 있다는 점을 분명하게 알고, 또한 바로 작물의 '推長'을 목표로 시비를 해야 한다는 주안점을 명백하게 보여주는 조목이라고 할 수 있다. 이와 같이 追肥가 지닌 효과를 조리 있게 증보 서술하였다는 점에서 『증보산림경제』가 질적인 측면에서 『산림경제』를 증보한 모습을 찾아볼 수 있다.

이상에서 살펴본 바와 같이 『증보산림경제』는 『산림경제』를 양적인 측면에서 뿐만 아니라 질적인 측면으로 증보하였고, 그러한 증보는 결국 당대의 농업기술 발달의 흐름을 보여주는 것이라고 할 수 있다. 특히 施肥에 대한 강조가 보다 뚜렷하게 진전되는 농업기술 발달의 흐름을 『증보산림경제』에서 분명히 찾아볼 수 있다. 한편 『증보산림경제』 이외에 『산림경제』를 기반으로 새로운 농서를 편찬하는 흐름은 18세기 후반 이후에도 계속 이어졌다.

89) 柳重臨, 『增補山林經濟』, 「治農」, 收糞.

90) 『增補山林經濟』, 種稻 早稻, "一法 苗長 半握 以上 卽去水 以尿灰 量布畝上 過二日後 還灌水 則苗間灰氣 推長甚速也".

4. 18세기 후반 農書 편찬 추이와 農法 연구의 심화

1) 應旨人의 應旨農書 편찬

정조는 1798년 11월 「勸農政求農書綸音」(이하 「구농서윤음」으로 略記함)을 내리고 조선의 農政을 혁신하고, 국가적인 차원에서 새로운 농서를 편찬하는 사업을 추진하였다.[91] 특히 정조는 '農家之大全' 즉 '農書大全'에 해당하는 농서를 편찬하려는 목표를 세워놓고 있었다.[92] 이를 위해 당대의 현실농법을 정리하는 데 필요한 자료를 획득하기 위하여 「구농서윤음」을 반포한 것이었다.

「구농서윤음」에서 정조가 요구한 것은 京外의 大小 臣庶들에게 農政과 農書에 보탬이 될 수 있는 의견을 가지고 있으면 제출하라는 것이었다. 정조는 「구농서윤음」에 호응하여 應旨하는 두 가지 방식을 사려 깊고 친절하게 제시해 주고 있었다. 하나는 章疏의 형식으로 상소문을 작성하여 올리는 것이었고, 다른 하나는 簿冊의 형태로 만들어서 제출하는 것이었다. 실제로 각지의 應旨人은 혹은 章疏를 올리거나, 혹은 冊子를 올렸다.

응지인이 올린 응지농서를 다룬 지금까지의 연구는 대부분 『日省錄』에 실려 있는 기사를 기본 자료로 이용하였다.[93] 그런데 『일성록』에 실려 있는 응지농서를 검토할 때 주의해야 할 부분은 바로 『일성

---

91) 『日省錄』 正祖 22년 11월 30일 己丑(27권, 99~101쪽), 「下勸農政求農書綸音」.

92) 正祖의 새로운 農書 편찬 추진 즉 '農書大全' 편찬 추진에 대해서는 다음 논문을 참고할 수 있다. 金容燮, 「十八世紀 農村知識人의 農業觀－正祖末年의 應旨進農書의 分析」, 『朝鮮後期農業史研究』 I, 一潮閣, 1968 ; 廉定燮, 「18세기말 正祖의 '農書大全' 편찬 추진과 의의」, 『韓國史研究』 112, 2001.

93) 金容燮, 「十八世紀 農村知識人의 農業觀－正祖末年의 應旨進農書의 分析」, 『韓國史研究』 12, 1968(『朝鮮後期農業史研究』 I－ 農村經濟·社會變動, 一潮閣, 1970에 수록) ; 趙世烈, 「朝鮮後期 水稻作法의 集約化傾向」, 『慶熙史學-朴性鳳教授回甲論叢』 14, 1987.

록』의 대부분의 수록 기사와 마찬가지로 응지농서도 내용이 축약된 상태로 등재되어 있다는 점이다.[94]『일성록』에 기록된 상소는 본래의 上疏文 전체가 모두 그대로 기록된 것이 아니었다. 상소문 내용 가운데 중요한 부분만 선별하고, 나머지 부분을 생략하여 수록한 것이었다.[95] 반면에『承政院日記』는 응지인이 올린 응지농서 가운데 上疏를 축약한 부분 없이 원문 그대로 싣고 있었다.[96] 따라서 응지농서를 살피기 위해서는『承政院日記』의 기사를 집중적으로 검토해야 할 것이다.

『일성록』의 기사만 검토할 경우에는「구농서윤음」에 응한 것인지 분명하지 않게 보였던 상소 가운데『승정원일기』에 수록된 내용을 검토한 결과 응지농서라는 성격을 부여할 수 있는 것이 9건이 있다.『승정원일기』를 통해 조정에서 검토대상으로 삼은 응지농서로서 새롭게 밝혀진 것은 다음의 <표 6>과 같이 9인이 올린 9건의 응지농서였다.[97]

『일성록』이나『승정원일기』에 보이지 않는 응지농서 가운데 개별

---

94) 金容燮도 이러한『日省錄』의 자료적 특성을 명확하게 알고 있었다(金容燮,「十八世紀 農村知識人의 農業觀－正祖末年의 應旨進農書의 分析」,『韓國史研究』12, 1968(『朝鮮後期農業史研究』I－ 農村經濟・社會變動, 一潮閣, 1970 수록)).

95)『日省錄』편찬 범례를 보면 국왕의 명령이나 비답은 전문을 수록하지만 다른 것은 강목을 세워 요점 위주로 기록하도록 지시하고 있었다.『日省錄凡例』序(柳本藝), "其法 每一事 必立綱係目 刪繁而取要 惟絲綸批判 則全錄".

96) 1798년 12월 21일 올린 廉德隅의 上疏文의 경우『日省錄』에는 '疏略'된 부분이 실려 있는 반면『承政院日記』에 원문 그대로 수록하고 있다(『日省錄』正祖 22년 12월 21일 庚戌(27권 233~235쪽) ;『承政院日記』1802책, 正祖 22년 12월 21일 庚戌(95-572나)). 양자의 字數를 비교하면『日省錄』이 1,120여 字인데,『承政院日記』는 3,180여 字여서 매우 커다란 차이가 있음을 쉽게 알 수 있다.

97) 표에서 초산 부사 宋相濂의 경우는 5월 10일이 應旨農書가『承政院日記』에 실린 날짜가 아니라 春間에 農務 冊子를 製進하였다는 언급이 보이는 날짜이다.

<표 6>『承政院日記』에서 應旨農書로 확인된 應旨人과 進呈 일자

應旨人의 관직 이름	『承政院日記』 년월일 (영인본 책수-쪽수)
副司直 申禹相	1802책, 正祖 22년 12월 25일 갑인 (95-591나)
厚州 幼學 禹萬勳	1802책, 正祖 22년 12월 26일 을묘 (95-598나)
昌原 府使 李尙度	1803책, 正祖 23년 1월 19일 무인 (95-637가)
咸悅 縣監 李寅采	1806책, 正祖 23년 3월 30일 무자 (95-797나)
諭善 李城輔	1807책, 正祖 23년 4월 20일 무신 (95-843다)
平昌 郡守 李廷顯	1807책, 正祖 23년 4월 25일 계축 (95-856나)
慈山 府使 李東馨	1808책, 正祖 23년 5월 2일 기미 (95-874다)
大司憲(草莽臣) 宋煥箕	1808책, 正祖 23년 5월 5일 임술 (95-882나)
楚山府使 宋祥濂(春間 農務冊子製進)	1808책, 正祖 23년 5월 10일 정묘 (95-906다)

인물의 문집 등의 자료에 수록된 것이 있다. 이러한 응지농서는 일차적으로 조정의 검토작업을 거치지 않은 응지농서로 파악할 수 있다. 그리고 또 다른 가능성으로 應旨하여 작성하기는 하였지만 실제로 進呈까지는 하지 않은 것일 수도 있다. 文集에서 산견되는 응지농서는 原文 그 자체를 검토할 수 있고, 게다가 문집을 통하여 개별 인물의 사상적인 배경을 같이 찾아볼 수 있기 때문에 중요한 의의를 지닌 것이라고 할 수 있다.

각 개별 인물의 문집에 실려 있는 응지농서가 한차례 정리되어 자료집이 만들어졌다. 하지만 梁翊濟의 농서 등 아직 검토의 대상이 되지 못한 응지농서를 문집 등에서 찾아볼 수 있다.[98] 다음의 <표 7>은 한차례 정리된 것을 포함하여 현재까지 찾을 수 있었던 문집 등에 보이는 應旨農書의 목록이다.

<표 7>을 보면 25명이 올린 총 26건의 응지농서를 현재 찾아볼 수 있다는 것을 알 수 있다. 문집 등에 보이는 응지농서 가운데 康洵과 李大圭의 것은 『일성록』에 검토되어 抄錄이 실려 있다. 따라서 총 23명이 올린 24건을 검토 대상으로 삼을 수 있다. 이 숫자와 조정의 검토를

98) 金榮鎭, 「應旨農書로 엮은 梁翊濟 農書의 연구-18세기말 전남 보성지방의 농촌문제」, 『農村經濟』 13-2, 한국농촌경제연구원, 1990.

<표 7> 文集 등에 보이는 應旨人의 應旨農書 (#표시는 『日省錄』에 실려있는 것)

應旨人姓名	應旨農書名	출전 소장처(청구기호)
康 洵	# 進御農書	『慵睡齋遺稿』(성대 D3B-761 : 『農書』 1)
權中執	農務書	『農務書』(奎章閣 古630.951 G995n)
金相休	農書- 代 伯氏	『華南漫錄』 三(국립중앙도서관)
金相休	農書- 代 仲氏作	『華南漫錄』 三(국립중앙도서관)
南極曄	農書簿冊	『愛景堂遺稿』 권5 (鄉土文化硏究資料22輯 全羅南道)
朴齊家	北學議	(奎章閣 : 규1401) (『農書』 6)
朴趾源	課農小抄	『燕巖集』 권16,17 (『農書』 6)
朴馨德	農疏, 農說或問	『玩易堂遺稿』 卷2 (鄉土文化硏究資料 27輯 全羅南道)
徐有榘	淳昌郡守應旨疏	『楓石全集』 3冊 金華知非集 권1 (『農書』 7)
徐浩修	海東農書	『海東農書』(草本)(성대 稀C6A-9) (『農書』 9)
徐浩修	海東農書	『海東農書』(正本) (日本大阪府立圖書館 44506) (『農書』 10)
申 綽	新溪縣農書條對	『石泉遺集』 後集 1,2 (『農書』 7)
梁翊濟	梁翊濟農書	金榮鎭 논문에서 확인
梁周翊	求農書應旨疏	『无極集』 권4 (奎章閣 : 규15720)
禹載岳	大邱農書-代主倅洪景斗作	『仁村先生集』 권4 雜著 (奎章閣 古3428-675)
魏伯純	農疏	『書溪先生文集』 권2 (한국역대문집총서 권477)
柳尋春	上農書	『江皐先生文集』 권2 (奎章閣 : 고3428-520) (『農書』 7)
李大圭	# 農圃問答	(국립중앙도서관 : 朝80-7) (『農書』 7)
李鳳興	己未農書對策	『武山齋遺稿』 권3
李鎭宅	應旨進農務冊子五條	『德峯集』 권 2 (奎章閣 : 규1428) (『農書』 7)
李 采	農書	『華泉集』 권 10 (奎章閣 : 규4655) (『農書』 7)
李義發	農政議	『雲谷遺事』(奎章閣 : 규12075)
鄭文升	農書	『蕉泉遺稿』 권 6 (奎章閣 : 고3428-79) (『農書』 7)
趙有善	擬應旨農政策	『蘿山集』(奎章閣 : 규1751)
丁若鏞	應旨農政疏附田論	『與猶堂集』 9책, 28책 (奎章閣 : 규11894) (『農書』 7)
趙英國	農書總論	(국립중앙도서관 13) (『農書』 7)
洪某-宜寧	農書對-代家大人	『觀海齋零稿』(국립중앙도서관 韓 44-가142)

거쳐 『일성록』과 『승정원일기』에 실린 응지농서 78건을 합쳐 총 102건을 응지농서의 잠정적인 전체 규모로 추정할 수 있다. 그런데 『승정원일기』에 실린 응지농서 가운데 1건은 應旨 사실만 확인되고 실제의 응지농서 내용을 전혀 알 수 없기 때문에 결국 총 101건의 응지농서 내용을 확인할 수 있다. 물론 현재까지 확인되지 않은 응지농서가 아직도 많이 남아 있을 것으로 보이기 때문에 일단 100여 건의 응지농서로 표현할 수 있을 것이다. 100여 건에 달하는 응지농서에서 응지인들은 각각 자신의 견문을 근거로 농업기술과 농정에 대한 주장을 펼쳐보였다.[99]

응지농서를 올린 應旨人의 구성은 우선 당시 신분구조의 측면에서 각 신분층에 속하는 사람들이었다.[100] 그 중에는 정조와 지근 거리에서 世子의 師傅 자리를 맡고 있던 高官이 있었고, 반면에 서울에 살고 있던 庶民도 있었다. 가장 많은 비중을 차지하던 사람들은 중앙 관리와 지방 수령 그리고 지방 유생이었다.[101] 이들이 올린 응지농서의 내용을 다각도로 분석하는 것은 당시의 농업기술과 농업사정을 살피는데 중요한 과제이다. 또한 응지인이 이앙법 등에 대해 제시한 견해도 살펴보아야 할 것이다.

우선 應旨人들은 당시 제출된 응지농서에서 移秧法에 대하여 제각각의 주장을 펼쳐보였다. 응지인의 주장을 크게 나누어 보면 적극적인 수용론, 제한적인 인정론, 절대 불가론 등으로 구별해볼 수 있다. 먼저 적극적인 수용론의 입장을 보인 대표적인 인물이 裵宜였다. 배의는 당

---

99) 『日省錄』에 실린 應旨農書의 내용을 연구한 성과로서 金容燮의 논문을 참고할 수 있다. 金容燮, 「十八世紀 農村知識人의 農業觀－正祖末年의 應旨進農書의 分析」, 『韓國史硏究』 12, 1968(『朝鮮後期農業史硏究』 I, 一潮閣, 1970 수록).

100) 金容燮, 위의 논문.

101) 應旨人 구성에 대한 자세한 분석은 다음 논문을 참고할 수 있다. 廉定燮, 「正祖末年 應旨農書를 올린 應旨人의 구성과 성격」, 『18세기 연구』 5·6, 한국18세기학회, 2002.

시 중앙 조정에서 제일 먼저 검토한 응지농서를 올린 사람이었다. 그는 이앙법을 적극적으로 권장해야 한다고 주장하면서 고금의 절기에 따른 날씨의 변화가 다르지만, 일찍 播種과 移秧을 수행하면 좋다고 설명하였다.102)

화성에 살고 있던 응지인 金養直은 적극적으로 이앙법 시행을 주장하면서 아예 禁秧 논의의 폐기까지 주장하였다. 水功을 얻어야 한다는 제한적인 조건을 내세우고 있기는 하지만, 水播와 乾播가 가지고 있는 약점을 지적하면서 禁秧을 주장하는 견해를 오히려 논박하였다. 특히 乾播에 대해서 극히 일부의 지역에서만 가능한 것이라고 보았고, 春旱과 土乾 그리고 파종할 때 먼지가 날릴 정도라는 조건을 충족시켜야 가능한 耕種法이라고 파악하였다. 따라서 乾播는 대단히 제한적인 지역이나 아주 드문 때라야 수행할 수 있을 것으로 정리하였다.103)

다음으로 이앙법의 제한적인 인정론을 제기한 대표적인 사람이 金天肅과 張志翰이었다. 김천숙은 이앙법을 농사짓기에서 꺼려야 할 기술로 전제하였다.104) 김천숙은 이앙법을 채택하는 사람을 수고하지 않고 열매를 거두려는 몰염치한 농부로 몰아세우고 있었다. 그렇지만 그는 이러한 입장을 고수하는 관념적인 원칙론자가 아니었다. 『일성록』에 실린 응지농서에는 보이지 않는 부분인데 『승정원일기』를 보면 김천숙의 타협적인 현실론을 찾아볼 수 있다.

김천숙은 이앙하지 않을 수 없는 이유로 가을에 수확과정에서 田土에 떨어진 난알이 春播한 稻種을 망친다는 점을 지목하였다.105) 이러

102) 『承政院日記』 1801책, 正祖 22년 12월 13일 壬寅(95-525가), 「忠義衛 裵宜上疏」.

103) 『承政院日記』 1806책, 正祖 23년 3월 28일 丙戌(95-793나), 「司直 金養直 上疏」.

104) 『日省錄』 正祖 22년 12월 16일 乙巳(27권 189쪽), 「前同知 金天肅 疏陳農務之方」.

105) 『承政院日記』 1802책, 正祖 22년 12월 16일 乙巳(95-540나), 「前 同知 金天肅 上疏」.

한 낭패를 모면하려면 이앙을 하지 않을 수 없다는 것이었다. 이와 같은 김천숙의 입장은 제한적인 이앙법 인정론이라고 할 수 있다. 한편 張志翰은 土宜에 따라서 이앙법을 수행해도 무방한 곳에서는 그대로 이앙하게 하고, 그렇지 못한 곳에서는 禁斷해야 한다고 주장하였다.[106)]

移秧法에 대한 전면적인 반대의 입장을 보여주는 인물은 洪州 幼學 申在亨이었다. 그는 이앙법이 조선에 전래된 시기를 中年 이후 즉 임진왜란 이후로 파악하고 있었다. 그리고 이앙법 자체가 동쪽 나라인 黑齒 즉 일본에서 耕種하는 법인데 조선의 백성들이 힘들어하는 것을 싫어해서 移秧法을 적극적으로 수용하였다는 설명이었다.[107)]

신재형은 특히 貧殘한 백성이 이앙법을 채택하는 것이 잘못이라는 점을 강조하였다. 신재형은 貧農의 경우 注秧에서 제때를 놓치는 경우가 많고, 移種(移秧)을 가장 늦게 수행하기 때문에 富戶에 비해서 실수할 가능성이 높다고 보았다. 이에 반해서 富民은 일시에 注秧하고, 일시에 移種하여 노동력 투입을 줄일 수 있고, 또한 제초작업의 횟수도 줄어들기 때문에 3, 4石 또는 6, 7石을 兼幷하고 多作할 수 있어서 이앙법의 효과를 받을 수 있다는 것이었다.[108)]

이앙법의 금단 여부에 대한 응지인의 주장이 위에서 살펴본 바와 같이 차이를 드러내고 있었다. 하지만 신재형의 극렬한 절대불가론을 제외하면 대체로 土宜나 수리조건에 따라서 이앙법을 제한적으로는 수

106) 『承政院日記』 1802책, 正祖 22년 12월 23일 壬子(95-583나), 「前 忠義衛 張志翰 上疏」, "人慾日滋 地利日薄 不論其土之燥濕 不計其田之高下 雖於無水奉天之地 擧皆移秧 以冀其僥倖……地之卑下處 水之會注處 因其本源之力 而適時移揷 則費少而功多 故不過隨地之形 而因勢制宜者也".

107) 『承政院日記』 1802책, 正祖 22년 12월 16일 乙巳(95-540다), 「洪州 幼學 申在亨 上疏」. 承政院日記에만 수록되어 있는 黑齒에 관한 설명에서 黑齒는 조선의 동쪽에 있는 日本을 가리키는 것으로 보인다.

108) 『承政院日記』 1802책, 正祖 22년 12월 16일 乙巳(95-540다), 「洪州 幼學 申在亨 上疏」.

용하는 것이 불가피하다는 주장이었다. 이러한 대체적인 應旨人의 이앙법에 대한 태도는 당시 삼남지역에서 일반적인 벼 耕種法으로 자리잡고 있던 이앙법을 용인해야 한다는 현실인식에서 유래한 것이었다. 19세기 초반에 이르러서도 이앙법을 금지해야 한다는 주장이 등장하는 점을 생각한다면 18세기 말 몇몇 응지인이 제기하는 이앙법 금지론이란 실속이 없는 명분에 치우친 주장이라고 평가할 수 있을 것이다. 한편 응지인의 주장이 대체로 이앙법의 수용 가능성을 내비치고 있다는 점은 應旨農書의 立論이 대체로 현실에 근거한 현실을 바탕으로 삼고 있는 그러한 성격의 것이었음을 반증한다고 볼 수 있다.

다음으로 응지농서에 보이는 응지인의 농서 편찬에 대한 견해를 살펴본다. 정조의 「求農書綸音」이 결국 '農書大全'을 편찬하려는 목적에서 반포된 것이었기 때문에 응지인 중에는 농서의 필요성 또는 농서 편찬에 대한 의견을 제시하기도 하였다.

농서에 대해서 언급한 응지인 중에는 『農家之集說』이라는 농서를 거론하는 사람이 있었다. 新溪 生員 鄭錫猷가 조선의 농서로 '農家之集說'과 '穡經之遺篇'을 지목하고 있었다.109) 정석유가 지목한 '농가집설'은 1653년에 편찬된 申洬의 『農家集成』을 가리키는 것이 틀림없을 것이다. 그런데 그는 자신이 제시한 두 농서보다 실제 농사 현장에서 획득한 경작법을 정리하여 응지농서를 올렸다. 그리고 이것을 종합하여 널리 알려야 할 것이라고 하였다.

公州 生員 柳鎭穆은 농서 편찬에 대한 구체적인 의견을 제시한 사람이었다. 그는 糞田, 治畓, 浸種, 養麥, 秧基, 種綿 등의 항목 내용을 서술하고, 正金稻를 多種하는 것이 잘못이라는 점, 杜冲稻가 耐霜 耐風하는 성질이 있다는 점 등을 應旨農書에서 소개하였다.110) 그리하

---

109) 『承政院日記』 1802책, 正祖 22년 12월 29일 戊午(95-605다), 「新溪 生員 鄭錫猷 上疏」. 『日省錄』에는 '農家集說' '穡經遺篇'이라고 되어 있다(『日省錄』 正祖 22년 12월 29일 戊午(27권 272쪽-274쪽), 「新溪生員 鄭錫猷 疏陳 農務仍陳時弊 四條」).

여 柳鎭穆의 應旨農書를 검토한 비변사 당상이 "(農家)集成에서 혹은 대략 말한(略言) 것, 혹은 밝게 말하지(明言) 않은 것. 혹은 말하지 않은(未言) 것, 혹은 마땅히 다시 상세하게 해야(宜更詳) 할 것, 혹은 싣지 않은(不載) 것 등등을 언급하고 있다"라는 평가를 내리고 있었다.[111] 물론 유진목은 농서는 老農만 못하고, 老農은 勤農만 못하다고 파악하면서 농서의 유무보다는 勤農의 실행 여부가 농사의 관건이라는 점을 지적하고 있었다. 하지만 보다 중요한 점은 유진목이 올린 응지농서를 『농가집성』과 비교해서 월등 자세한 내용을 담고 있는 것으로 평가되고 있다는 점이다.

평안도 順安에 살던 進士 金致大는 농서의 범주를 확대하여 天文志, 周禮 地官篇 등을 농서의 일종으로 파악하고 있었다. 김치대는 이렇게 농서 범주를 확대하다가 국왕의 마음이 농서의 근본이라고 주장하면서 『尙書』 洪範의 "肅乂哲謀聖"이라는 다섯 가지를 힘쓰고 힘써야 한다고 결론을 내렸다.[112]

응지인은 응지농서에서 여러 가지 방향으로 농업기술와 농정에 대한 주장을 펼치고 있었다. 그런데 응지농서에 나타난 주장의 가장 커다란 특색으로 우선 당시의 농법 현실에 근거한 것이라는 점을 지적할 수 있다. 다음으로 정조의 입장에 대한 우선적인 고려라는 점을 찾아

---

110) 柳鎭穆이 제시한 農書의 항목은 조선후기 18세기 후반까지 실현된 농업기술의 전반적인 변화를 잘 보여준다. 施肥法과 연관된 糞田이 독립적인 서술 항목으로 첫머리에 올라 있는 점, 移秧法의 보급에 결정적인 배경을 찾아볼 수 잇는 秧基항목이 바로 그것이다.

111) 『承政院日記』 1804책, 正祖 23년 2월 11일 己亥(95-683나), 「備邊司 公州 生員 柳鎭穆의 冊子에 대해 啓함」. "所謂 糞田也 治畓也 浸種也 養麥也 秧基也 種綿也 正金稻之不可多種也 杜冲稻之耐霜耐風也 集成或所略言也 或不明言也 或所未言也 或宜更詳也 或不載也 其所爲說 間多理致".

112) 『承政院日記』 1808책, 正祖 23년 5월 2일 己未(95-876다), 「順安 進士 金致大 上疏」. 肅乂哲謀聖이라는 것은 『尙書』에 나오는 것인데(『尙書』 第四篇 周書 洪範第六 五事), 金致大는 임금이 이 다섯 가지를 잘 닦아 공을 쌓게 되면 雨暘燠寒風이 각각 조응하여 풍년이 들 것이라고 주장하였다.

볼 수 있다. 이 점은 농서에 대한 적극적인 동조의 입장을 피력한 응지인이 가장 적극적으로 표명하였다. 이러한 특색에서 볼 수 있는 바와 같이 응지농서는 기본적으로 정조를 후원하려는, 그리고 동시에 농촌의 농사 현실을 개선하려는 목표를 공유하고 있다고 평가할 수 있을 것이다.

마지막으로 應旨人의 지역적 분포를 정리한 <표 8>을 살펴보면 먼저 대부분의 응지인이 맺고 있던 지역적인 연계를 찾아볼 수 있었다. 전체적으로 총 78명의 응지인을 연관 지역과 연결시킬 수 있었는데,

<표 8> 應旨農書 應旨人의 지역적 분포

지역	上疏文 (應旨進農疏)	農書冊子 (應旨進農書)
京畿	華城(金養直 劉宗燮) 畿邑(李尙熙) 廣州(崔世澤) 開城(趙有善 李鎭宅)	京居(李必忠 李晩菉) 交河(李文哲) 楊州(安聖鐸) 水原(元在夏)
江原	寧越(李敬五) 平昌(李廷顯)	歙谷(表憲正 鄭致一 趙之榮) 高城(權炫 盧再煌 盧翼遠) 洪川(李光漢)
忠淸	洪州(申在亨) 湖西(卜台鎭)	公州(林博儒 柳鎭穆) 定山(金勳) 報恩(李東膺) 德山(李宜璹)
湖南	靈巖(鄭始元) 咸悅(李寅采)	南原(許耋 許顒 張윤?? 張顯慶) 光州(鄭潤國 李宜우?? 朴文燦) 茂長(康錫運 康洵) 全州(金尙直 宋相彙 李章烈 李汝孝) 羅州(羅學愼 羅敏徽) 綾州(南煜) 古阜(朴道欽) 鎭安(朴宗赫) 淳昌(申輔權) 靈光(李大奎) 潭陽(南極曄) 寶城(梁翊濟 朴馨德)
嶺南	三嘉(鄭應參) 彦陽(全萬) 大邱(禹載岳 柳東範) 昌原(李尙度) 尙州(李齊華) 咸昌(權中執) 宜寧(洪某) 丹城(李鳳興)	咸昌(申紹平) 星州(崔演重)
黃海	新溪(鄭錫猷)	海州(金皓 李薰) 長連(朴載卨)
平安	順安(金致大) 楚山(宋相濂) 厚州(禹萬勳) 慈山(李東馨) 關西(金應麟)	
咸鏡	北路(廉德隅)	
未詳	南州(李仁榮) 南邑(鄭道星) 全羅(金夏璉)三南(裵宜) 湖南(李宇炯)	
소계	33	45

이 점은 응지인의 응지농서를 하나의 지역적 농서로 간주하고, 이에 의거하여 지역적인 농법의 특색을 검토하는 방법의 근거가 된다. 나아가 응지인의 응지농서를 지역농법이라는 개념으로 정리하는 것의 중요한 근거이기도 하다.

응지인의 지역 분포에서 특징적으로 나타나는 점은 전라도 지역의 인사들이 많은 농서를 올리고 있다는 점이다. 또한 華城 지역의 인물도 3명이나 응지농서를 진정하고 있었다. 하지만 전반적으로 전국 8道의 전 지역에서 응지인이 등장하고 있다는 점에서 응지인이 지역적으로 고루 분포하고 있다고 설명할 수 있다.

2) 正祖의 '農書大全' 편찬 추진

18세기 말 正祖가 새로운 농서로 '농서대전' 편찬을 추진한 배경은 16세기 이후 농서 편찬의 흐름 속에서 찾을 수 있다. 조선후기 농서 편찬의 전후 사정을 살펴볼 때 가장 시급한 과제는 바로 새로운 綜合農書의 편찬이었다. 정조의 '농서대전' 편찬 추진은 바로 이러한 흐름에 적절하게 부응한 작업이었다.

16세기 중반 이후 18세기 말까지 조선의 농서 편찬 경향을 살펴보면 지역농서의 편찬이라는 경향과 綜合農書의 지향이라는 흐름이 드러난다. 바로 이러한 두 가지 흐름을 하나로 묶어서 새로운 농서를 편찬하려고 한 것이 정조의 '農書大全' 편찬 추진이었다.

정조는 1798년 11월에 내린 「勸農政求農書綸音」의 말미 부분에서 전국 각지의 농업실상과 농업기술의 良策을 올리도록 명령을 내린 이유가 새로운 농서를 편찬하려는 것이라는 점을 분명히 명시하였다. 여기에서 정조가 편찬하려고 한 농서의 제목이 무엇이었는지 살펴볼 필요가 있다. 정조는 「구농서윤음」에서 새로 만들 농서의 성격이 '農家之大全'이라고 언급하였다. 그리고 朴趾源의 아들인 朴宗采(1780~1835)는 정조가 박지원에게 맡겨서 추진하려던 새로운 농서를 '農書一

部大全'이라고 부르고 있었다.[113] 따라서 이러한 상황을 종합하면 정조가 편찬 추진한 새로운 농서의 가제를 '農家大全' 또는 '農書大全'이라고 부를 수 있을 것이다. 그런데 '農家大全'이란 새로운 농서의 성격을 지목하는 것으로 볼 수 있기 때문에 여기에서는 '농서대전'이라고 부르기로 한다.

'농서대전' 편찬 추진 작업은 정조를 중심으로 이루어졌다. 1798년 12월부터 응지인의 '응지농서'가 계속 올라오고 있었다. 응지인 중에는 자신들이 올린 응지농서가 새로운 '농서대전'에 편입될 것을 기대하면서 응지농서를 올린 이들이 있었다. 前 察訪 康堯愼,[114] 前 純陵 參奉 李尙熙[115] 등이 정조가 농서를 편찬하려는 것에 커다란 의미를 부여하면서 이에 호응하여 응지농서를 올린 응지인들이었다. 그렇지만 정조는 응지농서를 기반으로 '농서대전'의 편찬을 본격적으로 추진하는 명령을 곧바로 내리지 않고 있었다. '應旨農書'에 내리는 批答에서도 備局으로 하여금 稟處하게 하는 정도에서 그치고 있었다. 응지인이 올린 '응지농서'에 대한 새로운 방향을 제시하는 조처를 취하고 '농서대전'의 편찬을 단계적으로 추진하게 되는 것은 1799년 4월 20일 이후의 일이었다.

1799년 4월 9일에 검토된 尙州 幼學 李齊華의 應旨農書는 『農政全書』의 보급을 강력하게 주장한 것이었다.[116] 4월 20일 비변사는 이제

---

113) 朴宗采, 『過庭錄』 卷3 / 김윤조 역주, 『역주 과정록』, 태학사, 1997, 168쪽, "上 嘗於筵中 敎曰 近得好經綸文字 以消永日 又曰 農書一部大全 從當屬朴某爲之".

114) 『承政院日記』 1802책, 正祖 22년 12월 22일 신해(95-578다), 「前 察訪 康堯愼 上疏」.

115) 『承政院日記』 1802책, 正祖 22년 12월 23일 임자(95-582가), 「前 參奉 李尙熙 上疏」.

116) 『承政院日記』 1807책, 正祖 23년 4월 9일 정유(95-822다), 「尙州 幼學 李齊華 上疏」. 『日省錄』에 수록된 부분은 전체 인용부분의 극히 일부분에 불과한 것이었다(『日省錄』 正祖 23년 4월 9일 정유(27권 642쪽-643쪽), 「尙州 幼學

화의 상소에 대한 啓目을 올리면서『農政全書』보급 문제에 대하여 "『농정전서』를 中外에 널리 보급하는 것이 마땅한 의견이라고 할 수 있으니, 兩南에 풍년이 들면 간행하여 보급하자"는 의견을 첨부하였다.[117] 이에 대하여 정조는 "이번에 올라온 여러 說 가운데 採用할 만한 것을 就類補輯하여 廣頒하는 것으로 삼도록 이를 鑄字所에 분부할 것이다"라고 지시하였다.[118] 여기에서 정조의 '就類補輯'하라는 지시는 '응지농서' 가운데 채용할 만한 내용을『농정전서』의 해당 조목으로 분류 정리하고, 보충 종합하는 작업을 가리키는 것으로 보인다. 아직 새로운 농서라고 부르거나 또는 '농서대전'이라는 명칭을 붙일 만한 농서 편찬을 본격적으로 추진하는 단계는 아니었다.[119]

이 무렵 정조는 그동안 올라온 응지농서를 올린 응지인에게 응지농서와 回啓, 批旨를 일괄적으로 錄送하라는 지시를 내리고 있었다.[120] 이러한 지시는 各道에 내려준 응지농서를 각 도에서 농정을 수행하는데 참고자료로 이용하게 하려는 의도가 내포되어 있었다. 또한 정조의 지시는 응지인에게 상당한 우대조처를 내린 것으로 평가할 만한 것이었다.

李齊華가 農務 漕倉弊端 疏陳」).

117)『承政院日記』1807책, 正祖 23년 4월 20일 무신(95-843가),「備邊司 尙州 幼學 李齊華의 上疏에 대하여 啓함」. 이 부분의 내용은『日省錄』의 기사가 약간 자세하다(『日省錄』正祖 23년 4월 20일 무신(27권 687~688쪽),「備局啓 尙州 幼學 李齊華 疏辭」).

118)『承政院日記』1807책, 正祖 23년 4월 20일 무신(95-843가),「備邊司 尙州 幼學 李齊華의 上疏에 대하여 啓함」;『日省錄』正祖 23년 4월 20일 무신(27권 687~688쪽),「備局啓 尙州 幼學 李齊華 疏辭」, "農政全書 廣布中外事 近來印本 在處稀闊 是豈命撰命印之本意乎 今番所進諸說中 有可採用者 就類補輯 以爲廣頒之地事 分付鑄字所爲旀".

119)『日省錄』正祖 23년 4월 20일 무신(27권 687~688쪽),「備局啓 尙州 幼學 李齊華 疏辭」, "備局 以尙州 幼學 李齊華 疏辭 回啓 命今番農書諸說中 可採者 就農政全書中 分類補輯 印頒中外".

120)『承政院日記』1807책, 正祖 23년 4월 20일 무신(95-843가),「備邊司 尙州 幼學 李齊華의 上疏에 대하여 啓함」.

정조는 중앙에 進呈된 응지농서의 현황에 대한 파악을 대략 완수하고, 각 지역의 응지인에 대한 적당한 우대조처를 취한 다음, 4월 28일 左議政 李秉模의 건의를 받아들이는 형식을 취하면서 '農書大全' 편찬의 본격적인 시작을 지시하였다. 左議政 李秉模가 前 僉知 崔世澤의 응지농서를 粘啓하여 稟處하면서 "內閣에 부쳐서 앞으로 農書를 印行할 때 상세하게 살펴서 그 요긴한 말을 採入하게 하는 것이 어떠한가"라고 하였다.[121] 이에 정조는 이병모의 건의를 시행하라고 지시하였다.

정조가 '농서대전'의 구체적인 편찬을 4월 말에 지시한 점은 다량의 응지농서가 검토되는 5월 22일의 『日省錄』 기록에서 낱낱이 확인된다. 이미 1799년 5월 초 정도의 시점에 대부분의 응지농서가 거의 進呈된 상황이었다. 5월 5일 藥房이 入診하면서 大臣과 備局 堂上이 入侍하였을 때 좌의정 李秉模는 "守令이 應旨하는 章과 士民의 農務의 書가 지금 거의 모두 도착하였다"라고 지적하고 있었다.[122] 그리하여 備邊司는 1799년 5월 22일 京居 幼學 李晩祿을 필두로 총 23명의 응지인의 응지농서를 回啓하였다.[123] 이후 비변사가 응지농서를 回啓 보고하는 것은 1799년 6월 4일 기사에서 마지막으로 확인된다.[124] 6월 4일 비변사에서 응지농서를 처리하는 절차가 마무리되면서 정조가 비변사의

---

121) 『承政院日記』 1807책, 正祖 23년 4월 28일 丙辰(95-868다), "如未及天時 而先修人事 屢度反耕之勝於糞壤 言有理致 事有往驗 此等文字 不必行關知委 付之內閣 來頭農書印行時 使之看詳 採入要語 何如 上曰 依爲之". 『日省錄』에도 같은 내용으로 실려 있는데 다만 '看詳'이라는 단어만 빠져 있다(『日省錄』 正祖 23년 4월 28일 丙辰(27권 711쪽)).

122) 『承政院日記』 1808책, 正祖 23년 5월 5일 임술(95-886가).

123) 23명에 대한 備邊司의 回啓 내용이 『承政院日記』에는 전혀 보이지 않는다.

124) 이때 咸昌 幼學 申紹平의 農書와 星州 進士 崔演重의 農書를 備邊司에서 回啓하였다(『承政院日記』 1810책, 正祖 23년 6월 4일 신묘(96-019가), 「備邊司 咸昌 幼學 申紹平의 農書」; 『承政院日記』 1810책, 正祖 23년 6월 4일 신묘(96-019다), 「備邊司 星州 進士 崔演重의 農書」).

回啓를 判下하는 것도 같이 마무리되었다.

李文哲 등 여러 사람의 응지농서를 편입시켜서 만들려는 '농서'의 실체는 全州 幼學 李汝孝의 농서를 처리하는 과정에서 명백하게 나타나고 있다. 이 부분의 『일성록』 기사 제목이 "全州 幼學 李汝孝가 所陳한 농서를 內閣으로 하여금 新編農書에 詳載할 것을 命함"이라고 되어 있었다.[125] 정조가 備局의 回啓에 判下하는 부분에서 內閣에서 새로 작업하는 사업을 '新編'이라고 표현하였다.[126]

1799년 5월 하순 新編 農書 즉 '農書大全' 편찬 추진이 이후에도 이어지고 있었다.[127] 정조는 그때까지 특히 이틀 전에 대대적으로 실행한 응지농서에 대한 검토 작업의 결과를 무엇인가의 대상에 편입시키는 것이 民의 믿음을 잃지 않고, 이미 농서를 求한 본 뜻에도 걸맞다고 설명하고 있었다. 이때 정조의 언급에서 나오는 '編入'이라는 말은 당시 편찬 작업이 진행되고 있음을 의미하고, 그것은 바로 '農書大全'의 편찬을 가리키는 것이었다고 볼 수 있다.

'農書大全'의 편찬 추진은 규장각을 중심으로 수행되었지만, 그 과정에서 주도적인 조력을 기울인 인물이 李書九였다. 이서구는 '농서대전'을 편찬하기 위한 기초작업으로 응지농서를 검토하는 임무를 맡아서 수행하였다.[128] 李書九는 계속해서 農書綸音을 내린 목표, 즉 정조가 최종적으로 성취하려는 목적이 새로운 농서를 편성하는 것이라는

---

125) 『日省錄』 正祖 23년 5월 22일 기묘(27권 904쪽), 「全州 幼學 李汝孝 所陳 農書」.

126) 『日省錄』 正祖 23년 5월 22일 기묘(27권 904쪽), "農書編輯 此可居甲乙 亦令內閣 以其語 詳載新編之書".

127) 『承政院日記』 1809책, 정조 23년 5월 24일 辛巳(95-945나), "上曰 農書 多是陳譚 而其中 亦豈無一二可採 旣已求之 亦不可無信 今之道 看詳抄出 以爲編入之地 似好矣".

128) 李書九, 『惕齋屛居錄』(규장각 古0320-9), "戊午 己未間 聖意惓惓民事 宵旰憂勤 命侍從出宰者 各陳民邑之弊 又以重穡力農 爲敦風正俗之本 頒降綸音 令方伯居留之臣 以至士庶 各陳務農之道 將欲編成一農書".

점을 명백하게 지적하였다. 그 자신이 응지농서를 검토하여 정조에게 보고하는 직무를 수행하기도 하였기 때문에 정조의 의도가 무엇인지 분명하게 알고 있었다. 따라서 위의 인용문에 보이는 바와 같이 "장차 하나의 농서를 편성하려고 하였다"라고 정조의 구체적인 의도를 명백하게 표명할 수 있었다.

당시 비국의 有司堂上을 맡고 있었던 李書九는 정조의 綸音이 내려진 이후 응지하는 農疏와 농서가 답지하자 이것을 검토하고 回啓하고 草記를 작성하는 사무를 번잡하게 수행하였다. 이서구가 먼저 應旨農書를 검토하여 올리면 정조가 廟堂에 내려보내 覆啓하게 하고, 廟堂이 覆啓하면 正祖가 判下를 내리는 방식이었다.[129] 이러한 방식은 『承政院日記』와 『日省錄』을 통해 확인되는 데 바로 농서를 신편하기 위한 것이었다.

정조가 추진한 '농서대전' 편찬이 실제로 어느 정도까지 이루어졌는지는 불확실하다. 일단 응지농서를 일차적으로 검토하여 새로운 '농서대전'에 실을 만한 내용을 추출하는 작업은 많이 진행되었던 것으로 보인다. 응지농서를 검토하는 작업 수행과정을 籌司의 늙은 吏胥는 "籌司 事務가 빽빽이 쌓이고 酬應을 부지런하게 한 것이 이와 같은 때가 없었다"라고 언급할 정도였다.[130] 備邊司의 늙은 吏胥가 바로 1798년에서 1799년에 걸친 시기에 무척 바쁜 시절을 보냈다고 언급한 것을 이서구는 응지농서 검토 작업의 수행을 가리키는 것으로 평가하고 있었던 것이다. 그 자신이 바로 '농서대전' 편찬 실무를 담당하면서 같이 부지런하게 일을 수행하고 있었기 때문에 더욱 감회가 남달랐을 것이

129) 李書九, 『惕齋屛居錄』(규장각 古0320-9), "是時 進言者 塡咽公車 上以士庶所言 慮有褻瀆 命賤臣(李書九 : 인용자) 先爲看詳以進 進則下廟堂 回啓 啓艸 專責有司 故余亦 夙夜匪懈. 旣覆啓 則輒下 十行 判批 賤臣 所論 多蒙採施".

130) 李書九, 『惕齋屛居錄』(규장각 古0320-9), "老吏胥 亦謂 籌司 事務之叢積 酬應之勤孜 無如此時云".

다.

이서구를 '농서대전' 편찬의 주역으로 보는 또 다른 근거는 1799년 5월 24일 정조가 응지농서에서 채택할 만한 부분을 '농서대전'에 편입시키도록 명령을 내리고 있는데 그 명령을 받은 인물이 바로 이서구라는 점에 있다. 이때 정조는 이서구와 降雨 여부에 대한 문답을 나누다가 농서가 진부한 것이 많기는 하지만 상세히 살펴서 抄出하여 編入하는 것이 좋을 것이라고 언급하였다.[131] 이러한 지시는 바로 이서구가 '농서대전' 편찬의 실무를 담당하고 있었기 때문에 내려질 수 있었던 것이다. 정조의 왕명이 분명하게 이서구에게 내려진 것을 가리키는 구절은 보이지 않지만 이러한 왕명이 내리기 직전 이서구와 문답을 나누던 도중이었기 때문에 이서구가 정조 왕명을 수취한 사람으로 평가하는 것이 가장 무난할 것으로 생각된다.

응지농서를 검토하여 '농서대전' 편찬을 위한 기초적인 자료 정리는 많이 진척되었을 것으로 보인다. 다만 자료를 정리한 이후 初草를 만드는 작업으로 제대로 진입하지 못한 것으로 생각된다. 먼저 '농서대전' 편찬 작업을 실질적으로 맡아서 수행할 편찬 담당자를 差定하지 않았다. 이른바 纂輯堂上에 해당하는 사람이 보이지 않는다. 위에서 살핀 이서구는 실제의 찬집을 담당하는 堂上의 역할을 수행한 것이 아니라 기초자료의 정리작업으로 응지농서를 검토한 것에 불과하였다. 또한 1799년 5월 이후 어디에서도 '농서대전'에 대한 언급이 보이지 않는다. 만약 비공식적으로 纂輯을 맡아 수행할 사람이 지정되어 纂輯과정이 진행되었다면 필수적으로 필요한 작업과정인 校正 단계에 이르지 못한 채 중단되었던 것으로 보인다.

정조가 주도한 '농서대전' 편찬 추진은 우선 조선후기의 다른 농서

131) 『承政院日記』 1809책, 정조 23년 5월 24일 辛巳(95-945나), "上曰 農書 多是陳譚 而其中 亦豈無一二可採 既已求之 亦不可無信 今之道 看詳抄出 以爲編入之地 似好矣".

편찬과 달리 국가적인 농서 편찬사업이라는 점에서 뚜렷하게 다른 특징을 가지고 있었다. 그리고 정조가 추진한 '농서대전' 편찬 추진은 農書 편찬의 형식적인 측면에서 새로운 역사적 의의를 부여할 수 있다. '農書大全' 편찬 추진과 『農事直說』의 편찬 방식을 대비하면 새로운 성격을 뚜렷하게 찾아볼 수 있다. 『농사직설』의 편찬에서 鄭招 등이 편찬의 저본으로 활용한 것은 下三道 관찰사가 올린 농서 책자였다.[132] 이 농서 책자는 원천적으로 각 지역의 老農의 경험을 수합한 것이었지만, 下三道 관찰사가 일차 정리하여 산출된 것이었다. 『농사직설』이 이러한 편찬 과정을 거쳐서 만들어졌기 때문에 기본적으로는 조선의 농법을 정리하면서도 실제의 서술 내용에서는 중국의 농서에서 문장표현을 원용한 부분이 상당히 많이 남아 있었다.

『농사직설』 편찬과정과 달리 '농서대전' 편찬 추진에서 편찬의 底本자료로 활용한 것은 각 도의 儒生을 비롯한 여러 성격의 인물이 올린 응지농서였다. 즉 『농사직설』이 관찰사가 중간에 취사선택하여 올린 농서 책자를 편찬 저본으로 이용한 반면, '농서대전' 편찬 추진은 응지인의 응지농서가 보다 직접적인 1차 자료로 이용되는 체제를 갖추고 있었다. '농서대전' 편찬의 1차 자료가 각 지역에서 응지인이 올린 응지농서였다는 점에서 조선의 특유한 농업사정에 의거한 농법 표현이 주된 농서 내용 서술 방식이었을 것으로 추정할 수 있다. 따라서 '農書大全'은 보다 현실에 가까운 서술 내용을 보다 현실적인 형식으로 서술하는 구성을 갖추게 되었을 것으로 평가할 수 있다.

'농서대전' 편찬 추진의 의의는 농서의 체제라는 측면보다는 지역적인 농법의 종합이라는 점에서 찾을 수 있다. 사실 정조에게 올려진 응지농서는 그 자체가 각 지역의 지역농서들이라고 성격을 규정할 수 있

---

132) 『世宗實錄』 권41, 세종 10년 윤4월 甲午, "傳旨慶尙道監司 咸吉平安兩道 地品好 而無知之民 泥於舊習 農事齟齬 未盡地力 欲採可行良法 使其傳習 道內耕種耘穫之法 五穀土性所宜 及雜穀交種之方 訪之老農 撮要成書以進 且農書一千部 以國庫米斗 換紙印進".

는 것이었다. 응지농서를 올린 응지인은 스스로 자신이 설명하는 것이 지역적인 농사 관행과 경험의 소산이라는 점을 애초에 토로하고 있었다.

대표적인 사례로 華城 지역의 농업 관행을 자세하게 소개한 金養直을 지목할 수 있다. 김양직은 朝官을 역임한 인물로 화성 지역의 농업 견문에 의거하여 水利의 중요성, 지역적 농법의 특수성 등을 강조하는 응지농서를 올렸다. 그의 응지농서는 결국 화성 지역의 농사 관행을 정리한 지역농서에 해당하는 것이었다. 김양직의 응지농서를 비롯하여 많은 응지인의 응지농서가 지역적인 성격을 갖고 있었기 때문에 이것에 의거한 '농서대전'의 내용도 지역적인 농법의 종합 정리라는 의미를 갖게 되는 것은 당연하였을 것이다.

마지막으로 '농서대전'은 조선후기 농업기술의 발달을 총괄하여 집대성하려는 것이었다는 의의를 부여할 수 있다. 농업기술의 발전 모습을 총괄하여 정리하고, 이를 바탕으로 새로운 진전을 모색하려는 움직임이 정조의 주도적인 노력 속에서 결실을 볼 수 있었다. 이러한 농업기술의 정리 작업은 사실 개인적인 차원에서 이루어질 수 없는 것이었다. 각 지역농법의 특색을 감안하고, 중국 농서와 비교 분석하며, 나아가 가장 선진적인 농업기술을 추출하고 보급하기 위한 농서 편찬은 개인적인 차원이 아니라 국가적인 人力의 동원과 힘의 결집을 통해서 가능한 것이었다. 이 점에서 우리는 비록 결말을 맺지 못하고 말았지만, 정조가 주도한 '農書大全' 편찬 추진에 커다란 역사적 의의를 부여할 수 있을 것이다.

5. 19세기 農法 연구의 특화와 종합

1) 韓錫斅의 『竹僑便覽』 「治農篇」 편찬

19세기 전반의 농업기술을 보여주는 地域農書로 韓錫斅(1777~?

[1849 이후])가 지은『竹僑便覽』「治農篇」이 있다.『竹僑便覽』天地人 3책 중 人冊에 수록되어 있는「치농편」은 현재까지 조선후기 농업기술에 대한 연구에서 주목받지 못하였다. 예전에 李盛雨 선생이 조선시대에 편찬된 다른 농서류 책들과 함께『竹僑便覽』「治農篇」을 짤막하게 소개하고 해설하였는데, 이것이 유일한 연구성과라고 할 수 있다.[133] 한석효가『竹僑便覽』을 편찬된 연대는 1849년으로 파악된다.[134]

한석효가 편찬한『竹僑便覽』은 현재 규장각에 소장되어 있다.[135] 그런데 저자인 한석효의 개인적인 신상에 대한 언급이『竹僑便覽』본문에 보이지 않는다. 또한 서문이나 발문이 없어서 그의 생애에 대한 자세한 설명이 어려운 상황이다. 다만 天冊 앞머리에 실려 있는 "竹僑便覽小引"에 따르면 한석효는 淸州 韓氏로 竹樹라는 곳에서 거주하였음을 알 수 있다.[136] 한석효가 거주하던 죽수가 어느 지역을 가리키는가에 대해서 검토할 필요가 있다.

조선시대의 죽수는『신증동국여지승람』에 따르면 전라도 綾州의 다른 이름이다. 그리고 인책의「治農篇」다음에 編次된「醫藥」의 시작부에 기록한 한석효 본인의 언급 속에 "내가 '능동'의 대락산 아래에 숨어서 칩거하였다(余之蟄隱於綾東大樂山下)"라는 구절이 보인다.[137] 여기에 보이는 '능동'이라는 구절은 앞에 죽수가 능주라는 점을 감안하면 바로 능주의 동쪽을 표현한 것으로 확인할 수 있다. 그렇다면 한석

133) 李盛雨,『韓國食經大典』, 鄕文社, 1981, 133~134쪽.

134)『竹僑便覽』(서울대학교 奎章閣 소장, 奎2442) 天冊,「竹僑便覽小引」.

135)『奎章閣圖書韓國本綜合目錄』과『奎章閣韓國本圖書解題』에 따르면『竹僑便覽』의 주요 서지사항은 다음과 같다. 청구기호 奎2442, 筆寫本, 3冊(圖 포함), 35.6×22 cm, 卷首 : 竹僑便覽小引…崇禎後四年己酉(1849)…老夫忘識, 內容目次 : 天-喪禮, 地-祭禮, 人-농서(付養生術, 科式).

136)『竹僑便覽』天冊,「竹僑便覽小引」, "淸州人 韓錫斅 僑居于竹樹之東".

137)『竹僑便覽』人冊,「醫藥」斅曰, "余之蟄隱 於綾東大樂山下 見其僻隣窮村 既遠城邑 又乏藥墊".

효가 칩거생활을 하던 곳은 바로 전라도 능주였다.[138] 이어서 한석효의 출생연대를 대략적으로 추정할 수 있다. 위의 '소인'의 끝에 보이는 연도 표시에서 1849년(헌종 15)에 73세의 늙은 나이였음을 알 수 있다.[139] 그렇다면 한석효는 1777년(정조 1)에 출생하였을 것으로 추정된다.

한석효가 일상 예절을 편리하게 살펴보기 위해서 『竹僑便覽』을 편찬하면서 「治農篇」을 붙인 이유는 우선 "백성은 의식이 풍족해야 예의를 알 수 있다"라는 예전부터 내려오는 農本思想에서 찾을 수 있다.[140] 이러한 입장은 또한 "農圃는 왕정의 커다란 임무이다"라는 언급에서도 정확히 찾아볼 수 있다.[141] 국가의 차원에서 그리고 권농의 차원에서 추구해야 할 농업기술의 정리와 발전의 모색이라는 입장이었다. 그는 농가류의 책을 모으고 평소에 듣고 본 것을 모아서 「治農篇」을 집필하였는데, 주요 참고 농서는 『산림경제』와 『농가집성』이었다.[142] 다만 한석효는 구체적인 농사기술을 서술하는 부분에서는 인용 여부와 출전을 전혀 표시하지 않고 있다.[143]

---

138) 한석효의 생활공간을 전라도 능주 일대로 추정하더라도 문제는 그가 머물렀다고 언급한 大樂山이 어느 곳인지 불확실하다는 점이 아직도 해결해야 될 점으로 남아 있다. 「海東地圖」에도 綾州 인근에 大樂山이 보이지 않는다.

139) 『竹僑便覽』 人冊, 「醫藥」, "有明崇禎後四己酉鞠秋七十三歲老夫妄識". 明나라의 연호였던 崇禎을 계속 사용하면서 나타나는 연대 표시방법이 여기에서도 준용되고 있는데, 숭정연호가 나온뒤 네 번째 己酉年은 바로 1849년이다.

140) 『竹僑便覽』 天冊, 「竹僑便覽小引」, "凡民之質 衣食足而知禮 故殿以農家類書". "衣食足而知禮"이라는 구절의 전거는 잘 알려져 있다시피 『管子』이다. 『管子』 卷1, 牧民第一 經言一에 나오는 "倉廩實則知禮節 衣食足則知榮辱"이라는 구절에서 나온 것이다.

141) 『竹僑便覽』 人冊, 「治農」 斆按, "農圃是王政之大務".

142) 『竹僑便覽』 人冊, 「治農」 斆按, "故仍輯山林經濟農家等書 間附平日聞見者錄次焉". 원문에는 '農家'라고만 되어 있지만 "治農篇"의 실제 내용을 살펴볼 때 『農家集成』을 간단히 '農家'로 표시한 것이었다.

143) 『竹僑便覽』 「治農篇」을 분석할 때 『山林經濟』와 『農家集成』의 내용을 조목조목 비교하면서 검토하고, 또한 韓錫斆의 '聞見'에 드러나는 특색에 주의하

「治農篇」의 서술 내용은 한석효 자신이 지적하고 있듯이 『산림경제』와 『농가집성』의 내용에서 크게 벗어나지 않는 것이었다. 하지만 「치농편」은 농법의 지역성, 또는 지역농법에 비정할 수 있는 기술적인 부분을 적지 않게 담고 있었다.[144] 이러한 특색은 바로 한석효가 살고 있던 능주 지역의 지역적인 농사 관행을 「치농편」이라는 농서로 정리하였기 때문에 드러난 것이었다. 또한 그는 지역적인 농사 관행을 정리하여 「치농편」을 만들고, 이를 지역적인 '농사지침서'로 활용하려는 것에 보다 주요한 편찬 목적을 두고 있었다. 결국 한석효는 전라도 능주 지역이라는 지역적인 범위에서 찾아볼 수 있는 농업기술의 특색을 『죽교편람』 「치농편」으로 정리한 것이었다.

한석효는 평소의 지역 농사 실정에 대한 견문뿐만 아니라 그의 집안에서 전해 내려오는 특별한 起耕法도 소개하면서 지역적인 농법의 실체를 담아내는 농서인 「治農篇」 편찬 의지를 분명하게 나타내었다. 『농사직설』에 들어있는 기경법 일반을 서술하고 이어서 先君子(부친)의 언급을 인용하면서 집에서 내려오는 전래의 '농서'인 「家訓治農章」을 인용하였다. 대략적인 내용은 耕田하는 법의 묘한 이치, 다시 말하여 전토를 다스리는 적절한 시기, 파종과 기경의 적합관 연결 등의 원칙을 잘 지켜야 제대로 땅을 갈아 작물이 적절히 성장할 바탕을 마련할 수 있다는 것이었다.[145]

『竹僑便覽』「治農篇」의 서술 순서를 전체적으로 보면 농작업 순서에 따른 정리와 작물별 정리의 방식을 따르고 있었다.[146] 이 서술체제

여 검토작업을 수행하였다.

144) 『竹僑便覽』 人冊, 「治農」 敭按, "故仍輯山林經濟農家等書 間附平日聞見者錄次焉".

145) 『竹僑便覽』 人冊, 「治農」 耕田.

146) 구체적인 항목의 순서를 보면 擇種, 收糞, 耕田, 秧基, 乾秧, 播種, 乾播, 苗種(今 移秧), 反種, 耘草, 火耨, 山稻, 黍, 稷, 粟, 秫, 豆, 太, 芝麻(참깨), 油麻(들깨), 牟, 麥(俗名 眞麥), 蕎麥(俗名 木麥), 木花, 麻, 苧麻의 순이다(『竹僑便覽』 人冊, 「治農」).

는 우선 『농가집성』에 수록되어 있는 『농사직설』을 기본 바탕으로 삼고, 『산림경제』의 구성체계를 참고하여 만들어진 것이었다. 『농사직설』의 항목 순서는 備穀種, 耕地를 앞에 두고, 이어서 각 작물의 경작법을 수록하는 방식이었다.[147] 『산림경제』는 비곡종을 擇種으로 경지를 耕播로 대체하고, 그 이외에 施肥에 대한 강조점을 분명하게 서술 항목 순서에서 드러내고 있었다.[148] 『竹僑便覽』「治農篇」에도 『산림경제』의 서술 항목 순서와 마찬가지로 시비가 독자적인 항목으로 서술되어 있다.

다음으로 주요하게 찾을 수 있는 구성상의 특징은 水稻 재배에 관한 기술내용을 세세하게 접근하면서 독립 항목으로 설정하고 있다는 점이다. 『농사직설』이나 『산림경제』가 種稻 항목에 묶어서 서술하였던 것을 하나하나 따로 떼어 놓았고, 게다가 분량에서도 전체 「治農篇」 서술 분량의 3분의 1 가량을 할당하여 강조점을 두었다.[149] 『竹僑便覽』「治農篇」에 보이는 농법은 19세기 초반 전라도 능주 지역의 것이고, 그것도 수전 중심의 농업지역에서 통용되던 벼농사 기술이었다.

한석효는 남쪽 지방의 기후조건과 토성(토질)에 적합한 품종이 특화되어 다른 지역의 선호 품종과 구별되어 있음을 잘 지적하고 있다.[150] 특히 '남쪽 풍속(南土俗)'이라고 설명한 稻種들은 적어도 한석효가 살던 능주를 포함하는 전라도 지역의 선호 품종을 가리키는 것으로 해석된다. 그는 稻種을 早稻, 次早稻, 中稻, 晩稻, 粘稻로 나누어 품종의 대체적인 특성을 소개하였다. 여기에서 도종을 조도, 차조도, 만도로

---

147) 『農家集成』「農事直說」(『農書』 1).

148) 『山林經濟』「治農」(『農書』 2, 88~103쪽).

149) 水稻 경작 방식에 관련된 항목을 보면 秧基, 乾秧, 播種, 乾播, 苗種(今 移秧), 反種, 耘草, 火耨, 山稻 등이다. 『竹僑便覽』 人冊의 「治農篇」 앞머리에 서술한 擇種, 收糞, 耕田 등이 3분의 1정도의 분량이고, 밭에서 경작하는 한 전작물 경작기술에 대한 설명은 다른 농서에 비해 극히 소략한 내용이었다.

150) 『竹僑便覽』 人冊, 「治農」 擇種, "九穀常名 隨處不同 至於百十 而南土俗尙之穀種 擧槩記之 治農者 詳察種之".

나누는 것은 姜希孟의 『衿陽雜錄』 이래의 구분법이고,[151] 중도를 따로 구분하는 것은 『산림경제』부터 나오는 것인데, 「치농편」은 『산림경제』의 구분법을 따르고 있다. 이러한 벼 품종 소개를 정리하면 다음의 <표 9>와 같다.

<표 9> 19세기 전반 南方 지역(全羅道 綾州)의 선호 벼 품종

구분	品種 한글 이름	性	甲	地(宜土)	色	耳	風	穗	熟	芒	莖	米	飯	皮	비고
早稻	어름베*	太早		膏腴地											
	흔대베				微白	鈍	耐風								
	샨도베			膏腴地				發穗	易熟						
次早稻	더덕베			喜沃地						有	短				
	다락베											白	軟		
中稻	샤상베	軟								長		白	强		
	두어라산도베		赤					疎				多	軟		
	망틱베				黃					短		白	强		
	ᄑᆞ랑되오리베**	甚佳			黃					無					
晩稻	배틀베	健		膏瘠			耐風			無			甚佳	薄	
	왕대베									有				麤	稍早可取
	청금베							秀		無			軟緊		
粘稻	대초베***			沙土									最緊		造果極好
	비단베			膏腴地 水冷處											
	산도			無水處									强		耐旱

출전 : 『竹僑便覽』 人冊, 「治農」 擇種.

* 어름베 : 『산림경제』 「치농」에 氷折稻

** ᄑᆞ랑되오리베 : 『산림경제』 「치농」에 靑莎所里

*** 대초베 : 『산림경제』 「치농」에 大棗稻

151) 『衿陽雜錄』 「農家」 一 穀品(『農書』 1).

『竹僑便覽』에 소개된 벼 품종은 <표 9>에서 알 수 있듯이 『산림경제』에 유사하게 보이는 몇몇 품종을 제외하고는 서유구가 많은 품종을 새롭게 증보한 『杏蒲志』 권4, 「穀名攷」에서도 보이지 않는 품종 이름들로 구성되어 있다. 이러한 벼 품종은 결국 저자인 한석효가 생활하던 지역에서 널리 사용되던 품종들이었을 것이다. 그렇기 때문에 『금양잡록』에 수록된 이후 여러 農書에 반복 인용되고 있던 벼 품종 명칭을 소개할 필요가 없었을 것이다. 이러한 벼 품종에 대한 소개방식은 지역적인 농법에 충실한 농서, 당장 농사현실에서 사용할 수 있는 농서라는 『죽교편람』 「치농편」의 특색을 가장 잘 드러낸 것이라 할 것이다.

벼농사 짓는 법을 본격적으로 살펴보자. 건강한 종자를 선택하기 위해 내린 지시사항은 조선 농서의 최초 성립을 대내외에 선포했던 『농사직설』 이래의 것과 같았다.[152] 벼농사를 짓기 위한 기경의 방법을 따로 항목을 설정하지 않고 있는데 耕田에 관련된 여러 기술 내용을 소개하는 부분에서도 벼농사에 한정된 기술 내용을 소개하지는 않았다. 그런데 斅攷라고 언급하면서 수전과 한전을 나누지 않고 경전하는 요령을 기재한 조목의 출전을 '家訓治農章'이라고 한 것이 주목된다.[153] 바로 한석효 가문의 독특한 경전하는 법이라고 할 수 있을 것이다. 이 지역의 상황에서 다경보다는 기경과 파종의 적절한 연결이 중요한 관건이었음을 보여주고 있다.[154]

벼농사에 적용되는 구체적인 耕田法은 秧基, 乾秧, 苗種 등의 항목

---

152) 『農事直說』 「備穀種」(『農書』 1, 8쪽) ; 『竹僑便覽』 人冊, 「治農」 擇種.

153) 『竹僑便覽』 人冊, 「治農」 耕田 斅攷, "先君子 嘗言曰 家訓 治農章云 耕田之法 自有妙理焉".

154) 綾州에 寓居하던 韓錫斅 집안의 起耕法은 지역적인 농사관행의 특색을 그대로 보여주는 것으로 평가할 수 있다. 18세기 후반 각 지역 농사관행의 특색이 應旨농서로 정리된 것을 중심으로 지역농법의 특색을 찾아볼 수 있다(廉定燮, 『조선시대 農書 편찬과 農法의 발달』, 서울대학교 대학원 국사학과 박사학위논문, 2000).

에서 설명하고 있다. 이미 당시의 벼농사 수준은 이앙법의 공과를 논하면서 이앙법을 하지 않을 수 없다는 방식으로 부연설명을 곁들일 필요가 없는 상황이었다.155) 다음으로 이앙법의 보급에 일조를 한 것으로 평가되는 乾秧法에 대한 설명은 『산림경제』의 그것을 거의 그대로 전제한 것이었다.156)

苗種 즉 이앙에 대한 기술은 대체로 『산림경제』와 대동소이하였다. 다만 한가지 다른 점을 찾을 수 있는데, 바로 이 점이 바로 『죽교편람』의 특색, 나아가 19세기 전반 전라도 능주지역 벼농사 기술의 특징을 잘 보여주는 부분이다. 『산림경제』가 移苗할 곳에 대한 시비와 기경작업에 주의를 집중하고 있는 반면에 『죽교편람』은 灌水의 적당함을 "충분히 신중하게(十分愼之)" 하도록 중시하고 있었다.157) 이러한 강조는 바로 한석효가 살던 지역에서 벼농사를 지을 때 우선 고려해야 할 사항이 바로 물관리였기 때문에 부여된 것으로 해석된다.

『죽교편람』에서 벼농사 짓는 법의 하나로 중요하게 설명하는 기술이 바로 제초에 대한 것이었다. 특히 제초 횟수를 3회로 한정해 놓고 있다는 점이 특이하였다. 벼농사 기술에서 경종법으로 이앙법을 채택할 경우 직파법의 경우보다 제초 횟수가 줄어든다는 점, 그리고 구체적으로 제초횟수가 5회내지 6회에서 2회내지 3회로 감소한다는 점 등이 그동안 지적되어 왔다.158) 그런데 『죽교편람』은 묘종한 후에 3회에

---

155) 正祖代까지도 移秧法을 허용할 것인지 아닌지를 놓고 논란이 벌어지고 있었다. 1778년 領議政 金尙喆은 이앙법을 금지해야 한다고 주장하기도 했다(『正祖實錄』 권5, 정조 2년 1월 신미). 하지만 18세기 후반 당시 이미 전체 水田의 과반수, 특히 하삼도의 경우는 7, 8할이 移秧法을 실행하고 있는 상황이었다(金容燮, 『朝鮮後期農業史硏究』 II, 一潮閣, 1971).

156) 『竹僑便覽』 人冊, 「治農」 乾秧 ; 『山林經濟』 권1, 「治農」 乾秧. 乾秧法은 移秧法의 위험성을 줄일 수 있는 기술로 乾播法과 移秧法을 결합시킨 것이었다(宮嶋博史, 「李朝後期における朝鮮農法の發展」, 『朝鮮史硏究會論文集』 18, 1981, 74~78쪽).

157) 『竹僑便覽』 人冊, 「治農」 苗種(今移秧).

걸친 제초작업을 지시하고 있었다. 이를 정리하면 다음 <표 10>과 같다.

<표 10> 19세기 전반 전라도 능주지역 벼농사 제초방식

除草횟수	시기	제초 방식	주의사항
初除草	(苗種後) 25·6일 ~ 30일	(放水後) 手耘 또는 鋤耘	生地를 翻土하지 않게 주의
再除草	(初除草後) 14·15일	(放水後) 鋤耘	풀을 전토 표면에 묻기
三除草	(再除草後) 30일	-	

출전 : 『竹僑便覽』 人冊, 「治農」 耘草

『竹僑便覽』은 3회의 제초 중에서도 특히 첫 번째 제초에 온 힘을 기울이도록 강조하고 있었다. 그 공력에 따라 두 번째, 세 번째 제초의 효과가 가늠된다는 것이었다. 이렇게 3회의 제초를 마치게 되면 수확을 하게 된다.

이상에서 살펴본 『죽교편람』 「치농편」에 담긴 농법은 다음과 같은 특징을 가지고 있었다. 먼저 한석효가 소개한 전라도 능주의 벼농사기술은 경종법으로 이앙법을 당연히 적용하고 있었다. 그렇기 때문에 벼농사 짓는 법을 구체적인 농사일의 순서에 따라 살펴보았을 때 모두 이앙법 채택을 전제로 설정되어 있었다. 항목 구성에서부터 이앙법에 관련된 항목이 다수를 차지하고 있었고, 경전에서 제초에 이르는 서술 순서도 이앙법에 따른 작업 순서를 그대로 따르고 있었다. 18세기 후반까지 치열하게 논란을 벌이던 이앙법 채택의 공과에 대한 조그마한 주저함도 보이지 않는다.

다음으로 『죽교편람』 「치농편」에 기술된 벼농사 기술은 강한 지역

158) 金容燮, 「朝鮮後期의 水稻作技術-移秧法의 普及에 대하여」, 『亞細亞硏究』 13, 1964(『朝鮮後期農業史硏究』 II - 農業變動·農學思潮, 一潮閣, 1971 재수록).

성을 지닌 것이었다. 한석효 자신이 언급했듯이 「치농편」의 서술은 『산림경제』, 『농가집성』을 참고로 하였지만, 실제로는 그의 '견문'이 주요한 준거로 작용하였다. 즉 조선시대에 편찬된 농서에 담긴 '추상적 기술'보다 실제 농업현실에 적용되고 있던 '구체적 기술'을 지역농법의 차원에서 정리한 것이었다. 그가 생활하던 지역에서의 '견문'이란 결국 지역적인 농업기술의 특색을 담고 있는 것이었다.[159] 이러한 서술원칙은 「치농편」의 전체 속에서 관철되고 있지만 특히 벼 품종의 정리에서 잘 드러나고 있다. 서유구가 『증보산림경제』에 나타난 작물 품종을 새롭게 추가하여 정리한 『행포지』 「곡명고」에서도 보이지 않는 저자가 생활하던 지역에서 널리 사용된 품종들이 기술되고 있었다. 따라서 지역적인 농법에 충실한 농서, 당장 농사현실에 사용할 수 있는 농서의 편찬이 한석효의 주요한 농서편찬 의도라고 파악할 수 있다. 그리고 앙기, 파종 등에 대한 설명에서도 지역적인 특색이 강하게 드러나 있었다. 앞서도 살펴보았지만 足種에 대한 설명은 그간 모호하게 처리되던 기술내용을 확실히 보여준다는 점에서 특기할 만한 것이었다.

2) 徐有榘의 『林園經濟志』 편찬

19세기에 들어서면서 새로운 종합적인 농서의 편찬이 이루어졌다. 정조가 1800년에 사망한 뒤에 '農書大全' 편찬 추진이 무위로 돌아가 버렸지만 시세에 맞는 농서의 종합적인 편찬은 당시의 농서 편찬자들에게 하나의 과제로 남겨진 중대한 사업이었다.[160] 이러한 과제를 완수하여 『林園經濟志』라는 방대한 종합농서를 편찬한 인물이 바로 徐有榘(1764~1845)이다.

서유구는 본관이 達城이고, 字는 準平이며, 號를 楓石이라고 하였

159) 『竹僑便覽』 「治農篇」 斅按, "故仍輯山林經濟農家等書 間附平日聞見者錄次焉" ; 『竹僑便覽』 「竹僑便覽小引」, "至曰斅按者 彙其見聞之添附".

160) 金容燮, 『朝鮮後期 農學의 發達』, 한국문화연구소, 1970, 132쪽.

다. 1790년(정조 14) 增廣文科에 丙科로 급제한 이후 내외의 여러 관직을 역임하였다. 특히 1834년(순조 34) 湖南巡察使로 蘆嶺 南北을 돌아보면서 甘藷 즉 고구마 재배를 통한 救荒의 달성을 목표로 그때까지 알려진 甘藷栽培法을 종합 정리하여 『種藷譜』를 저술하기도 하였다. 서유구가 속한 達成 徐氏 집안은 아버지인 徐浩修가 『海東農書』를 편찬한 것을 비롯하여 할아버지인 徐命膺이 『本史』라는 농서를 편찬한 것에 이르기까지 3대가 모두 농서를 편찬하여 農法 연구를 家學으로 삼고 있던 집안으로 불린다. 서유구는 『임원경제지』를 편찬하기에 앞서 지방관으로서 경험한 농정의 실제 모습과 농법의 현실에 근거하여 『杏蒲志』를 비롯한 많은 농법 관련 서책을 편찬하였다.

徐有榘는 전라도 淳昌郡의 군수로 있던 시절 정조의 「勸農政求農書綸音」에 호응하여 應旨農書를 올리기도 하였다. 그는 이때 「淳昌郡守應旨疏」을 올려 농서 편찬에 대한 구체적인 방안을 제시하여, 道 단위로 文識이 뛰어난 선비로 하여금 그 지역의 농법을 정리하는 책임을 맡게할 것을 제안하기도 하였다.161)

19세기 전반 서유구가 여러 가지 농서를 집대성하고 종합적인 영농의 이모저모를 끌어 모아 만들어 낸 것이 바로 『林園經濟志』이다. 물론 『임원경제지』에는 農事에 대한 것 뿐만 아니라 料理, 建築, 醫藥, 住居 등에 관한 항목도 모두 포함되어 있다. 『임원경제지』는 모두 16부분으로 나뉘어 있어 『林園十六志』, 또는 『林園經濟十六志』라 불리기도 한다. 현재 규장각에 소장되어 있는 『林園十六志』(규6565)는 16志, 113卷, 52책에 달하는 방대한 筆寫本이지만 零本인 상태이다. 이 책의 유일한 完本은 轉寫한 筆寫本으로 고려대학교 중앙도서관에 소장되어 있다. 서씨 집안의 家藏原本인 自然堂經室의 罫紙에 쓴 것 31책이 일본 大阪시립박물관에 소장되어 있는 것으로 전해지고 있다.162)

161) 徐有榘, 「淳昌郡守應旨疏」, 『楓石全集』 3, 金華知非集(金容燮, 『朝鮮後期農學의 發達』, 한국문화연구소, 1970, 133쪽에서 재인용).

『林園經濟志』16志에 수록되어 있는 내용의 주요한 것을 뽑아서 정리하면 다음 <표 11>과 같다.

<표 11> 徐有榘의 『林園經濟志』 16志의 주요 수록 내용

志名	주요 항목	卷數	주요 수록 내용
本利志	田制 水利 辨壤 審時 營治 種藝 收藏 穀名攷 五害攷 田家曆表 農器圖譜 灌漑圖譜	13`	개론 田制 水利 土壤 비료 작물학 자연재해 農器具
灌畦志	總叙 蔬類 蓏類 藥草類	4	채소 과채류 약초류 재배법 품종
蓺畹志	總叙 花類 卉類 花名攷	5	화훼류 재배법 품종
晩學志	總叙 菓類 蓏類 木類 雜類	5	과일 채소 나무 재배법
展功志	蠶績 麻績 綿績 諸般器具圖譜	5	養蠶 마포 면포 器具圖譜
魏鮮志	候歲 候風雨	4	天文기상 관측 忌日
佃漁志	牧養 弋獵 漁釣 魚名攷	4	牧畜 수렵 養魚 漁撈
鼎俎志	食瑠撮要 炊餾之類 飮淸之類 菓飣之類 咬茹之類 割烹之類 味料之類 醞醅之類 節食之類	8	음식물 종류 요리법
贍用志	營造之制 營造之具 服飾之具 火燭之具	4	일상용품 가옥 복식
葆養志	養生 節食 服食 壽親養老 求嗣育嬰 養生月令表	8	養老 育兒 養生論 攝生法
仁濟志	內因 外因 內外兼因 婦科 幼科 外科 備急 救荒	28	漢方醫藥 救荒
鄕禮志	鄕飮酒禮 鄕射禮 鄕約 冠婚 農祭禮	5	향촌 연례행사 儀式
遊藝志	六藝 算法 書筏 房中樂譜	6	선비의 기예 독서법
怡雲志	衡泌鋪置 怡養器具 山濟淸供한 藝翫鑑賞 圖書藏訪	8	선비들의 취미생활
相宅志	占基 營治 八域名基	2	山勢 水利 거주지 선택법
倪圭志	制用 貨殖 附入域程里表	5	농업경제 상품유통 場市 물산

徐有榘는 『임원경제지』를 편찬하면서 중국과 조선의 여러 서책을 참고하였다. 총 821종의 서적을 참고 인용하였다고 한다. 그러한 인용서 목록 중에는 농서에 해당하는 다수의 서책을 찾아볼 수 있다. 중국 元代의 『農桑輯要』로부터 明代 徐光啓의 『農政全書』에 이르는 중국

162) 李春寧, 『한국農學史』, 1989, 155쪽.

농서뿐만 아니라 조선의 농서로도 『農事直說』, 姜希顔의 『養花小錄』, 姜希孟의 『衿陽雜錄』, 申洬의 『農家集成』, 徐浩修의 『海東農書』 등을 인용서 목록에서 찾아볼 수 있다.[163]

서유구가 농업기술 가운데 역점을 두고 제언한 것은 바로 農法改良에 관한 것이었다. 農地의 지력을 잘 이용할 수 있도록 耕種法과 田畝制度를 개선해야 한다는 견해였다.[164] 그리고 그는 水田農法 가운데 移秧法을 일반적으로 수행하는 耕種法으로 설정하고 다음과 같이 移秧을 하는 세 가지 이유를 설명하였다. 첫 번째가 제초하는 데 들어가는 노동력을 절감시켜 주는 것이고, 두 번째가 두 곳의 地力을 이용하여 모를 기르는 것이 가져오는 효과이며, 세 번째는 좋지 않은 모를 일찌감치 제거하고 튼튼한 모를 기를 수 있다는 것이라고 하였다. 게다가 서유구는 세상의 어떤 사람이 큰 가뭄을 만나게 되면 이앙하려는 것이 헛수고가 될 것이라고 우려하는 것에 대하여, 어차피 커다란 가뭄이 닥치면 이를 모면하는 것을 불가능한 것이고 이앙하지 않고 直播하더라도 마찬가지로 실패하게 될 것이라고 설명하였다.[165]

서유구는 18세기에는 旱田을 다시 손질하여 水田으로 만드는 反畓(反田)이라는 地目의 변경이 급속하게 확대되던 사정을 지적하기도 하였다.[166] 그런데 이러한 反畓의 확산은 결국 이전에 비해서 수리조

---

163) 李春寧은 『林園經濟志』에서 抄出한 農書 목록을 정리하면서 "국내외 농서를 많이 섭렵하여 精髓를 모아 종래의 어느 농서보다도 풍부한 항목과 상세한 내용을 담은 전근대 韓中農學의 총정리라고 볼 수도 있다"고 평가하였다(李春寧, 『한국農學史』, 1989, 157~158쪽).

164) 金容燮, 『朝鮮後期農學史硏究』, 일조각, 1988, 371쪽.

165) 徐有榘, 『林園經濟志』 本利志 5.

166) 일반적으로 조선후기에 田에서 畓으로 지목을 변경하는 작업을 反畓(번답이라고 읽음)으로 불렀다. 反田(번전이라고 읽음)은 徐有榘가 反畓을 가리키는 용어로 특수하게 사용한 것이고 의미는 동일하다. 이러한 밭농사에서 논농사로의 농업경영의 변화추세는 廣作의 경향과도 관련된 것이었다. 또한 移秧法의 노동력 절감 효과와 밀접한 관련을 맺고 있는 것이었다.

건이 열악한 水田이 대량으로 확대된다는 점을 의미하였고, 이러한 水田의 위치조건은 토지의 위치조건에 따른 移秧法의 확산이라는 경향과 그대로 이어지는 것이었다. 번답의 열풍에 대하여 서유구는 당시의 전체 수전 가운데 10분의 3이 旱田에서 水田으로 바뀐 번답(번전)의 경향에 따른 결과물이라고 지적할 정도였다.[167] 번답의 성행은 수전의 급속한 확대를 보여주는 것이었다.

서유구의 농업기술에 대한 관심의 정도와 방향은 『杏蒲志』에 수록된 稻種의 정리에서 찾아볼 수 있다. 물론 이 기록에서 18세기 이후 진행된 稻種 분화의 대략적인 추세까지 검토할 수 있다. 서유구는 당대까지 이어진 농서 편찬의 흐름을 종합적으로 정리하는 작업을 수행하면서 『杏蒲志』에서 당시까지 농업생산에 채택하고 있던 도종을 정리하였다.[168] 서유구가 『행포지』에서 정리한 도종은 총 69(70)종에 달하는 양적으로 방대한 것이었다.[169] 그런데 서유구가 수합하여 정리한 도종들의 성격을 명확하게 규정할 필요가 있다. 19세기에 들어서서 갑자기 벼 품종의 분화가 진행되어 나온 것이 아니었기 때문에 이때 서유구가 수합하여 정리한 稻種은 이미 16~18세기를 거치면서 진행되었던 품종의 분화, 지역적인 품종의 특화의 결과로 등장한 것이라고 할 수 있다.

서유구가 「穀名攷」를 지어 벼 품종을 정리하는 작업을 수행한 것은 전래되는 수십여 가지 품종의 이름이 당대에 이르기까지 여러 가지 명칭으로 불리고, 또한 지역에 따라 달리 일컬어지는 상황을 해소하기 위한 것이었다.[170]

---

167) 徐有榘, 『杏浦志』.

168) 徐有榘, 『杏蒲志』 권4, 穀名攷(『農書』 36, 아세아문화사, 218~235쪽).

169) 『杏蒲志』에 소개된 품종은 그대로 『林園經濟志』 本利志 第七 穀名攷에도 수록되어 있다(徐有榘, 『林園經濟志』 本利志 第七, 穀名攷(『林園經濟志』 一, 보경문화사, 155~159쪽)). 표제어로 올라 있는 것은 69종이지만 晩稻 雀稻의 서술 내용 속에 또하나의 품종이 있음을 명시하고 있어 총 70 종이다.

구체적으로 『杏蒲志』의 벼 품종 소개를 살펴보자. 『행포지』는 稻種을 '漑種類'라는 항목으로 정리하였다. 그리고 "稻는 漑種의 總名이다(稻者 漑種之總名)"라는 설명을 앞머리에 올리고, 이어서 稻字의 字劃 구성부분을 풀이하면서 象形字임을 설명하고 있다.[171] 稻를 漑種의 總名이라고 풀이하는 것은 『齊民要術』에 인용된 楊泉의 『物理論』에 등장한다.[172] 漑種의 뜻은 灌漑하여 경작하는 禾穀이라고 풀이하거나, 芒種이라고도 말하는 稻와 麥을 가리키는 것으로 풀이하기도 한다.[173] 그런데 『행포지』의 서술을 보면 '陸種類'라는 항목을 따로 설정하고 黍粟, 麥, 豆 등의 품종을 정리하고 있기 때문에 漑種의 뜻은 아무래도 '관개하여 경작하는 禾穀'이라고 풀이하는 것이 올바를 것이다.

『행포지』에서 벼 품종을 분류하는 방식은 이전에 비해 좀더 세밀해졌다고 할 수 있다. 우선 『행포지』의 벼 품종 분류는 총론 부분에서 전체적인 것을 서술하고 있는데 各論으로 가면 약간 달리 서술하고 있다. 총론 부분에서의 분류는 조숙하는 것을 秈, 찰기가 있는 것을 稬 또는 糯, 찰지지 않은 것을 秔 또는 으로 나누는 것이었다.[174] 이러한 분류 방식은 『산림경제』에 등장하는 것을 수용한 것이었다.[175] 앞서 『금양잡록』은 早稻, 次早稻, 晩稻, 旱稻로 구분하는 것이 기본적인 틀이었다.[176] 『산림경제』는 『閑情補』에서 인용하여 南方 水稻를 대상으

---

170) 徐有榘, 『杏蒲志』 권4, 穀名攷(『農書』 36, 아세아문화사, 219쪽), "吾東稻品無慮屢十百種 皆以方言相傳 一物也而古今殊號 一類也而南北異稱 哇俚淩雜 轉不可訓 今以姜希孟衿陽雜錄 柳重臨增補山林經濟 所列稻品 參攷證正錄之如左 而間附以余之所訪得於老農者焉".

171) 徐有榘, 『杏蒲志』 권4, 穀名攷(『農書』 36, 아세아문화사, 218쪽).

172) 賈思勰, 『齊民要術』 收種第二 ; 楊泉, 『物理論』, "曰 梁者 黍稷之總名 稻者 漑種之總名".

173) 賈思勰 撰, 西山武一・熊代幸雄 譯, 『校訂譯註 齊民要術』 上, 東京大學出版會, 1957, 41쪽.

174) 徐有榘, 『杏蒲志』 권4, 穀名攷(『農書』 36, 아세아문화사, 218쪽).

175) 洪萬選, 『山林經濟』 「治農」 種稻.

176) 姜希孟, 『衿陽雜錄』 農家一.

로 벼 품종을 분류하였다. 조숙하고 緊細한 것은 秈, 晩熟하고 香潤한 것은 粳, 適中하고 米白하며 粘한 것은 糯로 분류하였다.177)

각론 부분에서 서유구는 벼 품종을 早稻, 次早稻, 晩稻, 糯(찰벼), 旱稻 등 5가지로 분류하였다.178) 서유구는 『금양잡록』, 『증보산림경제』에서 전재한 것과 더불어 스스로 추가한 것을 '新增'이라고 표시하여 연이어 기록하였다. 『행포지』에 수록된 벼 품종 명칭을 중심으로 그 내용을 정리하면 다음 <표 12>와 같다. 괄호 안의 한글 명칭은 『행포지』에 기록된 것을 그대로 기재하였다.

『금양잡록』에서 전재한 것이 18(19)종이고, 『증보산림경제』에서 옮겨놓은 것이 17종이며, 서유구가 『행포지』를 편찬하면서 新增한 것이 34종이어서 총 69(70)종이다. 위의 <표 12>와 같이 정리되는 『행포지』에 수록된 벼 품종을 자세히 검토하면 몇몇 품종에서 조선후기 벼 품종 분화 발전의 양상이 잘 반영되어 있음을 알 수 있다. 그러한 품종을 중심으로 『행포지』에 나타난 조선후기 벼 품종 분화 발전의 양상을 다음과 같이 지적할 수 있다.

첫 번째로 양적인 측면에서 많은 품종의 분화 개발이 확인된다는 점이다. 본래 『금양잡록』은 早稻 3종, 次早稻 4종, 晩稻 14종, 山稻 3종, 찰벼 3종을 수록하여 총 27종을 소개하였다. 그런데 『행포지』는 27종 가운데 19종만 수록하고 있을 뿐이었다. 한편 『산림경제』는 『금양잡록』에서 2종을 누락하고 새로 10개 품종을 增補한 정도였다. 그리고 『증보산림경제』는 『산림경제』에 소개한 품종을 그대로 수록하고, 『금양잡록』에 들어 있는데 『산림경제』에서 누락시켰던 2종을 추가하였을 뿐이다. 이에 비하여 『행포지』는 새로 추가한 것이 34종이나 된다는 점에서 비록 시기적인 차이는 있지만 양적으로 많은 품종을 추가 수록하였다고 설명할 수 있다. 이런 점에서 『행포지』에 조선시대 품종 정

177) 洪萬選, 『山林經濟』 「治農」 種稻.
178) 徐有榘, 『杏蒲志』 권4, 穀名攷(『農書』 36, 아세아문화사, 219~225쪽).

<표 12> 『杏蒲志』 「穀名攷」의 벼 품종 내역

분류	衿陽雜錄	增補山林經濟	杏蒲志 新增
早稻		氷稻(어름것기 : 一名 戎早稻 되오려) 細稻(즈치) 小稻(져광이) 鷄鳴稻(둙우리) 柳稻(버들오려) 馬銜稻(자갈벼) : 6종	追麥稻(보리ᄉ 다라기) 流頭稻(뉴두벼) 老人早稻(노인즈치) 精根早稻(졍근즈치) 玉糟稻(옥자강벼) 長頸稻(목기리벼) 昂徵稻(앙증다리벼) 鮒魚稻(붕어즈치) 雉稻(쐉의즈치) 大闕稻(디궐벼) 禿稻(몽골벼) 天上稻(텬샹벼) : 12종
次早稻		健稻(에우디), 倭子稻(왜즈벼), 鐵戎早稻(쇠노되오려), 黃金子(황금즈), 靑戎早稻(푸렁되오려), 中實稻(듕실벼), 松子稻(잣다리) : 7종	七升稻(칠승벼) 綠豆稻(녹두벼) 翼稻(날기벼) : 3종
晩稻	雀稻(새노리 : 又有一種) 黑雀稻(검은시노리) 高雀稻(고새시노리) 鐵稻(쇠노리) 晩倭子稻(늦왜즈벼) 東阿稻(동아노리) 牛得山稻(우득샨도 : 亦名 後稻 뒤이라) 白稻(흰검부기) 黑稻(검은검부기) 銅鼎稻(동솟ᄀ리) 靈山戎稻(령샨되오리) 黑眼雀稻(고새눈기미) 槀子稻(다다리) : 13(14)종	倭水稻(예수리) 密稻(밀다리) 棗稻(디추벼) 戎稻(되오려) : 4종 #	海南稻(히남벼) 蛤稻(조기벼) 老人稻(노인벼) 縮項稻(목옴초리) 精根稻(졍근벼) 折背稻(등터지기) 千一稻(쳔일벼) 靑蔥稻(쳥총벼) 泉橋稻(시암다리벼) 茜紅稻(분홍벼 : 又稱 慶尙稻) 裵脫稻(비탈벼) : 11종
糯(찰벼)	九郞糯(구랑촐) 鐵糯(쇠노촐) 槀子糯(다다기촐) : 3종		流頭糯(뉴두촐) 凉盆糯(양분촐) 精根糯(졍근촐) 澄黚糯(징금촐) 紅糯(블경촐) 駁糯(어룽촐) : 6종
旱稻	山稻(산도) 黏山稻(촐산도) : 2종		旱早稻(밧오려), 西洋稻(셔양벼) : 2종 ##

『杏蒲志』 원문에는 晩으로 되어 있는데, 전후 맥락으로 보아 晩稻가 맞을 것으로 보인다.

원문에는 新增을 '三種'으로 표시하였는데 실은 2종뿐임.

리의 기본적인 전제라는 지위를 그동안 온전하게 유지하였던 『금양잡록』을 밀어내고 새로운 품종 정리의 기반을 제시하였다는 의의를 부여할 수 있다. 또한 19세기 이전 멀리 16세기부터 진행된 벼 품종 분화·발전의 성과를 제대로 수용한 것이라는 의미도 찾을 수 있다.

두 번째로 지역적인 벼 품종의 정착이 확연하게 반영되어 있다는 점을 지적할 수 있다. 早稻와 晩稻의 품종으로 서유구가 新增한 다음과 같은 품종들은 지역적인 벼 품종의 특화 현상을 두드러지게 드러낸 것이었다.

> 玉糟稻(옥자강벼) : 漢北 州郡 多種之
> 禿稻(몽골벼) : 今湖南 早稻 皆此也
> 天上稻(텬샹벼) : 湖南 多種之 (이상 早稻 新增)
> 海南稻(히남벼) : (전라도 海南 지역)
> 精根稻(경근벼) : 今 畿甸 農家 亩尙精根棗稻兩種(精根稻 棗稻)
> 泉橋稻(싀암다리벼) : (경기) 抱川人 喜種之 呼爲紅稻
> 茜紅稻(분홍벼 : 又稱 慶尙稻) : (경상도 지역)
> 裵脫稻(빈탈벼) : 湖南 州郡 所種晩稻 皆此 (이상 晩稻 新增)[179]

漢北 州郡에서 많이 선호하는 早稻인 玉糟稻(옥자강벼)부터 湖南 주군에서 많이 심는 晩稻인 裵脫稻(빈탈벼)에 이르기까지 총 8품종을 설명하는 부분에 지역적인 선호도를 주요하게 기록하고 있었다. 이들 품종은 모두 서유구가 新增한 것이라는 특징을 가지고 있었다. 서유구가 신증한 품종이 총 34종인데 대부분 품종의 특성에 대한 설명이 『금양잡록』이나 『증보산림경제』에서 옮겨놓은 것보다 간략한 편이다. 간략한 설명문에 품종을 선호하는 지역을 명기하고 있다는 점은 실제의 농업생산에서 지역적인 품종의 선호도가 확실하게 자리잡고 있음을 반영하는 것이라고 할 수 있다.

---

179) 徐有榘, 『杏蒲志』 권4, 穀名攷(『農書』 36, 아세아문화사, 219~225쪽).

서유구가 『행포지』를 정리할 당시 호남 지역에서 早稻로 禿稻(몽골벼), 晩稻로 裹脫稻(비탈벼)가 확실한 선호 품종으로 자리를 잡고 있었다. 그리고 한강 이북지역의 주군에서 많이 심는 조도로 玉糟稻(옥자강벼)가 우월한 선호도를 점유하고 있었다. 그리고 晩稻인 精根稻(정근벼)와 棗稻(대추벼)가 선호도가 높은 품종이었다. 경기 抱川지역의 농민은 泉橋稻(시암다리벼)를 특히 많이 심었는데 紅稻라는 별칭을 따로 부르고 있을 정도였다.

晩稻 품종에 소개된 海南稻(해남도)와 茜紅稻(분홍벼 : 又稱 慶尙稻)는 명칭 자체에 지역적인 특색이 반영된 품종이었다. 전라도 海南지역과 慶尙道지역이 이 품종을 많이 경작하는 특정 지역이라는 점을 확연하게 보여주고 있다. 또한 『행포지』는 이러한 특정한 지역과 연관된 것은 아니지만 특정한 지형적 조건, 기후적 조건에 맞는 품종의 특성을 주목하고 있다. 晩稻로 서유구가 新增한 折背稻(등터지기)는 山谷 즉 산골짜기 바람을 많이 맞는 곳에서 많이 심고 있는 품종이었다.

세 번째로 이앙용 품종의 다수 개발이라는 벼 품종의 분화 경향을 잘 드러내고 있었다. 이러한 경향은 이미 『산림경제』 단계에서도 등장한 것이었지만, 『행포지』에 수록된 벼 품종의 특성에서 확실한 경향성을 다시 확인할 수 있다.

벼 품종의 개량에 대한 주장은 나아가 우량 벼 품종을 수입해야 한다는 주장으로 이어지기도 하였다. 서유구는 1838년(헌종 4)에 구황책을 상소하면서 耐旱 耐水 內鹽性을 지닌 품종을 중국으로부터 수입할 것을 제안하였다. 서유구는 50~60일 정도의 짧은 성장기간을 갖고 있는 품종(六十日稻-通州, 深水紅稻-上海・靑蒲, 香秄晩稻-德安府)을 수입하여 메밀이나 녹두 등을 代播하는 것과 같이 활용하면 좋을 것이라고 주장하였다.[180] 서유구는 송나라 眞宗이 占城稻를 도입한 고사를 인용하면서 이를 본받아 중국의 종자를 수입하여 파종하게 하고 성

---

180) 『憲宗實錄』 권5, 헌종 4년 6월 己卯(48-458).

과를 올리는 것이 중요하다고 강조하였다.

서유구의 『임원경제지』는 사실 가장 조선적인 입장에서 농업기술의 종합을 완수하려는 것이었다. 서유구는 『행포지』를 비롯한 다수의 농법 관련 저술을 통해서, 그리고 화성유수와 전라도 관찰사의 관직 일상을 기록한 『華營日錄』, 『完營日錄』 등의 仕宦日記을 서술하면서 지역적인 특색을 지닌 지역농법의 실체에 대해서 충분한 견식을 쌓은 인물이었다. 게다가 아버지와 할아버지로부터 이어받은 농법에 대한 관심을 당연하게 조선적 농법의 집대성이라는 『임원경제지』 편찬으로 귀결되었다고 생각할 수 있다.

6. 맺음말

본문에서 조선시대의 농서 편찬의 성격에서 커다란 변화를 나타낸 17세기를 전후한 시기부터 19세기에 걸친 기간을 대상으로 農法 연구의 진전과 이에 따른 農書 편찬의 추이를 살펴보았다. 17세기 이전에 이루어진 농서 편찬은 『農事直說』과 『衿陽雜錄』에서 알 수 있듯이 아직 곡물 중심으로 경작법을 소개하고, 너무 내용이 소략하며, 또한 지역적인 농법에 대한 것도 전모를 수록하지 않은 것이었다.

17세기를 전후한 시점에 이르러 『농사직설』과 『금양잡록』이 갖고 있는 아쉬움과 한계점을 뛰어넘는 새로운 단계의 농서 편찬이 진행되었다. 그러한 농서 편찬의 흐름을 분석하면 대략 세 가지 양상으로 전개되었음을 찾아볼 수 있다. 첫 번째로 老農의 농업기술, 즉 老農의 경험, 지혜를 보다 본격적으로 정리한 농서가 편찬되었다. 그리하여 문자로 정리된 농서의 내용이 실제의 농법을 보다 충실하게 반영하게 되었다.

두 번째로 국지적인 기후와 토양 조건, 그리고 지역적인 농사경험에 근거한 이른바 地域農法이 보다 적극적으로 농서 편찬에 반영되게 되었다. 농법의 지역성이 비로소 문자화된 농서에 수록되기 시작한 것이었다.

세 번째로 곡물 중심의 경작법 서술에서 벗어난 菜蔬와 果樹 등 농업생산, 특히 농민의 자급자족을 달성하기 위해 절대적으로 필요한 여러 생산물에 대한 기술적인 측면을 포괄한 綜合農書 편찬이 이루어졌다는 점이다. 이와 같은 특성을 지닌 17세기부터 19세기에 걸친 농서 편찬의 흐름을 구체적으로 살펴본 결과 다음과 같은 점을 찾아볼 수 있었다.

16세기 후반 이후 농업기술에 관심을 갖고 있는 官僚와 在地士族이 각 지역의 특색을 담고 있는 地域農法을 정리하여 地域農書를 편찬하였는데, 현재까지 전해지는 대표적인 지역농서로 『農家說』 등을 찾아볼 수 있었다. 全羅道 玉果 지역의 농법을 정리한 柳彭老의 『農家說』 이외에 경상도 상주 지역의 농법을 정리한 高尙顔의 『農家月令』, 柳袗의 『渭濱明農記』(柳元之의 『田事門』) 등도 전해지고 있다.

『農家說』은 월별로 농가에서 해야 할 일을 정리하여 지시하는 등 月令式 農書의 모습을 보여주고 있었고, 『農家月令』은 아예 節氣別로 농작업을 지시하고 있었다. 이렇게 개인이 농업기술에 관심을 가지고 농법을 정리하면서 동시에 농업기술의 지역성을 담은 地域農書를 편찬하는 작업은 이후 더욱 활발하게 진행되었다.

17세기 중반에 公州牧使로 재직하던 申洬은 『農家集成』을 편찬하여 효종에게 올렸는데, 이 책은 『농사직설』과 世宗의 「勸農敎書」, 朱子의 「勸農文」, 『衿陽雜錄』, 『四時纂要抄』 등을 한데 모아 편찬된 것이었다. 申洬은 『농가집성』을 편찬하기에 앞서 『농사직설』을 증보하여 公山(公州)에서 간행하기도 하였다. 그는 『농가집성』에서 『농사직설』의 내용을 대대적으로 增補하였는데, 17세기 중반 이전부터 현실 농법으로 채택되어 실제 농업생산활동에 적용되고 있던 농업기술을 정리하여 抄錄한 것이었다. 또한 『농사직설』의 증보에 種木花法이라는 항목을 추가하면서 농서 편찬이 菜蔬와 果樹를 포함한 다양한 농업생산물의 경작법, 재배법을 포괄해나가야 한다는 앞으로의 방향을 제시하기도 하였다.

18세기 초에 이르러 洪萬選(1642~1715)이 편찬한 『山林經濟』는 단순한 농서가 아니라 山林에 거처하는 處士가 익숙하게 알아야 할 여러 가지 내용을 담고 있는 서책이었다. 따라서 『산림경제』를 곡물과 채소, 수목 등의 경작법을 종합적으로 수록하고 있는 종합농서로 파악할 수 있다. 그는 관직생활의 상당 부분을 外方에서 牧民官으로 지내면서 山林에 나아가기 위한 준비의 하나로 『산림경제』를 편찬하였다. 『山林經濟』 권1, 「治農」이 식량작물의 생산기술을 담고 있는 구체적인 농서에 해당하는 부분인데, 이 부분의 서술을 살펴보면 두 가지 서로 성격이 다른 계통에서 인용한 부분으로 구분할 수 있다. 하나는 『산림경제』 이전에 편찬된 여러 농서로부터 인용한 부분이고, 다른 하나는 농서가 아닌 見聞이나 傳聞에 의거하여 수합한 俗方을 기록한 부분이다. 그런데 『산림경제』 「치농」에 인용된 많은 농서 가운데 『농사직설』 즉 신속의 『농가집성』에서 증보된 『농사직설』이 제일 많은 인용 건수를 나타내고 있다는 점을 두드러지게 찾아볼 수 있다.

18세기 중반 이후 『산림경제』를 증보한 농서 이른바 '山林經濟增補書'가 연이어 편찬되었다. 그 중에서 가장 대표적인 것이 柳重臨의 『增補山林經濟』이다. 醫官이었던 유중림은 1761년 內醫院 醫官으로서 세손이던 정조의 병을 치료하는 데 주요한 기여를 하기도 하였다. 그는 『증보산림경제』에서 『산림경제』를 대대적으로 증보하였다. 구체적으로 『산림경제』 치농의 조목수(191개)를 기준으로 살펴보면 『증보산림경제』 치농조는 58개의 조목을 증가시켰으니, 비율로 따져서 30.3%가 증가한 것이고 19.4%인 37개를 보완한 것이었다. 또한 질적인 측면에서 『증보산림경제』가 『산림경제』를 증보한 부분으로, 甘藷

경작법의 수록, 施肥의 중요성 재삼 강조 등을 찾아볼 수 있다.

18세기 후반 1798년 11월 정조가 「勸農政求農書綸音」을 반포하면서 조선의 농정을 혁신하고, 국가적인 차원에서 새로운 농서를 편찬하는 사업을 추진하였다. 이때 中外의 수많은 臣庶들이 올린 應旨農書로 『日省錄』과 『承政院日記』, 文集 등에 실려 있는 것을 조사한 결과 100여 건을 잠정적으로 추정할 수 있었다. 이들 응지인 중에는 정조와 지근 거리에서 世子의 師傅 자리를 맡고 있던 高官이 있었고, 반면에 서울에 살고 있던 庶民도 있었다. 가장 많은 비중을 차지하던 사람들은 중앙 관리와 지방 수령 그리고 지방 유생이었다. 응지인이 응지농서에서 농업기술와 농정에 대하여 펼친 주장은 당시의 농법 현실에 근거한 것이었고, 또한 正祖의 '農書大全' 편찬 추진에 적극 호응하는 것이었다.

정조가 추진한 '농서대전' 편찬 작업은 1798년 12월 이후 응지농서에 대한 검토를 어느 정도 일단락 지은 1799년 4월 하순 이후 본격화되었다. 이때 검토한 새로운 應旨農書의 주요 내용을 '新編農書'에 상세히 기재하라는 명령이 자주 내려지고 있었다. '農書大全'의 편찬 추진은 규장각을 중심으로 수행되었지만, 그 과정에서 주도적인 조력을 기울인 인물이 李書九였던 것으로 보인다. 정조가 추진한 '농서대전' 편찬은 실제 자료를 정리하는 단계에서 중단되어 버렸다. 이후 본격적인 草稿 즉 初草를 만드는 작업으로 제대로 진입하지 못하였다. 그렇지만 조선후기의 국가적인 농서 편찬 사업이라는 점, 應旨人이 올린 지역농서에 해당하는 응지농서를 편찬의 기본 자료로 이용하고 있다는 점, 그리고 조선후기 농업기술의 발달을 총괄하여 집대성하려는 것이었다는 점에서 의의를 찾아볼 수 있다.

19세기에 들어서면 농서 편찬은 다양한 특성을 지니게 되었다. 그 중에서도 전라도 綾州에서 가문의 농법을 바탕으로 지역농법을 정리한 農書가 韓錫斅가 지은 『竹僑便覽』 「治農篇」이었다. 그는 지역적인 농사관행을 정리하면서 집에서 내려오는 전래의 '농서'인 「家訓治農章」에 의거하여 이 지역에 적당한 起耕法을 소개하기도 하였다. 이와 같이 『죽교편람』 「치농편」에 기술된 벼농사 기술은 강한 지역성을 지닌 것이었다.

한편 19세기에 들어서면서 새로운 종합적인 農書의 집대성 작업이 이루어졌다. 1834년(순조 34) 湖南巡察使로 蘆嶺 南北을 돌아보면서 甘藷 즉 고구마 재배를 통한 救荒의 달성을 목표로 그 때까지 알려진 甘藷栽培法을 종합 정리하여 『種藷譜』를 저술하기도 한 서유구는 達城 徐氏 집안의 일원이었는데, 아버지인 徐浩修가 『海東農書』를 편찬한 것을 비롯하여 할아버지인 徐命膺이 『本史』라는 농서를 편찬한 것에 이르기까지 3대가 모두 농서를 편찬하여 농법 연구를 가학으로 삼고 있었다. 서유구가 여러 가지 농서를 집대성하고 종합적인 영농의 이모저모를 끌어모아 만들어낸 것이 바로 『林園經濟志』이다. 徐有榘가 농업기술 가운데 역점을 두고 제언한 것은 바로 農法改良에 관한 것이었다. 그리고 그는 『杏蒲志』에 수록된 稻種의 정리 작업과 같이 당대의 농법을 종합 정리하고, 지역적인 벼 품종의 정착을 소상하게 소개하면서 地域農法의 정리에도 관심을 기울였다. 이와 같이 서유구의 『임원경제지』는 사실 가장 조선적인 입장에서 농업기술의 종합을 완수하려는 것이었다고 보인다.

조선후기의 의학과 실학

신 동 원*

1. 의학과 실학, 어떻게 살필 것인가

실학은 선험적으로 주어진 것이 아니다. 역사의 대상 중 자신의 학문이 實學이라는 뚜렷한 자의식을 가지고 학문을 한 경우 우리는 이를 실학이라 이름 붙일 수 있을 것이다. 그것이 아닌 경우일지라도, 학자가 특정한 시기의 학문적 흐름이 이전과 뚜렷하게 구별되는 實한 경향을 보이고 있다 판단한다면 조심스럽게 이를 실학이라 이름 붙여 볼 수 있을 것이다. '실한 경향'이란 모호한 말이다. 조선후기 사회의 경우 과거의 진리에 대한 부정과 새로운 진리의 탐구와 직접적인 효용성이 그 '실한 경향'을 뜻할 것이다.

만일 이와 달리 그 어떤 실학적 범주를 먼저 가정하고, 각종 분과의 탐구에서 그 범주 안에 들어가는 내용을 억지로 추려서 꿰어 맞춘다고 하면 그것은 타당함을 잃는 행위이다. 마찬가지로 어떤 인물을 실학자로 규정하고 그들의 사상과 활동에서 일 부분만 취해서 그것이 역사적인 전체상 또는 주요 像인 양 간주하는 것 또한 타당함을 잃는 행위이다.

나는 의학이라는 분야를 사례로 하여 조선후기의 실학을 검토하려고 한다. 그것은 연역적이라기보다는 귀납적이다. 이를 위해 나는 두

* 한국과학기술원 인문사회과학부 연구교수

가지 논의의 축을 설정하고자 한다. 그 하나는 조선후기 의학의 새로운 경향 또는 실체를 읽어내는 것이다. 나는 선행 연구자가 열정적으로 밝힌 성과를 좀 더 분명한 논의의 축 안으로 끌어들일 것이다. 조선후기 의학의 신경향이 당대에 직면한 문제에 대한 진지한 고민과 성실한 해결책 모색의 일환이므로 그것의 탐구는 분명히 뜻 있는 일이다. 또 다른 축은 이른바 실학자가 펼친 의학 활동이다. 나는 그것의 폭과 깊이에 대해 묻고자 한다. 단순한 소개나 단상에 그친 것이었는지, 아니면 그 이상의 원대한 의도나 날카로운 통찰이 담겨 있는지를 논의할 것이다. 또한 그것이 한 개인에게 우연적으로 존재한 것인지, 여러 사람에게 공통적으로 일어난 것인지 논의할 것이다. 더 나아가 독자적인 연구 전통을 만들어 나간 것인지, 사회적으로 상당한 영향력을 끼친 것인지를 논의해야 한다.

나는 이 두 축을 교차시켜 살필 때 조선후기 醫學相과 실학적 의학의 위상을 파악할 수 있게 될 것이라 생각한다. 아울러 그동안 의학사 연구 성과의 모호성을 벗길 수 있으리라고 본다. 그것은 조선후기의 의학이나 실학을 이해하는 데 도움이 될 것이다.

2. 선행 연구자의 논의

여러 의학사 연구자가 조선후기 의학의 역사적 실체를 탐구했다. 특히 일본인 학자 미키 사카에(三木榮)는 『朝鮮醫學史及疾病史』(1950년 초판, 1962년 개정판)에서 조선후기 의학의 신경향에 관한 정보를 폭넓게 제시했다. 이에는 『동의보감』의 출현과 계승, 의학의 대중화와 간편 의서의 출간, 홍역과 두창에 대한 새로운 대응, 침구법의 발달, 인삼의 재배, 西醫說의 도입과 외래 작물의 수입, 종두법의 도입과 실시 등이 포함되어 있었다. 얼마 안 있어 김두종도 『한국의학사 전』(1966)

에서 미키 사카에의 것과 비슷한 내용을 제시했다. 이 둘은 조선후기 의학의 특징으로 경험과 관찰의 존중, 기존 학설에 대한 비판, 서양의학에 대한 관심 등 세 가지를 들었다.

조선후기 의학의 실체의 대한 탐구는 그것의 배경과 성격에 관한 논의를 수반했다. 미키 사카에는 조선후기 의학의 특징을 實證醫學이라는 개념으로 묶었으며, 한국사상사 일반에서 말하는 실학이 그 배경을 이루는 것으로 이해했다. 미키 사카에의 견해는 다음과 같이 정리된다. "비록 의학 분야가 실학 일반 분야와 똑같은 궤적을 그리지는 않았지만, 숙종·인조 때 실학을 기초로 하고 자기의 경험에 따른 의학이 다소 발흥하여, 다음 영조·정조의 문예부흥기에 이르러 크게 발전했다가 19세기 이후 실학이 쇠퇴하면서 그것이 더 발전하지 못했다."[1] 실증의학의 일환으로 서양의학에 대한 관심이 태동한 것으로 이해한 미키 사카에와 달리, 김두종은 서양 문물과 의학에 대한 관심이 실증의학을 이끌어낸 것으로 이해했다.

조선후기 의학의 새로운 경향을 실학과 연관지어 해석하는 방식은 장점과 함께 커다란 단점을 지녔다. 장점이라면, 훨씬 많은 정보, 한결 높은 안목, 치열한 문제 제기 없이 조선후기 의학의 신경향의 배경과 동인에 즉자적인 답을 얻을 수 있었다는 점이다. 이를테면, "왜 경험방이 등장하게 되었는가?" "실학적 경향이 있었기 때문이다." "왜 의학의 대중화가 있었는가?" "이용후생적 사상에 기인한 것이다." "왜 홍역에 대한 방대한 책을 쓰게 되었는가?" "실사구시적 학풍 때문이다." "왜 한의학 이론을 비판하고 서양의학에 대해 관심을 가지게 되었는가?" "실학적 정신 때문이다." 이처럼 그들은 개별적인 질문을 실학에 환원시킴으로써 구체적인 설명의 의무를 벗어날 수 있었다.

단순한 논리적 동어반복에 불과했다는 것이 실학 환원적 태도의 결정적인 단점이었다. 사건의 개별적 특이성이 실학 개념에 파묻혀 모호

1) 三木榮, 『朝鮮醫學史及疾病史』, 大阪 : 日本, 1962, 209~210쪽.

해졌다. 이를테면, 서로 다른 A라는 사건이 실학 때문이며, B도 실학의 영향을 받은 것이며, C에도 실학의 그림자가 드리우고 있다는 식이 되어 버렸다. 이렇게 되자 조선후기 의학의 역사상을 이해하는 것이 모호해졌다. 이와 함께 실학도 모호해졌다.

조선후기 의학의 신경향과 실학에 관한 논의는 근대성에 관한 논의로 확장되기도 했다. 미키 사카에와 김두종이 조선후기 의학의 실증적인 성격을 지적하는 데 그친 데 비해, 홍문화(1978)는 이보다 한 걸음 더 나아갔다. 그는 정약용의 의학적 성취를 정리하면서 그를 "서지학적 약방문이나 弄한 안이한 儒醫가 아니라, 미신과 불합리를 타파하고 역학적, 예방의학적, 사회의학적, 실증의학적 임상의술을 실천한 現代의 과학적 의학의 개조"로 평가했다.[2] 비슷한 시기에 북한학자 이용태 또한 조선후기 서양의학 수용을 의학의 현대화 노력의 일환으로 파악했다.[3]

이런 근대성에 대해서는 도널드 베이커(Donald Baker)와 김대원은 다른 견해를 내놓았다. 베이커는 다산의 실학적 의학정신의 존재를 인정하면서도, 그것을 현대의학의 선구적인 작업으로 확대해서 해석하는 것은 지나친 것이라는 입장을 보였다. 즉 후대인의 평가처럼 그의 의학이 현대를 지향한 것이 아니라 자신의 시대에 충실했다는 것이다.[4] 다산의 실학 정신조차도 회의의 칼날을 들이대야 한다는 입장을 보인 사람이 김대원이다. 그는 다산이 서양의학의 이론을 받아들였다는 그 자체가 선이 될 수는 없다고 보았다. 아울러 그 서양의학이 얼마만큼

2) 홍문화, 「의 · 약학자로서 다산과 사상 및 업적」, 『다산학보』 제1집, 1978년 (홍문화, 「의 · 약학자로서 다산과 사상 및 업적」, 『약사산고』, 동명사, 1980, 71 · 90~91쪽에서 인용).

3) 이용태, 『우리나라 중세과학기술사』, 1990, 과학백과사전종합출판사, 273~279쪽.

4) 도날드 베이커 저, 김세윤 역, 「정약용의 의학론과 서양의학」, 『조선후기 유교와 천주교의 대립』, 일조각, 1997, 289쪽.

타당한 근거를 지니고 있었는지, 얼마만큼 현실적 유용성을 지녔는지를 따졌다. 그는 결론적으로 어설프게 책 내용만을 신빙하는 지식인류의 태도를 의학에 적용시켰다가 실패한 인물로 정약용의 실학정신을 평가했다.

나는 의학에 나타난 실학적 근대성에 대한 베이커나 김대원의 비판이 연구사적으로 상당한 의의가 있다고 평가한다. 그럼으로써 의학과 실학에 관한 논의가 위축되는 것이 아니라 이제야 비로소 이를 논의할 수 있는 본격적인 장이 열렸다고 보기 때문이다. 이 둘은 모두 조선후기 의학에 포함되어 있는 실학적 가치의 한 단면을 낚아채서 그에 대해 현대적인 해석을 직접 투사하는 것을 거부했다. 대신 그들은 주요 저작 전체를 대상으로 하여 그 저작의 의학적, 사회적 문맥을 읽어내려고 했다. 이들이 제기한 주장의 타당성에 대해서는 이후 계속 논의가 있어야 되겠지만, 이들의 작업은 그동안 의학사학계에서 의심하지 않고 받아들였던 실학성에 대해 깊이 생각할 단초를 제공한다. 긍정적인 요소만 뽑아 부각시키지 말 것, 검토 범위 안에 들어온 긍정적인 요소라도 그것을 치밀하게 독해할 것 등이 그것이다.

3. 조선후기 의학의 새로운 경향들

나는 조선후기의 새로운 경향으로 네 가지 현상에 주목한다.

첫째, 의학의 대중화 현상이다. 소수 특권층의 전유물이었던 의학의 성격이 이 시기에 변한 것이다. 이전 시기보다 훨씬 다수가 의원을 찾거나 약을 이용하게 되었다. 그것은 의학과 의료 양상의 변화에 심원한 영향을 끼쳤다. 의료시술자가 증가했고 그들의 경쟁이 치열해졌으며, 그릇된 의료현실에 대한 비판이 등장했다. 약의 수요가 증가했으며, 약재 시장의 확산과 국산 약초의 채취와 재배에 대한 관심이 늘어났다.

둘째, 경험을 중요시하는 의학 기풍의 확산이다. 17세기 이후에는 이전 시기보다 훨씬 많은 의서가 출간되었으며, 그 가운데 다수가 경험을 중시했다. 이런 기풍은 의학적 모색을 다양하게 하고 의학 내용을 풍부하게 살찌웠다. 기후와 풍토에 맞는 처방이 효험 있다는 인식이 이 기풍의 바탕에 깔려 있었다.

셋째, 두창, 홍역, 괴질(콜레라) 등의 역병에 대한 새로운 접근이다. 홍역은 조선후기에 크게 유행하였으며, 이에 대해 여러 醫者가 의학적 대응을 모색했다. 두창의 경우에는 두창의 의학적 치료법과 함께 중국에서 도입된 종두법을 아우르는 의학 대책이 나왔으며, 종두법의 경우에는 대단히 널리 행해져 미증유의 효과를 거둔 것으로 이해된다. 괴질(콜레라)의 경우는 미지의 질병으로 체계적인 의학적 접근이 이루어지지는 않았지만, 그에 대한 여러 처방이 제시되었다.

넷째, 서양의학 지식의 도입과 그에 근거한 (한)의학 이론 비판이다. 여러 학자가 이때 도입된 서양의학에서 몸, 질병, 의학에 대해 대안적 설명을 읽었으며, 그것을 바탕으로 해서 한의학 이론을 비판하는 한편 두 의학의 결합을 모색하였다.

4. 조선후기 민간 의료의 성장

나는 조선후기에 한의약이 민간에 뿌리내린 일이 이 시기 의학사의 가장 두드러진 특징이라고 생각한다. 이 점을 염두에 두지 않고는 조선후기 '의학의 실학'의 성격을 제대로 논할 수 없다고 본다.

나는 박사논문을 쓰면서 17세기 무렵에는 관의료가 아닌 민간 의료의 존재가 미미했지만, 19세기 후반에는 도시와 지방에 민간의 의료가 성장해 있었다는 점을 크게 주목했다. 두 시기의 차이는 분명했다. 17

세기 후반 이익은 『성호사설』에서 "지방에는 의약이 거의 없다"[5]고 말했으며, 이방인인 하멜 또한 조선 의료 현실의 열악함을 지적하면서 일반 서민의 의약지식 결핍, 경제적 능력, 미신의료에 대한 집착 등에서 그 이유를 찾았다. 하지만 19세기 말엽에는 사정이 달라서 상당수의 약방이 전국에 산재해 있었다. 조선을 방문한 최초의 서양 의사인 미국군의 우즈(Woods)의 언급이나 일본인 정탐객의 보고서 등에서 이를 확인할 수 있다. 1913~1914년 조선총독부에 신고한 숫자는 그 규모를 일러준다. 이때 한의(의생)는 5,800여 명, 한약종상은 9천여 명에 달했다. 이들은 당장 생겨난 것이 아니고 조선후기 민간의료의 성장을 반영하고 있는 것이다.

이런 일이 17~19세기에 일어났다면, 그것이 어떤 식으로 진행되었을까? 나는 이에 대해 가설적 수준에서 다음 세 가지 요인을 제시했다. 첫째, 전문적인 의사 수가 늘어났다는 점, 둘째, 이 시기 상업의 발달로 한방의료의 기본이 되는 전국적인 규모의 약재 유통구조가 확립되었다는 점, 셋째, 민간에서 영업하는 의원 및 약국의 등장과 관련하여 이루어진 간편 의서의 편찬 등이 그것이다.[6] 간편의서의 편찬 과정에 대해서는 이미 미키 사카에(三木榮)가 『조선의학사급질병사』에서 상당한 수준으로 밝혀 놓은 것이었으며, 약재시장인 약령시에 대해서는 권병탁의 『약령시연구』 등 훌륭한 선행 연구가 있었다.[7] 또한 지방의 의료 상황의 변천을 설득력 있게 추론해 낸 이규대의 강릉 藥局契에 관한 연구가 있었다.[8] 하지만 선행연구자는 조선 후기 민간의료의 성장

---

5) 『성호사설』 권14, 인사문, 「醫」조(『국역성호사설』V, 민족문화추진회, 310쪽).

6) 신동원, 『한국 근대 보건의료체제의 형성, 1876~1910』, 서울대학교 박사논문, 1996. 8, 21~27쪽.

7) 약령시에 관해서는 다음 논문을 참고할 것. 최영숙, 「대구 약령시의 연구 : 갑오경장 이후의 변천」, 숙명여자대학교 석사학위논문, 1976 ; 홍순주, 『大邱藥令市』, 약령시부활추진위원회, 1984 ; 권병탁, 『藥令市硏究』, 영남대학교, 1984.

8) 약국계란 임란 이후 강릉이나 삼수 등 벽지의 지배층이 의약을 공급받기 위

을 주요 특징으로 내세워 종합하려는 시도를 보이지는 않았다.

위에서 내가 든 것은 가설적 수준을 크게 넘어서 있지 못했지만, 비슷한 시기에 나온 김호와 김대원의 연구는 훨씬 분명한 성과를 보여주었다. 김호는 18세기 후반 서울의 의료 환경에 대해 다루었다. 그는 유만주(1755~1788)라는 한 지식인이 남긴 방대한 일기에 담긴 사대부가의 의료 생활을 분석하여 18세기 후반 서울의 의료상황의 역동성을 밝혔다. 그는 "남대문, 서대문, 용산 등 수많은 사람들이 운집하는 상업지역에 다수의 약국들이 개설되어 약재 시장을 형성하고 있었으며 또한 의원들도 이제 사적인 의료 행위를 통하여 財富를 획득할 수 있었다."는 것을 보여주면서, "都城 내 인구 증가로 인해 증가한 의료 수요는 사적인 의료 기구들－사설 의원과 藥局－이 담당"하는 것으로 파악했다.[9] 김대원은 17세기 말부터 19세기 초까지 조선의 민간의료의 성장과정을 시기로 나누어 설명했으며, 민간의료의 성장 요인에 대해서도 한 걸음 나아간 설명을 내놓았다. 그는 숙종 후반 약재 이용의 제약, 영·정조대 민간의료의 장려 정책, 정조 말 의약 이용의 일상화로 나누어 의학지식의 대중화, 의원의 증가와 약재 공급의 확대, 의약 지식이 간편하고 약재가 적게 드는 단방 처방의 확산 과정을 정리했다.[10]

해 만든 계로 그 지방의 유력자가 계를 조직하여 약과 의원을 공동 관리하였다. 의원으로는 그 지방관에 딸린 의원을 초빙하였으며, 唐藥은 서울에 의원을 파견하여 구매하였으며, 향약은 자체의 인력으로 채취, 확보하였다. 벽지의 약국계는 19세기에 들어서 거의 자취를 감추게 되었는데, 이는 상업적인 형태의 약국이 발달하게 되었기 때문이다. 약국계는 단지 벽지에서만 행해진 것은 아니었고, 官 형태의 의약 제공과 민간의 상업적 약국의 중간형태였던 듯하다. 『황성신문』에서 약국이라 표현한 것이 부녀자를 위한 신문인 『뎨국신문』에서는 약계하는 곳이라 지칭한 것이 그 흔적을 말해준다. 藥局契에 관한 연구로는 李揆大, 「조선후기 약국계의 일고찰」, 『우인 김용덕박사 정년기념 사학논총』, 1988을 볼 것.

9) 김호, 「18세기 후반 居京 士族의 위생과 의료 -『欽英』을 중심으로」, 『서울학연구』 XI, 1998, 143쪽.

내가 내세운 세 가지 가설과 비교할 때 김대원은 전문적인 의료인에 의지하지 않으면서도 의약이 확산되는 두 가지 특징을 덧붙여 종합했다. 첫째는 의서가 아닌 홍만선의 『산림경제』 같은 유서의 보급이 민간에 의학지식이 확장되는 구실을 했다는 점이다. 둘째는 의학지식이 단순하고 약재가 적게 들어가는 단방이 크게 확산되었다는 점이다. 사실 이에 관한 개별적 정리는 미키 사카에의 『조선의학사급질병사』에서도 이루어진 것이었지만, 그것이 유기적인 설명의 틀 안에 잘 자리잡은 것은 아니었다.

의약의 확산 못지않게 중요한 사실은 조선후기에 "많은 사람들이 병에 걸렸을 때 의원을 부르고 약을 써야 한다"는 생각이 자리 잡았다는 점이다. 한국 역사상 이 시기 이전에는 그런 일이 결코 없었다. 의약은 소수의 전유물에 그쳤고, 대다수는 합리적 의학보다는 無치료 또는 종교적 치병에 더 치중했다. 그런데, 그 오랜 역사를 지배했던 이러한 사고방식이 조선후기에 들어 전면적이지는 않지만, 상당 부분 변화의 징후를 보였다. 의약인 수의 증가를 지탱한 것이 그러한 사고방식이었다. 그것은 '합리적인 사회'를 향한 거대하고도, 심원한, 놀라운 변화를 의미한다.

어떻게 이런 일이 벌어졌을까? 이에 대한 본격적인 연구는 없지만, 김대원이 그 요인에 대해 "성리학적 질서의 확대로 인해 사회의 합리성이 민에게까지 확대되어 의료에 대한 합리적인 인식이 어느 정도 싹텄기 때문일 것"이라는 가설을 내놓았다. 그는 "성리학적 질서가 확대되는 것에 맞추어 정부에서는 무속을 비롯한 미신적인 모든 것을 금하려고 하였고, 무당을 도성 밖으로 쫓아내는 조처를 여러 번 단행했다"고 하였다.[11] "미신을 배격하고 의약을 써야 한다는 생각" 그 자체가 실학적이며 근대적인 것에 가까운 것이지만, 그것이 성리학적 질서의

10) 김대원, 「18세기 민간의료의 성장」, 서울대학교 석사학위논문, 1998.
11) 김대원, 앞의 논문, 1998, 49쪽.

확대와 발맞추어 이루어진 것이라니! 조선초부터 사대부들은 미풍양속을 기르기 위해 향촌민에게 의약 이용을 권장토록 하지 않았던가? 18세기~19세기 향촌의 향약에서도 질병이 들었을 때 의약을 나누는 것을 주요 항목으로 정하고 있다.

지배계층의 길들인다는 시각에서 볼 때는 이렇듯 성리학적 계몽의 결과일 수도 있지만, 이를 달리 의료의 탈특권화 현상으로 볼 수도 있을 것이다. 경제적 능력 범위의 밖에 있었을 때에는 관심 정도가 낮았겠지만, 의약 비용의 저하로 의약이용이 경제적 범위 안에 들어왔다면 그것을 일부러 이용하지 않을 필요가 없었을 것이다. 즉 역병 같은 경우는 여전히 종교적 치병이 주류를 이루었지만, 간편한 약으로 치료가 가능하다고 인식한 일반적인 상병에 대해서는 실용적 접근이 이루어졌던 것으로 해석할 수 있는 것이다.

내가 생각할 때, 조선후기 의학의 특징이라 일컫는 여러 사항들이 이러한 의약시장의 확대와 의약이용이라는 합리적 사고방식의 확산과 관련되어 있다. 의원 수의 증가, 지방 의료의 확대, 의약 지식의 간편화와 대중화, 단방 위주의 처방 확산, 경험방의 수집과 정리, 약재의 진안 여부에 대한 관심의 증대, 상품화를 위한 약재 재배 등이 그것이다. 또한 의약인의 경쟁·이익 추구·모리와 수준 낮은 의약인의 대거 등장, 이에 대한 지식인의 맹렬한 비판도 이러한 변화된 현실을 반영하는 것이다.

이런 민간의 의약 확산은 큰 한계를 지니는 것이었다. 의약 분야가 크게 성장한 것에 걸맞은 의약인의 자질 관리, 약재의 호·불호 검사, 효과적인 의학 교육을 위한 체계적인 노력이 없었다는 점이 그것이다. 관의료를 담당할 의원의 양성이 이전과 마찬가지로 행해지곤 있었지만, 그것이 국가적 차원에서 행해진 노력의 전부였다. 의원의 자질과 약재 문제를 일부 지식인이 비판하였지만, 그들의 비판은 의약인 개인의 도덕과 윤리를 비난하는 데 그쳤다. 의학 분야는 누구나 쉽게 진입할 수 있었고, 그것의 질을 관리할 체계가 없었다. 거의 모든 것이 방임되어 있었다. 개항 후인 1896년 이후에야 조선후기 의료에 산적해 있던 이런 문제에 대한 공론이 있었으며, 그것을 해결하기 위한 제도적 장치가 마련되기 시작했다. 1899년 의학교가 최초로 설립되었으며, 1900년도에 의사면허와 약품 관리에 관한 법령이 만들어졌다.

5. 조선후기 의학을 지배하고 있는 담론, '驗'

나는 조선후기 의학의 키워드는 '驗'이라고 생각한다. 여러 의서가 경험방이라는 이름으로 편찬되어 나왔고, 그런 이름이 아닌 의서라 해도 자신과 주변 醫人의 경험을 소중히 취급했으며, 경험 또는 징험과 관련된 의학적 논의가 활발히 이루어졌다. 심지어 이 시기에 비로소 확립된 것이 단언할 수는 없지만, 효과를 보지 못한 처방에 대해서는 보수를 지불하지 않는 관행이 자리 잡고 있었다. 나는 이런 특징을 무시하고는 조선후기 의학과 실학의 관계를 제대로 논의할 수 없다고 생각한다.

'험'이라는 관점을 가지고, 조선후기 의학을 깊이 論究한 연구는 없다. 하지만 『조선의학사급질병사』(1962)과 김두종의 『한국의학사 全』(1965)에서 말하고 있는 實證醫學이라는 개념이 이 '험'과 크게 관련되어 있다. 이 책에서는 조선후기 경험방의 출현과 발전, 대중의서의 발간, 개인의 의학적 견해 제시 등을 실증의학으로 이해했으며, 종두법이나 서양의학에 관한 관심도 이러한 개념에 입각해서 평가했다. 북한에서 나온 『우리나라 중세과학기술사』(1990)에서도 효험 있는 실용적 의학, 醫人 자신의 견해 제시, 서양의학 수용 등을 주요 기준으로 하여 조선후기 의학의 흐름을 정리했다.[12] 이렇게 보았을 때, 실증의학은

12) 이용태, 『우리나라 중세과학기술사』, 과학백과사전종합출판사, 1990, 220~

'실학적 의학' 전체를 지칭하는 또 다른 표현이라 할 수 있다. 이는 현대 학자의 눈으로 봤을 때, '實'로 평가할 모든 부분을 말한 것이라 할 수 있다. 나는 이와 다른 접근법이 필요하다고 본다. 당시 의학 각 분야에서 '驗'이라는 담론이 어떻게 표현되고 있는가, 그러한 담론을 지지하는 논리나 그것이 생겨난 배경과 동기에 대해 논의하려고 한다.

사실, 의학에서 '효험'을 따지는 것은 기본적인 속성이다. 그렇기 때문에 세종 때 편찬된 『瘡疹集』을 보면, 편찬자 주변 醫人의 치험 사례를 다수 실어놓고 있다. 모든 의서의 내용은 이러한 치험 사례의 종합판이라 할 수 있다. 종합의서라고 할 수 있는 許浚의 『東醫寶鑑』(1613)도 예외가 아니다.

그렇다고 해도, 조선후기 의서에 보이는 '驗'의 담론은 '자신과 주변'에서 실제로 징험했음을 '의식적으로' 강조하고 있다는 점에서 이런 일반적인 상황과 구별된다. 마치 주변에 "미지의 치료법이 널려 있고 그 안에서 보물을 캐낸다"는 듯한 입장이다. 『동의보감』에서는 이러저러한 활동을 "자기가 옳다고 고집하여 의학을 분분하게 만드는" 편벽된 행위로 비난했다.13) 『동의보감』에서는 역사적으로 검증되고, 이론에 부합되는 처방을 가치 있게 여겼다. 자신의 의학적 경험은 경전과 전대의 문헌 안에 숨겼다. '述而不作'이라고나 할까! 이와 달리 17세기 중반 이후의 의서에서는 자신의 경험과 주변의 징험을 가치 있게 여겼으며, 경전과 선배의 전통을 의심했으며, 의학자와 의사로서 자신의 목소리를 또렷하게 발언했다.14)

17세기 이후 19세기까지 '험'이 제목에 들어간 의서가 크게 증가했다. 그 이전에 '경험방'이 제목으로 들어가 있는 의서는 麗末鮮初의

224·246~251·273~279쪽.

13) 『東醫寶鑑』, 「서문」.

14) 김대원, 「조선시대 의서 서술방식에 나타난 변화 - 황도연의 『의종손익』을 중심으로 - 」, 『한국과학사학회 창립 40주년 기념 학술대회 발표논문집』, 2000, 175~181쪽.

『동인경험방』과 『향약혜민경험방』, 중종 무렵의 『경험방』이 고작이었다. 하지만 17세기 이후에는 자신의 경험을 담았다는 책이 다수 출현했다. 허임의 『침구경험방』(1644), 이석간·채득기·박렴·허임 등의 『四醫經驗方』(효종~현종 무렵), 박렴·채득기·이찬 등의 『三醫一驗方』(인조~숙종 초), 박진희의 『두창경험방』(인조 후기~현종 무렵), 이의태의 『경험방휘편』(이의태는 『사의경험방』의 필자 중 하나인 이석간의 손자), 신만의 『舟村新方』(1687), 백광현의 『白光玹知事公遺事附經驗方』(인조~숙종 무렵), 유상의 『고금경험활유방』(숙종 무렵), 이진태의 『단곡경험방』(숙종~영조 무렵) 등이 그것이다. 또한 『李國美方』·『全方』·『尹方』·『白醫方』·『吳方』·『文生方』·『지리산승방』 등 醫人의 이름을 내세운 것도 모두 경험방류이며, 정약용의 『마과회통』에 인용되어 있는 『壬申紅疫方』(임신은 1752), 『(정씨)홍역신방』과 이헌길의 『마진방』(1775)도 경험방류에 속한다.[15]

여기에 포함되어 있지 않지만, 경험방의 전통에서 절정을 이루는 것은 아마도 『三方』일 듯하다. 미키 사카에는 효종 때 송시열이 전국의 명의를 초집하여 그들의 경험방을 침·뜸·약 등으로 나누어 百千萬言을 강구하여 책 하나로 엮었는데, 그것이 『삼방』이었다는 전언을 실었다. 이는 대대적으로 경험방을 수집하여 편찬하려는 동시대의 의지를 잘 보여주는 사례라 할 수 있다.[16] 이것은 전언에 근거한 것에 불과하지만, 『사의경험방』이나 『삼의일험방』 등은 실제로 4명 또는 3명의 유명한 의가의 경험을 한 데 모아 편집한 책이었다.

규모가 큰 종합의서나 전문의서에서도 경험을 중시했다. 조정준의 『급유방』(1749), 이경화의 『광제비급』(1790), 강명길의 『제중신편』(1799), 황도연의 『의종손익』(1868)에도 다수의 경험방과 자신의 소견이 실려

15) 이상의 의서에 관한 내용은 미키 사카에(三木榮), 『朝鮮醫書誌』, 1956, 109~150쪽 참조.

16) 三木榮, 위의 책, 209~210쪽.

있다. 이 책들은 조선후기에 나온 가장 대표적인 저작이 망라된 것이다. 이 책은 이전 시대를 대표하는 『동의보감』과 달리, 자신의 의학적 입장이나 처방을 제시하는 데 주저하지 않았다. 조정준은 중국 송대 錢乙이 지은 소아방을 연구하면서, “선배들이 주고받은 내력을 찾아보며 고금 사람들의 성품과 체질이 다른 점을 참작하여 증을 살피고 약을 써보니 종종 효과가 많았다.……그러므로 옛 의서를 종합하고 변변치 못한 나의 학설을 첨부하여 『급유방』을 지었다”[17]고 하였다. 『광제비급』에서는 기존 의서의 내용을 정리하면서 필요한 부분에는 ‘歷驗’이라는 이름으로 자신의 견해와 처방을 제시했으며, 전4권 중 1권을 할애하여 鄕藥單方治驗을 제시했다. 정조의 명을 받들어 편찬한 것으로 『동의보감』 이후 최고의 관찬 의서인 『제중신편』에서도 자신의 ‘경험방’을 新增하여 덧붙였으며, 俗方도 쓸만한 것을 수록했다.[18] 『의종손익』은 醫宗으로 일컬을 수 있는 『동의보감』의 내용을 덜고[損], 덧붙이는[益] 형식으로 구성되어 있지만, “내가 해당한 병에 알맞은 치료방법을 경험에 근거해서 내놓고 처방하여 효과를 본 것들이기 때문에 첨부했다는 것을 이해하고 알맞게 이용하기 바란다.”고 하면서 곳곳에 자신의 의견을 덧붙였다.[19]

17세기 이후의 의학에서 이렇듯 ‘경험’에 관한 담론이 증가하게 되었는지 그 이유를 정확하게 지적하기는 힘들다. 김대원은 이에 대해 “자기의 이야기를 한다는 것이 자신에 대한 인식이 싹텄다”는 것을 뜻할 수 있으며, “자신에 대한 인식, 사회 속에 위치한 자신의 존재를 자각해야 비로소 자신의 생각이 가능한 것”으로 읽었다.[20] 이는 비단 의학에만 국한되어 나타났던 현상은 아닐 것이다. 그것은 더 광범위한 사회 문화적 상황과 관련되어 있었을 것이다. ‘효과’를 따지는 경제생활,

17) 조정준, 『及幼方』, 「서문」.
18) 강명길, 『제중신편』, 「범례」.
19) 황도연, 『醫宗損益』, 「自序」.
20) 김대원, 앞의 논문, 180쪽.

'자기'를 거침없이 드러내어도 괜찮을 개방적인 지적 분위기의 성숙, 자기의 생각을 담아낼 매체인 제지업과 출판업의 확대, 전통을 되짚어 보게 만드는 국외 정보의 증가와 자극, 사물을 더욱 정확하고 꼼꼼하게 보려는 학풍의 영향, 중국에 대한 조선의 자의식 표출 등이 그런 예이다. 물론 이런 영향은 일방적인 것이 아니라서 의학의 '경험' 강조가 이런 제반 요인에 영향을 끼친 점도 적지 않았을 것이다.

이런 점을 감안하고 조선후기 의학을 들여다봤을 때, 의학만의 고유한 논점이 존재한다. 나는 그것의 핵심이 당시 학계에서의 전통/현대의 문제였다고 본다. 이 문제는 중국/조선의 문제를 수반하는 것이었다. 우선 전통이 빈약했던 분야에 대해서는 새 작업에 의지할 수밖에 없었다. 온역, 마진 같은 분야가 그 대상이었다. "온역의 치법은 고방이 지금 시험하지 못한 것이 많기 때문에 梗概만을 남겨 두었다"는 『제중신편』의 언급(「범례」)은 쓸만한 방법이 별로 없었음을 뜻한다. 홍역 같은 신종 전염병에 대해서는 더 말할 나위도 없었으며, 두창의 경우도 고방이 신뢰할 만한 수준이 되지 못했다. 이런 경우 醫者는 새로운 방법을 모색할 수밖에 없으며, 이헌길의 『마진방』이나 정약용의 『마과회통』 같은 책들은 이런 동기에서 씌어진 대표적인 의서이다. 1821년 조선을 강타했던 괴질(콜레라)에 대해서는 이를 전문으로 다루는 책자조차 씌어지지 못했고, 정약용의 "치험 처방" 소개[21]나 황도연의 일부 처방 제시[22]에 그쳤다. 이런 전염병은 가장 큰 사회적 문제를 야기하는 것이었으나, 이에 대한 '전통'은 너무나도 미약했으며 새로운 손길을 필요로 했다.

18세기 후반~19세기 초반 새 의학에 대한 옹호는 일정한 논리를 갖춘 형태로 나타났다. 황도연은 의학 전통을 대체로 인정하고 그것의 미흡함을 지적하면서, 그 부분의 개선이 의학 발전에 도움이 된다고

21) 정약용, 『목민심서』, 「관질」.
22) 황도연, 『醫宗損益』, 「곽란」.

주장했다. 그는 이미 의학 전통이 잘 확립되어 있는데 자신이 새 책을 쓰는 것이 과연 타당한 일인가를 자문하고 나서 다음과 같이 자신의 새 작업을 옹호했다.

> 옛날이나 지금이나 그 원리는 같지만 사람의 병은 사람마다 모두 다르고, 약도 역시 사람의 병에 따라 그 쓰는 법이 한가지가 아니다. 그것은 지대의 풍토와 남쪽과 북쪽 지방의 생활 조건이 서로 다름에 따라 또 사람의 타고난 체질에 따라 약 성질이 따뜻한[溫] 약과 서늘한[凉] 약을 알맞게 써야 하는 것이다. 더욱이 옛날과 지금은 크게 변하였다.……바라건대, 찔꽝이, 배, 명자, 귤은 누구나 다 먹을 수 있는 것과 같이 이 저서를 잘 이용하면 해는 되지 않을 것이다. 후세 학자들도 역시 여기에다 두세 가지씩 새로운 방법들을 첨부한다면 가감 변통할 줄 아는 것이며 그것이 바로 옛 뜻에 부합되고 또 시기에도 적합하게 될 것이라고 믿는다.[23]

전통을 비판하는 것은 쉽지 않은 일이었음은 젊은 정약용의 언급에서도 드러난다. 20대 후반 정약용은 『마과회통』을 저술하면서, "내가 비록 의술의 이치에 어둡지만 오랫동안 疹書를 열람하였더니 점점 마음에 잡히는 것이 있게 되었다. 이에 그들을 열거하고 품평해서 사람들로 하여금 古醫라고 하여 다 믿지 않도록 하노라."[24]고 말했다. '고의라도'라는 표현에서 볼 수 있듯, '전통'을 비판하는 일이 쉽지 않았음을 짐작할 수 있다.

황도연보다 일찍이 조정준은 "새 의학의 필요성"에 대해 훨씬 더 급진적인 견해를 제시했다. 그는 『급유방』의 「東方六氣論」에서 기후와 풍토가 다르다면 의학이 달라질 수밖에 없음을 다음과 같이 천명했다.

---

23) 황도연, 『의종손익』, 「自序」.
24) 정약용, 『마과회통』, 「오견편」, '고의', 384쪽.

대체로 자연에 음양과 오행의 기운이 없는 데가 없으며 구비되지 않은 것이 없다. 그런데 춘하추동 사시절의 주되는 기운은 그 지방에 따라 다를 수 있는 것이다.……그러므로 사람들의 체질과 병이 발생하는 원인도 또한 기후, 풍토에 따라 다르니 병을 고치는 방법도 반드시 각각 그 지방에 특유한 기후, 풍토를 연구하여 잘 알아야만 원만한 치료 효과를 거둘 수 있는 것이다.……우리나라는 대륙의 한 모퉁이에 치우쳐 있으므로 그 기후, 풍토가 중국과는 다르다. 동원, 단계 같은 사람들이 우리나라에 있었다면 필연코 주되는 經과 고유한 기후에 적응하는 저작이 있었을 것이고 약을 쓰는 표준을 만들었을 것이다. 지금 이런 문헌이 없어서 현대 의원들은 중국에서의 병 치료법을 우리나라에 함부로 도입하고 있으니 이것이 어찌 남으로 가는 사람이 북으로 가는 차를 타는 것과 다르겠는가.[25]

비록 조정준이 "옛 전통에 자신의 견해를 섞어" 『급유방』을 편찬했다고 하지만, 이 「동방육기론」에 따른다면 조선의 의학과 중국의 의학이 필연적으로 다를 수밖에 없는 것이었다. 여기서 중국의 의학이란 '거대한 전통'을 뜻하며 조선에서 일구는 의학은 그것을 일방적으로 따르지 않는 것을 뜻한다. 이러한 논의의 연장선상에서 그는 우리나라의 경우라 해도 동과 서, 남과 북의 의학적 접근이 같을 수 없다고 봤다. 즉 그는 더 구체적인, 더 특수한 의학 처방이 필요함을 이런 식으로 역설했던 것이다.[26] "중국의 병 치료법의 무분별한 도입"의 문제를 꼬집

---

25) 조정준, 『及幼方』, 「동방육기론」/조정준 저, 『급유방』, 여강출판사, 1993, 15~16쪽.

26) 특수한 상황을 중시하는 경향을 이헌길에서도 볼 수 있다. 그는 정약용을 마진으로부터 구하고, 그의 마진 연구의 결정적 동기를 제공한 인물이다. 이헌길은 같은 장소라도 시대에 따라 달리 치료법이 달라질 수밖에 없다는 입장을 지녔으며, "내가 죽은 뒤에는 나의 방문으로 疹을 치료해서는 안 된다."고 말했다(정약용, 『麻科會通』, 「吾見篇」/서울대학교 천연물과학연구소 편, 『마진기방·마진편·마과회통』, 1995, 391쪽). 여기에는 세월이 지나면 운기가 바뀐다는 運氣學的 견해가 깔려 있다.

는 데서 드러나듯, 조정준의 의학론은 중국의학에 대한 조선의학의 필요성에 대한 자의식의 표현으로 이해할 수 있다.

비록 편차가 있다 해도, 위의 논의는 모두 한의학의 기본 전제를 인정하는 것이었으며, 그런 가운데 전통/현대, 중국/조선의 논의를 펼친 것이었다. 그들은 '기존' 전통을 경험으로 확인하고, 새롭게 자신의 경험을 통한 처방이 덧붙여지면서 더욱 믿을 만한 의학이 생겨날 수 있다고 믿었다. 하지만, 위의 저작에 나타나는 '험'은 주관적인 治驗에 불과했다. "내가 이 처방을 써 봤더니, 큰 효과를 봤더라"는 차원을 크게 넘어서지 못했다. 이런 점은 정약용의 「醫零」에서도 비슷하게 나타난다. 그는 이 글에서 서학의 영향으로 한의학 이론체계 전반을 의심하는 데까지 '험'을 들이댔지만, 다른 한편으로는 자신의 주관적인 경험방 몇몇을 부지런히 소개하고 있다. 그는 익숙한 '驗'의 기준을 뛰어넘는 그 어떤 것을 제시하지 않았다.

나는 최한기만이 달랐다고 본다. 그의 저작 『身機踐驗』에 담긴 '험'은 다른 '험'과 다르다. 그는 기의 '有測'을 강조했으며, 서양의학에서 온도계나 습도계 같은 기구를 사용하는 것을 극찬했다. 그것은 근대과학에서 말하는 실험은 아니었지만, 객관적인 측정의 의미를 담고 있는 '좀 더 객관적인 방법'으로서 '驗'이었다. 그렇지만 그는 중국과 조선의 약재를 '험'해서 '實'을 찾아야 한다고 주장했지만,[27] 그 자신이 그 일에 열중하지 않았다. 아니, 못했다. 그것은 서양의 자연과학에 대한 근본적인 이해가 있어야만 가능한 일이었기 때문이다.

6. 전염병에 대한 새로운 의학적 탐구

조선전기와 마찬가지로 조선후기도 전염병이 크게 유행한 시기였다.

---

27) 『신기천험』 범례.

어떤 시기가 더 높았는지에 대해 양적으로 따지기는 힘들다. 하지만 조선후기가 전기보다 더 피해가 컸을 가능성이 크다. 유래 없을 정도의 자연이상 현상이 존재했고, 흉작으로 인한 대기근이 뒤따랐다. 그것은 영양섭취를 악화시켜 병에 대한 면역력을 크게 떨어뜨렸을 것이다. 이밖에도 조선 사회의 역동적인 변화 즉 농촌의 분해와 도시의 성장, 도시지역으로의 인구의 밀집 등이 역병 대유행의 주요 영향인자였을 것이다.[28]

현재의 의학사 연구로 볼 때, 조선후기에 주목할 역병은 瘟疫(티푸스 계통의 질환), 두창, 痲疹(홍역), 怪疾(콜레라) 등 네 가지이다. 이 가운데 온역과 두창은 이전 시기와 마찬가지로 맹위를 떨치던 역병이었고, 마진은 18세기에 갑자기 대규모의 피해를 가져 온 역병이었고, 괴질은 1821년에 처음 국내에 유입되어 미증유의 재난을 일으켰던 역병이었다. 조선후기의 의학자는 당연히 이런 역병에 대해 관심을 가졌다. 그러나 관심의 정도와 대응 방향은 크게 달랐다.

온역은 가장 일반적이면서도 문제가 큰 역병이었지만, 관심의 정도는 가장 낮았다. 1613년 허준이 『新纂辟瘟方』을 펴낸 이후 전문연구서로 안경창의 『辟瘟新方』(1653)이 거의 유일하다. 『벽온신방』은 허준의 저작과 비슷한 체제를 띠고 있지만 그것에 비해 훨씬 간략하면서도 확신에 찬 처방을 제시하고 있다.[29] 이후 온역에 대한 의학자의 입장은 특기할 만한 질병으로 취급되지 않고 보통의 질병을 다루는 방식 안에 흡수되었다.[30]

18세기의 홍역은 조선후기 의학자의 주요 관심사가 되었다. 왜냐하

28) 전염병 유행 요인에 관한 좀 더 상세한 논의는 신동원, 「조선말의 콜레라 유행, 1821~1910」, 『한국과학사학회지』, 제11권 제1호, 1989, 63~66쪽을 참고할 것.

29) 김대원, 「조선시대 疫病 인식의 변천 - 瘟疫을 중심으로」, 1999년도 한국과학사학회 가을 발표문, 4쪽.

30) 김대원, 앞의 논문, 6쪽.

면 이 시기 홍역이 대단히 독성이 강하고 많은 피해를 주었기 때문이다. 1749년에 조정준은 『급유방』에서 홍역을 집중적으로 다뤘으며, 1752년 임서봉은 홍역이 한창 기승을 부릴 때에 그 치료법을 담은 『壬申疹疫方』을 편찬했고, 1775년에 이헌길은 이 해 서울과 그 일원에 창궐한 홍역의 처방에 관한 『痲疹方』을 저술했고, 이와 같은 조선 醫家의 마진학 전통은 다른 많은 중국 의서의 내용과 함께 정약용의 『마과회통』(1800)으로 종합되었다. 정약용이 서학 혐의로 탄압을 받게 되자 홍석주는 이 책이 사장될 것을 염려하여, 이 책을 약간 손질하여 『痲方統彙』이라는 이름으로 인간했다.[31]

두창에 대해서는 조선후기의 의학자가 줄기차게 이에 대해 관심을 보였다. 1608년 허준은 『언해 두창집요』를 편술한 바 있었고, 1660년 무렵에는 朴震禧가 『두창경험방』을 펴냈고 정약용을 가탁한 『痘兒神方』이 나왔다. 이러한 노력의 연장선에서 박제가, 정약용 등 일부의 학자들은 종두법에 큰 관심을 가지게 되었다. 오늘날 잘 알려져 있듯이 종두법은 인류 역사상 최초로 인간이 전염병을 효과적으로 통제하기 시작한 방법으로 19세기를 전후하여 조선에 수입되었다.[32] 종두법의 수입과 함께 두창에 대한 예방접종(종두법)과 치료를 종합적으로 고찰하려는 움직임이 나왔고, 그것은 이종인의 『시종통편』(1817)으로 갈무리되었다.

콜레라는 가장 늦게 발생한 외래 전염병이며, 1821~1822년 유행 때에만 수십 만의 사망자를 냈을 정도로 큰 피해를 입혔지만 이에 대한 의학적 대응은 극히 미미했다. 현재 정약용이 제시한 몇몇 처방과 황도연의 '곽란' 치료 처방 정도가 괴질에 대한 의학적 처방으로 알려져 있다. 정약용은 이 괴질의 유행에 대해 "그 치료법에 대해 알 수 없다."

---

31) 三木榮, 『조선의학사급질병사』, 228~230쪽.

32) 종두법에는 소의 두창 고름을 이용한 우두법과 사람의 두창 고름을 이용한 인두법 두 가지가 있다. 우두법은 인두법에 비해 효과와 안전성이 크다.

고 하면서, 중국에서 보내 온 '치시행온역방'을 비롯한 두 가지 처방을 황급하게 소개했다.[33] 의학자 황도연은 『의종손익』(1868)의 '곽란' 조에서 비로소 그 원인을 "괴질은 곽란의 일종으로서 몹시 덥고 긴 장마 때 많이 발생하는데, 濕熱이 원기를 손상함으로써 발생한다."고 보면서 여러 처방을 소개했다.[34] 왜 이렇게 의학적 대응이 미흡했을까? 두 가지 측면에서 생각해 볼 수 있다. 그것은 첫째, 19세기 초·중반의 콜레라가 엄청나게 독성이 강한 콜레라였기 때문에 이에 대한 의학적 접근이 별다른 효력이 없었기 때문이다. 두 번째는 이 콜레라가 전대미문의 역병이었기 때문에 중국을 비롯한 한의학 전체를 통틀어 이에 대해 확립된 의학이 없었기 때문이다.

이상의 네 가지 역병 중 여러 연구자가 특히 주목한 것은 종두법의 도입과 실시, 정약용의 『마과회통』 저술과 그것의 학술적 가치에 관한 부분이다. 이들은 효과가 높은 종두법이 박제가, 박지원, 정약용 등 실학자의 네트워크 속에서 도입되었다는 점, 종두법 중 우두법이 서학과 관련되어 있다는 것에 관심을 두었다. 정약용 의학의 대표저작인 『마과회통』에 대해서는 이 책의 저술 동기와 체계적인 구성에서 "실학 정신"을 읽어내려고 했다. 이 두 부분은 조선후기 의학사 연구에서 논쟁다운 논쟁이 있었던 분야이다. 아래에서 그 내용에 대해 좀 더 자세히 검토하려고 한다.

7. 종두법의 성과와 한계

조선후기 사회에서 가장 주목할 만한 의학적 성과를 낸 것은 의심할 여지없이 종두법(인두법과 우두법)이다. 예방 접종이라는 간단한 방법

33) 정약용 저, 다산연구회 역주, 『역주 목민심서』 II, 창작과 비평사, 1983, 53~54쪽.

34) 황도연, 『의종손익』 권8, 「곽란」.

으로 수많은 생명을 구했기 때문이다. 미키 사카에(三木榮)는 일찍이 이 주제에 관심을 가지고 「조선종두사」[35](1935)라는 논문을 통해 그것의 전체적인 윤곽을 제시했다. 이후 김두종의 「우리나라의 두창의 유행과 종두법의 실시」[36](1956)라는 논문을 통해 중국 국경 근처에서 우두법이 실시되고 있었다는 점을 새로 발굴한 것을 추가했다. 신동원은 종두법 실시의 역사적 성격을 되짚어보고(1996), 인두법과 우두법의 기술적 측면을 논하면서 종두법의 도입, 실시에 대한 현대 연구자의 근대주의적인 시각을 비판하였다(2000).[37]

미키 사카에(三木榮)는 조선의 인두법이 정조 14년 박제가에 의해 처음으로 중국에서 수입되었으며, 정약용과 박제가가 그것의 실시를 같이 궁구했으며, 이후 박제가가 이를 이종인에게 전해주었으며, 이종인이 그것의 보급을 위해 순조 14년에 『시종통편』을 지었으며, 그 후 나라 전체에 유포된 것으로 정리했다. 그는 제너가 창안한 우두법에 대해서는 정약용이 최초로 이에 관심을 가졌으나, 우두백신을 채취하는 기술상의 난점과 서학 탄압의 분위기 때문에 그것이 널리 퍼지지 못했다고 정리했다.

미키 사카에(三木榮)나 김두종 같은 학자나 실학에 관심을 가진 많은 학자들은 인두법보다는 우두법에 더 많은 관심을 두었다. 미키 사카에(三木榮)는 조선이 이웃 중국이나 일본처럼 우두법이 정착하지 못한 이유가 쇄국정책 때문이라는 해석에 비중을 두었다. 그의 해석은 19세기 들어 조선 사회가 무력해졌다는 그의 일반적인 한국의학사관과 부합하는 것이다. 더 나아가 개항 이후 일본의 도움을 받아 비로소

---

35) 三木榮, 「朝鮮種痘史」, 『東京醫事新誌』, 1935. 5~6월호.

36) 김두종, 「우리나라의 두창의 유행과 종두법의 실시」, 『서울대학교 논문집』 인문사회학 4집, 1956.

37) 신동원, 「한국근대보건의료체계의 형성, 1876~1910」, 1996 ; 신동원, 「한국 우두법의 정치학 - 계몽된 근대인가, '근대'의 '계몽'인가 - 」, 『한국과학사학회지』 제22권 제2호, 2000.

우두기술 문제를 해결한 지석영을 조선 우두법의 창시자로 대접하려는 생각과 연결된 것이다. 이와 달리 김두종이나 최익한 등은 정약용이 최초로 우두법을 실시했다는 사실을 입증하려고 노력했다. 인두법보다는 우두법이 더 '빛나는 꽃'이라 생각했고, 그것이 조선후기 사회의 드높은 '실학적 정신'을 대변하는 것이라 가정했다.

나는 이와 다른 입장을 세웠다. 좀 더 근대적인 요소를 찾아 부각시키기에 앞서 인두법과 종두법이 조선 사회에 얼마나 큰 영향을 끼쳤는가를 물어야 한다고 생각한다. 나는 물론 우두법이 인두법에 비해 더 안전하면서도 효과가 있고, 더 정밀하며, 대량 접종이 가능한 방법이었음을 부정하지는 않는다. 두 방법의 기술상의 우열이 엄연히 존재한다고 해도 인두법을 기대 이하로 깎아 내리고 우두법을 기대 이상으로 추켜올리는 것은 올바르지 않다. 세계사적으로 봤을 때, 인두법은 우두법과 함께 두창의 예방에 매우 크게 기여했다. 19세기를 통해 국내에서도 우두법이 수입되기 이전에 상당한 정도로 보급되어 있었으며, 그것은 두창의 발생률 저하에 영향을 크게 끼칠만한 수준이었다.

나는 이 점이 조선 후기 의학이 조선인에게 베푼 가장 큰 혜택, '실학'이었다고 본다. 이는 외국에서 전래된 지식을 효과적으로 이용함으로써 이루어진 것이었으며, 그 성취에 박제가 · 정약용 · 이종인같은 지식인과 醫人의 노력이 빛을 발했다.

하지만 개항 이전 종두법의 한계는 두 가지 측면에서 분명하다. 첫째는 위에서 언급했듯이 인두법보다 더 효과가 있고 안정적인 우두법이 정착하지 못한 것이다. 이미 이웃 나라에 그 효과가 잘 알려져 있는 것이었기 때문에 그 한계는 더 크게 느껴진다. 서학 탄압이라는 분위기가 그것의 정착에 결정적인 장애요인이 되었다. 이보다 더 큰 한계는 기술로서 우두법 그 자체에 있기보다는, 시술을 장려하고 강제하는 장치의 결여에 있었다. 서양에서 우두법이 효과를 본 것은 국가가 나서 의무접종을 실시했기 때문이다. 그 정도는 아니라 해도 비슷한 시기의 이웃 일본의 경우처럼 우두법을 학습하는 교육체계를 세우지도 못했다. 그것을 학습하고 시술하는 것이 전적으로 민간의 사적 의료 활동으로 머물러 있었다.

8. 마진 전문의서 『麻科會通』과 근대성

미키 사카에(三木榮, 1962)는 정약용의 『마과회통』에 대해 "계통적인 과학적 방법으로 편술한", 조선 마진학의 대성이며, 동아시아 痲疹書의 최고봉으로 평가했다(228~229쪽). 홍문화(1980)는 "『마과회통』은 중국의 한의학의 추종에 그친 것이 아니라, 독자적 체계에 의한 집대성임을 입증하여 주고 있다."(90~91쪽)고 평가했다. 베이커(1990)는 "『마과회통』의 대부분이 다산이 홍역과 천연두의 여러 특징에 관한 상반된 견해들을 참고서적들로부터 발췌하여, 더 단순하고 이론적으로 덜 복잡한 것을 선호하는 입장에서 자신의 소견을 제시한 것이었다. 그가 기준으로 삼은 것은 실제 경험에 의한 경험주의보다 '오컴의 면도날'(즉 '다른 모든 것이 동일하다면 가장 간결한 설명이 최선의 설명이다'라는 오컴의 경제법칙)의 합리성에 있었다"고 보았다.[38] 즉 "경험주의적(실학사상 가운데에서 일반적으로 인정되는 특징의 하나)이라기보다 문헌학적이라는 것이었다. 김호(1996)는 『마과회통』의 저술에서 정약용은 "미신적이고 허황된 의론을 배척하고 경험적이고 객관적인 이론을 종합한 의학가의 모습의 보여주었다"고 평가했다.[39] 김대원(2000)은 『마과회통』이 이전의 마진학을 집대성해 놓은 책임에는 틀림없지만 임상에 활용하기에는 불편한 책이며, "철저하게 문헌에 의존하

38) 베이커, 「정약용의 의학론과 서양의학」, 『조선후기 유교와 천주교의 대립』, 1997, 320쪽.

39) 김호, 「조선후기 '두진' 연구 - 마과회통을 중심으로 - 」, 『한국문화』 17, 1996, 183쪽.

는 글쓰기와 학문 정신의 결과가 『마과회통』"(146쪽)이라 평하했다.

이상의 내용은 정약용의 『마과회통』에 관한 대표적인 다섯 가지 견해인데, 자세히 들여다보면 그들 사이에 미묘한 논점의 차이가 존재한다. 조선후기 '의학과 실학'의 논의에서 이렇게 다양한 입장의 차이가 드러나고 풍부하게 논의된 경우는 없었다. 의학 분야에서 '실학정신'의 꽃으로 평가받아온 『마과회통』을 어떻게 평가하느냐에 '실학'에 대한 평가가 달라질 수밖에 없다. 여러 학자가 이 주제에 깊은 관심을 쏟은 것은 이 때문일 것이다. 아래에서 나는 선행 연구자의 주장을 검토하면서 내 견해를 내놓을 것이다.

『마과회통』은 총 9편이며, 그것은 크게 세 부분으로 이루어져 있다. 첫째는 병을 논한 부분이고, 둘째는 약제(처방 모음과 색인)이고, 셋째는 본초(약물 모음과 색인)이다. 병을 논하면서 언급된 각종 처방의 구성과, 거기에 들어간 각종 약재에 관한 구체적 정보는 각기 약제 부분과 본초 부분에서 찾아 활용할 수 있도록 하였다. 단, 현존하는 『마과회통』에서 본초 편이 삽입되어 있지 않다. 이렇게 세 부분으로 구성한 것은 병증과 약제, 약물의 약성에 관한 논의가 한 데 섞이는 혼란을 더는 동시에, 관심 있는 병증으로부터, 처방으로부터, 약물로부터 마진을 접근해 들어갈 수 있도록 한 것이다.

『마과회통』 체제에서 가장 가치 있는 것은 6개의 편으로 구성된 첫 번째 병증에 관한 정리 부분이다. 그것은 다시 세 부분으로 구성되어 있다. 첫째는 중국 의학의 논의이다. 그것은 다시 原證, 因證, 辨似, 資異 등 네 편으로 구성되어 있다. 우선 原證 편에서 마진의 正症인 홍역을 정의하고, 발병 요인을 캐묻고, 일반적인 치료법과 상세한 진행 단계에 알맞은 치료법을 제시한다. 다음으로는 因證 편에서는 마진 때 나타나는 온갖 증상을 여러 개의 무리(땀 · 피 · 갈증 · 음식 먹기 · 인후통 · 복통 · 심리 정신상태 · 대소변 · 설사 · 이질 · 疳瘵[괴저성 口內炎] · 멍울 · 회충 · 잡증)로 나누어 범주화한다. 다음으로는 유사 질병을 구별하기 위한 편으로, 마진으로 오인할 수 있는 發斑이나 手痘 같은 각종 발진성 질환을 다룬다. 그 다음은 資異 편으로 오랜 의학 전통을 지닌 두창에 관한 의학으로부터 유용한 정보를 얻는다. 이상으로 중국의 마진학을 재구성한 후, 정약용은 똑같은 네 개의 범주로 조선의 마진학을 엮었는데, 我俗 편이 그것이다. 마지막으로 마진 전반에 관한 자신의 생각을 吾見 편으로 덧붙여 『마과회통』을 완결지었다. 이상 6편의 내용을 통해 『마과회통』은 의학적으로는 마진을 포함한 발진성 질환 전체를 조리 있게 다루었고, 중국과 조선의 전통을 망라했다. 거기에다 마진학 각 내용의 좋고 나쁨, 본받을 것과 버릴 것을 평가하는 자신의 목소리를 담았다.

이런 내용이 미키 사카에(三木榮)가 말한 "계통적인 과학적인 체계"의 알맹이다. 즉 "일관성 있고, 포괄적이며, 세심한" 체계성이 그것이다. 한국 의서 대부분을 해제하고, 일본 의서에 정통하며, 중국 의서에도 해박했던 미키 사카에(三木榮)는 다른 의서와 견줄 때, 『마과회통』의 가장 큰 특징이 이 점이라고 생각했다. 그가 보기에 홍역과 발진성 전염병에 관한 그 어떤 중국・조선 의서도 이러한 탄탄함을 갖추지 못했다. 따라서 그는 적어도 마진학 의서 가운데에서 『마과회통』은 최고봉을 차지한다고 평가한 것이다.

베이커는 『마과회통』을 엮은 체계보다는 그 내용을 채울 의학기사의 선택 방식에 더 주목했다. 그는 정약용이 여러 학자의 의학적 설명과 처방을 '오컴의 면도날' 같은 방식을 작동시켜 적절한 것을 골라낸 방식을 높이 평가했다. 베이커는 홍역의 원인으로 이익까지도 믿고 있었던 귀신소인설을 배격하고 胎毒說(태어날 때 체내에서 생긴 태독 때문에 병이 생긴다는 설명)을 지지하게 된 사례를 들었다. 다산은 여러 중국의서를 검토하면서 이 태독설이 더 타당함을 받아들였다는 것이다. 베이커는 이처럼 미신적인 것을 거부하는 방식으로 다산이 홍역에 관한 다른 주제를 다루었다고 보았다. 즉, 송・명대 신유학의 중심을 이루는 합리주의적이며 포괄적인 상관성과 상호관계의 네트워크를 중시하는 의학적 설명 방식을 거부하였으며, 그 대신에 단순하고 소박한 고대의 접근방식을 옹호했다는 것이다. 베이커가 『마과회통』에서 의학적 내용이 선택되어 책이 구성하는 방식에 관심을 쏟은 것은 학계에 지배적인 "다산의 경험주의"라는 주장을 공박하기 위한 것이었다. 즉 다산이 심혈을 기울인 저작인, 경험이 가장 중요하게 작동할 수밖에 없는 의학 분야에서 그 전체를 관통하는 것이 실제 경험에 의한 경험주의보다 논리의 간결성을 추구한 '오컴의 면도날'[40] 방식이었다는 것이다. 그는 독자적으로 조사하기보다는 오히려 대부분 명대의 의서인 64여 종의 홍역과 천연두 연구서를 참조했던 것이다. 달리 말해 "홍역과 천연두의 여러 특징에 관한 상반된 견해들을 참고서적들로부터 발췌하여, 더 단순하고 이론적으로 덜 복잡한 것을 선호하는 입장에서 자신의 소견을 제시한 것"에 지나지 않는 것이다.[41] 따라서 『마과회통』이 가치가 있는 것은 그것이 '실학자'의 '경험' 때문이 아니라, 문헌을 골라내는 '합리적' 태도 때문인 것이다.

김호는 『마과회통』에 대해 "미신적이고 허황된 의론을 배척하고 경험적이고 객관적인 이론을 종합한 것"으로 평가했다. 여기서 미신적, 허황된 의론 배척, 종합 등의 내용은 위에서 살핀 내용이므로 재론하지 않아도 될 것이나, '경험적', '객관적'이라는 내용에 대해서는 좀 더 검토가 필요하다. 김호는 정약용이 『마과회통』의 「오견편」에서 혼동하기 쉬운 유사질환을 세심하게 구별하는 모습을 제시하면서 그가 "단순히 중국의 의서만을 수집하여 정리했던 이론적 지식인이 아니었음"을 주장했다. 또한 정약용이 이러한 "정확한 지식과 경험에 의하여 마진의 범주를 좁히고 정의를 명확히" 했으며, 이에 근거하여 "의학상의 표현을 수정"해 나간 것으로 이해했다.[42] 이런 서술 과정은 '세심한 관

40) 베이커, 앞의 책, 1997, 320쪽.
41) 베이커, 앞의 책, 1997, 320~321쪽.

찰'을 통해 '엄밀한 체계'를 획득하는 것이라 말할 수 있다. 김호가 말한 '경험적', '객관적'이란 단어는 이를 뜻한다고 말할 수 있다.

김대원은 베이커의 '오컴'론과 김호의 '경험'론 양자를 겨냥하여 반박을 펼쳤다. '간결성'에 대해서는 다음과 같이 반박한다.

> 『마과회통』을 보면서 드는 가장 큰 의문은 왜 같은 말을 반복하는 것일까 하는 것이다. 한 항목에서 가령 "마진은 땀을 흘려도 무방하다. 그러나 너무 많이 흘리면 문제가 있는 것이니, 무슨 탕을 먹이면 그친다"는 내용이 있다. 그러면 그는 자신의 목소리로 이 한 대목만 쓰면 그만일 텐데, 여러 사람의 말을 인용하면서, 여러 번 똑같은 말을 반복한다. 설명도 똑같고 심지어 그 증상에 대한 처방도 동일한 말을 말이다. 경우에 따라서 처방들은 조금씩 달라지고 있는 경우들은 있지만 많은 경우는 동일한 증상, 동일한 처방들이다. 전혀 엉뚱한 다른 이야기를 하는 사람이 없는데도, 여러 사람의 말을, 그것도 동일한 말을 인용하는 것은, 그럼으로써 자기가 하는 말의 권위를 세우고 싶었기 때문일까?[43]

이런 언급을 보면, 베이커의 '간결성'이 무색해진다. 비슷한 내용의 되풀이식 전개는 오컴의 면도날에 배치되는 것이기 때문이다. 이렇듯 베이커를 공격하면서도 김대원은 베이커의 '문헌주의'에는 공감하면서 김호의 '경험'론에 이견을 표시했다. 김대원은 이런 되풀이식 전개가 그의 문헌지상주의적 태도에서 비롯한 것으로 추측했다. 즉 문헌에 있어야만 믿는 그의 태도가 결국 자신의 경험조차도 꼭 다른 책에서 확인하고 싶어하고, 주변의 경험을 그대로 받아들이지 못하는 현상을 초래했다는 것이다.[44] 또한 그는 『마과회통』이 지적인 측면에서는 체계

42) 김호, 「조선후기 '두진' 연구 - 마과회통을 중심으로 - 」, 『한국문화』 17, 1996, 168~169쪽.

43) 김대원, 「정약용의 의학론」, 『과학사상』 33, 2000년 여름호, 146쪽.

44) 김대원, 「정약용의 의학론」, 146쪽.

적이고 세련된 것이었지만, 실제 임상에서는 불편하고 효과를 보기 힘든 것이었다고 평가했다.

나는 김대원의 '되풀이설'에 다른 해석을 내놓고 싶다. 난치병 성격을 띠는 '홍역' 같이 미지의 질병에 그 어떤 누구인들 확신에 찬 발언을 할 수 있었을까? 자신의 '경험방'을 내놓는 것이 고작이었을 것이며, 그것을 섣불리 일반화한다면, 다산이 『마과회통』에서 여러 의자를 비난하고 있듯이 그는 '허풍쟁이'로 취급할 수밖에 없다. 그렇다면 확고한 기준을 마련하지는 못한다고 해도, 여러 사람이 '경험'하고 공감한 방식을 택하는 것이 차선의 방식은 될 수 있을 것이다. 다산은 그런 방식으로 '좀 더 신뢰할 만한 마진 의학'을 취했다고 볼 수 있다. 홍역에 관한 기존의 연구가 부족하기 때문에 좀 더 연구가 풍부한 두창에 관한 연구로부터도 유용함을 얻으려고 했던 것도 이와 비슷한 맥락에서 이해할 수 있다.

나는 베이커의 '오컴의 면도날'설을 받아들일 수 없다. 거창한 주장에 비해 분석적인 논거가 부족하다는 결정적인 약점 때문만이 아니다. '의학적 내용' 개개의 적절함과 부적절함을 생각하지 않고, 여러 설 중 간단한 것만을 취하는 것은 절대로 의서를 편찬하는 사람의 자세가 아니었기 때문이다. 비록 다른 문헌을 인용하는 형식을 취했다고 해도 『마과회통』에서는 그것은 자신의 경험, 관찰, 의학이론에 대한 이해, 처방 구성과 그에 들어간 약재에 대한 식견이 종합적으로 작동하고 있다. 특히 「오견편」에서 다산이 드러낸 견해 정도는 조선의 의서 전통에서 그와 견줄 만한 것이 전혀 없으며, 중국 의서 가운데에서도 흔치 않다고 할 수 있을 정도이다. '오컴의 면도날' 비슷한 모습이 『마과회통』에 나타났다면, 그것은 그의 문헌 취급 방식에 기인한 것이 아니라, 그의 마진에 대한 높은 식견에서 부수된 것이다.

『마과회통』, 어떻게 평가할 것인가? 나는 이에 대해서 기존의 방식, 즉 실학의 관련성을 찾거나 그것을 반박하는 방식에 우선 관심을 두는 태도를 바꿔야 한다고 생각한다. 그것보다는 의서로서의 가치를 탐구해야 한다. 내가 생각했을 때, 한국의학사 또는 동아시아 의학사에서 『마과회통』의 의의는 다음과 같다. 미키 사카에(三木榮)가 이미 말했듯이, 동아시아 마진학의 결정판이다. 체계의 구성과 편집 방식에서 합리적인 점이 있었다. 여러 설의 비교와 자신의 논의라는 방식을 통해 좀 더 신뢰할 만한 의학을 모색했다. 「오견편」에 보인 비판 의식은 조선의학사 전통에서 가장 돋보이는 것이다. 이런 것들이 '실학정신'이라고 말할 수 있는 부분일 것이다. 그렇지만 이런 전통에도 불구하고 그것은 연구 전통으로 확립되지 못했으며, 더욱이 실용적인 측면에서 널리 효과를 거두지 못했다.[45] 이것은 조선후기 의학계의 한계이자 실학의 한계이다.

9. 서양의학의 도입과 한의학 비판

조선후기 서양의학 수용에 관한 내용은 미키 사카에(三木榮)의 『조선의학사급질병사』(1950년 등사 초판, 1962년 인쇄판)에서 현재 우리가 접할 수 있는 대략적인 윤곽이 그려졌다. 이후 이영택은 「우리나라에 처음으로 소개된 西醫說」[46](1954)에서 이익(안정복)의 『성호사설유선』에 담긴 서양의학 내용을 분석했고, 김두종은 『한국의학사 전』(1962)에서 미키 사카에(三木榮)의 책에 없는 최한기의 의학 내용을 간략히 소개했다.

한동안 잠잠했던 조선후기 서양의학의 수용에 관한 연구가 1990년대 들어 좀 더 본격적인 모습으로 등장했다. 이전의 연구가 주로 조선후기 저작에 등장하는 서양의학에 관한 정보의 소개에 국한되었다면,

45) 김대원, 「정약용의 의학론」, 148쪽.

46) 이영택, 「우리나라에 처음으로 소개된 서의설」, 『서울대학교 논문집 자연과학 제1집』, 1954, 208~213쪽.

이 시기의 연구는 그 성격에 대한 논의로 심화했다. 그 선두에 서 있는 학자는 베이커이다. 그(1990)는 실학자의 각종 저작에 서양의학의 내용을 검토하여 이익, 박지원, 박제가 등의 '실학자'들의 조선의료계 비판과 효과 있는 서양 치료술의 모색, 좀 더 근본적인 문제제기로서 정동유와 정약용의 한의학 이론 자체에 대한 비판을 정리했다.[47] 각각의 소재는 거의 모두 선행 연구자들도 봤던 것이지만, 위와 같은 일관된 흐름으로 "실학과 의학"을 정리한 최초의 논문이라고 할 수 있다. 그의 관심은 단지 의학 분야에 관심을 둔 것은 아니었다. 그는 기존의 실학 연구가 내세운 '실학의 근대성' 전체를 부정하는 논리를 의학 분야에서 찾으려 했다(330쪽). 한편 김대원(1991)은 정약용의 『의령』을 연구하면서 그 안에 담긴 서의설과 그에 근거한 한의학 비판에 관한 내용을 분석했으며,[48] 최근의 논문에서는 정약용의 "서학이 단지 서학이기 때문에 추종한 사대주의적인 것에 지나지 않았다."고 비판했다.[49]

위의 "실학적" 흐름과 다소 이질적인 인물이라 할 수 있는 최한기의 의학에 관해서는 여러 연구가 나왔다. 여인석·노재훈(1993)은 최한기의 의학 내용을 깊이 분석하여 최한기가 근거로 삼은 서양의사 홉슨의 한역서와 최한기의 『신기천험』에 나타난 차이점을 밝히는 한편, 그 차이가 최한기의 통일된 기학적 의학 체계의 건설에서 비롯한 것임을 분명히 했다.[50] 이현구(1993)는 최한기 기학의 전체 체제와 의학의 관련성을 연구했고,[51] 신동원(1995)도 최한기의 "기학적 의학의 특성"을 논하는 한편, 그의 동서의학에 대한 태도를 논의했다.[52] 김성준(1999)

---

47) Donald Baker, "Sirhak Medicine : Measles, Smallpox, and Chong Tasan," *Korean Studies* 14, 1990.

48) 김대원, 「정약용의 『의령』」, 서울대학교 석사학위논문, 1991.

49) 김대원, 「정약용의 의학론」, 『과학사상』 33, 2000년 여름호.

50) 여인석·노재훈, 「최한기의 의학사상」, 『의사학』 제2권 제1호, 1993, 69~78쪽.

51) 이현구, 『최한기 기학의 성립과 체계에 관한 연구 - 서양 근대과학의 유입과 조선후기 유학의 변용 - 』, 성균관대학교 박사학위논문, 1993.

은 조선에 전해진 서구 뇌주설에 대한 최한기의 대응을 분석했다.53)

조선에서 서양의학에 대해 최초의 관심을 표명한 학자는 18세기의 성호 이익(1681~1763)이었다. 이익이 지은 『성호사설』은 서양의학에 관한 내용이 두 군데 나온다. 그 중 하나가 「본초」(권5下)이며 다른 하나가 「西國醫」(권5下)이다. 이익은 서양 본초에 대해서는 湯若望의 중국 본초 8천여 종에 관한 약리적 연구가 후세에 전수되지 못한 것을 유감으로 생각하고 서양인들의 고찰방법과 물리설이 중국인보다 우수하다고 판단했다.

「본초」의 내용이 단편적인 데 비해 「西國醫」에 실린 서양의 生理說은 비교적 상세한 편이다. 그것은 독일인 선교사 아담샬(湯若望, 1591~1666)의 『主制群徵』으로부터 따온 것이다. 고대 로마시대 갈렌의 생리학을 소개한 그 내용은 크게 네 부분으로 구성되어 있다.54) 첫째는 생리원칙으로 "사람의 身形이 뼈와 살로 구성되며, 그것이 반드시 열을 근본으로 하여 생기며, 피는 자양이 되고, 氣는 動覺이 되며, 몸의 모든 기관은 뇌의 주재를 받는다는 것"이었다.55) 둘째는 혈액으로, 음식이 간에서 혈액으로 화하며 그것이 온몸을 돌아 생명활동을 영위케 하는 기전을 말했으며, 심장의 격막에 있는 구멍을 통해 혈액이 순환하는 것을 가정했다. 셋째는 호흡으로 "心의 호흡으로서 新氣를 흡입하고 舊氣를 호출함을 말했다. 넷째는 뇌척수신경으로 몸 전체를 관장하는 중심기관으로서 뇌의 기능을 말했다.

이익은 이 설에 대해 "검토해보건대, 중국의가의 설에 비해 훨씬 세밀하여 소홀히[沒] 할 수가 없다"고 평가했다.56) 이익이 어떤 점에서

---

52) 신동원, 「최한기의 기학과 의학」, 1995, 현곡학회 발표(『현곡학회지』 1호, 1996에 수록).

53) 김성준, 「18·19세기 조선에 전해진 서구 뇌주설과 혜강 최한기의 대응」, 고려대학교 과학학협동과정 석사학위논문, 1999.

54) 이영택, 앞의 논문, 1954, 209~210쪽.

55) 李翼, 「西國醫」, 『星湖僿說』 권5下.

이 설이 중국의학보다 세밀하다는 분석을 내놓지는 않았지만, 그가 느낀 점은 쉽게 헤아릴 수 있다. 각 신체 기관의 실체가 분명하며, 각 신체 기관 사이의 유기적 연결이 뚜렷했기 때문이다. 이에 대비되는 한의학의 생리학은 오장육부의 설이라 할 수 있는데, 그것은 관념적이고 추상적인 오행의 전변과정에 꿰어 맞춰진 듯한 논리를 띠었다. 이익이 이 설을 칭찬했지만, 모든 것을 그대로 추종한 것은 아니었다. 그는 뇌가 지각을 담당하는 기관이라는 아담샬의 주장에 동의하지 않았다. 이 주장은 동아시아 사상체계 핵심적인 가정, "心이 지각의 주체"라는 설에 강력하게 도전하는 것이었기 때문이다.[57] 마찬가지 입장에서 그는 서양 생리설의 외연인 '기독교적 영혼'에 대해서는 전혀 관심을 두지 않았다. 이와 같은 이익의 태도를 베이커는 조선의 실학 유학이 융통성과 경직성을 동시에 지니고 있는 것으로 파악했다. 즉 서양의 해부생리학을 자신의 신유학 도덕규범의 근본가정을 위협하지 않는 범위에서 그것을 수용하는 융통성을 보여주었던 것이다.[58]

이익 이후 생리설은 '뇌'가 몸의 중심인가, 아니면 '심'인가 하는 약간의 논쟁을 낳았다.[59] 이규경은 '뇌가 動覺의 중심이 된다는 설'을 단순히 소개하는 데 그치지 않고 그 설의 타당성을 변증하고자 했으며 변증과정에서 동서를 절충하였다. 즉, 그는 서양인이 주장한 뇌주설의 타당함에 대해 "뇌를 다친 청대의 齊召南이라는 인물이 백치가 되었다는 사실과 도교 수련에서 '뇌를 중요시하는 태도'를 빌어 뇌주설이 옳다"고 주장한 것이었다. 최한기도 이 문제에 적지 않은 관심을 보였다. 그는 "뇌신경계의 작용으로 각 감각 기관이 작동하게 된다"는 서양

56) 이영택, 앞의 논문, 1954, 209쪽.

57) 도날드 베이커 저, 김세윤 역, 「정약용의 의학론과 서양의학」, 『조선후기 유교와 천주교의 대립』, 일조각, 1997, 310~311쪽.

58) 도날드 베이커 저・김세윤 역, 앞의 책, 일조각, 1997, 312쪽.

59) 이에 대해서는 김성준, 「18・19세기 조선에 전해진 서구 뇌주설과 혜강 최한기의 대응」, 고려대학교 과학학협동과정 석사학위논문, 1999를 참고.

의학의 腦主說을 받아들여 인체의 감각과 지각의 원천을 뇌로 규정했다. 하지만 그는 이러한 영혼이 주재하는 자리로서 '뇌'을 부인했으며, 온 몸을 주재하는 것은 그 자신의 '몸의 무게중심'으로 새로이 규정한 '심'이었다.[60]

이규경과 최한기는 생리적인 측면뿐만 아니라 '몸'의 해부적인 근거를 탐구했다. 이규경은 아담샬의 『주제군징』을 인용하여 인체의 해부 구조를 물었다. 「人體內外總象辨證說」[61]이 그것이다. 그는 척추 수와 몸의 각 부위에 대한 西醫의 설에 감탄했다. 하지만 그는 한의학 경전인 『難經』의 '인체의 骨度의 설'을 읽은 후에는 자신의 태도를 바꿨다. 이 책의 내용이 아담샬의 그것보다 훨씬 상세하다는 것이었다.[62] 최한기는 그와 달랐다. 그는 홉슨이 한역한 근대 서양해부학을 그대로 채택했다. 그는 홉슨의 『전체신론』에 실린 해부도를 다 보았지만, 그것을 자신의 책인 『신기천험』에 싣지는 않았다. 하지만 『신기천험』이 가정한 몸의 구조는 『전체신론』의 그것과 하나도 다를 바 없었다.

이러한 최한기의 의학은 다른 학자의 서양의학 수용과 확연히 달랐다. 그는 서양의 고대・중세의 갈렌 의학이 아니라 근대의학을 다루었다. 또한 의학의 일부가 아니라 내과, 외과, 소아과, 치료술 등 전 분야에 대해서 관심을 보였다. 이러한 점에서 『신기천험』은 개항 이전 서양의학 이해의 최고봉에 서있었다 할 수 있다. 또한 그는 홉슨의 서양의학을 매우 깊은 수준까지 이해했으면서, 그 책에 나타난 신학적 내용을 비판하면서 그것을 완전히 추종하지 않았다.

이익 이후 여러 '실학자'가 서양 의술에서 효과 있는 방법을 찾으려고 했다. 종두법 수입은 가장 대표적인 사례가 될 것이다. 이밖에도 박지원은 『열하일기』에서 "우리나라 의방이 많지 않고, 약재 또한 풍부

---

60) 김성준, 앞의 논문, 35쪽.

61) 『오주연문장전산고』, 동국문화사 영인본, 권19, 559쪽.

62) 「人身臟腑骨度辨證說」, 『오주연문장전산고』 권49, 597~598쪽.

하지 않아서 모두 중국에서 얻어 쓰고 있다. 늘 진짜가 아님을 걱정하고, 널리 알지 못한다. 참된 약이 아니면, 병을 낫게 할 수 없다."라고 하면서 당시 중국에서 효과가 있다고 알려진 네덜란드 의서인 『小兒經驗方』과 『西洋收露方』의 존재를 소개하였다.[63] 박제가는 조선 약재의 문제점을 지적하면서, 우수하다는 서양 약에 대해 들었으나 중국에서 그와 관련된 책을 구하지 못함을 안타까워했다.[64] 정약용의 「의령」의 '藥露記'에도 서양의 내·외과 치료를 언급하였다. 이 내용은 조재삼의 『송남잡지(松南雜識)』의 '양인의학'에도 실려 있다.[65] 한편 안정복은 역병이 유행할 때, 시체를 태워 그 냄새로 역병을 쫓는다는 서양의 방역법이 타당한 이치가 있다고 말했다.[66]

이런 탐색은 박제가의 언급에서도 드러나고 있듯이, 조선의 의약(의료 행태와 약재 사용)을 믿지 못해 그런 측면이 있었던 것은 분명하다. 하지만 나는 베이커가 가정한 만큼 조선의 의료 비판과 서양의술 탐색이 매우 강한 함수관계를 맺는다고 생각하지 않는다. 의원의 행태나 약재의 그릇된 사용 등은 사회·경제적인 문제이지, 학술적인 문제가 아니기 때문이다.

서양의학의 '몸'과 '의학'에 대한 생각은 한의학 이론의 비판의 근거가 되기도 했다. 鄭東愈(1744~1808)는 서양 사람의 말을 인용하여 한의학의 오행에 입각한 오장의 補瀉 이론이 옳은지에 대해 회의를 나타냈다. 그는 한의학 경전인 『소문』의 오장의 오행 배속과 한대 양웅의 오행 배속 사이에 차이가 있는 것에 착안해 어느 것이 옳은지를 의심했다. 즉 『소문』에서는 당시나 오늘날의 한의학에서 받아들이고 있는 것처럼 "심장이 火, 폐가 金, 비장이 土, 간장이 木, 신장이 水에 속한다"고 했지만 한대 楊雄(B.C. 53~A.D. 18)의 『太玄經』에서는 "비장은

63) 三木榮, 앞의 책, 1962, 222~223쪽.
64) 박제가, 『북학의』, 「藥」.
65) 조재삼, 『松南雜識』, 「洋人醫學」.
66) 안정복 저, 홍승균 역, 『국역순암집』 3, 민족문화추진회, 1996, 46쪽.

목, 간장은 금, 폐는 화, 신장은 수, 심장은 토에 속한다"고 하여 양자 사이에 차이가 있는 것이었다. 이렇듯 오장의 배속이 다르면, "『소문』에서 보해야 할 것이, 『태현경』에서는 사해야 할 것이 되는" 모순이 발생한다. 정동유는 한 걸음 더 나아가 "중국의 의술은 오로지 오행의 설만 적용하고 있기 때문에 병을 고치치 못한다"는 서양인의 말을 인용하여 오장의 오행 배속이라는 개념 자체를 의심하였다.[67] 이렇듯 정동유의 비판은 문헌과 轉言을 들어 한의학의 핵심이론인 오장의 상생상극 보사 이론의 문제점을 지적했지만, 그것은 "이 설을 폐해야 할 것인가? 진실로 모르겠다"는 정도로 의문을 표시하는 데 그쳤다. 그는 이러한 논의가 단순히 두 설 중 옳은 것을 고르는 것 또는 그 설이 맞고 틀리는 것 정도가 아니라 고래로부터 전해져 온 한의학 전체를 뒤엎어 버리는 내용임을 잘 알고 있었기 때문이다. 그의 논의에서 서양의 영향은 "서양 사람들이 그렇게 말하더라"는 단순한 인용에 그쳤다.

丁若鏞의 한의학 이론 비판에서 서양의학의 구실은 정동유의 그것보다 훨씬 적극인 모습을 띠었다. 그는 오행과 六氣(外感인 風·寒·暑·濕·燥·火 등 6가지 삿된 기운)의 범주를 비판하는데, 서양의 지식을 활용했다. 정약용은 이 "육기가 같은 무리가 아닌데 동일한 범주로 취급"하는 것을 비판했다. 즉 寒暑는 자연운행의 때와 관련된 것이고, 燥濕을 物情의 形이고, 火는 元物의 본체이고, 風은 원물로 인해 생겨난 황사와 같은 종류의 것이었다. 두 개는 계절과 관련된 것이고, 두 개는 物의 기본적인 모양이고, 나머지는 물의 본래의 모습과 그것으로 인해 생겨난 것이다.[68] 이런 비판의 이면에는, 서학의 영향을 받은 寒·熱·燥·濕 등을 내용으로 하는 그의 四情 이론이 깔려 있다.[69] 이 사정 이론은 갈렌 생리학의 핵심적인 내용으로 인체를 구성

67) 정동유 저, 남만성 역, 『주영편』 상, 을유문화사, 1971, 169~170쪽.

68) 정약용, 「醫零」 '六氣論 1' ; 김대원, 「정약용의 의학론」, 『과학사상』 33, 2000. 여름, 136~137쪽.

69) 베이커, 앞의 책, 1997, 314~315쪽 ; 김대원, 앞의 논문, 136쪽.

하고 있는 4체액 사이의 균형이 깨지면 병이 생긴다는 이론과 관련된 것이다. 정약용은 육기의 범주상의 잘못을 지적하면서 한의학의 전통적인 외감론에 대해 회의를 표하면서, 체내 4정의 偏敗로 병이 발생한다고 주장했다.

이러한 논의와 별개로 정약용은 근시와 원시가 생기는 이유로 전통적인 견해인 "음기 또는 양기의 부족 때문에 근시와 원시가 생긴다"는 견해를 부정하고 "안구가 돌출하면 가까운 것을 잘 볼 수 있고, 안구가 평편하면 먼 것을 잘 볼 수 있다"는 견해로 대신했다.[70] 여기에서도 서양의학의 영향이 드러나 있다.

서양의학에 바탕을 둔 六氣論, 즉 運氣論과 근·원시론에 대한 비판은 이런 사항에 국한되지 않았다. 정약용의 「醫零」은 비록 짤막한 단편을 모은 영성한 책자이지만, 거기서 제기된 문제는 한의학 이론체계 전체를 의심하는 것이었다.[71] 정약용 이외에 그 누구도 이렇게 대담하게 한의학의 핵심적인 이론을 공격한 인물은 그 이전에 없었다. 그는 한의학의 핵심이론에 대해 하나하나 회의를 품었다. 「육기론」에서는 위에서 말한 바와 같이 여섯 종류의 기가 범주 상 잘못되었다는 것을 지적했고, 「육기론 2」에서는 육기가 오행의 상극에 따라 전변한다는 설을 견강부회라 비판했으며, 「육기론 3」에서는 열성 전염병인 溫病이 사계절의 변화에 대응해서 생긴다는 傷寒說이 이치가 없음을 비판했다. 「외감론 1」에서는 "바깥의 나쁜 기운이 피부를 통해 들어와 병을 깊게 만든다"는 설이 의자가 數에 집착해서 생긴 병폐라고 비판했으며, 「외감론 2」에서는 "몸 속의 오장육부가 피부의 12경락이 대응한다는 표리설"이 억지 대응 논리에 불과하다고 비판했고, 「외감론 3」에서는 "몸 겉에 생긴 것을 모두 表症으로 보는 것"을 비판했다. 「裏證論 1」에서 "감정이 상해서 생긴 내상·피로로 인한 내상·호색으로

70) 정약용, 「의령」, '근시론'.
71) 「의령」의 전반적인 내용에 대해서는 김대원, 앞의 논문, 1991을 참조할 것.

생긴 내상을 음식을 잘못 먹어 생긴 내상과 동일하게 내상으로 간주하는 것"을 잘못이라 비판했고, 「이증론 2」에서는 "얼굴에 나타난 五色을 보아 오장의 상태를 알아낸다"는 臟象理論이 얼토당토하지 않은 것임을 비판했다. 「실증론 1」에서는 "오장 사이의 허·실을 따져 보하고 사하는 이론"이 그릇된 것임을 논했고, 「허실론 2」에서는 "약의 다섯 가지 맛은 각기 자신이 좋아하는 장기를 찾아들어 간다"는 약리설이 타당하지 않음을 논했다. 이상에서처럼 정약용은 한의학이론을 병리, 생리, 약리적인 측면에서 비판했는데, 진맥에 대한 것은 『여유당전서』의 「脈論」에서 비판했다. 그는 맥의 有力, 無力으로 환자의 상태를 알 수 있지만, 진맥 이론에서 말하는 것처럼 맥의 浮沈·遲數·洪微·滑澁·緊緩 등을 통해 환자의 증세를 진단할 수 있다는 점에서는 의심을 품었다.[72] 그리하여 정약용은 한의학의 모든 핵심 영역을 공격한 모습을 띠었다.

사실, 정약용의 한의학 이론에 대한 비판은 의학론의 수준에 머물러 있는 것은 아니었다. 그는 전통적인 자연관의 근간인 기, 음양, 오행 등의 개념 그 자체에 대해 회의하고 재고했기 때문이다.[73] 정약용은 "오행 각각은 만물중의 하나의 物에 불과하며, 따라서 오행이론에서 말하는 것처럼 다섯 가지의 行이 만물을 생성할 수 없다"고 하면서 오행 대신 만물의 기본 형질로서 天·地·水·火를 제시했는데, 이는 『천주실의』에서 말하는 四行과 관련된 것이었다.[74] 음양에 대해서는 "음·양의 이름은 햇빛의 비추임과 가림에서 나왔는데, 해가 숨겨지면 음이

---

72) 베이커, 앞의 책, 1997, 330쪽.

73) 금장태, 「정다산의 사상에 있어서 서학수용과 유학적 기반」, 『동서교섭과 근대한국사상』, 성균관대 출판부, 1984, 97~98쪽 ; 김대원, 앞의 논문, 1991, 15~20쪽.

74) 김대원, 앞의 논문, 1991, 16쪽. 이렇듯 서학의 사행을 받아들였지만, 그것은 서학에서 말하는 사행과 동일한 개념이 아니었다. 이에 대한 것은 김대원의 위의 논문, 1991, 17~18쪽 참조.

고, 해가 비치면 양이니, 본래 체와 질이 없고 단지 밝고 어두움만이 있을 뿐이어서 원래 만물의 부모가 될 수 없다"고 하여 음양의 생성론적 기능을 부정했다. 기에 대해서는 사행인 화·기·수·토 중 하나로 파악했고, 인체의 기는 生養動覺의 근거가 되는 혈과 기의 두 요소 중 하나로 혈보다 더욱 정세한 것으로 이해했다.[75]

베이커는 정약용의 한의학 비판에 대해 "그가 전통의학을 다 거부하였다는 것을 의미하지 않는다. 오히려 정반대였다. 그는 오랜 경험에 바탕을 둔 시술과 훨씬 간단한 고대의 방법에 근거를 둔 시술을 지지하는 입장에서, 지나치게 복잡하고 이론적인 의학을 거부하였던 것"으로 해석했다.[76] 이에 대해서는 좀 더 세심한 검토가 필요하다. 나는 그의 주장 중 "오랜 경험에 바탕을 둔 시술"이라는 주장에 대해서는 동의하지만, "훨씬 간단한 고대의 방법에 근거를 둔 시술"이라는 주장에 대해서는 동의하지 않는다. 그는 '古醫'를 잘못 읽었다. 그가 인용 근거로 들고 있는 여유당전서의 「醫說」과 『마과회통』 「吾見篇」의 '古醫' 항목에서 말하고 있는 것은 베이커가 "고대의 의원들이 당시의 의원들보다 더 성공을 거두었던 것은 고대의 의원들이 기본적인 요소에 집중하였으며, 우주적 상관성에 집착하지 않았기 때문이라고 믿었다. 그는 또 이론적으로 해석하는 사람들이 고대 의학 서적이 담고 있는 지혜를 모호하게 만들었다고 생각하였다."고 해석한 내용이 아니다. 「의설」에서 말하는 요점은 "고의가 중시한 본초에 기본을 두지 않고, 궁리를 따지지 않고 方劑(복합처방)만을 능사로 삼는 현대 의원의 행태"를 비판하는 것이다. 즉 그가 비판한 것은 '현대', 되돌아가야 할 것이 '고대'가 아니라, '기초'를 충실히 하라는 것이다. 그가 방제 그 자체를 부정한 것이 아니라 방제의 무비판적인 확대 적용을 비난한 것이다. "혹 병에 여러 요소가 중복되어 있고 연결되어 풀기 어려우면, 여러 약재를 조

75) 김대원, 위의 논문, 1991, 15~16쪽.
76) 베이커, 앞의 책, 1997, 330쪽.

합하여 서로 구할 수 있기 때문에 의술이 정묘해지고 효과가 빠르게 되었다. 후세에는 본초를 공부하지 않고 오직 옛 처방만을 암기하니, 이를테면 팔미탕을 溫補에 쓰고, 승기탕을 凉瀉에 쓰는 것 같이 하니, 어찌 하나라도 병을 고칠 수 있겠는가?"[77]라 했다. 여기의 溫補니 凉瀉니 하는 개념도 고대부터 존재했던 것이며, 그것은 반드시 본초를 바탕으로 해야 하는 것이다. 이를 다산은 "옛 의사와 요즘 의사"의 비유로 제시한 것이다. 또한 『마과회통』의 「고의」에서 다산이 말하고자 하는 논지는 "古醫라도 다 믿지 못하겠다"는 회의를 표시한 것으로 베이커가 이해한 것과 정반대이다. 이 두 인용문은 같이 묶일 성질의 것이 아니며, 그렇기 때문에 이를 통해 정약용이 "고의 회복론"을 주장했다는 것은 더욱 받아들이기 힘들다. 이 두 설을 통해 정약용이 내세운 메시지는 "실재"인 약물의 성질을 탐구하라는 것, "진리인 것 같이 여겨지는 의학이라도 의심할 것", 이 두 가지이다. 그것은 "합리적인 경험"의 활용 하나로 귀일한다. 정약용이 「의령」에서는 한편으로는 한의학 이론 가운데 꿰맞추기 성격이 짙은 이론을 비판하는 반면에, 다른 한편으로는 옛 처방, 주변의 처방, 자신의 처방 중 '험' 있는 것을 긁어모은 것이 이를 말해준다.

이상에서 살핀 것처럼 정약용은 서양의학을 수용했고, 그에 입각해서 한의학이론의 핵심 부위를 맹렬하게 비판했지만, 이에는 커다란 한계가 있었다. 무엇보다도 그가 수용한 갈렌 의학 체계가 한의학의 대안이 될 수는 없었다. 그것은 다산이 그토록 비판적이었던 한의학에 비해, 그 개념과 방법의 측면에서 근대적이지 않았으며, 질병 치료에도 효과적이지 않았기 때문이다.[78] 또한 그는 그에 상응하는 체계를 구축하지 못했다. 더 나아가 그가 대안으로 제시한 "한두 가지 약재를 이용

77) 정약용, 「醫說」, 『여유당전서』 1 11b/『여유당전서』, 경인문화사편, 1987, 207쪽.

78) 베이커, 앞의 책, 1997, 328쪽.

하는 단방들을 활용하는 것"으로 대안 체계를 세울 수 있었을까 하는 의문이 남는다. 따라서 김대원은 이를 "결국 정약용은 한의학에서 의식적으로 이론들을 벗겨냄으로써 간단한 처치법만 남겨놓았다는 비판을 면하기 어렵게 되었다"고 평가했다.[79]

한의학 비판에 가장 마지막에 서 있으며, 가장 통렬한 견해를 제시한 인물은 최한기였다. 그는 오행과 오장육부의 기능을 연결하는 것을 '견강부회'한 억측이라 하여 이를 부정했다. 그는 "기의 빛 그림자만 보고 기의 형질은 보지 못하였다. 또 오운육기를 으뜸으로 삼아 간지와 상생상극의 이론을 부회하며 사시의 순환만을 보고 지구의 자전과 공전, 그리고 해와 뭇 별들이 서로 조응함은 보지 못해 허무에 허무를 더하였다"[80]고 보았으며, 더 나아가 "음양오행 등 방술에 의학이 부회했기 때문에 (한)의학이 賤技로 전락했다"고 주장했다.[81] 그는 "형태가 있고, 만질 수 있으며, 측정할 수 있는" 의학을 주장하면서, 서양 선교의사 홉슨이 제시한, 갈렌 의학이 아닌, 서양의 근대 해부학, 생리학, 병리학 등의 체제를 그대로 받아들였다. 반면에 그의 『신기천험』에는 한의학의 해부, 생리, 병리에 관한 내용은 그런 의학에 부합하지 않는 것으로 간주했다.

그럼에도 불구하고 서양의학의 약점을 공격하고, 그것을 극복할 수 있는 새 의학체계를 모색했다는 점에서 정약용과 달랐다. 그는 치료술로서 서양 의약의 초라함을 비판했다. 중국과 조선 의학의 경험과 약재가 그에 대한 대안이 된다고 생각했다. 다만 그것은 "유형, 유질, 유측"의 기준을 통과한 연후에 그런 자격을 획득할 수 있다고 하였다. 그

79) 김대원, 앞의 논문, 2000, 143쪽.

80) 『신기천험』 범례. 물론 한의학 이론체계에 대해 비판적인 인식은 가지고 있었지만, 『신기천험』을 저술하기 이전에 최한기는 한의학 이론에 철저히 비판적인 태도를 가지고 있지는 않았다. 여인석 · 노재훈, 「최한기의 의학사상」, 1993, 73쪽.

81) 『신기천험』, 범례.

는 "자기 나라에서 상용하는 湯·散·和·劑를 생극의 부회를 떨쳐버리고, 약성의 切用을 시험하였으니, 분류기준(門)이 많을 필요가 없었다. 보약, 피를 減하는 약, 收斂藥, 雜藥, 外治藥 등이다"라고 말했다. 여기서 기준은 서양 약의 기준인 다섯 가지를 뜻하며, 실험 대상이 되는 것은 중국 또는 조선의 수많은 약재들이었다.[82] 최한기의 의학은 그의 뜻대로 열매를 맺지 못했다. 이는 최한기의 의학이 자신의 형이상학적인 氣學체계를 정당화하는 논거로만 활용했을 뿐, 그 자신이 구체적인 과학 내용을 개발하는 데 뛰어들려고 하지 않았기 때문이다.

의학과 실학의 관련성에서 서양의학 수용과 한의학 비판 부분은 가장 뜨겁게 논의된 주제였다. 거기서 실학정신 또는 근대성을 읽을 수 있다고 생각했기 때문이었다. 하지만 개개의 사건과 기사에 함몰되지 않고, 조선후기 학계와 사회 전체라는 관점에서 서양의학의 수용과 한의학 비판을 냉엄하게 따진다면, 다소 비관적인 결론에 도달하게 된다. "이에 관한 논의가 없지 않았다"는 정도가 올바른 위상 파악이 아닐까? 학문적으로 볼 때, 정보는 절대적으로 부족했으며, 논의수준은 넓지도 깊지도 못했고, 그것은 뚜렷한 연구 전통으로 확립되지도 못했다. 사회적으로 볼 때, 의료의 변화와 개혁을 이끌어내는 데에도 별로 기여하지 못했다.

10. 실학자의 의학적 성과에 대한 평가

지금까지 조선후기 의학의 새로운 흐름을 살펴보았다. 그 가운데 이른바 실학자의 생각과 활동이 포함되어 있었다. 나는 이제부터 逆 과정을 논의하려고 한다. 즉 실학자를 주요 관점으로 삼아 그들의 의학이 위에서 살핀 조선후기 의학의 여러 가지 새로운 흐름에 어떻게, 얼

82) 『신기천험』, 범례.

마만큼 넓게 깊게 연관되어 있는가를 따지려는 것이다. 이런 작업을 통해 조선후기 의학의 실체와 실학자가 펼친 의학의 위상을 좀 더 분명하게 이해할 수 있게 될 것이다.

먼저 의학의 대중화, 달리 말해 민간의 의료 확산이라는 측면을 보면, 실학자가 이에 어느 정도 기여했다. 홍만선과 정약용은 간편한 의약편람을 작성해 의원이 없는 곳에서 의학 이용을 가능케 해주었다. 이 둘의 작업은 조선후기 의약의 대중화를 크게 주도했다기보다는 도도한 흐름의 하나였다.

경험적 의학의 탐구에서도 실학자는 중요한 구실을 했다. 조선후기 '험'을 중시하는 의학의 흐름은 사회 전반적 현상과 관련된 것이었으며, 기후·풍토에 맞는 처방이 효험이 있을 것이라는 의학적 태도도 한몫 했다. 이런 경향에서 정약용이나 최한기가 내세운 '驗'은 많은 醫人이 내세운 '험'과 다른 측면이 있다. 관념적인 의학이론을 부정하면서, 그들은 공통적으로 단순한 의학적 경험에서 한 걸음 더 나아가 본초, 즉 약재의 試驗이라는 측면을 중시했다. 하지만 이러한 실학자의 논의는 '험'을 중시하는 의학적 경향의 연장선에 있었던 것이지 그것이 새로운 의학의 건설로 발돋움하지는 못했다.

시대적 문제인 역병에 대한 대책 모색에서도 실학자의 참여가 있었다. 그것은 당면한 시대적 현실에 맞서는 지식인의 행위로 이해할 수 있다. 이 부분에서는 실학자의 활동과 다른 醫人의 활동이 서로 긴밀하게 연결된 모습을 보였다. 이헌길 같은 의사의 마진 연구는 정약용의 마진 종합으로 연결되었으며, 여러 실학자의 종두법 도입은 이종인 같은 의인의 활약으로 이어져서 종두법의 사회적 확산이라는 결과를 낳았다.

실학자의 의학 논의 중 조선후기 의학 흐름을 완전히 주도한 부분은 서양의학의 도입과 한의학 비판에 관한 부분이다. 이러한 결과는 어찌 보면 당연한 것일 수 있다. 이 논의는 단지 의학 차원의 논의가 아니라 사상과 학문 전체를 보는 거시적인 시야와 관련되어 있기 때문이다. 따라서 사회 현실에 대한 비판적 의식이나, 그것을 비판할 수 있는 유용한 개념적 도구 구실을 하는 선진 학문의 탐구가 실학자에게서 나타났던 것이다. 이 부분은 학문적인 차원에서는 깊은 논의가 이루어졌지만 그것은 醫界에 아무런 영향을 끼치지 못했다.

사실 실학자의 의학적 기여라고 해도, 개인에 따라 그 정도에 커다란 편차가 있다. 여기서 나는 실학자라는 범주로 묶었던 것을 헤쳐서, 실학자 중 누가 어떤 분야에 얼마만큼 새로운 의학에 관심을 보였는지를 따져 보려고 한다. 의학에 관심을 둔 실학자로는 홍만선(1643~1715), 이익(1681~1763), 안정복(1712~1791), 박지원(1737~1805), 정동유(1744~1808), 박제가(1750~1805), 정약용(1762~1836), 이규경(1788~1856), 최한기(1803~1879) 등을 들 수 있다. 이들은 17세기 중반부터 19세기 후반까지 걸쳐 존재하는 인물이며, 이들의 논의가 실학자의 의학 논의의 거의 전부라고 말할 수 있을 것이다.[83] 나는 의학에 대해 얼마만큼 깊이, 넓게 관심을 보였는가에 따라 이 그룹을 의학에 대해 적극적인 관심을 가진 인물과 소극적인 관심을 가진 인물로 분류하려고 한다. 적극적인 인물로는 홍만선, 이익, 정약용, 이규경, 최한기 등을 꼽을 수 있으며, 소극적인 인물로는 안정복, 박지원, 정동유, 박제가 등을 들 수 있다.

소극적 인물인 안정복, 박지원, 정동유, 박제가 등은 의서를 짓거나 의학에 대해 많은 논의를 남기지 않았다. 단지 제한된 분야에 한해 자신의 견해를 제시했을 뿐이다. 공교롭게도 이들은 서양의학에 관심을 가졌고 이를 바탕으로 해서 조선의학에 회의적인 태도를 내비쳤다는 공통점을 보인다. 안정복, 박지원, 박제가는 서양의학에서 효험 있는

83) 이들을 '실학자'라는 범주로 동일하게 묶을 수 있는가에 대해서는 논쟁의 여지가 있지만 그것은 내 논의의 핵심을 벗어나는 일이므로, 나는 편의상 일단 이들을 하나로 묶어 논을 수 있다는 입장을 받아들여 논의를 진행하려 한다.

의학적 방법을 찾아내려고 했다. 종두법(우두법)의 도입에 적극적인 태도가 이를 대표한다. 이와 달리 정동유는 서양의학 이론을 근거로 한의학 이론의 타당성을 회의했다.

적극적인 관심을 보인 인물 중 홍만선, 이익, 이규경은 박물학적 관심의 일환으로 의학의 여러 분야에 주목했다. 홍만선은 지방의 사대부가 생활하는 데 요긴한 박물학적 관심의 하나로 『산림경제』를 남겼는데, 그 가운데 의학 편이 포함되어 있었다. 『동의보감』을 간추린 후 여러 俗方을 덧붙인 이 책은 의원과 약이 부족한 시골에서 의약을 활용할 수 있는 지침서로 널리 활용되어 의학의 대중화에 크게 기여했다. 이익과 이규경의 박물학적 관심은 홍만선과는 달랐다. 이들은 각기 『성호사설』과 『오주연문장전산고』에서 서양의학의 생리설의 소개를 비롯하여 의학, 의료, 질병, 본초 등 다양한 측면에 폭넓은 관심을 보였는데, 의학 내용이 일관된 체계를 갖추지 않았다. 의학적 활용이 주목적이 아니었으며, 단편적인 의학적 지식의 제공이 이 저작의 주요 관심이었다. 이 저작에는 많은 논의가 있으며 그 가운데에는 2절~5절에서 살핀 것과 같은 '긍정적' 가치를 내포한 것이 포함되어 있었다. 하지만 그렇게 평가할 수 없는 내용도 섞여 있었다. 이를테면 이익이 역병의 원인으로 '귀신'의 존재를 인정했다든지, 이규경이 轉女爲男法(임신 중 여아를 남아로 바꿀 수 있는 비술)을 인정했다든지 하는 것이 그것이다.

위의 여러 인물 중 가장 주목되는 인물은 정약용이다. 정약용은 가장 넓게, 가장 깊게 조선후기의 주요한 의학적 흐름에 관련되어 있었다. 우선 그는 현전하지 않지만 『村病或治』를 편찬해서 의약을 이용하지 않고 무속에 의지하는 벽촌의 의료 현실을 극복하려는 노력을 보였다. 이 책은 여러 의서에서 본초를 중심으로 효험이 있다고 생각되는 것들만 뽑아 만든 이용하기에 간편한 책자였다.[84] 둘째로 그는 갑자기

84) 정약용, 「村病或治序」, 『여유당전서』 제1집 시문집 서, 10b~11a쪽.

끔찍한 피해를 냈던 痲疹(홍역), 두창, 괴질(콜레라)에 대해 적극적인 대응의 모습을 보였다. 다른 醫者가 돈벌이가 안 된다고 해서 연구와 시술을 기피했던 마진에 대해 국내외를 망라하여 저작을 수집하여 당대 동아시아 최고 수준의 마진 의서를 편찬하였고, 우두법의 효능을 확신하면서 서학 탄압의 분위기 속에서도 그에 대한 소개를 중단하지 않았으며, 다른 사람이 수수방관만 하던 괴질에 대해서도 재빠르게 중국의 처방을 수입하여 널리 알리는 활동을 폈다. 셋째로 그는 서양의 갈레누스 생리이론에 관심을 가지면서, 그 이론을 바탕으로 해서 음양오행, 오운육기 등 한의학 이론의 관념적 측면을 공박하였으며, 그릇된 이론의 옷을 들어내고 참된 효능을 발휘하는 본초의 개발에 신경을 썼다. 정약용이 의학 분야에서 보인 이런 모습은 당대의 보건의료, 의학의 문제에 대해 고민하는 지식인 像의 본보기로 평가될 만하다.

의학적 사유의 깊이라는 측면에서 정약용을 능가하는 유일한 인물이 최한기이다. 그는 『身機踐驗』에서 갈레누스 생리설이 아닌 근대 서양의학 이론을 거의 통째로 받아들여 자신의 氣思想을 살찌웠다. 그는 한의학 이론의 관념성을 비판하는 동시에 서양 치료술의 빈약함을 비난했다. 그는 중국과 조선 의학의 경험과 약재가 서양의학의 빈약함을 보완할 수 있는 대안이 될 수 있다고 생각했는데, 다만 약성을 시험해서 효능을 결정해야 한다고 주장했다. 의학에서 실측을 강조하고 동서의학 두 의학의 체계의 결합을 모색했지만, 정약용과 비교할 때 최한기의 고민은 지식적, 추상적 차원에 머물러 있었다. 그는 당대의 의료, 의학 현실을 극복하고자 직접 뛰어들지는 않았다.

이상의 내용을 검토하면서, 나는 이른바 실학자의 의학에 대해 두 가지 측면을 지적하려 한다. 첫째는 "신뢰할만한 의학을 얻기 위해 실학자가 적지 않은 노력을 했지만, 그것이 조선후기 의학의 흐름을 주도했다고 보기 힘들며, 그들의 노력이 커다란 성공을 거두었다고 말할 수 없다는 점"이다. 조선후기 사회와 의학에 가장 크게 기여한 것은 종두법의 도입이었다. 실학자들은 효험 있는 의학을 얻고자 했으며, 그것은 한의학 이론의 독단적인 부분의 배격과 효능 있는 약재의 탐구로 나타났다. 이런 과정에서 서양의학에 대한 관심도 표출되었다. 하지만 이런 활동의 의학적, 사회적 파급력은 극히 미미했다. 그렇지만 이들이 당대의 보건, 의학 문제에 보인 치열한 고민과 관심은 역사적인 주목을 받기에 충분하다. 정약용의 『마과회통』 같은 거작은 이런 치열함의 산물이라 할 수 있다. 둘째는 "실학자 사이에 연결된 연구적 전통이 희박하며, 조선후기 의학의 새로운 제 경향에 대해 정약용이 차지하는 위상은 너무 높다"는 점이다. 놀랍게도, '실학적 의학'의 상당 부분이 정약용의 의학론의 연장에 불과하다. 이런 사실은 흔히 대단한 실체가 있는 것처럼 간주하는 실학적 의학 또는 실학자의 의학이 범주 상 적지 않은 문제점을 안고 있음을 시사한다.

11. 맺음말

나는 실학이라는 개념이 조선후기 의학의 흐름을 설명할 때 큰 의미가 있을 수 있다는 점을 부정하지 않는다. 오늘날의 역사가가 봤을 때, 당시 의학의 흐름에서 허와 실을 규정할 만한 실체가 존재했으며, 또 당시의 주역이 상당 정도 그를 의식하고 있었다고 말할 수 있다. 그 허란 이론이나 실천적인 측면에서 부족하거나 잘못된 것, 현실의 문제를 해결하는 데 별로 도움이 되지 않는 것을 뜻한다. 반면에 실이란 좀 더 나은 것을 추구하는 것, 시대적인 문제를 해결하려는 것을 뜻한다.

조선후기 의학에서 허와 실의 대비는 다른 사상 분야보다 적은 편이었다고 말할 수 있다. 기본적으로 의학이 실학에 속하기 때문이다. 의서를 편찬하는 어느 누구도 자신의 작업이 사람을 죽이기 위한 것이라고 말하지 않는다. 조선후기에 편찬된 의서만 그런 것이 아니고, 조선전기, 고려시대 때 편찬된 의서도 마찬가지이다. 더 병을 잘 고치기 위해서 더 효과가 있는 의학이론과 처방을 제시하기 위해서 책을 편찬했다. "사람의 생명을 더 잘 보전하려고 한다"는 생각이 '實'이라면 분명히 모든 의학은 실학이다. 더 효험이 있는 것을 제공하려는 생각이 '實'이라면 이 또한 실학이다.

하지만 의학이 기본적으로 실학을 추구한다고 해도, 이전 시기에 보이지 않았던 내용, 규모, 달라진 경향 따위를 논할 때는 실학은 상대적으로 파악될 수 있을 것이다. 조선후기 의학에서 보이는 의료의 대중화 현상, 驗을 중시하는 의학 학술적 경향, 역병에 대한 새로운 의학적 시도, 기존의학에 대한 근본적인 재검토와 새로운 의학의 모색 등 동시에 표출된 이런 긍정적인 제요소를 하나로 묶어 보는 것이 의미가 없는 일일까? 그렇지 않을 것이다. 비록 일사불란한 통일된 체계를 갖추고 있지는 않지만, 이런 제요소는 분명히 한 덩어리로 묶일 수 있는 내적 연관성, 즉 "신뢰할만한 의학의 모색과 그것의 확산"이라는 공통된 지향을 보이고 있기 때문이다.

그렇다면 조선후기에 나타나는 이러한 의학적 흐름을 무엇이라고 부를 것인가? 이것이 실체가 있고, "좀 더 객관적인 진리와 더 나은 효용을 추구한다"는 점에서 나는 이를 '實學'이라고 명명할 수도 있다고 본다. 하지만 이 '실학'은 그동안 모호하게 논의되어 온 실학과 동일한 것이 아니다. 새롭게 정의된 것이다. 그것은 어떤 선험적인 실학 또는 실학정신이 영향을 미쳐 발생한 것이 아니다. 여러 경향의 역사적 실체의 구성물이며, 여러 개의 실체가 '實'을 발하는 것이다. 정약용을 비롯한 여러 실학자의 의학적 노력이 어떤 분야에서는 크게, 어떤 분야에서는 미미하게 그 '實'과 관련을 맺고 있다.

그 실체를 밝히는 것뿐만 아니라 "그것을 어느 정도로 평가할 것인가"도 역사가의 몫이다. 혹자는 거기에 대단한 의미를 부여하여 현대성을 읽어 내기도 하며, 혹자는 그 정도는 아니며 동시대의 고민을 해결하려는 진지한 노력일 뿐이라고 하기도 하며, 혹자는 그 시도가 어설픈 것이었다고 한다.

내 입장은 무엇인가? 나는 말한다. "한국 의학사의 기나긴 흐름 속에서 그 '實'은 빛나는 성취를 뜻하며, 시대적인 고민을 동반하는 것이었으며, 적지 않은 한계를 지닌 것이었다." 무엇보다도, 한계가 뚜렷했다. 여러 인물의 값진 노력에도 불구하고 의학은 가장 큰 보건문제인 각종 역병에 대해 무력했다. 의료의 확대가 있었지만 그것의 질 관리로 이어지지 않았다. 의학을 새롭게 하려는 탐구가 싹텄지만 굳건한 연구 전통으로 뿌리내리지 못했다. 이런 한계에도 불구하고 성취도 뚜렷했다. 역사상 처음으로 의학이 대중 곁에 다가갔다. 의학은 그러한 흐름에 맞추어 많은 질병에 대해 간편하면서도 효력 있는 의학으로 탈바꿈했다. 아울러 종두법이라는 세계사적인 축복을 조선 사회도 공유하게 되었다. 기존 의학을 비판하고, 서양의학에 관심을 기울이면서 좀 더 나은 의학을 모색했다. 이런 일은 저절로 일어난 것이 아니었다. 사회·경제·학술상의 변화와 함께 실학자를 포함한 의학계의 노력에 의한 것이었다.

지리학의 발달과 지지, 지도의 편찬

배 우 성*

1. 지리서 · 지리지의 편찬

1) 지리지식의 체계화

(1) 도로와 관련된 지리지식

도로는 지역간의 통행이나 물자 · 문화 · 정보의 이동을 가능하게 하는 수단이다. 도로상에서 벌어지고 있는 이동의 실제모습이 역동적일수록 도로에 대한 요구는 더욱 적극적으로 나타나게 될 것이다.

육상과 해상을 막론하고 교통망이 대폭 확충된 것은 18세기 이후의 일이었다. 그러나 왕조의 지배자들이 처음부터 도로에 대해 적극적인 인식을 가졌던 것은 아니다. 상인들이 먼저 도로를 개척해 나갔다. 고조되고 있던 상업적 분위기 속에서 해상유통망도 정비되었다. 다양한 선박들이 만들어지고 항해술과 조선술이 개선된 결과, 정조시대에 이르면 이미 전국 연해지역을 묶는 해로유통권이 성립되기에 이른다.

도로에 대한 부정적 인식은 주로 과거의 군사적 경험 때문이었다. 유사시 적의 침투로가 될 수 있지 않느냐는 것이었다. 간선도로 이외에 間路가 개척되는 것은 국방에 심각한 문제를 불러일으킬 수 있는 것으로 간주되었으며, 路程記를 외국인에게 유출했을 경우 사형에 처하도록 한 규정은 계속 유지되었다. 그러나 18세기 중반을 고비로 대

* 서울시립대학교 국사학과 부교수

외인식과 군사정책이 현실화되면서, 도로에 대한 부정적인 인식도 서서히 변해갈 수 있었다.

왕조의 지배자들이 늘어만 가는 간로를 인정하고 그 현황을 파악했던 것도 도로에 대한 인식의 전환이 있지 않고는 불가능한 것이었다. 영조대 후반에는 「여지고」가 포함된 『동국문헌비고』가 완성되었다. 신경준(1712~1781)은 『도로고』를 저술함으로써 도로에 대한 정보량을 늘렸다.

도로에 대한 더 많은 정보는 지도를 통해서도 제공되었다. 기존 지도의 문제점을 지적하고 이를 극복해 낸 것은 정상기(1678~1752)였다. 그는 책판의 크기에 맞추어진 기존의 지도들로는 거리를 헤아리기 어렵다고 강조하고 「동국지도」와 百里尺을 통해 기존 지도의 한계를 극복해 냈다. 도로의 중요성은 더욱 늘어 갔고, 사회적 요구에 부응하는 시의성 있는 문헌자료 등이 지리지와 지도 형태로 꾸준히 제시되었다.

정조는 그의 문집인 『홍재전서』에서 도로와 관련된 진보적인 인식을 드러냈다. 정조는 천도와 인도처럼 길(道)도 또한 도라는 점을 전제하고, 조선은 열린 길을 통해 중국과 일본으로 연결되어야 한다고 말했다.

(2) 道里表

상인들은 물자를 싣고 이동하려 했으며, 지식인들은 만남을 통해 학문과 지식을 나누려 했다. 그러나 도로에 대한 정서가 달라지기 전까지만 하더라도 지리 관련 자료들은 그들의 이동에 큰 보탬이 되지는 못했다.

물론 관련 자료가 전혀 없는 것은 아니었다. 이동을 원하는 사람들은 최소한 목판본 지도책자를 참고할 수 있었다. 그것으로 가려는 길의 대략적인 윤곽을 잡을 수는 있었다. 그러나 목판본 지도책자는 실제 도로상에 나서면 무용지물일 뿐이었다. 이동을 가능하게 했던 것은 길눈 밝고 경험 많은 노비와 도로상의 이정표 정도였다.

평균적인 지식인들이 노비 없이 먼 길을 나서는 것은 불가능한 일에 가까웠다. 경제적인 사정이 좋지 않은 경우는 더 어려운 문제가 있었다. 노비가 있어도 적지 않게 들어가는 여비가 또 다른 걸림돌이 되기 때문이었다.

오랫동안 춘천 여행을 하고 싶어 하던 황윤석이 그것을 결행하지 못한 데에는 노자문제, 말을 빌려 부리지 못하는 경제적인 문제가 있었다. 한강에서 배를 띄우려 해도 배를 빌리는 삯이 적지 않았다.

여행자가 주의를 기울여야 했던 것이 하나 더 있었다. 도로상에 표시된 이정표 혹은 이정표 기능을 하던 지형지물을 눈여겨 보아두어야만 했던 것이다.

『경국대전』에는 지방 도로에 이정표를 두도록 규정되어 있다. 물론 이정표가 모든 도로에 규정대로 설치되었던 것은 아니었다. 이정표는 서울에서 지방으로 이어지는 대로들, 그 가운데에서도 서울 경기지역의 도로 주변에 주로 세워졌다. 대부분 소나무를 거칠게 깎아 만든 것이었지만, 그나마 지방 군현에서는 충실히 관리하지 못했다.

이정표가 없는 곳에서는 돌무더기나 장승이 그 역할을 대신하기도 했다. 특히 거리와 지명이 기재된 장승은 이정표를 대신하는 훌륭한 지표물이었다. 길에는 거리를 표시하는 장승이 삼십리마다 하나씩 서 있었는데, 그 거리를 一息이라 했다. 한번 길떠나 쉴 때쯤이 되었다는 의미이다. 한참 가야 한다는 站도 같은 의미의 단어라 한다.

도로에 대한 변화된 인식은 도로 관련 지리정보의 양과 질을 변화시키고 또 도리표를 유행시켰다. 도리표는 각 지역(군현)간의 거리가 일목요연하게 정리된 표를 말한다. 도리표가 새로운 매체로 자리잡으면서 그것을 활용한 다양한 형식이 도입되기 시작했다.

도리표가 만들어지기 위해서는 지역간 거리나 도로에 대한 정보가 필수적으로 요청된다. 그런 정도라면 물론 16세기의 『동국여지승람』, 17세기의 『동국지리지』 등 각종 관·사찬 지리지들이 있었다. 그러나 그것이 곧 도리표라는 형식을 가져오기는 어려웠다.

도리표는 도로와 지역간 거리에 대한 사회적 요구가 증대되었을 때 특별한 자극을 의해서 만들어지고, 또 널리 보급될 수 있었다. 『동국문헌비고』가 편찬된 영조대 후반 이후 그러한 환경이 조성되었던 것은 분명하다.

도리표는 그 자체로서도 적지 않은 의미를 지니지만, 민간에 폭넓게 퍼져있던 목판본 여지도 책자에 채택됨으로써 좀 더 효용가치가 높은 자료가 될 수 있었다. 19세기로 들어서면 도리표와 결합된 여지도 책자들이 다수 제작되고 있었음을 확인할 수 있다.

19세기 초의 학자관료인 홍석주는 『示我周行集』이라는 책자에 대해 기록해 두었다. 홍석주에 따르면, 이 책은 "천하의 도리를 순서대로 적음으로써 여행자가 헤매지 않도록 한" 것이었다 한다. 홍석주는 이 책에서 아이디어를 얻고 『동국문헌비고』 「여지고」를 참고하여 「東國八道程塗圖」를 만들었다 한다.

(3) 산줄기와 물줄기의 체계화

산수를 分合의 원리에 의해 보고, 백두산을 국토의 출발점으로 여기는 것은 한국적 자연관의 큰 줄기에 해당한다. 이런 관점에 입각해서 보면 지역은 산줄기에 의해 나뉘지만 물줄기를 따라 통합된다.

신경준은 그의 문집에 실은 「산수고」와 『동국문헌비고』에 실은 「여지고」를 통해 이런 자연관을 체계적으로 설명해주고 있다. 신경준 이후 산을 중심으로 한 지리서와 물을 중심으로 한 지리서가 독립적으로 편찬된다. 『산경표』는 전자를, 정약용의 『대동수경』은 후자를 대표하는 것들이다.

『산경표』에서 우리나라 산줄기는 1개의 대간(백두대간), 1개의 정간

(장백정간), 그리고 13개의 정맥으로 구분되어 있다. 정맥들은 대부분 물줄기들에 따라 구분되어 있다. 그것이야말로 산으로 나뉘고 물로 합쳐지는 하나의 생활권이 고려된 결과이다.

잘 알려진 대로 『산경표』는 신경준의 「산수고」를 바탕으로 한 저작이다.[1] 그러나 내용만큼 의미있는 것은 산경표가 국토를 체계화한 방식이다. 족보 형식이 도입된 『산경표』는 산줄기의 위계와 연결관계를 자연스럽게 표현할 수 있었다.

2) 실학적 可居地論의 두 갈래

(1) 경향분리와 수도권 중심론

① 사대부로서의 기본 입장

조선 사대부들에게 어디에서 살 것인가의 문제는 그들의 학문관, 인생관과 깊은 관련을 가진 주제였다. 그런 의미에서 주거지에 관한 사대부들의 입장은 조선전기부터 일관되어 있었다. 그 논리는 다음과 같은 삼단 논법으로 구성되어 있다. 첫째, 학문을 연마하는 것은 선비의 기본 의무이다. 둘째, 벼슬살이는 학문이 넘쳐 흘러 생긴 자연스러운 결과일 뿐이다. 셋째, 벼슬을 그만두게 되면 학문적 근거지로 돌아와 다시 학문에 전념해야 한다.

이런 논리에서라면 유교적인 기풍이 넘쳐나면서 학문에 전념할 수 있는 그런 시골마을이 가장 선호될 법하다. 반면 대도시와 같이 상업적으로 번성한 인구밀집 지역은 기피의 대상이 될 수밖에 없다. 그런 의미에서는 실학자들도 근본적으로 사대부라는 점을 잊어서는 안 된다.

---

1) 신경준의 「산수고」와 『산경표』가 밀접한 관련을 가지고 있다는 점에는 크게 이론이 없지만, 『산경표』의 저자와 저술시기에 대해서는 연구자들 사이에서 논란이 있다.

李瀷은 벼슬을 피할 필요도 없지만 벼슬에 연연하지 않고 학문에 전념하는 것이야말로 사대부의 진정한 덕목이라고 생각했다. 그러나 벼슬하지 않는 선비가 수도권에 사는 것에는 여러 가지 어려운 점이 있었다. 서울에서는 벼슬의 고하로 사람을 평가하는 것이 일반적이었다. 더구나 서울은 사치풍조가 만연해 있어서 근검절약, 안빈낙도, 학문연마를 추구하며 살기 어려운 환경이었다. 그렇다면 가난한 선비가 찾아가 살 곳은 어디인가. 그곳은 일단 서울과 지리적으로 먼 곳이어야 했다. 이익은 단연 영남 지역을 손꼽았다. 사람들이 근면하고 어려움에 처했을 때 서로 돕는 풍속이 있으며, 벼슬하지 않아도 학문으로 평가받을 수 있는 곳이라는 것이다. 서울을 기피했던 것은 우하영의 경우에도 마찬가지였다.

② 학계의 동향과 수도권의 위상

잘 알려진 대로 이익은 현재의 안산시 성포동에 살았다. 그는 결국 서울을 피해 영남에 가서 살아야 한다는 그의 원론적 입장을 실천하지 못했던 것이다. 무엇이 이상과 현실의 불일치를 낳았는가.

가장 중요한 원인은 18세기 이후 중앙학계와 지방학계 사이의 단절 현상으로부터 구해야 한다. 조선후기 중앙학계를 이끌고 있었던 것은 서울의 도시적 분위기 속에서 성장한 노론 낙론계 학자들이었다. 여기에는 노론의 주자주의를 비판하던 소론계, 근기남인계 학자들도 포함되어 있었다.

이들은 서울과 그 주변에서 여러 세대를 살아오면서 학계와 정계에 참여하고 있었다. 산림의 권위와 영향력은 그들에게 더 이상 중요하지 않았다. 그들은 가문의 품격을 유지하는 데 필요한 교육, 학문적 교류, 통혼권 문제를 이미 자체적으로 해결함으로써 지방학계의 학자들을 압도했다. 정조 자신도 17세기적인 정국운영구도, 즉 산림의 공론 주도에 대해 철저히 불신하는 언사를 서슴지 않고 있었다.

어느 면에서든 서울학계와 지방학계의 분리는 돌이킬 수 없는 대세가 되어 있었다. 정치세력 사이에서 유지되던 이른바 공론과 그로 인한 갈등은 지속적으로 희석되어 갔다. 이제 문제의 초점은 서울과 그 주변인가 그렇지 않은가에 있을 뿐이었다.

실학자들이 수도권을 선호하게 된 데에는 정조가 취한 여러 가지 정책들이 적지 않게 영향을 미쳤다. 정조는 남쪽에서 서울로 들어오는 길목에 신도시를 개발하여 새로운 상권을 조성하고, 수원부를 유수부(화성)로 격상시키는 조치까지 단행했다. 신도시 개발과 유수부 격상은 서울 주변에 새로운 경제적, 정치적 중심지를 설정하는 효과를 가져왔다.

정조는 규장각을 통해 실학자들을 키워 냈으며, 그들 사이에는 규장각 출신이라는 동류의식이 자연스럽게 형성되었다. 노론계의 젊은 학자들은 물론, 남인계나 서얼 출신들이 모두 당색과 신분을 뛰어넘어 친분을 유지할 수 있게 된 것이다. 이 가운데 수도권을 무대로 하는 실학자들이 다수 포함되었던 것은 당연한 일이다.

새로운 정보와 지식을 공유하고 학문적 발전을 추구하는 데 있어서 수도권은 이미 보이지 않는 울타리가 되었다. 실학자들은 이런 상황에 능동적으로 대응하지 않으면 안되었다. 주거지 선정 문제에 있어서 사대부로서의 원론적인 입장을 고집할 수 있는 상황이 아니었던 것이다.

(2) 살만한 곳을 찾아서

① 『택리지』에 그려진 살만한 곳

주거지 선정 문제와 관련한 실학자들의 논의는 자신이 처한 위치에 따라 전혀 다른 방식에서 표현되기도 했다. 당쟁의 여파로 유배생활을 하게 된 이중환은 살 만한 곳을 찾아 헤맸다. 잘 알려져 있듯이 『택리지』는 그의 고난에 찬 여정을 기록한 책이다.

이익 등 실세한 남인 실학자들은 이상과 현실의 불일치를 경험하면서도 주거지 문제와 관련한 새로운 대안을 제시하지는 못했다. 반면 중앙의 정치적 갈등을 직접 경험한 이중환은 주거지 선정에 필요한 다양한 조건들을 강조했다.

이중환은 우선 살 곳을 택할 때 지리, 생리, 인심, 산수를 주의해서 볼 필요가 있다고 말했다. 네 요소가 모두 갖추어지지 않은 곳은 살 만한 곳이 되지 못한다. 지리가 아름답더라도 생리가 좋지 못하거나, 생리가 좋더라도 지리가 좋지 못하면 오래 살 곳은 못된다는 것이다. 또 지리와 생리가 모두 좋다 해도 인심이 좋지 못하면 반드시 그곳에 살게 된 것을 후회하게 될 것이며, 근처에 아름다운 산수가 없으면 맑은 정서를 기를 수가 없다는 것이다.

지리를 판단하는 기준에는 크게 水口, 野勢, 山形, 土色, 水理, 朝山, 朝水 등이 있다 한다. 그러나 이중환의 논의가 다른 실학자들과 구별되는 측면은 생리, 즉 사회경제적 조건이다.

이중환은 선비적인 덕목과 주거지 선정 방식에 근본적인 회의를 표시했다. 근검절약과 안빈낙도가 선비의 미덕이라면, 언제까지 그것을 추구해야 한단 말인가. 그러다 옷으로 몸을 가리지도 못하고 남에게 밥을 빌어먹게 되는 처지가 되지 않는다고 누가 보장할 수 있단 말인가.

이익의 말처럼 영남으로 들어가기만 하면 모든 문제가 해결될 수 있는가. 극단적 빈곤 상태에 이를 경우 어떻게 조상의 제사를 받들며 처자식에게 윤리를 가르친단 말인가. 고난에 찬 삶을 살아가는 과정에도, 죽어 북망산을 가게 될 때에도 재화 없이는 불가능한 일일 것이다. 공자께서도 '의식이 풍성한 뒤에 가르친다'고 하지 않으셨던가.

재화는 결코 하늘에서 떨어지거나 땅에서 솟아 나오는 것은 아니다. 재화는 우선 농사가 가능한 기름진 땅에서 나오는 것이며, 또 배와 수레와 사람과 물자가 몰려드는 번화한 곳에서 나오게 될 것이다. 그렇다면 번화한 곳이라 해서 막연히 피해야 할 이유는 없지 않은가.

상거래는 물자의 이동을 통해 재화를 발생시키는 가장 대표적인 방식이 될 것이다. 물자의 이동수단으로는 말과 수레와 배가 있다. 그러나 산이 많고 들이 적은 조선에서 상인들이 육로로 물자를 수송하려면 수레보다는 말에 의존하게 되는데, 운반비가 상승하기 때문에 이윤을 내기 어려운 문제가 있다. 오히려 운반비를 줄이고 물자를 효과적으로 이동시킬 수 있는 수단은 배일 것이다. 그렇다면 생리를 위해서는 배가 닿는 곳, 장사치들이 물자를 부리고 흥정하는 그곳을 기피할 이유는 없다. 사대부가 장사치가 될 수는 없겠지만, 상업의 분위기 속에서 재화를 마련할 수 있는 길을 찾아볼 수는 있을 것이다.

이중환은 이익이 강조한 지역의 민심을 세 번째 변수로 다루었다. 살 곳을 찾으려 할 때 그 지역의 민심을 살피지 않으면, 비단 자기 자신뿐만 아니라 자손에게도 그 해가 미칠 것이기 때문이었다. 지역의 좋지 않은 풍습을 자손들이 배운다면 이 또한 사대부로서 할 일은 아닌 것이다.

지역 민심은 이미 중앙정계의 당파싸움과 깊이 연결되어 있었다. 당파가 다른 사람과는 서로 어울리지 않으며 혼인도 기피하는 상황은 서울이나 지방을 막론하고 일반적인 양상이 되어 있었다. 이런 상황에서 지역 민심을 따지는 것은 거의 무의미한 일이었다. 결국 인심의 선악을 보고 주거지를 선정하는 것이 원천적으로 불가능하다면, 같은 당파가 있는 곳을 찾아갈 수밖에 없게 될 것이다. 그래야 서로 찾아다니며 얘기라도 나누며 학문적인 교류도 할 수 있을 것이 아닌가. 이중환의 자조적이며 냉소적인 태도를 엿볼 수 있는 대목이다.

이중환이 살 곳을 정하는 데 고려한 마지막 변수는 산수였다. 상당수의 조선후기 지식인들은 산수의 수려함이 인재를 낳는다고 보고 있었다. 굳이 그 경우가 아니더라도 산수가 사람의 정신을 맑게 하고 감정을 풍부하게 하는 작용을 한다는 점을 부인하는 사람은 없었다. 그렇기 때문에 산수가 맑은지를 파악하는 것은 주거지를 선정하는 데 중요한 조건이 되었다.

높은 산, 급한 물, 험한 골짜기, 급하게 흐르는 여울은 유람을 가서 구경할 만한 곳이거나 절이 들어설 만한 곳으로는 적당하지만, 사대부가 주거지로 삼을 만한 곳은 되지 못한다. 산이 높지 않아도 수려한 곳, 물이 크지 않아도 맑은 곳이어야 땅의 신령스러운 기운이 모일 수 있으며 그곳에 살 수 있다는 것이다. 그러나 강가에 사는 데는 약점도 있다. 강가의 땅은 대부분 모래와 자갈 뿐이어서 농사를 짓기 어려울 뿐만 아니라, 강물이 깊고 크면 관개에 불편하고 가뭄과 홍수 피해도 무시할 수 없기 때문이다. 결국 강가에 사는 것은 경치를 즐길 수는 있겠지만 실리가 적은 일이다.

강가에 사는 것보다는 계곡이 차라리 낫다. 계곡에는 평온한 아름다움과 깨끗한 경치가 있고 관개와 경작의 이익이 있지 않은가. 그렇기 때문에 바닷가에서 사는 것보다는 강가에 사는 것이 나으며, 강가에 사는 것보다는 계곡에 사는 것이 낫다는 것이다. 다만 계곡가에 살려 할 때에는 그곳이 평시나 난세나 모두 오래 살기에 알맞은 곳을 선택하는 것이 중요하다.

산수가 좋은 곳을 좇아서 살 곳을 정하는 것에도 문제가 없지는 않다. 대개 산수가 좋은 곳은 생리가 박하기 때문이다. 그렇다면 기름진 땅과 넓은 들과 지리가 아름다운 곳을 주거지로 삼고, 10리 밖이나 혹은 한나절 걸을 수 있는 거리에다가 별장지를 사 두어 생각날 때마다 찾아가 근심을 잊고 쉬었다 돌아오는 생활은 어떨까.

살 곳을 찾아 헤맨 이중환의 기록에는 갈곳 없는 그의 무력감이 깊이 배여 있다. 사대부가 조정에서 벼슬하지 못하면 물러나 학문을 닦을 뿐이라지만, 그에게는 돌아가 편안히 쉬면서 학문을 닦을 그 어느 곳도 없었다. 무신란의 주동 세력들은 지방에 있으면서 난을 일으켰고, 조정에서는 이때 이후로 지방의 사대부를 의심의 눈초리로 보았다. 지방에서도 중앙정부에서의 당파 갈등이 재연되고 있었다. 그렇다고 서울에서 벼슬살이하는 것은 더욱 어려운 일이었다. 등용되거나 안되거나, 나타나거나 안 나타나거나, 초야에 있거나 조정에 있거나를 막론하고, 거의 그 몸 하나를 둘 곳이 없는 참담한 지경 바로 그것이었다. 이중환은 『택리지』의 말미에서 "동에도 살 곳이 없고 서에도 살 곳이 없고 남에도 살 곳이 없고 북에도 살 곳이 없다"는 극단적인 절망감 속에서 자신이 여정이 계속되어 왔음을 실토하고 있다.

② 정약용의 반응

『택리지』에 발문을 쓴 인물들 가운데에는 남인 계열의 실학자 정약용도 포함되어 있다. 굴곡 많은 삶을 산 정약용이었지만, 그에게도 어디에 살아야 하는가는 중요한 문제였다.

정약용은 우선 물과 땔나무를 쉽게 얻을 수 있는 곳인지, 오곡이 잘 자라는 곳인지, 풍속과 경치가 좋은 곳인지를 살펴 보아야 한다고 말했다. 물길과 땔나무 길이 멀면 지치게 되고, 오곡이 갖추어지지 않으면 흉년이 잦다. 또 풍속이 文을 숭상하면 말이 많고 武를 숭상하면 싸움이 많으며, 이익을 숭상하면 백성이 간사스럽고 각박해지고, 힘만을 숭상하면 고루해서 난폭해진다. 산천이 흐릿하고 험악하면 빼어난 인물이 적고 마음이 맑지 못하게 된다. 그는 최적의 주거 조건을 구비한 곳으로 영남 지역을 꼽는 데 주저하지 않았다.

정약용이 나고 자란 곳은 지금의 남양주시 조안면 능내리(옛 광주군 초부면 마현리)이다. 그는 자신의 고향을 어떻게 평가하고 있었을까. 이 곳은 경치가 뛰어날 뿐만 아니라 남한강과 북한강이 만나는 지점이어서 먹을 물을 구하기에는 안성맞춤이었다. 그러나 그 밖의 조건들은 양호하지 못한 것으로 평가되었다. 땔감을 구하기 위해서는 10리 밖으로 나서야 하고, 오곡을 재배하기에는 토질이 좋지 않을뿐더러 사람들은 이익만을 숭상하고 있어서 살 만한 곳으로서의 조건을 구비하지 못했다는 것이다.

그런데도 그가 살 만한 곳을 찾아 나서지 않은 이유는 무엇일까. 그는 사대부가 대대로 전해 내려온 근거지를 유지하는 것은 상고시대에 제후가 자신의 나라를 소유했던 것과 마찬가지의 의의가 있다고 보았다. 살 만한 조건을 찾아서 여기 저기 떠돌다가는 제후가 나라를 잃는 것처럼 근거지를 잃을 수 있다는 것이다.

고향에 근거지를 유지하는 것이 더 중요하다는 정약용의 결론은 그의 고향이 수도권에 있었던 사정과 무관하지 않다. 뒤에 강진으로 유배되었던 정약용은 일가의 이주를 적극적으로 반대했다.

이유는 크게 두 가지였다. 중국은 벽지에 사는 사람도 성현이 될 수 있지만 조선은 도성에서 수십 리만 벗어나도 황량해질 수 있다는 것이 첫 번째 이유였다. 선비가 벼슬을 잃을 경우 어떻게 처신하며 어느 곳에 살아야 하는가에 대한 가르침은 두 번째 이유가 되었다.

정약용은 벼슬을 하지 않을 때라도 서울의 번화가에 살면서 학계와 사상계, 정계의 분위기에 익숙할 필요가 있다는 점을 강조했다. 경제적인 이유로 서울 거주가 힘들다면 서울 근교에서 원예농업을 하며 때를 기다리는 것은 차선책이었다. 수도권을 벗어나지 말라는 정약용의 가르침에서 『택리지』의 발문에 보이는 사대부로서의 원론적인 집착은 찾아보기 어렵다.

살 만한 곳에 대한 이중환과 정약용의 선택은 같지 않았다. 그러나 전통적 주거지론에 안주할 수 없는 시대를 살고 있었다는 점에서 그들은 동일한 조건 위에 있었다.

3) 지리지 편찬의 새 경향

(1) 관찬읍지

① 영조의 『여지도서』

조선전기에 『동국여지승람』이 편찬된 뒤로 오랫동안 공식적인 전국 지리지 편찬은 없었다. 그러나 17세기 말 기층 사회의 변동이 돌이킬 수 없는 대세가 되면서 변화된 사회 현실에 맞는 새로운 전국 지리지 편찬이 요구되기 시작했다.

전국 지리지는 군현을 설치하거나 폐지하는 데 근거자료로 활용될 만큼 큰 효용성을 가지고 있었다. 그러나 왕조 전기에 편찬된 『동국여지승람』은 이미 時宜性을 상실한 지 오래였다. 『동국여지승람』의 개정 작업은 숙종, 영조, 정조 3대에 걸쳐 진행되었다.

숙종은 1679년(숙종 5) 김석주에게 『동국여지승람』 개정을 지시했다. 그러나 김석주는 숙종대 전반기의 정치적 격변 속에 휘말려 있었기 때문에 이 작업을 본격적으로 추진할 수 없었다.

『동국여지승람』의 개정 작업은 1699년(숙종 25) 좌의정 최석정의 건의에 따라 다시 진행되었다. 최석정은 박신규가 펴낸 경상도읍지와 유득일이 펴낸 강원도읍지 등을 확보하고 이를 토대로 작업을 진행시키려 했다. 최석정의 요청에 따라 군현 읍지를 모아 올리라는 명이 각 도에 하달되었고, 얼마 안 있어 纂修廳이 설치되었다. 1700년(숙종 26) 3월경에는 각 군현의 읍지들이 대부분 서울에 모였지만, 최석정이 정치적으로 몰락하면서 전국 지리지 편찬은 다시 중단되고 말았다. 16세기에 있었던 『동국여지승람』 편찬과 개정이 성리학적 교화의 일환이었다면, 숙종대의 개정 작업은 사회변화에 대한 대응이라는 점에서 대비된다.

중단된 작업은 영조대 후반에 이르러 재개되었다. 왕조는 이미 교화적 차원보다는 행정적, 실용적 측면에서 이 문제에 접근하고 있었다. 영조대 『동국여지승람』 개정을 주도한 것은 홍문관이었다. 1757년(영조 33) 당시 홍문관을 대표하던 洪良浩는 영조에게 전국 지리지 편찬의 필요성을 역설했다. 영조는 홍양호의 건의를 받아들여 전국 팔도에 명하여 읍지를 편찬해 올려 보내게 했다(1758년, 영조 34).

전국 군현에서 올려 보낸 읍지들 중에는 필사본과 인쇄본이 섞여 있고, 기록된 항목에도 일관성이 없었다. 홍문관에서는 1760년(영조 36) 항목과 형식에 통일성을 부여한 지침을 전국 군현에 하달했고, 그 결과 또 한번 읍지가 모아졌다. 이 책자들은 별도의 편집 과정 없이 『輿地圖書』라는 책 이름이 붙여졌으며, 그것이 현재 교회사연구소에 전하고 있다. 그러나 1760년(영조 36)에 만들어진 『여지도서』는 完帙이 되지 못했으며, 빠진 부분을 보충하려는 노력이 영조 말(1775년, 영조 51)까지 계속되고 있었다.

『여지도서』는 조선후기 전국 지리지 편찬이 정책 자료 확보라는 실용적 목적에 충실한 방향으로 진행될 것임을 예고하는 것이었다. 읍지의 항목들은 인구, 토지, 조세제도 등 지역의 사회경제적 현황과 관련되는 것들이 강조되었다.

② 정조의 『해동여지통재』

영조가 실용적 차원의 전국 지리지 편찬을 의도했다면, 정조는 자신의 통치이념에 맞는 새로운 전국 지리지 편찬을 시도했다. 물론 정조에게는 영조대에 이루어진 『여지도서』라는 시의성 있는 전국 지리지가 있었다. 그러나 정조는 여기에서 만족하지 않았던 것 같다. 정조 자신도 읍지를 통치 자료의 하나로 인식하고 있을 만큼 실용적 지리관을 가지고 있었다. 정조는 『여지도서』가 자신이 구상하던 초월적 군주관에 어울리지 않는다고 보고 새로운 전국 지리지 편찬을 시도했다.

정조가 『해동여지통재』(『해동읍지』)라는 이름의 새로운 전국 지리지 편찬을 시도한 것은 1788년(정조 12)부터 였다. 처음 정조는 영조가 그랬던 것처럼 전국 군현에 읍지를 작성해 올리도록 했다. 영조는 세부적인 지침을 하달하고 각 지역에서 완성된 읍지에 『여지도서』라는 이름을 붙였지만, 정조는 포괄적인 지침을 내려보내는 대신 중앙(규장각)에서 별도의 편집을 거친 후 새로운 읍지를 완성하려 했다. 그러나 일은 쉽사리 진척되지 않았다. 규장각의 지침이 하달된 지 1년이 다되어 가도록 읍지가 올라오지 않는 곳들이 있었기 때문이다.

정조는 1789년(정조 13)에 편집방향을 바꾸었다. 각 군현의 읍지를 더 기다리지 않고 당시 비변사에서 보관하고 있던 읍지를 가져다 범례를 정하여 편집하도록 한 것이다. 비변사 소장 읍지의 내용이 부실하거나 현지 사정에 맞지 않는다고 판단될 경우에 한하여 『여지도서』를 참고하거나 각 군현에 문의한 후 수정하도록 하는 보완조치도 잊지 않았다.

정조는 특히 戶口와 方里 항목을 강조했다. 정조는 각 지방 군현의 방리 항목에서 면의 이름과 면 내의 리간 거리를 기재하게 하는 한편, 서울은 坊名과 洞名 뿐 아니라 元洞과 小洞의 이름까지도 꼬리표를 달아 올리게 했다.

『해동여지통재』는 1790년(정조 14)경에는 40책, 1796년(정조 20) 경에는 60책이 되었지만 1800년(정조 24)에 정조가 급작스럽게 죽음으로써 끝내 완성을 보지 못하고 말았다.

정조는 특히 임진왜란 이후 호구수의 변화를 『한성부등록』으로부터 옮겨 실으려 했다. 정조가 인구 문제를 이렇듯 강조하고 있었던 것은 『御定人瑞錄』 같은 책자에서도 확인된다. 정조는 『어정인서록』을 편찬하면서 요순 삼대시기에 번창했던 인구수만큼이나 당대의 성군 정치로 인해 인구수가 늘어나고 양로정책이 훌륭하게 시행되고 있음을 과시하려 했다. 『해동여지통재』 편찬 과정에서 정리된 호구 자료는 『호구총수』라는 이름으로 현재 전하고 있다.

정조는 『동국여지승람』과 『여지도서』의 형식이 가진 장점들을 계승하면서 동시에 『三輔黃圖』의 체제에 따름으로써 정리된 전국 지리지 편찬을 이루어 낼 수 있었다.

책의 전체적인 구성에서도 이 전국 지리지의 이념성이 드러난다. 정조는 서울과 陪都(화성, 개성, 광주, 강화), 도별 군현 순으로 도시와 군현 간의 위계를 분명하게 설정했다. 읍지의 세부 항목을 정할 때에는 호구, 전부, 관액 같은 실용적 항목 이외에도 形勝, 題詠과 같은 전통적인 항목들을 소홀히 하지 않는 세심함을 보였다. 정조는『해동여지통재』에서『동국여지승람』이 보여주었던 성리학적 교화의 측면과『여지도서』가 구현했던 실용적 측면을 아울러 담으려 했던 것 같다.

③ 19세기의 道誌

18세기가 전국 지리지 편찬의 시대였다면 19세기는 도별 지리지(도지) 편찬의 시대였다. 경기도만 보더라도 1842~1843년에는 3책의『경기지』가, 1871년에는 6책의『경기읍지』가, 그리고 1894년에는 3책의『기전읍지』가 각각 편찬되었다.

『경기지』는 시문, 문장, 인물, 과거합격자, 선생안 등 지역 내 인문적 요소가 강조된 반면 군현의 재정 기능에 대한 기록은 소략하다.『경기읍지』는 대원군 정권이 군사적인 목적 하에서 만든 지지 가운데 하나이다.

『경기읍지』 단계에서 읍지는 더 이상 인문지리서로서의 종합적 체제가 강조되지 않았다. 이런 경향은 1894년에 편찬된『기전읍지』로 이어졌다. 읍사례가 강조된『기전읍지』는 읍지의 성격이 지방재정 자료집으로 변화되어 갔음을 보여준다. 조선왕조 최후의 도지 편찬은 1899년에 시도되었는데, 도지는 남아 있지 않지만 그 일부를 이루었을『부평부읍지』가 현재 규장각에 전한다.

④ 1871년의 전국 읍지

대원군 정권은 1871년에 전국 군현을 대상으로 읍지를 편찬했다.『江原監營關牒』(규장각 소장. 奎15130, 6책)과『金化縣邑誌』(규장각 소장. 古4792-1) 등에는 당시의 상황이 비교적 구체적으로 실려 있다.

강원감영이 읍지 편찬을 명하는 의정부의 지침을 받은 것은 1871년 8월 21일이었다. 의정부가 강원감영에 요구한 것은 두 가지였다. 규격 책판에 따라 종이를 찍어 각 군현에 내려보낼 것, 각 읍지의 말미에는 읍사례를 첨부하게 할 것 등이 그것이었다. 규격 책판은 읍지의 크기를 통일시키기 위해 의정부가 지침과 함께 내려보낸 것이었다.

의정부의 지침을 받은 강원감영에서는 1871년 9월 2일 도내 각 군현으로 그 내용을 전달했다. 강원도 金化縣에서 감영의 지침을 받은 것은 그로부터 일주일 뒤의 일이었다. 그런데 강원도내 각 군현에 하달된 지침에는 의정부의 최초 지침에 포함되어 있지 않던 營·鎭·驛誌에 관한 내용이 있었다. 강원감영은 자체 판단에 따른 주문사항을 지침에 추가했다. "營·鎭·驛이 있는 곳은 營·鎭·驛誌를 아울러 써서 보내라"는 것이 그것이었다. 1871년 읍지 중에 일부 營·鎭·驛誌가 남게 된 것은 이런 사정 때문이었다.

19세기에 들어서서 읍지 편찬은 명실상부하게 지방관이 주도하게 되었다. 자연히 시간도 18세기에 비해 크게 단축될 수 있었다. 대원군 정권은 읍지 편찬명을 내린 그 해를 넘기지 않고 새로이 제작된 도별 읍지를 모두 확보할 수 있었다.

⑤ 갑오개혁기의 邑事例

읍사례가 중심이 된 읍지는 갑오개혁기에 다시 만들어졌다. 개항기에서 대한제국기에 이르는 동안 조세제도의 개혁, 재정기관의 통합, 수취구조의 일원화 등 지방재정 개혁이 중요한 과제로 제시되었다. 중앙재정이나 지방재정을 바꾸기 위해서는 기존의 징수방식이나 재정체계를 고쳐나가지 않으면 안되었다. 지금까지 지방관아에서 행사해 오던 조세징수권을 박탈하고 아울러 중앙재정과 지방재정의 관계를 재정립할 필요가 있었던 것이다. 읍사례 중심의 관찬읍지는 이러한 배경 위에서 편찬되었다.

군국기무처는 1894년 7월 1일 각급 지방관아에 소속 서리와 군졸의 숫자, 각종 상납액과 자체 지출 규모 등을 파악해 올리도록 하고, 문서양식을 규격화해서 내려보냈다. 그 결과 1894년 7월부터 1895년 5월 사이에 읍사례가 읍지와 함께 감영을 거쳐 중앙으로 모아졌다. 그해 8월에는 토지세액을 정해 시행하도록 하는 군국기무처의 지침이 경기도에 하달되었다. 1894년 9월 24일, 경상도 토지세액 책정의 결과를 토대로 경기도 각 군의 토지세액이 책정되는 동시에 총액이 산출되었다. 개혁의 방향타는 국가재정을 호조로 단일화하고 지방재정을 국가재정에 통합해 나가는 쪽으로 향하고 있었으며, 그 과정에서 읍사례 중심의 읍지가 제작, 활용되었다.

(2) 사찬읍지

① 전국 지리지의 영향

전국 지리지를 편찬했던 경험은 각 지역에서 개별 사찬읍지가 만들어지는 데에도 큰 영향을 미쳤다. 읍지 편찬 명에 따라 여러 벌의 동일한 읍지가 만들어졌고, 그 중 일부가 해당 도 혹은 군현에 남아 이후 현지에서 편찬되는 읍지들의 기준이 되었기 때문이다.

1760년(영조 36)에 『여지도서』 편찬을 위한 홍문관의 지침이 충청감영을 거쳐 예산현에 하달되었다. 현감 한경은 1758년(영조 34)의 홍문관 지침에 따라 제작되었던 읍지의 草本을 감영에 요청했다(戊寅本). 감영에서는 무인본 초본을 예산현에 내려주면서 새로 만든 읍지와 함께 올려 보내도록 했다. 무인본 초본을 내려받은 한경은 오자와 탈자를 바로잡고 수정이 필요하다고 판단한 부분에 꼬리표를 달아 감영에 올려 보내면서 검토를 요청했다. 감영의 수정 요구를 받은 한경은 무인본 읍지를 최종 수정한 후 지침을 받은 지 3개월 만에 새로운 읍지를 완성했다. 새 읍지는 감영용, 홍문관용, 어람용 등 3종이었다. 한경은 먼저 감영용을 완성하여 올려 보내고, 어람용과 홍문관용은 별도로 자물쇠가 담긴 궤 속에 넣어 올려 보냈다.

군현지도를 만들어 올리는 것도 지방 군현으로서는 쉽지 않은 일이었다. 각 군현 별로 지방 화원들이 모두 배속된 것은 아니었으며, 있다 해도 이미 도망했거나 늙어서 지도를 그릴 수 없는 상태에 이른 곳도 있었다. 1738년(영조 14) 忠淸水營에서는 수영 소속 戰船을 그리기 위해 林川郡 내의 畫工僧 3명을 징발했지만, 이들은 이미 여러 해 전에 달아나 버린 상태였다. 서울에서 멀거나 위계가 낮은 지방일수록 화원 부족사태는 심각했다.

『여지도서』 편찬 지침에 따라 지도를 그려 올려야 했던 예산현도 사정은 마찬가지였다. 예산현감 한경은 충청감영에서 그려 올려줄 것을 희망했지만, 감영의 화원조차 이미 늙어 눈이 어두운 상태였다. 한경은 감영의 배려로 충청병영과 충청수영 소속 화원들을 동원하고서야 문제를 해결할 수 있었다.

『여지도서』의 편찬과정에서 읍지도가 첨부된 군현읍지는 감영 보관본으로 한 벌이 남았다. 또 해당 군현에서도 동일한 읍지의 사본을 가질 수 있게 되었다. 그런가 하면 정조대 『해동여지통재』의 편찬 과정(1788년, 정조 12)에서도 새로운 읍지가 만들어지고 그것이 현지 군현에 남아 이후 읍지에 영향을 주게 되었다.

1788년(정조 12) 강릉현감 孟至大는 읍지를 만들어 올리라는 규장각의 지침을 받았다. 그는 완성된 읍지를 감영을 통해 중앙으로 올려보내는 한편, 같은 읍지를 1부 복제하여 현에 남겼다. 현재 남아 있는 강릉부 읍지들은 거의 대부분 정조 때 전국 지리지 편찬 명에 따라 만들어진 맹지대의 읍지를 따르고 있다.

② 독자적인 사찬읍지

사찬읍지 편찬은 이미 17세기부터 활발히 진행되어 오고 있던 터였다. 이 읍지들이 현지에 남아 지역 읍지의 모범으로 받아들여졌고, 그것이 18, 19세기에 편찬된 군현 읍지에 영향을 미쳤다. 강원도 간성군의 사례를 통해 이를 살펴보기로 한다.

간성군 읍지가 최초로 편찬된 것은 李植(1584~1647)에 의해서였다. 간성현감으로 재직하던 그는 1631년(인조 9)~1632년(인조 10)에 『水城志』(1권)를 편찬했다. 『水城志』에는 또다른 문장가 張維의 서문이 붙어 있었다. 『수성지』는 현지에서 간성 역사의 모범으로 받아들여지고 있었다.

1748년(영조 24)에 간성군수로 재직중이던 金光遇는 『수성지』를 보존하기 위해 새롭게 한 벌을 베껴 보관했다. 그런데 1758년(영조 34), 1760년(영조 36), 1775년(영조 51)에 전국 지리지 편찬을 위한 지침이 지역에 하달되었다. 간성군은 지침에 따라 『여지도서』에 포함될 읍지를 만들어 올렸다. 그러나 간성군의 대표적인 읍지는 여전히 『수성지』 계열로 생각되고 있었다. 홍문관의 읍지 편찬 지침은 이식의 『수성지』에 "신증"과 "부록"이 붙게 되는 계기가 되었을 뿐이었다. 신증과 부록이 붙은 『수성지』는 향촌 사회 내부용으로 제작되었기 때문에 자세하고 광범위한 내용이 수록될 수 있었다. 특히 詩文이 대폭 추가되었다.

19세기 초에 만들어진 『간성군읍지』에서도 "신증"과 "부록"이 첨가된 『수성지』는 그대로 계승되었다. 호구·전부 등 원래 『수성지』에 포함되어 있던 항목에 시대의 변화가 반영된 정도가 다를 뿐이다. 이 읍지는 1829~1831년경에 강원감영에서 편찬한 도지(『關東誌』)에서도, 1871년에 전국 지리지의 일부로 만들어진 『關東邑誌』에서도 별다른 수정 없이 계승되었다. 『관동지』에서 항목 일부의 순서가 바뀌고, 『관동읍지』에서 읍사례가 별도로 정리되는 것이 다를 뿐이다. 1884년(고종 21) 간성군수 高永喜가 다시 간성군의 읍지를 편찬했지만, 신증과 부록이 첨가된 『수성지』의 골격은 그대로 유지되었다.

③ 지방 사족의 입김과 갈등

관찬읍지나 사찬읍지를 막론하고 현지에서 읍지 편찬을 주도한 것은 지방관이었다. 그들은 중앙의 지침에 의해서, 혹은 개인적인 관심사에 따라 읍지를 편찬했다. 그러나 그들의 읍지 편찬에는 지방 사족의 입김이 작용하고 있었다.

읍지 편찬에 있어서 사족들의 여론을 수렴하는 것은 반드시 필요한 절차로 여겨졌다. 그러나 지방관이 중앙의 지침에 따라 관찬읍지를 편찬하려 할 때가 문제였다. 지방 사족의 위상이 현저하게 약화되어 가면서 그들은 자신들이 중심이 된 향촌 敎化를 중시하지 않을 수 없었다. 사족의 地誌에 대한 요구는 敎化의 역사를 드러내는 것일 뿐이었다. 중앙 기구나 지방관서가 정책 자료로서 실용적 읍지를 편찬하려 할 경우, 갈등은 피할 수 없었다.

1758년(영조 34)『여지도서』편찬을 위한 홍문관의 최초 지침이 전라도 흥덕현에 하달되었다. 흥덕현에서는 사족들이 읍지 편찬 과정에 적극적으로 개입하고 있었다. 하달된 최초의 지침은 체계적이지도 자세하지도 않은 것이었지만, 읍지를 교화와 명분의 수단으로 생각하던 흥덕현의 사족들은 그것조차 매우 불만스럽게 여겼다. 그들은 지침과 무관하게 현지에서 활용할 별도의 읍지를 만들었다.

2년 후(1760, 영조 36) 다시 홍문관의 지침이 내려왔다. 새로 내려온 지침에는 각 지방에서 작성할 읍지의 범례와 목록이 일일이 지정되어 있었다. 더구나 지방 사족들이 중시하는 인물 항목의 수록범위는 엄격하게 제한되었다.

흥덕현의 사족들은 이 새로운 지침에 대해서도 곱지 않은 시선을 보내고 있었다. 급기야 그들의 불만은 관찬읍지 편찬에 참여하지 않는 사태를 낳게 되었다. 읍지 편찬을 담당할 실무자로 선임되었던 황윤석의 동생은 지방 사족의 요구가 전혀 반영되지 않은 홍문관의 지침을 확인하고는 그 직책을 사퇴했다.

읍지 제작 주체 사이의 갈등은『여지도서』편찬 작업이 마무리되지 못한 직접적인 원인이 되었다. 현재 전해지는『여지도서』의 경우 지방 사족의 영향력이 약한 중부 이북지방의 군현읍지는 모두 수록되어 있지만, 그들의 영향력이 상대적으로 강한 중부 이남지방의 읍지는 39곳이나 누락되어 있다.

2. 지도 편찬의 새 경향

1) 회화식 군현지도

(1) 읍지의 附圖로서의 군현지도

지도는 지방관이 개인 차원에서 제작하는 경우도 없지 않았지만, 대부분의 경우 주체는 중앙기구였다. 지도는 지역 파악과 통치에 필수불가결한 것이었기 때문이다. 중앙기구의 군현지도 편찬 사례가 다수 확인되는 것은 조선후기에 들어서였다.

『여지도서』는 『동국여지승람』 개정 사업의 최초 결과물이었다. 각 읍지 앞에 지도가 첨부되어 있는 것은 『여지도서』가 가진 중요한 특징 중의 하나이다. 『여지도서』는 이후 관찬읍지들에 邑地圖가 포함되는 전통을 마련했다는 점에서 특별한 의미를 지니고 있다.

읍지의 부도로서 만들어진 지도들은 예외없이 회화식으로 되어 있다. 축척의 개념이 적용되었다고 말하기 힘들지만, 중심부와 주변부에 관한 한 축척의 기준이 다르다는 점 또한 분명한 사실이다. 開花式으로 묘사된 중심부에는 읍치를 비롯한 중요 시설물들이 상대적으로 과장되어 있다. 그러나 주변지역은 중심부 주변을 장식하는 형태로 극도로 축약되어 있다. 말하자면 중심과 주변에 이중의 축척이 적용된다는 의미이다. 화원들이 특정 지역을 중심에 두고 그린 것이었으므로 인접 군현과의 연결관계는 고려되어 있지 않다.

(2) 18세기 군현지도집

『여지도서』 이후 군현지도가 읍지의 부도로 들어가게 된 것은 중요한 진전이었다. 그러나 그것은 읍지에 부속된 간략한 도면일 뿐이어서 지역의 공간적 파악에는 한계가 있을 수밖에 없었다. 중앙의 관련 기구들은 지도를 중심에 두고 간략한 지지를 덧붙인 별도의 군현지도집(전국, 도별)을 편찬하기 시작했다. 특히 비변사는 지역별 전담제인 팔도구관당상제를 활성화시켰고, 그 과정에서 새로운 지도집을 제작했다. 회화식으로 그려진 비변사의 지도들은 현재 전하지 않는다. 그러나 그 지도들을 밑그림으로 활용한 전국 군현지도집이 남아 있어서 그 윤곽을 짐작할 수 있다.

홍문관에서 편찬한 것으로 추정되는 『해동지도』는 읍지와는 달리 지도를 중심에 두고 간략한 주기를 첨가한, 명실상부한 전국 군현지도집이다. 이 지도책에는 조선전도·도별도·군현지도 뿐만이 아니라 천하도, 북경궁궐도, 요계관방도, 관서일로영애 등 각종 지도형태가 모두 망라되어 있다. 전국을 망라한 공시성을 갖추고 있으며, 도로망이 비교적 상세히 기재되어 있어서 현재 전하는 (회화식) 전국 군현지도집 가운데 단연 독보적인 위치를 차지하고 있다. 그러나 실상 지도집 안의 모든 자료들이 이 지도책자가 편집된 시점의 상황을 동일하게 반영하고 있는 것은 아니다.

도지도의 경우 앞면에는 1730년대 중반경의 사정이, 뒷면 설명문에는 1740년대의 상황이 반영되어 있는 경우가 많다. 군현지도의 지도부분에는 대체로 1720~1730년대의 시기적 특징들이 반영되어 있다.

이들 군현지도들은 『해동지도』를 위해 새롭게 그려진 것은 아니다. 도면의 지도 부분이 오려붙여진 흔적으로부터 이런 사실을 짐작할 수 있다. 오려붙여진 원본 지도는 초기 비변사지도와 동일하다.

초기 비변사지도가 제작 활용된 것은 1730년대에 시행된 팔도구관당상제도 때문이었다. 제도 자체가 도별 지역 파악을 목적으로 한 것이었기 때문에 작성된 지도들도 도별로 적지 않은 차이를 보이고 있다. 그런가 하면 충청도, 평안도, 함경도 군현지도에는 備圖, 즉 비변사지도를 참조하여 수정했음을 나타내주는 쪽지가 첨부되어 있다. 쪽지에 기록된 비변사지도는 1리 모눈으로 된 기호식 군현지도집, 즉 후기 비변사지도를 의미한다.

군현지도의 여백에는 설명문이 상세하다. 호구, 전결, 곡물, 군병 항목 등은 대부분의 군현지도에 공통적으로 들어 있으나, 건치연혁에서 토산에 이르는 항목들은 일부 군현지도에서만 발견된다. 사회경제적 상황을 나타내는 각종 지표들의 기록 형식에 있어서도 도별로 심한 편차가 보인다. 다만 경기도, 경상도의 모든 군현과 전라도 일부 군현의 설명문은 통일성을 갖추고 있으며, 대체로 1748년(영조 24)~1750년(영조 26)의 상황까지 반영되어 있다.

(3) 1872년 지방지도

대원군 정권이 지역 파악을 위해 추진한 사업은 크게 두 가지였다. 1871년의 지리지 편찬이 그 중 하나라면, 1872년의 지방지도 편찬이 다른 하나였다. 병인양요와 신미양요를 경험한 대원군 정권은 대외적 국방 강화와 대내적 개혁 추진이라는 두 마리의 토끼를 쫓고 있었다.

1872년 지방지도는 현재 군현지도 320매와 營鎭·山城·牧場地圖 139매 등 총 459매가 전하고 있다. 개별 지도들은 통일적인 양식은 아니며 회화적으로 그려져 있다. 충청도와 함경도는 營鎭·山城·牧場地圖가 전혀 포함되어 있지 않고, 경상도에는 5곳의 진보지도가 중복되어 있기도 하다.

이 지도들에서는 군사적 측면이 우선 눈에 띈다. 특히 서해안 일대와 인접한 군현들의 경우 병인양요 신미양요 당시의 전적지뿐만 아니라 해로, 요충지점 등이 상세히 파악되어 있다.

1872년 지방지도가 가진 또 하나의 특징은 사창, 장시, 도로 등 사회경제적 내용들이 매우 상세하다는 점이다. 이밖에도 읍치와 그 주변 촌락의 공간구조뿐 아니라 지역 내 행정단위와 각종 시설물에 관한 기록이 망라되어 있다.

한 해 앞선 1871년에는 전국 지리지 편찬 사업이 시행된 바 있었다. 대원군 정권은 읍지와 읍사례를 통해 지역의 사회경제적 현실을 파악할 수 있었다. 그러나 읍지에 딸린 지도들은 소략함을 면치 못했다. 읍지 편찬이 완료되자 대원군은 지도 제작을 명했다. 각 지방에서 회화식 지도를 제작해 올린 것은 1872년 3월부터 6월 사이의 일이었다.

통일성이 갖추어지지 않은 이 지도들은 개성적인 표현과 인식을 엿볼 수 있는 자료가 된다. 각 군현 화원들의 역량과 화풍에서도 분명한 차이가 있다. 그러나 더욱 중요한 점은 이 지도가 각 지방에서 바라본 스스로의 모습을 보여준다는 데에 있다. 사실적으로 묘사된 읍치의 내부구조를 비롯해 각종 고적과 지명 등은 사라진 지방문화재를 복원하는 자료로 활용될 수도 있다.

2) 기호식 군현지도

(1) 비변사의 도별 군현지도집

地官과 함께 관찬지도 제작을 담당하고 있었던 사람은 화원이었다. 그들에 의해 작성된 지도는 당연히 회화적인 윤곽을 하고 있다. 축척과 비례를 중시하지 않는 회화식 .지도로는 땅의 윤곽을 인식된 상태 그대로 묘사하는 데 한계가 있을 수밖에 없었다.

비변사는 다른 어느 기구들보다 이런 회화식 지도의 문제점을 절감하고 있었다. 1730년대에 회화식 도별 지도집을 편찬한 바 있었던 비변사는 1750년대(영조 20년대 중후반)부터 새로운 형식의 기호식 지도 제작을 시도했다.

비변사는 대형 도면 위에 1리 간격의 모눈을 그리고 그 위에 지면을 묘사하는 방식을 택했다. 사실 이런 지도제작법은 方格法이라는 이름으로 오래 전부터 알려져 있었으나, 방격법에 의해 전국을 망라하는 기호식 도별 군현지도집을 제작하기 시작한 것은 이때가 처음이었다. 비변사는 각 지방에서 올라온 회화식 군현지도와 직선거리 방위 등에 대한 자료를 토대로 대형 기호식 군현지도집을 제작해 나갔다.

비변사의 도별 군현지도집에는 관찬지리지에서 찾아보기 어려운 많은 정보들이 들어 있다. 설명문은 체제가 통일되어 있지는 않지만 나루, 역원 등 교통시설과 영애처, 봉수, 봉산의 현황 등을 수록하고 있다. 영애처는 험준한 정도가 세 단계로 구분되었고, 봉산은 용도와 종류에 따라 세분되었으며, 교통시설도 그 위치와 함께 선박과 마필의 현황 등이 자세히 기재되어 있다.

지리지의 부도 차원을 넘어서는 새로운 형식의 지도들은 『영남지도』, 『호남지도』, 『호서지도』, 『해서지도』, 『함경도전도』등의 이름으로 규장각에 전해지고 있다.

(2) 신경준의 『여지도』

신경준은 비변사의 기호식 지도를 뛰어넘는 중요한 성과를 달성했다. 새로운 지도집의 편찬은 이미 『동국문헌비고』 편찬 단계에서부터 예고되고 있었다. 『동국문헌비고』는 영조대에 문화정리사업의 일환으로 편찬된 책자이다. 『동국문헌비고』에 지도를 붙여 간행하려 했던 영조는 『동국문헌비고』 간행 후 별도로 『여지도』를 간행하기로 하고 그 일을 신경준에게 전담시켰다. 신경준이 만든 지도는 족자로 된 조선전도를 제외하고 「팔도도」 1권, 「열읍도」 8권 등 모두 9책으로 구성되어 있었다. 영조는 이 지도를 『여지도』라고 이름 붙였다.

신경준의 군현지도들에는 면의 이름만이 아니라 촌의 이름까지 기재되어 있었다. 과거 어느 지도에 비교해 보더라도 가장 많은 지명이 도면 안에 들어갈 수 있었다. 더구나 방격법이 채택된 그의 군현지도집은 군현지도간의 유기적 연결이 가능하도록 제작되었으며, 색인도까지 갖추어져 있었다. 신경준 지도는 비변사의 대축척 지도와 같은 기호식 지도이지만, 여러 가지 면에서 비변사지도를 뛰어넘는 기술적 수준에 도달해 있었다.

신경준의 도지도집과 군현지도집이 남아 있는지는 현재 확인되지 않고 있다. 그러나 군현지도간의 연결관계가 고려된 군현지도집의 사본들이 현재 남아 전하고 있다. 이들 지도집은 촌의 이름이 기록되지 않지만, 그가 이루어낸 성과를 제한적으로 반영하고 있다는 점에서 의미가 있다. 이러한 기호식 지도의 전통은 뒤에 김정호의 「대동여지도」와 「동여도」로 이어지게 된다.

3) 조선전도

정상기의 「동국지도」가 국가 공인의 조선전도로 자리잡게 된 것은 영조 때였다. 洪良漢(1724~1802, 洪良浩)은 정상기 가문의 「동국지도」를 영조에게 소개했다. 百里尺이 사용된 「동국지도」를 본 영조는 홍문관에 그 지도를 베껴두게 했다. 이후 정상기 가문의 「동국지도」는 관찬 조선전도의 기본형이 되었다. 정상기 가문의 「동국지도」가 보여주었던 합리적인 국토 표현은 뒤에 김정호에 의해 계승되었다.

김정호는 자타가 공인하는 19세기 고지도 제작자이다. 「대동여지도」는 그가 1861년에 만들어 낸 대축척 조선전도(축척 : 약 1/160,000)이다. 남북 방향으로 22개의 첩으로 구성되어 있으며, 각 첩의 한 면은 동서 80리, 남북 120리에 해당한다. 김정호는 이미 필사본으로 「청구도」라는 지도책자를 간행한 바 있었지만, 「청구도」는 도면을 이어 볼 수 없는 단점이 있었다. 김정호는 여러 개의 첩을 펼쳐 이어 붙이면 전도가 되는 새로운 형식의 지도를 나무판에 새겨 간행했다. 「대동여지도」가 그것이다. 그러나 목판본 지도로는 지명을 넣는 데 한계가 있을 수밖에 없었다. 김정호는 「대동여지도」 간행을 전후하여 동일한 형식의 절첩식 지도집을 필사본으로 만들어 냈다. 「동여도」라는 이 필사본 지도는 「대동여지도」와 같은 형식 및 윤곽을 가지고 있지만 「대동여지도」에 비해 5,000여 개의 지명이 더 들어 있다.

「대동여지도」와 「동여도」 상에 그려진 모든 도로는 거의 직선에 가깝게 그려져 있으며, 일정하지 않은 간격의 표점들을 가지고 있다. 도로가 직선으로 그려진 것은 김정호가 도면 위에서도 축척을 중요시했기 때문이다. 실제 사람들이 통행하고 화물이 운반되는 구부러진 도로망으로는 축척에 정확도를 기할 수 없었을 것이다. 그러나 김정호는 도로상에 일정치 않은 표점을 찍음으로써 실제 도로의 거리 관계까지 반영할 수 있었다.

실선 위 표점 사이의 간격은 10리를 표시한다. 10리 간격이 일정치 않은 것은 직선거리가 아니라 실제 도로상의 거리를 표시하기 위해서 고안해 낸 방식이었다. 김정호는 직선 형태의 도로와 일정치 않은 표점 간격을 통해 축척과 함께 실제 도로상의 거리를 모두 구현할 수 있었다.

4) 세계지도와 지리적 시야의 확대

우리나라에서 제작된 고지도 가운데 현재 남아 있는 가장 오랜 세계지도는 「혼일강리역대국도지도」(1402)이다. 구대륙 전체가 그려진 이 지도는 세계적으로도 그 가치를 인정받고 있다. 의정부에서 만들어낸 이 지도는 신왕조 초기의 개방성과 자신감, 그리고 지리적 시야의 확대를 웅변해 준다. 그러나 조선이 신대륙을 포함한 넓은 세계를 알게 되었던 것은 17세기에 들어서서부터였다.

(1) 타원형 세계지도

① 마테오 리치의 세계지도

16세기 말 명나라에는 바티칸에서 파견된 선교사들이 활동하고 있었다. 북경에 파견되는 조선 사신들은 그들이 한문으로 펴낸 책을 보면서 서양을 알아가기 시작했다. 당시 북경에서 활약하던 선교사 가운데 대표적인 인물은 마테오 리치(Matteo Ricci, 1552~1610)였다.

마테오 리치가 중국에서 만든 지도 가운데 조선에 수입되어 전통적인 세계관에 충격을 던져 준 것은 단연 「곤여만국전도」였다. 1603년 사신으로 명나라에 다녀 온 이광정과 권희가 1602년에 북경에서 간행된 마테오 리치의 「곤여만국전도」를 홍문관에 보내 왔다. 당시 홍문관의 책임자는 李睟光이었다. 이수광이 보았던 「곤여만국전도」는 실물을 확인할 수 없지만, 그것을 바탕으로 그린 「(회입)곤여만국전도」가 서울대 박물관에 전하고 있다.

마테오 리치의 1602년판 「곤여만국전도」는 북경에서 2벌의 목판으로 만들어졌다. 그러나 2벌의 목판으로는 중국인들의 폭발적인 수요에 부응하기 어려웠다. 1603년 이응시가 「곤여만국전도」의 목판보다 더 큰 판형으로 새로운 목판을 새기고 「양의현람도」라고 이름 붙였다. 숭실대 박물관 소장본은 원래 강원도 평해 황씨 종가집에서 보관해 오던 것이다. 이 지도를 들여온 것은 黃中允이었지만, 그 후손의 호의로 현재는 숭실대가 보관하고 있다. 숭실대 박물관본은 최근에 다른 사본이 발견되기 전까지만 하더라도 세계 유일본으로 알려져 있을 만큼 희귀본이다.

「곤여만국전도」는 중국 중심의 세계관에 익숙해 있던 조선 지식인에게 큰 충격을 주었다. 그러나 대형 병풍으로 된 이 지도를 열람할 수 있는 사람은 극소수였다. 책자 형태라면 좀 더 많은 사람이 서구식 세계지도를 볼 수 있을 것이었다. 그것은 곧 가능해졌다. 「곤여만국전도」를 들여온 지 얼마 되지 않아서 조선 지식인들은 『三才圖會』와 『圖書編』을 볼 수 있었는데, 거기에는 마테오 리치의 지도를 바탕으로 한 소략한 세계지도가 들어있었다.

② 알레니(Giulio Aleni, 艾儒略, 1582~1649)의 「萬國全圖」

알레니가 중국 땅을 밟은 것은 1610년이었다. 알레니는 앞서 마테오 리치가 그랬던 것처럼 선교활동을 하는 한편으로 서양 천문지리 지식을 소개하는 데 주력했다. 그 결과 『직방외기』라는 책이 세상에 나오게 되었다.

직방은 중국 중심의 세계를 상징한다. 따라서 『직방외기』는 중국 중심의 세계 바깥쪽에 관한 기록, 즉 세계지리에 대한 기록임을 알 수 있다. 책자 안에는 대륙별 지리와 문화에 대한 설명과 함께 세계지도인 「만국전도」와 대륙별 지도가 실려 있다. 알레니는 1623년 북경에 들어오면서 『직방외기』에 실려 있는 「만국전도」만을 별도의 큰 판형으로 확대했다.

1630년(인조 8) 사신으로 북경에 간 정두원은 귀국 길에 확보한 서양 문물들을 국내로 들여왔다. 그 가운데에는 『직방외기』뿐만 아니라 큰 판형의 「만국전도」가 포함되어 있었다. 『직방외기』는 조선에 유입되어 특히 기독교에 관심을 가진 이들에게 읽혔다. 또 「만국전도」는 종교적인 문제와는 구분되는 서학, 즉 학문의 영역에서 널리 보급되었다. 조선에 들어온 「만국전도」는 실물이 남아 있지 않지만, 그것을 베껴 그린 대형 지도가 남아 있다(「천하도지도」).

(2) 양반구형 세계지도

① 페르비스트(Ferdinand Verbiest, 南懷仁, 1623~1688)의 「곤여전도」

1658년 벨기에 출신의 선교사 페르비스트가 동방전도를 위해 마카오에 도착했다. 청나라 조정은 바티칸에서 파견된 선교사들이 최신의 서양 천문지리지식을 습득하고 있다는 사실을 잘 알고 있었다. 1660년 청나라 황제 順治帝는 페르비스트를 북경으로 불러들여 천문 역법을 관장하는 직책을 맡겼다. 페르비스트는 1672년에는 『곤여도설』을 간행하고, 1674년에는 「곤여전도」를 목판에 새겼다. 「곤여전도」는 1856년에 광동에서 다시 간행되었다.

『곤여도설』은 1721년(경종 1)에 북경에 사신으로 다녀온 兪拓基의 노력으로 이듬해 수입되었는데, 이때 「곤여전도」도 같이 수입되었을 가능성이 높다. 李瀷은 페르비스트의 『곤여도설』을 열람한 바 있었다. 정조시대 북극고도와 거리 관계를 논할 때에도 『곤여도설』은 참고자료의 하나로 이용되었다. 조선 실학자들은 「곤여전도」 초판이 간행된 것으로부터 멀지 않은 시기에 이미 페르비스트의 천문지리 지식을 파악하고 있었다.

② 莊廷敷의 세계지도와 그 변용

중국인 장정부는 1788년에 『해양외국도편』을 저술하고 1800년에는 「지구전후도」를 만들었다. 그러나 중화중심주의로 회귀하는 중국의 사회분위기 속에서 장정부의 지구설은 중국사회에 큰 파장을 미치지 못했다.

19세기 전반의 실학자 李圭景은 이미 장정부의 지구설을 이해하고 있었다. 崔漢綺는 1834년에 장정부의 「지구도」를 목판지도로 만들었다. 이규경은 또 최한기의 지도에서 제외된 원본의 설명부를 자신의 문집에 수록했다. 19세기 전반의 조선 실학자들은 중국사회에서 인정받지 못하던 장정부의 지구설과 세계지도를 적극적으로 받아들이고 이해해 나갔다. 목판에 지도를 새기는 일을 담당했던 사람은 그의 오랜 친구인 金正浩였다. 최한기 자신은 『지구전요』(1857년)에 「지구전후도」와 같은 유형의 지도를 삽입함으로써 양반구 세계지도를 널리 인식시키는 데 기여했다.

새로운 서구식 세계지도나 그에 관련된 정보는 그대로 복제되는 데 그치지 않고 새로운 형태로 변용되기도 했다. 「여지전도」는 장정부가 1800년에 만든 「지구도」의 윤곽을 따르면서도 많은 차이점을 보여주는 사례이다.[2)]

5) 「천하도」

「천하도」는 조선후기에 유행했던 독특한 세계지도이다. 가면 모양의 중앙대륙(내대륙), 중앙대륙을 감싸고 있는 안쪽의 바다(내해), 안쪽의 바다를 감싸고 있는 바깥쪽의 대륙(외대륙), 외대륙 밖의 바다(외해)가 있고, 해와 달이 뜨고 지는 곳이 그 바깥 쪽 좌우에 있다.

나라 이름, 산천 이름 등 140여 개가 넘는 지명들이 지도 전체에 고르게 분포되어 있다. 도면에 기록된 지명 대부분은 실재하지 않는 상상의 지명들로 동양 고전 가운데 하나인 『산해경』에서 확인되는 것들이다.

「천하도」를 사실관계의 측면에서 접근하거나 의미부여를 하는 것은 너무나도 몰역사적인 접근방식이라고 하지 않을 수 없다. 그것은 철저히 그것을 배태시킨 조선후기 사회 안에서 이해되어야 한다. 그런 의미에서 「천하도」가 만들어지는 맥락은 서구식 세계지도에 가서 닿는다.

조선후기 지식인들이 타원형 세계지도를 보고 『회남자』, 『산해경』 및 추연의 세계관 등 비정통적 서적과 단어를 떠올렸던 것은 불가피한 일이었다. 이들 단어를 제외하고는 넓은 세계, 지구설 등을 동양의 언어로 이해할 수 있는 길이 없기 때문이었다. 유일하게 한국에서만 발견되고 있는 「천하도」는 이러한 연상과 해석에 의해 서구식 세계지도를 조선의 어법으로 재구성한 것이었다.

「천하도」의 윤곽과 이미지는 反서학적 분위기의 산물이 아니라 서구식 세계지도, 특히 타원형 세계지도로부터 직접적으로 기원한 것이었다. 「천하도」는 서구식 세계지도에 대한 조선적 해석의 산물이었다.[3]

---

2) 최근 吳尙學은 이 지도의 작자를 다름아닌 김정호로 추정했다(吳尙學, 『朝鮮時代의 世界地圖와 世界 認識』, 서울대 지리학과 박사논문, 2001).

3) 吳尙學은 「천하도」를 지리적 세계뿐만 아니라 하늘까지 포함한 우주지적 성

3. 지리서, 지도 연구의 방향

1) 『擇里志』 연구의 방향

조선후기 관·사찬읍지에 대한 종합적인 연구를 시도한 것은 지리학자 양보경이다. 그는 조선후기 읍지의 내용과 성격, 읍지에 반영된 지리적 인식의 특징 등을 연구했으며, 읍지에 관한 많은 것을 알려 주었다.

일부 지방에 국한되던 읍지 편찬은 19세기 중반 이후로 전국적으로 확산되었으며, 그 수록 내용에도 지역적 특색이 반영되었다. 경기도에서는 상업적 현상이, 평안·함경도에서는 군사적 내용이 중시되었다. 읍지의 내용과 성격은 크게 16~17세기, 18~19세기 중엽, 19세기 후반의 3단계로 나뉘어지는데, 각 시기 읍지의 양상은 당대의 사회적 분위기와 밀접하게 관련되어 있었다. 16~17세기에는 사찬읍지가 많이 편찬된 반면, 18세기 이후는 관찬읍지가 사찬읍지를 압도했다. 읍지에는 인간생활과 관련된 지형적 내용과 군사 행정 재정 문화적 경관을 중시하는 경향, 군현이 중심이 되는 생활권의 관념 등이 반영되어 있다.[4]

읍지는 무엇보다 편찬의 맥락 자체가 포괄적으로 연구되어야 한다. 조선후기에 편찬된 관찬·사찬읍지들은 지방사에 관한 누적된 정보들이 특별히 구분되지 않은 채 함께 실려 있는 경우가 대부분이다. 따라서 읍지 연구의 일차적 관건은 언제 간행되었는가의 문제뿐 아니라 어느 시기의 사정이 반영되어 있느냐를 가려내는 데 있다고 해도 과언이

격을 가진 것으로, 동시에 중화적 세계인식과 신선사상에 기초하고 있다고 보았다(吳尙學, 위 논문, 2001).

4) 양보경, 『조선시대 읍지의 성격과 지리적 인식에 관한 연구』, 서울대 박사논문, 1987 / 『지리학논총』 별호 ; 「고산자 지지의 현대적 평가」, 『고산자 김정호 사상의 현대적 조명』(대한지리학회 발표문), 1991 ; 「신경준의 『산수고』와 『산경표』 - 국토의 산천에 대한 체계적 이해」, 『토지연구』 1992년 5·6월호 ; 「18세기 조선의 자화상 『여지도서』」, 『토지연구』 제4권 3호, 1993.

아니다.

이를 위해서는 우선적으로 남아 있는 각 지역 읍지들을 면밀히 비교 검토하는 작업이 필요하다. 물론 여기에는 조선후기의 사회적 현실과 그에 대한 중앙 기구의 정책이 포괄적으로 검토되어야 할 것이다. 그런 의미에서 읍지 편찬의 계기를 분명하게 확인할 수 있는 관찬읍지 편찬 사례를 중요하게 검토하지 않을 수 없다.[5)]

실상 관찬읍지와 사찬읍지는 서로 영향을 주고 받는 관계에 있었다. 관찬읍지 가운데에는 유력 인사에 의해 제작된 사찬읍지의 영향을 받은 것도 적지 않다. 반대로 사찬읍지 가운데에는 18세기 전국 지리지 편찬사업에 따라 만들어졌던 읍지들의 항목과 체제를 계승한 것들도 많다. 이러한 관찬읍지와 사찬읍지의 상호관계를 체계적으로 분류해 내기 위해서라도 각 시기별 관찬읍지의 특징을 좀 더 세밀하게 밝혀내야 할 필요가 있다.

반영된 시기의 특성이 정확하게 추정될 수 있을 때 읍지의 사료적 가치는 더욱 높아질 수 있다. 읍지는 최근 지방사, 생활사 연구에 중요한 자료로 부각되고 있다.

연구 관점상의 문제는 읍지보다는 지리서에서 좀 더 분명한 형태로 드러난다. 아래에서는 『택리지』에 투영된 문제의식과 앞으로의 연구방향을 진단해 보려 한다.

잘 알려진 대로 『택리지』는 몰락한 사대부인 이중환이 살 만한 곳을 찾아 헤맨 기록이다. 『택리지』 안에는 이중환 자신의 정치, 경제, 사회, 문화, 지리에 대한 식견이 골고루 녹아 있기 때문에 각 분야의 연구자들이 일찍부터 서로 다른 관점에서 이 저술에 접근해 왔다.

『택리지』 연구가 심화되기 시작한 것은 아무래도 1980년대에 들어

---

5) 배우성, 「영조대 군현지도집의 편찬과 활용」, 『한국학보』 81, 1995 ; 「18세기 전국지리지 편찬과 지리지 인식의 변화」, 『한국학보』 85, 1996 ; 『조선후기 국토관과 천하관의 변화』, 일지사, 1998.

서부터였다. 小石晶子는 추안 등 관련 기록을 조사하고 서문이나 발문을 쓴 인물들을 분석했다. 그는 이중환의 생애를 복원하고 『택리지』가 당쟁의 산물이라는 점을 실증적으로 규명해 냈다.[6] 또 정두희는 역사가로서의 이중환, 역사서로서의 『택리지』라는 새로운 관점을 제시해 주었다.[7] 西川孝雄은 다양한 필사본에 대한 분석의 필요성을 제기했다.[8] 그러나 서지학적인 기초 검토에 그치고 있어서 아쉬움을 준다.

『택리지』 연구가 또 한 단계 발전할 수 있었던 것은 1991년에 열린 진단학회의 한국고전연구 심포지움에서였다. 정치사, 경제사, 지리학 등 다학문적으로 『택리지』를 분석한 것으로는 최초의 시도인 셈이다.[9]

이중환은 『택리지』 「복거총론」 인심 항목에서 당쟁과 탕평의 구조를 분석했다. 이중환에 따르면 선조대 이래로 계속된 당쟁의 폐단이 그의 당대에 더욱 심각해졌다 한다. 이조전랑 자대제를 폐지하고 사색당파를 안배해 등용하는 영조의 정국 운영이 결국 사대부의 도덕적 타락을 가져왔다는 것이다. 정치사 연구자들은 이 점에 주목했다. 『택리지』 인심조는 전랑권을 기초로 한 사림정치, 그것을 붕괴시킨 탕평정치의 권력구조를 설명하는 근거로 활용되었다.[10] 박광용은 이중환의 정치적 위치를 전기와 후기로 나누면서 그의 정치적 입장을 분석했다.[11]

이중환의 경제에 대한 구상은 팔도총론, 복거총론의 생리 항목 등에

---

6) 小石晶子, 「李重煥と擇里志」, 『朝鮮學報』 115, 1985.

7) 정두희, 「이중환」, 『한국사시민강좌』 3, 일조각, 1988 / 「이중환」, 『조선시대 인물의 재발견』, 일조각, 1997.

8) 西川孝雄, 「擇里志の異名について-付文獻目錄 -」, 『韓』 103, 1986.

9) 『진단학보』 69호, 1991 ; 진단학회, 『한국고전심포지움』 3, 일조각, 1991.

10) 김용덕, 「근세당쟁사론」, 『사상계』, 1957 ; 송찬식, 「조선조 사림정치의 권력구조」, 『경제사학』 2, 1978 ; 정두희, 「이중환」, 『한국사시민강좌』 3, 1988.

11) 박광용, 「이중환의 정치적 위치와 『택리지』 저술」, 『한국고전심포지움』 3, 일조각, 1991 ; 박광용, 「이중환」, 『한국의 역사가와 역사학』 상, 창작과비평사, 1994.

서 간접적으로 확인되고 있다.[12] 오성에 따르면, 이중환은 농업생산력의 향상과 상업적 농업경영, 농촌경제의 안정을 바탕으로, 선박에 의한 물자 유통과 대내외 교역을 통해 국가 경제를 발전시켜야 한다는 복안을 가지고 있었다.[13]

『택리지』의 중심을 이루는 분야는 무엇보다 지리관계이다. 이 부분은 학자들이 이중환을 실학자로, 『택리지』를 실학적 저작으로 이해하는 근거가 되어 왔다.[14] 역사학자들을 포함한 대부분의 연구자들은 『택리지』가 한국적 취락입지 모델을 연구한 실학적 인문지리서라는 점을 인정하고 있다.[15]

물론 적지 않은 연구들이 실학적 지리서로서의 한계를 지적하고 있

---

12) 차지호, 「박제가의 북학의연구-이중환의 택리지와의 비교를 중심으로」, 인하대 역사교육과 석사논문, 1988 ; 이윤규, 「토정 이지함의 상업관에 관한 연구」, 『한국전통상학연구』 16, 2000.

13) 오성, 「택리지의 팔도총론과 생리조에 대한 고찰 - 경제관계기사의 서술과 관련하여 - 」, 『진단학보』 69, 1991(『조선후기 상업사연구』, 한국연구원, 2000).

14) 이중환의 사민평등관에 주목한 연구도 없지 않지만(이종일, 「조선초기 사회이동과 실학의 사민평등관의 관련성 연구」, 『대구교대논문집』 24, 1989), 대부분의 경우 실학자로서의 이중환은 인문지리학자로 설명된다.

15) 노도양, 「택리지, 가거지 해설」, 『지리학』 1, 대한지리학회, 1963 ; 이우성, 「조선후기의 지리서, 지도」, 『교양』 5, 1968(『한국의 역사상』, 1982 재수록) ; 노도양, 「이중환 택리지」, 『한국의 고전백선』, 동아일보사, 1969 ; 김용덕, 「택리지 해제」, 『한국학』 13, 중앙대학교 한국학연구소, 1977 ; 박재일, 「근대 인문지리의 개조, 이중환」, 『역사의 인물』 5, 일신각, 1979 ; 김정심, 「이중환의 택리지에 관한 연구」, 숙명여대 사학과 석사논문, 1983 ; 김용덕, 「택리지 해제」, 『한국사』, 을유문화사, 1984 ; 이찬, 「택리지에 대한 지리학적 고찰」, 『애산학보』 3, 애산학회, 1984 ; 하동호, 「동국지리해 서지고」, 『애산학보』 3, 애산학회, 1984 ; 문명서, 「택리지연구」, 『홍익사학』 2, 홍익대학교 사학회, 1985 ; 최영준, 「택리지-한국적 인문지리서」, 『한국고전심포지움』 3, 일조각, 1991 ; 위원학, 『택리지연구』, 신양사, 1993 ; 최영준, 「풍수와 택리지」, 『한국사시민강좌』 14, 일조각, 1994 ; 박재일, 「근대 인문지리의 개조 이중환」, 『한국인물 탐사기』 5 -조선의 인물 3, 오늘, 1996 ; 최영준, 『국토와 민족생활사』, 한길사, 1997 ; 양보경, 「이중환과 택리지」, 『한국지성과의 만남』, 부산대출판부, 1998.

는 것도 사실이다. 풍수지리적 발상[16]과 환경결정론적 시각,[17] 특정 지역에 대한 편견에 사로잡혀 있었다는 것[18] 등이 그것이다. 거론된 문제점들은 풍수지리라는 동양사회의 전통적 자연관과 관련되어 있다. 그러나 한계를 지적하는 견해들조차 택리지가 취락입지론을 담은 훌륭한 인문지리서라는 사실을 근본적으로 부정하는 것은 아니다. 이밖에 『택리지』 팔도총론을 도 별로 분석한 연구[19]나 조경학계의 연구[20]도 있다.

단일 책자에 대한 관심이나 연구의 추세 등을 볼 때 결코 적거나 미진하다고 할 수는 없는 정도이다. 그러나 그 자신 실세한 남인학자라는 이유 때문인지 서지적인 사항조차 불분명한 부분이 적지 않다.

논란은 『택리지』가 저술된 시기에서부터 시작되고 있다. 小石은 1749년(영조 25)~1751년(영조 27) 사이의 어느해 여름에 집필되었다 하며, 오성은 1749년 혹은 1750년 두 해 중 어느 여름에 시작하여 1751년 仲春 이전에 완성했다고 추측하고 있다. 반면 박광용은 1751년(영조 27)에서 1753년(영조 29) 사이의 시기로 추정하고 있다.

이중환이 누구에게서 어떤 영향을 받았는지 전체적인 윤곽도 그려

16) 김윤곤, 「이중환의 택리지」, 『실학연구입문』, 일조각, 1973 ; 김윤곤, 「청담 이중환」, 『이을호박사정년기념실학논총』, 전남대 호남문화연구소, 1975.
17) 서수인, 「택리지 연구 서설」, 『지리학』 1, 대한지리학회, 1963 ; 박영한, 「청담 이중환의 지리사상에 관한 연구」, 『낙산지리』 4, 1977 ; 유원동, 「청담 이중환」, 『한국실학개론』, 정음문화사, 1983.
18) 전라북도, 「이중환의 전라도 인식」, 『전북학연구(1)』 2편 3절, 1997 ; 이희권, 「이중환의 전라도 인식 비판」, 『역사로 보는 전라도』, 신아출판사, 2001.
19) 최승순, 「택리지에 조명된 강원도」, 『강원문화연구』 7, 강원대학교 강원문화연구소, 1987 ; 이문종, 「택리지로 본 충청도」, 『문화역사지리』 15, 한국문화역사지리학회, 2001.
20) 정기호, 「택리지의 문의적 고찰」, 『한국조경학회지』 17, 한국조경학회, 1990 ; 전미경 · 정기호, 「국토의 정체성 수립을 위한 취락 및 자연경관의 조사분석 연구 - '택리지'의 하거지마을과 인근지역의 경관조사분석을 통하여」, 『한국정원학회지』 21, 한국정원학회, 1997.

지지 않은 형편이다. 김약슬이 이익과 이중환의 관계를 논의한 것이 하나의 실마리가 되고 있는 정도이다.[21] 오성은 경제관계 기사를, 이희권은 지역 관련 기사를 분석하면서 각각 이중환과 이익의 관계를 세부적으로 정리했다.

『택리지』의 인문지리서로서의 위상을 재확인하거나 서지관계를 확정하는 것도 중요한 과제이다. 그러나 정작 연구되어야 할 핵심적인 영역은 전혀 다른 곳에 있다. 당대인들이 『택리지』를 단선적인 근대(지향)의 자대로 읽지 않았을 가능성에 주목해야 한다.

『택리지』에 대한 다양한, 혹은 서로 상반된 평가에도 불구하고, 연구자들은 예외없이 최남선이 교열한 광문회본 『택리지』를 자료로 삼아 왔다. ① 이중환이 쓴 『택리지』 ② 이중환이 썼다고 전해지면서 필사되어 읽힌 당대의 『택리지』 ③ 최남선이 교열한 『택리지』를 동일하게 보기 때문이었다. 그러나 『택리지』는 인쇄되지 않은 채 다양한 제목으로 널리 읽혔으며, 광문회본에 의해 단일화되었다는 점에서 다른 유사한 사례를 발견하기 힘든 독특한 책자이다.

이중환의 손을 떠난 『택리지』는 다양한 이름으로 바뀐 채 필사되어 읽혔다. 그러나 근대 학문에 미친 영향은 ③의 단계가 절대적이라 할 수 있다. 최남선이 광문회본을 내면서 한 역할은 분명 교열이지만 최남선의 시선이 교열된 『택리지』에 깊이 투영되지 않을 수 없었다. 정확한 의미에서 '최남선이 교열한 『택리지』'는 '최남선이 다시 읽은 『택리지』'로 이해되어야 한다.

『택리지』를 당대적 맥락에서 이해하기 위해서는 필사본들을 폭넓게 수집하여 비교 검토해 보고, 지도 위에서 읽는 것이 필요하다. '최남선이 다시 읽은 『택리지』'를 분석하고 그 위에 덧씌워진 최남선의 인식을 걷어 내기 위해서라도 필사본들의 비교 연구는 우선적으로 요청되는 작업이다.

---

21) 김약슬, 「성호수사본 택리지에 대하여」, 『국회도서관보』 5-4, 1968.

『택리지』는 『팔역지』, 『사대부가거처』, 『복거설』, 『택승지』, 『동국산수록』, 『진유승람』, 『총화』, 『박종지』, 『구우지』, 『형가요람』, 『동악소관』 등 수많은 다른 이름으로 필사되어 읽혔다.

필사본에 대한 비교 검토가 이루어지지 않았다는 것은 이중환의 『택리지』와 최남선 교열본 사이의 차이, 혹은 그 간격이 전혀 의식되지 않았음을 뜻한다. 필사본 비교연구는 역으로 그 차이와 틈을 확인하고, 이중환의 『택리지』, 그리고 조선후기에 읽히던 『택리지』로 돌아가기 위한 효과적인 방안이 될 것이다.

우선 광문회본에 의해 정리되기 전의 다양한 『택리지』 읽기의 방식을 계열화하는 것이 가능할 것이다. 또 『택리지』가 어떻게 변형되어 읽히고 있었는가를 이해할 수도 있을 것이다. 『택리지』를 전후하여 편찬된 풍수지리서, 지리서, 백과사전 등을 『택리지』와 비교해 보는 것도 그 방법이 될 것이다.

이중환이 처음 『택리지』를 저술했을 때의 원본과 가장 가까운 사본을 추정해 볼 수도 있을 것이다. 초고 상태의 『택리지』를 추정할 수 있게 된다면, 이중환이 정치, 경제, 지리적인 각론들을 체계화한 방식에 대해서도 이해할 수 있게 될 것이다.

여러 사본들에서 공유되는 내용들을 지도 상에서 읽어보는 것도 의미 있는 시도라 할 수 있다. 『택리지』는 산수분합의 원리를 충실하게 따르는 저작으로, 지역에 관한 설명도 그 흐름에 따라 진행되고 있다. 그럼에도 불구하고 그동안 『택리지』 자체의 맥락으로부터 그 산수분합의 분절점들이 분명하게 파악되지 않은 점은 아쉬움을 준다.

『택리지』에 담긴 자연관을 새롭게 읽는 또 하나의 좋은 방법으로, 바로 그 지점이 선택되어야 한다. 이중환은 어느 지역을 설명할 때 설명의 출발점이 되는 산(물)줄기 하나를 설정하고 그곳으로부터 여러 번 출발하는 논리적 구조를 선택했기 때문이다. 그런 의미에서 그가 강조하고자 했던 그 맥락으로부터, 그 출발점과 도착점의 흐름을 지도를 따라가며 읽어 내야 할 것이다. 그렇게 함으로써 이중환의 자연관이 가진 보편성과 고유성의 당대적 맥락을 분명하게 드러낼 수 있을 것이다.

2) 고지도 연구의 방향

(1) 고지도 발생의 맥락

고지도는 근대적 방식에 의해 제작된 지도와는 구별되는 전통시대의 지도를 말한다. 우리나라의 경우 1900년 혹은 1910년대에 와서야 비로소 근대적 측량에 의해 지도가 작성되기 시작했다.

우리나라에서 고지도가 언제 어떻게 발생하게 되었는가를 해명해 주는 연구는 없다. 다만 이찬에 따르면, 선사시대부터 고장에 대한 호기심 때문에 그림지도가 탄생할 수 있었었다 한다.[22] 또 호기심과 유사한 맥락에서 기억의 보조물이 발달된 것으로서 지도의 발생을 설명할 수도 있다.

그러나 인간이 가진 지적인 욕구 만으로 고지도 발생사를 설명하기에는 허전한 느낌을 지울 수 없다. 선사시대인들이 호기심을 충족시키기 위해, 또 지리적인 기억을 보완하기 위해 지도를 만들었다고 보는 것은 "지도는 동서고금을 막론하고 늘 그런 류의 관심에 따라 발달했을 것"이라는 예단을 기초로 하고 있지 않은가.

물론 이 예단은 지도 발생의 중요한 맥락 가운데 하나일 것이다. 그러나 그 예단이 아무리 설득적이라 하더라도 지도를 만들지 않으면 안 되었던 선사시대 자체의 맥락으로부터 파악하는 것이 더욱 중요하다. 그런 점에서, 선사시대인들이 지도를 신성세계와 현실세계의 상호변환의 매체로서 이해하고 있었다는 지적은 발생사 문제에 관한 중요한 시사를 준다.

---

22) 이찬, 『한국고지도의 발달』, 『해동지도』(해설색인집), 서울대 규장각, 1995.

선사시대인들은 자작나무껍질, 나무조각, 점토판 같은 소재만이 아니라 암벽 지면 등에도 지도라고 말할 만한 것들을 새겼다. 외국의 사례 가운데에서는 인접 · 분리 · 이동 · 폐쇄 · 연속과 같은 '관계'로부터 중심 · 방위 · 길 · 영역과 같은 구조화된 영역까지 묘사된 지도들이 확인된다. 문제는 그들의 지도가 어디까지나 신화의 세계를 현실 세계의 구성요소들로 표현하기 위한 것이라는 점에 있다. 그들에게 있어서 지도에 표현된 중심은 내가 세계를 바라보는 지리적 기점이라기보다는, 수직적인 신화축과 수평적인 현실세계의 영역구조가 상호 변환가능한 장으로서의 의미를 지닌다는 것이다.[23]

(2) 고지도상의 경관과 영토문제

고지도가 연구자의 관심을 끄는 일차적인 이유 중 하나는 그것이 잃어버렸거나 분쟁 가능성에 있는 역사적 영토에 대한 기억을 상기시키기 때문이다. 역사적 영토를 연구하는 연구자는 은연중 자신의 민족과 국적을 염두에 두게 되며, 이 경우 역사적인 문제는 지극히 현실적인 문제로 전화한다.

연구자는 이때 역사 해석의 '공리성'이 보내는 추파에 현혹되기 쉽다. 민족, 영토, 국경에 대한 오늘날의 관념을 전통사회에 그대로 적용시켜 해석하는 것이 얼마나 위험천만한 일인지 따위는 전혀 안중에 들어올 수 없다. 그것이야말로 역사에 대한 공리적 해석의 마력이다.

역사적 영토의 문제를 '사실' 관계의 확인 차원에서 접근해 들어갈 때 연구자는 이제 유혹에 한 번 눈을 감은 대가로 선명한 결과물을 얻게 될 것이다. 고지도는 무차별적이고 편의적으로 활용된다. 고지도는 이미 정해져 있는 연구 결과물의 당위성을 보증해 주는 훌륭한 사료일 뿐이다.

물론 고지도 상의 경관을 현재와 대비해 보거나, 역사적 영토의 과

23) 久武哲也, 『地理の思想』, 京都大 地理學教室 編, 1982.

거 흔적을 찾는 것이 원천적으로 불가능한 것은 아니다. 특히 18세기 기호식 지도, 그리고 그 성과를 흡수한 「대동여지도」와 「동여도」 같은 경우는 더욱 그렇다.

한말·일제시대에 제작된 지형도 역시 전통시대의 경관을 파악하는 데 유용한 자료가 된다. 明治維新을 전후한 때부터 침략의 기회를 엿보고 있던 일본 군국주의자들은 근대적인 조선지도를 원하고 있었다. 일본 육군참모국은 운양호의 해안 측량 성과와 일본군 밀정들의 조사 결과 및 조선 전래의 지도 정보를 활용해 1876년에 「조선전도」를 펴냈다.

일본은 이후 측량에 의한 조선지도, 특히 군현지도 제작에 착수했다. 청일전쟁기인 1894년에 일본 육군 육지측량부의 주도로 측량, 제작된 1/50,000 군용지도가 그것이다. 육지측량부는 3개의 측량반을 동원하여 이 지도를 완성해 낼 수 있었다. 전쟁 중에 급조된 탓에 일부 오류가 있으나, 대도시를 중심으로 중요 지역이 망라되어 있으며, 舊도로가 명시되어 있어서 자료적 가치를 지니고 있다.

식민지배의 효율성을 높이기 위한 지도 제작은 1910년 한일합방 이후에도 계속되었다. 조선총독부는 무려 3,000명, 6개 과로 구성된 조선임시토지조사국을 설치하고 측량과 지도제작에 몰두했다. 측량작업이 완료되자 그것을 토대로 전도와 지역 지도, 다양한 목적도 등을 제작할 수 있었다. 이 중 특별히 의미가 있는 것은 1918년에 제작된 1/50,000의 지형도인데, 전국을 망라하고 있으며 1894년 지도의 오류를 상당히 시정한 것으로 평가되고 있다.

고지도를 통해 경관이나 역사적 영토를 논하기 위해서라면 중요한 전제가 필요하다. 고지도 제작자의 관점과 의도가 현대인의 그것과 어느 정도 편차가 있는지 엄밀하게 따져 보아야 하는 것이다. 대부분의 연구자들이 그런 엄밀성에 유의하지 않는다 하더라도 그것은 매우 핵심적이며 중요한 문제이다.

(3) 고지도 연구의 문제의식

근대 학문으로서의 한국 고지도 연구가 가진 역사를 결코 짧다고 말할 수는 없다. 그러나 그 속에서도 고지도를 당대적 맥락에 따라 읽어야 한다는 문제제기는 없었다. 고지도 연구의 관행적인 문제의식들은 초기 연구자 가운데 한사람인 邢基柱에게서도 잘 확인된다.

그에 따르면, 고지도는 "과거 인류들의 지리적 시야나 지리관을 측정할 수 있는 바로메타"이며, 그렇기 때문에 "역대의 지도는 지리학사의 체계를 세우는 데 있어서 필수불가결한 실증적 자료"라 한다. 뿐만 아니라 "고지도 상에 시현된 자연 및 인문경관을 현실과 비교함으로써 역사지리적 과제인 경관 복원에 좋은 자료가 되고 있으며, 또한 지도 제작 상의 테크니칼 프로세스를 검토함으로써 근대적 지도가 제작되기까지의 체계 있는 과정을 엮을 수 있다"는 것이다.[24)]

우리 학계는 그간 위에서 검토한 동일한 문제의식 위에서 다양한 고지도들을 연구해 왔다. 아래에서는 그 연구 성과를 이 글의 취지와 관련되는 범위 안에서 제한적으로 살펴보기로 한다.

첫째, 「대동여지도」에 이르는 발달사 상의 계보들이 추적되었다. 초기 연구를 주도한 것은 홍이섭, 전상운, 이병도, 김양선 등이었다.[25)] 이찬은 초기 연구의 문제의식을 계승하고 한국 고지도의 발달사를 체계화하는 데 크게 기여했다.

발달사의 체계화는 크게 두 갈래로 진행되었다. 한 갈래는 조선전도, 도지도, 군현지도의 발달과정을 연구하는 것이었으며, 다른 한 갈래는

---

24) 형기주, 「고지도에 관한 연구자료」, 『지리학』 1, 1963.

25) 홍이섭, 『조선과학사』, 1946 ; 이병도, 「정상기와 동국지도」, 『서지』 1-1, 1960 ; 이병도, 「강화지도」, 『서지』 1-2, 1960 ; 이병도, 「청구도 해제」, 『청구도』 (민족문화추진회 영인본), 1971 ; 전상운, 『한국과학기술사』, 과학세계사, 1966 ; 전상운, 『한국과학사』, 싸이언스북스, 2000 ; 김양선, 「명말청초 야소회 선교사들이 제작한 세계지도와 그 한국문화사상에 미친 영향」, 『숭대』 6, 1961 ; 김양선, 「한국고지도연구초」, 『숭실사학』 10, 1965.

전통시대의 세계관을 보여주는 자료들을 체계화하는 일이었다.[26] 80년대 이후 곳곳에 흩어져 있는 사본들을 비교하고, 연대를 추정하며, 계보를 정리하는 작업이 현재도 계속되고 있다.[27]

둘째, 지도 발달을 가능하게 했던 과학기술적인 토대에 대한 연구가 과학사학계, 역사지리학계를 중심으로 진행되고 있다. 일찍부터 이 문제에 주목해 온 전상운의 관점은 일관되어 있다. 그는 고구려 고분의 요동성 지도에서 방위와 측량 개념을 검출하는가 하면, 고대 이래로 천문 측량이 있었으며 그 성과들이 지도 제작에 반영되었을 것이라고 추정했다.

특히 전상운은 실측지도와 관련된 조선초기의 과학기술적 성과에 주목했다. 세종 때에는 정척이 휴대용 간의, 해시계, 나침반 등을 사용해 실측지도를 만들었으며, 기리고차가 만들어지기도 했다. 또 새로 만든 步尺으로 거리를 재고 30리마다 표지석을 놓았는가 하면, 각 도에 명하여 주군 사이의 거리를 조사하게 하여 그것으로 지도를 만들기도 했다. 세조 때에는 규형 인지의라는 평판측량기 비슷한 기구가 만들어지기도 했다.[28]

---

26) 이 찬, 「한국지리학사」, 『한국문화사대계 』3, 고려대 민족문화연구소, 1968 ; 이 찬, 「고한국지도의 역사적 고찰」, 『공간』63, 1972 ; 이 찬, 「한국 고지도의 발달」, 『한국고지도』, 한국도서관연구회, 1977 ; 이 찬, 「동람도의 특성과 지도발달사에서의 위치」, 『진단학보』46・47, 1979 ; 이 찬, 「조선시대의 지도책」, 『한국의 전통지리사상』,민음사, 1991 ; 이 찬, 『한국의 고지도』, 범우사, 1991 ; 이 찬, 「한국고지도의 발달」, 『해동지도』, 서울대 규장각, 1995, 12~13쪽.

27) 오상학, 「정상기의 『동국지도』에 관한 연구 - 제작과정과 사본들의 계보를 중심으로 -」, 『지리학논총』24, 1994 ; 노정식, 『한국의 고세계지도』, 대구교대, 1998 ; 이상태, 『한국 고지도 발달사』, 혜안, 1999 ; 오상학, 『조선시대의 세계지도와 세계인식』, 서울대 지리학과 박사논문, 2001.

28) 전상운, 「선기옥형(천문시계)에 대하여」, 『고문화』2, 1963 ; 『한국과학기술사』, 과학세계사, 1966 ; 「한국천문기상학사」, 『한국문화사대계』3(과학기술사), 1968 ; 『한국과학기술사(제2판)』, 정음사, 1988 ; 「고지도와 과학기술」,

역사지리학계의 연구도 적지 않았다. 원경렬은 「대동여지도」에 관한 종합적 연구에서 과학기술적인 성과를 다루었다.[29] 지도와 지지를 집중적으로 탐구하고 있는 양보경은 김정호로 이어지는 기술적 성과들을 해명해 주었다[30] 특히 18세기 비변사지도의 존재를 학계에 알린 것은 과학기술적 측면에서도 중요한 성과이다. 이밖에 도량형에 관한 연구들도 있었다.[31]

(4) 고지도 연구와 역사상

고지도에 대한 '실학적' 관심은 많은 연구 성과를 양산해 낸 밑거름이 되었다. 이들 연구의 결과 우리는 최소한 이렇게 말할 수 있게 되었다.

① 대축척지도가 발달했으며, 「대동여지도」로 이어지는 과학기술적 성과들이 축적되었다.

② 특정지역, 특정 목적을 위한 지도들이 만들어졌으며, 지방지도 편찬도 증가되었다.

③ 목판본 지도가 만들어지면서 지도 출판이 대중화되었으며, 다양하게 활용되었다.

④ 서구식 세계지도가 널리 보급되면서 성리학적 자연관, 중국 중심 세계관으로부터 벗어날 수 있게 되었다.

이 잠정적인 결론들은 어느 경우 검증된 것이기도 하지만, 검증되었

『해동지도(해설 · 색인집)』, 1995 ; 『한국과학사』, 싸이언스북스, 2000.

29) 원경렬, 『대동여지도의 연구』, 성지문화사, 1991.

30) 양보경, 「고산자 지지의 현대적 평가」, 『고산자 김정호 사상의 현대적 조명』, 대한지리학회 발표문, 1991 ; 양보경, 「18세기 비변사지도의 고찰 - 규장각 소장 도별 군현지도집을 중심으로 - 」, 『규장각』 15, 1992 ; 양보경, 「대동여지도를 만들기까지」, 『한국사시민강좌』 16, 1995.

31) 성남해, 「이정고」, 『측량』 6, 1987.

다고 여겨지는 사실로부터의 연관 관계 속에서 추정된 것이기도 했다. 그러나 모든 사료들이 그런 결론을 뒷받침하는 것은 아니다.

첫째, 조선후기에 달성된 과학기술적 성과는 지도제작에 응용되었다. 그러나 그렇다고 해서 과학기술적 정서가 확산되어 가던 시대였다고 일반화해도 좋은 것은 아니다. 대표적인 사례 하나를 거론하기로 한다. 세종대의 천문 측량과 관련된 성과는 숙종 때 거의 잊혀진 상태였다. 숙종 때의 대신 이이명에 따르면, 궁궐 안에 간의대가 있었고 관상감에도 관측 기구가 있었지만, 그 사용방법을 아무도 알지 못하는 상황이었다 한다.[32]

기호식 지도의 전통만을 강조하는 것은 의도하지 않은 결과를 낳을 수 있다. 조선후기 당대에 오히려 더 많이 제작되었던 회화식 지도의 의미를 제대로 평가하기 어렵게 되는 것이다. 회화식 지도는 우리의 예단처럼 결코 기호식 지도에 의해 대체되지는 않았다. 기호식 지도의 존재와 그 효용성만큼은 아무리 강조되어도 지나치지 않을 것이다. 그러나 그것만큼이나 중요한 것은 여전히 회화식 지도가 통용되었던 당대의 정서이다.

둘째, 특정 지역, 특정 목적을 위한 지도가 만들어진 것은 사실이지만, 결과로서의 그 사실이 의도까지 보증해 주는 것은 아니다. 이이명이 만든 「요계관방도」는 압록강 두만강의 유로가 개선된 관방지도의 백미로 평가된다. 그러나 조선후기라는 시대적 조건 속에서 지도를 들여다 보면 상황은 전혀 달라진다. 청과 대치하고 있는 상황에서 명대의 군사시설을 그린 「요계관방도」는 군사지도로서는 사실상 무의미한 것이었다. 이이명이 지도를 만들어 올리면서 가장 강조했던 것은 내수외양이라는 성리학적 원칙이었다.

셋째, 목판본 지도의 제작과 함께 지도가 널리 보급되었던 것은, 그럼에도 불구하고 지도가 거의 상업화되지는 않았다는 사실과 함께 음

32) 배우성, 『조선후기 국토관과 천하관의 변화』, 일지사, 1998.

미되어야 한다. 에도시대 일본에서는 상업적 목적을 위해 간행된 목판본 전도들이 있었고, 그 사본 중 일부가 조선에 흘러들어 오기도 했다.

조선은 전통적으로 지도를 기밀과 관련되는 자료로 취급했다. 18세기 기호식 지도를 대표하는 비변사지도는 비변사의 기밀 문서에 속했다. 물론 그런 속에서도 널리 보급된 지도책자들이 전혀 없었던 것은 아니었다. 천하도, 중국도, 일본국도, 유구국도, 조선전도, 8도도로 구성된 목판본 여지도 책자는 가장 광범위하게 유포된 목판본 지도책자이다.

그럼에도 불구하고 목판본 지도책자는 사람과 물자의 이동이나 교통 통신에 기여하지 못했다. 목판본 지도가 보급된 사실로부터 그것이 다양하게 활용되었을 가능성, 교통 통신에 기여했을 가능성을 기계적으로 가정하는 것은 오류이다. 그런 예단을 무색케 하는 당대적 정서와 그 맥락을 종합적으로 읽어 내는 안목이 필요하다고 하겠다.

서구식 세계지도가 보급된 결과를 성리학적 자연관, 중국 중심 세계관으로부터의 탈피와 직결시키는 것은 마찬가지의 이유로 타당하지 못하다. 그런 연구들이 쌓이고 쌓이면 중국이나 일본에 버금가는 사본들을 확인하게 될 것인가. 만일 그것이 안된다면 굴곡있는 우리의 근현대사로 모든 원인을 돌릴 것인가.

사본의 종류나 숫자가 문제가 되는 것은 아니다. 세계관과 자연관의 전이를 보여주는 것으로 평가되는 지표들을 당대의 맥락 속에서 읽어내려는 문제의식이 선행되어야 한다.

통설적으로 말해지는 것처럼 조선후기 지식인들은 넓은 세계지도를 보면서 불현듯 자신이 우물 안의 개구리인 것을 깨달았는가. 이 지점에서는 그 인식의 극적인 전환이 자본주의적 근대에 걸맞는 것인지 해방의 근대와 어울리는 것인지는 그다지 중요하지 않다. 그런 전환이 과연 당대의 시대적 조건 속에서 그런 방식으로 이루어질 수 있는가를 먼저 물어야 한다.

세계관의 극적인 전환이 가능하려면 여러 가지 조건들이 충족되지 않으면 안 된다. 병풍에 그려진 세계지도 상의 대륙과 바다는 실재하는 것으로 인정되었어야 한다. 또 그들이 알고 있던 중국 중심의 세계와 서구식 세계지도 상의 세계는 등질적인 지리적 세계로서 대비되었어야 한다. 그러나 조선후기 단계에서 이런 상황은 조성되지 않았다.

그렇다면 조선의 지리적 시야에서 발전은 없었는가. 서구식 세계지도의 사본들을 하나 더 확인한다고 해서 발전의 진정한 면모가 드러나는 것은 아니다. 조선후기적 발전의 면모를 탐색하는 일은 당대인들이 異文化와 異質的인 세계관을 어떻게 변용시키려 했는지를 확인하는 것에서 시작되지 않으면 안 된다.

「천하도」는 전형적인 사례가 될 수 있다. 「천하도」는 한국에서만 유일하게 발견되는 원형 세계지도이다. 그 특이성 때문에 일찍부터 주목되어 오고 있었지만, 그 기원과 의미에 대해서는 다양한 견해가 엇갈리고 있다.

일본의 저명한 고지도 연구가 나카무라(中村拓)는 중국에서 한대 이전에 만들어진 「천하도」가 조선에 전래되었으며, 16세기 이후 인쇄술 발달에 따라 널리 보급되었다고 주장했다.[33] Ledyard는 1402년에 만들어진 「혼일강리역대국도지도」(이하 「강리도」) 계열의 「대명국도」에서 「천하도」 중앙대륙의 윤곽을 유추한 바 있다.[34]

김양선은 「천하도」가 주나라 사람 鄒衍의 세계관과 일치한다는 사실을 魏伯珪(1727~1798)의 『환영지』를 빌어 설명하고, 「천하도」가 이미 고려시대에 기원한 것이라고 보았다.[35] 운노(海野一隆)는 「천하도」에 대해, 그 윤곽은 마테오 리치의 서구식 단원형 세계지도로부터 촉

33) Nakamura, Hiroshi, "Old Chinese Maps Preserved by the Koreans," *Imago Mundi*, 4, 1965.

34) Gari, Ledyard, "Cartography in Korea", The History of Cartography, Vol 2, Book 2, 1994, 235~345쪽.

35) 김양선, 「한국고지도연구초」, 『숭대』 10, 1965.

발된 것이지만 내용상으로는 도교적 내지 신선적 세계도라고 이해했다.[36] 이찬은 「천하도」의 윤곽을 「사해화이총도」나 마테오 리치 지도로부터 유추하기 어렵다고 주장하고 추연의 세계관을 표현했다는 김양선의 견해를 따르면서도,[37] 최근에는 조선후기 실학자의 손에 의해 만들어졌을 가능성을 조심스럽게 언급했다.[38]

이 연구들은 대체로 「천하도」의 윤곽이 어디에서 온 것인지에 초점을 두고 보아 왔다. 그것은 역으로 천하도와 그 시대가 분리된 채 이해되어 왔음을 말해 준다. 그런 의미에서 「천하도」가 표현하고 있는 것, 「천하도」 독자들의 독법, 「천하도」의 윤곽의 기원은 철저히 그것을 배태시킨 조선후기 사회의 맥락 안에서 이해되어야 할 필요성이 더욱 절실한 것이다.[39]

7. 결 론

한국사학계에 대한 안팎의 도전이 요즈음처럼 거세게 일었던 적은 없었다. 내재적 발전론으로 수렴되었던 조선후기사 연구도 그 비판론의 세찬 바람을 비켜갈 수는 없었다.

경제학자들은 내재적 발전론이 자본주의적 근대를 염두에 둔 근대주의적 발상이 아니냐고 의심하고 있다. 물론 이에 대한 반론이 있었다. 한국사에서 내재적 발전론은 사회구성의 변화를 변혁주체의 성장과 관련지어 설명하는 논리라는 것이다.

포스트모더니스트들 역시 내재적 발전론에 그렇게 후한 점수를 주

36) 海野一隆, 「李朝朝鮮における地圖と道教」, 『東方宗教』 57, 1981.
37) 이찬, 「조선시대의 지도책」, 『한국의 전통지리사상』, 민음사, 1991.
38) 이찬, 「한국고지도의 발달」, 『해동지도』, 서울대 규장각, 1995.
39) 배우성, 「서구식 세계지도의 조선적 해석 - 천하도」, 『한국과학사학회지』 22-1, 2000.

지는 않았다. 내재적 발전론이 자본주의적 근대가 아니라 해방의 근대를 지향하는 것이었다 하더라도 거대담론으로서의 근대에 대한 믿음을 전제하고 있다고 보기 때문이다. 그들은 근대라는 담장 밖에서 그 안을 들여다보면서 바로 그 지점을 문제삼았다.

향촌사회사, 경제사 등은 발전의 맥락을 사회구성의 변화, 변혁주체의 성장으로 읽어 내려 할 때 가장 적합한 분야들이다. 그러나 조선후기사의 전체 영역을 시야에 넣고 보면 근대주의적 맥락과 경계선이 분명치 않은 부분도 없지 않았다. 특히 정치사, 사상사 등 여러 영역에서 내재적 발전의 맥락을 사회구성과 변혁주체의 문제로 일관되게 설명하는 것은 쉽지 않기 때문이다.

조선후기사 연구의 풍부한 성과들이 거대담론이라는 단순한 이유로, 혹은 자본주의적 근대를 가정한다는 성급한 예단으로 부정될 수는 없다. 그러나 그렇다고 해서 그런 도전에 대한 응답이 필요하지 않은 것은 아니다. 무엇인가 답하려 할 때 어느 지점에서 시작해야 할 것인가.

당대적 맥락에서 역사를 읽어야 한다는 것은 역사 인식과 서술의 기본이다. 그러나 그 역사인식의 출발점을 무겁게 의식하는 것으로부터 응답은 시작되어야 한다. 이것은 물론 새로운 문제제기는 아니다. 이미 1940년대에 아날학파의 논자들이 시대착오의 문제를 제기했을 때, 최근 재일 사학자 이성시가 고대사 해석과 관련한 근대적 기준의 부적절성을 논했을 때에도, 이 문제는 매우 중요하게 다루어졌다. 물론 전체적으로 보면 동아시아 사학사에서 이런 문제제기는 사소한 것으로 치부되었다. 그러나 사학사적으로 중시되지 않았다고 해서 문제가 중요하지 않은 것은 아니다.

결국 우리에게는 조선후기 지리학의 발달을 당대적 맥락 속에서 읽어 내는 일이 남았다. 발전의 맥락은 철저히 그 시대의 조건 속에서 검증되어야 하기 때문이다.

찾아보기

【ㄷ】

【ㄹ】

【ㅁ】

【ㅂ】

【ㅅ】

【ㅇ】

【ㅈ】